西方的没落

〔德〕奥斯瓦尔德·斯宾格勒 著

张兰平 译

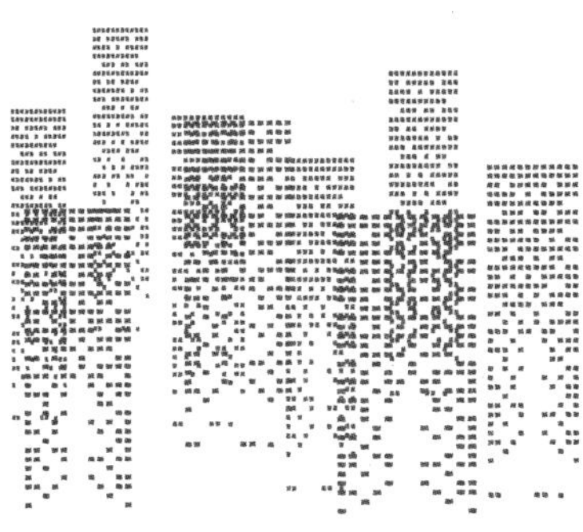

THE DECLINE
OF
THE WEST

北方联合出版传媒(集团)股份有限公司

万卷出版公司

图书在版编目（CIP）数据

西方的没落 / (德) 斯宾格勒著 ; 张兰平译. -- 沈阳 : 万卷出版公司, 2015.10
ISBN 978-7-5470-3713-3

Ⅰ. ①西… Ⅱ. ①斯… ②张… Ⅲ. ①历史哲学 Ⅳ. ①K01

中国版本图书馆CIP数据核字(2015)第157005号

西方的没落

责任编辑 康艳玲
出 版 人 北方联合出版传媒（集团）股份有限公司
万卷出版公司
联系电话 024-23284090 010-57454988
经　　销 各地新华书店发行
印　　刷 北京慧美印刷有限公司
版　　次 2015 年 10 月第 1 版
印　　次 2015 年 10 月第 1 次印刷
成品尺寸 165mm×240mm
印　　张 27
字　　数 423 千字
书　　号 978-7-5470-3713-3
定　　价 45.00 元

如有质量问题，请与印务部联系。联系电话：010-57262361

导读

奥斯瓦尔德·斯宾格勒是德国著名的历史学家和历史哲学家。他出生于德国哈茨山区的布兰肯堡，曾就读于哈雷大学、慕尼黑大学和柏林大学。青年时代除了研究历史和艺术之外，他还对数学和博物学有浓厚的兴趣，所有这些使他的作品具有一种奇特的风格。1904年，斯宾格勒在哈雷大学获得博士学位，之后成为了一名中学教师。第一次世界大战爆发时，他因健康原因未能被征召入伍。在这期间，他隐居在慕尼黑的一所贫民窟里，在烛光下完成了《西方的没落》一书。此书的出版给斯宾格勒带来了巨大的声誉，许多大学以正式或非正式的方式邀请他执掌教席，可都被他拒绝。此后他一直过着一种近乎隐居的生活，以历史研究和政论写作自适。1936年5月8日凌晨，斯宾格勒因心脏病突发逝世，他的妹妹们将其埋葬，但未举行任何的吊唁形式。斯宾格勒一生写下大量著作，其中重要的有：《普鲁士人民和社会主义》《悲观主义》《德国青年的政治义务》《德国的重建》《人和技术》等。《西方的没落》是斯宾格勒最重要的著作，此书，尤其是第二卷在世界范围内受到了普遍欢迎，也引起了读者和学术界的激烈争论。它激烈的言辞、精辟的理论和独特的方法，在一个较长的时期内一直是一般公众或有关学者争论的热点。在《西方的没落》中，斯宾格勒以生物生长过程的观念进行历史研究，把世界历史分成八个完全发展的文化，细致考察其各个时期的不同现象，揭示其共同具有的产生、发展、衰亡及其毁灭的过程。斯宾格勒对文化的研究方法进行了革新，他对每一种文化的现象采取“观相式”的直觉把握，以某些基本象征来揭示这种文化的全貌，他称之为“文化的形态学”。《西方的没落》一书的主要目的不是复述已经过去的历史事件，而是要掌握事实的真相，以便更好地应付将来。斯宾格勒说，大多数文化都经历了一个生命的周期，西方文化也不例外。西方已经走过了文化的创造阶段，正通过反省物质享受而迈向无可挽回的没落。历史学家不仅要重建过去，更重要的是预言，用他自己的话说就是“我们西方历史尚未完结的各阶段的思想方式、时间长短、节奏、意义和结果”。正因为如此，《西方的没落》也被很多人称为一部未来之书，而斯宾格勒也被称为“西方历史的先知”。《西方的没落》具有很大有魅力，这一方面来源于它思想的独特和深刻，另一方面则来源于其行文的丰富多彩。斯宾格勒文笔栩栩如生，他善于取譬设喻，善于描绘历史人物的性格，并以此衬托出某个时代的突出特征。其叙事、议论，都收放自如，缓急适度，而节奏适宜，具有很高的文学性。读《西方的没落》，即使不同意斯宾格勒的思想，也不得不折服于他的文体。

《西方的没落》是一部深刻、丰富的书，它不仅包含着对历史深刻的洞见，而且在社会学、人类学和政治思想上也做出了非常卓越的贡献，在现代西方产生了复杂、广泛的影响。

目录

第一章　起源与景观

（甲）宇宙和小宇宙

一

每当黄昏的时候，你会看到花朵一朵接一朵地在夕阳的余晖中闭合起来。这时，你会产生一种奇异的感觉，这就是面对着茫茫大地上虚无缥缈般的生存有一种难以名状、不可思议的恐惧感。寂静的森林，孤独的田野，这里一丛矮树，那里一条细枝，它们自身无法摇摆，但却被微风不停地戏弄着。只有那些小小的蚊虫才是最自由自在的——它们在傍晚时的微光中舞蹈，心里想着要到哪里去，便可以自由地向着哪里移动。

一棵植物，如果就其本身来说，会显得无足轻重。它构成景色的一部分，会因某一机缘在这里落地生根。微光、寒风、每株花草的闭合——这些不是因或果，也不是危险或对危险的刻意回答。它们仅是一种单纯的自然过程，这个过程在植物周围，与植物一起，且在植物身上自我完成。个体植物本身无法进行期待、希冀或者是自由地选择什么。

与之相反，动物却能够进行选择。它已经从世界所有其他事物被奴役的命运中解脱出来。这一群小小的蚊虫在不断地飞舞，那一只离群的孤独的小鸟傍晚时分还在飞翔，狐狸鬼鬼祟祟地走近巢穴——这些全部都是另一个大世界中蕴涵的小世界。哪怕是一片叶子上面的一滴水珠中的微生物，它非常渺小，甚至不会被人类肉眼所看到，它的生命只会持续上数秒钟的时间，而且只占据水珠中的一个小角落，但它在宇宙面前却是自由且独立的。与之相比，悬挂着这片叶子的参天大树却如此的不自由。

奴役与自由，就其最终与最深刻的意义来说，是我们用来鉴别植物生活和动物生活的差异所在。然而，只有植物才完全是其本来面目的；在动物的本质中，它有某种双重的东西。植物只是植物，而动物除了包含植物的性质，还包括了其他的性质。面对着危险而颤抖着挤在一起的兽群，依偎在母亲怀里哭泣的婴儿，绝望地向上帝求救的成人——所有的这些，全部都是企图从自由生活重新回到植物性的受奴役的境地，而他们本来已经从奴役的境地中解放出来了，并获得了独立的存在。

一棵开花的植物的种子，将它们放在显微镜的下面，会显现出两只形成和保护着即将敞露于光亮的幼芽的子叶，并附有生命循环器官与生殖器官，此外还显现出第三只子叶，这个子叶含有未来的根，而且它告诉我们：这株植物注定无法避免地要再一次地变成景色的一部分。反过来，在高级动物中，我们会看到受胎的卵自其个体化的存在的最初时刻起便会形成一只外鞘，将循环与生殖部分的内部容器——也就是动物体内的植物因素一一封闭起来，并使之与母体以及世界上所有其他的事物隔离开来。这只外鞘象征着动物生存的基本特征，并将大地上出现的两种有生命的东西区别开来。

这两种有生命的东西有着高雅的名称，那是古典世界想出来并遗留下来的。植物是属于宇宙一类的东西，而动物则除此之外，还是与大宇宙关联着的自成一体的小宇宙。生物单位一直到如此境地——与“万有”分离且能规定它在万有中的地位，才会变成一个自成一体的小宇宙。就连处于大循环中的各行星也遭受到了奴役，和一个大世界相比，能够自由运动的只是这些小世界，在其意识中大世界便是它们的周围世界（环境）。只有通过小宇宙的这种个性，那种光所呈现于其眼前——我们的眼前——的事物才能获得“实体”的意义，而对于那些行星，我们也是出于某种原因才勉强承认它们具有实体的特性。

所有宇宙的东西都有其周期性的标志，或者称之为“节拍”（节奏，拍子）。所有小宇宙的东西都有其极性，或者称之为“紧张”。

我们谈到紧张的警惕与紧张的思维，但是所有醒觉的状态在其本质上都是紧张的。感觉与对象，我与你，原因与结果，事物与属性，在这些对立物中的任何一对之间都存在着一种张力，而在意味深远地被称作“松弛”的状态出现的时候，对立的双方也随之而松弛，代替了生命的小宇宙方面。一个睡着的人，解除了全部的紧张，只是过着一种植物性的生活。

另一方面，宇宙节奏是能够用方向、时间、节奏、命运、渴望一类的字眼来解释其意义的万事万物——从一队骏马的蹄声与傲然前进的士兵的沉重步伐，到一对情侣的默默无言的感情、让社交集会高雅起来的显在的机智和“知人论世者”的敏锐的、迅捷的判断，这种判断我曾称其为相术的机智。

虽然小宇宙在空间自由地运动，宇宙循环的这种节奏依然持续进行，并常常打破觉醒的个体存在的紧张，使其成为一种能被感觉到的彻底的和谐。假如我们曾经注意到小鸟在高空的飞翔——它是如何上升、旋转、滑翔、消失于远方——我们一定会在这所有的运动中感到“它”与“我们”的植物性的确实性，这是不用理性的桥梁将你对它的感觉与我对它的感觉联结在一起的。这便是人和动物界的战争舞蹈与爱情舞蹈的意义。一队突袭的骑兵会在炮火之下结成一体；普通大众会在某种群情激奋的场合下聚集起来，变成了一个团体，在顷刻之间，盲目地、令人难以理解地思考与行动，但马上重新分散开来。在这样的情况下，小宇宙的壁垒被拆除了。它争夺、恫吓，它推进、拖拽，它逃跑、闪避且摇摆不定。肢体交错，呼啸而进，众口一呼，万众同运。众多单个小世界的聚合中突然产生了一个完全的整体。我们将对宇宙节奏的知觉称为“感觉”，将对小宇宙的张力的知觉称为“情感”。“感觉性”这个词的含义不清，它把生命的普遍的植物性的一面与动物的特殊的一面之间的清晰区别给混淆了。假如我们主张一个是种族生活或性生活，而另外一个是感觉生活的话，那么它们之间的深刻联系就显露出来了。前者的标记有始有终是周期性、节奏，甚至是和星辰的大循环有关的和谐、阴性与月亮之间的关系以及这种生命一般地同夜、春、温暖的关系。后者则存在于光和被照明的事物之间、认识与被认识的事物之间、创伤与致伤的武器之间的张力、极性中。在种属发展到较高级的阶段时，生命中这两方面的每一方面都形成了特殊的机体，而且其发展的程度越高，每一方面的意义便更加明显。我们有宇宙存在的两种循环器官，血液系统和性器官；还有小宇宙的可动性的两种区别器官——感官与神经。我们必须假定：我们的整个身体在初始状态时既是一种循环器官又是一种触觉器官。

血液对于我们而言是生存的象征。从我们出生到死亡，从母体输入子体再由子体输出，在觉醒和睡眠的状态中，血液不停地在流动，永无止息。祖先的血液流淌在后代子子孙孙的体内，将他们联结成由命运、节奏与时间构成的巨大的连锁之中。开始，这仅是由循环的区分、再区分和永远更新的区分过程来完成的，直到最后出现了一种性生殖的特殊器官，让刹那成为永恒的象征。这以后，生物怎样生殖和怀孕，它们体内的植物特性怎样驱使其为了在自己身后保持永恒的循环而自行进行生殖，一种伟大的脉搏跳动怎样通过一切分离的心灵发挥作用，充实着、推进着、抑制着却总是毁灭着——这是所有生命秘密中的最隐秘的秘密，是所有宗教与所有伟大诗篇都企图洞察的秘密，这种秘密的悲剧激发了歌德创作出《天福的向往》[1]与《亲和力》[2]，

[1] 《天福的向往》：歌德创作于1814年的抒情短诗。

[2] 《亲和力》：歌德于1809年创作的一部小说。

在这里，孩子必须死亡，由于从不调和的血液循环中出生的孩子乃是宇宙罪恶的产物中的一种。

这样的小宇宙，当它对大宇宙具有运动自由的时候，给这些宇宙器官增加了“感觉”器官，这种感觉开始时无非是触觉罢了。甚至今天在我们发展的高级阶段上，我们依然非常普遍地使用“触觉”一词去表示由眼、耳，甚至由理解而产生的接触，因为这是一种需要与周围世界经常建立联系的生物在运动性上的最简单的表现。但是，“建立”在这里意味着固定位置，所以所有感觉，不管它们看来是怎样地矫饰，但却和原始的感觉相差悬殊，其本质上都是积极的感觉；除此之外再也无别的感觉了。各式各样的感觉都区分出固有的事物与外来的事物。为了确定外来的事物相对于固有的事物的位置关系，猎狗的嗅觉与雄鹿的听觉以及飞鹰的视觉所起的作用都是相同的。颜色、光亮、音调、气味等所有能够想象得来的感觉方式全含有分离、距离、扩张的意义。

如血液的宇宙循环一样，感觉的区别活动原本是统一的。活泼的感觉自始至终也是一种理解的感觉。在这些简单的关系中，寻觅与发觉是一件事，也就是我们最适宜称它作“感触”的东西。但是到了后来，在对发展了的感觉提出一定的要求时，感觉与对感觉的理解才不再等同，于是后者开始越来越清楚地与前者分开。在外鞘中，鉴别的器官与感觉器官分开，就像性器官和血液循环的器官分开一样。可是我们所采用的“敏锐的”、“敏感的”、“洞察力”、“置喙”、“眼力”等字眼，更不用说逻辑术语，都是根据视觉世界而得来的，这充分说明，我们认为所有理解都是从感觉中得出的，甚至在人类中，二者依然是共同起作用的。

我们看见一只狗漫不经心地静静地趴着，随后它立刻紧张起来，它听着、嗅着，凡是它感觉到的，就企图去理解。另外，它也能反省——在这种状态中，几乎仅有理解在起着作用，并利用那些粗糙的感觉。古代的语言很明确地表达了感觉等级的这种区别，将每一等级鲜明地区别成一种特殊的活动，给以特殊的标记，也就是，听、倾听、谛听；嗅、嗅出、力嗅；看、察、观察。在这样的系列中，理性的内容变得越来越比感觉的内容重要了。

但是，在最后，有一种感觉从其他所有的感觉中发展出来，成为一种最高的感觉。在我们的理解意志永远难于接近的“万有”中，某种事物替自己唤起了一种肉体器官。眼睛就是在这种情况下出现的，随之而出现的还有作为其对立的极、光。关于光的抽象思维能够导致（并且已经导致了）一种理想的光，表现为由光波和光线组成的一幅总图，但这种发展的意义实际上在于，从这之后生命便通过眼睛的光亮世界来加以把握和理解。这是最大的奇迹，它让人类的万事万物变成如今的样子。只是因为这种眼的光亮世界，远景才作为色彩与光亮而出现；只有在这种世界中，夜与日、事物与运动，才在被照明了的空间的广袤中成为能看见的，才有了在地球上空绕行的极端遥远的星辰所组成的宇宙，才有扩展至身体附近之外的个体生活的光的视野。

在这种光的世界中——并非科学借助于心理概念间接演绎出来的光，这些概念（希腊意义的"学说"）本身也是从视觉中得来的——发生了这样的事情：进行观察的人群在这小小的星球上漫游；光的环境，比方说，照耀埃及与墨西哥文化的强烈的南方光流、北方的灰暗，这些都有助于决定人群的所有生活。人类因为其眼睛才发展了其建筑的魔力，在其中，由触觉而产生的各种构造因素在光所产生的关系中重新被规定。宗教、艺术、思想都是因为光的缘故才产生的，所有区分都能够归结成一点：诉诸肉体的眼，还是诉诸精神的眼。

与此同时，还发生了另外一种非常明显的差别，但是由于使用"意识"这个含义模糊的词，这种明显通常都被弄模糊了。我将存在或"在那里"与醒觉的存在或醒觉的意识区别开来。存在具有节奏与方向，但醒觉的意识却是紧张与扩张。在存在中命运统治着，而醒觉的意识则将原因与结果区别开来。前者的根本问题是"什么时候与为什么"，后者的根本问题却是"何地与怎样"。

植物过的是一种无醒觉意识的生活。在睡眠中，所有生物，都变成了植物，对周围世界的极性的紧张消失了，可生活的节奏却仍继续存在。一棵植物仅知道对于什么时间及为什么如此的关系；刚刚萌发的幼芽从寒冷的大地中滋生出来，蓓蕾的饱满，百花怒放、香气馥郁、争奇斗妍及瓜熟蒂落的一切有力的过程——这全部都是实现一种命运的愿望，都是对于"何时"的经常的渴求。

另一方面，"何地"对于一棵植物的存在是毫无意义的。那是醒觉的人每天重新决定自己对世界采取的方向的问题。由于仅有存在的脉动才是世代传承的，而醒觉的意识对于任何一个小宇宙都是要重新开始的。在这当中，便存在着生殖与诞生之间的区别，前者是延续的保证，后者却是一个开端。因而，植物是繁殖起来的，而非诞生出来的。它"在那里"，既没有醒觉，也没有诞辰，它扩大一个围绕自己的感觉世界。

二

人类的问题摆在了我们的眼前。在人类的醒觉意识中，现今没有任何事物能够干扰眼的绝对统治地位。夜籁、风声，牲畜的嘶喘、花的芳香，所有的这一切都在他身上激发起两个问题：在光的世界中“向何处去”和“从何处来”的问题。哪怕是我们最亲近的伙伴——狗——还在嗅觉世界中调节它的各种视觉印象，但我们却对这个世界一点也不知道。我们对蝴蝶的世界毫不知情，因为它的晶体的眼球无法有综合图像的投影，我们对于这些盲视的动物一无所知，虽然它们并不缺乏感觉，但它们仍然是盲视的。而我们存在的空间也仅仅是视觉空间，在这个空间中，能够找到其他感觉世界（比如听觉、嗅觉、冷、热）的残余，作为光照事物的属性与效果而遗留下来。——温暖从看到的火光而来，芳香从在照明的空间中所看到的玫瑰而来，我们在谈到某一种音调时，指的也是小提琴的音调。至于星辰，我们对于其意识关系也仅限于看到它们——它们在我们的头上闪烁发光，我们描绘着它们运动的轨迹。可是，动物，甚至原始人都毫无疑问地还具有这些感觉世界的感觉，它们与我们的感觉是完全不同的；这些感觉当中的某一些我们可以借助于科学的假设间接地给予描绘，但是剩下的那些今天已彻底被我们忘记了。

不过，这种感觉的贫乏却蕴涵着无限深化的意思。人类的醒觉意识不再仅仅是身体与环境之间的一种紧张关系。它现今是一个包括自身的光的世界中的生命。身体在能被看见的空间中移动。深度经验是一种强大的力量，它从一个光的中心——我们称其为“我”的点——伸入能看见的距离之中。“我”是一个光的概念。从这一点开始，“我”的生活本质上变成了一种日光中的生活，而夜晚却是近于死亡的。由这点，又产生出一种新的恐惧感，它将所有别的情感都吸收到自己的范围之中 在看不到的事物面前所产生的恐惧，即对于人们所听到、感到、猜到，或是有效地观测到但并未看见到的事物的恐惧。动物也可以在别的形式下体验到恐惧感，可人类却认为这些形式是奇妙的，甚至包括原始人和儿童在寂静面前很容易感到的局促不安，他们会企图用喧嚣与高声谈话去消除这种情绪，在高级人类中也在消失。人类信仰的本质与标记便是对于眼无法看见的事物的恐惧。神是人所揣测的、想象的、观察到的光的现实，关于“无形的”神的观念是人类的超越性的最高表现。光的世界的尽头的地方，便是来世所在之处；拯救便是让人们摆脱光的世界和事实的魔力。

音乐对我们人类具有的难以名状的魅力及真正解放的力量，就在这里。由于音乐是仅有的一种艺术，其手段是位于那久已与我们整个的世界并存的光的世界之外的，所以，只有音乐才能让我们与这个世界分离，粉碎光的无情的暴力，并让我们妄想我们就要接近心灵的最终秘密。这种幻觉是由于我们的醒觉意识目前只被一种感觉所控制的这一事实，完全适应于眼的世界，以致无法从它所得的印象中形成一个听觉的世界。

因而，人类的思维是视觉思维，其概念是来自视觉的，而且其逻辑的整个结构是一个想象中的光的世界。

这种感觉缩小的过程与随之产生的深入的过程，不但让我们的所有感觉印象都适应于视觉印象，并按视觉印象来整理，而且也使动物所知的无数的思想交流方法被单一的语言媒介所代替，这种语言媒介是光的世界中的一座桥梁，它将互相呈现在对方的肉眼或想象的眼睛之前的两个人沟通起来。还留有痕迹的别的说话方式，早就用模仿、手势或强调的形式被吸收进语言中去了。纯粹的人类的语言与一般的动物的发音之间的区别在于，词与词的连续构成了一个在眼睛统治下建立起来的内心的光的观念的领域。每一个词义都具有一种光的价值，哪怕是像“乐调”、“滋味”、“寒冷”等词汇，甚至是完全抽象的名称，也是如此。

即使是在高级动物中，通过感觉联系而互相了解的习惯也已经引起了单纯的感觉与理解的感觉的显著差异。假如我们这样去区别感觉印象与感觉判断（例如味觉判断、嗅觉判断或听觉判断），我们会发现，即使是在蚂蚁和蜜蜂中，更不用说是在猛禽、马和狗中，重心已经明显地在朝醒觉存在的判断方面移动。但只有在语言的影响下，感觉与理解之间的明确的对立才在醒觉的意识中树立起来，这种紧张关系在动物界中几乎是无法想象的，哪怕是在人类中，开始也只是一种非常难于实现的可能性罢了。之后，随着语言的不断发展，才带来了一种意义重大的决定——理解被从感觉的束缚下解放了出来。

对于构成总体各种感觉印象（它们在以前几乎从没有被这样注意过）的意义的理解，日益经常地代替对于全体感觉的简单理解。最后，这些印象本身也被抛弃，并被我们所熟知的字音的被感觉到的含义所代替了。词，原来只是一件能够看见的事物的名称，不知不觉地却变成了一件心理事物的标志，即“概念”。给这类名称规定确切的意义，远非我们的能力所能办到——我们只有对于全新的名称才能这样做。我们两次使用一个词，却永远不会具有同一的内涵，也从来没有一个人的理解与另外一个人是完全一致的。但是，虽然这样，相互的理解还是可能的，这是由于所使用的同一语言在二者的身上养成了相同的世界观的缘故；在二者的生活与活动所共有的环境中，单纯的字音便足以唤起性质相同的观念。就是这种借助于从实际目睹中所得来的和分离（抽象）出来的语音的理解方式，事实上明确地区分了一般动物类的醒觉意识与继起的纯粹的人类的醒觉意识，不管在原始阶段我们怎样难于找到有关这一点的确切证据。

正是如此，在更早的阶段，这样的醒觉意识的出现确定了一般植物性存在与特殊的动物存在之间的界限。

从感觉中分离出来的理解被称为思想。思想在人类的醒觉意识中引起了一种永久的分裂。在早期，它便将理解和感觉定为“高级的”心灵力量和“低级的”心灵力量。其在眼的光亮世界与想象的世界之间引发了决定性的对立，前者被描写成一种虚构的事物及一种幻觉，而在后者中，概念和它暗淡的但无法抹去的光色存留了下来，发生着作用。从这之后，对人类而言，只要他在“思考”，想象的世界便是世界的本体，便是真实的世界。最开始，自我是如此的醒觉的存在（换言之，在它有视觉时，它觉得自己是光的世界的中心）现今，它变成了“精神”，就是说，变成了纯粹的悟性，它“认识到”自己是纯粹的悟性，马上不但将周围的世界看成在质的方面是低于自己的，而且将生活的别的组成部分，它自己的身体也看成如此。不但人类的直立姿势证明了这一点，人类头颅的完全智能化构造也证明了这点，在人类头上，眼睛、眉毛、鬓角越来越成为了表情的工具。

因此，非常明显，当思想取得独立时，它便给自己找到了一种新的活动方式。在实用的思维以外，新增加了一种理论的、精细的、深入的思维；前者是针对周围世界中的光照事物的结构的，具有这样或那样的实用目的，后者的目的在于建成这类事物的“自身”的，也就是事物的本质的结构。光被从所见的事物中抽象出来，通过一种宏大而精确的发展过程，眼睛的深度经验被强化为词义的有色领域中的深度经验。人类从此开始相信其内心的眼睛能够直接看透事物的实际面目的。一个概念接着一个概念，最后，在内心的光亮下，明晰的结构便构成了一种巨大的思维模式。

人类醒觉意识中理论思维的发展引起了一种活动，让一种新的冲突——存在（生存）及醒觉存在（醒觉意识）之间的冲突——成为无法避免的。在动物的小宇宙身上，生存与意识结合成生命的不辨自明的统一体，它只知道意识是为生存服务的。动物只是在“生活着”，但它并不能思考生活。可是，因为眼睛的专断是没有任何条件可言的，生活被呈现成光亮照耀下的一种能看见的实体的生命；因而，当悟性与言语交织在一起的时候，悟性马上形成了一种关于思维的概念，且同时形成了一种关于生命的相反的概念，结果，它将实际的生命与可能的生命区别开。我们有的是“思想与行动”这一提法中的对立物，而非率直的、不复杂的生命。动物身上根本无法具有的东西在任何一个人身上不但变成了可能的，而且变成了事实，最后变成了交替物。成熟了的人类的所有历史及其所有的现象都是它所形成的，文化所采取的形式越高级，这个对立在它的有意识的存在中的重要时刻便越起着充分的支配作用。

植物性的宇宙，也就是富有宿命、血、性的存在，具有一种非常古老的优势，并且保持着这种优势。它们便是生命。其他一切东西都是替生命服务的。可是这些其他东西想要去统治而不愿去服务；并且，它相信它已经在统治了，因为人类精神所提出的最坚决的要求之一便是需要具有控制身体和控制“自然”的力量。可是问题在于：这种信念岂不就是对于生命的一种服务吗？为何我们的思想刚好恰是如此去想呢？也许是宇宙，是“彼物”让它这样去想的吧？当思维将身体称为一种概念，当它确认身体是可怜的并让血的声音归于沉寂时，思维便显示了其力量。但是，事实上，血还在统治，因为血在无言地控制思维活动的启动与终结。言语与生命之间也是有区别的——没有意识，没有知性的生命，但是，反过来却不是这样。总而言之，无论如何，思维只在“思维的领域”中进行着统治。

三

不管我们说思维是人类所创造的，还是说高级人类是思维所创造的，那都仅是一种口头上的区别。但是思维执着地将自己在生命整体中的地位看得太高了，由于它漠视或不关心除了它自己以外还有其他的确定的事物的方式这件事实，它便失去了不带成见地去考察整体的机会。实际上，任何思维方面的大师——在任何一种文化中，他们都几乎成了唯一权威的代言人——都认为无须证明的是，冷酷的抽象的思维是接近“终极的事物”的途径。而且，他们还认为一样无须证明的是，他们沿着这条途径所获得的“真理”与他们用来当作自己的目标的真理是相同的，而并非像实际的情形一样，只是一种代替无法明了的、秘密的、想象的图景。

虽然人类是以一种思考的形式存在，但并不是说，人类存在就在于进行思考。这种区别是天生的穿凿附会者所无法理解的。思维的目标被称作“真理”，而“真理”是被“建立”的——换言之，它被从光的世界中的活生生的无法知觉的触性中取了出来，变成了概念的形式，并在一个体系中被赋予永久性的地位，这种体系意味着一种理智的空间。真理是绝对的、永恒的——也就是说，它们与生命再无关系了。

但是，对于一个动物说来，真理是不存在的，唯一存在的就是事实。这便是实际的悟性与理论的悟性之间的区别所在。事实与真理的区别，就和时间和空间、宿命和因果的区别是相同的。事实专心地侍候着整个醒觉意识，为存在服务，而并不侍候醒觉意识中妄想它能脱离存在的那一方面。现实的生命，历史，仅知道事实；人们的生活经验和知识仅与事实打交道。有意志、有行动、有斗争的积极的人物天天衡量着自己在事实的威力面前的力量，他将纯粹的真理看得并不重要。真正的政治家仅知道有政治的事实，而不知道有政治的真理。彼拉多[1]的有名的问句[2]就是任何一个重视事实的人的问句。

尼采的最伟大的成就之一就是，他让科学与真理及知识的价值问题对质——虽然对天生的思想家和学者来说，这种办法是廉价的，甚至是不敬的。他们认为其整个存在的理由都受到了它的攻击。笛卡儿怀疑所有的一切，但是当然并不怀疑其怀疑本身的价值。

然而，提出问题是一回事，问题的解决则又是另外一回事。植物生活着，但它并不明白自己是在生活着；动物生活着，但它明白自己是在生活着。人类则被其生活所惊，并环绕着他们的生活提出种种问题。但是，人类也无法为他自己的问题找出解答，他只能相信其解答是正确的，在这个方面，亚里士多德与最卑贱的野人是毫无差别的。

然而，秘密为何要被揭穿，疑问为何要得到解答呢？这难道不正是因为那种从儿童的眼中表现出来的恐惧感所产生的吗？难道不正是因为人类醒觉意识的可怕的禀赋所致的吗？这种醒觉意识迫使现在已从感觉获得自由且正在孕育着心理的悟性极力寻求着解答，而这种解答就意味着解脱。在知识方面的坚定信念能否让我们从重大问题的梦魇之中获得解放呢？

“凛然敬畏的心情是人类所具有的最高贵的方面”。被命运剥夺了这种禀赋的人必然要去发现秘密，要去研究、剖析与破坏那令人敬畏的事物，从中得到知识。追求体系的意志是一种想要扼杀活生生的事物、想要让它“建成”、稳定、僵化、想要让它束缚于逻辑秩序中的意志。才智如果完成了僵化的任务，才智便取胜了。

这种通常被视为“理性”与“悟性”之间的区别，实际是先见、眼力与悟性本身之间的区别；前者是我们的植物性方面的属性，它利用眼及词的语言；后者则是我们的动物性方面的属性，它是由语言演绎而来的。在这种意义下，“理性”是让观念进入生命的东西，“悟性”则是发现真理的东西。真理是无

[1] 彼拉多：？~36年，罗马帝国犹太行省执政官，主持对耶稣的审判，并下令将耶稣钉在十字架上。

[2] 有名的问句：“真理是什么呢？”

生命的，是能够灌输的观念属于创造它们的人的活生生的自我，是只能同情地被唤起的。悟性实质上是鉴别性的，“理性”实质上是创造性的。后者产生其活动中的对象，前者则是从对象出发的。事实上，悟性鉴别最开始是在日常的感觉中实行与发展起来的——儿童是从感觉与判断中学会理解与区分的。随后，鉴别由这种联系中被抽象出来，从此，它便独自活动，它需要一种替代来代替从前曾作为其对象的感觉活动。这种替代仅有既存的思维方式才能赋予它，现在，鉴别便是依照这种替代来进行的。如此，仅有如此，才是思想——并非随便建立在虚无之上的东西。

由于很早以前，在原始人类还未开始抽象地进行思考时，他便为自己形成了一幅宗教的世界图景，悟性开始鉴别性地进行工作的对象便是这个图景。科学往往是在一种宗教及其所有精神上的先入为主的见解的基础之上萌发出来的，其意义只在于对这类教义加以抽象的改良罢了，由于这类教条不够抽象，所以它被认为是错误的。它在所有原则、问题的提法与方法方面总是依据一种宗教的核心。悟性所发现的任何一件真理无非是对已有真理的一种鉴别性判断。新旧知识之间的极性所包含的后果是，在悟性的世界中只有相对正确的东西，也就是，总会有比其他的判断更具说服力的判断。鉴别性知识的基础是，相信今天的理解比昨天的理解好。让我们不得不怀抱这一信念的又是生命。

作为鉴别的鉴别能解决大问题呢，还是只能提出大问题呢？在知识之初，我们相信前者。但当我们所知道得越多，我们就越相信后者。我们只要怀有好奇心，我们便称秘密为问题。

因此，对于有意识的人类来说，有一个双重的问题，那就是醒觉存在的问题与存在的问题，或空间的问题与时间的问题，或作为自然的世界的问题与作为历史的世界的问题，或节奏的问题与紧张的问题。醒觉的意识不仅想理解它自己，而且还想理解与其类似的某些事物。虽然一种内心的呼声可能告诉人们说，在此，获得知识的全部可能性都不存在，但即便如此，恐惧心还是硬要说服——每一个人——并且继续探求下去，甚至宁可假装获得了解答，而不愿自认是徒劳无功。

四

醒觉意识是由感觉与悟性所组成的，其共同的本质是让自己不断地适应大宇宙。在这个限度之内，无论我们是从鞭毛虫的触觉还是从最高级的人类的思维来考虑，醒觉意识与确定是等同的。醒觉意识在如此感到外界对它自己的接触时，它便第一次碰到了认识论的问题。我们所说的认知或认知的知识是什么意思呢？这类术语的原始意义与它们后来被制定的意思之间有什么关系呢？醒觉与睡眠之间的关系如同白昼与黑夜一样，按照星辰的运行而交替出现，认知与梦也是交替出现的。这二者有何不同呢？

可是，醒觉意识——无论是感觉的还是悟性的——与事物及属性、与认知及被认知的对象、与对象及事件等对立的存在的意义是相同的。这类对立的本质是什么呢？这便产生了第二个问题，也就是因果关系的问题。在我们将一对感性的因素称为“原因”与“结果”，或将一对智性的因素称为“前提”与“后果”时，我们便是在它们中间确立着一种力量与等级的关系——有其一便必有其二。需要注意的是，在这类关系中，时间是一点也不占重要地位的。我们所关心的并非命运的事实，而是因果性的真理，不是“何时？”而是法定的依存。毫无疑问，这便是悟性的最光明的活动路线。人类最幸福的时刻大概便是这类发现所带来的；因而，他便由这些直接打动他的、近在眼前的日常生活中的对立物出发，做出一系列的没有穷尽的结论，直到关于自然的结构的最早的与最终的原因，他称这种自然是上帝与世界的意义。他集中且整理可以检查其体系、其关于规律关系的教条，并在其中找到对于无法预见的事物的避难所。可以论证的人便不再有恐惧。但因果关系的本质到底在哪里呢？它是在于认识的过程，是在于被认识的事物，还是在于二者的结合呢？

张力的世界本身肯定是僵硬的、死板的，也就是“永恒的真理”，是超越时空的东西，是变成一种状态的东西。可是，醒觉意识的现实世界却是充满变化的。这种情形一点也没有惊动一只动物，但它却让思想家的思想变得一筹莫展，由于静止与运动、持续与改变、已成与方成等对立物表示一种本质上“完全无法理解”的，因此从悟性看来必然含有一个错误判断的事物。无法用真理的形式从感觉世界滤出来的东西，难道能算得上一件事实吗？反过来，世界虽然是作为没有时间的东西而被认知的，但是时间因素仍然依附在它的身上——紧张表现为节奏，方向与扩张相联系。因而，悟性意识中的所有存在问题的事物便归结为一个终极的、最严重的问题，也就是，运动的问题。在这个问题上，自由的和抽象的思考无以施技了，我们开始看出，说到底，小宇宙是依存于大宇宙的，就像单个的存在从一开始就并不是由身体所构成的，而是由身体的外壳所构成的一样。生活能够离开思维而存在，但思维仅是生命的一种方式。思维为自己定下的目标尽管非常高，但事实上却是生命利用思维为它自己的目的服务，给思维一个与解决抽象问题很不相同的活的目标。对思维来说，问题的解答有正确与错误之分——对生活来说，它们分为有价值的或无价值的，假如求知的意志在运动问题上失败了，那或许是因为生活的目标在那一点上达到了。即使这样，也恰好因为这样，运动问题依然是所有高级思维的重心。所有的神话和所有的自然科学都是起源于人类面对运动的秘密时所产生的惊奇之感。

运动问题立刻直接接触到了生存的秘密，这些秘密对醒觉意识既是陌生的，又是无情地压迫。当我们将运动当成一个问题提出来时，我们是在证实我们有一种意志，要去理解无法理解的事情，要去理解什么时候与为什么、宿命、血以及所有我们的直觉过程在我们的内心深处所接触到的东西。我们生来有视觉，于是我们便想方设法要将它放在光中，放在我们的眼前，为的是在字面上理解它，将它弄明白，就跟弄明白一件能够触知的事物一样。

由于这是一件观察者所未意识到的具有决定性的事实——他倾尽全力寻求的目标，并非生命本身，而是要看到生命，并非死亡，而是要看到死亡。我们试图去理解宇宙，当它出现在大宇宙中的小宇宙时，当它显现为生与死、产生与消亡之间的光的世界中的实体生活时，并将身体与心灵区别开来，这种区别是因为我们有一种将心理上的固有的东西体验成感官上的外来的东西的能力所绝对必然地要引起的结果。

我们不但生活着，而且知道自己是“生活着”的原因，是由于我们的身体在光中存在的结果。但是禽兽只知道生活，而不知道死亡。假如我们纯粹只是一种植物性的存在，我们死时便不会意识到死，因为感到死和死是等同的。但是动物听到了死的呻吟声，能看到死的躯体，嗅到了死尸的味道，但却不懂得死这件事情。只有当悟性通过语言，脱离视觉的知晓，而变成纯悟性时，人类才将死看成周围光的世界中的大谜。

那时，也只有在那时，生命才变成生与死之间的一段短暂的时间，关于生的另一神秘也才在对死的关系之上出现。只有到了那个时候，动物对于所有事物的分散的恐惧才变成了人类对于死的明确的恐惧。这种情形让男女之爱、母子之爱、世系、家族、民族——因此最后尚有世界历史的本身成为宿命的无限深刻的事实及问题的现有样式。死是任何一个生在光中的人类的共同归宿，死被人们视作关于罪恶与惩罚的，生存被视作一种赎罪的观念，有这一光的世界以外的新生活的观念，有结束对死的恐惧的超度的观念。在有关死的知识中产生了我们作为人类而不是兽类的世界观。

五

人分为天生宿命的人与因果的人。在纯粹生活着的人与那些是因为心理的能力，或者是因为血的特殊性而成为“才智之士”的人中间隔着整整一个世界。这些纯粹生活的人，比如说有农民与战士，政治家与将军，熟知世故的人与事务家，任何一个想获得成功、想执掌政权、想战斗、敢冒险的人，组织家或企业家，铤而走险的人或暴徒或赌棍；后者则是圣徒、僧侣、学者、理想家或理论家。节奏与紧张、存在与醒觉的存在、动因与观念、循环器官与触觉器官——在重要性的人身上，不是在这一方面，就是在那一方面显然占有支配地位。在所有喜欢批判、好沉思的人身上都无动因及冲动，没有了解人、了解事的明智，没有所有天生的行动家所具有的、完全异于相信自己的观点的正确性的、对自己的命星的信仰，没有在决定性时刻仗义执言的血气的声音，没有替一切目标和手段作辩护的坚定的、沉着的信心。哪怕是一个务实的人的脚步声也与一个思想家的脚步声不同，它更踏实，在思想家身上，纯粹的小宇宙与土地没有坚实的联系。

命运让人成为敏感的、逃避事实的人，或是成为活跃的、轻视思维的人。但是，活跃型的人是一个完全的人，而沉思型的人则有一个器官可以在不依靠（甚至违背）身体的情况下进行工作。当这个器官想要控制它自己的世界而同时又要控制现实时，情形便会变得更糟，因为那时我们所得到的一切关于伦理的、政治的、社会的改革计划全在不允许辩驳地指出事情应该成为何种样子和如何让其成为那个样子——所有的理论全建立在这样的一个假定上，这个假定便是，人人都与理论家一样（或像他自认为的那样）眼高手低。这类理论即便上场时有一种宗教的全部权威或一个名人的声望做挡箭牌，它们也从未在任何事物中丝毫改变过生活。它们只不过让我们对于生活的想法与过去相比有所不同罢了。这正是一种文化的“晚期”，即写得多、读得多的时期的劫数，它们用关于生活的思维和关于思维的思维之间的对立，来永远混淆生活和思维之间的对立。所有的世界改良家、僧侣及哲学家都一致认为，生命是缜密的思维最适宜的对象，但是人世的生活则是自己走自己的路，丝毫不管别人说什么。甚至当一个团体成功地“按照规定”来生活时，其所有成就充其量也只是某一本未来世界史中的一个关于它自己的附注罢了——假如除了唯一具有重要意义的主题之外，还有篇幅谈到的话。

因为，归根结底，只有活跃的人、具有命运的人，才是生活在现实世界，生活在军事的、政治的、经济的决策的世界之中的，在那里，概念与体系并不重要，或并不算数。在那里，一次机敏的打击比一个睿智的结论更重要。所有时代的政治家与军人全都看不起那些自以为世界历史是为才智、科学，甚至艺术而存在的“卖稿家”或“书呆子”，这是有道理的。让我们明确地说吧：从感觉分离出来的悟性只是生活的一个方面，而非其具有决定性的一面。一部西方思想史能不包括拿破仑的姓名，但在一部现实史中，纵然阿基米德有许多科学发明，但却可能还不如侵略叙拉古时杀死他的一个士兵的影响大。

重理论的人的缺陷在于，他们相信他的地位是在重大事件之前而非在重大事件之中。例如，对于政治诡辩派在雅典或伏尔泰和卢梭在法国所起的作用，他们便完全弄错了。一个政治家对于自己正在做什么常常并不“明白”，但那却并不妨碍他满怀信心地沿着走向成功的唯一道路前进；反过来，政治空论家永远知道应该做什么，但是其活动一旦超出了书本的范围，便是历史上最不成功的，因而也就是最无价值的。在动乱的年代里，比如阿提卡[1]的启蒙时期、法国革命和德国革命时期，这类干预经常出现，那时，舞文弄墨的空论家渴望参加人民的实际历史，不再去忙于建构体系。他误解了自己的地位，他与自己的原则和计划只属于一种文献的历史，而非一切其他历史所属。真正的历史并非是通过反驳他而是通过放任他和他的思想，而去对他做出裁决的。一个柏拉图或卢梭——较次的才智之士更不用说了——可以建立抽象的政治结构，可是对亚历山大、西庇阿、恺撒、拿破仑以及他们的计划、战争与决策来说，这类抽象结构是毫无意义的。思想家倘若高兴或许也会谈论宿命；但有了这类人物代表的宿命便够了。

在小宇宙存在的多样性中，我们往往遇到一种群众单位的形成（通常是在鼓动下而形成的），这是一种高级的存在，不管它是逐渐发展起来的，还是顷刻之间出现的，它都具有个人所有的全部情感及激情，这种感情的本性是无法捉摸的，不是推理所能理解的——虽然行家能够了解、能够好好依靠它们所做出的反应。在此，我们也应将一般动物单位与纯粹的人类结合区别开来；前者是被感觉到的，是完全依照存在和宿命的，像翱翔高空的飞鹰或进攻的军队的行径一样；后者则是依赖悟性的，是在意见相同、知识相同，或者是目标相同的基础上结合起来的。人们无须有获得宇宙节奏相同的愿望便能够得到它；共同立场的相同却是在人们愿意时才获得的。一个人能够随意加入或退出一个学

[1] 阿提卡：古希腊中部国家，主要城市为雅典。

术团体，因为这涉及的仅是个人的醒觉意识。可对于一种宇宙性的一致，一个人完全为它所制约，并以其所有存在都受制于它。这一类一致中的群众容易为热情的激动或惊恐所掌握。他们在厄琉息斯（阿提卡的一个城市）或卢耳德[1]是叫嚣忘形的，或如同德摩比利会战的斯巴达勇士们与维苏威战争中的最后的哥特人一样，是英雄般的坚定的。他们将自己组织得就像是进行曲、合唱和舞蹈的音乐，像纯种的人与纯种的动物一样对明亮的色彩、装饰、服装和制服的印象非常敏感。

这类被刺激起来的人群是有生有死的。知识团体只是一种数学意义上的总和，因加减而发生变化，除非或者说直到（正如时常发生的）意见的完全一致是如此的感人，以致到了纯粹的程度，并且突然从总和中造出了一个存在。在所有政治转折点上，话语能够变成命运，意见能变成激情。一群偶然联合的人在街头上形成群体，他们具有相同意识，相同感觉，相同语言——直至那短命的心灵一闪而灭，各人又各奔东西为止。在 1789 年的巴黎，这类情形天天都在发生——每当听到“处死他”的喊声时。

这种心灵有其特殊的心理，懂得这种心理对于从事公共活动的人而言是非常重要的。单一的心灵是任意真正的等级或阶级的标志，无论它是十字军的武士和军人等级，是罗马的元老院或雅各宾俱乐部，是路易十四统治下的上流社会或普鲁士的乡“绅”，是农民或行会，是大城市的群众或深山僻谷的人们，是迁徙中的民族与部落或穆罕默德及一般新创立的宗教或教派的信徒，还是大革命时的法国人或解放战争时的德国人。我们知道，从来最强有力的种族便是高级文化，它们是在伟大的精神剧变中发生的，从千百年的生存中将所有低级的结合——民族、阶级、城镇、世代——融为一体。

历史上的大事全都是由宇宙级的存在，由民族、军队、阶级、党派来进行的，但才智的历史却是在松弛的会社和学派、团体、各种教育阶段、“倾向”和“主义”中进行的。在生死攸关的决定性时刻，这类人群有无一个领袖，或只是盲目地随波逐流；偶然出现的领袖是第一流的人物，或只是一些抬出来的无关痛痒的人物像罗伯斯庇尔或庞培之流——这又是一个命运问题。政治家的特征是，他对于在时代潮流中形成起来又消解下去的这些心灵，对于其力量与持续力，对于其方向与目标具有一种准确而透辟的洞察力。即便这样，究竟他是一个可以控制它们的人还是一个被它们所左右的人，这也是一个偶然问题。

---

[1] 卢耳德：法国西南部的一个城镇，后成为许多香客朝拜的地方。

第二章　起源与景观

（乙）高级文化的类型

一

但是，不管人来到世界上是为了生命还是为了思考，如果他在行动着或思考着，他便是醒觉的，因而也便是在焦点上，也就是跟他的光的世界与当时为他保持的那种意义相适应。任何人都知道，如果在做一次物理实验时，为了考虑当时发生的某种事情，实验突然中断，应该是非常痛苦的。我在前面已讲过，在人的醒觉意识中轮流出现的无数场面可以分为截然相反的两类：命运与节奏的世界、原因与紧张的世界。我将这两种图景叫作历史的世界和作为自然的世界。在第一种图景中，生命利用批判的理解力。它有眼力供它支配；被感觉到的节奏变成了内心所想象的波段，亲身经历的震动就变成想象中的时代顶峰。在第二种图景中，思想本身处于支配地位，其因果的鉴定将生活变成为一种死板的过程，将事实的活生生的内容变成为抽象的真理，将张力变成为公式。

这怎么可能呢？这两种图景中的任何一种都是一种视觉的图景，可是在前一种图景中观察者听任于永不重演的事实，而在后一种图景中观察者却力求替一种永远有效的体系发现真理。在历史图景中，知识仅是一种辅助手段，宇宙的事物利用小宇宙的事物。在被我们称为记忆和回忆的图景中，各种事物呈现在我们眼前，就像暴露于一种内心的光亮中并被我们自己的存在的节奏所察知。但是，年代学的因素告诉我们，历史一旦变为思维的历史，便再也不可避免地受到所有醒觉意识的基本条件的影响。在自然（或科学）图景中，外加的与导致错觉的是那些始终存在的主观的东西，可在历史图景中，导致错误的却是那些同样无法排除的客观的东西，这就是数。

当我们在自然（科学）的领域中开展工作时，我们的安排与自我调节应该并且能够在一定程度上是和个人没有关系的——人们“忘掉自己”——可每个人、阶级、民族或家族却是按照对其本身的关系来审度历史的图景的。自然的特征是一种包罗万象的广大，在观察者看来，历史上承逝去的黑暗，下通未知的将来。观察者作为现在，始终是历史的中心，而且对他来说，假若想有意义地整理事实，而不问它的方向（生命固有的因素，而不是思想固有的因素），那将是根本办不到的。任何时代、任何国土、任何现存的集体都有其自己的历史视界，而真正的历史思想家的标志便是他能够展示出他的时代所要求的历史图景。

因而，自然与历史便像纯粹的与不纯粹的鉴定一样是能够辨别的。这是所说的“鉴定”的意义，是从生活经验的对立面来说的。自然科学只是鉴定罢了。可在历史中，鉴定所能做的，不外乎是以科学自命的历史学家的眼光所要探讨的范围。历史就是那来回的环视本身，不管它对准的是哪个方向。具有如此眼力的人，便能“历史地”理解任何一件事实与任何一种形势。自然是一种体系，而体系是可以学而知之的。

历史的自我调节的过程，对任何人来说，从幼年时代的最初的印象便开始了。儿童的眼睛是锐利的，最靠近身边的各类事物，家族的生活、家庭与大街，都是被十分彻底地知觉和感觉的，然后在很久之后，城市和它的居民进入他们的视界以前，而“民族”、“乡土”、“国家”等词汇对他们而言还全然缺乏实在意义。正是如此，而且完全如此，原始人将任何呈现于他的狭隘的视界中的事物当成历史，当成活生生的事物——其中最重要的便是生命本身，生老病死的戏剧；还有其自身所体验到的或由其他人身上观察到的激烈的战争与热烈的爱情的历史，家属、氏族、村落的命运，其行动与动机，长期仇恨、战争与复仇的故事。生活的眼界扩大了，并且展现在他们眼前的并非一种一种的生活，而是一种时生时灭的生活。壮观的景象非村落和氏族，而是遥远的种族和国家；并非许多年，而是许多世纪。人们实际经历的与参加的历史从没有超过由祖及孙的短暂时距——对古代的日耳曼人和今日的黑人来说是不可能的，对伯里克利[1]和华伦斯坦[2]来说也是不可能的。生活的眼界到此为止，一种新的视野开始了，其中的图景是把以传闻与历史传统为其基础的，在其中直接的交感是同那既明显又因为长期使用而稳定的记忆图景相适应的。这样展现的图景对不同文化的人们显示出非常一致的广度。对西方人而言，真正的历史是从这第

[1] 伯里克利：约公元前 495~ 前 429 年，古希腊奴隶主民主政治的杰出代表，古代世界著名的政治家。

[2] 华伦斯坦：1583~1634 年，奥地利将军，著名的军事家，三十年战争期间帝国军队的最高统帅。

二种图景开始的，因为我们生活在永恒的局面下；相反，对希腊人和罗马人而言，历史正好是在那时停止了。波斯战争对修昔底德（公元前460或前455~前400或前395年，古希腊历史学家，著有《伯罗奔尼撒战争史》。曾断言道：在他的时代之前，没有发生过任何重大事件）而言，布匿战争[1]对恺撒而言，已经不具有活生生的意义了。

在这种视野以外，又有一些历史单位的图景出现了，它们是植物世界与动物世界、景观与星辰的命运的图景，这些图景最终与自然科学的最后图景融合成为关于世界的起源与结论的神话的想象。

儿童与原始人的自然（科学）图景，是由日常的微小技术中发展而来的，这种技术迫使他们二者不断地摆脱对大自然的胆怯的注视，转到对其身边的事实和形势做出结论。与幼小的动物一样，儿童通过游戏来发现自然的最开始的真理。检查玩具、切开玩偶，将镜子翻转过来瞧瞧背面有什么，在确定了某种似乎是永久正确的事物时的胜利的情感——不管何种的自然研究都还没有超出这个范围。原始人将他这种得出结论的经验，应用于其武器与工具和衣、食、住所需用的生活资料上，也就是应用到那些无生命范围内的东西上。他也将这种经验用到动物的身上，当那些动物作为活的东西（其活动是他作为追逐者或被追逐者予以监视及揣测的）突然对其不再具有意义，且在它们是无生命地，是机械地被理解为对其有确定用途的肉及骨的集合物时——这正好像他对于一件事情的意识那样，起初还是作为一个魔鬼的动作，转眼之间便作为一种因果的连续了。文明时代的成熟的人，时刻调换位置，那完全是与这些一样。此外，也是一种“自然”视野，还有由我们关于雨、电和风、夏和冬、月的盈亏及星辰运行的印象而构成的第二种视野。但是在这种视野上，因敬而生畏的宗教信仰，迫使人们接受一种高级得多的鉴定标准。就好像在历史图景中，他宣扬生活的终极事实，在此他便企图确定自然的终极真理。在知识可以达到的界限之外的事物，他将其称为上帝，而一切在那个界限之内的事物，他都力图从因果关系上去理解，理解成上帝的行动、创造及启示。

因而，任何一组科学地确定下来的因素，全有双重的倾向，这是从原始时代至今便固有的而且未曾改变的。其中一种倾向是将技术知识的体系尽可能推进到最完善的程度。为了经济的、军事的、实际的目的服务，这种体系已经是被许多种动物发展到了高度完善的地步的，并且由它们开始，通过原始人和他们对火及金属的认识，直接产生出我们浮士德型文化的机械技术。另一种倾向

[1] 布匿战争：公元前264~前146年古代罗马与迦太基之间的3次战争之称。

只是借助语言将纯粹的人类思维自肉体的视觉中分开后才形成的，其努力的目标是形成一种同等完善的理论知识，这种知识我们在文化的早期阶段称其为宗教的知识，在文化的晚期阶段则称其为科学的知识。火对于战士而言是一种武器，对于工匠而言是其设备的一部分，对于教士而言是来自上帝的一种神迹，而对于科学家而言则是一个问题。但在所有这些方面，它全是醒觉意识的“自然的”、科学的方式所固有的。在作为历史的世界中，我们无法找到这样的火，而只看到迦太基的大火及堆积在约翰·胡司[1]与乔尔丹诺·布鲁诺[2]周围的薪柴的火焰。

二

我再重复一遍：任何一个存在物仅是对其本身的关系来活生生地体验任何一个其他的存在物及其命运的。一群鸽子所落足的那块田野的主人对它的注视，与大街上的自然爱好者及空中的老鹰对它的注视是完全一样的。农民看待他的儿子是后嗣和继承人，但邻居则将他看作是一个农民，军官将他看作是一个士兵，游历者则将他看作是一个土著。作为皇帝的拿破仑与作为中尉的拿破仑，对人与事物的体验是完全不同的。将一个人放在一种新的局面之下，让革命家成为一个大臣，士兵变成一个将军，而后历史和历史上的关键人物对其来说马上便变成为某种与它们原来所不同的东西了。塔里兰[3]看透了他的时代的人物，因为他与他们有关系，但是假设他突然跳入克拉苏[4]、恺撒、喀提林[5]和西塞罗[6]的队伍中，他关于那些人的措施和见解的理解要么是无价值的，要么便是错误的。没有历史本身，一个家族的任何成员对该家族的历史各自有各自不同的理解，任何政党对一个国家的历史各有其不一样的理解。任何民族对当代的历史也各有不同的理解。德国人对于世界大战的看法与英国人不一样，工人对经济史的看法与雇主不一样，西方史学家眼中的世界史也和卓越的阿拉伯史学家与中国史学家的世界史完全不一样。一个时代的历史，只有当其在时间上是相隔非常远的，并且历史学家与它完全没有利害关系的条件下，才能得到客观

[1] 约翰·胡司：1317~1415年，捷克宗教改革家，1415年被处以火刑。

[2] 乔尔丹诺·布鲁诺：1548~1600年，意大利哲学家、科学家，因攻击“地心说”被处以火刑。

[3] 塔里兰：1754~1838年，法国政治家、外交家，被称为“革命大主教”。

[4] 克拉苏：公元前115~前53年，古罗马共和国末代武将，以头脑灵活和思想新潮著称。

[5] 喀提林：约公元前108~前62年，罗马的阴谋叛变者。

[6] 西塞罗：公元前106~前43年，古罗马著名政治家、演说家、雄辩家、法学家和哲学家。

的论述；我们还发现，我们优秀的史学家们哪怕是在评判或描述伯罗奔尼撒战争和亚克兴战役时，都或多或少地受到当前的利害关系的影响。

评价者必定会通过自己的有色眼镜来看待事物，这和人类的深刻认识是并不矛盾的，反而是必需的。当然，这种认识正好便是我们看出在那些概括中所缺少的成分，那些概括将最重要的事实，即历史中的组成事件的独特性予以歪曲了或全然忽略了。这种概括的最差的例子便是“唯物”史观。关于这种史观，当我们将其称为相术的贫乏时，我们便已经差不多将话说尽了。但是，不顾这种概括而又因为这种概括，对于每个人来说，由于他属于一个阶级、一个时代、一个民族及一种文化，都有一幅应当按照与他自己的关系而出现的典型的历史图景；与此同时，作为时代或阶级或文化，同样地还有该时代、该阶级或该文化所特有的典型的历史图景。对于作为一种主要的存在物的任何一种文化所可能有的最高度的概括，是关于它自己的作为历史的世界的原始影像，并且对其而言也是象征的影像；个人的所有自我调节——全都是和此种影像有关的。每当我们将另一个人的观念称作是深刻的或肤浅的、独具见解的或没有价值的、错误的或陈腐的时候，我们便正在不知不觉地参照一幅图景来判断它们，这幅图景在这时涌现出来，以保证我们的时代与我们的人物的连续不断的功用价值。

因此，很显然，浮士德文化的任何一个人都具有自己的历史图景，除此之外还有自他幼年以来的无数的其他图景，它们随着每天每年的经验而不断地变化与更改。而且，不同的时代和不同的阶级的人们的典型的历史影像、鄂图大帝的世界与格列高里七世[1]的世界，一位威尼斯总督的世界与一个贫穷的圣地朝参者的世界，又是多么的不同！洛伦索·美第奇、华伦斯坦、克伦威尔、马拉以及俾斯麦，一个哥特时代的农奴、一个巴洛克时代的学者、三十年战争的军官、七年战争的军官、解放战争的军官，其各自生存的世界又是多么的不同！或者，只就我们自己的时代来说，一个现实生活中仅限于他自己的乡野及其同族人的佛里斯兰的农民、一个汉堡的大商人与一位物理学教授，他们各自生存的世界又是怎样的不同！然而，对所有这些人，不管每个人的年龄、身份及时代怎样，都有一种共同的标准，将这些人物的总体、其原始影像，同所有其他文化的原始影像区别开来。

但是，还有另外一种差别，它将古典的、印度的历史图景与中国的、阿拉伯的、特别是西方文化的历史图景区别开来——这便是前二者的狭隘的眼界。无论希腊人是不是（而实际上一定）精通古代埃及的历史，他们从没有允许它

[1] 格列高里七世：罗马教皇，中世纪的主要改革者之一。

渗入其特有的历史图景，这种历史图景对于大多数的希腊人而言，局限于最年长的、还活着的参加者所能描述的那些事件的范围内，哪怕是对于一些记忆较好的人而言，也只到特洛伊战争为止，在这条界线以外，他们是压根儿不会承认历史生活的存在的。

另外一方面，阿拉伯文化非常早便敢于做出那惊人的举动——我们从犹太人与居鲁士时代以来的波斯人的历史思想里面同样能够见到这种现象——用一种真正的年代学将天地开辟的传说与现在结合起来；波斯人在这种举动中的确也将未来包括在内，而且将最后的审判和弥赛亚的降临都预先填上了日期。人类历史的这种精确的却又非常狭窄的限界——波斯人的计算认为从开始到最终有一万二千年，犹太人的计算则认为到今天为止还不到六千年——这是枚斋的世界情感的一种必然的表现，并从根本上将犹太人——巴比伦文化的大地开辟的传说与波斯人的天地开辟的传说区别开来，而它们的很多外部特征都是由巴比伦文化中得来的。

再者，让中国文化及埃及文化的历史思想具有其特殊的广阔绵长的眼界的原始情感，也是不相同的。这种眼界是以按照年代而陈述的、前后连贯的若干朝代表现出来的，它们延续到几千年之久，最后消失于渺茫的远景中。

另外，浮士德式的世界历史的图景，由基督教的年代学的存在事先做好了准备，带着西方教会已经接受过来的枚斋图景的无限的加广及加深，突然出现了。弗洛里斯的乔基姆在哥特文化盛期把所有的世界命运奇异地解释为圣父、圣子、圣灵样式的连续三代，便是用这种加广与加深来作为根据的。和这些相平行的还有地理视野的无限扩大，这种视野还在哥特时代（由于北欧海盗和十字军）已由冰岛伸展到了亚洲的非常远的部分；而从公元 1500 年起，巴洛克时代的成熟的人类便能做别的文化里面为他的同辈们所无法做的事情，并在人类历史上第一次将这个行星的整个表面当作其活动的范围。因为罗盘针和望远镜，那个成熟时代的大科学家们不但可以破天荒地由理论上断定地球的球状，并且实际上能够感觉到他是生活在空间的球体之上。土地的界限不再存在了。同样，时间界限也消失于基督之前与基督之后的历法的双重无限状态中了。并且，今天，在这幅包括整个地球且最后将包括所有高级文化的图景的影响之下，“古代”、“中世纪”、“近代”这种旧的哥特时代的历史分期法，就早已变得陈腐而又毫无意义，并且显然正在消逝中。

在一切其他的文化中，世界历史的外观是与人类历史的外观相同的。世界的起源便是人类的起源，人类的末日也便是世界的末日。可是浮士德式的对于无限的渴望第一次在巴洛克时代将这两种看法区分开来，并且现在它使得人类历史只成为世界历史中的一段插话，虽然人类历史尚有它绵长的、还没有被人发现的时间距离，对于地球则成了太阳系的无数星辰中的一个小星，但是别的文化甚至还未窥到其全貌，而只将一些表面的部分误认作了“世界”。

历史的世界图景的扩张，使得在这种文化中比在一切别的文化中更有必要将普通人的日常的自我调节，与仅有最杰出人物才能做到的，甚至在他们当中也仅能保持片刻的最高度的自我调节加以区别。忒密斯多克利[1]的历史眼界与一个阿提卡农夫的历史眼界之间的差别或许是非常小的，可是亨利六世[2]与他那时代的一个农夫之间的这种差别便已经非常大了，并且在浮士德文化一再上升时，自我调校的力量竟然达到这样的高度及深度，以至于行家的范围逐渐缩小起来。实际上，形成了一座包括各种可能性的金字塔，在其中个人是按照其天赋分成等级的：每个人按照其素质，位于自己处于最佳的焦点上所能保持的那一级上。所以，西方人士之间在相互了解历史的生活问题的可能性方面便有了一些限制，这些限制对别的文化是不适用的，其对于那些文化完全不像对于我们的文化这样有着一种命定的严格。一个工人今天能真正了解一个农民吗？或者一个外交家能真正了解一个工匠吗？决定他们每个人值得发问的问题和提出这些问题的形式的历史的及地理的视界，与他人的视界是这样的不一样，以至于他们所能交换的不是相互的交流，而是转眼便会消失的话语。当然，真正的人物评价者的标志是：他懂得“他人”是如何适应环境的，并根据这些来安排他同那个人的交往（像我们大家在与儿童谈话时那样），但是这种意义的评价某些历史人物（例如狮王亨利或但丁）的艺术，让自己彻底生活于历史人物的历史图景里面，以至于其思想、感情及决定全都具有一种自明的性质的艺术，因为一个人的醒觉意识与另一人的醒觉意识之间的巨大差别，是非常罕见的，所以直到 18 世纪还没有看到有历史学家担负起从事这种工作的任务。自 1800 年起，它才变为一种撰写历史的迫切冲动，并且是一种非常难达到愿望的迫切冲动。

浮士德文化所特有的对本来的人类历史及远为广泛的世界历史的区分，产生了以下的结果，那便是，从巴洛克时代结束以来，我们的世界图景已经包含了几种视野，它们被一个叠着一个地放置于同样多的断面中。为了探索这些断面，许多显然多少具有历史特性的独特的科学，已经成形了。天文学、地质学、

[1] 忒密斯多克利：公元前 524？～前 460 年，雅典政治家和海军战略家。

[2] 亨利六世：1169~1197 年，德意志国王、神圣罗马帝国皇帝，于 1191~1197 年在位。

生物学、人类学轮流地研究星辰世界、地球外壳、生命与人类的命运，然后我们才有这些高级文化的“世界”历史（直到今天仍被称作这个名称），而各种文化因素的历史、家族历史之后，最后还有西方那种高度发展的特长即传记，又全部隶属于这种世界历史。

这些断面的任何一个全部需要一种特殊的自我校准，一旦特殊的焦点变得分明时，较狭窄的与较宽广的断面便不再是活的存在物，而仅是既成的事实。假如我们是在研究推托堡森林的战役，这个森林在北德意志平原的植物世界中的成长便是先决的条件。相反，假如我们是在考察德意志树木世界的历史，土地的地质层叠便是先决条件，虽然它无非是一件它的特殊命运在这种关系上无须进一步追究的事实。再者，假如我们的问题是白垩纪[1]的起源，地球本身作为太阳系中的一个行星的存在便是一个论据，而不是一个问题。或者，换言之，便是：在星辰世界中有一个地球；“生命”这种现象发生于地球上；在这种“生命”中有“人”这种形式；在人的历史中又存在着文化的有机形式；这都是另外一种更高的断层的图景中的一桩偶然事件。

对歌德来说，从他的斯特拉斯堡时期到他第一次魏玛定居，他让自己和“世界”历史和谐一致之倾向是非常强烈的，这由他的《恺撒》《穆罕默德》《苏格拉底》《流浪的犹太人》和《哀格蒙特》等短篇作品中能够得到证明。歌德痛苦地放弃了政治成就的远大前途，这种痛苦在《塔索》一剧中更通过其最后决定的郑重的克制拨动于我们的心弦，这恰好是他所选择的抛开其生活的和谐方式。在这之后，他便几乎是强烈地将自己一方面局限于植物历史，动物历史及地球历史的图景（他的“活生生的自然界”）的范围内，另一方面则将自己局限在传记的范围内。

全部这些“图景”，由同一个人身上显现出来，具有同一种结构。即使是植物与动物的历史，即使是地球外壳的历史或星辰的历史，也是一种寓言汇集，并将自我存在之内心的倾向反映于外界的现实上。动物世界或地层形成的研究者是一个生活于一定时代、拥有一定国籍及一定社会身份的人，让他在处理这些事物时排除其主观的见解，并不比想获得关于法国革命或世界大战的圆满的叙述更加可能。康德、拉普拉斯、居维叶、莱伊尔[2]、达尔文的有名的理论，也都具有一种政治经济的色彩，而这些理论对一般群众的威力及深刻印象进一

[1] 白垩纪：中生代的最后一个纪，爬行动物和裸子植物由极盛走向衰灭。

[2] 莱伊尔：1797~1875年，英国地质学家，近代地质学的奠基人，曾提出地质进化的均变说，并第一次把理性带进质学的研究中。

步证明，对全部这些历史断面的看法全都出自一个根源。今天正在自行完成的东西也便是浮士德式的历史思想所能够达到的最后的成就，即将这些历史断面有机地连接并排列在具有同样外貌的单一的、庞大的世界历史里面，这种世界历史将让我们的视线能够由个别人的生活不间断地一直看到宇宙的最开始的和最终的命运。19世纪——凭借机械的(即非历史的)形式——才将此问题提出来。而解决这个问题，却是20世纪预定的任务之一。

三

我们所掌握的地球外壳的历史与生命历史的图景，现今仍被文明化的英国思想从启蒙时代以来由英国生活习惯中发展出来的那些观念所支配着。莱伊尔的地层形成的“黏液质”理论与达尔文的物种起源的理论，实际上无非是英国本身的发展的引申物罢了。代替冯·布赫和居维叶所承认的那些不能估计的大变动与变异，他们将一种有规律的演化延展到非常长的时期，并只承认那些在科学上能够计算的、确实是机械的有效原因才是原因。

这种“英国”类型的因果关系不但是肤浅的，并且是十分狭隘的。首先，它将可能的因果关系局限在那些在地球表面上完成其所有过程的事物；但是这马上便将地球上的生活现象与太阳系及众星的宇宙事物之间的所有巨大的宇宙关系排除掉了，并提出了这样一个不可能的假定：地球的表面是自然现象的一个完全隔绝的区域。其次，它硬说，凭借目前的人类意识——也就是借工具而精炼了的感觉和借学说而精确了的思想——所无法理解的关系，甚至是不存在的。

清除这种起源于巴洛克时代的唯理主义的肤浅的因果关系体系，并用一种纯粹的体相来取而代之，与19世纪相比较，将是20世纪的特殊任务。对于由因果关系上去“说明”的所有的思想方式，我们都是怀疑派。我们让事物自己说明自己，并用知觉事物所固有的命运和默察那些我们将永远无法看透的表现形式作为自己的界限。我们所能够达到的极限是发现那些没有原因的、没有目的的、纯粹存在的形式，它们构成了变化万千的自然图景的基础。对19世纪而言，“进化”一词的意思，指的是生活越来越适合目标这种意义上的前进。莱布尼兹在其充满重要思想的著作《原态》（1691年）里，依照他在哈尔茨银矿所作的研究，描写出了一幅歌德式世界的幼年图景的轮廓；对歌德本人而言，进化的意思指的是不断增加形式的内涵这种意义上的完成。与歌德的形式完成和达尔文的进化是全然对立的两种概念，就好似命运对因果律那样，假如再比较的话，还似德国人的思想对英国人的思想，德国人的历史对英国人的历史那样。

对达尔文主义的反驳，再也没有比古生物学所提供的东西更加确凿的了。单纯的或然率表明，化石储藏物仅能作为试验的标本。每个标本因而必须代表一个不同的进化阶段，而且还应当具有既非哪一范围也非哪一种属的纯粹“过渡的”类型。与之相反，我们看见的是一些非常稳定并经久不变的形体，不是依照适应原则自行发展，而是突然出现且马上具有其确定形状的形体；还有那些后来没有适应演变，却日益稀少且最终走向绝迹的形体，同时又突然出现了一些完全不同的形体。在越来越丰富的形体中，自行显露的还是活生生的存在物的巨大的类及属，它们从最开始便存在于并且无过渡类型地还存在于今天的类别中。在鱼类中，我们看见具有简单形体的软骨类怎样先是出现在历史的前景中，之后又怎样渐渐地消灭，同时硬骨类却逐渐地让一科更完备的鱼型取得优势。羊齿及木贼的植物世界也是这样，仅有最后几种现在还残存于充分发展的有花植物界中。但是关于这些现象的有效原因或别的可见的原因的假定，并无现实的根据。将生命本身、植物与动物之间的越发尖锐的对立、每一单独类型、每一属、每一种引入世界的是一种命运。和这种存在一起，还产生了形体的确定的能力，依靠这种能力，形体在自我完成的过程中保持其自身的纯粹性，或相反变得模糊不清，或无法捉摸地分裂为许多的变种；最后还产生了这一形体的生命的延续，除非偶发事件再把它除去，这类生命延续将让种类自然地达到高峰，最后走向灭亡。

对人类来说，洪积世的若干发现更加清晰地指明，那时存在的人的形态和现存的人的形态是相同的；关于向着一种能够更有效地“适应”的种族的演化，并没有丝毫的痕迹。再者，在第三纪的各种发现中依然未发现人类这件事，也更加清楚地表明：人类的生命形态，和其他所有生命形态一样，起源于一种突变，这种突变“从哪里”、“怎样”以及“为什么”发生，还是一个难测的秘密。当然，假如真有英语意义的进化，那么便既无法有明确划分的地层，也无法有特殊的动物种类，而只能有一个地质的聚合体与若干单个的活的形体的一团混乱。这些形体，我们能够假设是生存斗争所遗留下来的。可是，我们在自己周围所看到的全部，都让我们确信，深刻的且很突然的变化一再地在植物与动物的存在中发生，这个变化是宇宙性质的且决不仅局限于地球的表面，它们在原因方面是人类的知觉与理解所无法达到的，显然不是在所有方面都是这样。所以，我们还看见，迅速且深刻的变化在这些伟大文化的历史中表现出来，并没有任何可找出的原因，影响或目的。哥特式和金字塔式，就似始皇帝的中华帝国与奥古斯都的罗马帝国，就似希腊化文化、佛教与伊斯兰教一样突然地完全出现了。对每个重要人物的个人生活中的事件来说，也完全如此，谁不懂得这一点，谁便对世人一点也不知晓，对儿童则更不知晓了。所有存在物，活跃的或沉思的，全都经过各个转折点向着其最后的目标前进，并且我们必须假设在太阳系的历史与恒星世界中具有这样的转折点。地球、生命与自由活动的动物的起源是这样的转折点，因此也是我们必须承认的神秘。

四

目前我们所了解的人类历史，显然把它的存在划分成两个大时代。就我们看来，第一个时代的限制有两个方面：一是行星命运的那种深奥的赋格曲，这种赋格曲我们称其为冰河时代的开始，而且对于它，我们仅能（在世界历史的图景的范围中）说一种宇宙的变化发生了；另一个就是尼罗河及幼发拉底河上的一些高级文化的开端，随着这些文化的开始，人类生存的整个意义突然变得不一样了。我们到处都发现了第三纪及洪积世的鲜明的界线，并且在界线的这一边，我们看到人是一种完全形成了的类型，熟知习俗、神话、机智、装饰与技术，且赋有一种直到现在在体质上也没有多大改变的肉体结构。

我们将把第一个时代看作原始文化的时代。这种文化在第二个时代一直延续（虽然一定是一种非常“晚期的”形式），今天依然存在并几乎原封未动的唯一地区是西北非洲。列奥·弗洛贝尼乌斯[1]的伟大功绩是，他十分清楚地认识了这一点。一开始他便假定，在这个地区内原始生活的整个世界（不但是若干的原始部落）还没有受到高级文化的影响。与之相反，民族心理学家却喜欢从五大洲各地搜集诸民族的断片，这些民族实际上是没有共同点的，除了这件消极的事实——在这一或那一高级文化中过着一种从属的生活，而并没有参与其内部生活。结果便得到了一堆民族，一些是静止的，一些是劣等的，还有一些是堕落的；另外，他们各自的表现方式还被未加区别地混同起来。

但是，原始文化并非支离破碎的，而是某种具有极强韧性与完整的东西，某种十分生气勃勃的与有效的东西。只是，这种文化与我们高级文化的人在精神的可能性方面所具有的所有事物是如此的不同，以至于我们能够怀疑：那些已经将第一个时代深深地引入第二个时代的居民，在其目前的存在与醒觉存在

[1] 列奥·弗洛贝尼乌斯：1873~1938年，德国人种学家，首先采用文化历史方法研究人种学，率先提出了“文化圈”的概念。

的方式中，是否能够当作古时的情况的可靠证据。

经过几千年，现在人的醒觉意识也已将部落与民族之间经常互相接触的印象当作明显的日常事实。但在对待第一个时代的时候，我们必须牢记，人在那个时代是结合成一小簇一小簇的团体，完全被淹没于广阔无垠的自然景观之中的，其中的主要因素便是那些强大有力的大兽群。我们的发掘物的稀少便充分地证明了这一点。在奥纳瑞人[1]的时代，或许有若干人群，每群有数百人，流浪于法兰西的整个地区，当这样的人群发现有同类的人存在的时候，他们肯定会将这事看作印象十分深刻的、并且是困惑不解的。对我们而言，整个自然早已变成人群的背景，我们这样的人究竟能不能想象生活在一个几乎没有人的世界中是什么样子吗？除了森林与兽群之外，当其他“正与他自己一样”的人们开始越来越经常地在乡野被遇到的时候，人的世界意识一定会有很大的变化。人的数目的增加——这毫无疑问也是突然发生的——让“同伙”的体验成为习以为常的，并用愉快或敌对的情感取代了惊愕的印象，而这种情感又引起了一个由各种经验与不由自己决定的、无法避免的关系组成的全新的世界。对于人类心灵的历史而言，这可能是一切事件中最深刻的和最意味深长的。人是通过对异己的生活形式的关系，才开始意识到自己的生活形式的，而这时氏族的内部组织也充满了丰富的部落间的关系形式，从此之后，这种关系形式便完全支配了原始的生活与思想。因为在那时，从感官领悟的非常简单的形式中，产生出了词的语言的（因此也是抽象思维的）萌芽，在其中有少数是非常幸运的，我们或者可以将它们看作后来印欧语族及闪语族的起源，虽然我们并无从知道其结构。

之后，从一种由部落间的关系联系起来的人类的这种一般的原始文化中，埃及与巴比伦的文化突然在公元前3000年前后兴起了。在那时期之前大概有一千年之久，这两个地域一直在培育着某种在性质和目标上与所有原始文化根本不同的东西，某种具有内部的一致性的东西，这种内部的一致是它的所有表现形式所共有的，在它的所有生活中是指示方向的。就我看来，很有可能的是，人的本质上的一种变化不管怎样在那个时候是完成了的，即便在整个地球表面上显然不全是这样；假如是这样的话，那么每一种日后在高级文化当中仍旧存在、不断退化的名副其实的原始文化，本身便必定是某种与第一个时代的文化不同的东西。但是，我所称作前文化者（能够证明，它在任何一种高级文化的开始时是作为同一的过程而出现的），是与一切的原始文化在性质上不一样的

[1] 奥纳瑞人：约属于欧洲旧石器时代。

东西，是某种全新的东西。

在所有原始生存中，“彼物”、宇宙的事物，是用这样直接的力量产生作用，以至于所有小宇宙的表现，不管是在神话、习俗、技术方面，还是在装饰方面，仅服从于瞬时的压力。对我们而言，关于这些表现的持续期间、速度及发展趋势，并没有可以参考的定则。例如，我们看到一种装饰的形式语言——不要称其为一种风格——支配着一个广大地区的居民，在那里传布着、变化着，最后又逐渐趋于消灭。在这个地区的一旁，并且可能在一些非常不同的扩张范围内，我们能够见到形成及运用武器、部落组织、宗教习惯的各种方式，各自在其特殊途径中发展，各自具有其转折点、自己的开始及结束，完全受其他形式领域的影响。当我们在某些史前地层中已经认出一种确知的陶器的类型时，我们无法根据这些便安然论证拥有这种陶器的居民的习俗及宗教。并且，假如同一地区偶然具有一种特殊的婚姻形式，譬如说，某种文身样式，这并不意味着一种共同的基本观念，就像火药的发现与绘画中透视法的发现所表示的。在装饰品与时代相同的组织之间，或在对神的祀拜与农艺的种类之间，并不一定有必然的联系。在这些场合下，发展自始至终指的是原始文化的某一个特别方面或某一特征的某种发展，而绝非那种文化本身的发展。就像前面所讲到的一样，这基本上是混沌不清的；原始文化既非一个有机体，也非若干有机体的总和。

可是，随着高级文化类型的出现，这个“彼物”让位于一种坚强且统一的倾向。在原始文化中，部落与氏族是仅有的生气蓬勃的存在物——当然在个别的人之外。然而，文化本身便是这样的一个存在物。所有原始的事物全都是一个总和——原始群的表现形式的总和。反过来，高级文化就是一个巨大的单独有机体的觉醒存在，这个有机体不但让习俗、神话、技术与艺术、并且让合并在它里面的民族与阶级全都具有单一的形式语言及单一的历史。我们所知道的最古老的语言属于原始文化，并有其无法则的命运，这种命运是无法从诸如装饰或婚姻之类的命运来推断的。但是文字的历史却完全属于几种高级文化的表现历史。埃及文化、中国文化、巴比伦文化、墨西哥文化，每个都在其前文化时代造了一种特殊的文字；与此相反，印度文化及古典文化却没有出现这种东西，而是在很晚的时候才承受了它的一个近邻文明的高度发展的文字；在阿拉伯文化中，任何新的宗教、任何新的教派也同样会立刻创造其特殊文字——所有这些事实全都与这些文化的整个形式历史和它的内在的意义有着十分密切的联系。

我们关于人类的知识仅限于这两个时代，并且这些知识确实不足以证明每一种关于可能的或确定的新时代的结论，或关于这些新时代的“时间”及“情况”的结论——更不用说这样一件事实，即那些支配作为一个种类的人的历史的宇宙关系，不管怎样都是我们的手段所完全无法接近的。

我的这种思想及观察仅限于对现实的体察。当“知人论世”的经验对于一个人的周围人事，或者“作为者”的经验对他的事实变为无效时，这种见识也就走到尽头了。这两个时代的存在是一种历史经验的事实；此外，我们对原始文化的体验不但在于从其遗物中看见一种独立的及隔绝的东西，还在于凭借我们对于原始文化（仍旧存在于我们之中）的内在关系来反应其比较深刻的意义。可是，第二个时代为我们展现出另外一种完全不一样的经验。高级文化的类型在人类历史的范围之中突然出现，这是一种偶然事件，其意义在目前尚无法究查。当然，可能性较大，这是在地球历史的领域之中发生的、让现象的生存中出现一种新的不同形式的某种突然事件。可是，我们面前有八种这样的文化，都具有相同的结构、相同的发展和相同的持续期间，这一事实证明我们用比较的方法去观察它们是可行的，从而也证明，我们将它们看作能够比较的、用比较的方法来研究它们，以及从我们的研究中得到一种能让我们回顾过去并前瞻未来的知识，也是正确的——假设另一种命运始终不以另一个形式世界突然从根本上代替原有的形式世界。我们这样处理的充分理由，来自有机的存在物的一般经验，我们在猛禽类动物或松柏科植物的历史中无法预言一个新的种类是否存在，并在什么时候将会出现，同样在文化的历史中我们也无法预言一种新的文化是否存在，并在什么时候将会出现。但是从一个新的存在物在子宫里怀孕，或一颗种子落在土里的时刻起，我们便知道这个新生命过程的内在形式；我们也知道，它的发展与实现的平稳过程可能会被外部力量的压力所扰乱，但其永不会被改变。

这种经验还告诉我们，那些在目前已经掌握了地球整个表面的文明，并非第三个时代，而是西方文化的一个阶段——一个不可缺少的阶段，其与它的相似物的区别也仅在于它的扩张倾向的强烈性。体验到此为止，所有关于何种新形式将统治未来的人类生活的臆测（或关于这个问题，究竟是否有任何这样的新形式），所有在“它应当是、它将要是”的基础上建成的外表堂皇的纸糊的建筑，不过全是微不足道的——依我看，这是毫无用处的，因而不能证明有一种稍具价值的生活曾经致力于此。

各个高级文化群，作为一个群，不是一个有机的单位。它们正好有这个数目，在这些地点和时间发生，从人类的眼光来看，还是一桩不具有更深刻的意义的偶然事件。相反，个别文化的排列已经这样清楚地突出，以至于中国、枚斋与西方世界的历史技术——的确往往只是这些文化里面受过教育者的同感——已经可以定出一套难以再加改正的名称。

因此，历史思想负有双重的任务，一种是以比较的方法来处理各个文化的各个生活过程，另一种是考察各种文化中间的偶然的、不正常的关系对于这些文化的意义。第一种任务的必要性虽然是十分明显的，但至今仍被忽视。第二种任务已经着手处理，但只是凭借那种呆板的而且肤浅的方法，就是，将因果关系强加于整个的混乱不堪的文化之上，并沿着一个假想的“世界”历史的“进程”将它整整齐齐地展开。如此一来，便既无法发现这些困难的、但饶有参考价值的关系的心理，也无法发现任何特殊文化的内在生活的心理。实际上，解决第一个问题的前提条件是：第二个问题已经获得了解决。各种关系是非常不同的，甚至在时间与空间的简单方面也是这样。十字军让一个正值青春时期的文化与一种古老的和成熟的文明对峙；在克里特—迈锡尼世界中，原始文化与隆盛的晚期同时被见到。一种文明能够从极遥远的地方射来，就像印度文明从东方射入阿拉伯世界；或者衰老而沉闷地压在一个幼年文化的上面，就像古典文明位于它的另一面之上。但是还有性质与力量的区别；西方文化寻求各种关系，埃及文化却试图回避各种关系；前者在悲惨的危机中一再地受到这些关系的打击，但古典文化却由这些关系中得到所有它所能得到的，而未受到损害。但是一切这些倾向的根源全都在于文化本身的灵性，并且有时文化的心灵关于此文化所给予我们的启示，要比它自己的语言所给予我们的启示还多，语言所隐藏的东西总是多于它所传达的东西。

五

只要浏览文化群，便能发现许多工作在等待去完成。19 世纪时，历史研究受自然科学指导，而历史思想则受巴洛克时代的观念指导，这个世纪只将我们带到一处制高点上，从那里我们俯视脚下的新世界。可是我们能否一直掌握那个新世界呢？

甚至现在，对于这些伟大的生命过程的规划处理，还有许多的困难，因为对于那些较遥远的范围根本还没研究过。再者，西方——欧洲人士的贵族气派的眼光让他只注意那种从每一个古代通过一个中世纪的正式的与郑重的途径来接近他的事物，而那种自行进展的事物却很少能引起他的注意。如此一来，中国世界与印度世界的某些事物现在正开始着手解决，像艺术、宗教与哲学，但对政治史，即使并不是一无所知，但也仅是“只言片语”。还没有见到任何人，像蒙森[1]致力于奥古斯都元首政治研究的那种彻底精神，去探讨中国历史上的一些重大的宪政问题，比方说厉王（公元前842年）的霍亨斯陶芬式的命运、第一次诸侯大会（公元前659年）、公元前500~300年间“罗马式”的秦国帝国主义（连横）原则与国际联盟思想（合纵）原则之间的斗争、中国的奥古斯都——秦始皇的兴起（公元前221年）。印度的情况也是如此，不管印度人自己如何完全忘记了其国家的历史，关于佛陀时期我们能够利用的材料，毕竟比我们关于公元前9世纪和8世纪的古典历史时期所占有的资料要多一些，但直到现在，我们在着手研究时，还似乎“这”印度人完全在他的哲学中度日一样，正像雅典人（我们的古典学者想让我们这样相信）在伊里苏斯河岸上在诗意般的哲理探讨中消磨他们的岁月那样。但是，就连埃及的政治也极少受到反思的注意。研究晚期的埃及的史学者在“喜克索时期”这个名目下所隐匿的危机，是与中国人在“战国时期”名目下论述所隐含的危机一样的——这也是目前还没有研究过的问题。对阿拉伯世界的研究兴趣，也只达到了古典语言的疆界，未更进一步。我们曾用怎样孜孜不倦的精神叙述戴克里先的宪法，而且替小亚细亚诸省毫不重要的行政史搜集了资料——由于这种资料是以希腊文写成的。可是，萨珊国家——戴克里先的国家的先例与各方面的模型，却仅是偶尔受到人们的注意，而且就在那时候也是作为和罗马交战的对手而受到注意的。这个国家自己的行政史与法律史是如何的呢？我们关于埃及、印度和中国的法律和经济所搜集的资料的总和，与我们关于希腊及罗马法律所做出的研究成绩相比较，是多么的可怜！

公元前3000年左右，在漫长的，在埃及还显而易见的“墨洛温王朝”时代之后，两种最古老的文化在尼罗河下游与幼发拉底河下游非常狭窄的地区肇始了。在这两种情况下，早期与晚期之间的那些区别早已被标志为古王国及中王国、苏美尔[2]及阿卡德[3]。以一个世袭贵族阶级的建立及旧王权的衰落（自第六王朝起）为特征的埃及封建时期的结束，同从周懿王（公元前934~前909年）开始的中国文化的青春时期与从皇帝亨利六世（公元1056~1106年）开始的西方文化的青春时期的事件发展过程，有着非常惊人的相似，因此对所有这三种文化的统一的比较的研究，完全可以冒险一试。在巴比伦的“巴洛克

[1] 蒙森：1817~1903年，德国历史学家，以《罗马史》而闻名于世。

[2] 苏美尔：古巴比伦文明的南区。

[3] 阿卡德：古巴比伦文明的北区。

时代”的初期，我们会看到伟大的萨贡[1]这个人物（公元前2500年），他推进至地中海沿岸，征服了塞浦路斯，并与查士丁尼一世及查理五世一样自诩为“世界四方之王”。不久，公元前1800年左右在尼罗河流域及更早一些时候在苏美尔—阿卡德，我们看见最早的一批文明开始了。这二者中的亚细亚文明显示了其莫大的扩张威力。“巴比伦文明的诸多成就”（像书籍中所说的），很多同测量、计数和计算有关的事物与看法，可能一直流传到了北海与黄海。很多印刻在工具上的巴比伦标志或许曾在日耳曼的原野那边被尊崇为一种具有奇异魔力的象征，或许因此产生了某种“早期日耳曼”的装饰品。但是，此时巴比伦的国土本身却一再改变主人。喀西特人、亚述人、迦勒底人、米太人、波斯人、马其顿人，所有这些在精干的领袖统治下的规模不大的战士集团，在此地区的首府轮流当家做主，而从没有受到来自其居民方面的任何严重的抵抗。

这是“罗马帝国”形式的第一个例证——不久在埃及也产生了相似的例证。在喀西特人的统治时期，统治者是由禁卫军拥立与撤换的；亚述人与晚期的罗马军人皇帝（康莫都斯以后）一样，维持旧的法制形式；波斯王居鲁士与东哥特王提奥德里克将他们自己看作帝国的管理者；米太人与伦巴第人的战士集团，则把自己看成异族环境的统治民族。但这些都只是法制上的而不是事实上的区别；实际上，塞普提姆斯·塞弗茹斯[2]统率的非洲人军团与阿拉里克统率的西哥特人并无区别，而在亚得里亚堡战役时“罗马人”与“蛮族”已经变得差不多难以辨别了。

公元前1500年以后，三种新的文化开始了——首先是上旁遮普的印度文化；其次便是一百年之后产生于黄河中游的中国文化；再次则是公元前1100年左右产生于爱琴海上的古典文化。中国史学家对夏、商、周三大朝代的论述，与拿破仑将自己看作继墨洛温王朝及加洛林王朝和加贝王朝之后的第四王朝情况大致是一样的。实际上，在任何场合，第三朝都一直是与文化共存的。在公元前441年名存实亡的周王开始被“东周公”的国家供奉时，当公元1793年“路易·加贝”即路易十六被处以死刑时，在此两种情况的任何一种情况之下，文化都变成了文明。一些自商朝晚期保存下来的非常古老的铜器和中国日后艺术的关系，和迈锡尼时期的陶器对古典时代早期陶器以及加洛林王朝时期的艺术和对罗马式艺术的关系，完全一样。在吠陀文化、荷马文化与中国文化的青春时期及其“行宫”和“城堡”、骑士制度与封建统治中，能够看到我们哥特时

[1] 萨贡：古巴比伦的统治者。

[2] 塞普提姆斯·塞弗茹斯：罗马皇帝，193~211年在位。

期的所有影像；“大护国者时期”（盟主，公元前685~591年）则正好相当于克伦威尔、华伦斯坦和黎塞留的时期，也相当于希腊世界的第一次僭主政治。

公元前480~前230年被中国史学家称作“战国时期”，这段时期发展到最后，是持续达一个世纪之久的群众大军之间的相互攻伐和可怕的社会骚乱，且从这里产生出了“罗马式”的秦国，成为中华帝国的创建者。埃及在公元前1780~前1580年经历了相同的阶段，其最后一个世纪是“海克索人”统治时期。古典世界自喀罗尼亚战役（公元前338年）之后经历了这一阶段，并在革拉古兄弟改革（公元前133年）到亚克兴战役（公元前31年）这段时间内达到了恐怖的顶点。这也同样是西方欧美世界在19世纪和20世纪的命运。

在这段时期，重心转移了——古典世界自阿提卡转移到了拉丁姆，中国则由黄河（在河南）转移到扬子江（今湖北省）。西江[1]对于那个时期的中国学者就像易北河对亚历山大里亚的地理学者一样的模糊，到那时为止，中国学者还不知道有印度存在。

在地球的那一边出现了朱理乌斯——克劳狄乌斯家族的元首；在中国这边则出现了秦王嬴政这个强有力的人物，他领导着秦国，通过决定性的斗争，独霸了中国，且在公元前221年采用了“始”（在字义上等于“奥古斯都”）的称号与“皇帝”的名号。他建立了“中国和平”（我们能够如此称它），在疲敝的帝国中进行了规模宏大的改革，并似罗马一样迅速地开始建筑其“边界”，这就是著名的万里长城，为了这个目的，他于公元前214年吞并了蒙古的一部分领土。他同时也是第一个在一系列的大规模战役中征服了扬子江以南部族的人，随后又用军用大道、堡垒与郡县制度将自己的版图巩固起来。但是其家族的历史也是“罗马式的”，其中吕不韦（丞相，又是皇帝母亲的第一个丈夫）与伟大的政治家李斯（那个时代的阿格利巴及中国文字的统一者）占了重要的地位，后来这个朝代很快地在罗马暴君尼禄式的恐怖中结束了它的统治。代之而起的是两汉（西汉，公元前206~公元23年；东汉，公元25~220年），那时中国的疆界日益扩张，而在京都中宦官大臣、将军和军人团体却能随意拥立废黜统治者。只是在某些罕见的时刻，比如在武帝（公元前140~前87年）与明帝（公元58~76年）时，中国的儒家、印度的佛教及古典的斯多噶主义等几种世界势力才在里海地区相互接近，以至于它们非常可能已经发生了实际的接触。

机会注定了匈奴人对中国“边界”的猛烈攻击必然会自行瓦解，没有任何

[1] 西江：珠江的主流。

成就，此“边界”每当遇到危急的时候总有一位强有力的皇帝来防守它。决定性地击退匈奴，是在公元前 124~ 前 119 年中国的图拉真汉武帝在位的时期发生的。抱着获得一条通往印度的路线的目的，最后将中国南部并入帝国的，也是他；他还建筑了一条通往塔里木的具有城堡的大道。因而，匈奴被迫转向西方，不久便驱赶追迫着一群日耳曼部落，出现于罗马世界的边界前面。此次他们成功了。罗马帝国瓦解了，于是三个帝国中仅有两个还继续存在，并直到今天还连续不断地被作为不同强权势力的掠夺品而继续存在着。今天，西方的“红发蛮族”在具有很高文明的婆罗门与清朝官吏的眼前扮演了蒙古人与满洲人昔日曾经扮演过的角色，扮演得既不比他们好，也不比他们坏，并必然与他们一样不久就会被其他的演员所代替。但是另一方面，在崩溃中的罗马的殖民地范围之内，未来的西方文化正在西北方潜滋暗长，而在东方，阿拉伯文化也已经达到了兴盛的状态。

阿拉伯文化是一种发现。其统一性被后来的阿拉伯人多少感觉到，可是它竟然完全被西方的历史研究漏掉了，以至于都无法为它找到一个合适的名称。根据主导的语言，原始文化及青春时期能称为阿拉米时期，晚期能够称为阿拉伯时期，然而真正适用的名称却是不存在的。在此地区，各种文化互相密切接触，与之相应的各种文明的扩张也导致了许多的重叠。我们在波斯人与犹太人的历史中可以查明的阿拉伯的前文化时期，完全处在古巴比伦世界的范围之内，但其青春时期却是在古典文明的强大的魔力控制之下，此种文明挟其刚臻于成熟的全部威力自西方侵入了此地区；埃及文明与印度文明也在这个地区发挥了它们自己显著的影响。随后，阿拉伯精神——多半是在晚期古典的伪装下——也顺次将其魔力投到初生的西方文化上。在西班牙南部、普罗旺斯与西西里的民众心灵中，阿拉伯文明层叠于依然残存的古典文明上面，并成为哥特式心灵用以培育自己的规范。此种文化的固有景色分布十分广阔，但是各自又是零散割裂的。假设某人置身于帕尔迈拉或忒息丰，然后，沉思默想，环顾四方，就会发现：在北方是奥兹尔欧尼；以得撒已然成为阿拉伯青春时期的佛罗伦萨。西方是叙利亚与巴勒斯坦——《新约》圣经与犹太人的圣典《米示纳篇》[1] 的产生地，和作为固定前哨的亚历山大里亚。在东方，玛兹达教[2] 经历了一次非凡的革新，相当于耶稣在犹太人中的降生，《阿维斯塔》[3] 经文残缺不全的记载

[1] 《米示纳篇》：犹太典籍《他勒目法典》的第一部分。

[2] 玛兹达教：伊朗古代宗教之一。

[3] 《阿维斯塔》：古代伊朗琐罗亚斯德教的圣典。

让我们对于这次革新知之甚少。《他勒目法典》[1]与摩尼教[2]也是在此产生的。在最南方，伊斯兰教的未来故乡，一个骑士时代在此能够发展得和在萨珊帝国中一样圆满；甚至直到今天，那里尚有许多未曾探查过的堡垒和要塞的废墟。也正是在这个地方，位于红海两岸的阿克苏姆的基督教国家和希姆雅尔人的犹太国家之间，因罗马与波斯外交人员的煽风点火，进行了多次决定性的战争。在最北方的是拜占庭帝国，它是凋萎的、文明化的、古典的形式与青春的、豪侠形式的奇异混合物，这种混合物特别表现在令人迷惑的拜占庭军队制度的历史上。最终，并且到了非常晚的时候，伊斯兰教才产生了统一的意识，这便说明了其胜利前进的必然性，也说明了基督徒、犹太人与波斯人为何几乎未抵抗就归附了。不久，阿拉伯文明自伊斯兰教中出现了，当西方的蛮族暂时侵入并逼近耶路撒冷时，此种文明正到达其智力方面最完善的顶峰。我们能够问一下自己，当时有教养的阿拉伯人是如何看待这种侵犯的呢？或许是某种与布尔什维主义差不多的东西？对于阿拉伯世界的治国才略而言，“法兰克斯坦”的那些政治关系是水平较低的东西。即便是在我们的三十年战争——那种观点看来是“远西”的一出戏剧——中，当一个英国使臣力图鼓动土耳其政府反对哈布斯堡家族时，那个掌握着自摩洛哥至印度这一地带的政策的政治家显然判断，那些以掠夺为事的小国是无须去考虑的。甚至在拿破仑从埃及登陆时，尚有很多人对前途一点预感都没有。

与此同时，又有一种新的文化在墨西哥发展起来了。这种新的文化距离其他文化过于遥远，以至于它们之间丝毫没有交流。因而，它的发展与古典文化的发展居然相似，这就便越发令人惊奇了。站在一座古墨西哥神庙前的考古学家，当他联想到他的多里斯式的神庙时，一定会大吃一惊的；然而，古墨西哥神庙确实完全具有一种古典的特征，也就是在技术方面表现出的权力意志的薄弱，这种特征让阿兹特克人的武装始终很差，因而他们的灭顶之灾就成为现实。

阿兹特克人的灾难恰是一种因惨遭横死而结束的文化的唯一的例证。它并非因枯萎、被压制或被遏抑而死，而是在全盛时期被杀害，就好像一棵向日葵的头被一个过路人打掉那样地被摧毁了。全部这些国家，包括一个世界强国及不止一个联邦，其疆土与资源远远超过了汉尼拔时代的许多希腊国家与罗马国家，它们全都具有一种综合的政策，一种慎重地整齐有序的财政制度，和一种

[1] 《他勒目法典》：是犹太教社团的生活之本，分为《米示纳》和《盖玛拉》两个部分。

[2] 摩尼教：公元3世纪兴盛于伊朗及其邻近地区的一种神秘主义宗教，是基督教和琐罗亚斯德教的混合，持二元论的教说。

高度发展的法制；全都具有查理五世的大臣们无法想象到的施政思想和经济传统；全都具有丰富的用几种语言写成的著述，在各大城市还全都具有一种智力杰出而且讲究礼仪的文雅的社会，这是西方无与之相比的。这所有的都不是在某次决战中毁掉的，而是被一小撮匪徒在短短数年中铲除的，而且铲除得十分干净，以至于残存的居民连一点对它的记忆也没能保留下来。大城市登诺支铁特兰的地面上连一块石头都未留下。在犹嘎旦的原始森林中，玛雅的大城市群极快便屈服于植物的攻击，所以我们连这些城市中的任何一个的旧名称都不知道了。在著述方面，仅有三本书残存下来，但现在没有一个人可以看懂它们。

这出悲剧的最骇人的特征是，它发生的原因丝毫不是西方文化所必需的。它是冒险家的私事，并且那时在德国、法国或英国没有人知道正在发生着什么事情。此事例比别的所有事例都更好地指明：人类的历史没任何意义，深奥的意义只寓于个别文化的生活历程之中。它们的相互关系是毫不重要的和偶然发生的。在此，这无妄之灾是这样地没有意义，这样地荒谬，即便在最胡闹的蠢事中也是无法容忍的。这出戏是由极少的几门大炮和几十只手枪开始和收场的。

甚至，关于这个世界的极简略的历史的确凿知识，也是永远无法得到的，像我们的十字军与宗教改革一样重要的事件彻底湮没无闻了一样。仅在近几年中，研究工作才想无论怎样都要弄清这种文化晚期发展过程的轮廓，依靠此类资料，比较形态学或许可以试图利用别的文化的图景将这种文化的图景加宽与加深。根据这些，这种文化的转折点比阿拉伯文化的转折点晚二百年，比我们自己文化的转折点约早七百年。玛雅文化也有一个前文化时期，这个时期，与中国和埃及的情形相同，发展了文字与历法，但是对于这个时期我们是一无所知的。时间计算从远在基督诞生以后的一个日期开始，但是今天无法将那个事件的发生日准确地予以规定。不管怎样，这总表现出墨西哥人的一种发展得很强烈的历史感。

“希腊式的”玛雅各国的青春时期，已被科班（在南方）、提卡尔和稍后的契辰·伊特撒（在北方）、那兰贺与塞巴尔等古城的刻有时日的石柱浮雕得以证明——约在公元 160~450 年。在此时期的末期，契辰·伊特撒成了以后若干世纪所仿效的建筑术的典范。帕楞揆和佩德拉斯·内格拉斯（在西方）的全盛时期，或许相当于我们的哥特时代晚期与文艺复兴时期（公元 450~600 年 = 欧洲的 1250~1400 年？）。在巴洛克时期（或称晚期），坎普敦作为形成巴洛克风格的中心而出现了，而且阿那瓦克高原上的“意大利式的”那瓦（墨西哥中部的印第安人）等族在此时也开始受到文化的影响。在艺术与精神方面，这些民族仅是承受者，而在政治本能方面他们却远远超过了玛雅人（公元600~960 年左右 = 古典文化的公元前 750~ 前 400 年 = 西方文化的 1400~1750 年？）。此时，玛雅人进入了“希腊化的”阶段。公元 960 年左右，乌施马尔[1]建立起来了，不久便成为一座头等的世界都市，相当于亚历山大里亚或巴格达，并与这类的城市一样是在文明开始的时候建立起来的。与这座城市同时，我们看到一系列的光辉灿烂的城市，像拉布那、玛雅潘、察克莫尔敦和一个复兴的契辰·伊特撒。这些城市标志了一种宏伟的建筑形式的顶点，往后这种建筑形式便不再产生新的样式，仅是将旧的精神和趣味以及特征运用到巨大的形式中。从政治方面来看，这便是有名的玛雅潘联盟——三个主要国家组成的同盟——的时代。虽然这期间发生了几次大的战争，并发生了数次革命，联盟似乎仍然成功地维持了局势，虽然不免有些造作和勉强（公元 960~1165 年 = 古典文化的公元前 350~ 前 150 年 = 西方文化的 1800~2000 年）。

这个时代的结束是以一次大革命为标志，随同此次大革命一起发生的是，（“罗马式”的）那瓦族诸强国断然地干预了玛雅人的事务。依靠了那瓦族诸强国的援助，胡纳克·希尔[2]掀起了一次广泛的颠覆运动，且摧毁了玛雅潘城（约在 1190 年＝古典文化的公元前 150 年）。这种结局是过度成熟文明的历史所特有的，在这种历史里不同的民族争夺着军事上的霸权。那些玛雅人的大城市像罗马时代的雅典与亚历山大里亚那样沉溺于安适的满足之中，但是在那瓦族的疆界上，这些民族中的最后一个，即阿兹特克族却正在发展壮大——这个民族是年轻的、生气勃勃的、野蛮的，并充满了一种贪得无厌对权力的追求意志。公元 1325 年（奥古斯都时期），他们建立了登诺支铁特兰，这座城市不久便成为整个墨西哥世界的最高首府。公元 1400 年左右，军事扩张大规模地开始了。被征服的地区被军事殖民地与军用道路网所巩固起来，而高超的外交策略则让各附属国更加俯首帖耳，并彼此隔离。帝国首都登诺支铁特兰变成了巨大的城市，这里居住的是一种操着这个世界帝国的各种语言的国际居民。那瓦族各省区在政治与军事上是万无一失的，向南的推进正在快速地展开，并且马上就要染指玛雅人的各个国家；以后几个世纪的情况怎样，我们无从知道。而后，终结突然来到了。

在那时，西方正处于玛雅人在公元 700 年左右便已经越过的一种水平上；能够成熟领会玛雅潘联盟政策的时代，不是别的，正是腓特烈大帝的时代；而

[1] 乌施马尔：墨西哥东南部的古城，为玛雅帝国后期的主要城市。

[2] 胡纳克·希尔：约在1194年建立科科姆王朝，在玛雅潘设立新都城，这里作者出现了错误。

公元1500年的阿兹特克人正在创建着的事物，对我们而言则当是在遥远的未来。然而即便是在那个时候，浮士德文化的人与所有其他文化的人的不同，也正在于他的无法抑制的向远方发展的冲动。而且作为最终的手段，将墨西哥文化与秘鲁文化扼杀甚至消灭掉的便是这种冲动——那随时可供在所有领域中使用的、无可匹敌的冲动。的确，爱奥尼亚式的建筑形式在迦太基与波斯玻里斯受到了模仿，希腊化时代的趣味在印度的犍陀罗艺术中也赢得了一些赞赏者。未来的研究或许将会在原始日耳曼的木造建筑物中发现许多中国式的建筑。回教寺院的建筑形式此后印度一直流行至北俄罗斯，甚至到达西非、西班牙。但全部这些如果与西方形式的扩张能力比较起来，都无任何价值。几乎毫无疑问，西方的真正形式的历史只能在本土上自行完成，但它所产生的影响却不受任何限制。在登诺支铁特兰的故址上，西班牙人建起了一座巴洛克式的大教堂，用西班牙绘画与雕塑的杰作进行装饰。在那时，葡萄牙人已经着手经营前印度，而巴洛克时代晚期的建筑师也从西班牙与意大利到波兰与俄罗斯的内地来工作。英国的洛可可式，特别是法兰西帝国形式，在北美的各殖民州中为自己开辟了一个广阔的领域，其形状奇异的房屋与家具在德国却并没有得到应有的重视。古典风格已经在加拿大与好望角发生作用，不久便全无限制了。在每一其他的形式领域中，情况也完全相同；这个年轻有力的文明与那些依然残存的古老文明之间的关系是：用西方—美洲的各种生活形式的逐渐加厚的层积将其他一切文明全部都覆盖起来，在这种掩蔽之下，本地的古老形式慢慢地便销声匿迹了。

六

人类世界的这幅图景，注定是要换掉那幅甚至是在最优秀人物的头脑中依然牢不可破的、陈旧的“古代—中世纪—近代”的图景，在这幅图景的前面，对于“什么是历史”这个老问题提出一个新的答案，也将会成为可能了，并且我认为，这个新的答案对于我们的文明来说也是一个最终的答案。

德国历史学家兰克在其所著的《世界历史》一书的序言中说道：

> 当纪念碑能够被理解的时候，可靠的成文的证据也可以被利用的时候，历史才开始。

这是一个资料搜集者与整理者的答案；很明显，它将曾经发生的事物与在一定时期对特定研究者所展现的观察范围内所发生的事物混淆起来了。马敦尼在普拉底打了败仗——假如二千年后这件事不知为何离开了历史学家的眼界，难道它便不成其为历史了吗？一件事实要想成为一件史实，必须要在书籍中记载它吗？

兰克以后最重要的史学家爱德华·迈尔说道：

> 历史的事物是现在有效力的、或曾经有过效力的事物……只有通过历史的考察，那被历史从无数的同时代的过程中提炼出来的个别过程，才成为历史事件。

这种说法是全然符合黑尔格的风格和精神的。首先，其出发点是事实，而非对于事实的偶然知识或无知，并且假如有一种必须强加于这种出发点的描述历史的方法，那便是在这几页中所介绍的方法，因为即使当我们在科学的意义上并不（而且将永远无法）认识那些事实的时候，它也让我们假定在庄严的序列中存在着头等重要的事实。我们应该学会用最综合的方法来把握未知的事物。另外，真理就精神领域来说才成其为真理，事实则仅在涉及生活时才成其为事实。历史研究，以我的术语来说便是体相的事实，是由血气决定的，由扩展到过去与未来的知人论世的才能决定的，由对人物与形势、对事变、对那种必然是和必曾有的事物的天赋的嗅觉决定的。它并不在于单纯的科学鉴定与史料知识中。对于任何一个真正的史学家来说，科学形式的经验仅是某种附加的或从属的东西。历史研究，凭借理解与传达，辛苦地而且反复地将一刹那的启发，已经并立即向存在表明的那种事物，证明给觉醒的意识。

正由于我们浮士德式的存在的威力现在已经在我们周围划出了一个其他人与其他时间所无法得到的内心体验的范围——对我们而言，那些时间相隔极远的事件变得愈来愈有意义，并将另外的任何人、连最接近这些事件的同代人也无法理会的各种关系揭示出来，很多在多个世纪以前不成其为历史的事物现在已经成为历史了，也就是变成与我们的生活相协调的生活了。塔西陀或许“知道”有关提庇留·革拉古的革命的材料，但对于他而言，那种材料不再有什么实际的意义，可是对我们来说它却极富意义。一性派[1]的历史同穆罕默德的环境的关系，对伊斯兰信徒并无任何意义，但对我们而言它可被视为另一场景中

[1] 一性派：基督教古代异端派别之一，认为基督的神人二性结合以后，人性已经被吞没，只有神性，因此基督和人不是同类。

的英国清教徒的故事。从一种已经将整个地球作为它的舞台的文明的世界观而言，到最终所有的事物都与历史有关。古代—中世纪—近代的历史体系，按照19世纪的理解，仅选择了那些比较明显的关系。但古代中国与墨西哥的历史，今天正在开始对我们产生更加精细、更加智慧的影响。我们正在此经历生活本身的最后必然性。我们正在从另一种生活的历程之中学习并认识我们自己现在是什么，我们应该是什么，我们将要成为什么。生活是我们未来的伟大学校。我们这些迄今尚有历史的人，仍然在创造着历史，在历史人类的最终边界上发现历史是什么。

苏丹境内两个黑人部落之间的战争，或恺撒时代岐鲁斯克人与查提人之间的战争，或本质上一样的蚂蚁团体之间的战争，不过是“活生生的自然”的一出戏剧。然而当岐鲁斯克人攻击罗马人的时候，如在公元9年，或当阿兹特克人攻击特拉斯喀兰人[1]的时候，那便称其为历史了。这里，“何时”是应该受到相当的关注的，而且每十年，甚至或者是每一年，全都有重大关系，因为在此人们是在处理一个伟大的生活历程的进展，其中的每一决定都等同于一个转折点。这里有所有事变向前推进的一个目标、一个力图达成其宿命的存在、一种发展速度、一段固有的期限，而非西徐亚人、高卢人或加利比人的那种毫无秩序的有时繁盛有时衰败，这类繁盛、衰败的细节就似一群海狸或大草原上的羚羊群的行动细节那样无关紧要。这些是动物学上的事件，并在我们眼前的一个完全不同的方向中有其位置，这其中，我们关心的并非个别的民族或兽群的命运，而是作为种属的“人”、“羚羊”或“蚂蚁”的命运。原始人仅有生物学意义上的历史，所有的史前研究全都在化为这种意义的考察。人们对于火、石头工具以及令武器有力的机械法则的日渐熟悉，仅表示类型和潜在的可能性的发展。一个部落利用这些武器去反抗另一部落的目的，在这个历史阶段是并不重要的。石器时代与巴洛克时代，在一个种属与一种文化的各自存在中，是两个时代等级，也就是属于两种根本不同场景的两种有机体。在此，我还要对一贯败坏一切历史思想的两种假定提出不同看法：一种认为全人类有一个最终的目标，另一种则根本否认若干终极目标的存在。生活存在一个目标，那便是在其胚胎时便已经注定的任务的完成。但是个人生来便是一方面属于特殊的高级文化，而另一方面又属于人这一种类——对于他而言，无第三个存在的单位。他的命运必须是或者存在于动物学的范围内，或者存在于世界历史的范围内。“历史的”人，依照我对这个词的理解并按全部大史学家对它的看法，乃是一

[1] 特拉斯喀兰人：为印第安部落。

种正全力向着自我完成前进的文化的人。在此之前，在此之后，在此之外，人是没有历史的；并且他所隶属的民族的命运对他而言也是无关痛痒的，就好像当注意的面是天文的而非地质的时候，地球的命运是无所谓的一样。

由此能够得出一件最具决定性意义的事实，一件以前从没有被承认过的事实，那便是，人不但在文化诞生之前是没有历史的，而且当一种文明已经自行完成了其最终的确定的形式时，马上再次成为无历史的，因为这种最终确定的形式预示这种文化蓬勃发展的终结和有意义的存在的最终潜力的枯竭。我们在塞特一世（公元前 1300 年）之后的埃及文明、在直到今天的中国文明、印度文明与阿拉伯文明中所见到的，正好又是原始时代的旧的动物学上的盛衰景象，虽然隐蔽着它的那些宗教的、哲学的特别是政治的形式还是非常灵巧的。不管君临巴比伦的统治者是如同喀西特人那样野蛮好战的游牧民群，还是如同波斯人那样文雅的继承人；不管他们保持他们的统治地位是在什么时候、有多长时间以及有何成就；从巴比伦的立场来看，是毫不重要的，当然，居民的安乐生活要受到以上这样的事情的影响，但是它们并无关这一事实，因为这个世界的心灵已经熄灭，因而它的各种事件也便失去了任何深刻的意义了。在埃及建立起来的一个土著的或异族的新王朝，在中国发生的一次革命或一次征服，迁入罗马帝国境内的一个新的日耳曼民族，皆属于景观的历史中的此类因素，有如动物界中的一种变化或一群鸟的迁徙。

在高级人类的真正历史中，所竞争的赌注与动物性的优胜劣汰的基础从来都是，甚至在驱逐者与被驱逐者完全未意识到他们的举动、目的和命数的象征意义时也是：某种本质上是精神的事物的现实化，一种观念变成一种活生生的历史形式。这同样适用于艺术中的重要的风格倾向（哥特风格和文艺复兴风格）斗争、哲学（斯多噶派和伊壁鸠鲁派）斗争、政治理想（寡头政治和僭主政治）斗争和经济体制（资本主义和社会主义）斗争。然而此后的历史便不具备这一切了。剩下的只有单纯争夺权力的斗争，争夺动物性利益本身的斗争。以前，权力甚至是在显然缺乏任何灵感时，也总是在设法为观念服务；在以后的文明时期，即使一种观念的最让人信服的想象，也只是纯粹动物的竞争的伪装。

佛陀以前的印度哲学与佛陀以后的印度哲学的不同之处在于：前者是一个追求印度思想目标的伟大运动，此目标是印度心灵所树立并寓于印度心灵之中的；后者则是一种此时已经凝固并且不再发展的思想积淀的若干新断面的连续出现。答案永远在此，尽管表达它们的方式有所不同。就汉朝以前的中国绘画与汉朝以后的中国绘画（不管我们是否知道它）、新帝国开始以前的埃及建筑与新帝国开始以后的埃及建筑而言，情况是一致的。技术方面，也是如此。今天中国人接受蒸汽机与电这两种西方发明，与四千年前采用青铜器与犁以及在更久远的时候采用火的情况是完全一致的，并且都具有相同的宗教的敬畏心情。此两种发现，在精神上，都与中国人在周代为了他们自己取得的、并且每一次都具有中国内部历史上划时代意义的那些发现全然不同。在那个时期以前与以后，几百年的时间远不如文化期内的几十年，甚或几年那样重要，因为时间距离正在渐渐地恢复到生物学的状态。正是此种情况，让这些晚期的状况——这种种状况对于生活在其中的人们差不多是众所周知的——具有那种无变化的壮观的特征，对于此种特征，真正处于文化阶段的人——像希罗多德在埃及与马可·波罗的西方继承者在中国——在将它与他自己的发展速度加以对比时，觉得是非常震惊的。这便是无历史的持久不变性。

古典历史不是随同亚克兴战役与罗马和平而结束了吗？那些集中整个文化的内在意义的重要决定再也看不到了。无理性、生物学，正在取得支配的地位，并且不管一桩事件要朝什么方向发展，对于世界而言都正在变成一个无足轻重的问题，即使对于个别私人的行动而言并非如此。所有重大的政治问题全都被解决了，这些问题迟早在每一文明中都是要被解决的，因为问题已不再被视为问题，也不再被提出。但是，不久之后，人也便不再了解在早先的种种灾难中到底包含着哪些问题；凡是未被人们自己亲身体验过的事物，也便无法被别人亲身体验到。在今后的埃及人谈到海克索人时期，或今后的中国人谈到相对应的“战国”时期的时候，他们是以他们自己的生活方式为标准来评判那些表面的图景，其中已不再有难解的事物。他们在这些事物中仅看到争权夺利的斗争，他们却没有看出，那些殊死的战争，那些对内对外战争，人们鼓动异族反对自己同族的战争，全都是出于一种观念而进行的。今天我们知道，围绕着提庇留·革拉古的谋杀与克劳狄乌斯[1]的谋杀事件在紧张和解除紧张的可怕交替中到底发生了何种事情。在公元1700年的时候我们无法做到这一点，而在公元2200年的时候我们也无法做到这一点。就希安这个人物而言，情况是完全一致的；这是一个拿破仑式的人物，今后的埃及历史学家除了发现他是一个“海克索人的国王”之外，再也找不到另外的内容。假如不是由于日耳曼人的到来，罗马史学家在一千年后或许会将革拉古兄弟、马略、苏拉和西塞罗放在一起，作为一个被恺撒推翻的王朝。

试比较一下提庇留·革拉古的死亡和尼禄的死亡（这时罗马得到贾尔巴举

[1] 克劳狄乌斯：公元前93？～前52年，罗马政治家，西塞罗的政敌。

兵反叛尼禄的消息），或比较一下苏拉战胜马略党和塞普提姆斯·塞弗茹斯战胜佩斯肯尼乌斯·尼盖吧。假设后几种场合事件发展是另外一种样子，那么帝国时代的过程又会发生什么样的变化呢？蒙森与爱德华·迈尔所非常仔细描绘的庞培和奥古斯都的元首制与恺撒的“君主政体”之间的分别，完全未击中要害。在那个阶段，要点仅是一个宪法上的问题，尽管五十年前它会含有不同观念间的对立的意义。当温戴克斯与贾尔巴在公元68年着手去重建“共和政体”时，他们正在一种观念上投下赌注，但是这时具有真正的象征威力的观念已经不复存在，并且唯一的问题仅是谁应当拥有明明白白的物质力量了。为恺撒头衔而进行的斗争渐渐地变成了类似黑人的斗争，而且将以日趋原始的、从而是“永恒的”形式，一个世纪又一个世纪地进行下去。

这些居民不再具有一种心灵，因而他们无法再有他们自己的历史。充其量，他们或许在一种外国文化的历史中被当作一个对象而获得某种意义，并且不管这种关系具有怎样深刻的意义，都必然完全是从异族生活的意志中得来的。在一种古老文明的土壤上发生的所有有效的历史事变，作为事件的一个过程，都是从其他地方，而从来都不是从那块土地上的人在这个古老文明中所起的一切作用，获得它的坚实性的。于是，我们再次认为应该从两方面去考察“世界历史”的现象，即人类历史上各个伟大文化的生活历程方面与它们之间的关系方面。

第三章　起源与景观

（丙）文化之间的关系

一

尽管关于各种文化本身的考虑在逻辑上应当先于各种文化之间的关系的考虑，但是一般的现代的历史思想却颠倒了这种次序。实际上，现代历史思想对于那些共同将世界上发生的事件形成一个表面的统一体的生活过程越知之甚少，它就越热衷于在错综复杂的关系中去探求生活，因此它也越少理解这些关系。这种探查、废弃、选择、重新估价、错误、渗透及欢迎的心理是何等丰富啊！——不但在相互直接接触的、相互惊奇的、相互斗争的文化之间是如此，就是在一个现存的文化与一个在景观中仍然可见其遗迹的死文化的形式世界之间也是如此。另一方面，史学家称之为“影响”、“继续”及“永久效果”的这些概念又是何等的狭隘而枯涩啊！

这正是地道的19世纪。人们所探求的恰是一系列的原因与结果。千万的事物相继出现，并没有一件是原始的。因为每一年轻的文化在其表面上全都显示出古老文化的形式因素，所以人们便假定这些因素在继续发生作用，而且当一组这样的效果已经贯串在一起时，史学家就心满意得地把它当作一篇见解正确的著作。

事实上，这种处理方式依照的是多年前曾启迪过伟大的哥特人的那种观念，也就是，一种有重大意义的全人类历史的单一观念。他们看到了，在大地上，人们及民族在变化，但观念却持久不变的情景，并且这幅图景给人的印象是非常强烈的，即使到今天也不曾减退。最开始，这幅图景被看作上帝借着人类苦心而完成的计划。事实上，只要“古代—中古—近代”体系的禁制依旧存在，而且人们只见到表面上的延续现象而未见到事实的变化时，那么便是到了非常晚的阶段这幅图景仍将被看作这样的。但是同时，我们的见解也已经改变了，并且变得更加冷静与广阔。我们的知识早已超越了这种航海图的限制。那些仍需借它去航海的人们，正在徒劳地迎风而驶。并非结果在“发生影响”，而是创造者在“吸收”。人们将存在与觉醒的存在混同了，将生活与它借以表现的手段混同了。批判的思维，甚至简单的醒觉意识，看到理论的单位处处都服从于运动。这是真正动态的、浮士德式的思想，因为在其他文化中无人曾如此想象过历史。希腊人由于对世界的理解是完全具体的，所以他们从未探求过诸如“雅典戏剧”或“埃及艺术”等纯粹表现单位的“效果”。

最开始发生的是：一种表现形式的体系被赋予一个名称，如此便在我们的头脑中唤起一种由许多关系组合而成的特殊合成物。然而这种情况时间不长，随即便有人在这个名称下假设有一种存在，并在这种关系下假设有一种结果。当我们今天谈到希腊哲学、佛教或经院哲学时，我们的意思是指某一正在用某种方法生存的事物，一个力量单位，这个单位不断地成长，直到其强大到足以掌握人类，征服他们的醒觉意识甚至他们的存在，并且最终迫使他们按这个存在的生活方向继续下去。这是一套完整的神话，而且非常有意思地是仅有西方文化的人类——与这种图景共生活并生活在这种图景中的仅是西方的人类——的神话中才充满了这一类的魔怪，比如“电学”与“位能”。

事实上，这些体系只存在于人类的醒觉意识中，而且它们是以活动的各种方式而存在着的。宗教、科学、艺术是醒觉意识的各种活动，而这些活动又是基于一个存在的。信仰、沉思、创造和作为这些看不见的活动的结果所需要的所有看得见的活动——如献祭、祈祷、肉体的尝试、雕像、用交往语言陈述经验——都无非是醒觉意识的活动罢了。其他人仅看到能够看见的东西，仅听到一些言辞。在这样做的时候，他们在自身中体验到某些事物，但是他们无法说明这种体验和创造者本身所经历的东西之间的关系。我们看到一种形式，然而我们不知道那种形式在他人心灵中产生何物；我们对事物仅能有某种信仰，而且我们以贯注到自己心灵的办法来信仰。无论一种宗教能够怎样确切地、清楚地用言辞将自己展现出来，它们无非是言辞罢了，而听者却将自己的感觉贯注其中。不管艺术家的乐调或色彩怎样令人感动，观者在其中所看到的与听到的只是他自己罢了，假如他无法这样做的话，这种艺术对他将是毫无意义的（少数历史上很有名的人物所具有的“设身处地”这种极其罕见的和十分近代的禀赋，在此无须考虑）。蓬尼菲斯[1]使之改宗的德国人并未把自己转注于传教师的心灵之中，这就如在那些日子里穿过所有年轻的北方世界的春季震荡，它意味着任何一个人都在改宗中突然发现一种表现自己信仰的语言。正因为这样，

[1] 蓬尼菲斯：约 675~754 年，英国传教士和改革家，曾到德国传教。

当我们告诉一个儿童他手中拿着的物件的名称时，他的双目便会闪闪发起光来。

因此，并不是小宇宙的单位在运动，而是宇宙的实体在选用它们。假如不是这样——假如这些体系便是能够进行活动的存在物（因为“影响”是一种有机的活动）——历史的图景则会与它的现状完全不同了。思考一下任何一个成熟的人与任何一种现存的文化是怎样不断地浸润于数不尽的潜伏的影响中吧。自所有这一切潜伏的影响之中，只有少数被如此地采纳——绝大多数却都没有。选择所涉及的是工作呢，还是人呢？

企图建立因果联系的史学家仅致力于揣摩现存的影响，而揣估的另一方面——那些非现存的影响——却并没有出现。“积极的”影响的心理学和“消极的”影响的心理学是相互联系的。这是一个从来没有人大胆一试的领域，但正是在这个领域内却有能够收获的果实，而且它是必须着手解决的，除非我们任凭所有问题的回答是模糊的话；因为，假如我们打算对其规避不问，我们便被迫只得虚构世界历史事件的幻象，即将它们视为一个在其中万事万物都能得到适当说明的连续不断的过程。两种文化也许在人与人之间相接触，或者一种文化的人也许碰到另一种文化在其可传的遗物中呈现出来的已逝的形式世界。在以上两种情况中，动因便是人自己。甲完结了的行为仅能由乙借着甲自身的存在使之振作起来，而且凭借他自己，他的内在特性、他的工作和他自己的一部分，变成乙的行为。并没有印度传入中国的“佛教”运动，而仅有印度佛教徒的丰富的表象中的一部分被具有某种宗教倾向的中国人所接受，他形成了一种对于中国佛教徒且只对于中国佛教徒有意义的新的宗教表现形式。在全部这些情况中，重要的并非各种形式的原始意义，而是各种形式本身，它们将寓于观察者自己的创造力之中的种种潜伏方式揭露给观察者的能动感受性与领悟。内涵是无法转移的。两种不同文化的人，各自存在于自己精神的孤寂中，一条无法逾越的深渊把他们隔开。尽管印度人与中国人在那些日子里双方都认为自己是佛教徒，但是他们在精神上仍然离得非常远。一样的经文，一样的教仪，一样的信条——但是心灵却并不相同，他们各走各的路。

查遍所有文化，然后，人们将常常会发现：早期创造物在一较晚期的文化中的继续仅是表面上的，而且事实上较年轻的存在仅与较古老的存在建立了少许（很少）的关系，却始终不问较古老的存在让自己成为的那种事物的本来意义。那么，哲学与科学的“永久征服”结果如何呢？我们一次又一次地听到希腊哲学怎样到今天还继续存在着，但这只是一种无实际内容的夸张罢了，因为首先是枚斋型的人类，其次便是浮士德型的人类，各以其未受损害的本能的深奥智慧，摈弃了那种哲学，或弃之不理，或在根本新的解释下保持了它的程式。在此，由博学的热情而生的天真的轻信欺骗了自己——希腊哲学的各种概念本可以构成一个长长的目录，它被采取得越多，则被确定的残存部分的比例也会消失得愈来愈小。我们的习惯只是将德谟克里特的原子影像说、柏拉图的“理念”的那个实物世界与亚里士多德的宇宙的五十二个凹形的天球等如此的概念作为偶然的“错误”而忽略过去，好似我们真能比已逝的事物自己还要好地去了解它们的意义！这些事物是真理并且是必需的——但是，并非对我们而言。我们在事实上而不尽是在表面上所掌握的希腊哲学的总和，实际上等于零。让我们说老实话并相信老哲学家所言吧；没有一个赫拉克利特或德谟克里特或柏拉图的定理对于我们是真实的，除非我们已经把它变为己用的时候。那么，我们从希腊科学的方法、概念、目的、手段中到底接受了多少东西呢？更不用说它的基本上无法理解的名词了。据说，文艺复兴全然受到了古典艺术的“影响”，但是多里亚式庙宇的形式、爱奥尼亚式的圆柱、圆柱对于额柱的关系、色彩的选用、绘画中背景和远景的处理、关于肖像配置、瓶画、剪嵌细工、蜡画法的种种原理、雕像的构造因素、来息帕斯的比例等都如何了呢？为何所有这一切都未曾发挥过“影响”呢？

由于某人（这里指文艺复兴艺术家而言）意欲表现的东西，就是他自身中先天所有的东西。从他所面临的一大套过去的形式中，他真正只看到了少数他想要看到的形式，并且在他需要它们的时候才去看它们——换言之，同他自己的意愿相同，而非与原始创造人的意愿相同，因为从未有现存的艺术认真地思考过那种意愿。如果你能试图逐个地去了解埃及雕刻术对初期希腊的“影响”，那么结果你将会发现：除了希腊人的追求形式的意志从较古的艺术储藏中吸取些许它无论怎样都会在某种形式中为它自己发现的特征之外，根本没什么。在古典的景观的周围，有埃及人、克里特人、巴比伦人、亚述人、赫梯人、波斯人、腓尼基人正在工作，或已经工作，并且这些民族的工作——他们的建筑物、装饰品、艺术作品、祭仪、国家形式、字体及科学——希腊人了解得很多。但是从这所有的工作中，古典的心灵又选用了多少东西来作为它自己的表现方法呢？我再说一遍，我们所观察到的仅是被接受了的种种关系。但是那些未被接受的关系又如何了呢？比如，为何我们未能在前一范畴中看到金字塔、塔门、埃及的方尖石塔或象形文字或楔形文字呢？未被西班牙和西西里的哥特艺术与哥特思想接受的拜占庭的储存与摩尔人的东方的储存又如何了呢？选择和对于选中的事物的真义的快速改变，被一种智慧所支配，对这种智慧的过分称赞是不应有的。任何一种被接受的关系不仅是一种例外，而且是一种误解，而且一个存在的内在力量并没有如同它在这种有目的的误解的艺术中那样清晰地得以证明。我们赞美一种外来的思想的各种原则越热烈，我们事实上对于这种外来思想的性质的改变也越根本。只要思考一下西方对柏拉图所作的种种赞美就能说明这一点了！从沙脱尔的伯纳[1]和马尔西里阿斯·菲西诺斯[2]一直到歌德与谢林[3]！另外，我们对于一种外来的宗教接受得越谦恭，对那种宗教早已采取了新心灵的形式这一事实便越确定。的确，应该有人撰写“三个亚里士多德”的历史——希腊的、阿拉伯的与哥特的——他们并没有一种共同的概念或思想，或者应该有人撰写枚斋式的基督教转化为浮士德式的基督教的历史！我们从讲道词及书籍中了解到这个宗教从古老的教会传入并传遍西方地区，而没有本质的变化。事实上，枚斋人基于其的二元的世界意识的最深处，发展出来一种他自己的宗教意识的语言，我们称此种语言为“这个”基督教。这种经验的许多能够交流的部分——经文、信条、教仪——被晚期古典文明的人士所接受并作为表现其宗教需要的方法；接着，它一个人一个人地传布下去，甚至传到了西方前文化时期的日耳曼人那里，在经文上始终一致，但在意识上却一直处于变化中。人们从来不敢改善神圣经文的原始意义——这只是因为他们不明白这些经文的意义。假如有人对此持怀疑态度，那么就让怀疑的人研究一下神恩“这个”观念吧；当它在奥古斯丁的二性的解释之下出现的时候，影响人的本质，而在加尔文的能动的解释之下出现的时候，则影响人的意志。或者研究一下我们完全难于理解的枚斋观念的“一致”吧，在此种观念中，上帝的选民的一致意见，作为由圣灵分出的心灵寓于任何一个人身上的结果，被认为是直接的神圣真理。正是此种观念，赋予了早期宗教会议权威的地位，而且它还构成了直到今天在伊斯兰世界占支配地位的科学方法的基础。另外，正是由于西方人不理解这种观念，哥特时期晚期的宗教会议对于它来说，只等于一种限制教皇政治的宗教易变性的议会罢了。关于宗教会议的意义的这种观念甚至在15世纪时依然盛行——考虑一下康士坦斯和巴塞尔，赛窝那罗拉和路德——然后最终，在教皇不谬性的概念之前，它由于既没有价值又没

[1] 沙脱尔的伯纳：约11世纪末~1130年，法国哲学家，12世纪西方柏拉图主义的代表人物之一。

[2] 马尔西里阿斯·菲西诺斯：1433~1499年，意大利哲学家，柏拉图主义者。

[3] 谢林：1775~1854年，德国古典哲学的主要代表，客观唯心主义哲学家。

有意义而消失了。或者，再研究一下流行于早期阿拉伯世界的肉体复活的观念，这个观念也预先假定圣灵及人类心灵的观念。古典文化的人假设：灵魂，作为肉体的形式及意义，是以某种方法与肉体共同创造的，并且希腊思想差不多未曾提及肉体复活的观念。对于这样重要的问题的缄默不言，也许是由于下面两种原因中的一个——这种观念在那里根本就不存在，或者这种观念是不言自明的，以至于在意识中并未形成一个问题。对阿拉伯人而言，是后一原因。然而对他而言，正好还有同样是不言自明的想法：他的心灵是从寓于他身体内的上帝分出来的。因此，自然而然地，人类灵魂必然在世界末日重新从他那里脱离出来，因此复活被认为是“脱离尸体”。此种看法，在其较深刻的含意上，是西方人士所完全无法理解的。圣经的说教的确未被质疑，但是天主教徒中的才智杰出的人却无意识地用另外一种意义代替它；这另一种意义在路德时期已经明确而在今天却变得非常平凡，那就是不朽的概念，即作为力的中心的灵魂永存不灭。假如保罗或奥古斯丁熟知我们关于基督教的各种观念，他们一定会摒弃我们所有的信条、所有书籍以及所有概念，因为在他们心中这些都是全然错误和异端的东西。

我们能够把罗马法当作一种体系的最有力的证明，这种体系显然历经两千年而未被改变，并在三种文化中经历了三个完整的演变过程，而在任何一种文化中又各有其完全不一样的意义。

二

法律，在古典的世界中，是公民为了公民而制定的，而且预先假定国家形式是城邦的形式。公共生活的这种基本形式，导致了——并且不言而喻地——人的概念，人便是构成（加上其他与他一样的男子）国家实体的男子。从古典的世界感情的这个传统的事实中，萌发了古典法律的所有结构。“人”于是专门作为一个古典的概念，仅在古典的文化中具有意义及价值。个别的人是一个属于城邦族类的实体。城邦的法律规定，下至物（和作为极限的奴隶，是肉体，而不是人）法，上至神，以及作为极限的英雄，与人不同，已经获得了受祀拜的神权和法权，例如希腊各个城市的来山得[1]、亚历山大以及罗马的先帝朱丽乌斯（恺撒）及其继承人，都和人有关。这种在古典法学的发展中越来越明确的趋势，也解释了人格中减等的概念，这个概念对我们西方的观念而言是很陌

[1] 来山得：？～公元前395年，伯罗尼撒战争中斯巴达的领袖。

生的；因为我们可以想象一个被剥夺某种权利甚或所有权利的人（按照我们对本字所理解的意义），但是古典文化的人在此种处罚之下，却不再是一个人，尽管作为一个实体他还继续地活下去。另外，“物”这个特殊的古典观念仅在与人对比并作为人的对象时，才是能够理解的。

由于古典的宗教完全是国家宗教，所以就法律的渊源来说并无不同；现实的法律及神圣的法律都与人的法律一样，由公民来制定，而且物及人的关系以及神与人的关系都是清晰而确定的。因此，对于古典的法学具有决定性意义的事实是：法律自始至终是直接的公众经验的产物，并且，进一步来讲，它并非法学家的专业经验的产物，而是那些通常在政治生活及经济生活中具有价值的人们的实际经验的产物。在罗马，从事公共生活的人必须要是法学家、将军、行政官及财政管理人。当他作为行政长官作裁判时，除了法律的经验之外，他在身后还有诸多方面的广泛经验。一个司法的阶级，事实上（更不要说在理论上）把专门从事法律活动作为其唯一的职业，这是古典文化绝对不知道的。晚期法学的全部情况便由这个事实所决定。罗马人在这里既不是体系制造家，也不是史学家，更不是理论家，而确确实实是卓越的务实家。他们的法学是一门由个别案例组成的经验科学，一种精炼的技术，一点儿也不是各种抽象概念和原理构成的体系。

将希腊法及罗马法作为同一体系相互对立起来，会给人错误的观念。罗马法在它的所有发展中是一种个别城市的法律，千百种城市的法律中的一种，而希腊法作为一个统一体则绝对不曾存在。尽管说希腊语的各城市经常有类似的法律，但这并不改变每个城市的法律是它自己的而非其他城市的这一事实。通行的多里亚法制观念从未出现过，通行的希腊法制观念则更没有出现过。如此的概念对于古典的思想绝对是陌生的。市民法仅适用于奎荣提兹人——外国人，奴隶与罗马城外的整个世界压根儿就没进入法律的眼中，其实就连《撒克逊法鉴》（13 世纪汇编成的日耳曼人的习俗和习惯法）也早已证明我们自己所深深感受到的观念：事实上只能有一种法律。直到进入帝国时期之后很久，在公民的市民法与为“其他人民”（作为外侨移入罗马审判管辖区内）的万民法之间仍保持着严格的区别（无须再说：这个“国际法”和我们现代社会的《国际法》毫无相同之处）。罗马法之所以变得卓越超群的原因是，由于罗马作为一个单位城市获得了——就像在其他的条件下亚历山大里亚也会获得的——支配古典世界的“最高权力”，并非由于其本质的优越性，而是首先通过罗马的政治胜利，随后又由于罗马独占了大规模的实际经验。一种希腊化类型的通行的古典法学的形成——假如我们有权利把许多个别法律体系中类似的精神称作这一名称的话——发生在罗马的政治仍然是一个三等国家水平的时期。而在罗马法开始呈现超群的形式时，这只是罗马的智士已经征服了希腊文化这一事实的一个方面罢了。形成晚期古典法的工作从希腊文化转到罗马——也就是从诸城邦国家的总体转到一个城市。在国家总体中人人都深深感觉到自己的无力，而在一个城市里，所有活动最后全都致力于维持并开拓其实际的首要地位。因而，希腊文化从没有用希腊语形成一种法学。当古典世界进入这种科学（全部科学中最后的一种）已达到时机成熟的阶段时，仅有一个立法的城市在此时还具有价值。

事实上，我们曾经忽视了希腊法与罗马法在时间上非平行的而是相继的这一事实。罗马法是较为年轻的，并以较早的长期经验作为前提条件；实际上，罗马法创制得非常晚，而与它以前的这个范例相比却创制得非常快。深刻影响法律观念的斯多噶哲学的全盛时代是在希腊法全盛时代之后，但是先于罗马法的全盛时代，这并不是毫无意义的事情。

三

然而，这种法学是由一种全然不是历史的人的精神创制出来的。因而，古典法是当天的甚至是当时的法律；在它自己的观念中，它是为一些特殊的案件所设立的临时的法制，而当此案件处理完以后，它便不再是法律了。将其有效性扩展到继起的案件时，便要与古典法的现在感发生矛盾。

罗马的行政长官，在其一年任期开始之时颁发告令，其中有他公布作为行政长官准备奉行的种种命令，但是下年他的继承人绝对不受它们的约束。就连命令的一年有效期限也并不表示这就是命令的实际有效期限。相反（特别在爱彪提乌斯法以后）行政长官在每一件个别的案件中，都给审判官们明确陈述了具体的法令，他将案件交付给他们去裁判，判决必须依据这个命令，而并非其他命令。那便是，行政长官制定了并确实造成了一种无持续期间的当时法。

英国法学中体现的精神与真正古典法的观念，即“宣布”法律的法官的创制权，在外表上是类似的，但在意义上却有十分深刻的不同，以至于关于古典法与西方法之间的鸿沟让人无可置疑。在英国的法学中，法官的任务是运用一种在原则上具有永恒效力的法律。按照案件进程中所显示的情况，借助于他自己的“命令”（与行政长官的命令绝无共同之处），他甚至可以规定现行法律主体的运用。而且，假如他遇到一系列的特殊事实而断定现行法律关于这些事实具有缺陷的话，他可以立即弥补这个缺陷，从而便在审判的国政中创立了新法，这个新法（假如由司法团体以相当的程式表示赞同的话）此后便成为永久法律材料的重要部分。这便是让英国法学完全非古典的缘故。在旧法学中，一批命令的渐渐地形成纯粹是由于此种事实：公共生活在一个特殊的时期内始终都沿着同一本质的过程前进，而且再三产生相同的有待处理的情况——不是有意地赋予那些法律条文以未来效力的命令，而是在某种程度上反复作为特别的经验判决而重新创造出来的命令。这些判决的总和——不是成体系的，而是汇编——最终构成了“法律”，也就是我们在后来的根据行政长官的告令的立法中所发现的“法律”。实际上，任何一个继任的行政长官都觉得继承前任的著作中重要的部分是便利的。

于是，经验对于古代立法家的意义和对于我们的意义是不同的。它所指的并非关于前后一致的法律体系（暗含每一可能发生的案件）的综合见解以及结合应用法律的实际技能，而指的是某些法律情况永远应求助的经验上的知识，以便人们能够免除在每一场合下编制新法律的麻烦。

就法律材料的缓慢积累的过程而言，纯正的古典形式差不多是个别法令、告令的自动汇编，正如我们在罗马行政长官的全盛时代所看到的那样。所有所谓的梭伦、卡隆达斯的立法及十二铜表法无非是那些被认为有用的告令的偶然汇编罢了。约与十二铜表法同时的高尔登法典是略早一些时候的汇编的补充。一个新建立的城市会马上使用这样的汇编，而且一些肤浅的知识便会在此过程中悄悄地溜进来（参看：阿里斯多芬在《鸟》中对立法家的讽刺）。在它们中间从未有体系，因而更谈不上有建立持久法律的意图了。

在西方，显然走的是另外一条道路。趋向是从开头就把现行法律的全文制成一部通行的法典，用以垂诸万世，完备无遗，预先便包括对未来所有想得到的问题的判决。所有的西方法都具有未来的特征，所有古典法都具有当前的特征。

四

然而仍然能够得出这样的结论，这与实际上由职业法学家为了永久使用而编纂出来的古典法著作这件事实是有矛盾的。毋庸置疑，事实就是如此。但我们必须记住：我们对早期古典法（公元前 1100~ 前 700 年）一无所知，并且可以确定的是：乡村的以及新成立的城镇的习惯法从没有被记载下来，好像哥特时期的习惯法在《撒克逊法鉴》中陈述出来，或早期阿拉伯的习惯法在《叙利亚法典》中陈述出来那样。我们目前所能发现的最古老的是由一些汇编（公元前 700 年以来的）组成，而且这些汇编被归功于神话的或半神话的人物：来喀古[1]、扎拉卡斯[2]、卡隆达斯[3]和德拉古[4]以及某些罗马国王。英雄故事的题材表明这些汇编是的确存在的，但是有关它们的真正著者、它们的编纂的真实过程和它们的原始内容这些情况，就连波斯战争时期的希腊人也不清楚。

相当于查士丁尼法典及罗马法在德国的“采纳”情况的第二个汇编，是和梭伦（公元前 600 年）、毕达古斯（公元前 550 年）和其他的名字相联系的。在此，法律已经获得一种组织而且受到城市的鼓舞；它们被称作“politeiai”（宪法）、“nomoi”（律法）而同古老的“thesmai”（法）和“rhetrai”（不成文法）相对应。因此，事实上，我们只知道晚期古典法的历史。那么，这些突然的法典编纂是为什么呢？从这些名字我们一望便知：其本质上并不是仅仅记下纯粹经验的结果的过程，而是政权问题的决定。

如果认为一种公平地概括一切事物而不受政治和经济利害关系影响的法律能够全然存在，那么就犯了一个严重的错误。那些假定政治可能性的想象，就是一种政治活动的人们也许而且经常将事物的情况描述成如此。但任何东西都改变不了这种事实：那样的法律，由抽象而生，它在真实的历史中并不存在。法律始终将它的作者的世界图景包含在抽象的形式中，而任意历史的世界图景全都包含一种政治—经济的倾向，此种倾向依据的并非这个人或那个人所想的事物，而是实际上掌握政权并因此掌握立法权的阶级所实际打算造成的事物。任何一种法律都是由一个阶级用大多数的名义而建立起来的。阿·法朗士[5]曾经说过：

> 我们的法律是在所规定的冠冕堂皇的平等之中，禁止富人去偷面包和在街头乞讨，正和禁止穷人一样。

这毫无疑问是偏袒一方的公平。然而另外一方同样地将永远试图获得独占的权力，以便制定起源于他们生活观的法律。这些法典中的任何一部都是对于

---

[1] 来喀古：生活于大约公元前 7 世纪，传说中古代斯巴达的立法机构的创始人，通过“来喀古立法”，斯巴达建立起完整的奴隶制度，开始走向壮大。

[2] 扎拉卡斯：生活于公元前 7 世纪，传说中古希腊的立法者。

[3] 卡隆达斯：生活于公元前 7~6 世纪，西西里传说中的立法者。

[4] 德拉古：生活于大约公元前 7 世纪。雅典的立法者。

[5] 阿·法朗士：1844~1924 年，法国作家和评论家。

法律的政治行动，并且是政党的政治行动——在梭伦的实例中是与同样特征的私法结合的一部民主的宪法；在革拉古及十大法典编纂委员的实例中，是一部由私法增强的寡头政治的宪法。低估此种联系的重要性，留给那些习惯于他们自己的持久性的法律的西方史学家们去做吧；古典文化的人对于在这些情况中所实际发生的事情是不会产生误解的。十大法典编纂委员的作品在罗马是最后一部纯粹贵族性质的法典。塔西佗把它称为“公正法律的终结”。因为，正像十大法典编纂委员的灭亡之后异常重要地兴起十位保民官一样，十二铜表法和作为它基础的宪法也立即开始被人民的法律在暗中破坏的过程所打击，它怀着罗马人的恒心竭力想做梭伦在一次行动中对于革拉古的创作——祖先的宪法，是阿提卡寡头政治的法律理想——所实现的事情。从那之后，革拉古与梭伦便成为寡头政治与平民之间——在罗马即对应的是元老院和保民官之间——长期斗争中的“口号”。与“来喀古”的名字联系在一起的斯巴达宪法不仅拥护革拉古和十二铜表法的理想，而且把它具体化了。我们可以看到，与密切关联的罗马事件过程相平行，两个斯巴达国王从塔尔昆家族的僭主地位演变成革拉古一类的保民官地位的倾向；最终一个塔尔昆的消亡或十大法典编纂委员的设立——反抗保民官趋势的某种政变——大体相当于克利奥米尼（公元前 488 年）与坡舍尼亚斯的消亡（公元前 470 年）；并且阿基斯三世[1]的革命和克利奥米尼三世的革命（公元前 240 年左右）是与仅在几年后即开始的盖·弗拉米尼乌斯的政治活动处于一列的。然而，斯巴达的国王们却从来没有能够彻底战胜以监察委员为代表的元老院。

在这些斗争的时期，罗马变成古典晚期类型的大城市。乡村的本能愈来愈被城市的智慧推到后方。最终，自公元前 350 年左右之后，我们发现与人民的法律并存的还有行政长官的法律，也就是行政法。因此，十二铜表法的观念便从竞争中消逝，而行政长官的告令却变成政党斗争的玩物。

没有过多久，行政长官便变成立法及司法实践的中心。又过了没多久，随着政治上的城市权力的扩张，行政长官的审判权及他的市民法——公民的法律——的范围开始从意义上下降，而外事行政长官及他的万民法——外国人的法律——却取得了最显要的地位。而且在最后古典世界的所有人口中，除了具有罗马公民权的一小部分之外，都被包含在这个外国人的法律的范围之内，罗马城的侨民法事实上变成了帝国法。一切其他各城市——从行政的观点来看

[1] 阿基斯三世：？～公元前 331 年，斯巴达国王，于公元前 338~ 前 331 年在位，作者此处出现错误，实施改革的是阿基斯四世。

就连阿尔卑斯山的部落与游牧的比杜因氏族也都是城社——都保留了其地方法律，但仅作为罗马侨民法的补充，而非替代物。于是，在哈德良（公元130年左右）倡行“常续告令”的时候，它标志着古典立法的结束，这种常续告令将行政长官的逐年告令已经确定好了的集成作了最后的定形，并禁止把它再作修正。正如前面所说的，行政长官的职责依然是公布“他的年度的法律”，然而，即使这种法律并不比他的行政权力的效力大，并且并非帝国的法律，从那以后他仍然必须忠于既定的原文。这正是僵化的“晚期”文明的象征。

法学，法律的科学，人类实际应用的法律的系统化的理解，自希腊化时期就开始了。既然法律思想以政治与经济关系的内容作为前提条件，正像数学思想以物理学和技术上的知识要素作为前提条件，罗马便迅速地成为古典法学之家。相同的，在墨西哥世界中，让法律成为主要研究科目的是征服者阿兹特克人的学校（即退斯库科）。古典法学是罗马人的科学，并且是他的唯一科学。正当创造性的数学随阿基米德而结束之时，法学著作却随着爱里乌斯的Tripertita[1]而开始，这是关于十二铜表法的一篇评注（公元前198年）。第一部系统的私法是M. 沙沃拉于公元前100年左右所著。古典法的真正成熟时期是公元前200—0年的两个世纪——虽然我们今天用离奇的刚愎自用硬将这段时间充作早期阿拉伯法的成熟时期。从这两种著作的遗迹中，我们还能测出分隔两种文化的思想的间距到底有多大。罗马人仅处理案件及它们的分类；他们从不分析基本的思想，例如错误的审判。他们详细地区别各种契约的种类，然而他们毫无作为观念的“契约”的概念，也忽略了无效或者根据不足的所有学说的概念。莱内尔说：

考虑所有的事物，显然，罗马人不管怎样也无法被当作科学方法的范例。

撒必努斯学派及普洛库路斯学派的时期是古典法最后的时期（奥古斯都时期到公元160年左右）。它们是像雅典的哲学学派那样的科学的学派，并且元老院的法律观与保民官的（恺撒的）法律观之间的垂死的斗争阶段，或许就是在它们之中进行的，这是由于在撒必努斯学派的最优秀人物之中有两名是恺撒的谋杀者的后裔，而普洛库路斯学派中的一人却被图拉真选作他的可能的继任人。当此种方法不管由哪方面看都得到解决并达到终止时，公民的成文法（市民法）及行政长官的告令（长官法）的实际融合在此就实现了。

[1] Tripertita：后来通称为爱里乌斯法，是一部市民诉讼法。

关于古典法学的最后的界标，据我们所了解的，应是盖尤斯[1]的《法律通论》（161年前后）。

古典法是实体的律法。在构成世界的总结构中，它将实体的人与物区分开来，并且像某种公共生活中的欧几里得的数学一样，建立它们相互之间的比例。数学思想及法律思想是十分相近的。在这两种思想中，目的都是：采用表面上证据确凿的材料，消除感觉上的及偶发的事件，并寻求理智上的基本原则——也就是事物的纯粹形式、形势的纯粹类型、原因及结果的纯粹联系。古典文化中的生活，用充满欧几里得特征的形式出现在古典人的批判的醒觉意识前，并且在法律的头脑中生出的意象是实体的意象，是实体与实体之间的位置关系的意象，而且是许多实体因接触及反作用而生的相互影响——正像德谟克里特的原子一样——的意象。它是法学的静力学。

五

“阿拉伯”法律的第一件创造便是提出“没有实体的人”的概念。

这是一种在古典法中根本不存在的因素，并且是非常突然地在“古典”法学家（全体都是阿拉米人）中出现的；除非我们了解此种“阿拉伯”法所包括的领域的所有范围，那么它的所有价值是没有办法估计的，而其作为新世界情感的指标的象征的重要性也是没有办法估计的。

新图景包括叙利亚及北美索不达米亚、南阿拉伯及拜占庭。在全部这些地区之中，一种新的法律出现了，这是一种口头的或成文的习惯法，和在《撒克逊法鉴》中碰到的那种习惯法都属于“早期”的类型。让人惊奇的是，古典领域非常自明的个别城市的法律，在此却悄悄地变质成同信者的法律。这完全是枚斋的法律，神魔的法律。永远是一个圣灵，一种相同的精神，一种对于所有而唯一的真理的相同的知识及理解，将同一宗教的信徒结合成为一个意志与行动的单位，结合成为一个法人。一个法人因而是一个集合的实体，它具有一个实体的意向、决心及责任。在基督教中，我们发现此种观念早已在耶路撒冷的原始公社中实际存在并生效了，而在目前，它刚被提升为圣父、圣子、圣灵三位一体的神性概念。

君士坦丁之前，甚至晚期古典的敕令（宪令、君令）法，尽管仍严格地保持罗马城市法的形式，但实质上是融合教会——虔信同一信仰的诸多祀拜——

[1] 盖尤斯：约130~约180年，罗马五大法学家之一。

的信徒们的法律。确实，在罗马本身，法律还被大部分居民认为是城邦法，但此种情感随着转向东方的每一步骤而越变越弱了。信徒们融合成单一的法律团体，是以明显的形式由皇帝祀拜来实现的，这种祀拜完全是宗教法。在涉及这种法律时，犹太人及基督徒全都是异教徒，他们自己和他们的法律一起安身于另一法律领域中。在 212 年，阿拉米人卡剌卡拉借安托尼务斯宪会，把罗马公民权授给除外国臣民之外的所有居民时，他的法令的形式纯粹是古典的，并且毫无疑问有许多人用古典的精神来理解它——也就是完全理解为将所有别的城市的公民纳入罗马城之中。但是皇帝自己却对此有着完全不一样的想法。他让每一个人都臣服于“信徒的统治者”，也就是被尊奉为神的祀拜宗教的首领。自君士坦丁起发生了巨大的变化；他将帝国的哈里发法律转变成基督教的信仰团体，来代替融合教派的信仰团体，并因此构成了基督教民族。“虔诚”与“不信仰者”的标签调换了位置。自君士坦丁时起，“罗马”法向正统的基督教法的暗中转变进行得愈来愈坚决，而改宗的亚洲人及日耳曼人接受并采用的便是这样的“罗马”法。于是，以古老的形式出现了一种全新的法律。根据古老的婚姻法，一个罗马市民不能娶一个加普亚市民的女儿为妻，假如法律上的共有权——通婚权——在这两个城市之间没有效力的话。但现在的问题是：一个基督徒或一个犹太人——不管他是罗马人、叙利亚人还是摩尔人——是否可以合法地与一个异教徒结婚。由于在枚斋的法律世界中，不同信仰的人们是无通婚权的。一个爱尔兰人在君士坦丁堡娶一个黑人女子是无一点阻力的，假如双方都是基督徒的话，但是在叙利亚的同一个村庄中，一个一性派的基督徒怎么能娶一个是他邻居的聂斯托利派[1]的少女呢？他们在种族上或许是无法区别的，但是在法律上他们却属于不同的民族。

阿拉伯人的民族概念是一个新的和完全明确的事实。在阿波罗式世界中，“本国”与“外国”之间的界限位于任何两座市镇之间，而在枚斋世界中却位于任何两个信条社团之间。异教徒同基督徒相比，阿姆哈阿拉兹与犹太人相比，正像“敌人”、侨民之于罗马人。在恺撒时期，取得罗马公民权对于高卢人或希腊人的意义，正像此刻基督教的洗礼对于他的意义一样——能够因此而进入领袖文化的领袖民族的行列中。萨珊时期的波斯人不再像阿基曼尼德时期他们的祖先那样，将他们自己想象成因血统与语言而结成的一个单位，却想象成一个与异教徒对立的玛兹达教信徒的单位，而不顾异教徒或许是纯波斯血统这个

[1] 聂斯托利派：古代基督教派别，主张基督二性二位说，否认基督的神性与人性结合为一个本体，认为是神性本体附在人性本体上，7 世纪传入中国，称为景教。

事实（大多数聂斯托利派徒确实都是如此）。犹太人，较后的曼第安教徒及摩尼教徒，以及更后的一性派的与聂斯托利派的基督徒也都是如此——所有团体都自认为是新意义上的一个属族、一个合法的团体、一个法人。

正因为这样，一组早期的阿拉伯法律兴起了，它们明确地按照宗教来区分的，就如古典的法律根据城市来区分一样。在萨珊帝国，袄教法所特有的法学学派获得了发展；在从亚美尼亚到萨巴一带，犹太人占居民中的大多数，在《他勒目法典》中创造了其特有的法律，此教典是在《国法大全》前数年完成的。这些教会中的任何一个都有它特殊的、与当时的地理界限没有关系的裁判管辖区域——像今天东方的情形一样，并且代表领主的法官只负责裁判不同宗教信徒之间的案件。罗马帝国内部的犹太人的自裁权从没有受到任何异议，可是聂斯托利派与一性派也在他们分裂之后马上开始创造并使用他们自己的法律，于是罗马帝国的法律因一种否定的过程——也就是因所有非正统的团体的慢慢撤出——而变成了基督徒的法律，他们皈依的信条是与皇帝一样的。根据这些可以知道罗马—叙利亚法书的重要性，这本著作得以被用几种语言保存了下来。它成书的时间可能在君士坦丁之前，写于安提亚克大主教的法庭中；可以肯定它是晚期古典形式的早期的阿拉伯法律，而且它的很多译本表明：它流传的原因正是由于它与正统的帝国教会的对抗。毫无疑问它是一性派的法律的基础，并且在伊斯兰法律产生之前，它支配了比《国法大全》的区域更为广大得多的区域。

在此产生了这么一个问题：在如此五光十色的法律织锦中，其中用拉丁文撰写的那部分具有怎样的实用价值呢？法律史学者，因其专家只注重研究整体的一部分的片面性，直到今天仅注意到这一部分，从而还未了解这里竟有问题存在。他们的原文完全是"法律"，自罗马传到我们的法律，而且他们仅打算研究这些原文的历史，而不打算研究它们在东方诸民族生活之中的真正意义。实际上，我们在此所拥有的是，把一个古老的文化中的高度文明的法律强加于一个正处于青春期的年轻文化。它是作为博学的著作，随若干政治演变之后传下来的；假如亚历山大或恺撒活得再久一些，或者假如安东尼[1]在亚克兴获胜了的话，这些政治演变便会完全又是另外一种样子了。我们必须按照忒息丰的观点，而不是罗马的观点，去观察早期的阿拉伯法律。遥远西方的法律很早之前在内部便已完善了——难道它在这里能够超出纯粹的著作的范围吗？在这种图景的积极的法律研究、法律拟制及法律实践中，它起了怎样的作用呢？并

[1] 安东尼：公元前 82~ 前 30 年，罗马将军，曾与屋大维、李必达结成三头政治。

且，我们必须进一步追问：究竟又有多少罗马材料——或一般地就古典材料而论——包含在此种著作里面呢？

公元160年之后，这种用拉丁文撰写的法律的历史属于阿拉伯东方，而且非常有意思的是，这种历史是正好在与犹太人的、基督徒的及波斯人的著作的历史平行的过程之中发生的。“古典的”法学家帕品尼安、阿尔匹安及保罗都是阿拉米人，并且阿尔匹安还骄傲地称自己是来自推罗的腓尼基人。因而，他们与公元200年之后马上完成《米示纳篇》的塔纳们和大多数的基督教的护教士一样，来自一样的居民。与他们同时，基督教学者确定了“新约”圣经的宗规及经文，犹太学者确定了希伯来“旧约”圣经的宗规及经文，波斯学者确定了《阿维斯塔经》的宗规及经文。这是阿拉伯青春时期的非常鼎盛的经院哲学。这些法学家们的汇要及评注坚持僵化的古典法律材料，正像《米示纳篇》对“摩西的妥拉经”的关系一样（也像更晚一些时候圣训对《可兰经》的关系一样），它们是哈拉卡——用传统的权威法律材料的形式表现的新习惯法。鉴裁的方法在哪里都是一致的。巴比伦的犹太人具有一种充分发展的、在素拉和庞拜狄撒的学院之中传授的民法。在所有的地方都形成了一群法界人士——基督徒的法学家、犹太人的律法师和后来伊斯兰民族的贤哲团（波斯人称之为夫子），他们宣布意见、法律解答。假如贤哲得到国家的承认，他便被称作“法典说明官”（即拜占庭的 exauctoritateprincipis）。所有的地方都是一样的形式。

公元200年前后，护教士变成了真正的教父，塔纳变成了阿摩拉，裁判法的大监裁官变成了宪法的注释家与编纂家。

皇帝们的宪令，从200年起就是新“罗马”法的唯一渊源，并且是置于法学家著作中的“罗马”法之上的一部新“哈拉卡”，因此和《盖玛拉篇》正好相一致，这一篇作为《米示纳篇》的注释从而得到迅速的发展。两种倾向在《国法大全》及《他勒目法典》中同时完成了。

阿拉伯—拉丁语习惯用法中 jus（法令）和 lex（宪法）之间的对立，在查士丁尼的著作中表现得很清楚。《法学阶梯》及《法理会要》是 jus（法令）；其在本质上具有法典文本的意义。《法典》及《新律》是 leges（宪法），也就是阐述形式的新法。“新约”圣经的宗规典籍及教父的圣传之间也具有相同的关系。

关于数以千计的宪令中的东方性质，现在再也无任何人怀疑了。它纯粹是在阿拉伯世界的习惯法，是在进化的强烈压力下，凭借博学者的著作强行通过的。拜占庭的基督教统治者、忒息丰的波斯统治者、在巴比伦的犹太统治者，和最后伊斯兰教的哈里发的无数敕令，正好都具有一样的意义。

可是伪古典的、老法学家们的法律的另外一部分又具有怎样的意义呢？在此仅解释原文是不够的，我们还必须知道原文以及法学及法庭判决之间的关系。这样的事或许会发生的：同一部法律书籍，在两个民族集团的醒觉意识中，等于两部基本上不同的著作。

很快人们就形成一种习惯，即人们不再应用罗马城的旧法来处理一定案件的事实材料，却去引证如圣经一样的法学家们的原著。这表示何种意思呢？对于我们的罗马法学家而言，这便是衰落的征兆；但自阿拉伯世界的观点看来，它正好相反——它证明了：阿拉伯人终于用他自己的世界感情能够容许的形式，让一种外来强加于他身上的著作成为在精神上他自己的著作。于是，古典的世界感情与阿拉伯的世界感情之间的对立就明显起来了。

六

阿拉伯的法律出自上帝，是上帝通过得到启迪的选民来显示的；反之，古典的法律则是市民根据实际经验而制定的。罗马人关于当局的法律及神的法律之间的区别变得毫无价值了，之所以这样，因为就连神法的内容也是从人的沉思中产生的。不管哪种法律，教会的或世俗的，都像查士丁尼的《法理会要》中的第一句话——上帝所赐——所说的那样出现了。古典法律的权威用它的成就作为依据，阿拉伯法律的权威则用它所具的名称的尊严为依据。可是在一个人的感情中，关系的确非常重大的是：他将法律看作某一同道意志的表现，还是看作神圣的天命的一种要素。在前一情况下，对于他自己来说，法律是公正的，否则便是屈服于权势；但在后一种情形下，他却虔敬地承认法律。东方人既不求了解那加在他身上的法律的实际目的，也不求了解法律判决的逻辑根据。所以，审判官与人民之间的关系和行政长官与公民之间的关系是根本不同的。行政长官以其在高位中得到训练及考验的眼光作为他判决的依据，审判官却用有效的、寓于他身体中的并借其口而传的神灵作为他判决的依据。但由此而产生的结果却是：它们各自对于成文法的关系——必然是全部不同的。

行政长官和告令的关系，审判官和法学家们的原著的关系——也是全然不同的。行政长官所制定的他自己的告会是集中了他的经验的精髓，而法学家的原著却是审判官秘密地质疑的某种神谕。一节原文的本来意义是什么，或它为何制定出来的问题，对于审判官是无关紧要的。他查阅言辞，甚至字义，而他如此做并不是为了找出它们的平常意义，而是为了找出它们与摆在他面前的案件之间所必然存在着的那种神魔的关系。我们从灵界知识中，从早期基督教的、犹太人的及波斯人的启示录文献与神秘文献中，从新毕达哥拉斯哲学中，从犹太神秘哲学中，知道“精神”对于“字句”的这种关系；而且毫无疑问的是：拉丁法典在阿拉米世界的次要的司法实践中，是用完全一样的方式来使用的。关于文字所包含的秘密的意义，渗透着上帝神灵的信念，富有想象力地表现在以上的事实中，也就是阿拉伯世界的所有宗教都形成了它自己的字体，圣典必须以这种字体书写，而且它还作为各个“民族”的标志，甚至在语言改变之后，仍以惊人的韧性而保存了下来。

但甚至在法律方面，由大多数法学家原著来决定的真理的基础也是宗教上的选民的一致意见，也就是“佥议”这个事实。伊斯兰教的科学力求得出这个理论的逻辑结论。我们各自凭借个人的沉思来探求真理，但阿拉伯的学者却探索并确定他及同道的全体坚信，这是不会有错误的，因为上帝的精神和社团的精神是一样的。假如一致意见取得了，真理就建立起来了。“佥议”是所有早期基督教的、犹太人的及波斯人的宗教会议的关键，同时它也是瓦伦蒂尼安三世的有名的“引用法”的关键，法界人士普遍地嘲笑“引用法”，却丝毫不理解它在宗教上的依据。“引用法”将大法学家的数目限定为五名，只有他们的原著被允许引证，如此一来就建立了一种规范——在与“新约”、“旧约”相同的意义上，二者也都是可作为规范而予以引证的著作的总和。假如意见分歧时，瓦伦蒂尼安的法律规定少数服从多数；假如原著各占一半时，则服从帕品尼安的权威。特里波尼安[1]对于查士丁尼的《法理汇纂》所大规模使用的篡改方法，是这同一观点的产物。规范的原文在其观念上便是正确的与不可修改的。但是精神的实际需要改变着，于是产生了一种秘密的修改技术，这种技术在外表上保持了不可更改的虚构，而且在阿拉伯世界的所有宗教著作中，包括《圣经》在内，这种技术被非常自由地运用。

在马可·安东尼之后，阿拉伯世界的最具决定性的重要人物便是查士丁尼。正如与他“同时代的”查理五世那样，他毁灭了所有求助于他的事物。查士丁尼始终念念不忘地怀着恢复整个罗马帝国的堂·吉诃德式的急切构想，就像恢复神圣罗马帝国的浮士德式的梦想在西方遍布于整个政治浪漫主义一样，这种政治的浪漫主义在拿破仑时期并在晚于拿破仑的时期——甚至在1848年的王侯愚人的时期——遮蔽了现实感。查士丁尼的目光自始至终凝注于遥远的罗马，而非凝注于其本来的东方世界。甚至在他登基之前，他已经与罗马教皇进行了

[1] 特里波尼安：？～545年，拜占廷帝国的法律权威和大法官，《查士丁尼法典》的主要编撰者。

交涉，罗马教皇那时仍隶属于基督教界的大教长之下，甚至还没有被普遍地认作同辈中的第一人。因教皇的提议，卡尔西顿宗教会议采纳了两性论的信条，此步骤全部而且永远地使主张一性论的国家丧失势力。亚克兴一役的结果是：基督教在其具有决定性意义及形成的最开始两个世纪中，硬被引进了整个西方，引进了整个被高级知识阶层所远离的古典领域。然后，早期基督教的精神随一性论者与聂斯托利派一起而重新出现了。但是查士丁尼把这种复兴强行压住，它所产生的结果是：在东方基督教的领域中，宗教改革者的运动，在它顺次出现时，不是一种清教，而是新的伊斯兰宗教。另外，在同样的方式下，正当东方的习惯法已经成熟到能够集成为法典的时候，查士丁尼却编制了一部拉丁法典；这部法典，在东方由于语言不通的原因，在西方由于政治的原因，从一开始便注定其始终不过是一部著作而已，没有任何实践的意义。

这部著作本身，同与之相当的德拉古法典及梭伦法典一样，出现于“晚”期开始的时候，且具有政治意图。在西方——长存的罗马帝国的假想在那里制造了贝利撒留及纳西斯的没有任何意义的战役——西哥特人、勃艮第人及东哥特人为了已经臣服的罗马人而把各种拉丁法典合并在一起（公元500年左右），所以拜占庭必须颁布一部真正的罗马法典，来与之对抗。在东方，犹太民族早已确定了他们的法典，即《他勒目法典》，但是，为了让皇帝用法律统治众多的民众，于是，制定一部适合于皇帝自己的民族，也就是基督教民族的法典便成为必需的了。

虽然《国法大全》有很多的混乱和技术上的缺陷，但不管怎样它仍是一部阿拉伯的——换言之，宗教的——创作，证据就是表现于许多窜改的基督教倾向中；表现在事实上的就是：与宗教法有关的诸宪令如今被放在最先的地位，而它们过去甚至在《提奥多西法典》中是被放在最后的地位，且十分明显地表现在很多新律的序言之中。但是这部书并非开端，而是终结。久已丧失价值的拉丁文，这时从法律生活中彻底消失了（就连“新律”大部分也是用希腊文写的），随后，在十分错误的指导下用拉丁文写成的这部著作也消失了。但是法律史循着叙利亚—罗马法书为它指明的道路而前进，并在8世纪就得到了我们18世纪样式的著作，像利奥皇帝的“摘要”及波斯大法学家那素伯特大主教的“集成”。在那个时候，出现了伊斯兰法学上的最伟大的人物——阿布·汗尼法[1]。

[1] 阿布·大学，德国人伊尔内留斯汗尼法：699~767年，伊斯兰教哈乃斐法学派创始人。

七

西方的法律史在开始根本没有受到查士丁尼创作的影响。查士丁尼的著作在那时已经湮没无闻，根本不重要，以至于它的主要组成部分——《法理会要》——仅有一份抄本存世，这份抄本是在 1050 年左右偶然（一件不幸的偶然事件中）发现的。

前文化阶段，从公元 500 年前后起，匆忙地创作了诸多日耳曼部落的法典——西哥特人的、东哥特人的、勃艮第人的、法兰克人的及伦巴第人的法典，它们相当于阿拉伯前文化时期的那些法典。阿拉伯前文化时期的这些法律只有犹太人的《申命记》（公元前 621 年前后，大概相当于我们的《申命记》的第十二章至第二十六章）与《教士史》（公元前 450 年前后，相当于今天的《摩西五书》的第二书、第三书及第四书）中的一部分了存留下来传给我们。二者全都谈及一种原始存在——家族与动产——的基本意义的价值，而且二者都生硬地却又机智地利用一种古老而文明的法律——犹太人（毫无疑问还有波斯人及其他人）利用晚期巴比伦的法律，日耳曼人利用罗马城的一些遗著。

哥特青春时期的政治生活，和它的各种农民法、封建法与简易的市民法，不久便导沿着三大法律分支的方向经历了特殊发展的时期，三大法律分支到今天依然不同——并且西方到目前还没有统一的比较法律史来探究这种发展的深刻意义。

模仿法兰克法的诺曼法，因它所蕴涵的政治宿命，仍是最为重要的。自 1066 年征服英国之后，诺曼法排斥当地的撒克逊法，且从那时起在英国把“伟大的法律变成了所有人民的法律”。它的纯粹的日耳曼精神让它完整地由一种无比严酷的封建制度，发展为现在的许多制度，它们在加拿大、印度、澳洲、南非及美国变成了法律。抛开其势力范围不谈，它也是西欧最有益的法律。它的发展，和其余法律的发展不一样，不掌握在理论的法学家的手中。在牛津，不允许罗马法的研究与实际发生联系；而在墨尔吞，高级贵族则在 1236 年公然禁止进行罗马法的研究。高等法院本身借创造性的判例继续发展着古老的法律材料，并且就是这些实际的判决（“判决录”）构成了像布拉克顿的法学著作那样的诸多法学著作的基础。从那以后，直至今日，一部借法庭判决还在不断完善改进的成文法，和一部自始至终生动地构成立法的基础的习惯法，并存在一起，而根本就不需要人民的代表们费九牛二虎之力将其集为法典。

在南方，流行的是上述的日耳曼—罗马法典的法律——在法国南部是西哥特人的法律（称作成文法，而和北部的法兰克人的习惯法相对照），在意大利为伦巴第法（它们当中最重要的，几乎纯粹是日耳曼的，且保持它的地位一直到文艺复兴时期）。巴威亚成了日耳曼法的研究中心，并在1070年前后制成了《律法诠释》，这是那个时代法律科学最伟大的成就。在这以后不久，又制成了一部法典，《伦巴第法》。整个南方的法律演化被打断，取而代之的是拿破仑的《民法典》。可是这部法典的影响力在所有拉丁领地上并远远超出其范围，而成为后来的创造性的著作的基础——所以，继英国法之后，它是最重要的法律。

在德国，随哥特部落法（《撒克逊法鉴》1230年；《士瓦本法鉴》1274年）一起兴起的强有力的运动，却自行虚耗为乌有了。很多不值一提的市民权与领地权继续出现，直到在对现实愤怒的梦想家及狂热者中（皇帝马克西米连也在其中）引起了一种不切实际的政治浪漫主义，而且法律也与别的事物一起受到了攻击。1495年的窝姆斯帝国议会，仿照意大利的模式，创立了“高等法院”。今天不但有了德国土地上的“神圣罗马帝国”，并且有了作为德国普通法的“罗马法”。旧日的德意志诉讼程序被换之以意大利的诉讼程序。法官们必须越过阿尔卑斯山来研究他们的法律，并且并不是从周围的生活中而是从逻辑的与易变的语言学中取得他们的经验。只有在这个国家中，后来才出现了那些空想家，对他们而言，《国法大全》仅是一只用来抵御现实的渎神行为的方舟。

实际上，那些在虚饰的名义之下变成为少数哥特人的精神食粮的东西是什么呢？1100年前后，在波伦亚大学，德国人伊尔内留斯[1]《法理会要》的唯一抄本成为经院哲学研究的真正对象。他将伦巴第人的方法移用在新发现的原著上，“作为一种成文法的学说，其真理便如《圣经》与亚里士多德般被人盲目地相信”。真理——只是哥特人的理解，而且仅限于哥特的生活内容，甚至都无法隐约地猜出这些原文的精神，由于其中所规定的原则是一种文明的及大城市的生活的原则。这个注释学派，就像一般的经院哲学，受了概念实在论的迷惑；由于他们认为真正的实在，世界的本质，不在事物中，而是在普遍的概念中，因而他们坚持：法律并不存在于受到鄙视的伦巴第法所显示的习惯及风俗中，而存在于抽象观念的巧妙的制造中。他们对于书籍的兴趣纯粹是辩证的——他们从未曾想过将其著作应用于生活。仅在1300年之后，他们反伦巴第的注释及著作才慢慢地传入了文艺复兴的各城市。哥特时期晚期的法学家们，

[1] 伊尔内留斯：约1055~1125年，前期注释法学派奠基人。

特别是巴尔多鲁[1]抱着确定的实际目的将寺院法及日耳曼法融为一体，而且他们还把现实的观念注入其中——这里，如同在德拉古法典及从提奥多西至查士丁尼的敕令中一样，是一种"晚期"阶段马上就要开始的文化的现实。作为"罗马法"在西班牙和德意志生效的正是巴尔多鲁的创作；仅在法国，巴洛克时期的法学家们，步伍居雅秀及多内鲁斯的后尘，才从经院的著作复返于拜占庭的原著。

但是除厄尔尼锐阿斯在抽象方面的成就之外，波伦亚还遭遇到了一件意义非常不同并且重大的事件——写于1140年左右的著名的格拉善的《教令辑要》创造了西方的寺院法科学。因为凭借着在早期阿拉伯洗礼中创立的古代天主教的、枚斋的寺院法构成一种体系，它便提供了浮士德式的、新天主教的基督教在法律上表现其自身存在所需要的那种形式，此种基督教源于圣坛及神圣的教职的原始圣礼。《宗规大全》的主要部分随着1234年的《教令辑要外编》宣告完成。帝国所没有能够完成的——就是由很多不发达的部落法中，创作出一部西方通用的"日耳曼法大全"——由教皇政治来完成了。一部完备的私法便产生了，它具有诉讼程序及刑罚，是用日耳曼方法从哥特时期的教会的及世俗的两方面法律材料中创作出来的。这被称作"罗马的"法律，它在巴尔多鲁之后不久便被注入关于查士丁尼的各种原著的所有研究之中。而且，它在法学的领域中，和在别的领域一样，显示给我们那浮士德文化所固有的重大分歧，此种分歧产生了教皇政权及皇帝政权之间巨大的冲突。神的法律与当局的法律之间的区别，在阿拉伯世界是不存在的，但在西方世界却是无法避免的。它们是支配无限空间的权力意志的两种表现，可是处于"世俗的"立法以后的意志奠基在习俗之上，并延续到后世的子子孙孙，而"教会的"立法的意志，却起因于神秘的确信且宣告一种无限的与永恒的法律。势均力敌的对手们之间的这场战斗，到目前为止也没有终止，甚至出现在我们现在的婚姻法中，在照教规举行的婚礼与照俗约举行的婚礼的对立中，我们依然可以看到这场战斗的踪迹。

随着巴洛克时期的临近，那时已采取市镇的及货币经济的形式的生活，开始要求一种像梭伦之后的古典城邦法一样的法律。流行法律的目的今天是非常清楚了。但是自哥特时期承袭来的决定命运的遗产是："我们生来具有法律"的创造被看成一个精通法律的阶级的特权，并且无人成功地动摇过这种特权。

都市的理性主义像诡辩学派与斯多噶派一样，从它为欧敦多普和保底诺斯

[1] 巴尔多鲁：1314~1357年，意大利法学家，后期注释学派的代表人物，致力于使罗马法和实际生活相结合，促进判例法的发展。

所创立时起便投入到“自然法”的工作中，一直到它被黑格尔毁灭的时候才停止。在英国，伟大的寇克成功地捍卫了自我发展的日耳曼习惯法，阻止了都铎家族引入《法理会要》的法律的最后的尝试。但是在大陆国家，博学者的体系却用罗马的形式彻底发展成为德意志的各邦法典与法国旧制度的体系，其中《拿破仑法典》就是以后者为基础的。所以，布来克斯顿的《英国法评注》（1765年）——对英国法条文作的最著名的阐述——是唯一纯粹的日耳曼法典，而当它出现的时候，浮士德文化已经进入了其文明阶段了。

八

综上所述，我达到目的而环顾左右，我看到了三种不同的法律史，它们只由语言的形式和文章构成的形式这样的因素而联系在一起，自动地或被迫地彼此承受，但从没有向新使用者揭示构成它们的基础的外来存在的性质。其中两种历史是完成了的。第三种是我们自己正处于其中的那种历史——并且处于一个决定性的关头，在此关头上，轮到我们着手那巨大的创造性工作，那便是罗马与伊斯兰各自为了自己并在其鼎盛时已经在我们之前完成了的工作。

直至今日“罗马”法对我们起了怎样的作用呢？它破坏了什么呢？它在将来又会对我们起怎样的作用呢？

书本与生活之间的隔阂与冲突，作为基本的动因，贯穿于我们的法律历史之中。西方的著作并不是一本神谕或魔术家的具有枚斋的玄奥意义的教科书，却是一部保存下来的历史。它是压缩了的过去，希望通过我们的阅读而变成将来，而且其内容在我们这些阅读者当中复活了。浮士德类型的人与古典类型的人不一样，前者的目的是让他的生活达到独立自足的完备状态，旨在继续一种生活，这种生活是在他以前很久便出现了并将在他之后许久才结束的。对于哥特人而言——只要他真正地去反省自己的话——问题不在于他是不是应该寻求他的存在及历史之间的联系，而在于在哪个方向上去寻求它们。他需要过去，目的是发现今天的意义及奥秘。在宗教方面，呈现在他面前的是过去古代的以色列；在世俗方面，它是古代的罗马，他在他的身边到处都能看到罗马的遗迹。受到崇敬的事物之所以会受到崇敬的原因，不是由于它的伟大，而是由于它古老和遥远。如果这些人知道埃及，他们便不会注意罗马，而我们文化的语言也会有不同的发展了。

因为西方文化是书籍及读者的文化，所以古典的原著在所有领域中都被“接受”，就好像罗马法在德意志被“接受”一样，而且它们的进一步发展采取的是缓慢的而不是本意的自我解放的形式。对亚里士多德、欧几里得、《国法大全》的“接受”，在此文化（在枚斋的东方却不是这样）中的意义是：过分急迫地去寻找一种用于储藏我们自己思想的容器，以致让历史形成的人竟变成概念的奴隶。外来的生活感情，自然不曾并且也无法注入他的思想中，但是用他自己的语言自由地表现出他自己的生活感情的发展却受到了阻碍。

既然法律思想必须依附在某种有形的东西上，那么在它能抽象出它的概念之前便必须存在着某种东西；它必须有某种像其抽象的东西。并且西方法学的不幸在于：它不去从社会生活及经济生活的强固而稳定的习俗中去搜寻，却早熟地且匆促地从拉丁著作中进行了抽象。西方的法学家变成了语言学家，从而在独立的基础上对法律概念进行了纯逻辑的分类与排列，这一方面的学者经验代替了生活的实际经验。因而，我们便完全没有了解这一事实：私法的目的是为了表现它的时代的社会存在与经济存在。《拿破仑法典》与《普鲁士习惯法》，格老秀斯与蒙森，都没有明确地意识到这一事实。我们在法律职业的训练中及法律文献中，一点都没有发觉有效的法律的这种——真正的——“渊源”。

因此，我们拥有一种建立在晚期古典经济这一脆弱基础上的私法。在我们文明的经济的这些发端中用资本主义之名与社会主义之名对立的强烈的愤懑，绝大部分是因这一事实而引起的，也就是：学究气十足的法学和受它影响的一般教育的思想，将人、物、财产这样非常重要的概念与古典生活的条件与区分结合在一起了。书本置身在事和对事实的理解之间。学者——指的是书斋的学[illegible]没有受过判断训练的人，觉得别人误解了自己。他看到当代生活与法律之间对当代生活的看法存在着矛盾之处，于是向那些在他看来是为了达到他们私人目的而促进了这种对立的人们提出质疑。

问题还有：西方的法律是由谁所立又为谁而立的呢？罗马的行政长官是一个地主、一个军官、一个在行政问题与财政问题方面拥有丰富经验的人；而且恰是因为掌握了这些经验，他才有资格承担起解释律法的和立法者这两项不能分割的职能。外事行政长官将外侨法发展为一种适合晚期古典大城市的通商法——没有计划地、没有倾向地、只是从他面前所发生的案件开始，事情就是如此。

可是浮士德式的追求延续的意志要求一部著作，即某种“永远”有效的东西，某种旨在为预先设想的所有可能发生的案件设定条款的体系，并且还要求是一部学术著作，必然需要一个由法学家与审判官组成的学者阶级——学科的博士、古代德意志的法律家族及法国的“律师”来完成。英国的法官，其数目不会超过一百人，确是出自辩护士的上层阶级，可是他们实际上高于许多政府的阁员。

学者阶级是不了解世故的，他鄙视那些不是来自思想起源的经验。活的流动变化的习俗与学者愿意承认的“知识状态”之间的冲突，就这样无法避免地发生了。经历了几百年的厄尔尼锐阿斯的《法理会要》抄本依然还是博学的法学家们寓于其中的“世界”。甚至在无法律专科（在欧洲的意义上）的英国，法界人士也专门控制了法律的进一步发展，结果甚至在此处法律观念的发展也背离了一般生活的发展。

因而，我们直到今天所说的法律科学，实际上并非法律语言的语言学，而是法律观念的学问。它是现在还继续以“永恒有效”的原则推论出生活的意义的唯一科学。梭木说：

> 现在的德意志法学，虽然在绝大部分上表现的是自中世纪经院哲学承袭来的遗产，我们到今天还没有开始认真地考虑，我们周围的实际生活的基本价值对于法律学说的关系是怎样的。然而，我们甚至连这些价值是什么都还没弄清楚。

所以，这便是未来的德国思想应该完成的任务。它不得不从现在的实际生活中发现那种其中包含的最深刻的原则，并把它提高成基本的法律观念。假如说我们伟大的艺术已经过去了，那么我们伟大的法学还没有到来。

由于 19 世纪的工作——不论那个世纪认为自己怎样地有创造性——无非是准备工作罢了。它让我们摆脱了查士丁尼的著作的束缚，但还没有摆脱概念的束缚。学者当中的罗马法思想家不再被人所看重，但旧式的学问却还存在。现在需要的是另一种让我们摆脱这些概念体系安排的法学。语言学的技巧不得不让位给社会的及经济的技巧。

稍微浏览德意志的民法及刑法，便可弄清楚这个论点。它们有许多附属的次要法律的体系——将这些次要法律的材料体现在主要法律中是不可能的。那些无法用古典体系的术语来理解的东西，已经在概念上和遣词造句上与那些能够用古典体系的术语来理解的东西区分开了。

公元 1900 年，电力盗窃罪——经过了电力是否是一有体物的可笑争论之后——必须依据一项特别的法令去处理这个案件的原因在哪里呢？为何无法将专利法的实质运用到物法的总体中呢？为何版权法在概念上无法区别理智的创造物、其可交流的形式即手稿和客观的印刷产品呢？与物法相反，为什么区分一幅图画的艺术所有权和物质财产权就必须依靠原作的获得与翻印原作的权利的获得之间的区别呢？为何偷用一种组织计划或一种商业方案是不受惩罚的，而偷盗那张公布这种方案或这种计划的纸就要受惩罚呢？由于即使在现在，有体物的古典观念依然支配着我们。我们过的是另一种方式的生活。支配我们的本能经验的是如此的一些功能的概念，像工作力、发明力、进取心，又如智力的与体力的，艺术的与组织的活力、能力及才能。在我们的物理学（它的理论，虽然高深，无非是我们今天的生活方式的摹本罢了）中，实体的旧观念原则上已经不再存在了——就如在电力案件的实例中一样。在现代经济学的各种伟大事实面前，为何我们的法律在概念上一筹莫展呢？由于人，也只是作为实体才被我们的法律所了解的。

西方的法学虽然采用古代的词汇，但附于其中的仍然只是具有古代意义的最表面的因素。原文一贯性揭示的仅是词汇的逻辑用途，而非构成词汇的基础的生活。所有实践都无法重新唤醒旧法律观念上寂静的形而上学。世界上没有法律能清楚地反映出这最后的与最深刻的因素，由于——正是由于——它是不言而喻的。在全部这些因素当中，基本的因素已在暗中预定了；当应用时，人们在内心上理解并能付诸实践的不但是公式，主要的还是公式之下的无法形容的因素，任何一种法律，毫不夸张地说，都是习惯法。让成文法来规定词义吧；构成它们基础的还是生活。

然而，假如一种外国来源与外国体系的学者的法律语言想支配本国固有的法律，那么观念就会永远没有效力，而生活也永远是缄默无言的。法律不是工具，反而成为负担，而现实也不与法律历史一起前进，却背道而驰。

因此，我们文明所需的法律材料只在外表上吻合，甚至完全与古典的法律著作体系不吻合，而对于我们本身的法学和一般地受过教育的我们的思想而言，此种法律材料是还没有形式的，从而也就是无用的。

人与物，在现在的立法意义上，究竟是不是法律概念？不！它们仅适宜划分人及其他的东西，也就是可称作动物学上的区别，但之前古典存在的所有形而上学全都依附于“人”的概念。

人与神之间的区别，城邦、英雄、奴隶的本质，材料及形式组成的宇宙，安静的生活理想，全是不言自明的前提，而这些前提对我们而言，却已经彻底消灭了。在我们的思想之中，“财产”一词与古典的静态的定义联系在一起，从而，每当运用在我们生活方式的力本论上时，其陈述便成为荒诞的了。我们姑且让遁世的空想的伦理学教授、法学家及哲学家，姑且让政治空谈家的愚昧的辩论来解决如此的一些定义吧——纵然现在经济史的所有理解全根据这一概念的形而上学。

因此，必须强调且必须全力强调的是：古典的法律是实体的法律，而我们的法律只是功能的法律。罗马人创造了一种法学静力学，我们的工作却是法学动力学。对我们而言，人非实体，而是力与意志的单位；物也非实体，而是这些单位的目的、手段及创造物。实体之间的古典关系是位置上的，但力与力之间的关系则称为作用。对一个罗马人而言，奴隶只是一个产生新物的物。一个像西塞罗那样的作家永远无法想象到“智力的财产”，更谈不上实用概念的财产或才智的潜能的财产了；反之，对我们而言，组织者、发明者或促进者是一种影响别的执行力的发生力，此种影响是依赖于给这些执行力的行动指出方向、目标及手段而发生的。二者都属于经济生活，不是作为物的占有者，而是作为能的传递者。

未来要求我们去改变已有的法律思想的地位，让它与我们的高等物理学及高等数学并驾齐驱。我们所有的社会生活、经济生活及技术生活正期待着最终受到这样的理解。要达到这个目标，我们将需要一个多世纪的最敏锐与最深刻的思想。而其首要条件就是法学家的全新的准备训练。它要求：

1. 对于当代经济生活具有直接的、广泛的和实际的经验。

2. 对西方法律史有广泛清楚的了解，以及对德国发展、英国发展及“罗马”发展作经常性的比较。

3. 古典法学的知识，此种古典法学并非作为现在有效的各种原则的典型范例，而是作为一种法律怎样能从当代的实际生活中发展得强健而又纯正的光辉范例。

对我们来说，罗马法已不再是永恒有效的原则的渊源了。可是罗马的存在和罗马的法律观念之间的关系，却让罗马法对我们具有借鉴与重建的价值。我们从中可以学到，我们应当怎样从我们的经验中建立我们的法律。

第四章　城市与民族

（甲）城市的心灵

一

大约在公元前第二个千年的中叶，两个对立的世界出现在爱琴海上。一个是迈锡尼世界，它在黑暗中摸索、怀着巨大的希望、沉醉于功绩与灾难、静静地走向自己成熟的未来；另一个则是克里特的米诺世界，它是愉快且满足地、舒适地安身于一种古文化的宝藏中，优美，光辉，将它的一切重大问题都远远抛在身后。

我们永远无法真正理解这种现在正成为研究兴趣中心的现象，除非我们认识到不同的两种心灵之间的深刻对立。当时的人一定已经深刻地感受到这种对立，但并没有“认识”这种对立。我在前面看到了泰麟兹及迈锡尼的居民面对那不可企及的诺萨斯的生活精神而表现出来的谦逊，看到了那些受过良好教育的诺萨斯人对于小首领们和他的随从的改视，看到了健康的野蛮人表现出的神秘的优越感，就像日耳曼军人在年长的罗马贵族人面前表现出的优越感一样。

我们如何能够理解这种情形呢？两种文化中的人好几次相互面面相觑。我们知道有若干种“中介文化”，其中人类心灵的某些最重要的倾向自行显示出来了。

我们可以自信地说：诺萨斯与迈锡尼之间的关系，正像拜占庭宫廷和与它缔姻的德意志首领（如鄂图二世）之间的关系——武士与伯爵方面毫不掩饰的惊奇，而一种高雅的、多少有些显得黯然疲乏的文明对于德意志土地上的那种粗野的朝气却报之以轻蔑的惊异，这种朝气是瑟斐尔[1]在其《危克哈特》一书中所曾描写过的。

在查理曼身上，明显地出现了一种开始醒觉的原始人类的精神与一种基于

[1] 瑟斐尔：1826~1886年，德国诗人、小说家，《危克哈特》是他的一部历史小说。

此的晚期智性相混合的情形。查理曼统治的某些特征让我们可以称其为法兰克斯坦的哈里发，可是在其另一方面，他仅仅是一个日耳曼部落的首领；二者的混合让他具有象征性，正像亚亨的宫廷礼拜堂的形式一样——并不是一个回教寺院，但也不是一个基督教教堂。同时，日耳曼—西方的前文化正在不断地发展，但发展得非常缓慢，并且这种发展史不易被人察觉，由于那种我们不恰当地将其称为加洛林文艺复兴的突然出现的光辉，其实是来自巴格达的一线光明。值得注意的是：查理大帝的时代是一个表面的插曲，就像偶然事故的结局一样，终局是没有结果的。公元 900 年之后，在一种新的严重的萧条之后，一件真正新的事件、一件具有一种宿命的效验并且具有可以保证持续的深度的事件开始了。可是在公元 800 年时，却是阿拉伯文明的太阳自东方的世界城市照到西方的乡村。正是如此，希腊化的阳光也传播至遥远的印度河流域。

建立在泰麟兹与迈锡尼山丘上的是在本质上属于日耳曼型的行宫和城堡。克里特的宫殿——它们并非国王的城堡，而是为一群男女祭司建立的巨大的祀拜建筑——装饰着大城市的、确实是晚期罗马的奢侈品。这些山丘脚下充满着自耕农和农奴的茅舍，可在克里特（各尔尼亚、哈基亚·屈里亚达），从市镇及别墅的挖掘中发现，当时的需要是属于高度文明的，建筑技术是具有长期经验的，习惯于让家具及壁饰具有最奢侈的风味，熟悉照明、上下水道、楼梯一类的问题。在前一种建筑中，房子的图形反映了一种严格的生活；而在后一种建筑中却表现出了一种精致的功利主义。将卡马雷斯的瓶子及光滑灰泥上的壁画与各种真正迈锡尼的东西相互比较一下吧——它们都是一种聪敏而空虚的工艺产品，而非什么沉重、笨拙却富有象征性的伟大深刻的艺术，比如迈锡尼艺术的产品日渐成熟的几何风格。总之，它并非一种风格而仅是一种趣味。在迈锡尼，住的是一种原始的种族，它是按土壤的效用及守卫的便利来选择住址的，而米诺的居民却住在商业中心，这可以非常清楚地从米诺斯岛的菲拉柯皮城观察出来，该城是为了出口黑曜石而建立起来的。一座迈锡尼的宫殿是一种希望，一座米诺的建筑却是一种结局。但是，公元 800 年前后的西方情形恰是如此——法兰克人与西哥特人的农场及领主的乡宅从法国境内的罗亚尔河一直延伸到西班牙境内的厄波罗河，而在其南边却有摩尔人的城堡、别墅及西班牙的哥多瓦与格兰那达的伊斯兰教寺院。

绝非偶然的是：这种米诺文化的奢侈的高峰与伟大的埃及革命时代、尤其是与海克索人时代（公元前 1780~ 前 1580 年）在时间上恰恰同时出现。埃及的工匠当时或许曾经逃到那些战火未曾殃及的岛屿上去，甚至远至大陆的堡垒，就像拜占庭的学者们逃往意大利的情形一样。

由于大家公认，米诺文化是埃及文化的一部分，假如不是那在这方面具有决定性作用的一部分埃及艺术宝藏——也就是西三角洲上所产生的艺术宝藏——因潮湿的关系已经损失了的话，我们对于这一点是能够认识得更加充分的。我们所知道的埃及文化仅是指在南方的干燥土壤上繁荣昌盛的埃及文化，但人们早已确信，其发展中心应该是在别的什么地方。

要在晚期米诺艺术与早期迈锡尼艺术之间划一道严格的界限是办不到的。在整个埃及—克里特世界中，我们可以看到人们对于异邦的及原始的东西具有一种高度现代的好奇心，反过来，大陆堡垒中的军人国王却盗窃或收买克里特的艺术品，不管是在何处遇到的或如何遇到的，弄去赏玩或模仿——正像曾被认为是原始日耳曼的、曾被赏识为原始日耳曼的大迁徙的风格，其所有形式语言都好像是从东方借来的一样。他们利用俘虏来的或聘请来的工匠修建且装饰了他们的宫殿及坟墓。所以，迈锡尼的亚特鲁斯王的“宝屋”（坟墓）与拉温那地方的提奥德里克坟墓是完全相似的。

在这方面，拜占庭本身便是一个奇迹。此外，应该仔细地一层一层地来区分。公元 326 年，君士坦丁在被塞普提姆斯·塞弗茹斯毁灭的大城市的废墟上重建，创造了一座第一流的晚期古典世界都市，汇合了来自西方的古老的阿波罗精神与来自东方的年轻的枚斋精神。很久以后，在 1096 年，它成为一个晚期枚斋的世界都市，它在其晚秋时节碰上了精壮的来自布雍的高弗雷的十字军。针对高弗雷的十字军，聪明的公主安娜·昆尼娜曾经给以轻蔑的描写。作为古典西方的最东端，这座城市迷惑了哥特人；一千年之后，作为阿拉伯世界的最北端，它又迷惑了俄罗斯人。莫斯科的瓦西里·布刺申尼（1554 年），俄罗斯前文化的先驱，是处于“两种风格之间”的，就像两千多年以前所罗门的寺院是介于世界都市巴比伦与早期基督教之间的情形一样。

二

最开始的人是一种到处流浪的动物，其醒觉意识在生活的道路上不断地缓慢成长，完全像个小宇宙一样，不受地点和家庭的奴役，它在感觉上是敏锐的、警觉的，总是警惕地驱除某些敌对的自然因素。最开始，因农业的关系产生了一种深刻的变化——由于农业是一件人为的事情，猎人与牧人与农业并无接触。挖土及耕地的人并非去掠夺自然，而是想去改变自然。“种植”的意思并非要去取得一些东西，而是想去生产一些东西。可是因为这种关系，人自己变成了植物——也就是变成了农民。他生根于他所照料的土地之上，人们在乡村之中发现了一种心灵，一种新的土地束缚、一种新的感情自行出现了。敌对的自然变成了朋友；土地变成了家乡。在播种和生育、收获和死亡、孩子和谷粒间产生了一种深厚的感情。对于那和人类一起生长起来的丰饶的土地产生了类似在冥府祀拜中表现出的一种新的虔信。作为这种生活感情的完整表现，我们到处可以看到农庄的象征形态，屋子的布置、外形的任何一根线条，都将其居住者的血统告诉了我们。农民的住宅是定居的重要象征。其本身便是植物，将它的根深深地植在“自己的”土壤中。这是最神圣意义上的财产。仁慈的火灶、门户、地板及卧室诸神——维斯塔、宅纳司、腊司和皮奈提司——就像人自己一样牢固地被固定在住宅里。

这是任何一种文化的先决条件，文化本身也是依次从一种故乡景色之中生长起来的，它不断地变化并加强人与土地的亲密关系。茅舍对农民的关系犹如市镇对文化人类的关系。像任何个别的房子都有其仁慈的神灵一样，任何市镇也有其守护神或圣徒。市镇也是一种植物性的存在，它与农民一样是远离游牧状态及纯粹小宇宙状态的。因而，一种高级的形式语言的发展往往是与一种图景联系在一起的。艺术与宗教都无法改变其生长的场所；只有在拥有大城市的文明中，我们才重新轻视这类根源，把自己从这类根源中解脱出来。作为文明的人，作为智性的游牧民，他又重新彻底成为小宇宙的，彻底成为无家的；他在智性上是自由的，就如猎人及牧人在感觉上是自由的一样。“哪儿好，那儿便是家”这句话在文化发生之前与之后都是正确的。在还没有进入青春期的大迁徙过程中，想在南方找到一个家并去孕育其未来文化的是一种日耳曼式的渴望——一种贞洁的但已是母性的渴望。今天，在这种文化终结时，无根底的智性却在所有图景及思想的可能性中驰骋。但在这些极限之内，有一段时间，那时，一个人愿意为一小块土地付出生命的代价。

所有伟大的文化都是市镇文化，这是不争的事实，但此前谁也没有认识到这一点。第二时代的高级人类是一种被市镇所束缚的动物。世界历史是市民的历史，这便是“世界历史”的真正标准，这种标准把它十分鲜明地与人的历史区分开来。民族、国家、政治、宗教、各种艺术和各种科学都依赖于人类的一种重要现象，那就是以市镇作为基础。因为各种文化的所有思想家自己都生活在市镇中（虽然他们的身体可能住在乡村），他们一点也不觉得市镇是一种多么奇怪的东西。要获得这种感觉，我们必须毫无保留地假设自己是个被奇迹所震动的原始人，他第一次看到嵌在景色中的这堆木石，其中有用石头围成的街道，有用石头铺成的广场——这是一个形状何等奇怪而又何等奇怪地挤满了人的住处！

可是真正的奇迹却是一个市镇的心灵的诞生。一种完全新型的群众心灵——其终极的基础是我们永远看不到的——突然从它的文化的一般精神中长出来了。它一旦觉醒起来，便为自己形成了一种能够看见的实体。从那些各有自己的历史的一群乡村的农田与茅舍中出现了一个整体。它生存着、生活着、生长着而且获得了一种面貌与一种内在的形式及历史。自此之后，除了个别的房屋、寺院、教堂与宫殿以外，市镇形象本身也变成了一个单位，它客观地表现出形式语言及在整个生活中文化相伴的风格文化历史。

区别市镇与乡村的不是规模的大小而是一种心灵的存在，这是不言而喻的。不但在原始的情况下，例如非洲中部的情况，并且在文化晚期的情况下——中国、印度及工业化的欧洲及美洲——我们发现有许多非常大的居住区，但是不能称作城市。它们是景色的中心；它们本身却没有内在地形成一个世界。它们无心灵。任何一种原始的居民全是作为农民及土地的儿子而生活的——“城市”这个存在物对他们而言是不存在的。在外表上从乡村发展起来的东西非城市而是市场，它只是农村生活利益的一个汇合点罢了。在此，没有独立生存的问题。一个市场中的居民可能是一个工匠，也可能是一个商人，可他是作为一个农民去进行生活与思考的。我们不得不回过头来，准确地理解：在一座城市从一个原始的埃及的、中国的或德国的村落——广阔土地上的一个小点——中产生的时候，到底意味着什么。在外貌上，或许没什么区别，但在精神上，它是如此的一个地方，此后，乡村便被它看成、感到是、体验为其“四郊”，成为一种不同的及从属的东西。从此时起便有了两种生活，即城内的与城外的生活，农民与市民同样清楚地知道这一点。乡村的铁匠与城里的铁匠，乡长与市长，生活在两个不同的世界中。乡村的人与城市的人本质上是不一样的。首先，他们感到了不一样，其次，他们被这种不一样所支配，最后，他们相互之间便一点也不了解了。现在，一个勃兰登堡的农民与一个西西里的农民较之他与一个柏林的市民还更接近些。从这种特殊性的调节的时刻起，城市就出现了，不言而喻，每种文化的整个醒觉意识便是以这种调节作为其基础的。

一种文化的每个青春时期事实上便是一种新的城市类型及市民精神的青春时期。前文化的人在这种他们与其无法发生任何内在关系的类型面前是深感不安的。在莱茵河与多瑙河流域，也像在斯特拉斯堡一样，日耳曼人经常定居于无人居住的罗马城门口。在克里特，征服者在被焚毁的城市像各尔尼亚与诺萨斯的废墟上建起了村落。西方前文化的教团，本笃会[1]士特别是克吕尼派[2]和泊里蒙司特拉坦兴派[3]，像武士一样定居在自由的土地上；在早期哥特城市中进行建筑的是方济格会[4]士及多米尼加会[5]士。在此，新的心灵才觉醒。可在那里尚有一种柔弱的忧郁感附在建筑中，好像附在整个方济格的艺术中一样——一个人在那新的、晶莹的、有意识的事物面前表现出一种近似于神秘的恐惧，因为那些事物还只是模糊地被一般人所接受。人类还缺乏不再当农民的勇气；第一个以真正大城市市民的成熟机警地生活的是耶稣会士。当统治者每年春天将他的朝廷从一个宫殿迁到另一个宫殿的时候，这便是一种征兆，说明了乡村还是绝对至上的，它还没有承认城市的地位。在埃及古王国，人口稠密的行政中心是“白城”（孟斐斯），可法老们的住处却是在不断地变换，就好像在苏末人的巴比伦与加洛林帝国的情形一样。古代中国周朝的统治者大约从公元前 1160 年起照例将他们的朝廷设在洛阳（现在的河南省），但直到公元前 770 年——相当于我们的 16 世纪——此处才被升格为永久性的帝王住处。

被土地束缚的感情、植物性的——宇宙的事物的感情，从没有像在古代的小市镇的建筑中表现得那么有力，这些小市镇仅是围绕一个市场或一个城堡或一个礼拜场所的几条街道罢了。如果说有什么地方能够表明任何一种宏伟风格的本身是植物性的，那么那个地方就是这里。多里斯式圆柱、埃及的金字塔、哥特式的教堂都是从地上生长出来的，它们是真挚的，有关宿命的，是无醒觉意识地存在着。爱奥尼亚式的圆柱、中国及巴洛克式的建筑却冷静地知道与意识到自己的存在，它们是自由的、安稳的，建立在地上的。在那里，因为脱离了土地的力量——甚至脚下的铺地材料也把与土地的联系割断了——存在变得愈来愈衰弱，感觉与理性变得愈来愈有力。人变成了才智之士，像游牧民一样“自由”，他变得像游牧民，却比游牧民更加狭隘、更加冷漠。“才智”是有理解力的醒觉意识的特定城市形式。所有艺术、宗教和科学慢慢地智性化了，它们对乡村而言是陌生的，对土地上的农民来说是无法理解的。随着文明而来的是危机时期。存在着的非常古老的根源在城市的石堆中干枯了。自由的才智——好一个决定命运的词！——像火焰一样，辉煌地升上天空，却又可怜地消失了。

---

[1] 本笃会：天主教隐修会之一。

[2] 克吕尼派：本笃会的一个分支。

[3] 泊里蒙司特拉坦兴派：法国的天主教修会。

[4] 方济格会：天主教托钵修会之一，又名“小兄弟会”。

[5] 多米尼加会：天主教托钵修会之一，又名“布道兄弟会”。

三

城市的心灵采用了一种新语言，它极快地便与文化本身的语言等同起来。广阔的乡村和它的村落人类受了伤害；它无法再了解这种语言，它感到狼狈，缄默无言。一切真正的风格历史都是在城市中演绎的。以有形的形式的逻辑诉诸眼睛的完全是城市的宿命及城里人的生活经验。最古老的哥特式风格依然是土地的产物，它掌握田庄及其居民与内容。但是文艺复兴的风格仅在文艺复兴的城市中风行，巴洛克风格仅在巴洛克城市中风行——至于那完全属于大城市的哥林斯圆柱或洛可可式便更不用说了。这种种风格可能悄悄地渗进了景色中；但是乡村本身却已经连一点点创造力也没有了——它仅有无声的厌恶。农民与他的住处本质上还是哥特式的，一直到现在还是哥特式的。希腊的乡村将几何风格保存了下来，埃及的农村则将古王国的形式保存了下来。

特别重要的是，城市的“面貌”的表现总是一段历史。实际上，这种“面貌”的表现几乎是文化自身的精神历史。最开始，我们有哥特的或其他早期文化的小小原型城市，它们差不多被湮没在景色中，它们依旧是一些拥挤于一座堡垒或神殿下的真正农舍，并且毫无精神变化地成为了市镇房屋，这意思只是说明，它们周围有了邻屋而不再有农场和牧场。早期文化中的各民族渐渐都变成为市镇民族，因而不仅有特定的中国式的、印度式的、阿波罗式的以及浮士德式的市镇形式，而且还有亚美尼亚式的与叙利亚式的、爱奥尼亚式的与埃特鲁里亚式的、德国式的、法国式的及英国式的市镇外貌。有一种斐狄亚斯的、一种伦勃朗的、一种路德的城市。这些城市的名称以及格兰那达、威尼斯及纽伦堡等名称的本身便能马上引起一些十分确切的意象，因为文化在宗教、艺术及知识中所产生的所有东西全都是在这类城市中产生的。导致十字军远征的仍是武士的城堡及农村的修道院的精神，但宗教改革却是市镇性的，是属于狭窄的街道与具有陡峭山墙的房屋的。表现及歌唱血统的伟大史诗属于行宫及城堡，然而觉醒了的生活借以检验自己的戏剧是城市的诗歌，而闻名于世的小说则是用解放了的才智来纵览一切人类的事物，是以世界城市作为前提的。除了真正的民歌以外，仅有城市的抒情诗。除了“永恒的”农民艺术以外，仅有城市的绘画及建筑，它们具有一种快速的与转瞬即逝的历史。

这些石质面貌将市民本身的人性纳入了它们的光的世界，与市民一样，它们全是见解与才智——它们所说的形式语言何其响亮，与景色中的农村的嗫嚅语言多么不同！这便是大城市的轮廓，其屋顶与烟囱，地平线上的望楼与圆屋顶！看一下纽伦堡或佛罗伦萨，大马士革或莫斯科，北京或婆罗尼斯（印度古城），我们会得到一种怎样的语言。鉴于我们并不知晓古典城市在南方的正午、在雾气蒙蒙和星光灿烂的夜间所呈现的外貌，我们对古典城市又知道些什么呢？街道，有笔直的，有弯曲的，有宽的，有窄的；房屋有低矮的，有高大的，有明的，有暗的，在所有西方城市中，正面对着街道，在所有东方城市中，背面的空墙、栏杆对着街道；广场及拐角的精神。既有死胡同也有林荫道，既有喷泉也有纪念碑，有教堂、庙宇或回教寺院，既有圆剧场也有火车站，既有市场也有市政厅！市郊也如此，既有整洁的花园别墅，也有杂乱的公寓、垃圾堆；既有时髦区也有贫民窟，既有古典罗马的素布拉区，也有巴黎市外的圣泽门，既有古代的贝宜，也有近代的尼斯，既有布鲁日与罗腾堡之类的小市镇的风景，也有像巴比伦、登诺支铁特兰、罗马及伦敦之类的如同汪洋大海的房屋！所有这一切都有其历史，都是历史。由于一件主要的政治事件——市镇的面貌便变得错杂不同了。拿破仑给予波旁王朝的巴黎、俾斯麦给那可敬的小小的柏林以一种新的容貌。然而乡村却不受影响地站在一旁，怀着猜疑与激动。

在最初的时候，景色的形象独自支配了人类的眼界。它为其心灵提供形式，同它一起和谐共振。感情与森林的音响是同一节奏；草原与矮林在形状上、在序列上甚至在衣着上都是与景色相适应的。村落及其寂静的丘顶、晚炊、甘泉、疏篱及畜群都全然融合于而且镶嵌于景色之中。乡村的市镇衬托了乡村，它是乡村图景的一种强化。首先与乡村对抗、以其轮廓的线条来反对自然、否定所有自然的是晚期的城市。它盼望成为一种与自然不同而且高于自然的东西。这些高耸的山墙、巴洛克式的圆屋顶、尖阁及尖塔既不是也不愿意成为与自然有任何关联的东西。宏伟的大城市，也就是作为世界的城市接着开始建立起来，它除了自己之外无法容忍别的东西的存在并且要去消除乡村的图景。一度谦逊地让自己适应那一图景的市镇现在力求让同一图景变得与它自己一样。在城外，大道、森林及牧场变为了公园，山岭变成旅行家的风景区；而在城内则出现了一种模仿性的自然，用喷泉替代池塘，用花坛、人工水池及修整过的篱垣代替草原、池沼与丛林，在村落中，草屋顶还似小土丘一样，街道还似田间的陇畔一样。然而大城市的图景则是一种高大的石质房屋之间的既深且长的峡谷，这些房屋布满了有色的尘埃及离奇的喧嚣，人们便居住在里面，这种情形是任何自然物所无法想象的。服装甚至面孔都是适应一种石料的背景的。白天，包罗万象、无奇不有的拥挤人群，晚上则有一种新的赛过月光的月光。举目无亲的乡下佬站在人行道上，不了解任何事物，也不了解任何人，被人视为一个喜剧中有用的典型及这个世界上日用面包的供应者。

然而，随之而来的是——这是最重要之处——假如我们没有认识到城市由于渐渐地脱离了乡村并最终会破产，而这种成为高级历史的进程及意义所普遍依从的决定性的形式，我们便根本无法理解政治与经济的历史。世界的历史便是城市的历史。

关于这点的一个显著的例子当然是古典世界。在古典世界中，关于存在的欧几里得式感觉将城市观念与它的缩小外扩的需要联系起来，因此日益强调把国家与个别城市的石质结构等同起来。然而，和这个例子很不一样的是，我们在每一种文化中（并且非常快地）发现了那种都市城市的类型。其名称直截了当地指出，这是一种以其精神及方法、目的及政治与经济上的决策支配乡村的城市。乡村及其居民是这种支配精神的工具与对象。乡村并不了解正在发生的事情，也无人询问过它。在一切晚期文化的所有国家中，主要的党派、革命运动、恺撒主义、民主政治、议会，都是首都精神告诉乡村的一种形式，告诉它应该盼望什么，告诉它假如一旦发出号召应该如何去奋斗。古典的广场、西方的报纸主要是占统治地位的城市所拥有的智性机器。任何乡村居民假如的确明白这类时期的政治意义而且认为自己合乎其水准，他便会迁移到城市中去，或许不是在身体方面，然而却一定是在精神方面。农民的乡村的情感与舆论——假如可以说有这种情感及舆论的话——是受城市舆论导向所影响的。底比斯便是埃及，罗马便是世界，巴格达便是伊斯兰教国家，巴黎便是法国。每个青春时期的历史是在许多不同地区的很多小中心中演绎的。埃及的诺姆、荷马时代的希腊民族、哥特时代的州郡及自由城市都是古代历史的创始人。然而政策渐渐集中于少数几个都市中，其他全部都成为政治存在的影子。甚至在古典的世界中，向城市国家原子化的倾向也无法阻挡这一运动的潮流。早在伯罗奔尼撒战争中，真正掌握政策的也仅是雅典与斯巴达，爱琴海的其余城市仅是雅典或斯巴达霸权中的组成部分罢了；至于它们自己的政策，就变得微不足道了。最终，仅有罗马城的广场才是古典历史的舞台。恺撒虽然能够在高卢作战，他的刽子手虽然能够出征到马其顿，安东尼虽然能够打到埃及，但是，无论在这些战场上发生了怎样的事情，事件获得意义的原因是它调和了罗马的关系。

四

所有有效的历史都始于那原始的阶级，即贵族与僧侣，这两个阶级是自行产生的，将自己提高到了农民之上。所有原始政治的基本形式是大贵族与小贵族、国王与臣属、世俗力量与精神力量之间的对立。荷马时期的、中国的或哥特时期的政治都是如此，直到城市、市民第三等级出现，历史才改变了其形式。然而历史的整个意义是完全包含于这两个阶级及其阶级意识中的。农民是没有历史的。农村处于世界历史之外，从“特洛伊”战争到密司立对提战争，从萨克逊诸帝到 1914 年的世界大战的所有演变都是通过这些景色上的小点来进行的，有时将它们毁灭了，耗费了它们的血，然而却丝毫未触动它们的灵魂。

农民是永恒的人，不依附于安身在城市中的任何一种文化。它出现得比文化早，生存得久，它是一种无言的动物，让自己一代代地繁殖下去，将自己局限于受土地束缚的职业与技能，它是一种神秘的心灵，它是一种死盯着实际事务的枯燥而且敏捷的悟性，它是创造城市中的世界历史的血液的来源与源源不断的源泉。

不管城市中的文化在国家形式、经济习惯、信条、工具、知识、艺术等方面有何想法，他一向都是狐疑地、犹豫地加以接受的；虽然最终他也许接受这些东西，然而作为一种类别，他是永远不会因此而有所改变的。因此西欧农民虽然表面上接受了从有名的拉特兰宗教会议到特棱特宗教会议的所有教义，就像他接受了机械工程的产品和法国革命的结果一样——但是他依旧是他的老样子，依旧是他在查理曼时代就已经有的样子。农民今天所信奉的信仰比基督教还要古老；他的神比所有高级宗教的神更加古老。给他消除大城市的压力之后，他便会恢复自然的状态，不会认为有何损失。他的真正的伦理、真正的形而上学是处在所有宗教的和精神的历史以外的，还没有一个城市中的学者相信这是值得研究的，实际上，它们根本无历史。

如果说城市是才智，那么大城市就是“自由的”才智。因为反抗血统及传统的“封建”势力时，市民或资产阶级这一才智的阶级才开始认识到自己的单独存在。它以理性的名义，特别是以“人民”的名义，将王位推翻，给旧的特权以限制，自此之后人民的意识便专指城市中的人。民主便是城里人的世界观且要求农民也具有同一世界观的一种政治形式。城市中的有志之士将处于青春期的伟大的宗教进行了改造，在贵族与僧侣的旧宗教之外建立了第三等级的新宗教，也就是自由科学。城市在经济史中处于首位而且控制了经济史，用金钱这一不同于物品的绝对观念替代了与农村生活、思想永远分不开的土地的原始价值。用以表示自古便存在的物物交换的乡村所用的词是“物物交换”；即使被交换的东西是宝贵的金属，交换过程中的基本观念仍然不是金线——也就是说，它并未从货物中将价值抽象出来，将金属的或杜撰的量确定下来，试图以“商品”去衡量货物。在青春时期的沙漠商队的远行及北欧海盗的航行都是来往于乡村居民区的，含有以物易物或掠夺的意味，而在晚期却是在城市之间来进行的，意味着“金钱”。这也就是十字军远征之前的诺曼人与十字军远征之后的汉萨及威尼斯人之间的不同，是迈锡尼时代的水手与希腊晚期拓殖时期的水手之间的不同。城市不仅意味着才智，并且意味着金钱。

不久一种新的时期到来了，此时城市进化到了如此一种有力的地步，以至于它无须再去抵御乡村与武士精神，相反，它成为了一种专制，乡村及其基本等级同它进行着绝望的自卫斗争——这种斗争在精神上反抗民族主义，在政治上反抗民主，在经济上反抗金钱。此时，历史上具有真正支配力量的城市的数目已经微乎其微。因而，在大城市与小城市或市镇之间出现了深刻的不同——主要是一种精神上的不同。后者十分有意义地被称作乡村市镇，它是不再共同起作用的乡村的一部分。在此种市镇中，城里人与乡下人之间的差别并非减少了，只是这种差别较之它们与大城市之间的新差别而言是很小的。乡村的不动声色的敏捷性及大城市的智慧是醒觉意识的两种形式，两者之间的互相了解几乎是做不到的。这里又非常明显，起作用的不是居民的数目而是居民的精神。还有非常明显的是，在所有大城市中，仍然在某些角落存在着一些几乎是农村的人类，他们住在它们的侧路中就像住在乡村一样，而且街道两旁的人们的关系差不多与两个村子中的人一样。实际上，这是一种正日渐兴起的市民精神的金字塔，数目越少，视野越远，它始于那种近似农村的因素，逐层收缩，上升到顶点上的少数真正的大城市市民，哪里能让他们的精神条件获得满足，他们便会在哪里感到舒适自在。

如此一来，金钱的概念便取得了十足的抽象性。它不再仅为经济交往的协商而服务，而且让物品的交换服从于它自己的演变。它对物品的估价已非物品双方的事，而是参照它自己来估价了。它与土地的关系，与土地的居民的关系完全不存在了，以至于在领导城市——“金融市场”——的经济思想中，此种关系是被忽略的。此时金钱已经变成了一种力量，并且这种力量全然是智性的，仅仅表现在它所用的金属上，此种力量的现实性存在于经济上活跃的上层居民的醒觉意识中，此种力量让那些有关的人依照它，正如同农民依赖土地那样。正如同世界上有数学思想或法学思想一样，我们也有金融思想。

然而土地既是实在的也是自然的，但金钱却是抽象的、人为的，它仅是一种“范畴”——就像启蒙时期所想象的“美德”那样。因此，任何一种原始的、前市民时期的经济都依照宇宙的力量、土地、气候、人的类型，而且是与它们连接在一起的，但金钱作为醒觉意识中的经济交往的纯粹形式，在可能发生作用的范围内并不比数学世界及逻辑世界的数量更加受到现实的限制。正如没有任何关于事实的见解能够妨碍我们任意创造出多种非欧几何学一样，在发展了的大城市的市民经济之中，对于增加“货币”或者依照金钱的其他方面去思考失去了任何固有的异议。这与手头所有的黄金或一切实际价值都毫无关系。不存在任何一种标准或一种物品能够让波斯战争时期的塔伦的价值与庞培在埃及所掠得的塔伦的价值相比。因为人是一种经济的动物，金钱变为了醒觉意识的活动的一种形式，在存在中失去了任何根源。这便是它对任何一种刚开始的文明所具有的巨大的力量的基础，文明一向是一种无条件的金钱独霸，虽然在不同的文化中所表现的形式不同，但是，这也正是金钱缺乏牢固性的缘故，结果便让它失去了它的力量及意义，以至于到最后，如同在戴克里先时代一样，它在终结时期的文明的思想中不复存在了，土地的原始价值重新归来，取而代之。

最终，完全解放了的才智的巨大象征与容器，也就是世界城市兴起了，它是世界历史的进程自行完结的中心。在任何一种文明中，数量不多的大地方将自己的文化的整个大地轻视地称为“行省”，如此去剥夺它的权利，而且贬低它的价值。所谓的“行省”在当前是无所不指的——乡村、市镇及城市——除了这两三个点之外，再也无贵族与资产阶级、自由民与奴隶、希腊人与蛮人、信徒与非信徒的区分，而仅有世界市民与行省居民的区分。其他所有对比在这一对比前都黯然失色，它支配所有事件、所有生活习惯、所有世界观。

在全部的世界城市中，历史最悠久的是巴比伦与新帝国的底比斯——克里特的米诺世界虽然有它光辉的成就，依然属于埃及的“行省”。在古典世界中，亚历山大里亚是第一个例子，它一下子将古希腊下降到行省的水平，即使罗马，即使重新修建的迦太基，即使拜占庭都无法超过它。在印度，优禅那、曲女城，尤其是华氏城[1]等大城市甚至在中国与爪哇都是享有盛名的；任何人都知道在神话中极富声誉的巴格达与西方的哥拉那达。在墨西哥世界，乌施马尔（建于950年）仿佛是玛雅帝国的第一个世界城市，然而因为托尔特克人的世界城市

[1] 华氏城：印度著名的历史古城，曾是孔雀王朝的都城。

退斯库科及登诺支铁特兰的兴起，它却降低到行省的水平。

我们不能够忘记“行省”这个词的最初出现，是作为一种宪法上的名称而由罗马人给予西西里的；实际上，征服西西里是将昔日著名的一处文化景观降低为一个绝对的对象的第一个例子。古典世界中第一个真正能被称为大城市的是叙拉古，当罗马还是一个微不足道的乡村市镇时，它便已经繁荣起来了，然而自此以后，面对罗马的兴起，它却降为一个地方性的城市。同样，哈布斯堡家族的马德里和教皇的罗马在 17 世纪的欧洲是领导城市，但到 18 世纪的开端却被世界城市巴黎与伦敦的竞争降至地方性的水平。纽约在 1861~1865 年内战时期上升到世界城市的地位或许是 19 世纪最具意义的重大事件。

五

“世界都市”的石像树立于任何一种伟大文化的生活进程的终点上。精神上乡村所形成的文化人类被其创造物——城市所掌握、所占有了，并且变成了城市的俘虏，成为其执行工具，最终成为其牺牲品。此种石料的堆积便是绝对的城市。它的影像，正如同它在人类眼前的光的世界中显出其极尽美丽之能事那样，内中包含了确定性的已成事物（thing-become）的所有崇高的死亡象征。哥特式建筑中渗透着精神的石料，通过一千年风格演化的历程，已经变成了这样一种没有心灵、恶魔性质的石的荒野。

这类终极的城市全然是智性的。它们的房屋与爱奥尼亚及巴洛克式的房屋不相同，已经不再是从古老的农民房屋之中派生出来的，而文化却是从农民的房屋中将自己的青春带入历史之中去的。一般而言，在此类房屋中，灶神、门神、家神已失去立足之地了，它们仅仅是一些因为需要而非因为血统，因为商业精神而非因为感情所形成的屋宇。只要存在一种火灶作为一个家庭的实际的与真正的中心而具有一种虔敬的意义，房屋及乡村的古老关系就还没有全然消灭。然而当火灶也随着其他一切而湮没时，房屋海洋中的成群的房客及投宿的旅客也正同“前”时期的猎人与牧民一样，从一个藏身之处到另一个藏身之处过着漂泊的生活时，智性的游牧民便全然发展起来了。这种城市便是一种世界，它就是世界。城市只有作为一个整体，作为一种人类的住处，它才具有意义。房屋却只是构成城市的石头。

历史悠久的成熟了的城市以及它的教堂、市政厅及高山墙的街道所形成的哥特式核心，以及它的古老的城墙、望楼与城门，它们周围环绕着巴洛克式的更加辉煌活泼、更加精致的贵族的房屋、宫殿及礼拜厅，开始以倍速增加的兵营式的公寓与公用建筑从各个方面无组织地大量侵入衰落中的乡村，以拆除和重建的形式破坏了昔日高贵的一面。站立于一个旧望楼上俯视那如汪洋大海般的房屋，我们在这历史存在的石化现象中恰好看到了那种时代，它意味着有机生长的终结与无机的、因而是无限堆积过程的开始。此时也出现了那种纯粹理性地满足人目的的、人为的、数学的、完全非乡村的产物，也就是城市建筑师的城市。在所有文明中，这类城市也一样追求一种象征无心灵的棋盘形式。整齐的长方形建筑让在巴比伦的希罗多德及在登诺支铁特兰的科尔蒂斯[1]为之惊叹。在古典世界中，一系列的“抽象”城市是自丘里开始的，它是米利都的喜坡达马斯在公元前441年“设计”的。随后是普赖伊尼（它的棋盘式构图全然不考虑房址的起伏）、罗德斯及亚历山大里亚，并且依次成为帝国时代的数不尽的地方性城市的模范。依据计划，伊斯兰的建筑师自762年起建设巴格达，一百年后又建设巨大的撒马拉城。在西欧与美洲，1791年的华盛顿是首例重大经营的例子。毫无疑问，中国汉朝与印度孔雀王朝的世界城市也同样具有此类几何模式。甚至在目前，西方文明的世界城市远未达到其发展的顶端。我认为，远在公元两千年以后，为一千万到两千万居民而设计的城市将扩张到乡村的广大地区上去。它们的建筑物将让当今最大的屋房都显得矮小，那时对于运输与交通的想法将使我们认为空想得有点类似于疯狂。

即使在它存在的这种最终状态中，古典人类关于形式的理想依然是实体点。我们目前存在的巨大城市表明我们是无法抵抗对无限的向往——我们拥有侵入到广阔的乡村的郊区与花园城市，我们拥有巨大的星罗棋布的道路网，在建筑物广布的地区中，我们拥有疾驰在又直又宽的街道上、地下及空中的受控制的交通工具——但真正的古典世界城市却向来力求不去扩张，而努力朝着更加稠密的方向发展——街道狭窄而又紧促，不可能有快速的交通工具（虽然在主要的罗马大道上快速的交通是被充分发展起来了的），人们一点也不愿意居住在郊区，甚至不愿意存在郊区。甚至在此阶段，城市必将要发展成为一种稠密完整的实体，最严格意义上的Lia（实体）。在古典早期将乡村居民逐步吸引到城市中，因此创立了城邦类型的统一运动，最终却以荒谬的形式自行重演；任何一个人都希望住在市中心，住在其最稠密的核心，否则他便无法感受到自己是一个城里人了。所有这些城市仅是内部的市镇（cites）。新的统一运动导致了高楼世界的形成，而非郊区。在公元74年，虽然罗马拥有许多居民，但

[1] 科尔蒂斯：1485~1547年，是殖民时代活跃在中南美洲的西班牙殖民者，以摧毁阿兹特克（Aztec）古文明，并在墨西哥建立西班牙殖民地而闻名。

它的周围却小得可怜，面积仅有十九个半公里（十二英里）。最后，这些城市的形体一般都不是在宽度上扩展，而是越来越向空间发展。罗马的成排的公寓，像闻名于世的菲里居累因苏拉，街道仅有三至五米宽（十至十六英尺），而其高度在西欧却是从未见过的，只能在少数非洲城市中方可见到。在靠近朱匹忒神庙的地方，屋顶已经达到山鞍的高度。但是，辉煌的拥挤的城市总是充满了可悲的穷困与堕落的习惯，同时，那些顶楼及双层屋顶，那些地窖及后院正在培养着的新型的原始人——在巴格达与巴比伦，正像在登诺支铁特兰，以及当今在伦敦与柏林一样。带奥多剌斯[1]曾经谈论过有一个被废黜的埃及国王住到了罗马某一个破败的公寓楼上。

然而这种发展中的不幸、强迫甚至明晰地看得到的疯狂情形全无法抵消这类恶魔性质的创造物的巨大吸引力。宿命的轮子必然要转到它的终点；城市的诞生自始就注定了它的灭亡。开始与终结，一所农民的茅舍与一幢公寓之间的关系及心灵与才智、血与石之间的联系是相同的。然而“时间”并非一种抽象的提法，而是表示具有无法改变性的一个实际的名称。此处只能往前，从来无法往后。很久之前，是乡村孕育了乡村市镇，用她自己最好的血液哺育了它。现在，巨大的城市将乡村吸吮得干干净净，毫不知足、永无止境地要求并且吞咽新的人流，直至它在几乎无人居住的乡村荒地中变得筋疲力尽直到死去时为止。所有历史中这一最后奇迹的罪大恶极的美人一旦掳获了一位受害者，它是绝不肯放他走的。原始的人们能让自己从土地中解脱出来，四处周游，然而智性的游牧民却永远做不到。依恋大城市的乡病比任何一种思乡病都更加严重。对他而言，家便是这类大城市中的任何一个，即使最邻近的村落也无异于异域。他宁可死在人行道上也不愿“回”到乡村。甚至对于这种虚夸的厌恶、对于五色斑斓的光辉的厌倦、那最后俘获了很多人的厌世感也无法让他们获得自由。他们将城市带到山岭或海洋。他们的内心中已失去了乡村，而且将永远无法在外表上重新获得它。

世界城市中的人类只能居住在这样非自然的立足之地，而不能居住在任何别的地方的原因，是他的存在中的宇宙节奏总是在缩小，而他的醒觉意识的紧张却变得愈来愈危险。我们必须记住：在一个小宇宙中，是动物性的、觉醒存在的方面跟着植物性的、存在的方面，而并非相反。节奏与紧张、血与才智、宿命与因果之间的关系，便像繁荣的乡村与石化的城市、本身独立存在的东西与非独立存在的东西之间的关系，他们是相同的。无宇宙节奏赋予生命的紧张

[1] 带奥多剌斯：生活于公元前 1 世纪，希腊历史学家，著有通史《历史丛书》。

便是走向虚无的过渡。然而文明并非别的，而是紧张。各种各样的文明中的杰出人物的头脑完全是为一种极其紧张的表现所支配的。智慧只是一种十分紧张状态的理解能力，在每一种文化之中，此类头脑便是文化的最终人物的类型——我们只要将他们与偶然出现在大城市街道游荡的农民的头脑比较一下，便可明了。从农民的聪明——如同在其他动物身上所见的以被感到的生活节奏为基础的“狡猾”、天赋机智和本能——通过城市精神前进到世界都市市民的智慧——这一带有尖锐的声音的词本身，便显示了古老的宇宙基础的不复存在——也能够描写为宿命感情的渐渐缩小与依据无限的因果活动的需要的增加。智慧是应用熟练而缺乏生气和乏味的思想去替代无意识的生活。在所有种族中，智慧的面貌是相似的——其中倒退了的东西正是种族性。对存在的需要及其自明性的感觉越微弱，“阐明”的习惯便越发展，醒觉意识中的恐惧越要用因果的方法让它安静下来。因而，知识与可证明性便结合到一起，而科学理论、因果性的神话便代替了宗教。因而，抽象的金钱作为经济生活的纯粹因果关系便与乡村的以物换物相对立，后者是节奏而并非一种紧张的体系。

紧张，当其已成为智性之时，不知还有其他的休息方式，而仅知只有世界城市才特有的方式——也就是：缓和、松弛、娱乐。真正的游戏、生活的喜悦、愉快、酗酒是宇宙节拍的产物，它们实质上是不再能被理解的了。然而繁重的及剧烈的脑力劳动用相反的活动——有意识的及造作的愚弄——去缓和，智性的紧张用竞技的体力紧张去缓和，体力的紧张用对“愉快”的感觉上的追求及对赌博与竞争的“刺激”的精神上的追求去缓和，日常工作的单纯逻辑用有意识去欣赏的神秘主义去缓和——所有这些都是文明中的世界城市所共同存在的。电影、表现主义、通神术、拳赛、黑人舞、扑克及赛马——所有这些都可以在罗马找到。事实上，鉴赏家也能够将他的研究扩大到印度、中国以及阿拉伯的世界城市之中去。我想只举一个例子，假如有人读过《爱经》，他便会懂得佛教为何也投人所好，并且他便会以另一种很不一样的眼光去观看诺萨斯皇宫中的斗牛景象了。毋庸置疑，其基础是一种祀拜，但祀拜之中充满了风味，正像在罗马大竞技场附近流行的对埃西女神的祀拜充满了风味一样。

因此，在存在充分失去了根基，觉醒的存在充分地紧张起来的时候，一种现象在历史的光辉中突然出现了，这种现象经过许久的秘密酝酿，早已经成熟起来，现在出来结束这出戏剧——这便是文明人类的不育状态。这并非可以像一种简单的因果关系那样好理解（现代科学曾经非常自然地试图去理解）；它应该被理解为是一种本质上向着灭亡的形而上的转折。世界城市中的最终的人类不再希望活下去了——作为单个个别的人，他也许依恋生活，可作为一个类型，作为一种集合体，情形便不是这样的，因为这种集体生存的一种特征是，没有了对死亡的恐怖。那种用严重的、无法解释的恐怖心来打击真正的属于农民的事物，那种认为家与族应该消灭的观点现今已经失去了意义。有形世界中的血统关系的延续延续已经不再是血统的一种任务，作为家系中最后一员的宿命已经不再被认为是一种劫数。后裔不复存在了，并非因为无法生育子女，而主要是因为强度已臻于高峰的智慧再无法找出需要有子女的一点理由了。读者可以农民的心灵设身处地地思考一下。他自原始时代起便据守在自己的地段上，他紧紧地抓牢他的地段，以其血统让自己依附其上。他作为祖先的后代与未来后代的祖先，深深地扎根于土地上。其房屋，其财产，在此并非意味着人与物在短暂的若干年内的暂时联系，而是意味着永恒的土地与永恒的血统的一种持久的及内在的联合。仅从这种定居的神秘信念中，周期的主要阶段——繁殖、生及死——才派生了那种形而上的奇特因素，此种因素凝结在所有受土地束缚的人们所具有的风俗及宗教的象征之中。对“最后的人们”而言，这所有都已成为历史了。智慧与不育在旧家族、旧民族与旧文化中联合在一起，这不但是由于在每个小宇宙中，那过分紧张及受到束缚的动物性因素在侵袭植物性的因素，并且也是由于醒觉意识认为存在一般而言是受因果关系所调节的。智慧的人类十分富有意义地、富有特色地标之为“自然的冲动”或“生命力”的东西，他不但知道，而且从因果关系上给予重视，并依其判断给它以在他的其他需要中所应有的地位。当一个充满教养的民族在其日常思考中开始将“生儿育女”看作一个该赞同或该反对的问题时，便标志着重要的转折点的来到。因为关于赞同与反对，显然是一无所知的。只要某处生活是现实的，某处便流行着一种内在的有机逻辑，一种“彼物”一种动力，它毫不依赖于醒觉存在及其因果的联系，甚至未被醒觉存在所觉察。原始民族的强盛的生育力是一种自然的现象，对于这种现象无人想过，更无人从其有用或无用去加以判断过。当生活中出现了要用理性去解决的问题的时候，生活本身便成为问题了。此时生育的数量便开始加以谨慎的限制了。在古典世界中，这种措施被波里比阿[1]哀叹为希腊毁灭的祸根，然而即使在他所处的时期，这种措施早已被大城市中的人们所公认；在后来的罗马时代，此种措施变得惊人的普遍了。最开始，人们还用当时的经济困难来加以解释，不久，便绝对无须解释了。那时，在佛教的印度与在巴比

[1] 波里比阿：约公元前 200~ 前 118 年，罗马统治时期的古希腊籍历史学家，古代西方史学史上最杰出的人物之一。

伦一样，在罗马与在我们自己的城市里一样，一个男人选择一个女人，不像农民与初民一样，并非要作为自己的儿女的母亲，而是要作为他自己的“生活伴侣”，这成为一个心理问题。易卜生式的婚姻便出现了，这是一种“高级的精神结合”，在这当中，男女双方都是“自由的”——有智慧的人的自由，免于血统要求延续自己的植物性的冲动的自由，因而萧伯纳能够说“除非妇女抛弃她的妇女性，她对于她的丈夫的义务，对于她的儿女的义务，对于社会的义务，对于法律的义务，对于除了她自己之外的任何一个人的义务，她便无法解放她自己”。原始的妇女，即农妇，是母亲。她自童年起便渴望的所有职业都包括在这个词里。然而现在出现了易卜生式的妇女，伴侣，从北方的戏剧到巴黎的小说中的整个大城市市民文学中的女主角。她拥有的并非儿女而是精神的冲突，婚姻是达成“共同了解”的一种精湛的艺术。这种不赞同有儿女的人不管是那些不肯放过一切社交机会的美国妇女，还是那些害怕爱人抛弃自己的巴黎妇女，或是那“属于自己”的易卜生式的女主角，情形全都是一致的——她们都属于她们自己，她们都是不生育的。同样的事实及与其有关的相同的论点也可以在亚历山大里亚社会、罗马社会，自然也可以在任何一个其他文明化的社会中找到——在佛陀所长大成人的社会中更可以明显地找到。在希腊化文化和 19 世纪中，如同在老子时代及斫婆伽派的学说中一样，都存在一种关于无儿女的聪明的伦理，存在一种关于娜拉与娜娜的内心冲突的文学作品。“大家族”在维特时代还是一件非常高贵的景象，现在却变成一种地方性的现象了。大城市中一个多儿女的父亲成了一种讽刺画的主题；易卜生并未忽略这一点，而且将它表现在《爱的喜剧》一书中。

在这一水平上，所有文明都进入了一个接连几个世纪的惊人的人口减少的阶段。文化人类的整个金字塔不复存在了。它自顶端崩溃起，首先是世界城市，紧接着便是地方性的城市，最后是乡村本身，乡村的最好血液不自觉地倾注到许多市镇中去，但也只能一时支持它们罢了。最终，仅剩下原始的血液能够坚持活下去，但它的最强的与最有希望的因素却被消灭了。这种残余便是费拉类型。

假如有哪些东西曾经指出因果关系是与历史不相干的，那便是那人所熟知的远在日耳曼移民侵入之前便已自行完成的古典文明的“没落”。罗马帝国享尽了和平，它是富足的与高度发达的，它的组织是非常完善的，在它的皇帝之中有从涅尔瓦到嫣尔库斯·奥理略的一系列统治者，它们是其他文明的恺撒主义所不具有的。但人口快速地大量减少。奥古斯都关于婚姻与子女的凌厉的法律——其中的婚姻法让罗马社会感到沮丧甚至超过瓦鲁斯军团的败亡——成批的过继、不断地用野蛮人出身的兵士去填补因人口减少而日渐荒凉衰蔽的乡村、涅尔瓦和图拉真施舍给穷困的父母的儿女的大量食物——任何事情都制止不了那一进程。开始是意大利、接下去是北非洲与高卢，最终是西班牙都变得空虚，变得荒凉了，而这些城市在早期皇帝们的统治下曾经是帝国中人口最稠密的地区之一。普林尼的名言名句——今天在国民经济问题上这句话常常被意味深长地引用——“说句实话，大地产毁灭了意大利也毁灭了各行省”，将事情的顺序搞颠倒了；假如农民未被吸收到城市里去，未放弃他们的土地（假如不是公开地，至少也是内心地），大地产是永远无法达到这种程度的。最终，可怕的真相在公元 193 年培尔丁纳克斯的命令中显露无遗，此命令允许意大利或各行省的每个人占有无人照料的土地，假如他耕种这块土地，那么它便成为其合法财产。研究历史的人只要认真地关注其他文明，便能随处找到相同的现象。人口减少的现象能够从埃及新帝国的背景中清晰地追溯出来，尤其是从第十九王朝以后。像阿门诺菲斯四世时铁尔埃尔阿玛尔那样的街道——宽 50 码，对于古代较为稠密的人口而言，是无法想象的。航海民族的进攻好容易才被打败——他们占有领土的机会自然不及第四世纪时面向罗马世界的日耳曼人的希望更少。最终利比亚人对三角洲的不断的渗入，在他们的领袖之一于公元前 945 年掌握权力时——便如同鄂多瓦在公元后 476 年掌握它一样——达到了顶峰。在阿轮迦王以后的政治上的佛教历史中也可以感到相同的倾向。假如玛雅人口于被西班牙征服之后的一个极短时期内实际消亡，并且他们的巨大的空城再被[illegible]丛林所吞没了，这不但证明了征服者的野蛮——单就此方面而论，假如面对的是一股年轻、多产的文化人类的自我更生的力量，野蛮行为便无法做到——并且证明了一种毫无疑问早在演进中的内部消亡。假如我们转而思考我们自己的文明，我们会发现，在大多数情况下，并非是革命根绝了法国贵族的古老家族，而是自从 1815 年以来就死亡了的，其不肯生育的状态蔓延到了资产阶级身上，1870 年以后又蔓延到了农民身上，而大革命无异于重新塑造了农民。在英格兰，特别是在美国——尤其是在东部那些世系最好与最古老的州里——罗斯福所抨击的“种族自杀”的过程早已大规模地开始了。

因而在这类文明中，我们处处能够看到，早期的地方性城市是空荡荡的，演化终结时的大城市也依然如此。在它们的大堆石料建筑中居住着很少的费拉人口，他们居住在那里就像石器时代的人居住在洞穴里和湖上屋宇中一样。撒马拉是在第十世纪时被废弃的；阿轮迦王的首都华氏城——当中国旅行家玄奘约在公元635年前往游历之时，是一处巨大的根本无人居住的房屋的废墟，而且甚至在科尔蒂斯时代，很多玛雅大城市一定也处于相同的情况之中。从波里比阿以后的一系列古典作家的著作中，我们能够读到关于古老、有名的城市，其中街道变成了空荡荡的线条、塌倒的架子，家畜在广场和校场上吃草，而圆形大剧场则变成了播种的田地，点缀着凸起的雕像与神兽石柱。罗马在第五世纪时只拥有一个村落一样多的人口，但其皇宫依然是十分适合居住的。

这便是城市历史的终端，由原始的以物换物的中心发展为文化城市，最终发展成为世界城市，它首先是为了其壮丽的进化的需要，牺牲了它的创造者的血液及心灵，紧接着为了文明的精神而牺牲了这种生长的最后隆盛时期——如此命中注定地走向最终的自我毁灭。

六

假如早期的特点是城市诞生于乡村之中，而晚期的特点是城市与乡村作斗争，那么，文明时期的特点便是城市战胜乡村，因此，它让自己从土地的掌握中解放出来，但最终的结果是把文明导向毁灭。根基浅薄的、对宇宙事物不敏感的、顽固不化地委身于石料及智性精神的城市，发展出一种形式语言，将其本质的所有特征重现出来——不是一种生成与生长的语言，而是一种已成与完成的语言，自然能够变化，但无法进化。目前，主宰的并非宿命而是因果关系，并非活生生的方向而是广延。因而，一种文化的任一形式语言及其进化的历史都是与原来的地点区分不开的，而文明化了的形式却处处都如同在家一样，一旦出现便可以无止境地扩充。相当准确的是，汉萨同盟的城市在北俄罗斯的商业中心的建筑是哥特式的，西班牙人在南美洲的建筑是巴洛克式的，然而即便是哥特式建筑的风格历史的最小章节，也不可能在西欧的范围之外演进，正如同雅典的或英国的戏剧，或赋格曲的艺术，或路德的或奥菲斯的宗教不可能被异文化的人们所传播，或在精神上被同化一样。可是亚历山大里亚学派与我们的浪漫主义的实质却是一种无区别的属于所有城里人的东西。浪漫主义标志着歌德用他广阔的见解称作是世界文学的开始——世界文学是处于领导地位的世界城市的文学，一种根植于本土的但没有引起足够重视的地方性文学，为了维持其生存，到处在与它进行艰苦的斗争。威尼斯的国家，或腓特烈大帝的国家，或英国的议会（作为一种有效的现实）是无法重现的，可是“现代宪法”能被“介绍”到非洲或亚洲的所有国家中去，就如同古典的城市能在努米底亚人与古不列颠人中建立起来一样。在埃及，通用的书写并非象形文字而是字母文字，这毫无疑问是文明时期的一种技术发明。因此，一般来说，它并非真正的文化语言，如同索福克里的希腊语，路得的德语一样，而是世界语言，如同通用希腊语、阿拉伯语、巴比伦语、英语一样，是一种世界城市中日常实用的产物，是任何人都能学会的。因而，在所有文明中，“现代”城市采取了越来越一律的形式。我们无论到何处，对我们而言，何处便是柏林、伦敦和纽约，就如同罗马的旅行家一样，他能在帕尔迈拉、或特里尔或太姆加德，或那扩充到印度河及阿拉尔湖的希腊化城市中找到他的圆柱建筑、他的带雕像的广场及他的庙宇一样。但那些以这样的方式传播出去的东西并非一种风格而是一种风味，并非真正的风习而是习癖，并非民族的服装而是时髦。这自然能让远方的民族不但接受一种文明的“永久的”好处，并且甚至于能够通过一种独立的形式将这些好处重新放射出去。这种“月光”文明的区域是南中国，特别是日本（它在汉朝末年，约公元220年时首先汉化了）；爪哇成了婆罗门文明的接替者；迦太基从巴比伦获得了它的形式。

这所有的都是一种醒觉意识的形式，现在敏锐到了十分过分的地步，不受宇宙力量的缓和或限制，纯粹是理智的及外扩的，可是正因为这样，它能够有一种巨大的产量，让它们的最终风光差不多到达整个地球上并在其中发生着作用。中国文明的形式的片断也许会在斯堪的纳维亚的本质建筑中被发现，巴比伦的度量衡也许会在南洋被发现，古典的钱币也许会在南非洲被发现，埃及及印度的影响也许会在印加族的土地上被发现。

然而，当此种扩张的过程超越所有边界时，文明内在形式的发展正以种惊人的一贯性在自我完成。应该清楚地分辨出三个阶段——自文化中解脱，纯种文明形式的产生，及最后的僵化。对我们而言，这种发展目前已经开始了，依我看，作为西方的最后民族的德国是命中注定要承担起这一伟大的任务的。在此一阶段中，所有关于生活——阿波罗式的、枚斋式的或浮士德式的生活——的问题已经被极认真地考虑到了，已经达到了知与不知的一种最终的、明显的境界。人们已不再为观念而斗争或者进行关于观念的斗争。那最终的观念——文明本身的观念——已被制定成纲要；作为问题的技术与经济已经被提出来，等待处理。但这只是一件大工作的开始；假如必须要进一步深入开展下去，这种种形式必须应用于地球上的整个生存中去。仅有完成了这一步，而文明不但在形状上并且在质量上确切地建成时，才开始形式的僵化。在各种文化中，风格是自我完成过程的节奏。但文明化的风格（假如我们能够用这个词的话）是作为完成状态的表现而出现的。它——尤其是在埃及与中国——达到了一种至善至美的状态，而且将这种完善状态给予一种此时在精神上无法改变的生活的所有声息，给予它的仪式与举止，正像给予它的艺术实践的十分精致的、过分雕琢的形式一样。关于追求一种形式理想的意义的历史，现在不是一个问题了，但是有一种确实的与简易的肤浅的适应性反复设法从目前基本稳定的语言中制造出新的琐碎的艺术问题及解决办法。中国与日本的绘画（如我们所了解的）及印度的建筑的所有“历史”便是属于这一类的。正如哥特式风格的真正历史与这种假历史有分别一样，十字军的武士也有别于中国清朝的官吏——方成的状态有别于已成的状态。前者是历史，而后者却早已战胜了历史。我指的是“早已”，因为这样的文明的历史只是表面的，就如同它们的大城市一样，面貌经常改变，但绝未改变其真相。这些城市并无心灵。它们仅仅是乡村石化形式。

在此，什么是被消灭了的呢？什么又是残存下来的呢？日耳曼各民族在匈奴的压力下逐渐占据了罗马人的图景，因此阻止了古典世界作为一个“中国的”边陲国家而生存下去，这仅是偶然的。“航海民族”的行动（甚至其细节都与日耳曼人的行动相似）自公元前 1400 年以来便与埃及文明对抗，只在克里特的岛屿区域中获得了成功——他们由海盗船队伴同侵袭利比亚与腓尼基海岸的伟大远征的确失败了，正像匈奴入侵中国的失败一样。因此，古典文明是在充满生机活力的时刻中断的唯一例子。但日耳曼人仅摧毁了上层的形式，用他们自己的还处于前文化的生活去替代它。“永恒的”那一层却永远未被达到。它隐匿起来，被一种新的形式语言全部遮露着，它继续存在于整个后来的历史的地下，今天在南法国、南意大利和北西班牙，还可以发现其零星残余。在这些国家，民间天主教从下面染上了一种晚期古典的色彩，让它与西欧上层的教会天主教大不相同。南意大利的宗教节日表现出古典的（甚至前古典的）祀拜，在此方面，一般能够发现这样的神祇神祇（圣徒），在对他们的祀拜中，在天主教名目之后能看出古典的素质来。

但是，在此，图景中出现了另外一种因素，这种因素具有其本身的意义。我们面临着必须加以考虑的种族问题了。

第五章 城市与民族

（乙）民族、种族、语言

一

在整个 19 世纪中，历史的科学描述被一种概念损害了，此种概念来源于浪漫主义，或者至少是受到了浪漫主义的一定影响——这是一种从心理热情的意义来理解的“民族”的概念。假如早先在什么地方出现过一种新的宗教、新的装饰、新的建筑物、或者新的文字，那么，因此而发生的摆在研究者面前的问题便是——是哪一个民族出现此种现象的？问题的这种提法是西方精神和它的现代形式所特有的；但这种提法是绝对不正确的，因而它对事情的经过所做出的描写肯定不正确。作为人在历史上得以起作用的绝对基本形式的“民族”、原始的家、原始的居住区、各民族的迁徙——所有这一切全都是 1789 年的“Nation（民族）”与 1813 年的“volk（民族）”所表达的动人心弦的观念的反映，这两个词分析到最后全来自英格兰及清教的自恃精神。但是这种观念所包含的强烈的热情将它保卫得非常好，让它未遭受批评。甚至敏锐的研究者也毫无机智地用它来将大量截然相反的东西混在一起加以讨论，结果，“民族”变成了一种确定的、假定已被非常好地理解的、全部历史都是由其创造的单位量。在当今，对我们而言，世界史的意义便是诸民族的历史——对希腊人及中国人而言，这并非不辨自明的，它也没有这种意义。其他所有东西，文化、语言、才华、宗教都是民族所创造的。国家是民族的形式。

本文的目的便是要推翻这种浪漫的观念。从冰期开始，居住在地球上的是人而非“民族”。首先，其命运决定于这样一件事实，便是亲子间的体质延续即血统的联结形成了自然的集体，这类集体表现出一种要在景色中生根的确定倾向。甚至游牧部落也将自己的行动局限于有限的范围内。因而，生活的、存在的宇宙的——植物性方面便有了绵延不绝的性质。我将这称为种族。部落、宗族、氏族、家族——所有这一切都是一种事实的不同名称，表示血统在大小范围的景色中由于生殖关系所造成的运行。

可是这些人在觉醒的意识中、在感受性与理性上也存在生活的小宇宙的——动物性的方面。我们又将一个人的醒觉意识对另一个人发生关系时所采取的形式称作语言，它开始仅是一种盲目的充满活力的表现，是作为一种感觉被人接受的，但渐渐地发展成为有意识的、依靠对符号的意义的共同理解的一种交往技术。

最终，任何一个种族都是一种单一的大团体，每一种语言都是一种联系许多个别人的伟大醒觉意识的有效形式。除非我们将这两方面一起来进行研究，常常相互比较，否则我们就会永远无法得到关于任何一方面的最终发现。

而且，假如我们忽略这样一个事实，也就是，人既是种族的组成者，又是语言的所有者；既是血统单位的产物，又是理解单位的成员；他既有不一样的命运，有不一样的存在的命运，又有不一样的醒觉存在的命运，忽略这些事实我们就永远无法了解人类的高级历史。也就是说，他种族方面的起源、发展及持续和他语言方面的起源、发展及持续绝对是互不依存的。种族是一种宇宙的与精神的东西，带着某种隐晦的周期性，同时在本质上它部分地被主要的天文关系所制约。

另外一方面，语言是因果的形式，它通过其手段的极性进行活动。我们探讨种族本能与语言精神。但它们并非两个相同世界。“时间”和“渴望”两个词的最深刻的意义属于种族；“空间”和“恐惧”的最深刻的意义则属于语言。然而由于“民族”的观念的覆盖，我们至今仍然看不到这一切。

因而，既有存在之流又有醒觉存在的联结。前者有体相，后者则建立在体系的基础上。自周围世界图景中人们可以看到种族是有意识的人们在感官知觉中的所有身体特性的凝结。在此，我们一方面必须记住，身体从小到老发展的同时在完成它成胎时所规定的特殊的内在形式；同时也要切记，抛开它的形式不论，身体又是永远向前不断更新的。因而，除了他的生存的生活意义之外，事实上并无什么身体的东西保留在人的身上，而关于生活的意义，我们所了解到的仅是在醒觉意识的世界中所呈现出来的。就高级的人所能接受的关于种族的印象而论，他几乎全然仅限于那些出现在他眼前的光的世界中的东西，因而，对他而言，种族主要是一些可见的特性的总和。然而他也尚有不少残余的本能因素去观察非视觉的特性，如气味、动物的叫声特别是人类的言语方式等。反之，在其他高级动物中，接受种族印象的能力绝对不是以视觉为主的。它们有较强的嗅觉能力，此外，动物还具有某些人类所完全无法了解的感觉方式。但是，仅有人与动物才能接受种族印象，植物却不能，不过，每个植物园的主人都明白，植物也有其种族。春天的花朵盼望着传粉或授粉，尽管它们显得绚烂壮丽，但无法吸引对方，甚至彼此无法看见，却必须求助于动物，它们的色彩与它们的香味仅为动物而存在，这种景象让我感到甚是可悲和可叹。

我将“语言”称为醒觉小宇宙的所有自由活动，是从它为别人表现出某种东西的角度来讨论的。植物无醒觉的存在，没有被感动的能力，因此也就无语言。相反，动物生活的醒觉意识全然是一种说话，不管其个别行动是否说什么，甚至有意识的动作或无意识的动作目的的方向也不尽相同，也是如此。一只孔雀开屏之时无疑地是在说话，但一只玩弄纺车的小猫也是无意识地通过其离奇而有趣的动作与我们说话。每个人都知道，一个人因为是否意识到自己被人看到，动作上便不相同；一个人往往突然地用全身的动作有意识地开始他的说话。

但是这种情形同时引起了两种语言之间很重要的差异——一种语言仅是为世界而表现的，是一种来自所有生活所固有的愿望的内部需要，要在见证面前实现自己，及对自己显示自己的存在；另一种语言是要让自己为确定的存在所了解。因而有表现语言，又有交往语言。前者仅采取醒觉存在的状态。后者是醒觉存在之间的一种联系。理解的意思是以自己对一种信号刺激的意义的感觉对信号刺激做出反应。因而，相互了解、进行“对话”、对一个“你”说话等便意味着别人所感到的意思与自己所理解的意思相当。在见证面前的表现语言只证明了一个“我”的存在，但交往语言则假设有个“你”。“我”是说话的人，而“你”却意味着明白“我”的语言。对于原始的人，一棵树、一块石头、一片云都能够成为一个“你”。每一个神都是一个“你”。在神话故事中每种东西都能与人谈话，我们只要在自己激怒时或在诗兴大发时观察自己，便会明白即使在今天任何东西对我们而言都能够变成一个“你”。正因为有某个“你”，我们才知道有个“我”。因此，“我”指明了一个事实，便是有一种通向某些其他存在的桥梁。

然而不可能在宗教的与艺术的表现语言与纯粹的交往语言之间划定一条清晰的界限。在各个高级文化及其形式领域的分别发展中，情形也是如此，的确格外是如此。因为一方面，谁也无法在说话时不将一些与纯粹交往无关的、加重语气的某些重要特征加进其语言方式中去；另一方面，我们都知道，在戏剧中，诗人想要“说出”某些他在一种忠告中说得一样好或更加好的话，而且绘画内容的用意是教训、警告或改善——所有希腊正教礼拜堂中的连环画都符合严密的教义，而且具有让不认字的观众弄清宗教真理的公开目的；何甲斯的绘画替代了说教；甚至祈祷，也就是直接向神陈述，也可以用眼前让人懂得的礼拜仪式来替代。关于艺术目的在理论上的争论是依据这样一种假设，即艺术的表现语言绝不应该是一种交往语言，而且僧侣现象的产生是因为相信仅有僧侣才知道人神交往所用的语言。

所有存在之流都存在一种历史的烙印，醒觉存在的所有联系则具有宗教的烙印。我们所了解的那些在一种真正的宗教的或艺术的形式语言中，尤其是在任何一种文字的历史中（因为书写是用来阅读的词的语言）所固有的东西，对人类一般有音节语言的起源而言，毫无疑问也是适用的——实际上，原始的词肯定也有一种祀拜色彩（关于这些词的结构，我们现在是一无所知的）。但是另一方面，在种族与其他我们称之为生活（作为争夺权力的斗争）、历史（作为宿命）或今天称之为政治的事物之间也存在一种相应的联系。在一种攀缘植物上找寻附着点、让自己能够攀附树木、超越树木、窒息树木以便其最后终能够扶摇直上，高出树顶之时，我们说这是一种政治本能性质的事情——或当飞到高处的百灵鸟发出歌声之时，我们说这是一种宗教世界感情性质的事情，此类说法也许显得过分地异想天开了。但是能够肯定，在这类事情中，存在与觉醒存在的发言、节奏与张力的发言形成了导向每一现代文明中的完善的政治形式与宗教形式的不间断的系统。

此处终于找到了两个陌生的词——“图腾”和“禁忌”，这两个词是人类学家在世界的两个决然不同的部分中发现的，其应用原本非常有限，但已随之悄无声息地进入了研究工作的前景。这两个词愈是暧昧、愈是不明确，我们便愈觉得从中接触到了一种不仅仅是原始人所具有的根本的生活基础。目前，根据上述研究的结果，我们理解了这两个词的真正的意义。图腾与禁忌描写存在与觉醒存在、宿命与因果关系、种族与语言、时间与空间、渴望与恐惧、脉息与张力以及政治与宗教的终极意义。生活的图腾方面是植物性的，是所有存在所固有的；禁忌的内容则是动物性的，是以一个世界中的一种存在的自由运动为根据的。我们的图腾器官是血液循环与生殖的器官，我们的禁忌器官是感觉与神经的器官。所有图腾的东西都具有体相，而所有禁忌的东西则都具有体系。在有关图腾的事物中存在属于同一生存流的存在所共有的感情。它无法被获得也无法被去掉；它是一种事实，是所有事实中的事实。另一方面，有关禁忌的事物是醒觉意识的各种联结的特征，它是可以后天习得的和获得的，因此，它被祀拜团体、哲学家的各种学派、艺术家的协会视为秘密而给予保护——它们各自具有属于自己的一种隐秘语言。

然而存在能够被视为不具有醒觉意识，反之则不然——便是有很多无语言的种族存在，但不存在无种族的语言。因此，所有种族的东西全都具有它自己的固有的表现，不依赖于任何一种醒觉意识，这是植物与动物所共有的。这种表现——不要跟表现语言混淆起来，表现语言是表现的一种积极性改变——不是为了见证而表现的，而仅是单纯的表现；它是体相。它不仅止于植物；在任何一种活的语言中（“活的”这个词是如此重要！）除了可习得的禁忌方面之外，我们也能看出一种完全无法被转移的、语言的旧容器无法传给外来的继承者的种族性质；它表现于旋律、节奏与重音中，表现于表达的色彩、口气及节拍中，表现于语风及说话时附带的姿势中。因此，我们必须区别语言与说话，前者本身是一些死符号，而后者则是运用这些符号时的活动。当我们无法直接听到与看到一种语言如何说出时，我们所能知道的仅是这种语言的骨头而非它的肉。苏末文、哥特文、梵文和一切其他仅仅从原文与铭文中辨认出来的语言都是如此；我们将这些语言称作死语言并不是错的，因为它们所形成的人类社会已经消亡了。我们了解埃及语言，但却不了解埃及人的语言。我们大概了解奥古斯都时代的拉丁文字母的音义与词的意义，但是我们并不知道西塞罗在讲台上所发表的演说，更不知道赫西俄德和萨福如何诵读他们的诗句或在雅典的市场中人们的谈话是怎样的。假如在哥特时代拉丁文又变成了实际应用的语言，它仅是作为一种新的语言而出现的；这种哥特时代的拉丁文从它本身特有的节奏与语音（但我们的想象力今天还无法比旧拉丁文更容易再度攻克它们）的形成一直到侵入语义及句法的范围，没有花很长的时间。人文主义者的反哥特时代的拉丁文希望成为西塞罗式的拉丁文，但这绝不是一种复兴。语言中的种族因素的整个意义能够通过比较尼采及蒙森的德文及狄德罗及拿破仑的法文，并通过观察伏尔泰和勒辛比勒辛和赫尔德林在语风上更加近似的情形来加以衡量。

最有效验的表现语言即艺术，也是如此。禁忌方面的东西——丰富多彩的形式、惯常应用的规则及作为各种公认手段的武器的风格（像词的语言中的词汇及句法一样）——代表能够习得的语言本身。其在绘画的伟大学派的传统中、在乡村农舍的传统中以及在一般的严格的技巧训练中被习得与传递，这种技巧训练是任何一种真正艺术所一定具有的，而且在各个时代都被看作旨在有把握地掌握一个特定时间内的确实是当时的活的语风。因为在这领域中也有活的语言与死的语言。当整个艺术家队伍如同运用自己的母语一样地利用艺术形式语言时，甚至不必考虑到它的构造便能利用它之时，这种形式语言只能称作活的语言。在这种意义上，16 世纪的哥特式及 1800 年的洛可可式都是死语言。将

17、18 世纪的建筑师与音乐家们所表现的绝对的信心和贝多芬的踌躇、辛克尔与沙多辛苦地获得的并且差不多是自学得来的语言学艺术、前拉斐尔派与新哥特派的拙劣语言以及现代艺术家们的徒劳的语言实验对比一下吧！

一种艺术的形式语言是以其成品呈现于我们面前的，其中图腾方面即种族方面的呼声，让自己被人们所听到，整个世代的艺术家们是如此，个别的艺术家也是如此。南意大利及西西里的多里斯式寺院的创造者及北日耳曼砖质哥特式建筑物的创造者肯定都是种族的人，同样的，德国音乐家从亨利·舒茨到约翰，赛巴斯提安巴哈也是这样。宇宙周期的影响——宇宙周期在艺术史的构成中的重要性极少被认识到，更没有被公认——及青春与爱情激动的创造性时刻属于图腾方面，这种时刻（姑且完全不管其执行给予形式时的把握）决定形式的力量及概念的深度。形式主义者能够用世界恐惧的深度或“种族”的缺点来说明，而主要的无形式者则能够用血的充溢或训练的缺点来说明。我们懂得，艺术家与风格在历史这一点上是不一样的，是有区别的，一种艺术的语言能够由一个国家被带到另一个国家，而精通说话却永远不能达到。

一个种族有其根源。种族与景色有相同的归属。植物生根之处也便是它死亡之处。我们能够顺理成章地从一个种族追溯到它的“家”，这自然是有意义的，但更为重要的是，要认识种族及其某些实体的与心灵的最主要的特征是永远附着在“家”上的。假如现在在这个“家”里找不到种族，这便意味着这个种族已经消亡。种族并不迁徙。人们迁徙，其后代诞生于时常改变的景色之中；但景色对其植物性本质施加一种秘密的力量，最终种族表现便因旧景色的消亡和新景色的出现而彻底地被改变了。英国人与德国人并未迁徙到美洲，但人们作为英国人与德国人迁移到了那里，其后代却在那里成为美国人。人们在很早就知道，印第安人的土壤在他们的身上打上了自己的烙印——他们一代又一代地愈来愈如同那些被他们所绝灭的人们。谷尔德与巴克斯忒指出了，各种族的白人、印第安人及黑人的体积与成熟期已达到了同一水平——而且达到得非常快，以至于那些在年轻时到达而发展得很慢的爱尔兰移民在同一代中便受到了这种景色的力量的影响。鲍斯指出了长头型的西西里人及短头型的德国犹太人在美国所生儿女的头型很快就会变得一致。这并非个别的而是普遍的现象，它让我们一定要极谨慎地去对待历史上的迁徙，关于这类迁徙除了某些漂泊部落的名称及语言的残余（即丹奈语、埃特鲁里亚语、皮拉斯斋语、亚该亚语及多里亚语）之外我们是什么都不知道的。关于这些“民族”的种族，我们无法做出什么结论。那些流入南欧土地上的、具有哥特人、伦巴第人及汪达尔人等不同名称的人们毫无疑问本身便是一个种族。然而在文艺复兴时代它便已经完全变成具有普罗旺斯的、卡斯提的及托斯堪尼的土地的种族根性了。

语言的情形并非如此。一种语言的家只是形成语言的偶然的地方，这与其内在的形式没有多大关系。语言的迁徙是从一个部落转移到另一个部落。首先，它是可以交流的，并且是已经交流过了的——实际上，在研究早期的各种族历史的时候，我们在假设这种语言交流上不必要而且不应该感到丝毫犹豫。我再说一次，被接受的仅是一种语言的形式与内容而非语言的讲说，它被接受的原因（原始人接受装饰主旨就总是这样的）是为了将它十分有把握地当作人们自己的形式语言中的因素来加以利用。在古代，假如一个民族显示出实际上它自己是比较强有力的，或者大家感到其语言具有较为优越的功效，那便足以诱使别的民族放弃自己的语言——带着真正宗教式的虔敬的心情——去采用其语言。查一查我们在诺曼底、英格兰、西西里及君士坦丁堡各地所见到的诺曼人的语言变换吧，他们在每一处都各有不同的语言，并随时随地准备以一种语言替换另外一种语言。对母语的忠诚——这一术语反映了某些深刻的伦理势力，说明了我们反复进行的语言斗争的酷烈——是晚期西方心灵的一种特质，几乎是其他文化的人所无法知道的，原始人更是全无所知。不幸的是，我们的历史学家不但感觉到了这一点，并且默默地将它扩大成为整个领域的假设，以至于在关于语言学的发现对“民族”命运的意义方面引起了大量错误的结论——思考一下关于“多里亚人的迁徙”的重建吧，这是从晚期希腊方言的分布去论证的，所以只从地名、人名、铭文或方言方面去得出关于民族的种族方面的结论的结论是办不到的。我们永远无法先验地知道，到底一个民族的名称是代表一种语言的实体或代表一个种族部分或代表二者，或二者都不代表——另外，各种民族名称的本身，甚至各个地方的名称，是有自己的宿命的。

二

在种族的所有表现中，最纯粹的是家屋。当人定居下来，不再仅满足于只有栖身之地而自己建筑住处的时候起，这种表现就出现了，它在种族的“人”中（这种人是生物学世界图景的因素）区分了世界历史本身的人类种族，这样的种族是一些精神意义重大得多的存在之流。家屋的原始形式在各处都是感情与生长的产物，绝非知识的产物。如同螺壳、蜂房与鸟巢一样，家屋有一种天生的自明性，并且原始的风俗与存在的形式、婚姻的形式、家庭生活的形式及部落的礼法形式的所有特征都在那里得到反映，在客厢、正厅、耳房、内厅、庭院、卧室及妇女用房的房间组配中得到反映。我们只须比较一下古萨克逊房屋及罗马房屋的布局，便会感到在各种情况下人的心灵及房屋的心灵是同等的。

艺术史绝对不应该插手这个领域。将住宅的建筑视为建筑艺术的一个部门去对待是不正确的。家屋是在存在的朦胧过程中产生的一种形式，它并非是给在光明中寻找形式的人们去看的；所有农民的草房子的房间安排从未如同一座教堂一样是由建筑师设计出来的。这个重要的分界线未被艺术研究者观察到——虽然德希奥在某地说过，他说古代日耳曼的木屋子与后来的大建筑没有关系，那些大建筑是单独产生的——结果就造成了方法上的永久混乱，这便是艺术学者所深深地觉察到了的，然而他无法理解这种情形。他的科学的研究不加区分地收集一切“前”时期与“原始”时期中的各种各样的衣服、武器、陶器、织物、丧葬纪念物及房屋，从装饰的角度去考察，同样也从形式的观点去考察；如此研究下去，直到他接触绘画、雕刻与建筑（也就是各种独立完整的、特殊化了的艺术）的有机历史时，他才感到自己是站在稳固的基础上。在不知不觉中他越过了两个世界，即心灵表现的世界与视觉的表现语言的世界之间的边界。家屋和与它一样完全没有被研究过的锅罐、武器、衣服与器具的基本的（即惯常的）形式属于国际方面。它们并非表征一种风味而是表征一种战斗、居住及工作的方式。任何一把原始的椅子便是身体姿态的种族方式的一种分支，任何一个瓶子的把手便是弯曲的手臂的一种引申。反之，家庭绘画与雕刻、作为饰品的服装、武器及器具的装饰属于生活的禁忌方面，事实上这些东西的模式及主旨对原始人甚至是具有魔术性质的。我们都知道大迁徙时的日耳曼剑身及其东方式的装饰和迈锡尼的堡垒及其米诺式的艺术作品。这便是血统与感觉，种族与语言，政治与宗教的不同。

实际上，现在尚无家屋及其种族的世界史，为我们提供这种历史应当是研究者最紧迫的工作之一。然而我们应该采用艺术史的方法之外的方法去工作。农民的住屋与一切艺术历史的发展速度相比，如同农民自己一样，是一种经常的“永恒的”东西。它站在文化之外，因此是站在人类的高级历史之外的；它既不认识这种历史的时间限度，也不认识其空间限度，在建筑的所有变化中，它非常理想地保持着自己的特点而不变，它目击这种变化但不参与这种变化。古代意大利的圆形的小屋在帝国时代还可以找得到。罗马的长方形的家屋的形式，是存在过的另一种族的标志，在潘沛依甚至是在帝国的宫殿中发现了它。任何一种装饰及风格全是仿照东方的，可是罗马人没有想到过要模仿叙利亚的家屋，正像希腊化时期城市建筑师自作主张地改变迈锡尼与泰磷兹的大正厅形式及加林所描写的古希腊农民家屋一样。萨克逊的与弗兰哥尼亚的农民家屋，乡村农场经由古代自由城市的市民家屋，到 18 世纪的贵族的建筑物，其主要核心未受到损伤，但哥特式的及文艺复兴式的、巴洛克式的和帝国的风格却一个一个地从它跟前滑过，从其地窖到顶楼全加上了它们的要素，却从未败坏家屋的精神。家具的形式也是如此，其中，我们必须仔细地将心理的处理与艺术的处理区分开。尤其是，北方的椅子一直演变到俱乐部的安乐椅是一段种族的历史而非所谓的风格的历史。一切别的特性能让我们弄不清关于种族的命运——被拉美西斯三世所击败的“航海民族”中的埃特鲁里亚人的名称，勒谟诺斯的谜样的铭文，埃特鲁里亚坟上的壁画，都无法可靠地证明这些人的肉体联系。虽然在石器时代的末期，在喀尔巴阡山东部的广大区域中，一种有说明力的装饰产生了，延续了下来，可一个种族传承转渡另外一个种族是完全有可能的。假如在西欧我们找到的仅是在特洛伊人与克洛维之间若干世纪中的陶器的残骸，我们绝对无法得到关于我们所说的“大迁徙”那件事的任何暗示。可是在爱琴海地区一种椭圆形家屋的出现与在罗得西亚这类房屋的另外一个极显著的典型例子的出现，及经过多次研讨的萨克逊农民家屋与利比亚卡拜尔族的农民家屋之间的同一性却显示了一段种族的历史。当一个民族将装饰纳入自己的形式语言的时候，装饰便传播开了，可是一种家屋类型仅能随着其所属的种族而移植。一种装饰品的消失仅意味着语言的一种变化，而当一种家屋类型消失的时候它便意味着种族的灭亡。

由此可知，艺术史除了必须从文化时期开始之外，在艺术史的过程中也不应该忽视把种族方面与语言本身仔细地区别开。当一种文化开端时，农村中产生了两种很明确的高级形式，作为存在的表现与醒觉存在的语言。它们是堡垒与教堂。图腾与禁忌的区别、渴望与恐惧的区别、血与才智的区别、在堡垒与教堂中具有重大的象征性。古埃及的、古中国的、古典的、南阿拉伯的及西方的堡垒作为世代相传的家是与农民的茅屋十分接近的，二者作为生活、繁殖与死亡的现实的副本，是处在所有艺术史以外的。德国 Burgen（城堡）的历史完全是一段种族历史。早期的装饰在二者中自行传播，在此美化横梁，在彼美化门户，在其他地方又美化楼梯，但是它这样做或那样做是有选择的，它也能够完全省掉，因为构造与饰物之间并无内在的联系。另一方面，教堂是不被装饰的，但其本身便是装饰。其历史是与哥特式风格的历史相同的，多里斯式的庙宇及一切别的早期文化的建筑，情形也是如此。在西方及其他任何一种我们知道它的艺术的文化中，这种一致性十分完善，以致对于这种严格的建筑术（它只是纯装饰的最高形式）完全局限在宗教建筑的这一事实谁也不会感到惊奇。格恩豪森、哥斯拉尔及瓦特堡建筑中的所有的美是从教堂艺术中得来的；它是装饰而非本体。一座堡垒、一把剑，或一个水壶能够完全不要这种装饰而且不会丧失其意义及形式。但在一座教堂中，或一座埃及的金字塔式庙宇中，这种本体与艺术之间的差别简直是无法设想的。

因此我们将具有一种风格的建筑与住着具有风格的人的建筑区别开来。在修道院与教堂中是石料具有形式并将这种形式传达给为其服务的人，在田舍与封建堡垒中是乡村居民与武士的生活的充沛精力从自身孕育出建筑物来。此处是人而非石料在前，此处也有一种装饰，这种装饰是人所固有的，存在于风格与习惯的严密性质及稳定形式中。我们可以将这称为活生生的风格，以便与僵死的风格相区别。但正由于这种活生生的形式的力量也插足到僧侣身上，在哥特及吠陀时代创造了武侠僧侣的类型，因此罗马—哥特式的神圣形式语言采用了所有属于这类世俗生活的事物——服装、武器、房间、器具等——而且将其外貌风格化了。但是艺术史无法在这种异域中让自己迷失方向——因为那仅是一种外貌。

在早期的城市中，情形也是如此，并无新的东西增加进来。在种族创造出的现在形成街道的房屋中，那里分布着少数具有风格的祀拜建筑。因为具有风格，它们便成了艺术史的所在，成为一种源泉，从中放射出风格的各种形式，放射到广场、建筑正面、及家屋的房间里去。尽管堡垒发展成为市镇的公馆与贵族的住宅，发展成为宫殿与人们的厅堂，发展成为行会会馆与市政厅，它们每个都接受、并带有一种风格，但又不具有风格。真的，在真正的市民时代，早期宗教的形而上的创造力已经消失了。它进一步发展了装饰，而非发展那作为装饰的建筑。自此时起，艺术史便分割成为个别艺术的历史。图画、雕像、家屋变成为应用风格的特殊对象。恐怕礼拜堂本身今天也成了一种这类的房屋。一座哥特式的教堂是一种装饰，但一座巴洛克式的大厅礼拜堂却是一种带有装饰的建筑。那种开始于爱奥尼亚式风格与16世纪的变化过程，在哥林斯式与洛可可式中得到了完成。在这类风格中，房屋与其装饰彻底地分离了，甚至18世纪的礼拜堂与修道院中的杰作也无法迷惑我们——我们明白它们这种艺术是世俗的，是装饰品。随着帝国风格的出现，风格转变成为一种“趣味”，而随着其终结，建筑学便变成了一种工艺美术。这便是装饰的表现语言的结局和艺术史的结局。但农民家屋和它没有变化的种族形式仍将继续存在下去。

三

当我们认识到研究种族核心面临的重大困难时，作为种族表现的家屋的实际重要性便开始被重视。我并非指其内在实质，其心灵——关于这方面，感觉已经十分清晰地告诉了我们，我们看见一个种族的人，一个“纯血种的人”时，我们全知道那是一个种族的人或纯血种的人。但什么是我们用来认识与区别种族的感觉的、尤其是我们的眼睛发现的特征呢？这毫无疑问是属于体相的领域，正像语言的分类是体系的领域一样。但是需要的材料如此多，如此千变万化啊！这些材料因为被破坏，更因为讹误而不能挽回地损失了多么大的一部分啊！在最好的情况下，关于史前的人类，我们所能得到的是其骨骼，但有多少事情是骨骼所无法向我们讲述的啊！差不多是一切的事情。史前研究以它淳朴的热情，准备由一块颌骨或一块臂骨去推论出难以置信的事情。但是考虑一下法国北部的一个集体墓地吧，在那里，我们知道各个种族的人，白种人与有色人，农民与市镇居民，青年人与壮年人埋在一起。假如将来并无关于他们的性质的间接证据，人类学的研究肯定无法给予什么说明。换言之，在墓地骨骼考察者没得到任何线索的情况下，我们将错过种族曾上演的一幕幕宏大戏剧。表现的十分之九是靠活生生的身体——而非靠肢体的关节却是靠肢体的关节运动；而非靠面部的骨头却是靠容貌。关于这件事，有多少可能得到说明的种族表现被最敏感的同时代人真正看出来过？我们是多么不善于看，也不善于听！我们[illegible]区别于诸多兽类——对之缺乏感官的是什么呢？达尔文时代的科学以一种轻易的自信来对待这个问题。其行动所依照的概念太肤浅、太偏执、太机械！首先，这种概念将那些在解剖发现物时所能观察出来的粗略特性——也就是，一具尸体也可以表现出的特性——汇集在一起。至于观察活的实体，问题却未提出。其次，它只考察那些无须太多敏锐性去发现的征候，同时仅在这些征候能够测量、能够计算的范围内去研究它们。是显微镜而非节奏感起主导作用。当语言被当成一种区别因素来使用的时候，它并非按照种族说话的方式而是按照言语的文法构造去把种族分类的，这正是另一种方式的解剖与体系。至今还没有人意识到，对于这类言语种族的考察是研究工作所可以从事的最重要的任务之一。在日常经验的实际中，我们都很清楚地知道，说话的方式是今天人们最鲜明的特征之一——例子是非常多的，我们任何一个人都知道许多。在亚历山大里亚，一样的希腊文是用极其不同的种族方式来说的，这种情形甚至现在我们还能从原文的书写中看出来。在北美洲，土生的人无论是说英语、德语或者说印第安语，是说得完全一样的。在东欧犹太人的言语当中，哪些是同样表现在俄语中的地方种族特质呢？在所有犹太人中，无论他们说哪一种欧洲“祖国”语言时，他们不受住处及宿主影响的血统中的共同种族特质又是什么呢？语音的形成、重音与词的安置，其中的详细关系是什么呢？

但是，科学完全没有注意到生根的植物种族与流动的动物种族并非一样；随同生活的小宇宙方面一起，出现了一类新鲜的特性；对于动物世界而言这类特性是具有决定性的。科学也未重视到当“种族”一词表示整个“人类”种族的分支时，“种族”肯定具有一种完全不同的意义。当科学考虑到适应及遗传的时候，它建立了一种关于表面的特性的没有心灵的因果联系，而且抹杀了以下这件事实，便是有时血统在表现自己，有时通过血统的土地的力量来表现自己——这是一种无法被考察、被测量，仅能活生生地由眼来经验、来感觉的秘密。

关于这些表面特性间的相对地位，科学家们的意见也并不相同。布鲁门巴赫[1]按颅骨的形式来将人种分类，腓特烈·米勒[2]——像一个真正的德国人一样——按照毛发及语言构造来分类，托平纳[3]——像一个真正的法国人一样——按肤色及鼻形来分类，赫胥黎[4]——像一个真正的英国人一样——按运动的特征来分类。最后这种分法其本身毫无疑问是一种十分恰当的标准，可所有马匹的评判员都会告诉他，品种的特征是无法用科学术语准确地表达出来的。对于种族的许多“描写”毫无例外地也是无价值的，这与警察运用他们有关人的理论知识来描绘“寻找中的”人是一样毫无价值的。

很明显，关于人类身体的整个表现的混乱状态丝毫也未被认识到。除了嗅觉（例如，它对中国人是一种最具代表性的种族特征）与声音（语言的声音、唱歌的声音，尤其是笑的声音，它让我们得以准确地感到科学方法所无法得到的许多深刻的差别）之外，呈现在眼前的景象是非常多的，不管是实际上看得见的还是内心视觉所能感到的，它的细节的丰富多彩，真是让人眼花缭乱，要将它们整理成几个方面几乎是无法想象的。图景的这种种方面，这种种特质是相互独立的，各有自己的历史。有时骨骼构造（尤其是颅形）完全改变了，但

[1] 布鲁门巴赫：1752~1840 年，德国生理学家，最早提出人种分类法的比较解剖学家，体质人类学之父。

[2] 腓特烈·米勒：1823~1900 年，德国东方学家和比较语言学家。

[3] 托平纳：1830~1911 年，法国社会人类学家。

[4] 赫胥黎：1825~1895 年，英国生物学家，进化论的支持者。

肌肉部分——也就是面部——的表现却并未变得不一样。同一家庭中的兄弟姊妹可能差不多都表现出布鲁门巴赫、米勒和赫胥黎所假定的任何一种人种差异，但是其同样活生生的种族表现，对于看到他们的任何一个人来说可能是非常明显的。更常见的是，体型差不多而活生生的表现却完全不同——我只要举出真正的农民血流像佛里斯兰人或布勒塔尼人与真正的城市血统之间的无限差别便足以证明。但是除了血统的力量——几个世纪以来，它一再塑造出一样的活生生的特征（“家族”特质）——与土地的力量——人类身上所表现出的烙印——之外，还有人类亲密关系所感应的神秘宇宙力。人们所说的妊娠妇女的“错觉”仅是所有种族方面所固有的、十分深刻但却有力的形成原则作用的一个特殊例子，而不是十分重要的例子。年长的夫妇变得彼此间出奇的相似，这是一件合情合理的事，虽然科学用其测量仪器或许得到恰好相反的“证明”。这种活生生的脉息的形成力量，这种强烈地感到自己的类型的完善的内部感情是不会被夸大的。种族美的感情——与成熟的市镇居民对美的智性及个人特质的有意识的兴味完全相反——在原始人中是十分强烈的，所以，它永远游离在他们的意识之外。但这种感情是形成种族的。它毫无疑问越来越确切地依照一种体型的理想塑造了游牧部落的武士及英雄类型，以至于我们在谈到罗马人或东哥特人的种族形象时，是不会含糊不清的。所有古代贵族也是如此——它对本身的一致性具有一种强烈的与深刻的感觉。所以形成了一种体型的理想，伙伴感才产生出了种族。法兰西的贵族与普鲁士的乡绅是真正的种族称号。但产生具有巨大的种族力量、千余年来[illegible]种感情；这种感情往往将一种居民凝聚成一个种族，只要这些人长时期保持精神上的同一，并团结一致地对付命运的挑战。在文化的早期——吠陀时代、荷马时代、霍亨斯陶芬的武士时代——在种族理想超越一切而存在时，统治阶级对这种理想的渴望，它想成为此类而不是成为彼此的意向，便向实现这种理想的方向前进（这和选择妻子没有关系）并最终达到目的。另外，关于这事的统计方面还远未得到应有的重视。现在，任何一个活着的人甚至在公元 1300 年时便有一百万个祖先，在公元 1000 年时便有一千万个祖先。这意味着任何一个现在活着的德国人没有例外地是十字军远征时代的任何一个欧洲人的有血统关系的亲属，同时，在我们缩小这种关系的范围时，它便千百倍地越发亲近起来，所以在二十个世代或更短的时间内，一块土地上的人口便共同成为一个单一的家族；这种情况及世代相传的血统的选择与希望，迫使同类的人相互紧密联系，拆散一些婚姻关系，避开所有风俗障碍或将所有风俗障碍强加于人，如此便导致了在绝对的没有意识中满足种族意志的无法胜数的生殖。

最开始，这种情形对植物性的种族特征是适用的，适用于与能动的东西的运动不一样的“位置的体相”——也便是所有在活的与死的动物体中并无什么不一样的东西，所有的只能在僵死的成员中表现出来的东西。毫无疑问，在一种冬青植物或一棵伦巴第白杨树的生长与一个人的生长中有一些性质相同的东西——“矮胖的”、“细长的”、“萎靡的”，等等。同样，一头独峰骆驼的背脊或者一张老虎皮或斑马皮的条纹的外形是一种植物性的种族体现。因此，自然的运动对生物的影响及与生物的关系也是相同的——同样，随风摇摆的一棵赤杨或一个体质柔弱的孩子、一棵长着破裂的花冠的橡树，与那在风暴中平稳地飞来飞去或受惊一飞而起的鸟儿，全都是属于种族的植物性方面的。可是当血统与土壤为了“被移植的物种”、人或动物的内在形式而引起竞争时，这类特性是站在哪一方面的呢？心灵的结构、社会礼法及房屋有多少是属于这一类的呢？

在我们调整我们自己去接受纯动物性的印象时，产生的图景便又是另一个样子。植物性存在与动物性醒觉存在，两者的差别（请回忆一下前面所说过的话）是我们在此所关心的，我们关心的不只是醒觉存在的本身和它的语言，并且是宇宙和小宇宙结合起来而形成一种自由运动的实体，是一种和大宇宙相对的小宇宙，比小宇宙的独立的生活活动具有其所特有的一种表现，它在部分器官中利用醒觉意识，同时——与珊瑚虫相同——当可动性停止之后，它便大部分重归消逝。

假如植物的种族表现主要在于位置的体相，那么，动物的表现便在于一种运动的体相——也就是具有运动的形式，运动本身，以及进行运动的四肢。在睡眠时的动物身上，这一种族表现出现得不多，在科学家所探究的死动物身上便更少了；关于脊椎动物的骨骼，今天我们实际上并未弄清楚什么。因此在脊椎动物中，四肢比骨骼更富表现性。因而，四肢与肋骨及颅骨相比较是表现性的真正中心——颌是一个例外，由于其构造表现出动物食料的特性，而植物的营养却是一种单纯的自然程序。因此，遮盖身体的昆虫骨骼比被身体遮盖的鸟类骨骼表现得更为丰富。各种外部器官显然越来越有力地集中了种族表现——眼并非作为一种有形有色的东西，而是作为凝视及有表现力的面貌；嘴通过言语的运用而成为悟性的表现；头（并非头骨）因肌肉所形成的轮廓而成为生活的非植物方面的真正宝座。想一想，一方面我们是如何繁殖兰花与玫瑰的，另一方面我们又是如何繁殖马和狗的——我们便会希望也去繁殖人。但是，我一再地说，表示这种体相的并非看得见的各部分的数学形式，而仅是运动的表现。当我们看见一个不动的人的种族表现时，那是由于我们的眼睛看到了已经潜伏于四肢中的相应的运动。一头野牛、一条鲟鱼、一只金鹰的真正的种族固有的特质无法通过计算这些动物的平面的与立体的容积而再现出来。它们对富有创造性的艺术家所具有的深刻吸引力正好来自这样一件事实：种族的秘密可以通过心灵，无法只通过对看得见的东西的任何描述而表现于画面上。我们必须看到并且在看中去感到这种生活的巨大力量是如何集中体现于头部与颈部的，它是如何通过充血的眼、短而坚的触角及猛禽的“弯曲如钩”的嘴与外形而表现出来的——在这里仅举出无数点中的一两点，这是无法用词来表达，只能以一种艺术的语言由我表达给你的。

但是应用以上所引的这些代表最高等动物的特性之特征，我们便得到了近似于种族的概念，这个概念让我们有可能在“人类”的类型中看到比植物或动物更高级的差别——这类差别是精神的，它本身是科学方法难以触及弄清的。骨骼结构的粗糙特性已经不具有独立的重要性了。勒齐乌斯（死于 1860 年）已经结束了布鲁门巴赫所说的种族与颅骨构造一致的信念。兰克用这样的一些话来概括其学说，他说：

> 一般人类所表现的颅骨构造方面的差别，在较小的范围中也由任何一个部落。甚至由很多中等大小的社会表现出来——这是从一个通过极细微地分极的中间形式到另一极端的各种所有形式所组成的一小群集体。

寻找理想的基本形式是合理的，关于这一点，是谁也不会否认的，可是研究者不应该无视这样一件事实，即这类形式是理想的，不管其测量具有多大的客观性，实际上固定其范围与分类的是他的偏好。比发现一种整理原则的一切企图更重要的是这样一件事实，即一切这类形式都出现在“人类”这个单位中，而且从最早的冰期就已经开始出现了，它们没有显著的差异，甚至在同一家族中它们能够无区别地被找到。科学的一个可靠的结果是兰克所观察到的，就是当颅骨形式依照变化程度依次被排列起来的时候，便得出了某些平均数，这些平均数并非“种族”所特有的而是土地所特有的。

实际上，一个人的头部的种族表现能与所有想象得到的头颅形式联系起来，决定性的因素并非是骨头而是肉、是模样、是容貌的作用。浪漫主义时代以来，我们便谈到过一种“印欧”种族。但是有没有像雅利安人的或闪米特人的头颅这种东西呢？我们能否区别克勒特人与法兰克人的头颅，甚至能否区别布尔人的与卡斐人的头颅呢？假如不能的话，在我们所不了解的历史过程中，大地可以在除了骨骼之外连一点证据也没有留下的历史之中证明什么呢！这些东西对于我们所说的高级人类的种族的不重要性是能够通过一种严格的科学实验演示出来的。我们可以找一组通过任何一种想象得到的种族差异的人，心理上将他们当作“种族”看待，同时在 X 光机器中来观察他们。结果只能是一场闹剧。光线一通过，“种族”便倏然消失了。

并且，不妨再次指出，骨骼结构所真正能说明的一点事情是景色的一种产物，绝非血统的一种功能。伊里奥·斯密司在埃及，丰·陆岑在克里特考察了从石器时代到现代墓地的全部的大量材料。从公元前二千年代中期的“航海民族”到阿拉伯人及土耳其人，一拨接着一拨的人类流过了这个地区，但一般骨骼结构却并没什么变化。说“种族”似肌肉一样在土地的固定的骨骼形式上旅行，在某种程度上说这是对的。现在的阿尔卑斯地区有起源很不相同的“民族”——有条顿族、拉丁族、斯拉夫族——我们往后看看还能够在那里发现埃特鲁里亚人及匈奴人。一个部落跟随着一个部落。可是这个地区的人类骨骼结构一般而言向来是相同的，只是在这个地区的边缘、接近平原的地带，它才逐渐地消失了，那里出现了骨骼结构的各种别的形式，而它们本身也是固定不变的，因而，关于种族，关于原始人的种族流浪，从尼安得忒人到欧里纳克人的史前骨骼的有名发现，什么也无法证明。除了某些由颚骨得出的关于食物种类的结论之外，它们只指出了那直到现在还能找到的基本的土地形式。

再重复一次，这是土壤的神秘力量，当我们找到一种不依赖于达尔文时代的迟钝手法的标准时，它便能够立刻在任何一个活物身上表现出来。罗马人从南方把葡萄藤带到莱茵河；它在那里当然并未发生明显可见的——也就是植物学上的——变化。但是在这个例子中，“种族”能够用别的方法来确定。不仅在南方和北方的美酒之间、莱茵河与摩泽尔河的美酒之间有根源于土壤的差别，甚至任何一个不同山坡的任何一个不同场所的产物之间也有这样的差别；一切其他高级植物的“种族”，例如烟茶，情形也如此。芳香是一种真正的地方产物，是一种真正的种族特征，（由于它是无法测量的，因而更加重要）。但高贵的人类种族也与高贵的酒一样，通过同一智性的方式进行分化。有一种仅有最精细的知觉才可以感到的相像的因素，一种淡淡的微薄的芳香在所有高级文化下面将埃特鲁里亚人与托斯堪尼的文艺复兴联系在一起，将苏末人、公元前 5 世纪的波斯人与底格里斯河流域的伊斯兰教的波斯人联系在一起。

这都不是科学所能衡量到的。它是为感情而存在的——乍看上去便能明白肯定——但并非为学者的论述而存在的。我做出的结论是：种族与时间及宿命一样，是所有生活问题中的一种决定性因素，只要不用理性的——也就是，无心灵的——解剖与安排去理解它，任何人都可以清楚地确切地了解它。种族、时间及宿命同其归属。但是在科学思维靠近它们的时候，“时间”这个词就获得了一种空间的意义，“宿命”这个词便获得了因果联系上的意义，而那即便是在科学探索的阶段我们对其仍有一种十分确切的感觉的种族，便变成了很多没有联系的庞杂的特性的无法理解的一团混乱，这些特性（在土地、时期、文化、族系的标题下）既没有止境又没有规律地彼此渗透。有些特性强韧地、永久地附着于一个族系，并且是能够传递的，另外一些特性却纯似云影一样从一种居民上面飘过去，很多特性仿佛是土地上的恶魔，人们在那里住多久，它便将每一个人缠住多久。有些特性互相排斥，有些特性互相搜寻。种族的严格分类——这是所有人种学的野心——是无法办到的。这种企图的命运从一开始便被注定了，由于它违背了种族的这种本质，任何一种成系统的计划往往是并且将无法避免地成为对它的主题性质的一种歪曲与误解。种族与言语不同，它完全是没有体系的。最后，任何一个个别的人和他生存时的任何一个个别时刻都有它自己的种族。因而唯一研究图腾方面的方式并非分类而是体相的事实。

四

如果谁想洞察语言的本质，他便必须由放弃语言学家的所有仪器着手，并观察一个猎人如何对他的狗说话。狗跟随着主人伸出的手指。它紧张地倾听着主人说话的声音，可它摇了摇头——它不了解这种人类的言语。然后狗说出一两个句子以表示其意思。它站着吠叫——对狗的语言而言，这便是包含了一个问题的一个句子，便是，“主人的意思是否如此？”而后它仍用狗的语言表示因自己做对了而感到高兴。两个人实际上没有一个共同的词而想相互得到了解时的情形正是如此。当一个乡村牧师向一个农妇说明什么的时候，他锐利地注视着她，而且无意识地将其在讲道时的表达方式中她所肯定不能理解的要点纳进其注视之中。现在，各种语法毫不例外地，仅有跟别的言语方式联系起来的时候，他的话才能被理解——语言本身就不够，并且永远不够。

假如狗要什么，它便摇摆它的尾巴；如果主人愚蠢得不了解这种十分清晰而富有表现力的言语，它就会加上一种有声的表达——它吠叫——同时又辅之以一种态度的表达——它作模仿动作或做出各种表示。在此，人成了还没有学全谈话的迟钝的一方。

最后，某种非常值得注意的事情发生了。当狗用尽了其他所有方法还无法了解主人的各种言语的时候，它突然笔直地站起来，它的眼神锐利地盯住人的眼睛。这时发生着一件非常神秘的事情——也就是我和你的直接接触。注视从醒觉意识的限制中被解放出来了。存在不通过符号便了解了它自己。此处狗成了人的一个“评判员”，它直接用眼注视对方，并且在言语的背后去了解说话的人。

我们惯于应用这类语言而未意识到这件事实。婴儿早在学会第一个词之前便说话了，成人与之谈话甚至不必考虑他或她所用的词的日常意义——也就是说，在这种情况下，各种声音形式帮助了那并不是词的语言的语言。这类语言也有其类别和语调；它们也是能够习得、能够掌握、同时也是会被误解的，并且对我们是不可缺少的，以至假如我们企图不借音调语言与姿势语言的帮助而要求词的语言完成全部任务，词的语言便可能不听指挥。甚至我们的文字（眼睛所看到的词的语言），假如不是因为得到了标点形式的姿势语言的帮助就会变得几乎无法理解。

语言科学的根本错误在于它将一般语言与人类的词的语言混淆起来——不但在理论上如此，并且在它进行所有研究工作的实际中也常是如此。结果，语言科学对于动物和人所共同习用的大量的各种各样的言语方式还是知之甚少。与语言学者看到的相比，言语的领域，整个看起来，较之要广阔得多，而词的言语因为无法单独存在（这种无法单独存在的情况甚至今天还未彻底消除），实际上在言语的领域中的地位比我们想象的要小得多。至于“人类言语的起源”，这是对问题的一种错误提法。词的言语——按它的含义来说——绝对没有此处所假定的什么起源。它并非原始的，也并非单一的。自人类历史的一定时期以来，它所得到的巨大重要性不应让我们对其在自由运动的实体历史中的地位受到误判。关于言语的研究当然不能从人开始。

可是关于动物语言有一个开始的想法也是不正确的。说话与动物的活生生的存在（和植物的单纯存在相反）紧密地联系在一起，甚至一个没有任何感官的单细胞动物也不可以认为是没有言语的。成为一个大宇宙中的小宇宙也便是具有自己同他方交往的能力。谈论什么动物历史中的言语起源是无意义的。由于小宇宙生存在复数中，这是不言自明的。考虑其他的可能性几乎是在作无用之功。哪怕关于一个原始世代与第一对祖先的达尔文式的想象是维多利亚时代的殿军，也应该任其存在，但这一事实还是不变，即蜂群也觉醒到、了解到、内在地及活生生地感觉到一种“我们”，而且因醒觉意识的连接而彼此接近。

醒觉存在是一种外扩的活动；并且它的活动是有意志的。这便是一个小宇宙的运动与植物的、动物的及人在植物状态中——也就是睡眠中——的机械能动性的差异，我们能够考虑一下动物的营养、生殖、防御、进攻等活动——它的一个方面经常在于通过感觉与大宇宙发生接触，不管这种感觉是单细胞动物的没有分化的感受性还是某种高度发达的眼的视觉，这里有一种确切的接受印象的意志；我们把它称为朝向。但是，此外从一开始又有一种在其他身上产生印象的意志——我们称其为表现，随之我们马上便有作为动物醒觉意识的一种活动的说话。从此之后，便没什么基本上是新的东西增加进去。各种高级文明的世界语言无非是某些潜力的很精细的表露，这些潜力都暗中包含在单细胞动物的有意互相产生印象这一事实中。

可是这一事实的基础是原始的恐惧情感。醒觉意识在宇宙的事物中引起裂缝，在个别的事物间伸张空间，且疏通它们。感到自己孤独是一个人在日常醒觉状态中的第一个印象，因此产生了一种原始的冲动，想在这个陌生孤寂的世界里聚集到一起，想确保自己感到是与其他人在一起，想取得和别人的有意识的联系。“你”是产生于人类对孤独的恐惧中。那种“你”的发现，那种从陌生世界中有机地、精神地分解出来的另一自我的感觉，是动物早期历史中的伟大时刻。这便是动物成为动物的原因。我们只要在显微镜下长时间地仔细地观察一滴水珠的小小世界，便能够相信“你”的发现及与之俱来的“我”的发现在这里正以其最简单的能够想象到的形式进行着。这些小小的东西不但知道有对方，并且还知道有很多对方；它们不但具有醒觉意识，并且也具有醒觉意识之间的关系，同时不但有表现，并且有表现言语的各种因素。

在此，最好回忆一下两大言语类别的差异。表现言语把对方当作见证，目的完全是想对其产生影响，而交往言语却将他当作一个对话者，期望他做出回答。了解意味着按自己所感到的印象的意义来接受印象，人类的表现言语的最高形式、艺术的效力便依赖这一点。得到了解、进行谈话便得假设对方所感到的意义与自己所感到的是相同的。在见证之前的表现言语的基本单位称为主旨。掌握主旨是所有表现技术的基础。另一方面，为了领悟的目的而产生的印象称为符号，它是所有交往技术——因而在最高阶段上包括人类的言语——的基本单位。

关于人类醒觉意识中的这两种言语世界的广泛性，我们现在还很难形成一种观念。表现言语最早是与禁忌的所有宗教严肃性一起出现的，它不但包括重要的与严格的装饰——这种装饰在开始时是完全与艺术的观念一致的，它让任何一件僵死的、惰性的事物变成表现的工具——并且也包括神圣的礼节——其信条的网络遍布于整个公共生活上，甚至遍布于家庭生活中——同时还包括具有相同意义的衣服、文身，及个人修饰的服装语言。19 世纪的研究者毫无作为地企图将穿衣服的起源追溯到羞耻的情感或实用的动机。事实上，它仅能作为一种表现言语的手段才能被理解。所以，在包括我们自己现在的文明在内的所有高级文明中，它发展到了如此显赫的程度。我们只要想想在我们的整个公共生活与活动中“方式”所起的支配作用，在重要场合中穿正规的华服，在不同社会典礼中穿着佩戴的精细变化、婚礼服、丧礼服；想想军队的制服、僧侣的法袍、勋章与纪念章、法冠与光头、假发与辫子、脂粉、戒指、发式；想想人们的所有意味深长的虚饰与掩饰、清朝官吏与议员、女奴与尼姑的服装；想想尼禄、萨拉丁与梦提组马的宫廷华盖便够了——至于农民服装的细节、花卉、旗帜与宝石的语言便无须再提了。至于宗教的语言，提它是没有必要的，因为所有这些便是宗教。

在交往语言中，任何一种设想得到的感官印象都多多少少地参与在内，这种语言慢慢产生了（对高级文化的民族来说）三种突出的符号——也就是图画、声音与姿势，它们在西方文明的文字言语中聚合成为一种字母、词及标点符号的单位。

在这种长期演化的过程中，最后引起了说话从言语中分离出来的现象。在语言历史的所有过程中并无任何其他一种过程比这个变化具有更大的意义。最开始，全部的主旨与符号毫无疑问都是当时的产物，仅对积极的醒觉意识的单个行动才有意义。其实际意义与其被感到的与被希望的意义是相同的。但在一定的符号储备为运用符号的活生生的行动而努力的时候，情况就发生了变化，由于此时不但活动从其手段中分化出来了，并且手段也从它们的意义中分化出来了。二者的统一不仅不再是一件当然的事情，甚至也并非一种可能了。意义的感觉是一种活的感觉，并且也如别的一切属于时间与宿命的东西一样，它仅出现一次而不再出现。并没有一种符号，不管它是如何熟悉与常用，曾以完全相同的含义反复出现；因而，最开始并没有一种符号曾经以同一形式再现过。僵死的符号的领域无疑是一种纯粹外扩的既成的事物；它并非一种有机体，而是一种体系，它具有它自己的因果逻辑，并将空间与时间、理智与感情之间的无法调和的对抗，也带入两种存在的醒觉联系之中去。

假如一个人想要归属于他所属的醒觉意识的团体、这种符号与主旨的固定储备和它表面上的固定意义便必须通过学习与实践去获得。从说话中分离出来的言语的必然的伴随物就是学习的概念。在高等动物中，学习的概念是非常发达的；在任何一种独立的宗教中，任何一种艺术中，任何一个社会里，它都被提前假定为信徒、艺术家、“有教养的”人的背景。从这点看来，任何一个团体有它自己严格规定的界线；一个人要想成为一个成员，他便必须知道这个团体的语言——也就是，其信条、伦理和规则。在对位学中也与天主教教义中相同，幸福并非凭单纯的感情及善意就能获得的。文化意味着各部门中的形式语言的深度及严格性的尚没有被想象过的强化；对于任何一个属于这种文化的个人，它——作为他的个人的，也就是宗教的、伦理的、社会的、美术的文化——是为了这种生活而进行教育与训练的终身过程。结果，在所有伟大的艺术中，在伟大的教会、密仪与教团中，对形式的掌握达到了一种让人类自己都感到惊讶的地步，最后，在其自身的危机的压力之下以自行破坏而告终——因而，在任何一种文化中同样提出了（明白地或缄默地）“回归自然”的口号。这种技巧也扩展到了词的语言当中。与僭主政治或抒情诗人时期的社会景象在一起的，与巴赫的赋格曲及厄谢基亚斯的瓶画在一起的，我们有雅典的雄辩艺术和法语的对话艺术，如同别的所有艺术一样，二者都是用一种严格的与处心积虑地培养成功的程式及个人的长期的与艰苦的训练作为前提的。

从形而上方面看，一种凝固语言的这种分裂的意义是不可以估计得过高的。以既定形式进行的日常交际并通过这类形式把握整个醒觉意识——这些形式的形成过程不再会被人感觉到了，它们本来就有（他们本身就单纯地存在于此），它们要求最严格意义上的理解——引起了醒觉意识中理解和感觉的越来越尖锐的差别。一种刚开始兴起的语言是被理解地感觉的；说话的实践要求一个人首先感知那已知的言语媒介，其次了解在这种情况下放进言语媒介中的意向。因而，所有训练的核心在于知识因素的获得。任何一个教会都宣称导向救世的道路并非感情而是知识；所有真正的艺术品都建立在关于形式的确切的知识上，这类知识个人并非要去发现而是要去学习。“理解”是被设想成作为一种存在的知识。它是完全异于血统、种族、时间的东西；从僵死的言语与流动的血及发展着的历史之间的对立当中，产生了绝对、永恒、普遍有效的东西的消极理想——那便是教会与学校的理想。

可是，分析到最后，正好就是这种情形使得语言成为不完全的，而且导致了实际所说的和说者所希望或所要表达的东西之间的永恒的矛盾。我们有充足的理由这么说，因为言语由说话中分离出来，世界上就产生了谎言。符号是固定的，但其意义并非这样——开始，我们觉得事情是这样的，然后对它有所认识，最后我们便用我们的知识去估计。这是一种非常老非常老的经验：当一个人想说些什么的时候，词却出了毛病；一个人无法“正确地表达自己”，实际上说的与想要说的不同；一个人或许说得准确，而被了解得不准确。因而，最后我们便获得了那种“用言辞来掩盖思想”的艺术——这种艺术即使是在动物界中（例如猫）也是广泛流行的。一个人并不说出全部，或说的偏离主题，或不挑正经的说，他活泼地谈话，其目的是去遮掩他已说了一些什么。不然的话，他便模仿别人的言语。红背的伯劳鸟模仿小歌鸟的歌唱，其目的是要去引诱它们。这是一种众所周知的猎人的巧计，但这种技巧也是用公认的主旨与符号作为前提的，正像它们是伪造古董或假冒签字的一种条件一样。所有这些能在态度与容貌及书写和发音中同样遇到的问题，在任何一种宗教、任何一种艺术、任何一个社会的语言中反复出现——我们只要指出“伪君子”、“正教的”、“异教徒”，英文的“口头禅”等词的含义，“外交家”，“耶稣会人”、“演员”等词的副义，上层社会的托词与谨慎，及那不再有什么诚实可言的并在每个展览馆里用所有能够想象得到的形式对眼睛提供不真实的东西的现代绘画，这便够了。

不能说好一种语言的人无法当外交家。但在真正掌握一种语言的时候却有一种危险，便是手段与意义之间的关系可能会变成一种新的手段。那里产生出一种亚历山大里亚句法与浪漫派所实行的玩弄表达的智性艺术——忒奥克里托斯[1]与布伦塔诺[2]用在抒情诗上，雷哲尔用在音乐上，基尔喀加德[3]用在宗教上。

最后，言语与真理是彼此排斥的。事实上，恰好是这种情形在固定的语言时期中培养了典型的“人的鉴识者”，这种鉴识者是纯种族的，他知道如何去看待说话的人。锐利地去看人们的眼睛，从政论演说或哲学谈话的后面来了解说话的人，从祈祷词的后面来洞察衷情，从普通善良声音的后面来洞察具有社会重要性的更本质的标准——即时地、直接地、并怀着所有宇宙的事物所特有的不言而喻的必然性去做到这所有的一切——这是真正的禁忌方面的人所无法做到的，对这类人而言，一种语言无论怎样带有说服的作用。一个同时又是外交家的僧侣算不上是一个真正的僧侣。一个康德类型的伦理哲学家绝不是一个“人的评判员”。

[1] 忒奥克里托斯：公元前3世纪希腊的田园诗人，擅长牧歌。

[2] 布伦塔诺：1778~1842年，德国浪漫主义诗人。

[3] 基尔喀加德：1813~1855年，丹麦哲学家，现代存在主义哲学的先驱。

一个在言谈中说谎的人毫无知觉地在举止上泄露他自己。一个用举止去掩饰的人却在语调上泄露他自己。正是由于僵死的言语将手段与意思分开了，因此在敏锐的鉴别者面前，言语绝对无法用手段来骗人。一个老手在他看到一个人走路或书写的时候，他马上能从字里行间看出言外之意并了解他。精神上的交往越深刻，越亲密，通过醒觉意识的符号与联结便越无用。真正的情谊用几句话便能够被了解，真正的信仰是彻底的沉默无言的。自语言之外获得的了解在农民老夫妻中有最纯粹的象征，他们在傍晚的时候坐在自己的茅舍前，不说一句话却心心相印，任何一方都清楚对方在想什么及感到什么。言语只会破坏那种和谐。从此这种相互了解的情境之中，某些超出高级动物世界的集体生活的、深藏在自由运动的生活的原始历史之中的东西恢复过来了。在此，醒觉意识所作的表达有时是非常接近于完成的。

五

在一切已经固定的符号中，并没有一种比今天我们称为“词”的那种符号的后果更重大的了。它没有疑问的属于纯粹人类的言语历史，但是关于词的语言的“起源”的观念，至少是关于其起源的沿袭的观念，一般是与言语起点的观念一样没有意义、没有结果的。对于后者，一种准确的开始是无法想象的，由于它是与小宇宙的本体共存的，而且包括在小宇宙的本质之中；对于前者也是无法想象的，由于它要求多种充分发达的交往言语作为其前提，同时，它只构成一种缓慢而平静的进化的因素——虽然最后成为支配的因素。所有学说（不管它们相互之间怎样正面冲突），例如冯德[1]的学说与热斯培森[2]的学说的原则错误在于他们从词中去研究说话，好似说话是某种独立的新的东西，这种做法无法避免地将他们带到完全错误的心理学中去。实际上，词的语言是一种非常晚才出现的现象，并非一棵新芽，而是所有有声言语母干上的一个分支所开的最后一朵花。

实际上，不存在一种纯粹的词的言语。没人在说话的时候，在固定的词汇之外，不利用一些别的言语方式，像加重语气、节奏及面部表情，这些东西比词的语言更原始，并且，词的语言与这些东西已经彻底纠缠在一起。因此，不应该将现在在构造上十分错综复杂的各种词的语言的全体视为一种具有同质的历史的内在统一体，这是十分必要的。我们所知道的任何一种词的语言具有很

[1] 冯德：1832~1920年，德国生理学家、心理学家。

[2] 热斯培森：1860~1943年，丹麦语言学家，从韵文、舞蹈中去推论语言。

多非常不同的方面，任何一方面在整体的历史中都有其自己的命运。并没有一种感官知觉是与词的使用的适当历史毫不相干的。另外，我们必须十分严格地区分有声的语言与词的语言；前者甚至是被较简单的各种动物所熟悉的，后者在一定的特性上——毫无问题的是个别的特性，但因而更加重要——是一种很不同的东西。对于任何一个动物，声音语言及表现主旨（一种愤怒的吼声）与交往符号（一种警告的呼声）能够非常清楚地区别开，并且毫无疑问，最早的词的情形也是这样的。可是词的语言是作为一种表现语言还是作为一种交往语言才发生的呢？在非常原始的条件下，它是不是或多或少地不依赖于一切视觉语言——如图画与姿势呢？对于这些问题，我们并无答案，关于可以正当地称其为“词”的前期形式是何种样子，我们一点也不清楚。语言学实在非常幼稚，它将我们现在所说的各种“原始”语言（实际上是关于非常晚近的语言情况的不完全的描绘）作为关于词的起源的结论和关于词的结论的前提。在这类语言中，词是一种已经被创立的、高度发展的与自明的手段——即正好并不是什么“原始的”东西。

毋庸置疑，那可能让将来的世界语言从动物世界的一般有声言语之中分离出来的符号成为我所讲的“名称”——这是一种用以表示周围世界的某件事物的有声的影像，它让人感到是一种存在，并通过定名的行动而成为一种神力。关于各种最开始的名称是如何来的，这无须推测——这个时期中并没有一种我们能接触到的人类言语在这里能给我们以丝毫的根据。但是，与现代研究的看法相反，我认为决定性的转折并不是来自咽喉构造的变化，或来自声音形成的一种特殊性，或来自任何别的生理的因素——假如曾经发生过任何这类变化的话，它只会影响到种族的方面——它甚至不是通过现成的手段，比如把词变为句（H. 保罗）去提高自我表现的能力，而是反映了人类的一种深刻的精神变化。因为名称的关系便产生了一种新的世界观。假如一般的言语是恐惧的产物，是醒觉意识面对事实时涌现出来的无法探测的恐怖心的产物，这种恐怖驱使所有动物渴望表明相互间的实在性与亲近性而聚集在一起——那么，第一个词，名称，便是一次巨大的跃进。名称从意识的意义与恐惧的源泉中同样得到滋养与推动。世界不但是存在着的，人们感到其中尚有一种秘密。在表现语言与交往语言的较为一般的对象以上与以外，人给那谜样的事物以名称。兽类不知道什么谜。关于这种最开始的命名，人无法想得过于庄严与尊敬。仅说出名称是不够的，名称还应保密，由于其中有一种危险的力量。有了名称，便由禽兽的日常物理方面前进到了人的形而上的方面。这是人类心灵历史中最大的转折点。

我们的认识论习惯于将言语与思想放在一起，假如我们仅考虑那些现在还能接触到的语言，这是非常正确的。但是我相信我们能够比这更深入一步，认为因为名称的关系，本来意义上的宗教、无形式的类似宗教的敬畏心中的确切的宗教就出现了。这种意义的宗教是指宗教思想。它是关于由感觉中解放出来了的创造性理解的新概念。我们用一种非常有意义的习语，说我们“考虑”、“思索”某件事情。因对命了名的事物的了解，一种高于所有感性存在的高级世界的形成便开始了——这里所说的“高级”，既指显明的象征性，又指头的地位，人们（经常极力清楚地）推测，头是思想的本源。这种世界将一个对象与一种解放的闪光给予原始的恐惧情感。所有晚期的哲学的、学术的与科学的思想都曾经而且仍然用这种最初的宗教思想当成自己的最深厚的基础。

我们必须将这些最开始的名称看作一种高度发展的声音语言及姿势语言的符号储存中的非常不同的、个别的因素，声音语言与姿势语言的丰富性是我们所无法想象的，由于这些手段已成为词的语言的隶属，并且它们的进一步发展有赖于它们与词的关系。但是当名称开始让交往技术变形并且心灵化的时候，有一件事情是能够相信的——那便是眼的优势压服了其他所有的感官。人的醒觉与明白是在照亮了的空间中的，其深层经验是朝着光源及光阻的一种放射，他设想其自我是光的中心。“看得着”或者“看不着”交相支配产生最开始的名称的理解状态。最开始的神力是否是在光的世界中以它的效果为人感觉到、听到、观察到而不是看到的东西呢？毫无疑问，很多名称，如同世界事物变化过程中标志着一种转折点的其他所有事物一样，必然会发展得不仅迅速而且又有力。在整个光的世界之中，任何一件事物全都具有空间的位置与持续的性质，光的世界——在那些原因与结果、事物与性质，对象与主体的紧张关系之中！——非常快地便有了数不尽的名称而牢牢放在记忆中，原因是我们现在所称的“记忆”便是通过名称为理解储存定了名的东西的能力。在被人理解的视觉物的范围之上加上了命名的更加理智的范围，它与前者都有依照极性安排而且被因果原则所支配的纯粹外延的逻辑性质。所有词型比如格、代词与介词（它们自然出现得比较晚）都具有关于被定名的单位的原因结果的或者局部的意义；形容词与动词常常按照反义成对地出现；常常（像在德国非洲语言和文化专家卫斯忒曼所研究的非洲西部的E’we——埃维语言中）与一个词因为通过发音的高低便显示出大和小、远和近、被动和主动等。之后，这些姿势语言的剩余全部变成了词的形式，比如，我们通过希腊文中的uakpbs（大）与ulkpbs（小）以及埃及文中表示不幸的u音就能看得非常清楚。源于这种一对对的正反词的相对立的思考形式构成了所有无机逻辑的基础，并将关于真理的任何一种科学发现变化为概念对比的一种运动，最常用的例子是将旧观点与新观点的概念对比成“误谬”与“真理”。

第二个具有重要意义的转折点是文法的应用。当前，名称之外有句子，词号之外还有词的关系，随后，沉思就成为人的醒觉意识的具有决定性的特征——沉思是基于词的关系来进行思考的思考，它是随着对具有词作为标志的事物的知觉而出现的。交往语言在真正的“名称”出现以前是不是已经包括了有效的“句子”，这是一个非常难回答的问题。句子，按这个词的当前意义，是在这类语言中按照自己的条件、自己的阶段发展起来的，然而事先必须有名称存在。句子仅在随同其诞生同时出现智性变化时才能成为概念关系。我们应该进一步假设，在高度发展的无词语言之中，特性与特征接二连三地在接续的实践过程中变成了词的形式，并且在其位置上变成了日渐牢固的结构，这便是我们目前使用的语言的原始形式。所以，所有词的语言的内部构造是基于古老的结构的基础之上的，为了获得进一步的发展，它无须仰仗词的储备及其命运。

实际上，情况恰好相反。原始的个别名称由于句法的变化而变成了一种词的体系，这类词的特性并非由于它的原来的意义而是由于它的文法的意义而得来的。名称是作为一种新的与完全独立的东西而出现的。可词类却是作为句子的元素而出现的，从这之后，醒觉意识的内容便凶猛地流进了词的世界，它们呼吁在词的世界中获得标明及表现，最终甚至于在这种或那种式样上“都”变成了一种词，能够在思维过程中采用。

从这之后，句子便起决定性的作用了——我们说话是用句子而不是用词。经常有人试图为两者下定义，但从未成功。按照芬克[1]的意见，词的形成是一种心理的分析活动，句子的形成却是一种心理的综合活动，前者先于后者。作为印象而被接受的同一现实的理解各不相同，因而词能够从非常不一致的观点中获得解释，这是能够证明的。然而按照惯常的定义，一个句子是一种思想的语言表现，是表现说话者心灵中几种观念的联系的一种象征（保罗如此说）。依我而言，从句子的内容去解释它的性质是极不可能的。事实仅是我们将那些相对最大的机械单位称为使用的“句子”，将那些相对最小的单位称为“词”。文法规则在这个范围内是有效的。但当我们从理论转到实践时，我们看到，惯常使用的语言并不是这样一种机械结构；它不遵循规则而遵循节奏。因而，把要转达的事情依照句子排列起来的方式先验地包含了一种种族特性。塔西佗与

[1] 芬克：1867~1910年，德国语言学家。

拿破仑所说的句子不同于西塞罗与尼采所说的句子。英国人依照句法排列自己的材料，这与德国人所使用的方法不一致。并非观念与思想而是思考，是生活的种类、血统，在原始的、古典的、中国的与西方的言语团体中确定了句子单位的类型，随后便确定了词对句的机械关系。文法与句法的界限应当放在言语的机械方面停顿之处和说话的有机方面开始的地方——用法、惯例、一个人用以表现自己的方式的体相方面。另一个界限在词的机械结构变为声音形成与表现的有机因素的地方。我们甚至根据英文“th”发音的方式来识别移民的子女——这是土地的一种种族特质。只有在这个范围内的东西才能够正当地称其为“语言”，它具有体系，是一种技术工具，并且能够被发明、被改善、被改变及变陈旧；相反，发音与表现是属于种族的。只要听见一个我们所认识的人的发音，无须面对他，我们便能识别他，不但如此，我们还可以识别一个异族的成员，即使他能够说绝对没有错误的德文。巨大的声音变异，像加洛林时代的古代高地德语与哥特时代晚期的中古高地语，是存在地域界线的，并且它们仅影响语言的说出，并不影响句子和词语的内部形式。

我刚才说过，词是句子中相对来说最小的机械单位。一种人种习惯这些单位的方式最能代表其思考特征。对于班图黑人，一件他所看见的东西首先是属于很多种理解范畴的。表示这个东西的词语相应地包括一个核心或语根与很多单音节的字首。当他谈到田野中的一位妇女的时候，他大概是这样说的：“活的、一个、大的、老的、女的、外面的、人”；在这里共有七个音节，但它表示一种单一的、头脑清晰的但在我们认为非常陌生的理解行动。在有些语言中，词几乎是与句子具有相同的广度的。

文法的表示逐渐代替了身体的或声音的表情，这种代替就这样变成了句子形成中的具有决定性的因素，但它从没有完成。并不存在纯粹的词的语言。以词说话的活动愈来愈准确，这是因为通过词的声音，唤起了我们的意义的感觉，它又通过词组的声音进一步引起了关系的感觉。我们对于语言的训练，让我们从这一简省的叙述的形式中，不但能够了解到光的事物与光的关系，并且也能够了解到思维的事物与思维的关系。词只被命名，并未被确切地运用，听者必须去感知说者的意思。只有这才等于言语，因而，容貌与声调对于了解现代言语起到了比大家所公认的还大得多的作用。实词符号能够设想为甚至在很多动物中也存在，可动词符号决不存在。这种历史多少导致了词的言语形成的终止，这种历史的最后一件大事就是动词的产生。这从一开始便假设了一种十分高度的抽象化。由于实词是那种使在照明空间中被感觉所认知的事物也将在沉思中被唤起的词，但动词却描写变化的类型，这种变化类型是不能被人看见的，是通过注意个别情况的特性、通过从中抽取概念，从变化万千的光的世界中提取出来的。“降落的石头”本是一种单位印象，然而我们首先将运动与被运动的东西分开，然后将“降落”作为其他无数多种多样的运动——下沉、蹒跚、绊倒、滑倒——中的一种加以区分。我们看不“见”那种区分，但我们“知道”它。逃和跑之间的区别，或者飞和飘之间的区别，全都超出了它们所产生的视觉印象，只有通过一种受过词的训练的意识才能充分了解个中的差别。然而，因为这种动词思考的关系，甚至生活本身也能被沉思活动接近了。从留在醒觉意识中的生动的痕迹中，从生成之物的环境（单纯模仿性的姿势语言对其不过问、不考察）中，生活本身的东西——也就是，出现的一次性——无意识地被淹没了，而余下的，作为一种原因的结果（风飘、电闪、农民耕作），在纯粹外扩的描写中便被放入了符号体系的合理位置。一个人必须全身心埋头于主语和谓语、自动和它动、现在和完成等固定的确切性中，才能看出理解在这里如何完整无缺地掌握了意义及非心灵的实际。在实词中，一个人还能将心理的东西（观念）视为视觉物的副本，可是在动词中，某些无机的东西被用于替代了某些有机的东西。我们是活着的这件事实——也就是，我们在这一瞬间感知某些事物——最终成为某些被感知的事物的一种特性。被感知的东西在词的思维中延续下去——现在时态的“是”。因而最终形成了思想的各个范畴，依据什么是固有的，什么不是固有的而分成很多等级；因而，时间作为一种空间、宿命作为一种原因、活的事物作为化学的或心理的机制而出现。数学思想、词法思想与教义思想的形式便是如此产生的。

通过这种方式来看，产生了那种在我们看来与人的本质似乎是无法分割的不一致性，但事实上它只是词的语言在其醒觉意识中起到了支配作用的一种表现。这种你我之间的交往工具，因其非常完善，从动物的感性领悟中形成了一种用词来进行的代替感觉的思考。没有意义的思考——所谓的“吹毛求疵”——便是用词的意义跟自己谈话。它是除了词的语言之外并没有语言来辅助的活动，而且随着语言的完备成为各种人类的生活习惯的特点。言语和说话，其严格的与无生气的分离令言语的吐露不可能包括所有真理，这在词的符号体系中有着特别深远的后果。抽象思考在于运用一种有限的词的结构，而试图将生活的所有无限的内容包容进去。概念扼杀了存在，而且歪曲了醒觉的存在。很早之前，在语言历史还在壮年时期时，当理解为了保持自己对感觉的支配地位仍须进行斗争的时候，这种机械化对于生活是无关紧要的。然而现在，人从一种偶然地进行思考的存在变成了一种思考着的常在，而且任何一个思想体系的理想便是干脆要让生活服从理性的支配。因为仅承认已知的东西有效，而将现实的东西诋毁为虚伪与幻念，这种理想达到了理论上的目的。因为强令血统的呼声在共同伦理原则的面前保持沉默，这种理想达到了实践的目的。

逻辑学与伦理学都是智性的绝对与永恒真理的体系，相对应地，对历史而言，它们却并非真理。在思想领域之中，不管内心的眼怎样完全压倒了外在的眼，但在事实范围以内，对永恒真理的信念却仅是存在个人头脑中的一种微不足道与荒唐的舞台剧。一种思想的真实体系是绝对无法存在的，由于并没有什么这样的符号可以代替现实。渊博的与忠实的思想家们常常得出结论，认为所有认识都是先验地被它自己的形式所制约的，同时却永远达不到词意所指的东西——这也不同于技术，在技术中，概念本身是工具却非目的。这种不可知论也是与任何一个真正的哲人的直觉相符合的，也就是生活的抽象原则只有视作词藻、视作日常使用的陈腐箴言才是可以被接受的，生活便在这种辞藻与箴言下面向前流动，好像它已一向这样流动过一样。最终，种族比语言更加强有力，因此在所有伟大名称之下，对生活产生过影响的是思想家，在于他们独特的人格，而不是他们那些变化多端的理论体系。

六

因此，从词的语言的内部历史去看，它有三个阶段。第一阶段，在高度发展而无词的交往语言中出现了最初的名称[illegible]一种新的理解的单位。世界作为一种秘密而觉醒，这时开始了宗教的思想。第二阶段，一种完整的交往语言逐渐演化为文法的价值。姿势变成了句子，句子则将名称转变为词。更进一步，句子成为面对感觉的理解的大学校，同时，在句子的结构中，一种对抽象关系的日趋精细的意义感觉导致了许多词形变化，这种变化尤其表现在实词与动词、空间的词与时间的词上。这是文法的繁盛时期，这段时期，我们也许能够（虽然应该有所保留）估计为埃及与巴比伦文化诞生前的两千年。第三阶段的特征是词形变化的快速趋向衰微及同时出现的句法对文法的代替。人类醒觉意识的智性化的进展在这一时期非常大，以至于他不再需要词形变化的感觉支持，他还放弃了词的形式的旧装饰，而利用语风（不变词、词的位置、节奏）的最模糊的细小变化，自由而自信地进行交往。因为用词说话，理解控制了醒觉意识，今天它正从可感觉的语言机构的种种限制中解放自己，并朝着纯粹的智性机构前进。产生接触的是心理，而非感觉。

语言学历史是基于生物学的水准而成为这样的，因而是属于作为一种类型的人类的，在它的第三阶段中，高级文化的历史现在插入了一种全新的言语，一种远距离的言语——书写——这是一种具有巨大内在力量的发明，因而在词的语言的宿命中，再次出现了一次突然的决定性的转折。

埃及的书写语言于公元前 3000 年之前已处在一种迅速的文法解体的状态之中；同样，苏末的文学语言被称作 eme-sal（妇女的语言）。中国的书写语言——它面对着中国的土话早已经单独形成一种语言——即使在最古老的著名的原文中也是一点也无词形变化的，只有最近的研究才认为它曾经有过词形变化。我们所知的印欧语系仅是处于一种彻底崩溃的状态中的。关于古吠陀经（大约在公元前 1500 年）的格，古典语言在一千年后仅保留了一些断片。从亚历山大大王时代起，在普通的希腊化希腊文的语尾变格中，没有了双数，也彻底没有了动词变位中的被动语态。西方语言尽管具有各种各样的想象得到的起源——日耳曼语源自原始的语系、罗马语源自高度文明化的语系——但在同一方向进行修饰，将罗马字的格减少成为一个，英文的格在宗教改革之后变为了零。德语在 19 世纪初年肯定扔掉了属格，现在正在取消与格。我们只要将一篇艰涩而简洁的散文——像塔西佗或蒙森的散文——“倒译”为某种十分古老而富有词形变化的语言，我们便能够认识到，符号的技巧当时是如何演化为思维的技巧的，后者仅需要将符号——简化了但非常富于意义——作为游戏中的棋子一样加以利用，以致仅有那种特殊的言语交际的内行才可以理解。因此，对于西欧人而言，神圣的中文原文永远是难以企及的禁书；关于其他文化语言的原始的词，情况也是如此——希腊文的与梵文的 Atman（自性）和 Braman（婆罗门）——表示了他们各自的文化的世界观，那是没有在那种文化中养育起来的人所无法理解的。

语言的外部历史对我们恰好失去了其最重要的部分。其青春时期深处于原始时代之中，在那时候（重复一下我们以前已说过的吧）我们应将“人类”想象成消失于土地广阔空间上的很多分散的非常小的群的形式。当彼此接触对他们成为习惯（最后成为自然）时，一种精神的变化就发生了，但是相应地，毋庸置疑地：这种接触首先是通过言语去发现，随后又通过言语去加以调节或加以排除的；同时，被人所住满的土地的印象第一次让醒觉意识达到了紧张的、聪明的机敏性的程度，在强大的压力下词的语言表面化了。因此，文法的诞生可能是与伟大的数的种族特点相联系的。

从此以后，除了已存的文法体系的新的派生词以外，便没有别的文法体系出现过了。关于这些真正的原始语言及其结构与声音，我们一无所知。我们后来看到的只是完整的与发展了的语言学体系，每个人用它，每个儿童学习它，好似那是一种十分自然的东西似的。我们觉得很难想象的是：事物可能曾经不是这个样子的；或许听见此类奇怪、难解的语言时会同时产生一种恐惧的战栗——像一种在历史时期中已被、现在还被文字所激起的敬畏一样。可是我们毕竟应考虑这样一种可能：在一段时间内，在没有言辞交往的世界中，词的语言构成了一种贵族的特权，一种被嫉妒地保持着的阶级秘密。我们有数不清的例子——外交家与他们的法文，学者与他们的拉丁文，僧侣与他们的梵文——表示可能有过这种倾向。

纯种的人有一种自负，就是他们相互说起话来能让外人不能了解——这是一种对任何一个人而言共同的语言。与人发生“谈话之交”成为一种特权或自夸。因而，用文学语言与受过教育的人谈话，轻视方言等也成了真正资产阶级的自负的特征。只有我们——生活在文明中的人，才让儿童学习书写就像学习走路一样平常——在所有以前的文化中，这是一种罕有的成就，只有少数人能指望。我相信，词的语言的情况一度也是如此的。

语言学历史的发展速度是十分迅速的；在此，仅仅一个世纪的时间便表明了很多事情。我能够再一次引证北印第安人的姿势语言，因为部落方言变化非常快，使部落之间不能通过其他方法得到相互了解，因而需要这种姿势语言。我们也能够将最近发现的罗马广场铭文（约在公元前 500 年时）中的拉丁文与普罗塔斯（约在公元前 200 年时）的拉丁文比较一下，再将它与西塞罗（约在公元前 50 年）的拉丁文相比一下。假如我们认为最古的吠陀原文保留了公元前 1200 年时的语言状态，那么，甚至 2000 年时的语言状态便可能与它不同，比所有印欧语言学家用从结果推论原因的方法所臆测的要有出入得多。但当书写（即持续的语言）插进来，在完全不同的时代阶段束缚了体系并将体系固定下来的时候，急速便变成了徐缓。这便让研究工作难以清晰地透视到这种演化；我们所具有的只是书写语言的遗迹。关于埃及与巴比伦的语言学领域，我们的确占有远至公元前 3000 年时的原本，但是最古的印欧遗物是抄本，其语言状态比内容年轻得多。

在这种种决定因素的影响之下，各种文法与语汇的命运是完全不同的。前者依附才智，后者依附事物与地点。只有文法体系内部常有自然的变化。反之，词的应用在心理学上假定，虽然表现可能改变，但内部的机械结构，作为命名的主要基础，是不变的。卓越的语言族系纯粹是文法的族系。其中的词多少是没有归属的，而从一族系流浪到另一个族系。语言学的（尤其是印欧语言学的）研究工作的根本错误是把文法与语汇视为一个单位。所有专家语汇——猎人、战士、运动员、水手、文人的行话——实际上仅是一些词的储备，能够在所有文法体系中应用。半古典的化学语汇，外交上的法语，及赛马场中的英语在一切现代语言中都被采纳了。我们能够说某些词是“外来的”，但所有古代语言中的大部分所谓“语根”，有时也能够说是外来的。所有名称都依附于它们所表示的事物，分享其历史。在希腊文中，金属的名称是外来的；印度的数字能够在波伽兹科易的赫梯原文中找到，其在上下文中的联系是随着马匹繁殖带到这个国家来的技巧表现。拉丁文的行政术语侵入了希腊东方，大量德文侵入了彼得大帝的俄罗斯，阿拉伯文中的词渗透到了西方数学、化学与天文学的语汇中。诺曼人，本身是日耳曼人，让英文中充斥了许多法文的词。德语区域的银行业务中充斥了意大利语的表达方式，与此相同，在更加广泛的范围内，大宗有关农业和畜牧、金属与武器的名称以及一般有关所有手工艺品的买卖、物物交换及部落间的法制的名称一定都是从一种语言移植到另一种语言中的，正像地理的术语经常变成主要语言的本身语汇一样，结果，希腊文中包含了很多加里亚的及日耳曼克勒特的地方名称。这种说法并非夸张，一个印欧语的词传布得越广，它便越年轻而且越来越可能是一个“外来的”词。那些被当作私有的名称恰恰是那些最古老的名称。拉丁文与希腊文中仅有非常年轻的词才是共同的。难道“电话”、“煤气”、“汽车”等词也属于“原始”人的词的储备吗？从论证的角度出发，我们假设“原始的”雅利安词中有四分之三来自公元前13000年的埃及或巴比伦的语汇；在梵语中，历经千年的非书写的发展，我们必定无法找到那种事实的痕迹了，甚至在德文里，无数的拉丁文借用词早就完全认不出来了。“Henriette”这个字的词尾“-ette”是埃特鲁里亚的——有多少真正雅利安语的与真正闪米特语的词尾——虽然它们完全是外来的，——能让我们无法证明它们是侵入者呢？在澳洲语与印欧语中，有很多词惊人地相似，这应当如何解释呢？

印欧体系当然是最年轻的，因此是最有智性的。从这种体系中派生出来的语言现在统治着世界，但在公元前2000年时它是不是作为一种特殊的文法体系而真正地存在过呢？大家都知道，今天人们认为雅利安文、闪米特文与哈姆文是可能具有同一最开始的形式的。最古的印度原文反映的是（可能是）公元前1200年时的语言状态，最老的希腊文则反映着（可能是）公元前700年时的语言状态。但此后很久，印度的人与神的名称在叙利亚及巴勒斯坦与马同时出现，采用这个名称的人显然首先是幸运的士兵，随后是有权势的人。是否约在公元前1600年时这些陆地上的冒险家，这些最开始的骑师——从小离不开马的人，那种让人感到恐怖的半人半马怪物传说的根源——在北方平原或多或少地变成了冒险家的头目，带来了印度封建时代的言语与神学呢？雅利安贵族的种族理想与行为理想也是如此。依照我们前述关于种族的论点，这便能说明雅利安语区域的种族理想，而根本用不着一种"原始"民族的"迁徙"。总而言之，武士式的十字军人便是这样在东方建立起他们的国家的——正好位于具有米坦尼名称的英雄们二千五百年前建立过国家的同一个地方。

这种公元前3000年前后的体系是不是只是一种已经失传了的语言中的一种无关紧要的方言呢？罗马语的语言族系约在公元后1600年时支配了全部的海洋。大约在公元前400年时，台伯河流域的"原有"语言仅有略大于一千平方英里的领域。当然，公元前4000年左右时，文法族系的地理图景还是十分复杂的。闪米特—哈姆—雅利安语系（假如它曾经形成一个单位的话）在那时很难具有非常大的重要性。我们在许多古老语系——埃特鲁里亚语、巴斯克语、苏末语、利古里亚语、小亚细亚古语和其他语言——的残余的每个转折点上感到彷徨，这些语言当时必定是属于十分广泛的体系的。在波伽兹科易的档案中，我们已经辨认出了八种新的文字，其在公元前1000年前后都是通用的。按照当时的一般变异速度，在公元前2000年时，雅利安语可能联合很多我们想象不到会与之发生联系的语言形成了一个单位。

七

书写是一种全新的语言，它表明人类醒觉意识的各种关系的彻底改变，因为它，醒觉意识从"现在"的压迫中解放出来了。描绘物体的图画语言古老得多，或许比所有词更古老；但在此处，图画已非某种所见物体的一种直接符号，而主要是一个词的符号——也就是某种已经从感觉中抽象出来的东西。这是一种本身并无预备而要求必要的准备性训练的最早的与唯一的语言典型例子。

因此，文字用一种充分发达的文法作前提，由于书写与阅读的活动比起说话与听话的活动要无限地抽象得多。阅读在于用一种对相应的词音的意义的感知去仔细观察文字的表象；文字所包含的并非事物的符号而是别的符号的符号。文法的意义必须通过即时的理解而加以扩大。

词是一般人类所共有的，而书写却完全是属于文化人类的。与词的语言不一样，它是全部地而不只是部分地为世界历史的政治的与宗教的命运所制约。

所有文字都出现于个别的变化中，是文化最深奥的象征之一。但是，至今为止，尚没人写出过一部关于文字的详尽历史，至于有关它的形式及其变异的心理学则甚至还无人尝试过。书写是有关远方的重大象征，这里所说的远方不仅指扩展的范围，而首先是指持续、未来与追求永恒的意志。说话与听话仅发生在近处与今天，但通过文字则一个人能够向他从来未见过的人，甚至于尚未出生的人说话；一个人的声音在他死后数世纪还能够被人听到。文字是历史遗产的最显著的标志之一。但正因为这样，最能表明一种文化的特征的莫过于它与书写的内在关系了。关于印欧语言我们知之甚少，那是由于利用这种语言体系的人所属的两种最古老的文化——印度的和古典的——在性质上是如此的非历史，以致它们不但没有形成自己的文字，并且它们发展到晚期甚至还排斥了外来的文字。实际上，古典散文的所有艺术是直接为听觉器官耳朵设计的。人们读它便似说话一样，而相对而言，我们说什么却像读它一样——结果，在文字表象与词音的永恒跷板之间，我们永远未达到过阿提卡意义之下的完善的散文风格。另一方面，在阿拉伯文化中，任何一种宗教发展了它自己的文字，即使是词的语言改变了，还能将它保持下来；圣书与圣训的持续是跟作为持续的象征的文字无法分开的。字母书法的最早的证据见于南阿拉伯的米内的与萨巴的文字中——毋庸置疑，这类书写是按教派分化的——它们可能追溯到耶稣诞生前 10 世纪。犹太教徒、曼第安教徒与巴比伦的摩尼教徒说东阿拉米语，但是他们各有自己的文字。自阿拔斯时代起，阿拉伯语占据主导地位，但基督教徒与犹太人用他们自己的文字书写阿拉伯语。伊斯兰将阿拉伯文在其信徒中普遍传播，不管他们讲的是闪米特语、蒙古语、雅利安语还是黑人语言。书写习惯的发展在各处都无法避免地造成了书写语言与会话语言之间的区别。书写语言让持续的象征性影响到它自己的文法状况，这种状况本身只是缓慢地、勉强地屈从于会话语言的进步性变异——因此后者在任何一定时期中总是代表一种较年轻的状态。并无一种通用的希腊语言，而有两种希腊语言，而且帝国时代的书面拉丁文与活拉丁文之间的巨大差别在早期罗马语言的结构中便得到了充分的证明。一种文明越古老，这种差别便越突出，现在，我们发现书面的中国语言与中国北部受过教育的人所讲的官话之间存在着巨大差异——这已不仅仅是两种方言的问题，而是两种相互不相干的语言的问题。

此处必须说明，有一件事实已经直接表现出来，即书写主要是一个身份问题，特别是僧侣们的一种古老特权。农民是无历史的，因此没有书写。但甚至除去这点不谈，种族方面对书写也有一种不会被误解的厌恶。我想字相学中有一件非常重要的事实，便是书写者的种族性越多，他对待文字的修饰性结构的态度便越傲慢，也越容易以个人的行文路数来代替这种结构，仅有遵从禁忌的人对文字的正当形式表现出一种当然的尊重，而且不管怎样，总是下意识地设法把它们重现出来。这就是创造历史的行动者与只把历史写在纸上并让它“永恒化”的学者之间的区别。在所有文化中，文字全由僧侣所保持，我们也应把诗人与学者计算在这个阶级内。贵族轻视书写，有人替他们书写。从最早的时候开始，这种活动便具有智性的与僧侣的性质。没有时间性的真理根本不是通过言语流传下来的，只是因为它们形之于文字才传下来。这又是城堡与教堂的对立：业绩与真理哪一个会持续下去呢？档案保管人的“资料”保存事实，圣经则保存真理。纪录与文献对于前者的意义，便是圣书注释与图书对于后者的意义。因而，除了祀拜建筑之外尚有一些并没有被装饰品所装饰而本身便是装饰的东西——这便是书。所有文化的青春时期的艺术历史应当从文字甚至碑铭之前的草书开始。在此，我们能看到哥特式风格或枚斋风格的最纯粹的本质。没有任何装饰具备文字形状或一页手稿所具有的内在精神；除了回教寺院墙壁上的可兰经文之外，阿拉伯风格在任何地方也没有如此完善。还有字首的伟大艺术，饰边图形的建筑，封面的雕塑！在一种库费文字的可兰经中，任何一页都有一幅绣帷的效果。一本哥特福音书便是一座小教堂。至于古典艺术；十分有意义的是：它并未用它的修饰去进行美化的唯一的东西便是文字与书卷——这是一种因为对持久的事物的坚决憎恶与对技巧不安于仅作技巧的轻视而引起的一种例外。在希腊或在印度，我们找不到与在埃及一样的那种碑帖艺术，好像没有人认为一页柏拉图手稿是一种圣迹或认为索丽克里戏剧的珍本应该珍藏在卫城里。

因为城市凌驾于乡村之上，因为市民加入了贵族与僧侣及市镇精神渴望获得最高权力，书写便由作为贵族声誉与永恒真理的使者变成了商业的与科学交际的手段。印度文化与古典文化反对矫揉造作，并从外来输入解决了实际需要；字母文字作为一种谦逊的日常工具慢慢地被它们接受。与此同时并具有相同意义的是，音符文字约在公元800年时传入了中国，西方在15世纪发明了印书术；因为让大多数人接触到这种持续与距离的象征，它们便最大限度地得到了充实。最终，各种文明采取了最后一个步骤，把它们的文字变成了实用的形式。正像我们已经看到的，约在公元前2000年时，埃及文明中字母文字的发明纯粹是一种技术革新。

同样，中国的奥古斯都的大臣李斯在公元前227年创造了中国的标准文字。最后，在我们自己中间——虽然我们还极少有人领会到这个事实的真正意义——一种新的书写文体出现了。因为发现了新朋友，埃及的文字就被证明为不是什么最后的与最完善的东西了，这就是我们的速记术，它不但意味着书写的简化，并且意味着一种新的与高度抽象的交往方式压倒了字母文字。事实上，在未来的几个世纪之内，速记类的文字形式可能完全将字母取而代之。

八

是不是能够如此早便去试写一部文化语言的形态学呢？当然，科学甚至尚未发现有这样一项任务。文化语言是历史的人的语言。其命运并非是在生物学的时间里得到实现的，而是随着绝对有限的人生的有机演化来实现的。文化语言是历史的语言，这句话的意思主要是讲，并没有一宗历史事件与一种政治制度不是部分地被它所使用的语言的精神所决定的，相反，历史不会影响那种语言的精神形式。拉丁文句子的结构也是罗马历次战争的另外一种后果，战争给罗马带来胜利，迫使整个民族从行政的角度去进行思考；德语的散文哪怕是今天还在缺乏确定的规范方面带有三十年战争的痕迹，还有，假如最古老的《圣经》并不是完全用希腊文写成的，而如曼第安教徒的圣书一样是以古叙利亚语形式写成的，那么早期基督教教义一定会获得一种别的式样。但是，这句话的次要意思是说，世界历史依靠文字作为交往的主要方法——依赖到了一种研究者至今未想象到的程度。国家（按这个词的较高意义说）以通过书写进行沟通为前提；所有政治的形式都是绝对地被这样一种意义所决定的，即民族的政治的与历史的思想在任何一种情况下都是与宪章及公文，与签字，与政论家的作品有关的；立法方面的斗争就是对一种成文法或赞成或反对的斗争；宪法用整段整段的文字来替代物质的力量，并将书写提高到一种武器的高贵地位。言语属于现在，书写属于持续，但是同样地，口头的理解是与实际的经验联结在一起的，而书写却是与理论思维联系在一起的。一切晚期的内部政治史，大部分都能够追溯到这种对立。变化无穷的事实抗拒“文字”，而真理却需要文字——这便是世界历史的两极的对立，这种对立在所有文化的重大危机中都以这种形式或以那种形式出现。其中一极生活在现实中，而另一极却从表面上修饰作品；所有伟大的革命先都有一种文学。

在第十世纪，出现了一群西方的文化语言。有效的语言群体——也就是日耳曼语与罗马语的各种方言（包括僧侣的拉丁语）——在一种单一的精神影响下发展成为文字语言。认为从 900 年到 1900 年的德语、英语、意大利语、法语及西班牙语的发展具有不同的性质，就似从公元前 1100 年到帝国时期希腊语与古意大利语（包括埃特鲁里亚语）的历史具有不同的性质那样，这是难以行得通的。但是，是什么东西，不管语系或种族的扩展区域单独从文化的图景范围中获得了特殊的一致性呢？在公元前 300 年以后，希腊化语言与拉丁文都经历了哪些共同的变异——在发音与语风上，押韵上、文法上或者风格上？在公元 1000 年之后，有哪些东西出现在德语与意语中而未出现在意语与罗马尼亚语中呢？这些问题和别的类似的问题都还没有经过系统的研究。

任何一种文化在觉醒时都发现自己面前已有农民语言，也就是没有城市的乡村言语，它们是“永存的”，几乎与重大的历史事件不产生关系，它们作为不成文的方言，在晚期文化及文明中仍然继续向前发展，并且缓慢地发生一些几乎不可察觉的变化。今天，在这项上产生了两个原始等级的语言，作为具有文化而且本身便是文化的觉醒关系的最开始的表现。此外，在贵族与僧侣的圈子里，语言变成为文化语言，特别是，说话与城堡有关，而言语则与教堂有关。因此，在演化开始时，植物性便与动物分离开了，活东西的命运便与死东西的命运分离开了，理解的有机方面的命运便与机械方面的命运分离开了。由于图腾方面肯定血统与时间，而禁忌方面则否定它们。我们到处都碰上，并且老早便遇到了各种死板的宗教语言，其不可变性保证了其神圣性，还有早已死去或对生活是陌生的、并受到人为的拘束的体系，它具有表达永恒真理所必需的严格的语汇。古吠陀文僵化成一种宗教语言，而梵文却成了学者的语言。古王国的埃及文亦变成了僧侣的语言，因而，在[illegible]，宗教的信条是与赛里祭司团[1]的赞歌及奥古斯都时代祈年团的赞诗一样难懂。在阿拉伯的前文化时期，巴比伦文、希伯来文与阿维斯塔经文同时不再作为日常语言应用——可能在耶稣诞生前第二世纪——事实上，正是由于这个缘故，犹太人与波斯人将这些文字用在其经文上而不用阿拉米文与培利维文。基督教会的哥特时代的拉丁文、巴洛克时代学者所用的人文主义者的拉丁文，俄罗斯的教会斯拉夫文，毋庸置疑地还有巴比伦的苏末文也具有相同的意义。

与之相反，说话的养成的地方是古代的城堡与法庭。活的文化语言是在此形成的。说话是言语的习惯、其方式——音调与语风的“好形式”，精巧的选词与表现方式。这些东西全部都是种族性的一种标志；它们并不是在修道院的密室中或文人的书房中学来的，而是在优雅的交际中和从活的范例中学来的。在贵族社会里，作为贵族的特征，荷马的语言也像十字军的古法语与霍亨斯陶

[1] 赛里祭司团：古罗马的祭司团，共和国时代几乎消失，但在奥古斯都时代又得以恢复。

芬的中古高地德语一样，是从乡村的日常谈话中建立起来的。当我们将伟大的史诗诗人、歌唱诗人与抒情诗人说成是语言的创造者之时，我们应该记住，他们在语言方面也如在别的方面一样是在贵族圈子中活动并开始受到训练的。文化因此而成熟的伟大业绩是种族的成就，而并不是行业的成就。

另一方面，僧侣的语言是从概念与结论开始的。它努力想去最大限度地改善词及句式的土语能量。结果便产生了学者语言与庙堂语言之间、智力的习语与社交的习语之间的有增无减的差别。柏罗提那和多马斯·阿奎那的表达方式之间，吠陀经和《米示纳篇》的表达方式之间有一种共同的成分，超出了各种语系的所有区划。西方所有成熟了的学者语言——德文、英文与法文一样将自己源自学者的拉丁文的明显标志带到现在——的起点便在此，术语与逻辑句式的所有方法论的起点因而也在此。这种“社会”理解方式与科学理解方式之间的对立直到晚期还在不断更新。法文的历史的重心肯定是在种族方面；也就是在谈话方面。在凡尔赛宫廷里，在巴黎的沙龙中，阿瑟传奇的珍贵精神发展成为“对话”，为古典的谈话艺术，这种谈话艺术的权威是被所有西方公认的。爱奥尼亚——阿提卡语也是完全在僭主的大厅及宴会后的余兴中形成的，这个事实为希腊哲学带来了重大困难：因为这之后，再去用亚尔西巴德[1]的语言讨论三段论法差不多便不可能了。另一方面，巴洛克时代的决定性时期的德语散文不具有让它达到卓越境界的中心点，因而即使现在它在风格上还介乎法文和拉丁文——宫廷语言和学者语言——之间，依照作者的直觉，将自己表现得好或表现得正确。我们的古典作家因其语言是起源于办公室或书房的，因他们在城堡与小朝廷里当过教师，确实具有个人的风格，别的人能够模仿这类风格，但无法创造出一种独特的能作所有人的标准的德语散文。

在这两种阶级语言之外，因城市的兴起又有了第三种阶级语言，也就是资产阶级的语言，它是真正的文字言语，理智而实用，是一种最严格意义上的散文。它轻微地摇摆在上层社会的表现方式和学者的表现方式之间，一方面往往是想出新的说法及趋时的词，另外一方面坚定地保持现有的观念储备。但在本质上，它具有一种商业的性质。面对着“人民”的没有历史、没有变化的语法（那是路德等人所采用的，曾经引起其浅薄的同时代人大加诋毁），这种语言感到自己是一种阶级标记。随着城市支配地位的最后胜利，市镇言语吸收了上流社会的言语与学者的言语。在大城市居民的上层出现了标准的、易于理解的实用的通用语言，那是其文明的产物与象征，对方言与诗同样厌恶——它是一种十

[1] 亚尔西巴德：约公元前 450~ 前 404 年，雅典政治家和军事领导者。

分机械的、准确的、冷淡的东西，极少用手势来帮助表达。这些最后的无家的、无根底的语言，任何商人与脚夫都能够学习——迦太基与奥克萨斯河流域[1]的希腊化语言、爪哇的中国话、上海的英语——为了理解它们，谈话并不重要的，是无意义的。假如我们要问是哪些东西真正创造了这种语言，我们认为那并不是一个种族或一种宗教的精神，而是经济的精神。

[1] 奥克萨斯河流域：现在的阿姆河。

第六章　城市与民族

（丙）原始人、文化民族、费拉

一

最后——假如非常小心的话——我们有可能研究“民族”这个概念，并将有关民族形式的混乱状态整理好，这种混乱状态被现代的历史研究弄得比以前更紊乱了。没有一个词如民族这个词被用得更随便、更加不严谨，但又没有一个词比它需要经受更严格的批判。即使是十分谨慎的史学家也免不了这样的麻烦，就是将自己的理论基础阐明到一定程度后，回头又把民族、种族成分与言语团体完全等同起来。假如他们发现了一个民族的名称，它便不难也被当成一种语言的名称。假如他们找到了一块带着三个词的铭文，他们便可以自信地说他们已经确定了一种种族联系。假如有少数“语根”相吻合，那么，那遮盖在背景上的具有原始住处的原始民族的帷幕马上便被拉开了。现代的民族主义精神只是加强了这种“按民族进行思考”的倾向。

可是，希腊人、多里亚人或斯巴达人是否是一种民族呢？假如罗马人是一种民族，那么，我们又该如何看待拉丁人呢？我们将公元前400年前后一部分意大利居民称为“埃特鲁里亚人”，那又是怎样的一种单位呢？他们的“民族性”是否与巴斯克人与色雷斯人一样实际上是依照其语言构造来决定的呢？“美洲人”、“瑞士人”、“犹太人”、“布耳人”等词里含有怎样的种族上的意义呢？血统、言语、信仰、国家、图景——在这全部中，哪一个对民族的形成是具有决定性的呢？一般地说，血统与语言的各种关系仅是经由学术的方式确定的，普通人对它们完全并未意识到。“印欧体系”纯粹只是一种科学的概念，特别只是一种语言学上的概念。亚历山大大帝想将希腊人与波斯人融合成一体的企图彻底失败了，最近我们已经体验到盎格鲁－德意志的共同感情的真正力量。但“民族”是人所意识到的一种联结。在一般用法里，一个人将自己所属的许多团体中在精神上与他最接近的一个团体——带着感情地——称作他的“民族”。然后他将这种概念的用途扩大至形形色色的集体中去，其实，这个概念是十分特定的，是从个人的经验中得来的。对恺撒而言，阿弗奈部落是一个“城社”；对我们而言，中国人是一个“民族”。因而，构成一个民族的是雅典人，并非希腊人，事实上仅有少数人像伊索格拉底[1]才认为自己首先是希腊人。因而，兄弟二人一个能够将自己称为瑞士人，另一个同样有权将自己称为德国人。这些并非哲学的概念而是历史的事实。一个民族是一个个人的集合体，它觉得自己是一个单位。在这个意义上，斯巴达迪人认为自己是一个民族；公元前1100年时的“多里亚人”可能也如此，但公元前400年时的多里亚人肯定并未如此觉得。十字军的军人在参加克勒芒宣誓时真正变成了一个民族；摩门教人在1839年从密苏里被赶出来时也是一个民族；当玛美尔提尼人想要为他们自己取得一个避难的堡垒时也是如此。这种形成原则对雅各宾党人与海克索人难道就大不相同吗？有多少民族有可能是起源于首领的随从或者是起源于一群逃亡者呢？这样的团体能够变换种族，像作为蒙古人在小亚细亚出现的奥斯曼人；会变换语言，像西西里的诺曼人；会变换名称，像亚该亚人和丹奈人。哪里有共同的感情，哪里便有如这样的民族。

我们必须将民族的命运与它的名称区别开。后者常是我们唯一还能理解的东西；但是，我们是不是能从一个名称中正当地得出关于历史、家世、语言甚或仅是关于被指认具有这个名称的人的任何结论呢？在这个问题上，历史研究者又一次地[illegible]，由于不问他有怎样的理论，实际上他只得将名称与具有名称的人之间的关系简单地像对待现在的人名一样去处理。我们对于这个领域中的未加研究的问题的数目是不是具有任何概念呢？首先，命名行动的本身在各种早期的团体中是十分重要的。由于有了一个名称，一群人便有意识地用一种神圣的高贵感来激励自己。但在此，祀拜名称与战争名称可能同时存在；土地与传袭可能提供别的名称；部落名称可能与一个民族英雄的名称互相交换，例如奥斯曼人的情形；最后，数不清的外来的名称可能应用在一个集体的边疆，而在这个团体中只有一部分人听说过这些名称。假如只有这些名称流传下来，关于拥有这些名称的人的结论事实上便无法避免地会是错误的。法兰克人、阿勒曼人[2]与萨克逊人的神圣的名称毫无疑问代替了瓦鲁斯战争时期中的大群名称——但是，假如我们恰好不知道这个事实，那么，老早之前我们便会相信这

[1] 伊索格拉底：公元前436~前383年，雅典作家、修辞学家。主张希腊的政治统一。

[2] 阿勒曼人：日耳曼人的一支。

里曾经发生过旧部落被新侵入者赶走或消灭的事情。“罗马人”与“奎莱提兹人”，“斯巴达人”与“拉栖第梦人”、“迦太基人”与“布匿人”等名称已经并存下来——在这里又有一种危险，即将一个民族看成两个民族。我们将永远无法知道“皮拉斯斋人”、“亚该亚人”、“丹奈人”[1]等名称之间有何关系，假如除了这些名称之外，我们什么也不知道，学者便会将每一个名称看作一个不同的民族，认为各自有完整的语言与种族因缘。不是曾经有人企图从“多立斯”这个地域名称中得出关于多里亚人迁徙行程的结论吗？一个民族是不是时常采用一块土地的名称并且将它接受下来呢？现代的普鲁士人便是如此，但是现代的帕西斯人、犹太人与土耳其人也是如此，而勃艮第与诺曼底的情形却相反。“希腊人”这个名称大约开始在公元前650年，所以无法与任何人口移动联系起来，洛林即罗特灵根的名称，得自一个完全不重要的君主，那和一种传袭的决定有关系，而与民族的迁徙无关。巴黎在1814年将德意志人称为阿勒曼，在1870年称为普鲁士人，在1914年称为波希——在其他场合下，这些名称或许被认为包括三种不同的民族。在东方，西欧人被叫作法兰克人，犹太人被叫作西班尼奥人——这件事实非常容易用历史事件来说明，可是一个语言学家仅由这些词中会得出什么呢？

假如公元后3000年时的学者还利用现在关于名称、语言遗迹的研究方法及关于原始的家及迁徙等概念去进行工作，我们真无法想象他们会得到怎样的结果。例如，约在1300年时条顿的武士们赶走了异教徒的“普鲁士人”，而1870年这些人在流动中却突然出现在巴黎的大门口！罗马人在哥特人的压力下从台伯河流域迁徙到了下多瑙河！他们中的一部分人也许定居在波兰，在那里说拉丁话吗？查理曼在威悉尔河打败了萨克逊人，他们因而迁徙到了德累斯登附近，他们的地方被汉诺威人占据了，按朝代的名称来看，汉诺威人的原始居住区又在泰晤士河！写下名称的历史但不写下民族的历史的历史学家们忘记了名称也有其命运。因而，语言及其迁徙、变异、胜利及失败也是一样，即使要想证实存在过与它有关的民族也是不会有结果的。印欧语言研究工作特别犯了这种根本性的错误。假如在历史时期中，“普发尔次”与“喀拉布里亚”两个名称曾经搬来搬去，假如希伯来人曾经被从巴勒斯坦赶到华沙，波斯人被从底格里斯河赶到印度，那么，从埃特鲁里亚人的名称的历史及从勒漠诺斯岛上的所说的“替尔西尼”铭文之中，我们能得出怎样的结论呢？从法国人与海地黑人使用共同的语言来看，能不能说他们曾经组成过一个单一的原始民族呢？

[1] 皮拉斯斋人、亚该亚人、丹奈人：这些都是希腊人的旧称。

现在在布达佩斯与君士坦丁堡之间的地区，人们讲两种蒙古语、一种闪米特语、两种古典语和三种斯拉夫语，这些言语团体觉得其本质上都是民族。假如我们在此这里要构建一部迁徙史，方法上的错误会通过某些奇怪的结论显示出来。“多立斯”是一种方言的名称——这点我们是很清楚的，也是我们所知道的一切。毋庸置疑，这群方言中有少数很快地便传开了，但是这并不能证明使用它的人类族系的传布，甚至无法证明其存在。

二

因而，我们发现了现代历史思想中的独特观念。假如一个历史学家碰上一个获得过某种成就的民族，他便觉得他应该替这个民族回答一个问题，便是：它由哪里来？有一个来处、有一个原始的家，这是一个民族的尊严所要求的。说一个民族被我们找到的地方便是它的家，这差不多是一种侮蔑性的臆断。四处遨游是原始人类所怀抱的传奇动机，但其被用在严肃的研究工作中也变成了一种纯粹的狂热。到底是不是中国人侵入了中国，或埃及人侵入了埃及，谁也不去研究，问题永远是，他们是在何时及从何处侵入的。认定闪米特人起源于斯堪的纳维亚或雅利安人起源于迦南，比放弃原始的家这个概念还要省力一些。

今天，关于所有早期人口都是高度流动的这件事实是毫无疑问的了。比方说，利比亚人问题的秘密便在这个事实当中。利比亚人或他们的祖先是讲哈姆语的，可是，即使是从古埃及的浮雕看来，他们都是白肤金发碧眼的人，因而，毫无疑问是源出北欧的。可以确定的是，在小亚西亚，从公元前 1300 年以来至少有三个迁徙层，它们或许与“航海民族”在埃及的几次侵袭有关，在墨西哥文化中也有某些类似的情形表现出来。但是，关于这类移动的性质，我们一点也不清楚。不管怎样，现代历史学家所喜欢描绘的迁徙是无疑的——被紧密推动的民族大群大群地穿过陆地，他们自己向前推进或被人推到某些地方，最后定居下来，并非民族本身的变化，而是我们对他们所形成的概念损害了我们对民族的性质的看法。现代意义的民族并不去流浪，而古代的流浪民族也肯定要先加以十分仔细的考察才能贴上流浪的标签，由于这种标签并不永远表示同一件事。永远归于这类迁徙的动机是没有特色的，是符合发现它的时代的——这便是物质的需要。在正常情况下，饥饿会产生一种非常不同的力量，它当然只是迫使种族的人离开老家的最后一种动机——虽然能够理解，当这些人群突然遭到军事上的障碍时是常会感到饥饿的。毋庸置疑，在这种率直、强悍的人身上，那想在自由的空间移动的原始的、小宇宙的渴望，在其心灵深处作为爱冒险、爱勇敢、爱权力与掠夺的心情并作为对事业、屠杀、英雄的牺牲等差不多我们所无法理解的炽烈愿望涌现出来。毫无疑问，内部的斗争或对强者的报复的恐惧也常成为迁徙的动机，但这也是一种强悍的、果敢的动机。这类动机是有感染性的——“留在家里的人”便是一个懦夫。难道十字军或科尔蒂斯与比撒罗的远征或者我们现在的“疯狂的西方”开拓者的冒险也是由普通的身体上的饥饿所带来的吗？在历史上，我们发现，一小撮侵入广阔的土地的人，往往是由血统的呼声、由追求高级命运的渴望所驱使的。

而且，我们还应该考虑一下被侵入的国家的形势。其特征往往是多多少少地有改变的，但这些改变不只是因为外来移民的影响，而是越来越多地由于定居居民的本性的关系，他们最后在数量上是占有压倒的优势的。

显然，在几乎没有人的地方，弱者唯求躲避攻击是容易的，他们可以做到。但往后在人口较密的条件下，侵入者便会挤走弱者，弱者要么是成功地保卫自己，要么是取得新的土地来代替旧的土地。在空间占有方面的冲突产生了。没有一个部落可以不在各方面与外人经常有接触，不会不怀着猜忌准备随时动用武力。战争的严酷的必然性教育了人们。民族，因其他民族之故，因反抗别的民族，精神上便变伟大了。武器变成了对付人的而非对付兽类的。因而最后，在那历史时期中，数得上的迁徙形式仅有一种——成群结队的战士走过住满了人的国土，这些国土上过着安静、诚实的生活的居民成了士兵战利品的一个主要部分。此时因为胜利者居少数，完全新的情况便发生了。拥有健壮的精神形式的民族在人数多得多但无形式的居民中发展起来，民族、语言与种族的进一步变化根据非常复杂的细微因素。自从伯洛赫与得尔布律克的具有决定性的研究发表之后，我们知道，全部迁徙的民族——居鲁士的波斯人、玛美尔提尼人与十字军人，东哥特人与埃及铭文中的“航海民族”全都属于这种意义的民族——比起其所占领的地区的居民而言，在数量上是极少的，仅有几千个战士，仅在一个方面比本地人优越，那便是他们决心要成为一种命运而不是屈从于一种命运。他们所占有的土地并非能居住的却是有人居住的，因而，两个民族之间的关系变成为一个地位问题，迁徙变成为出征，定居过程变成了一种政治过程。在一个历史的时间范围中，一小队战士的胜利及随后而来的胜利者的名称与语言的传播便非常容易被认为是一种“民族的迁徙”，在这个事实面前，我们又有必要再次论述我们的问题，便是：事实上，在人、物的因素中，到底什么才是能够迁徙的？

在这里有一些答案——一个地方或一个集体的名称（或一个被追随者所采用的英雄的名称）因为传播的缘故在这里消失了，在另外的地方又被一种彻底不一样的居民所接受或授给他们了：由于它可能由地方传到民族，随着民族流动，反过来也一样；征服者的语言或被征服者的语言甚或第三种语言，为了相互了解而被采用；或一个头目的战士群征服了整个整个的国土并通过被俘虏的妇女来进行繁殖，或一群偶然结合的混血的冒险家们，或带着妇女与儿童的一个部落像公元前 1200 年的非利士人，他们完全按日耳曼人的方式，坐着他们的牛车沿着腓尼基海岸旅行至埃及。在这种种情形下，我们又要问问，我们能否从名称与语言的命运之中得到关于民族与种族的命运的结论呢？对此，这里仅有一个可能的答案，那便是断然的否定。

在公元前 13 世纪时不断袭击埃及的“航海民族”中出现了丹奈人与亚该亚人的名称——但在荷马时代二者差不多都是神话的名称——产生了卢加的名称——其以后附着在吕西亚，虽然也有国家的居民将自己称为特拉米列——产生了埃特鲁里亚人、撒丁人、西苏里人的名称——但这无法证明这些“土耳沙”人是说晚期的埃特鲁里亚语的，也无法证明它们与意大利的一样名称的居民具有一点点体质联系，也无法让我们有资格说他们是“同一个民族”。假定勒谟诺斯铭文是埃特鲁里亚文，而埃特鲁里亚文又是一种印欧语言，那么在语言学历史的领域之中，是能够从中得出很多推论来的，可是在种族历史的领域之中任何推论也得不出。罗马是一个埃特鲁里亚的城市，但是这个事实对罗马人的心灵难道不是完全没有的影响吗？由于罗马人说的正好是一种拉丁方言，难道他们便属于印欧系吗？人类学家承认有一种地中海的种族与一种阿尔卑斯山的种族，承认在他们的北方与南方，北日耳曼人与利比亚人在体质上是十分相似的；可是语言学家知道，巴斯克人因其言语的原因是一种“前印欧系的”——伊伯利安的——居民。这两种见解是互相排斥的。迈锡尼与泰麟兹的建立者是“希腊人”吗？这与问东哥特人是否就是日耳曼人是同样地恰当的。我承认，我不理解为何会产生如此的问题。

据我看来，“民族”是一种心灵的单位。历史上的很多伟大事件实际上不是民族所造成的；相反，那些事件本身创造了民族。任何一种行动都改变着行动者的心灵。即便在事件以前有某种围绕着著名的名称或在著名的名称之下的结合存在，在那个名称的威望的后面有一个民族而非只有一群人这一事实也非事件的一个条件，却是事件的一种结果。东哥特人与奥斯曼人成为后来的样子是迁徙中的运气所导致的。“美洲人”并不是从欧洲迁徙进去的；佛罗伦萨地理家亚美利哥·味斯浦奇[1]的名字现在不但指名一个大陆并且指名了一个真正意义上的民族，其特征是在1775年的精神动乱中，特别是在1861~1865年中产生的。

这便是“民族”一词的唯一含义。言语的一致与体质的继承都不是决定性的。将民族与居民区别开，让它在居民中出现，并且将有一天让它重新在居民之中找到相等的位置的永远是“我们”的内在经验。这种感情越深刻，民族的生活力便越旺盛。有朝气蓬勃的民族形式，也有萎靡不振的民族形式；有昙花一现的民族形式，也有永久长存的民族形式。它们可以变换言语、名称、种族及土地，但是，只要其心灵存在，它们便可以将所有来源的人类物质会聚到自己身边，并把这种物质加以改变。汉尼拔时代的罗马人的称号是指一个民族，可在图拉真时代却仅指一种居民。

当然，将民族与种族并列常常是非常有理由的，但是在这种场合下的“种族”不能按现在这个词的达尔文式的意义来加以解释。当然，认为一个民族永远只是因体质起源的一致而聚集在一起，或认为它甚至可以将这种一致性保持十个世代之久，这个看法是无法被接受的。我们这里不厌其凡地重申：除了科学上的意义而言，民族的这种生理起源是不存在的——对民族意识而言，它根本没有存在过；人们根本不会因追求这种血统纯洁的理想而激起热情。在种族中没有什么物质的东西，只有某种宇宙的与方向性的东西，也就是一种宿命的被体察到的调和、历史存在向前行进的单一的调子。因此（完全形而上的）节奏的不调和便产生了种族仇视，德国人与法国人之间的仇视跟德国人与犹太人之间的仇视是一样强烈的；因此这种节奏的和谐便产生了夫妇之间的真正的爱——它与恨是十分相似的。无种族性的人对于这种危险的爱是一点也不清楚的。假如今天使用印欧语言的有一部分人怀有某种种族理想，这并不能证明学者所珍视的原型民族的存在，而只是证明形而上的势力与理想的力量。十分有意义的是，这种理想从未在整个的人口之中表现出来，而主要地仅在人口中的战士部分，尤其是在其真正贵族中表现出来——在那些彻底生活于事实世界里的人们中，在历史形成的魔力下的敢想敢做的决定命运的人们中表现出来——而且正好是在早期（又是一件有意义的事），一个生来并不高贵的人可以不经过特别困难便加入统治阶级，人们特别选择妻子是为了自己的“族类”而非为了后代。与之相应的，种族特质的痕迹在真正的僧侣和学者中是最薄弱的（即使现在还

[1] 亚美利哥·味斯浦奇：1454~1512年，是和哥伦布同时代的意大利航海家，曾参与新大陆的航行，他的姓被用作新大陆的名称。

可以看出来），虽然他们与其他的人在血统关系上是非常接近的。一种强烈的精神将实体锻炼变成为艺术的产物。罗马人在杂乱的甚至是形形色色的意大利部落中形成了一种具有最坚实最严密的内在一致性的种族，那种一致性既不是埃特鲁里亚的，也不是拉丁的，而是“古典的”，且专门是罗马人的。没有任何地方比共和晚期的罗马人半身像将凝合一种民族的力量在我们面前表现得更加清楚。

我还想举出另一个例子，没有任何别的例子能比它们将学者们关于民族、语言与种族的种种看法所无法避免地会产生的各种错误表现得更清楚。例子中有根本的、也许是决定性的理由，说明为何阿拉伯文化还没有被承认为是一个有机体。那便是波斯人的例子。波斯语是一种雅利安语言，因而“波斯人”是一种“印欧民族”，因而波斯的历史与宗教是属于“伊朗”语言学的。

首先，波斯语是与印度语同一等级、是由一个共同祖先派生出来的语言，或者仅是一种印度方言呢？没有文字的但却是十分迅速的七个世纪的语言发展介于印度的古吠陀文与大流士的贝希斯敦铭文之间。这个缺口之大差不多等于塔西佗的拉丁文与公元842年斯特拉斯堡誓约的法文之间的缺口。现在铁尔—埃尔—阿玛尔那的文字与波伽兹科易的档案告诉了我们很多公元前2000年中叶——也就是武士制度的吠陀时代——人的与神的“雅利安”名称。提供这个名称的是巴勒斯坦与叙利亚。然而爱德华·迈尔认为，它们是印度的而非波斯的，并且今天所已经发现的数码字的情形也是如此。历史上无所谓波斯人这样一个单位，也没有像我们的大半作家所说的任何别的“民族”的单位。他们是印度的英雄，一路向西驰伐，以他们的贵重武器——也就是战马及他们强烈的功名欲望使自己在日益衰老的巴比伦帝国到处被感到是一份勃发力量。

大概在公元前600年时，一个小小的区域帕西斯（居留于印度的伊朗移民）在这个世界里出现了，其人口是在政治上一致紧密结合在一起以务农为生的野蛮人。希罗多德说，在这个国家的部落中，仅有三个是真正意义上的波斯民族的。这些古代武士们的语言是否在山里存在过呢？“波斯人”这一名称真是一个由地名转为民族的名吗？十分相似的米太人[1]仅有一个地方的名称，在那里，一个处于上层的武士阶层因在政治上取得共同的重大成就，从而意识到了自己是一个单位。在萨贡和它的继承者的亚述文献之中（约在公元前700年时），与非雅利安的地名在一起发现了数不清的“雅利安”人名，都是领导人物，但提

[1] 米太人：生活于伊朗高原的西北部，与波斯人同源，公元前7世纪曾灭亚述帝国，进入鼎盛时期。公元前6世纪被波斯王居鲁士消灭。

革拉毗色四世[1]把他们称为黑头发的民族。只是到了后来，居鲁士与大流士的“波斯民族”才由很多源流不同、但在生活经验方面养成了一种强有力的内在一致性的人形成起来。但不到两百年之后，当马其顿人消灭了其统治的时候——这种形式的波斯人是不是已经不复存在了呢？（公元900年时，在意大利是不是还有一个伦巴第民族呢？）当然，波斯帝国的语言的广泛传播及几千个来自波斯的成年男子分布在军事与行政事务的巨大系统中的事实必定早已引起了波斯民族的瓦解，取代它的是意识到自己是一个政治单位的具有波斯名称的上层阶级，他们当中极少有人配称为波斯侵入者的后代。事实上，甚至没有一个国家能够被看作波斯历史的舞台。从大流士到亚历山大时期中的很多事件，一部分发生在北美索不达米亚（便是说，一种说阿拉米语的居民中）一部分发生在古西尼尔以下各处，但帕西斯在外，在那里，薛西斯时期开始的美丽建筑始终未实现。继起的阿基曼尼德时期的帕提亚人[2]是一个蒙古部落，它曾使用一种波斯方言且企图在这个民族中亲自将波斯的民族感情体现出来。

在此，波斯宗教成了一个超过种族与语言的困难问题。学者们曾将宗教与种族及语言联系起来，好像这种联系是不言自明的，所以研究这个问题的时候往往要涉及印度。可是这些陆地北欧海盗的宗教并非与吠陀有联系而是与吠陀等同的，波伽兹科易原文中密多罗—婆楼那及因陀罗天—那沙多阿诸神成双的情形说明了这一点。从这种在巴比伦世界中保持精神的宗教中出现了琐罗亚斯德，他出身于民族的下层，是一个革新家。大家知道，他并非波斯人。其创造（我希望我能说明）是将吠陀宗教变成阿拉米的世界冥想的形式，这其中已经有了枚斋信仰的模糊开始。提婆，古印度信仰的神，变成了闪米特人的魔鬼及阿拉伯人的神怪。在这种农民的宗教中，耶和华与别西卜的关系恰好和阿胡拉玛兹达（众光明神之首）与阿利曼（众黑暗神之首）的关系是一样的，这种农民宗教主要是阿拉米人的，因而其基础是一种伦理二元的世界感情。爱德华·迈尔曾经正确地确定了印度人同伊朗人之间世界观的差别，但是因其错误的前提，他没有能够认识它的起源。琐罗亚斯德是以色列先知的一位旅伴，他们与他一样同时也改变了民族的旧的（摩西——迦南的）信仰。有意义的是，末世论是波斯和犹太宗教所共有的，《阿维斯塔经》原来（在帕提亚时期即公元前247~前224年）是用阿拉米文写的，后来才译成培利维文。

---

[1] 革拉毗色四世：作者这里错误，应该是提革拉毗色三世，公元前745~前727年在位的亚述国王。

[2] 帕提亚人：中国史籍中称之为安息人，西方史家称之为帕提亚人。

可在帕提亚时期，在波斯人与犹太人中已经产生了一种深刻的本质变化，它让部落性的结合不再成为民族的标记，而让正教信仰成为民族的标记。一个犹太人假如信仰玛兹达教义便变为一个波斯人；一个波斯人假如变为基督徒便属于聂斯托利“民族”。北美索不达米亚——阿拉伯文化的故乡——的非常稠密的人口，按民族一词的意义而言，一部分是属于犹太民族的，一部分是属于波斯民族的，这种意义完全与种族没有关系，与语言的关系也非常少。甚至在耶稣诞生之前，“异教徒”这个词既指非犹太人，同时也指非波斯人。

这个民族是萨珊帝国时代的“波斯民族”，而且与这一事实有联系的是，我们看到，培利维文与希伯来文一起消失了，阿拉米文成了两个团体的祖国语言。假如按雅利安人与闪米特人说，铁尔埃尔阿玛尔那通信时代的波斯人是雅利安人，但非“民族”；大流士时代，他们是一个民族，但无种族；萨珊时代，他们是一种信徒的团体，但起源于闪米特族。并没有一个由雅利安族分支出来的原始波斯“民族”，也没有所说的波斯人的通史，至于那三份仅因某种语言关系而放在一起的特殊历史甚至连一个共同的历史舞台也不存在。

三

最后，这种情况便为民族的形态学奠定了基础。其本质能够直接被看到，在民族的历史长河中，我们也发现了一种内在的秩序。民族既不是语言的单位，也不是政治的单位，也不是动物学上的单位，而是精神上的单位。这便马上导致了文化前、文化中、文化后的民族之间的进一步的区分。这是一件在所有时代中深刻地被感到了的事实，便是，文化民族与他种民族相比具有更显明的特征。我愿意将其祖先称为原始民族。这便是那些流浪的混血的团体，其形成与解体并没有确定的规律，直到最后，在对一种还没有诞生的文化的预感中（比如在前荷马、前基督教及日耳曼的时期中），它们一层一层地越来越具有确定的类型，它们将一种居民中的人类物质汇成一些群体，虽然人类的特性一直仅有微小的变化或并未发生什么变化。这种重叠局面开始于辛布里人与条顿人，经过马科曼人与哥特人，直到法兰克人、伦巴第人及萨克逊人。原始民族的例子有塞琉西时代的犹太人与波斯人、“航海民族”、米尼斯[1]时代的埃及的诺姆[2]。一种文化之后的民族——最著名的例子有后罗马时代的埃及人——我能够将它称为费拉民族。

[1] 米尼斯：埃及统一后的第一个国王。

[2] 诺姆：古埃及的行政单位，相当于省或州。

公元 10 世纪，浮士德型的心灵突然觉醒了，而且表现成若干种样式。在它们当中，与建筑和装饰一起产生了“民族”的一种具有明显特征的形式。在加洛林帝国的民族样式——萨克逊人、士瓦本人、法兰克人、西哥特人、伦巴第人——中，突然产生了德国人、法国人、西班牙人、意大利人。在这之前，历史研究（有意识地及审慎地，或非如此）将这些文化民族全都看作某种存在的东西，看作主要的东西，而将文化本身看成次要的，看成民族的产物。因而，历史的创造单位仅是印度人、希腊人、罗马人、日耳曼人等。因希腊文化是希腊人的产物，希腊人一定早就这样存在了；因而，他们必定是外来的移民。所有别的关于创造者与创造物的观念好像是无法想象的。

因而，我将下列一件事看作一种具有决定性的发现，便是这里所提出的事实导致了相反的结论。能够绝对肯定的是：伟大的文化是起源于性灵的最深基础之上的原始实体；在一种文化的影响下诸民族的内在形式与整个表现是一致的，是文化的产物而非其创造者。这些抓住与塑造人类的样式，与各种艺术及思想方式相同，具有风格及风格历史。雅典民族是一种象征，不亚于多里斯庙宇，英国人也不亚于现代的物理学。有阿波罗型的、枚斋型的、浮士德型的民族。阿拉伯文化并非“阿拉伯人”所创造的——事实恰恰相反；由于枚斋文化始于耶稣时代，阿拉伯民族代表了像它那类文化的民族最后的伟大创造，一个团体通过伊斯兰教结合起来了，就像此前犹太人的与波斯人的团体通过其宗教结合起来一样。世界历史是各伟大文化的历史，民族仅是这些文化中的人们用来履行其宿命的象征形式与容器。

在墨西哥文化与中国文化中，在印度文化与埃及文化中，都各有——不管我们的科学知道与否——一群风格一样的伟大民族，它们出现在青春时期开始时，形成国家，推动历史，而且在其演化的整个过程中带着其基本形式朝着目标前进。在很大程度上，它们相互之间是不同的——无法想象有一种比雅典人和斯巴达人之间、德国人和法国人之间、秦和楚之间的更尖锐的对比——所有军事史都表明，民族仇恨是引出各种历史性决定的最伟大的途径。但当一个不属于这种文化的民族一旦在历史之中出现时，一种精神关系的压倒所有的感情便会到处弥漫，对野蛮人——意指精神上不属于这种文化的人——的概念在埃及居留地的民族中、在中国的战国时代中及在古典世界中便会是同样的一清二楚。形式的力量非常大，所以它掌握并改造着邻近它的民族，请看罗马时代的迦太基人和它的半古典的风格，及从凯瑟林大帝到大彼得沙皇统治的崩溃时止表现出一种西方风格的民族的俄罗斯人吧。

我们将合乎其文化风格的民族称为文化民族，这个词本身将它们与其之前和之后的形式区别开了。不只一种强烈的“我们”感造就了所有主要结合中的最有意义的内在一致性；并且在文化民族下面还有一种观念。这种集体的存在之流与宿命、时间和历史具有一种十分深刻的关系，在每个实例中这种关系都不一样，它也决定人类物质与种族、语言、土地、国家及宗教的关系。古代中国民族的风格与古典民族的风格不一样，因而其历史风格也不一样。

原始民族与费拉民族所经验的生活仅是动物学上的浮沉往返，仅是一种无计划的偶发事件，无目标，也无及时的有节拍的行进，其中经常发生许多意想不到的变化，但最后全都缺乏意义。唯一的历史性民族，即其生存便是世界历史的民族是文化民族。这到底意味着什么，我们应将它彻底弄清楚。东哥特人遭受一种伟大的命运，因而在精神上他们是无历史的。其战斗与居留地是不必要的，所以是陪衬性的；其结局是无意义的。公元前 1500 年住在迈锡尼与泰麟兹周围的并非一个民族，而住在米诺斯的克里特的却已经不再是一个民族了。企图将一个罗马民族进一步引上历史道路的最后一个统治者是提庇留，他要设法为历史将它恢复过来。玛尔摩斯•奥利略所要保卫的仅是一种罗马的居民——那仅是一个意外变化的领域，而不再是一个历史的领域。到底有多少米太、亚该亚或匈奴民族的自由的前代，到底其祖先与其后代生活在怎样的社会群体中，这是不能确定的，是无规律的。但是，一个民族的生命期限是确定的，因而其历史走向完成所采取的步伐与节奏也是确定的。从周朝开始到秦始皇的统治，从特洛伊传说所依据的事件到[illegible]斯都，从梅尼斯时期（约公元前 3100—前 2686 年）到第十八王朝，世代的数目大致是一样的，文化的“晚”期，从梭伦到亚历山大，从路德到拿破仑，最多不过十个世代左右。

在这个时限内真正的文化民族的命运及一般世界的历史的命运得到完成。罗马人、阿拉伯人、普鲁士人都是晚出的民族。法比乌斯家族与朱尼乌斯家族在康奈战役时有多少代已经作为罗马人而时隐时现呢？

而且，文化民族是真正建设城市的民族。它们在城堡中崛起，随着城市而在其的世界意识上日趋成熟直至臻于顶点，可在世界城市中，它们解体了。任何一个具有特性的城市形成都具有文化民族的特性。乡村完全是种族的东西，还没具有这种特性；而大城市却已不再具有这种特性了。这种要素非常富有特征地让文化民族的公共生活具有色调，以致其最细微的表现都让它被辨认出来，但我们不管如何也是不会将——我们非常难想象——其力量、自立与孤独夸张得过分的。假如两种文化心灵之间的帷幔是无法被穿透的，假如没有一个西方人能指望完全了解印度人或中国人，那么，在充分发展的民族之间的情形也是如此，甚至更是如此。民族相互之间的了解也如人与人之间的了解一样是非常少的。任何一方面只能按自己创造出的关于对方的图景去理解对方，对事物具有极其敏锐的眼力的个人是非常少的。面对着埃及人，任何古典的民族必然感到他们自己是一个整体的亲属，但他们彼此之间，却是从未相互了解的。还有什么比雅典精神与斯巴达精神之间的对比更尖锐的呢？德国人、法国人与英国人的哲学思考方式不但在培根、笛卡儿与莱布尼兹身上表现得很清楚，而且在经院哲学时期已经是如此；甚至今天在现代物理学与化学中，科学方法、实验与假设的选择与类型、其相互关系以及其在研究的过程与目的方面的相对重要性上，在任何一个民族中都是显然不同的。德国人与法国人的宗教虔信，英国人与西班牙人的社会伦理及德国人与英国人的生活习惯是如此的不同，因而，从一个普通人看来，因此也是从他的社会舆论看来，任何一个外国民族的内心便成了一种深藏的秘密，成了不断的与孕育重要结果的错误的根源。在罗马帝国，人们一般地开始相互了解，但是这完全是由于在古典的城市里没什么值得了解的了。因为有了彼此的了解，这一特定的人类便不再生活在民族中，事实上便不再是历史的了。

恰恰是这些经验的深度使得整个的民族无法一致地完全地成为一种文化民族。在原始人当中，任何一个人都有相同的集体义务感，可是一个文化民族的觉醒至意识到自己的程度一直是逐步发生的——在心灵最健全且用自己自经验中获得的力量让别人受它约束的特定阶级之中，觉醒最显著。任何一个文化民族在其历史上都是被少数人所代表的。在青春期开始时，其代表是贵族，当贵族第一次出现时，是民族之树上的美丽花朵，是民族特性接受命中注定风格的容器——民族特性是没有意识的，但在其宇宙脉息里，它能被更强烈地感到。在公元前 2700 年埃及的封建时代，也与公元前 1200 年时的印度及中国一样，“我们”便是武士阶级。荷马时代的英雄们便是丹奈人；诺曼男爵们便是英格兰。几个世纪之后，圣西门——他确实是古法兰西的体现者——经常说，“全法兰西”会合于国王的等候室中；有一个时期，罗马与元老院实质上是同一回事。因为市镇的出现，市民成了民族的容受者，成了（因为智性的成长，我们能如此指望）民族意识的容受者，他们是从贵族那里得到这种民族意识的，并让它一直得到实现。用民族的名义生活、感知、行动并知道怎样去死的永远是一些特定的、分级细致的集团，可这些集团愈变愈大。18 世纪时出现了西方的民族概念，它要求（有时还会有力地坚持）没有例外地受到每一个人的拥护；但我们知道，实际上，流亡贵族们也和雅各宾党人相同，他们相信自己便是民族，便是法兰西民族的代表。等于“全体”的文化民族是不存在的——这仅有在原始民族与费拉民族中才有可能，仅有在一种既没有深度又没有历史尊严的民族存在之中才有可能。如果一个民族是一个文化民族，而且履行一个文化民族的命运时，其中便有少数人用全体的名义代表并完成其历史。

四

古典民族，按照其静态的文化的欧几里得精神，全都是些能够想象出的体积最小的实体单位。民族并非希腊人或爱奥尼亚人，而是任何一个城市中的德谟（“人民”、“公民”之意），德谟是成年男子的联合，在法律上，并且在民族意义上，上限是英雄类型，下限则是奴隶。统一运动是早期所出现的一种神秘过程，也就是乡村居民放弃他的村落，集合在一起成为一个市镇，它标志古典民族在具有自我意识之后将自己构成这类民族的时刻。我们还能够从荷马时代到伟大的拓殖时期发现这种形式的民族稳固地构成的方式。它正好符合古典的原始象征：也就是，任何一个民族就是一个实体，是可见、可检的，是一种“实体”，是对地理空间观念的明确的否定。

意大利的埃特鲁里亚人与“航海民族”中具有相同名称的人在体质上及在语言上是否相同，皮拉斯斋人或丹奈人的前荷马时期的单位与随后具有多里斯或希腊名称的人究竟有何关系，对古典历史并不重要。假如，公元前 1100 年左右有多里斯的及埃特鲁里亚的原始民族（这是可能的），但一个多里斯或一个埃特鲁里亚的文化民族不会存在。在托斯堪尼，也如在伯罗奔尼撒一样，那里只有城市国家，也就是民族点，它们在拓殖时期只能增多，却无法扩大。罗马的几次埃特鲁里亚战争总是对付一个或几个城市的，波斯人与迦太基人所面对的民族也是这样的。与 18 世纪时代一样谈什么“希腊人和罗马人”（我们现在还如此说）是十分错误的。我们理解的一个希腊“民族”是一种错误的理解——希腊人从来不知道有这样一种观念。“希腊人”这一称呼大概开始于公元前 500 年，这一称呼并不表示一个民族，而是用来表示古典文化人类的集合体，表示其各民族的总和，用来与“野蛮的”世界相区别。罗马人是一种真正的都市民族，仅能设想其帝国是由无数民族点组成的，是城社，其在法律方面与在其他方面一样，将帝国中的所有原始民族都变成城社。当这类的民族感情被消灭时，古典的历史就该结束了。

我们的任务——也就是历史学家的最沉重的任务之一——便是要一代又一

代地去探寻“古典晚期”地中海东部古典民族的悄悄消失与一种新的民族精神，也就是枚斋精神的日益有力的输入。

一个枚斋类型的民族是由共同信仰者组成的团体，这群人全都知道救世的正确道路，精神上他们相互之间是被这种信仰的佥议原则所联结起来的。人们因为具有公民权而属于一个古典的民族，但因履行神圣的行动而属于一个枚斋的民族——这种行动便是犹太人的割礼，曼第安教徒或基督徒的特殊形式的洗礼。非信徒相对于枚斋民族就如异邦人相对于古典民族一样——不与他来往，不与他发生婚姻关系——这种民族隔离得非常严重，以至于在巴勒斯坦，一种犹太人的阿拉米方言与一种基督徒的阿拉米方言同时形成起来。浮士德型的民族，虽然必然地与一种特定的信仰有关联，但并不与特定的忏悔有关；古典民族在类型上并不排斥对不同祀拜的关系；但枚斋民族仅包括这一枚斋教会的或那一枚斋教会的观念所具有的。在精神上，古典民族是与城市相联系的，西方民族是与景色相联系的，可阿拉伯民族既不知道有祖国，也不知道有国语。在外表上，其特殊世界仅在每个这类民族诞生时马上发展的特有的文字中表现出来。但正因为这样，一种枚斋民族情感的内在精神与潜伏力量——事实上是一种魔力——让我们这类浮士德式的、注意到了无家的观念的人将它看成了一种完全无法理解的与神秘的东西。这种暗中的、本身牢固的结合（比如在西方民族家庭中的犹太人的结合）便是“罗马法”（这是古典的称谓，实际上是阿拉米人创造的）中所称的“法人”（大约公元 2 世纪末）的概念，这个概念只是关于一个团体的枚斋式的看法。流亡后的犹太教远在所有人发现这个概念之前便是一种法人。

在这种演化以前的原始人主要是一些部落团体，它们当中有南阿拉伯的米内人，大约出现在公元前 1000 年的时候，其名称在公元前 100 年消失了；讲阿拉米语的迦勒底人也于公元前 1000 年前后作为氏族部落出现了，并于公元前 659~ 前 539 年统治了巴比伦世界；流亡之前的以色列人及居鲁士的波斯人也都是些部落团体。居民们已经强烈地感到这种形式，所以亚历山大时期之后在各地发展起来的僧侣们便接受了已经解体的或虚构的部落的名称。在犹太人与南阿拉伯的萨巴人之中，他们称为利未人；在米太人与波斯人之中，他们称为枚斋人（参照一种已经消失的印度部落的名称）；在新巴比伦宗教的教徒中，他们称为迦勒底人（也是仿照一种已解体的氏族部落的称谓）。但是，在此，也与在一切别的文化中一样，民族一致的力量彻底凌驾于原始人的古老的部落安排之上。正像罗马民众毫无问题地包含了许多起源极不相同的民族成分，法国人的民族包括了撒利克法兰克人、罗翅人与古克勒特土著一样，枚斋民族也不再将起源看成一种区别的标志。当然，这个过程是十分漫长的。对于马卡比时期的犹太人，甚至对于初期哈里发们的阿拉伯人，部落还是非常重要的；但对于这个世界中在精神上已经成熟了的各个文化民族，像《他勒目法典》时期的犹太人，它便不再有任何意义了。有信仰的人便是有民族的人——哪怕只是承认其他标准都是亵渎的。在早期基督教时期，阿狄阿俾尼的君主与其人民一起改信犹太教，而且他们事实上便都并入了犹太民族。相同的情形也对亚美尼亚的贵族适用，甚至也对高加索的部落适用（它们在那时肯定已经大规模地犹太化了），且在相反的方向适用于阿拉伯的比杜因人[1]，伸展至极南方，另外还适用于远到乍得湖的非洲部落。显然，在这里，对这类种族差异甚至具有一种共同的民族的感情证明。有人说甚至现在犹太人在自己人当中一眼就能区别各种差别很大的种族，而且在东欧的犹太人居住区中，人们可以清楚地辨识各种“部落”（依照“旧约”的意义）。但是，这所有都不构成民族的差别。根据丰·艾尔克特[2]，西欧的犹太人类型遍布于各种非犹太人的高加索民族当中，而依照威森堡[3]，则这种犹太型南阿拉伯的在长头型犹太人中并不出现，在那里，萨巴人的墓刻显示出一种几乎能够认为是罗马人或日耳曼人的人类类型，这种类型是这类犹太人的祖先，他们至少在耶稣诞生时便已因传道者的努力而改了宗。

但是这种部落性的原始人变为波斯人、犹太人、曼第安教徒、基督教徒等枚斋民族的情形必定曾经相当普遍地并且大规模地出现过。我已经看到了一件具有决定性的事实，便是，早在公元开始以前，波斯人无非代表一个宗教团体，当然，因为信奉了玛兹达教，其人数便无限地增多了。巴比伦宗教在那时消亡了——即其信徒一部分成了犹太人，一部分成了波斯人——但从中产生了一种新的宗教，精神上异于犹太的与波斯的宗教，是一种占星的宗教，它具有迦勒底人的名称，其信徒构成了一个真正说阿

拉米语的民族。从这种迦勒底—犹太—波斯民族的阿拉米居民中率先产生了巴比伦的《他勒目法典》、灵界知识与摩尼的宗教，然后在伊斯兰时期出现了苏菲派与什叶派。

此外，正像从以得撒所发现的，古典世界的居民，也是以枚斋型民族的身

[1] 比杜因人：中东沙漠地区使用阿拉伯语的游牧民族。

[2] 丰·艾尔克特：生卒年不详，德国人类学家。

[3] 威森堡：生卒年不详，俄裔德国人类学家。

份而出现的。在东方的成语中，“希腊人”的意思是指一切信仰调和祀拜的、由古典晚期信仰的佥议原则联系在一起的所有人的集合体。希腊化的城市民族在图景中消失了，这种图景表明只是一个信徒们的也就是“秘仪的崇拜者们”的团体，他们在希力奥斯[1]、朱匹忒[2]、密司拉、至高无上的上帝的名目下崇拜一种雅威或阿拉。在东方，希腊主义是一个确切的宗教概念，在这方面，这个概念是与当时的事实本身十分相符的。城邦的感情差不多不存在了，枚斋民族一个是不需要家，也不需要具有起源的团体。甚至造成土耳其斯坦与印度河流域的改宗者的塞琉西帝国的希腊化文化，其内在形式也是与波斯人和流亡后的犹太教相关联。后来，阿拉米人坡菲力，柏罗提那的门徒，企图把这种希腊主义按基督徒与波斯人的式样组成一种祀拜教会，朱理安皇帝将其提高成国教——这已超越了宗教性质的范围，而且主要是一件民族性的行动。在一个犹太人奉祀索尔或阿波罗时，他由此便成了希腊人了。例如阿摩尼阿斯•萨加（死于 242 年）、柏罗提那的老师可能也是阿利振的老师，便是“由基督徒变成希腊人”的；与此类似，坡菲力是天生的马勒古[3]，并且（与“罗马的”法学家阿尔匹安同样）是推罗[4]的腓尼基人。在这些例子中，我们看到，法学家与国家官吏使用拉丁名字，而哲学家却使用希腊名字——从现代的与宗教的研究工作中的语言学精神来看，依古典城市民族的意义将这些人看成罗马人与希腊人，从历史上看就非常合理的了！但是，伟大的亚历山大里亚人中有多少人只是枚斋意义上的希腊人呢？从出生的角度看，柏罗提那与带奥蕃塔斯（约 246~330 年，希腊数学家，以研究代数著名）难道就不可能是犹太人或迦勒底人吗？

然而，基督教徒起初也觉得他们自己是一种枚斋型民族，并且，别的人，希腊人（“异教徒”）及犹太人也是这样看待他们的。非常合乎逻辑地，后者将他们脱离犹太教看成很大的背信，前者将其传道活动渗入古典城市看成一种侵略与征服，而基督教徒却从自己一方面将别种信仰的民族称为“异教徒”。当一性派与聂斯托利派从正教中分裂出来时，新的民族便出现了，新的教派也产生了。1450 年后，聂斯托利派被麻•希蒙所统治，麻•希蒙既是其民族的君主，又是其教长，与苏丹不同，他占有极早之前犹太人的勒西•加留泰在波斯帝国

[1] 希力奥斯：古希腊神话中的太阳神，公元前 5 世纪之后，和阿波罗合在一起，在罗马神话里被称为“索尔”。

[2] 朱匹忒：罗马神话中的天神，相当于希腊神话中的宙斯。

[3] 马勒古：大祭司的仆人，因捉拿耶稣被使徒割掉耳朵。

[4] 推罗：腓尼基的主要海港。

中也具有的十分相同的地位。假如我们想要明白基督徒后来的多次受难，就无法忽视这样一种先验的确定性而自明的民族意识，因为这是发自特定的及确切的世界感情。枚斋国家是与正教信仰的概念无法区分的。哈里发政权、民族与教会形成了一个紧密的单位。阿狄阿俾尼是以国家的身份归向犹太教的，奥兹尔欧尼约在 200 年时（如此快！）自希腊教界改奉了基督教界，亚美尼亚的宗教在第 6 世纪由希腊的变为一性派的。这些事件中的任何一件事都阐明了一个事实，便是国家与作为一个法人的正教团体是等同的。假如基督徒住在伊斯兰的国家，聂斯托利派居住在波斯人的国家，犹太人居住在拜占庭人的国家，他们便不是而且无法作为非信徒而属于那个国家了，结果是还得由他们自己的司法权来管辖。假如因为其人数的关系或其传道精神的关系，他们对国家及信仰团体的同一性的继续构成威胁时，迫害便成为整个民族的责任了。因为这个缘故，“正教的”（或“希腊的”）基督教徒先是在波斯帝国遭了难，随后遭难的则是聂斯托利派的基督教徒。戴克里先作为“哈里发”（君主及上帝）也将帝国与各种异教的祀拜教会联结起来，而且真诚地将自己看成这些信徒的大教主，他无法逃避迫害第二种宗教的责任。君士坦丁改变了“真正的”教会，并在这次行动中让拜占庭帝国的民族彻底改变了。从此以后，希腊的名称逐渐地传到了基督教的民族中，尤其是传到了那被信徒首领的皇帝所认可且允许加入大宗教议会的基督教民族中。所以便有拜占庭历史图景的模糊的轮廓——290 年在结构上是古典帝国的，可实质上却是一个枚斋的民族国家；在 312 年改变了民族而没有改变名称，在“希腊人”的名称下，首先是异教作为一种民族而与基督教徒开战，而后是基督教作为一种民族去攻打伊斯兰。在后一战争中，伊斯兰本身也变成为一种民族（阿拉伯人），民族便越来越深刻地在各种事件上盖上了自己的烙印。所以，如今的希腊人是枚斋文化的产物，它先被基督教发展，然后被这种宗教的神圣语言所发展，最后被这种宗教的名称所发展。伊斯兰从穆罕默德的故乡与自己一起带来了阿拉伯的名称，作为其民族的标志。将这些“阿拉伯人”与沙漠上的比杜因部落看成一样是不正确的。创造那具有热烈的与富于特征的心灵的新民族的是对新信仰的认同。其统一也与基督徒、犹太人或波斯人的统一相同，并不是从种族与家乡中派生出来的，因而它并不“迁徙”；其大扩张是因为它将大部分早期的枚斋民族纳入了本民族的缘故。随着公元 11 世纪的结束，这些民族也全都变成了费拉民族的各种形式，从那时起，土耳其治下的巴尔干的基督教民族、印度的袄教徒和西欧的犹太人，便是作为费拉在生存着。

在西方，从鄂图大帝（936~973 年）时期以来，浮士德型的民族越来越清晰地显现出来，在这些民族当中，加洛林时期的各个原始民族迅速地解体了。公元 1000 年，那些“极重要”的人们已经时刻感到自己是德国人、意大利人、西班牙人、法国人；而在差不多六个世代之前，其祖先在心灵的深处还是法兰克人、伦巴第人与西哥特人。

这种文化的民族形式也与其具有追求无限的倾向的哥特式建筑及微积分学一样，是建立在空间的与时间的意义之上的。这种民族感情首先包括一种地理的眼界，从时代与交通手段方面来考虑，这种眼界不得不说是广大的，是别的文化中所无法相比的。祖国的广大是个人极少看到其边界、但是要保卫它并为它而死的地区，其象征性深度与力量是别的文化的人类永远无法理解的。枚斋民族并非如此具有一种现世的故乡；古典民族却只把它作为一个焦点。哥特时代将来自阿的治河两岸的人们与住在立陶宛的教团城堡中的人们连成一个感情上的团体的现实，甚至在古中国与古埃及也是无法想象的，这种现实与罗马及雅典的现实形成最尖锐的对比，在罗马与雅典，人民的任何一个成员经常都可以看到其他国度的人。

感觉更为明显的是对时间及距离的感受性。在祖国观念（作为民族存在的一种后果）根本还没有出现之前，这种热情便产生了另外一种观念——也就是朝代的观念——因为这种观念，浮士德型的民族才出现了。浮士德型的民族是历史的民族，是觉得自己并非因地点或信仰相同，而是因历史而联系在一起的团体；共同宿命的显著象征与容器是统治“家族”。至于埃及人与中国人，朝代则是另外一种意义的象征。在此，作为一种意愿及一种活动，它代表的是时间。我们曾经如何，我们将要如何，都表现于一个世代的存在上；我们对这件事的感觉是十分深刻的，即便统治者视作无足轻重也并不能把它推翻。有关系的并非人而是观念，为了这个观念，成千上万的人经常在家系的争执中抱着信念走向死亡。从古典的见解来看，古典历史只是从一瞬间到另一瞬间的一连串偶然事件；枚斋历史从其成员们来看是一种世界计划存在于人类中并通过人类的逐步实现，这种世界计划是上帝设计的且在开天辟地与洪水泛滥之间得以完成的；可是在我们的心目中，浮士德型的历史是有意识的逻辑的一种独一的、伟大的愿望，为了履行这种愿望，民族是由其统治者所领导与代表的。这是一种种族特质。它不具有且无法具有理性的基础——它只被感到是如此，由于曾经被感到是如此，因而日耳曼迁徙时期的伙伴信任感发展成哥特时期的封建性忠信，巴洛克时期的忠诚和 19 世纪的好像非朝代的单纯爱国心。我们对于这种感情的深刻性与高贵性应该做出正确的判断，由于有的是发伪誓的臣民和朝臣们阿谀奉承及庶民们趋炎附势的永恒的喜剧。所有伟大的象征都是精神的，仅有在其最高形式之中才能被理解。一个教皇的私生活对于教皇政治的观念而言没有任何关系。狮子亨利的背信弃义便说明了，在民族形成的时期，一个真正的统治者是如何充分地感到“他的”民族的命运是体现于他自己身上的。在历史面前他代表那种命运，有时要用自己的荣誉为代价才能去代表。

西方的所有民族都有其朝代的源流。在罗马式的甚至是在早期哥特式的建筑中，加洛林原始人的心灵尚在颤动。没有法国的或德国的哥特式，仅有撒利克的、莱因的与士瓦本的哥特式，正像有西哥特的（北西班牙、南法兰西）、伦巴第的与萨克逊的罗马式一样。但在这种心灵上面，马上散布了那由种族人物组成的少数人，他们感到作为一个民族的成员是一种伟大的历史任务。因此少数人便产生了历次的十字军远征，在这些远征中便真正出现了法国的与德国的武士。浮士德式的民族的特征是，他们意识到了其历史的方向。但是这种方向是附着于世代相传基础上的，因而种族理想的性质完全是家系的——甚至达尔文主义和他的家世与遗传学说也是对哥特人宗系制度的一种讽刺——与此同时，作为历史的世界，当每个人都生活在这个世界的平面时，不只包括统治者或别的人的个人的家系，并且也包括作为所有历史事故的基本形式的民族的族系。要有十分敏锐的观察力才能领会，这种浮士德式的家系原则和它的门第相当于血统纯粹的著名的历史概念，因历史特点的原因，对于埃及人与中国人是陌生的，像它对罗马贵族与拜占庭中间是陌生的一样。另一方面，我们的农民或城市贵族假如没有这种原则却是无法想象的。我在以上所分析过的民族一词的科学概念主要是由哥特时期的家系意义中得来的。关于民族都有其族系的观点使得意大利人由于自己是罗马人的后裔而感到骄傲，使得德国人由于追忆其条顿祖先而感到自豪，这是与关于英雄和神祇的无时间性后裔的古典信念完全不同的。最后，在 1789 年之后，在祖国语言的概念与朝代原则相适应的时候，关于曾经一度成为一种原始印欧民族的纯科学的幻想便变成了一种为人深深地感到的“雅利安种族”的族系，在这个过程之中，“种族”一词便几乎成了一种宿命的代名词。

可是，西方的“种族”并非各大民族的创造者，而是其结果。加洛林时代，未出现一个种族。是武士的阶级理想以各种方式在德国、英国、法国与西班牙创造性地产生作用，并让广大的地区对那在个别民族中被感到及体验到是种族的东西铭记不忘。我说过，门当户对与血统纯粹的观念便是建立在这个基础上的这种观念是历史的，对古典世界来说是不熟悉的。因统治家族的血统及整个民族的宿命、整个民族因紧密凝聚的内聚力而存在，因而巴洛克时代的国家体系与族系的结构一致，许多重大危机采用了朝代更迭的战争形式。甚至让世界政治组织稳定了一个世纪的拿破仑的不幸毁灭也是因为一个冒险家胆敢以自己的血去驱逐旧朝代的血统，因他攻击了一种象征，让对他的反抗变为一种神圣的历史任务的原因。由于全部这些民族都是朝代宿命的结果。世界上有一个葡萄牙民族、西班牙的美洲有一个葡萄牙的巴西，这都是 1095 年勃艮第的亨利伯爵的婚姻的结果。世上有瑞士人和荷兰人的原因是反抗哈布斯堡家族的结果。洛林是一个地方的而非一个民族的名称，是罗塔尔二世没有后代的结果。

将查理曼时代的分散的原始人凝聚为德意志民族的是恺撒式的观念。德意志与帝国是两个不可分的观念。霍亨斯陶芬朝的崩溃意味着一个大朝代被一撮小朝代取而代之了；哥特型的德意志民族甚至在巴洛克时期开始以前——当民族观念在领导城市像巴黎、马德里、伦敦与维也纳中被提到更高的智性水平时——精神上已经被粉碎了。因此老一套的历史认为，三十年的战争毁灭了繁盛的德意志。并非如此。事实上三十年战争能以这种不幸的形式出现，这本身就足以证实与表明一种早已完成了的衰败的症状——它是霍亨斯陶芬家族灭亡的最后结果。再难有更具说服力的证据能够证明浮士德式的民族是朝代的单位了。但是，撒利人与霍亨斯陶芬家族也是从罗马人、伦巴第人与诺曼人当中——至少是在观念上——创造出一种意大利民族。只有帝国才让他们有可能向罗马时代发出求救之声。虽然外来的势力引起了城里人的仇视，从而拆散了两个最初的等级，让贵族归顺于皇帝，让僧侣归属于教皇；虽然在教皇党与皇帝党的这类冲突中；贵族很快地丧失了其重要性，教皇统治通过反朝代的城市取得了政治上的最高权力；虽然最后仅剩下一些掠夺成性的国家尚在纠缠不清，其“文艺复兴”式政治反对哥特帝国的远大的世界政策，就像米兰以前反对过红胡子腓特烈的意志——但是缔造一个统一的意大利的理想、一个但丁曾为它牺牲其生活安宁的理想，是伟大的德意志皇帝们的一种纯朝代性的创造。文艺复兴的历史见识是属于城市贵族的，它将民族由安守现状的道路上引到了能够想象的远处。在整个巴洛克与洛可可时期，土地被贬抑到一种只作为外来家族的权力政治的抵押品的境地。直到 1800 年之后，浪漫主义才兴起，并用一种让它成为一份政治力量的强度重新唤醒了哥特式的感情。

法国民族是由其国王们从法兰克人与西哥特人中铸造出来的。1214 年在布汶，它首次学会了感到自己是一个整体。更重要的是哈布斯堡家族的创造，它让既非由于言语、也非由于民族情感、又非由于传统而联结在一起的一种居民中产生了一个奥地利民族，奥地利的民族性在保卫玛利亚·特雷莎[1]与反抗拿破仑两件事上表现出来——这是对他们最开始的、也是最后的考验。巴洛克时代的政治史主要是波旁家族与哈布斯堡家族的历史。卫廷家族的兴起取代了威尔夫家族，这解释了为何 800 年的“萨克逊”在威悉尔河流域，而现在却在易北河流域。朝代性的事件，加上拿破仑的干涉，让巴伐利亚的一半分享了奥地利的历史，让巴伐利亚国家的大部分由弗兰哥尼亚与士瓦本组成。

西方最后的民族是普鲁士，与罗马人是古典城邦情感的最终创造、与阿拉伯人是一种宗教一致性的最终产物相同，它是霍亨索伦王家的一种创造。在非尔柏林[2]，这个年轻的民族取得了人们的承认；在洛斯巴哈，它为德国赢得了胜利。是歌德以他的对于历史转折点的准确眼光将当时的新的《明娜·封·巴尔赫姆》[3]一剧描写成为具有特殊民族内容的德意志诗歌。德国借以发现其诗歌语言，这是又一个例子，一个十分重要的例子，说明了西方诸民族是如何按朝代划定其界限的。霍亨斯陶芬统治瓦解时，德国的哥特式文学也瓦解了。随后几世纪——所有西方文学的黄金时代——各地出现的文学都不配称为哥特式的。可是，因为腓特烈大帝的胜利，开始出现一种新的诗词。“从莱辛到赫伯尔[4]”与“从洛斯巴哈到色当”的意思是相同的。那种有意识地先依靠法文，而后依靠莎士比亚、依靠民歌，最后（在浪漫主义中）依靠武士时代的诗歌来恢复那已经失去联系的企图至少产生了一种独特的艺术史现象，这种艺术史，虽然从未真正地达到过一个目的，但大部分是由许多天才的光芒组成的。

18 世纪的终结目击到这种不一般的转变的完成、随同这种转变，民族意识企图从朝代原则中把自己解放出来。显然，这种情形在英格兰早已发生了；在这个方面，大部分的读者都会想起“大宪章”（1215 年），但是某些人一定能看到，在另外一方面，对民族的承认是包含在对其代表人物的承认中的，这种承认给了朝代感情以一种具有新鲜力量的深刻性与精细性，这是大陆上各民族差不多完全陌生的。假如现代的英国人是（但不表现为）世界上最保守的

[1] 玛利亚·特雷莎：1717~1780 年，奥地利女皇，1740 年登基，随即引发了欧洲列强长达八年的“奥国王位继承战争之战”。

[2] 非尔柏林：1756 年，为争夺波罗的海，瑞典和普鲁士、丹麦、荷兰等国在此发生战争，瑞典战败。

[3] 《明娜·封·巴尔赫姆》：莱辛的著名喜剧。

[4] 赫伯尔：1813~1863 年，德国戏剧家，尤其擅长历史题材的创作。

人类，如果结果是其政治措施不通过清楚的时论而通过民族脉息的无声的协调解决了自己的问题，因此直到现在仍是最成功的，那么，根本的原因是朝代的感情早已从它在君主权力的表现中解放出来了。

反之，法国革命在这方面只是唯理主义的一种胜利。它让民族的概念得到的自由比让民族得到的自由多。朝代感渗入了西方种族的血统，正因为这样，它让西方种族中的智性感到苦恼。由于一个朝代代表了历史，它是一块土地上有血有肉的历史，而智性却是没有时间性并且是非历史的。大革命的各种观念都是“永恒的”与“真实的”。普通的人权、自由、平等是书面与抽象而非事实。假如愿意的话，你能够将这全部称为共和政体，事实上，这又是一个少数人以全体的名义力图将新的理想引入现实世界的实例。但少数人将理想变成了一种力量，它所做的全部只是用 19 世纪的推理的爱国主义取代了旧有的、被感到的依附；代之以一种文明化的民族主义，这种民族主义只有在我们的文化中才有可能，在法国本身，即使是在今天它尚无意识地是朝代的；代之以作为朝代单位的祖国的概念，这个概念最开始是在西班牙人与普鲁士人对拿破仑的叛变中出现的，以后又出现在德国与意大利的朝代统一的战争中。从种族与言语、血统与智性的对立中产生了一种新的西方所特有的理想，来抵抗家系的理想——祖国语言的理想，两国都有一些热心人士想用共和政体与诗歌的联结来取代皇帝与国王观念的统一力量——其中有一种“复归自然”的倾向，但是却是一种历史复归自然的倾向。继承的战争代之以语言的斗争，在这种斗争中，一个民族企图将其语言和它的民族性强加给另一民族的各部分。但是每个人都能看到，甚至将民族看作一种语言单位的理性概念至多也只能忽视而无法取消朝代感情，就像希腊化的希腊人在精神上无法克服其城邦意识或一个近代犹太人无法克服民族的佥议原则一样。祖国语言并非由虚无之中产生，它本身便是朝代历史的产物。假如没有加贝家系，就不会有法兰西的语言，而只会有一种北方的罗曼斯——法兰克语与一种南方的普罗旺斯语。意大利的书写语言发展完善应归功于德意志皇帝们，尤其是腓特烈二世。现代的民族萌生于具有一种古老的朝代历史的居民的基础上。但在 19 世纪，将民族看成一种书写语言的单位的第二种概念消灭了奥国人的民族，也许却创造了美国人的民族。自此之后，所有国家中都出现了自两个对立的方面，作为朝代历史单位的方面与作为智性单位的方面，去代表民族的两极——也就是种族的一极与语言的一极。但这些考虑立刻引起了许多政治学上的问题，这些要等下一章来研究。

五

最开始，在土地上还没有建立城市的时候，代表最高意义的民族的是贵族。“永恒的”与没有历史的农民是文化出现前的一种民族，在最根本的特性上还是原始的民族，当民族的形式再次消逝时，它还残存着。“民族”也与文化的别的伟大象征一样，是少数人热切地珍爱的所有物；有民族的人是与生俱来的，就像人们生来便有艺术或哲学一样，创作家、批评家与普通人的特点也都是生来就有的——在古典的城邦中，在犹太人的一致中，在西方的民族中，都是如此。在一个民族起来热心地为自己的自由与荣誉而斗争时，真正激发起众人情感的往往是少数人。民族“觉醒了”——这不仅是一种辞藻，因为只有这样，所有人的醒觉意识才能表现出来。一切这些个人的“我们”感昨天还满足在家庭、职业，也许还有所在市镇的水平，今天他们却突然变成了不亚于民族的人。其思想与感情，其自我和他的“彼物”产生了深刻的变化。它变为历史的。甚至没有历史的农民也变成了民族的一员，在他面前显露出了一片新天地，此时，他体验到历史，而不只允许它从他跟前一溜而去。

但是，在世界城市里，除了那种具有历史并且活生生地体验着、感觉着且企图领导民族的少数之外，又出现了其他的少数人；这是一些不受时间限制的、不是历史的文人，他们并非宿命的人，而是理性的与因果的人，他们在精神上闯开了血统与存在的脉息，其思考意识很清醒，所以对民族观念再也无法找到一切“合理的”含义了。世界主义仅是知识界的一种醒觉意识的联想。这中间有对宿命的憎恶，尤其是对作为表现宿命的历史的憎恶。任何一种民族的东西都是种族的——以至于它无法为自己找到语言，在需要思维的所有场合中它是笨拙的、束手无策到了致命的程度，世界主义是书本上的东西，停留于书本上，理由十分充足，但除了以更多的理由来保卫其理由之外，它是十分软弱的，在用血去保卫其理由时是十分软弱的。

所以，这种智性十分卓越的少数人便选择了才智的武器，因为世界城市纯粹是智性的、没有根基的、被假想为是文明的共同产物，这种少数人便越有可能这样去做。天生的世界公民，世界和平主义者，世界调解者——在“战国”时代的中国，在佛教徒的印度，在希腊化时代以及在现在的西方世界都是如此的——是费拉的精神领袖。“面包与竞技场”仅是和平主义的另外一种公式。所有文化的历史中都有一种反民族的因素，不管我们有无证据。纯粹的面向自我的思考对生活而言总是陌生的，所以对历史而言也是陌生的，不是好战的，不是种族的。想想我们的人文主义与古典主义、雅典的诡辩派、佛与老子吧——至于宗教和哲学世界观的伟大拥护者对于所有民族主义的激烈轻视便更不用说了。但是，无论他们的情形如何各不一样，在这一点上却是相似的，也就是种族的世界感情、对事实的政治（因而是民族的）本能（不管对错与否，祖国还是祖国！）、要做演化的主人而不做其对象的决心（由于二者必居其一）——总而言之，也就是追求权力的意志——必须让位于一种倾向，具有这种倾向的标准人物是无原始冲动但格外按逻辑办事的人们，是熟悉真理、理想及乌托邦的人们，是相信自己能用逻辑代替现实、以一种抽象的正义代替事实的威力、以理性代替宿命的文人。它从永远胆怯的人开始，他们让自己从现实退却到斗室、书斋与精神团体中，并宣布世间的作为是没有效果的；它在任何一种文化中都结束在世界和平的信徒。任一民族（从历史上看）都有这样无用的废物。甚至他们的头也在体相方面独自构成了一种类别。在“智性的历史”中，其地位非常高——他们之中存在着许多出色的名字——但从现实历史的观点来看，他们是没有能力的。

一个置身于其事故世界中的民族的命运决定于其种族品质能让这些事故在历史方面对它不发生效力的程度如何。甚至现在我们也许可以表明，在中国的战国时期，秦国得胜的原因（公元前 250 年）是因为仅有它摆脱了道教的感情。不管怎样，罗马民族之所以胜过古典世界的其他民族，是因为它能将其政策措施与希腊化文化的费拉本能区别开。

一个民族是获得了活形式的人类。各种世界改良学说的实际结果始终是一种没有形式因而没有历史的集团。所有世界改良家与世界公民都代表费拉的理想，不管他们自己是不是认识到。其成功说明民族在历史上的让位，并非有利于永久和平而是有利于另外一个民族。世界和平往往是一种单方面的决心。罗马和平对于后来的军人皇帝们及日耳曼军事领袖而言仅具有一种实际的意义，便是它让一亿没有形式的人口变为少数战士团体的权力欲的单纯对象。这种和平要用和平的牺牲为代价，与之相比，康奈战争的损失便显得越发微小了。巴比伦人的、中国人的、印度人的、埃及人的世界从一个征服者的手中转到另外一个征服者的手中，这种竞争付出的代价是他们自己的血。这便是其——和平。当 1401 年蒙古人征服美索不达米亚时，他们在那没有自卫的巴格达十万居民的头颅中建起胜利纪念碑。由智性的观点看来，毋庸置疑，民族的消亡将一种费拉世界放在最后地、永远地文明化了的历史之上。但在事实范围以内，历史回复到一种自然的状态，它交替于长期服从与短暂愤怒之间，这种愤怒虽然引起屠杀——世界和平永远无法将它缩小——但无法改变任何东西。从前，他们为自己而流血；现在，他们不得不为别人而流血，常常只为别人的高兴而流血——这便是区别。一个坚决的领袖，召集一万个冒险者在他的身边，便能够随心所欲。假如整个世界是一个单一的帝国，它便将成为一个只供这些进行征服的英雄们进行剥削的最大的能够想象得到的场所。

“宁可死也不当奴隶”是一句弗里斯兰农民的古老格言。任何一种晚期文明都选择了其反面，同时，任何一种晚期文明都必须去体验做出这种选择所要付出的巨大代价。

第七章　有关阿拉伯文化的各项问题

（甲）历史上的假晶现象

一

一种矿石的结晶埋藏在岩层之中。罅隙出现了，裂缝产生了，水分渗了进去，结晶慢慢地被冲刷了出来，所以它们顺次留下些空洞。随后是震撼山岳的火山爆发；被熔化了的物质依次倾泻、凝聚、结晶。但它们并非任意按照自己的特殊形式来完成这全部的过程。它们必须填满能够填的空隙。这样就产生了歪曲的形状，产生了内部结构与外表形状相矛盾的结晶，产生了一种石头呈现另一种石头形状的情况。矿物学家将这种现象称为假晶。

我想用“历史的假晶现象”这个术语来表示这样一种情形：一种以较古老的外来的文化在某个地方是这样强而有力，以至于本土的年轻文化被压迫得无法喘气，它不但无法形成其纯粹的、特有的表现形式，并且也无法充分发展其自我意识。所有从年轻的心灵深处涌现出来的东西都铸进了古老的框架中，年轻的感情僵化于腐朽的作品之中，它无法依靠自己的创造力培育自己，它只能以一种日渐剧增的怨恨来憎恶那股来自远方的势力。

阿拉伯文化的情形就是这样的。其史前史完全湮没于那在两千年间成为不断发生的各个征服者的掠夺品的古巴比伦文明的范围。其“墨洛温时代”的特征表现为一个小波斯氏族的专政，与东哥特人同样原始，他们在两百年间极少遭到挑战的霸权是建立于一个费拉世界的极度疲倦心情的基础之上的。可是自公元前 300 年起，在西奈半岛与札格洛斯山脉之间的年轻的使用阿拉米语言的民族之中开始了与扩散了一种伟大的觉醒。正和特洛伊战争时期与萨克逊朝诸帝时期相同，一种人对上帝的新关系、一种新的世界感情渗进了当时流行的所有宗教之中，无论它们称为阿胡拉玛兹达、巴力[1]也好，或称为耶和华也好，都处处激发起巨大的努力去创造。可是就在这时，马其顿人到来了——来得如此巧，以致存在某种内在联系并非是完全不可能的，由于波斯政权的基础是一些精神上的必要条件，而已丧失掉的也恰是这些必要条件。对巴比伦而言，这些马其顿人的出现，与别的冒险家一样，无非是另外一群蜂拥而来的冒险家罢了。他们将一层古典文明的薄幕铺在土耳其斯坦与印度的大地上。亚历山大继承者们的王国本来是能够悄悄地变成具有前阿拉伯精神的国家的——在地理上与阿拉米语区域实质上是一致的塞琉西帝国，事实上在公元前200年已是这样的一个国家。但是匹特那战役[2]以后，其西部便越来越多地被并入了古典帝国，因此受到了一种重心远在异方的精神的巨大影响。这便为假晶现象做好了准备。

从地理和历史的角度来看，枚斋文化都位于这一组较高级的文化的正中心——它是在空间和时间方面几乎与所有别的文化发生了接触的唯一文化。因而，在我们的世界图景中，其整个历史结构便完全依靠我们认清其被外形所歪曲了的真正的内在形式了。不幸，这正是我们所尚未认识的，原因在于神学上及语言学上的偏见，特别是因为近代太专门化的趋势不合理地将西方人的研究工作细分成很多个别的部门——任一部门不但在取材上与方法上并且在思想上与其他部门不同——所以使得人们对大问题视而不见了。在当前的问题上，专门化的后果或许比在别的方面更为严重。历史学家本人站在古典语言学的领域中，将古典的语言疆界当作其东方视界；因而，他们对那并没有精神界限的双方在发展上的深刻统一便完全忽视了。结果便出现了以希腊文及拉丁文的使用来排列与划分的“古代”、“中世纪”与“近代”的历史景象。对于有“原文”保存下来的古代语言的专家而言，阿克苏姆、萨巴、甚至萨珊王朝的领域全是无法追究的，所以在“历史”上它们便差不多都不存在了。文学研究者（语言学者也如此）把语言的精神与作品的精神弄混了。阿拉米语区域的作品假如正好是用希腊文写的，甚至只是用希腊文保存下来的，他便将其列入他的“后期希腊文学”中，并把这种文学分为一个特殊时期。但以别的文字写出的同一渊源的作品并不属于他的范围，却用同样人为的方法划分到别的种类的文学中去了。但是这里却有最强有力的证据，证明文学史与文字史绝绝非吻合的。实际上，枚斋民族文学是一个完整独立的整体，其精神是一个，可是用许多文字——这中间也有古典文字——写成的。由于枚斋型的民族是无本国语的。有他勒目

[1] 巴力：古闪米特人信奉的地域守护神，后又被尊为太阳神和丰饶之神。

[2] 匹特那战役：指的是第三次马其顿战争，其结果为马其顿被分割。

法典的、摩尼教的、聂斯托利派的、犹太的民族文学，甚至还有新毕达哥拉斯派的民族文学，但是没有希腊的或希伯来的民族文学。

神学研究也依照西欧的各种不同的信仰详细划分了其的领域，所以，“语言学的”东西方的分界在基督教神学方面也得以实行，并且还在实行。波斯世界归入了伊朗语言学者的研究范围，因为《阿维斯塔》经的经文虽然并不是用雅利安方言书写的，但却是以雅利安方言来传播的，所以，其中包含的巨大问题便被当成印度学学者的一项非主要的研究，在基督教神学中根本看不见踪迹了。最后，因为希伯来语言学与“旧约”研究组成一个专业的研究部门，他勒目法典的犹太教历史便不但从没有得到单独的研究，并且在我所熟知的所有主要的宗教历史中将其完全忘却了，虽然这些宗教史有地方谈到印度的每一个教派（由于民俗学也是一项专门的学问），也谈到了任何一个原始的黑人宗教。这便是现在历史研究工作所面对的最巨大的任务在学术上的准备的情况。

二

帝国时代的罗马世界对于自己的处境怀抱着一种非常乐观的看法。晚期的作家悲叹非洲、西班牙、高卢，特别是作为祖国的意大利及希腊的人口减少及精神上的空虚。但在他们的悲叹声中，属于枚斋世界的省份时常是被除外的。叙利亚的人口是非常稠密的，它与帕提亚人的美索不达米亚一样，生命和精神是非常旺盛的。

年轻的东方的优势是每个人都能够感觉得到的，并且早晚也会在政治上表现出来。从这样一种观点去看，我们便发现：在马略与苏拉、恺撒与庞培、安东尼与屋大维[1]的史诗及史景之后，年轻的东方正在越发紧张地挣扎，企图摆脱在历史上走向灭亡的西方；费拉世界正在觉醒之中。首都迁移至拜占庭是一个重大的象征。戴克里先是选定了尼科美地亚，恺撒考虑过亚历山大里亚或特洛伊。安提亚克本来比所有地点都更好一些，可是事情迟了三个世纪，而这三个世纪恰是枚斋的青春时代的具有决定性的时期。

假晶现象是从亚克兴战役（公元前31年，安东尼与屋大维在亚克兴的决战，屋大维获胜）开始的；在此次战役里，战胜的原本应该是安东尼。这并非罗马与希腊之间的具有决定性的斗争——那场斗争早已在康奈[2]与撒马[3]战役中获

[1] 屋大维：公元前63~公元14年，即奥古斯都，罗马帝国的第一个皇帝。

[2] 康奈：公元前216年，汉尼拔获胜，粉碎了罗马在南意大利的盟主权。

[3] 撒马：公元前202年，汉尼拔失败，再次确立了罗马在西地中海的主导权。

得了解决，那一次，汉尼拔的悲剧是他并非为其祖国作战，而是在为希腊化文化作战。在亚克兴战役中是还没有诞生的阿拉伯文化反对衰老的古典文明；所斗争的问题是元首政治，还是哈里发政权。假如安东尼胜利，便能让枚斋精神获得自由；其失败却让罗马帝国的铁幕蒙在了枚斋的土地上。西方历史上有一件相似的事件，便是公元 732 年都尔与波亚叠之战[1]。假如那时阿拉伯人获胜了，将“法兰克斯坦”变成了东北方的一个哈里发辖地，那么，统治阶级便会熟悉阿拉伯的语言、宗教与习俗，与格兰那达及开拉温相似的大城市便会在罗亚尔河与莱茵河上建立起来，哥特式的感情便会被迫用清真寺及阿拉伯风的早就僵化了的形式表现出来，我们便不会有日耳曼的神秘主义，而会有一种伊斯兰教的苏菲派。这类事情在阿拉伯世界中的确发生了，这是由于叙利亚与波斯人没有出现查理·马特[2]一类的人物去联合密司立对提[3]或者布鲁图斯[4]、卡西乌斯[5]或者安东尼一起（或单独）对罗马作战。

现在我们又在俄罗斯看到了第二次假晶现象。壮士歌里的俄罗斯英雄故事在关于基辅的佛拉基米尔大公（约在公元 1000 年）和“大圆桌”骑士团的史诗开始及结束里，在民间英雄伊利亚·穆罗木茨身上达到了极端的程度。俄罗斯精神与浮士德精神之间的巨大区别，在将这些英雄故事与“同时代的”、民族大迁徙时期的亚瑟英雄故事、厄曼锐克[6]英雄故事与以喜尔德布兰之歌及瓦尔特之歌形式表现出来的尼伯龙根英雄故事相互对比时，就能够看出来了。俄罗斯的“墨洛温时代”起始在伊凡三世（1440~1505 年，俄罗斯大公，在位期间使俄罗斯获得了独立，推翻桎梏的统治（1480 年），经由罗立克家族后期诸王公和罗曼诺夫家族最开始的诸沙皇，一直到彼得大帝（1689~1725 年）。这个时期正好与从克洛维（481~511 年）到事实上使得加洛林王室获得了优势的泰斯特里战役（687 年）之间的那段时期相当。我希望读者们都来拜读一下都尔的格列高里[7]所写的《法兰克史》（叙述到 591 年），且比

---

[1] 都尔与波亚叠之战：回教徒和西方的联军作战，回教徒失败。

[2] 查理·马特：公元 732 年都尔战役西方联军的主帅。

[3] 密司立对提：？ ~公元前 63 年，小亚细亚一小王国本都的国王，曾经和罗马进行了三次战争，以失败告终。

[4] 布鲁图斯：？ ~公元前 42 年，罗马政治家。

[5] 卡西乌斯：公元前 85~ 前 42 年，罗马景骏和行政官。

[6] 厄曼锐克：公元 4 世纪时东哥特国王。

[7] 格列高里：538~594 年，法兰克基督教主教、历史学家。

较一下卡拉姆琴[1]的主教故事中的与此对应的部分，特别是关于让人恐怖的伊凡（即伊凡四世）、关于波理斯·戈都诺夫[2]及华西理·叔伊斯基[3]这些部分。再没有比它们更相像的了。在这种大贵族与教长的莫斯科公国时期经常有一种旧俄罗斯派反对亲西方文化的因素，这之后，从 1703 年彼得堡的建立时起便产生了一种假晶现象，它使得原始的俄罗斯精神与外来的形式相吻合，最开始是纯巴洛克的形式，随后便是启蒙运动的形式，再后来则是 19 世纪的形式。俄罗斯历史中掌握命运的人是彼得大帝，我们能够拿查理曼与他相比较；查理曼精心考虑、倾尽全力地要强加的恰好是查理·马特费了很大力气才阻止的东西，也就是摩尔与拜占庭精神的统治。对待俄罗斯世界能够仿照加洛林王朝的样式，也能够仿照塞琉西王朝的样式——就是说，选择俄罗斯的旧路，还是选择“西方的”道路；罗曼诺夫王朝选择了后者。塞琉西诸王喜欢希腊人，而非邻近的阿拉米人。莫斯科的原始沙皇制度在现在也仍旧是适合俄罗斯世界的唯一形式，但在彼得堡，它却被曲解成了西欧的朝代形式。神圣的南方——拜占庭与耶路撒冷——的吸引力在任何一个希腊正教教徒的心灵之中都是强烈的，但它却给面朝西方的世俗的外交扭曲了。莫斯科被焚毁是一种原始人民的强大有力的充满象征性行动，是对于外国人与异教徒的一种玛卡比式的憎恨，随后产生的则是亚历山大一世进入巴黎，神圣同盟与西方列强的协调一致。一个曾是注定在无历史的状态中生活了若干世代的民族，便这样又被迫生活于一种虚妄的、人为的历史中，而古老的俄罗斯心灵对于这种历史简直就是没有办法理解。晚期的艺术与科学、启蒙运动、社会伦理、世界城市的唯物主义都被介绍进来了，虽然在这种前文化期中，宗教是人们用来理解自己与世界的唯一语言。在没有城镇的原始农民居住的土地上，外来形式的城市便似溃疡一样黏附于上面——虚妄、不自然、无法让人信服。陀思妥耶夫斯基说过：“彼得堡是世界上最空虚、最造作的城市。”虽然他就出生在这个城市，但是他感觉这个城市最终有一天会与晨雾一起消失。散布于阿拉米农民土地上的希腊化时代的人工城市，便正像幽灵似的、无法置信的。耶稣在加利利时就知道了这一点。圣彼得在瞩目帝都罗马时一定也会有这种感觉的。

自此之后，在彼得堡的四周所发生的任何一件事便都被真正的俄罗斯看成

---

[1] 卡拉姆琴：1766~1826 年，俄国历史学家、诗人，著有《俄罗斯国家史》。

[2] 波理斯·戈都诺夫：1551~1605 年，俄国沙皇，他的统治开始了俄国历史上的动乱时代。

[3] 华西理·叔伊斯基：1552~1612 年，俄国混乱时期的沙皇。

谎言、毒药。对欧洲产生了一种真正与生俱来的憎恨，而“欧洲”便是俄罗斯之外的全部，包括雅典与罗马在内，正和枚斋世界当时认为古埃及与巴比伦是古代的、异端的、魔性的相似。阿克隆科夫在1863年曾写信给陀思妥耶夫斯基说：

俄罗斯人民解放精神的首要条件是，它应该倾尽全力、殚精竭虑地憎恨彼得堡。

莫斯科是神圣的，彼得堡却是撒旦的。一个流传非常广的民间故事将彼得大帝描写为基督的敌人。阿拉米的假晶现象正是如此，它在自玛卡比时期的《但以理书》与《以诺书》到耶路撒冷毁灭之后的《约翰福音》《巴鲁书》《以斯拉第四书》等所有启示录里，都攻击基督的敌人安泰奥卡斯，攻击巴比伦偶像所崇拜的岁马，攻击精美与富丽的西方城市，攻击所有的古典文化。其所有作为：文雅的社会、精巧的艺术、阶级、异邦和它的文明化的外交、司法、行政等，全是虚伪的、不干净的。俄罗斯的与西方的虚无主义、犹太基督教的与晚期古典的虚无主义间的对立是非常明显的——前者是对于外来文化毒害本土中的、还没有诞生的文化的憎恶，后者却是对于自己固有文化的过度成长的厌恶。深刻的宗教情感、与生俱来的闪光、大觉醒时的战栗畏惧、形而上学的梦想及迷恋等全都是属于一种历史的开始的，正像精神清澈的痛苦属于一种历史的结束一样。在此两种假晶现象中，它们混起来了。陀思妥耶夫斯基说：“现在街道上与市场中的任何一个人都在考虑信仰的性质。”对于以得撒或耶路撒冷也能够如此说。1914年前的那些俄罗斯青年——肮脏、惨白、超脱、抑郁地藏在角落中、时常醉心在形而上学里，用信仰的眼光看待所有事物，哪怕表面谈论的题目是选举权、化学或妇女教育问题，也是这样——他们便是希腊化城市中的犹太人与早期基督教徒，对于他们，罗马人是以一种高傲的嘲弄与暗中害怕的混合的心情去看待的。沙皇俄国没有资产阶级，一般地也没有真正的阶级制度，而像法兰克管辖地一样只有领主与农民。没有俄罗斯城镇。莫斯科只是一座环绕着一片广大市场的有堡垒的住处（克里姆林宫）。以后出现的并将其环绕在中间的模拟型城市，与俄罗斯本土上的别的城市同样是为了满足宫廷、政府与商人的需要并提供给他们利用的；但对城里的居民来说，在顶层的是一种传奇的体现、一个想要发现问题与冲突的知识阶层，在底层的是被赶出土地的农民和他们自己的陀思妥耶夫斯基的所有形而上学的抑郁、忧虑与痛苦，他们永远怀恋着广阔的大地，强烈地憎恨基督的敌人引诱他们走进了没有感情的灰色世界。莫斯科并没有自己的精神。上层社会的精神来自西方，下层阶级从乡村带来了心灵。在这两个世界之间并未彼此了解，并未交往，也未宽恕。为了了解这一假晶现象的两个代言人及牺牲者，将陀思妥耶夫斯基当作农民，将托尔斯泰当作西方社会的人便够了。他们一个在心灵上绝对无法离开土地；另一个却是，虽然拼命努力，却永远无法接近它。

托尔斯泰代表的是过去的俄罗斯，陀思妥耶夫斯基代表的则是未来的俄罗斯。托尔斯泰的内心是与西方联系在一起的。虽然他自己并不承认，他是大彼得主义的伟大的代言人。西方并非永远无消极面的——断头台也是凡尔赛的一个亲生女儿——托尔斯泰虽然对欧洲生气，他却永远无法摆脱欧洲的束缚。因为恨欧洲，他便恨自己，所以他便成了布尔什维主义的祖先。这种精神的极端软弱无力及其 1917 年的革命，已经在他死后出版的《光在黑暗里发亮》一剧中得到承认了。如此的憎恨，陀思妥耶夫斯基是并不知道的。他的热爱生活的力量已经非常博大，对所有西方的事物同样也能够包容——他说：“我有两个祖国：俄罗斯与欧洲。”他已超越了大彼得主义与革命，他从其未来像从远方一样地回顾它们。其心灵是天生的、怀慕的、绝望的，但对这个未来则是肯定的。伊凡·卡拉玛佐夫对他的弟弟阿辽沙[1]说：“我想去欧洲；我很清楚，我仅是去墓地，但是我也清楚，那墓地对我是珍贵的、十分珍贵的。亲爱的死者葬在那里，他们上面的任何一块墓石都诉说这样热烈的过去的一生，都诉说着对自己的成就、对自己所持的真理、对自己的战斗、对自己的学识这样狂热的信仰，所以我事先便知道我会扑到地上，去亲吻这些墓石，去为其啜泣。”与此相反，托尔斯泰本质上是一个理解力非常强的人，是一个“开明的”、“关心社会”的人。他在身边看到的全部都是一个晚期的、大城市市民的、西方形式的问题，而陀思妥耶夫斯基却甚至连什么是一个问题都不清楚。托尔斯泰是西方文明范围内及属于西方文明的。他站在彼得大帝与布尔什维主义的中间，他与他们一样都不想接近俄罗斯的土地。他们所攻击的事情在他们用来攻击的形式中重复出现，能够辨认出来。他们的这种攻击并非与生俱来的而是理智的。托尔斯泰对财产的恨则是一种经济学者的恨，他对社会的恨是一个社会改良家的恨，他对国家的恨是一位政治理论家的恨。所以他对西方的影响是巨大的——他在各方面都属于马克思、易卜生及左拉一派人物。

相反的，陀思妥耶夫斯基不属于那一派，除非是原始基督教中使徒一派。

---

[1] 阿辽沙：陀思妥耶夫斯基小说《卡拉玛佐夫兄弟》中的人物。

他的《恶魔》一书被俄罗斯的知识分子批评为反动。可是他本人并未意识到这类冲突——“保守”与“革命”都是西方的术语，对他而言是没有意义的。像他这样的心灵是能够看到所有我们所说的社会的事情之外的，所以对他说来，这个世界上的事情是非常不重要的，不值得加以改良。没有一种真正的宗教是将改良事实的世界作为自己的目标的，陀思妥耶夫斯基与任何一个原始的俄罗斯人一样，基本上感觉不到有这样一个世界，他生活在一个第二的、形而上学的彼岸的世界之中。一个心灵的烦恼与共产主义有何关系呢？一种宗教如果竟至于去干预社会问题，它便不成其为宗教了。可是陀思妥耶夫斯基生活之中的实际，哪怕是在现世的生活中，也是一种直接呈现给他的宗教创造。他的阿辽沙不顾所有文学批评，甚至连俄罗斯的也不顾。他关于基督生平的著作假如写出来了——他时常打算要写——肯定会成为原始基督教的福音书似的一本真正福音书；它们是彻底独立于古典与犹太文学形式之外的。在另外一方面，托尔斯泰是一位西方小说的名家——《安娜·卡列尼娜》赛过了所有敌手——他哪怕是穿上农民的服装，也还是一个文雅社会中的人物。

在此，开始与结局会面了。陀思妥耶夫斯基是一个圣者，托尔斯泰仅是一个革命家。托尔斯泰是彼得大帝的真正继承人，从他，也只有从他才开始出现了布尔什维主义；布尔什维主义并非大彼得主义的对立面而是其终结，是社会的东西对于形而上学的东西的最后的凌辱，事实上是假晶现象的一种新形式。如果彼得堡的兴建是基督的敌人的第一个行动，那么彼得堡所形成的社会的自我毁灭便是第二个，这是农民的心灵一定能感到的。因为布尔什维克并非民族，甚至并非民族的一部分，而是这种大彼得社会的最低阶层，与其他阶层一样，同样是外来的、西方的，但不被其他阶层所承认，所以满怀被践踏的怨恨。社会的政治、知识分子与那在本身便是社会一部分的听众面前先是采用浪漫的然后采用经济的隐语来卫护自由和改良的文学，都是大城市市民的及“文明的”。真正的俄罗斯人是一个陀思妥耶夫斯基的门徒。虽然他未读过陀思妥耶夫斯基或者别人的作品，也许由于他无阅读能力，实质上他自己便是陀思妥耶夫斯基的；布尔什维克认为基督也与他们自己一样仅是一个社会的革命家，假如他们的理智不如此狭隘，他们是可以在陀思妥耶夫斯基的身上看出他们的首要的敌人的。这次革命的动力并非知识分子的仇恨。是人们自己，他们并无仇恨，仅是感到有祛除疾病的需要，于是便在一次变革中消灭了旧的西方精神，并将在另外一次变革中毁掉后来的新的西方精神。由于这一没有城镇的人民念念不忘的是它自己的生活方式，它自己的宗教，它自己的历史。托尔斯泰的基督教是一种误解。他嘴上说的是基督，指的却是马克思。可是，今后千百年将是属于陀思妥耶夫斯基的基督教的。

三

在假晶现象的范围之外，古典世界对于乡村的影响越是微弱，真正封建时代的所有形式便越加旺盛地冒出来。经院哲学、神秘主义、封建节操、行吟诗人、十字军精神等全在阿拉伯文化最开始几世纪中存在过，只要我们懂得如何去找，便能够从中找到。在塞普提姆斯·塞弗茹斯之后，军团便仅剩下一个空名了，可在整个东方世界，军团则被看得与公爵的仆从一样遍及各地。官吏是被任命的，但事实上任命能够达到授任伯爵，赐予采邑的程度。在西方，恺撒的称号落到了酋长的手里，而东方却将自己变成为一种早期的哈里发政权，与成熟了的哥特式封建国家十分相像。在萨珊帝国，在豪兰[1]，在阿拉伯南部，一个纯粹的封建时期开始了。萨巴[2]的一位国王沙米尔·犹哈利希的勋业便似罗兰或亚瑟的勋业一样，在阿拉伯英雄故事中变成不朽，称他通过波斯，一直远征至中国。在公元前一千年中，马因王国与以色列国同时存在，其遗迹（能够与迈锡尼、泰麟兹相比）一直伸入了非洲。但这时封建时代正盛行在整个阿拉伯，甚至达到了阿比西尼亚的群山之中。在基督教的早期，阿克苏姆出现了巨大的、具有世间最大独石结构的城堡与陵墓。站在国王背后的有伯爵（Kail）与太守（Kabir）等封建贵族，这些臣属的忠顺通常存在问题，其巨大产业日益缩小了国王和家族的权力。阿拉伯南部与阿克苏姆之间的无休无止的基督徒与犹太人的战争实质上是一种骑士性的战争，经常变成一种以城堡作基础的贵族之间的私斗。海迈丹人——他们后来成了基督教徒——统治着萨巴。在其后面站着和罗马联盟的、基督教的阿克苏姆国，其在公元300年前后由白尼罗伸张到了索马里海岸与波斯湾，于525年推翻了犹太教的希姆雅尔人。1542年，在马利布设立了一个王公的议事机构，罗马帝国与萨珊帝国全向它派遣了使节。直到现在，国内到处尚存无数巨大城堡的遗址，在以色列时代，人们全相信它们是由神力造成的。哥丹要塞共有二十层高。

萨珊帝国的统治者是“狄堪”们，也就是地方贵族，可这些早期的东方“霍亨斯陶芬”的光辉的宫廷却在任何一方面对于继承戴克里先的拜占庭宫廷都是一个榜样。即使是很久之后，阿拔斯王朝在其新都巴格达也认为最好的就是大

[1] 豪兰：指大马士革以南和加利利海以东的地区。

[2] 萨巴：大致相当于也门。

规模地模仿萨珊王朝的宫廷生活理想了。在阿拉伯北部，在加萨尼人与赖赫迈人的宫廷中产生了真正的抒情诗人与抒情诗；早期基督教神学家时的武士诗人是用“字、矛与剑”来进行决斗的。其中之一便是犹太人撒母尔，阿尔·阿布拉喀堡的主人，他对于希拉王为了贪图五套珍贵甲胄所进行的围攻曾以坚守著名。自 800 年起便非常繁荣、特别盛行在西班牙的晚期阿拉伯诗与这种抒情诗的关系，与乌兰德[1]及艾兴多夫[2]和瓦尔特·封·得尔·弗格尔外德[3]的关系是相同的。

我们的考古学家与神学家的心里是没有我们时代最开始几世纪中这个年轻世界的。他们热衷的是晚期罗马共和国与罗马帝国的情景，对于中东的情形，他们就只认为它是原始的，是毫无意义的。但是屡屡策骑奔袭罗马军团的帕提亚队伍是玛兹达教所赞美的骑士团；其军队是有十字军精神的。基督教假如没有被假晶现象的力量完全束缚住，它也是可以如此的。精神是有的——泰图良谈论过“基督的民军”，圣礼便是士兵的效忠宣誓。但是直到后来，基督才变成英雄，其臣仆们才为他去攻击异教徒；当时，在罗马疆界之内是不清楚有什么基督教贵族与武士的，他们只知有罗马副将；并不知有城堡，只知有营垒；并不知有比武，只知有处决。虽然这样，严格地说，115 年图拉真进军东方时爆发的并非一次帕提亚人的战争，却是一次真正意义上的犹太人的十字军，目的是为了报复耶路撒冷的被毁灭，塞浦路斯的所有异教居民（“希腊人”）——据说是二十四万人——全都被屠杀了。犹太人防守的尼士比却进行了不屈不挠的抵抗。喜欢战争的阿狄阿倍尼（底格里斯河上游的平原）是一个犹太人的国家。在历次帕提亚与波斯反对罗马的战争中，犹太人的美索不达米亚的上流社会及农民，封建性的征兵，往往是在前线作战。

拜占庭也没能完全逃脱来自阿拉伯封建时代的影响，在晚期的古典行政形式的外壳之下，采邑制度（特别是在小亚细亚内地）出现了。那里有势力的家族，它们的忠顺是让人怀疑的，其野心是想取得皇位。“这种贵族原先是被限制在首都的，无皇帝的同意便不准离开；他们后来搬到地方上的广阔田庄去了。

[1] 乌兰德：1787~1862 年，德国浪漫主义诗人，日尔曼语文学的奠基人之一，有《诗集》等作品。

[2] 艾兴多夫：1788~1857 年，德国抒情诗人，风格纯正，接近民歌风格，小说《废物传》是德国浪漫主义的代表作品。

[3] 瓦尔特·封·得尔·弗格尔外德：1160~1227 年，中世纪德国最著名的抒情诗人，他的《菩提树下》至今仍是经典。

从第 4 世纪起，这种地方贵族事实上成为一个‘等级’，慢慢地对于皇室的控制取得了相当程度的独立。”

与此同时，东方的“罗马军队”在不到两个世纪中由一支近代型的军队蜕变成为了一支封建性的军队。在公元 200 年前后，塞弗茹斯时期的改组中，罗马军团消失了。在西方，军队堕落成一群群打家劫舍的游民，而在东方却在第四世纪时出现了一种真正的骑士制度，虽然出现得晚一些——这一事实蒙森早就指出来了，但不明白其意义。年轻的贵族在单骑作战、马术、弓矛的使用诸方面得到良好的教育。公元 260 年前后，加力伊努斯皇帝——他是柏罗提那的朋友，是特里尔的尼格拉门的建立者，是军人皇帝时期最让人注目与最不幸的一个——用日耳曼人与摩尔人建立了一支新式的骑兵，当作自己的亲兵。有一件事实让这种变化产生了。有意义的说明便是，在军队的宗教中，旧时的城市神让位给了假借“战神”马尔斯与“大力士”赫丘里兹名义的崇拜个人英雄气概的日耳曼神。戴克里先的御林军并非塞弗茹斯所废除的禁卫军的替代品，却是一支人数少、训练精良的骑士队伍，至于孔密特、一般性的征兵，却是按“纽莫”或连构成的。它采用所有早期的战术，而让人凭借个人的勇敢而自豪。进攻采取所称作的“野猪头”的日耳曼形式——这种密集队形在技术上称为方阵。我们发现，在查士丁尼统治下，一种正好相当于查理五世的雇佣步兵制的制度已经得到了充分发展，在这种制度中，夫伦兹堡型的佣兵队长将专业的武装建立于地域的基础上。纳西斯的远征被普罗科匹阿描写得就像人们对于华伦斯坦的巨大的募兵军事行动所能够描写出的一样。

可是在这最初几世纪中也产生了一种枚斋型的、包容于阿拉米语地域有名学派中的光辉的经院哲学与神秘主义，这些学派是忒息丰、累西那、贡的萨坡拉等地的波斯学派，素拉、尼赫底、肯奈斯林的犹太学派。它们是天文学、哲学、化学、医学的辉煌的根据地。可是向西走，这类壮丽的景观也被假晶现象给歪曲了。这类知识中的具有枚斋特点的因素在亚历山大里亚采取了希腊哲学的形式，在贝鲁特采取了罗马法学的形式；其被写为古典文字，被塞入异族的早就僵化了的文学形式之中，被一种结构完全不一样的文明的古老逻辑所歪曲。阿拉伯科学始于这个时代，并非在伊斯兰教的时代。可是，因为我们的语言学者所发掘出来的仅是亚历山大里亚与安提亚克两地穿上了晚期古典外衣的东西，他们毫不明白阿拉伯早期的巨大财富，也不明白阿拉伯研究工作与观点的关键所在，所以出现了一种荒唐的想法，认为阿拉伯人是古典人的精神上的后裔。其实，语言学家的疆界的“那边”——自以得撒的眼光看来——所产生的所有事物，在西方人看来虽然像是“晚期古典”，精神的流风余韵，实则仅反映了早期阿拉伯人的内心。所以，我们便要探讨假晶现象对阿拉伯宗教有何影响了。

四

古典宗教是大量实行分别祀拜的，对阿波罗型的人而言这种形式是自然的、不言自明的，而对一切异邦人而言，却在本质上是无法接受的。这种形式的祀拜一发生，我们便有了古典文化；在罗马后期，其本质起了变化，于是古典文化的精神也便完结了。在古典的景观之外，它们从不曾是真实而有生气的。神总是被限制在一个地域并被一个地域所限制，这是与静的、欧几里得式的世界情感相合乎的。与这相对应，人与神的关系便采取了一种地方祀拜的样式，它的意义在于仪式的形式，而非仪式后面的教理。当时的人口在地理上是分布成无数点的，因此在精神上，其宗教便被细分成这种细小的祀拜，相互完全独立。能够增加的仅是数目，并非范围。在古典宗教中，增殖是生长的唯一形式，所有传教活动都是被摒弃了，由于人们可以实行这类祀拜而不必归属于它们。并无同信仰者所组成的团体。雅典的后期思想虽然有了关于上帝和它的礼拜的较为普通的看法，但其成就是哲学，而不是宗教；它仅迎合少数思想家的心意，对于民族——也就是城邦——的感情一点影响也没产生。

与之截然相反的是，枚斋宗教的现世形式——教会、信徒的结社，它不知道有家存在，不知道有尘世的疆界，它相信耶稣所说的，“只要有两三个人以我的名义聚集在一起，我便在他们中间”。不言自明，这种信仰必须相信仅有一个善良的、真正的上帝，其他的神都是邪恶的、虚假的。这种上帝与人的关系的基础并非表达与表白，而是许多象征性行为的秘密力量、魔力，假如要其发生效力，那便必须确切地明白其形式与意义，并加以实行。明白这种意义的是教会——事实上，教会本身便是一个受过教导的人的团体。因此，任一枚斋宗教的重心不在祀拜，而在一种教义，在教理。

当古典世界在精神上强大有力时，所有东方教会向西方形式蜕化的假晶现象便在继续进行。这是混溶教派的一个非常重要的形式。波斯宗教采取了祀拜密司拉神的样式，迦勒底与叙利亚的因素成了对星神与多个巴力神（朱匹忒·多立溪努斯、萨拜齐乌斯、无敌的索尔、阿泰佳提斯）的祀拜，犹太宗教采取耶和华祀拜的形式（对托勒密时期的埃及团体并无其他名称可用），原始的早期基督教也一样——正像保罗书信与罗马的陵寝所清楚地表明的——实际上是一种耶稣祀拜。各色各样的宗教（大约从哈德良皇帝时起，它们便将真正古代的古典神神祇彻底赶到后台去了）虽然大声疾呼，认为自己是唯一真信的显示——爱西斯自称是代表所有男神女神的唯一真神——事实上，它们全都带有古典分离主义的标记，也就是说，其数目在无限地增多；任何一个团体都坚持自己的主张，都是地方性的；所有寺庙、陵寝、密司拉祠、家庭礼拜堂全是神圣的地点（虽然不是正式这样表示，但有这种感情），都是神据之地。不过，就在这种虔信中，枚斋感情也照样存在的。古典的祀拜在于实行，一个人爱祀拜多少便能够祀拜多少，可在这些新式的祀拜中，一个人仅归属其中的一种，且仅限于一种。在旧式的祀拜中，宣传是无法理解的；在新式的祀拜中，宣传是理所当然的，宗教行为更加走向教义方面。

自公元 2 世纪起，阿波罗精神慢慢衰微，枚斋精神越来越昌盛，关系颠倒过来了。假晶现象的后果还在继续，但是现在是西方的祀拜，慢慢变成一种东方式的新教会了——这便是说，从分散祀拜的总体中涌现了一个信仰这个神与教仪的团体——所以就像早期的波斯与犹太民族所经历过的一样，产生了一种枚斋式的希腊民族。从严格规定的祭祀与密仪的细节的形式中产生了一种关于这些动作的内在意义的教义。祀拜现在能够相互代替了，人们不再按古老的方式去进行了，他们无非成了其“信徒”罢了。地方的小神变为——改变的重要性谁也未注意到——真正在当地的大神。

近年来，混溶主义受到了人们仔细的考察，可是其发展线索——由东方的教会变为西方的祀拜，随后相反地又由西方的祀拜变成东方的教会——却被迷失了。但是没有这把钥匙便很难理解早期基督教的教史。在罗马所发生的战斗是作为祀拜神祇的基督与密司拉神之间的战斗，它在安提亚克以东却表现为波斯教会与基督教会之间的斗争。可是基督教在受到假晶现象的影响、开始在精神发展方面面向西方之后所面临的最严重的战斗并非要反对真正的古典神祇。对它们，它从未面对面的冲突，因为公众的城市祀拜早就内在地死去了，对人们的心灵已经无一点控制力量了。不可轻侮的敌人是异教或希腊主义，那是用一个强大有力的新兴教会之身份而出现的，生来具有基督教本身相同的精神。结果，罗马帝国往东不但有一个祀拜教会，并且有两个，假如说，其中一个将基督的信徒囊括无余了，那么，组成另一个的那些团体虽然贴上成千上万种不同的标签，但却都有意识地在崇拜同一个神祇。

关于古典的宽容精神已经写得非常多了。一种宗教的性质可以从他的宽容限度看得最明白，古典宗教也与其他宗教一样，是有这种限度的。当然，这些宗教的一种本质特征是它们数目非常多，另一本质特征是，它们是一些纯粹讲究仪式的宗教；因此对它们而言，人们通常所了解的宽容问题是不存在的。但却主张、要求对上述祀拜仪式尊重，很多在言语上或在行动上违背了这一规定的哲学家，甚至无意识违背规定的异方人是能懂得古典的宽容限度的。枚斋教会的彼此迫害与这不同；拜一神教徒为了自己的信仰有责任阻止他去承认错误的教义。古典祀拜能够宽容耶稣祀拜，承认它是自己的一支。但是祀拜教会却必定会攻击耶稣教会。基督教徒所遇的所有大迫害（正好相当于后来异教所遭的迫害）并非来自“罗马”国家，而是来自这种祀拜教会，仅因祀拜教会既是民族，又是祖国，所以迫害才是政治性的。要知道，恺撒崇拜的面具之下有两种宗教的惯例。在西方的古典城市中，特别是在罗马，一种特殊的对于先帝亡灵的祀拜是作为那种欧几里得式的感情的最终表现而出现的，便是要求实体单位的人与实体单位的神应有合法的并且是圣仪的交往。另外一方面，在东方，结果便出现了一种视恺撒为救主、为神人、为所有混溶派信徒的弥赛亚的教义，它被这个教会用最高的民族形式表现出来。供奉皇帝是教会的最重要的圣礼——正好相当于基督徒的洗礼——这便让我们容易理解在迫害的日子里，对于这些行动的命令与违抗的象征意义了。全部这些教会都有其圣礼：波斯人的荷麻饮[1]、犹太人的逾越节祭品、基督教徒的圣晚餐之类的圣餐；对阿狄斯神[2]和密司拉神[3]的类似仪式；曼第安教徒、基督教徒、埃西神与西比里神的崇拜者的洗礼等。实话说，异教教会的个别祀拜几乎是能够看成教派与教团的——这种看法能够让我们更好地理解它们的相互宣传。

所有真正的古典密仪，例如厄琉息斯密仪与公元前500年左右毕达哥拉斯派在意大利南部城市中创始的密仪，都是有着地方局限性的。它们都有某种象征性的行动或程序。在假晶现象的范围内，它们便从它的地方性解放出来了；哪里有新加入的人，它们便能够在哪里举行，现在它们是用枚斋的狂热与苦修的生活为目标的。参谒圣地的人变成了实行仪式的教团。公元前50年左右形成的、与犹太敬虔派有着密切联系的新毕达哥拉斯的团体绝非一种古典的“哲学派别”；它是一种纯粹的修道团体，它还不是混溶运动中的唯一预先实行基督教修士与回教托钵僧的理想的团体。这些异教教会自有其隐士、圣者、先知、神谈、经典及启示。在偶像的意义方面，产生了一种非常显著的改变，还有待

[1] 荷麻饮：荷麻草象征着生命之树。

[2] 阿狄斯神：小亚细亚一带崇拜的男神，司植物生长。

[3] 密司拉神：自然女神，是天上万神和地上万物之母。

于研究。柏罗提那的最伟大的信徒爱安布立卡斯[1]最后在公元300年左右给异教教会订出了一种正统神学、教阶制度与严谨教仪的巨大体系，其门徒朱理安皇帝为了永恒地建立起这个教会，作了毕生的努力，最后并为它献出了自己的生命。他甚至想给冥修的男女创设寺院，倡导出世的苦修。这项工作获得了空前的热情支持，达到了殉教的高峰，一直延续到皇帝逝世后很长一段时间。现存的碑刻，除了通过下列公式是非常难翻译的，便是，“仅有一个上帝，朱理安便是其先知”。再有十年功夫，这个教会便会变成一件历史的、永远的事实。结果，基督教不但继承了其力量，而且在重要的细节上继承了其形式与内容。人们常说，罗马教会与罗马国家的结构相适应；这是不很正确的。罗马国家的结构在假设上便是一个教会。某个时期，两者发生了接触——君士坦丁大帝是尼西亚宗教会议的召集人，同时又是大祭司，他的儿子都是热忱的基督教徒，将他尊为神灵，按照规定的仪式去供奉他。圣奥古斯丁敢于肯定地说，真正的宗教已在基督教到来以前便以古典的形式在世界上存在了。

五

为了理解居鲁士和提图斯之间的整个犹太教，必须牢记三件事实，对它们，学术是非常清楚的，但因语言学的与神学的成见，在讨论时却不将它们当作因素看待。第一件事实是，犹太人是“一个无土地的民族”，是一种一致，并且是生存在一个由同一类型的许多纯粹民族构成的世界中的。第二件事实是，耶路撒冷确实是一个麦加，一个神圣的中心，可它既非犹太人的家，也非他们的精神上的向往的中心。最后一件事实是，仅有在我们坚持将犹太人看成世界历史中的一种特殊现象时，他们才是如此。

当然，被放逐后的犹太人与被放逐前的以色列人比起来，就像休哥·温克勒[2]所首先发现的，确是一种相当新型的民族。可他们并非那一类型的唯一代表。那时，阿拉米语世界已开始出现了很多这样的民族，包括波斯人与迦勒底人，他们都住在同一个地区，可是相互间从不来往，当时他们便已在过着我们称其为犹太居民区的真正的阿拉伯的生活方式了。

新精神的最早的先驱是有着壮丽本质的预言式宗教，它们是公元前700年左右产生的，它们向人们及其统治者的原始习俗发起挑战。它们本质上也是一

[1] 爱安布立卡斯：250~325年，新柏拉图主义哲学家。

[2] 休哥·温克勒：1863~1913年，德国考古学家、历史学家和东方语言学家。

种阿拉米人现象。我越是一方面思考阿摩司、以赛亚、耶利米[1]，另一方面思考琐罗亚斯德，我便越觉得其关系非常密切。区别他们的好像并非他们的新信仰而是他们进攻的目标。前者攻击那野蛮的、古老的以色列的宗教，事实上那是一整堆的宗教因素——信仰神圣的石头与树木，信仰无数的地方神（旦、怕特利、希伯伦、示剑、别示巴、吉甲），信仰一个单一的耶和华（或厄洛希姆），这个名字包括很多最庞杂的神力：祖先崇拜和人体牺牲，托钵僧舞和神圣的委身——加上一些关于摩西与亚伯拉罕的模糊传说，与许多晚期巴比伦世界的习俗与英雄故事；它在迦南地区长久成为国教之后，今天已经退化与僵化成农民形式的了。后者攻击对英雄和海盗的古老的吠陀信仰，这些信仰毫无疑问是同样粗鄙化了，必须不断地通过对圣牛的赞美与关注，才能被唤回到现实中来。琐罗亚斯德生于公元前600年前后，生活穷苦，被迫害，被误解，老来还要与非信徒作斗争——他是不幸的耶利米的一位值得尊敬的同时代人，耶利米因预言而被其同胞所憎恨，被国王所囚禁，在事变之后被亡命者带到埃及，在那里被处死了。我相信，这个伟大的时期带来了第三种预言式宗教，便是迦勒底宗教。

迦勒底宗教及其深刻的天文学与永远惊人的本性，我估计，是由具有以赛亚一般才气的创造性人物在那时借鉴于古巴比伦宗教的遗留而创造出来的。大约在公元前1000年左右，迦勒底人便和以色列人一样，是一群说阿拉米语的部落，住在西尼尔往南——耶稣的祖国语言有时候还称为迦勒底语。在塞琉西时期，这个名称用在一种分布非常广的宗教团体身上，特别是用在其教士身上。迦勒底宗教是一种占星的宗教，在汉穆拉比之前，巴比伦宗教并不是这样的。它是对枚斋宇宙也就是世界洞天及在其中起作用的定数的最深刻的解释，所以，它是伊斯兰与犹太玄想中的基本内容，直到它们的最晚近的时期都是这样。7世纪之后那种值得被称为确切的科学的天文学——便是教士们令人难以置信地精确的观象技巧——是由它形成的而非由巴比伦文化形成的。它用星曜周代替了巴比伦的月曜周。伊什塔是古代宗教中最常见的人物，是司生命及结果之女神，现在变成了一颗行星，秦姆兹是司植物常死常生的神，变成了一颗恒星。最后，拜一神教的感情表现了出来；尼布甲尼撒认为马都克大神是唯一的真神，是仁慈的神，而波息帕的老神尼波却是其子和对人类的使者。在一个世纪中（公元前625~前539年），迦勒底的国王是世界的统治者，可他们也是新宗教的先驱者。在建筑庙宇时，他们亲自搬砖。耶利米的同时代人尼布甲尼撒登极时对马都克的祷告词现在尚存，在深刻性及纯洁性方面与以色列预言中的最优秀

[1] 阿摩司、以赛亚、耶利米：这些都是希伯来的先知。

的篇章一样出色。与犹太人的悔罪圣诗在韵律及内在结构方面密切地联系着的迦勒底的悔罪圣诗，知道人所不自知的罪过与在被赞美的神前忏悔便能改变的苦难。相同的对于上帝的仁慈的信赖在帕尔迈拉的柏尔[1]庙的碑刻中做出了真正基督教式的表述。

预言式教义之核心业已是枚斋性的了。有一个作为善之本原的神——无论其被称为耶和华，称为阿胡拉玛兹达，或者称为马都克。巴力——别的神都是无力量的，或者是邪恶的。这种教义希望有个弥赛亚，这个希望清楚地表现在以赛亚的身上，在随后的几个世纪中，因为一种内在需要的压力，也到处在迸发。这是枚斋宗教的基本观点，由于它暗中包含着一种世界历史的善恶相争的概念，认为恶在中期得势，而善却在末日审判时取得最后的胜利。将历史这样道德化的是波斯人、迦勒底人与犹太人所共有的现象。但是因为这个观点，地方性民族的观点事实上便消失了，无尘世的家与疆界的枚斋民族便产生了。选民的观点出现了。可是，不难理解，属于强有力的血气旺盛的人们，特别是那些大家族，觉得这些精神性过分浓厚的观点与其天性是不相容的，于是便回到了那顽强的、古老的部落信仰。依照丘孟[2]的研究，波斯国王所信奉的宗教是多神教，并无荷麻圣礼——即它不完全是琐罗亚斯德教。以色列大部分国王的情形也如此，迦勒底最后的国王那蒲那比（那波乃多斯）或许也是这样，他被居鲁士及他自己的臣民推翻的原因是，因为他不信马都克。在犹太人被囚俘时，割礼与（迦勒底的）安息日才开始被犹太人当作一种仪式来采用。

巴比伦的放逐让犹太人与波斯人之间出现了重要的差别，这并非关于自觉虔信的最后真理方面的，却是关于现实中的所有事实及人们对于这类事实的内心态度方面的。或许能回家去的是耶和华的信奉者，许可其回去的是阿胡拉玛兹达的信徒。这两个在两百年前或许具有同样的战斗人数的小部落，一个占有了一个世界——大流士越过北面的多瑙河时，其势力在南面经由东阿拉伯达到了索马里海岸的索哥特拉岛——而另外一个则彻底变成了异族政策的一名一点也不重要的走卒。

这就是使得一种宗教这样威风，另一种宗教这样卑逊的原因。学者能够对照《耶利米书》，读一读大流士在贝希斯敦的伟大碑刻——这位国王对其胜利之神是怎样赫然自负！而以色列的先知要想保全其神的影像所进行的论辩又是

---

[1] 柏尔：巴比伦宗教中的大地之神。

[2] 丘孟：1868~1947 年，比利时考古学家、语言学家，曾在叙利亚和土耳其从事占星术和东方宗教的研究。

多么无望啊。由于波斯人的胜利，被放逐的每个犹太人的眼光都转投到琐罗亚斯德的教义中去了，纯粹的犹太预言书（《阿摩司书》《何西亚书》《以赛亚书》《耶利米书》）变成了启示录（《第二以赛亚书》《以西结书》《载加利亚书》）。关于人子，关于撒旦，关于天使长，关于七重天，关于末日审判的新看法都是波斯人对于共同世界感情的提法。在《以赛亚书》第四十一章中，居鲁士本人出现了，被尊为弥赛亚。《第二以赛亚书》的伟大的作者是否从琐罗亚斯德的门徒身上得到的启发呢？波斯人释放犹太人是不是因为感到他们两种教义之间有着内在的关系呢？不管怎样，能够确定的一点是，两方面对于最终的事物，是有着同一流行看法的，他们对于古巴比伦的与古典的宗教，对于一般非信徒感到了并且表示了共同的厌恶，而这在他们相互之间是并不存在的。

可是我们不应忘记也从巴比伦的角度去看看“从囚禁中回去”这一问题。具有强大种族力量的人民大众事实上很少有这类想法，将这类想法看成纯粹的幻想与梦想；坚实的农民、手工业者、当然还有萌芽中的土地贵族却在他们自己的一个国王，即勒西·加留泰的统治下平静地保持自己的所有的一切，其首都是尼赫底。回了“家”的仅是少数顽强狂热的人。他们连同其妻室儿女共计四万人，不到总人数的十分之一，甚至不到二十分之一，谁如果将这些居民及其命运与整个犹太族混在一起，他便决不会懂得之后所有事件的内在意义。犹太教的小天地过着一种独自一人的精神生活，而整个犹太民族虽尊重这种生活，但绝没有分享这种生活。在东方，启示文学，预言的女祭司，是十分兴盛的。这是人们的一种真正土生土长的诗歌，我们现在还有其杰作《约伯书》，这份作品的性质是伊斯兰的，肯定是非犹太的——而它的别的大量的故事与英雄传说，例如《朱狄司》《托比特》《阿溪卡》却成了“阿拉伯”世界所有文学的动因。在犹太，仅有律法是昌盛的；《他勒目法》的精神最初出现于《以西结书》中（第四十章以下），到公元前 450 年之后在以以斯拉为首的法律师身上体现出来了。从公元前 300 年到公元后 200 年，律法师们（“夫子们”）注释了《妥拉经》，发展了《米示纳篇》。耶稣的来临与圣殿的毁灭都没能中断这门玄奥的学问。耶路撒冷变成坚定的信徒的麦加，其《可兰经》是一部法典，其中慢慢加入了一整套根据法利赛派观点改组过的、迦勒底和波斯动因相混合的原始历史。可是在这种气氛中，世俗的艺术、诗歌或学问是没有容身之地的。《他勒目法典》中的所有天文学、医学与法学知识有着完全的美索不达米亚根源。迦勒底—波斯—犹太教派之开始形成，或许也是在美索不达米亚，是犹太人被囚结束之前的事；这些教派在枚斋文化开始之时发展成为伟大的宗教，这一进程在摩尼的教义中达到了顶点。“律法和先知”——这两个名词实际上划分了犹太和美索不达米亚的区别。在后期的波斯神学与任何别的一种枚斋神学中，两种倾向便合而为一了；只有在这里考虑的情况下，它们在空间上才是相互分开的。耶路撒冷的决定随处都被认可，但有多少地方服从则是个问题。即使邻近像加利利，法利赛派也是被怀疑的对象，而在巴比伦却没一个律法师是能被奉为神圣的。至于保罗的老师、伟大的迦玛利，其统治“甚至海外的”犹太人也服从，那是一件很出名的事情。在埃及的犹太人的生活上的独立性能够从最近在厄利蕃泰尼和阿斯旺所发现的文件中看出来。大约在公元前170年时，欧尼亚斯要求国王允许他“依照耶路撒冷圣殿的尺寸”建立一座庙宇，理由是，现有的很多不合规格的庙宇是各种团体间无休止的争吵的根源。

另外一个题目也应当被考虑。犹太与波斯一样，在被放逐之后，人口增加，远远超过了古老的小氏族的限度；这是因为改宗与分离之故——这是一个没有土地的民族所能有的唯一征服形式，所以，这种形式对于枚斋宗教是自然的与明显的。在北方，它非常早便通过阿狄阿俾尼的犹太国，到达了高加索；在南方（也许是沿着波斯湾），它渗入了萨巴；在西方，它在亚历山大里亚、西勒尼与塞浦路斯取得了支配地位。埃及的行政与帕提亚帝国的政策大半掌握在犹太人手里。

但是这个运动只来自美索不达米亚，其精神是“启示录”的，并非《他勒目法典》式的。耶路撒冷在忙于制造更多合法的障碍以反对非信徒，甚至废弃改宗的做法尚还不够。一个法利赛派人允许自己去召唤举世爱戴的赫揩努斯王（公元前135~前106年），使他放弃祭司长的职务，由于其母亲曾经一度被异教徒所掌握。相同的狭隘精神在犹太的原始基督教团体中采取了反对向异教徒传播福音书的形式。在东方是谁都不会设置这类障碍的，它们是与枚斋民族的整个观点相违背的。但广大的东方的精神优势正建立在这个事实上。耶路撒冷的最高议事会或许具有至高无上的宗教权威，但在政治上，所以也是从历史上看，勒西・加留泰的权力却是迥然不同的。基督教徒与犹太人的研究都没有看到这些事实。据我所知，没有一个人注意到这样一件重要的事实，便是，安泰奥卡斯・爱匹芬斯的迫害并非针对“犹太人”的，而是针对犹太国的。这便为我们带来了另外一件更为重要的事实。

耶路撒冷的毁灭仅打击了犹太民族的一个非常小的部分，特别是一个精神上与政治上毫无重要性可言的那部分。说自从那时起犹太人就“在分散中”生活是不正确的，因为它用独立于国家之外的形式生活了若干世纪（波斯等族也曾如此）。另一方面，我们也同样极少认识这次战争对真正的犹太人所产生的印象，这些犹太人是被犹太看作附属品并被当成附属品来对待的。异教徒的胜利与圣地的毁灭在心灵的最深处被感觉到了，在1115年的十字军中，采取了严酷的报复行动；可是暴行与复仇的理想是犹太人的理想而非犹太教的理想。犹太复国主义在居鲁士的时候和在我们现在一样，仅对极小一部分精神狭隘的人才是实在的。假如那次的灾难真被感到是“无家可归”（就像我们用西方人的心理所设想的），那么，在马尔库斯·奥理略时代之后是有上百次的机会能够抓住来收复这座城市的。可是那会违背枚斋式的民族理解，其理想的有机形式是礼拜集会、是纯粹的一致——便如早期天主教的“现世教会”与伊斯兰一样——犹太及犹太氏族精神的消灭恰好第一次彻底实现了这一理想。

针对犹太的韦斯巴新战争是对于犹太人的解放。第一，它终结了这一小块地方的人把自己视为真正的民族的要求，同时也终结了他们用其单调的心灵状态代替整个民族的心灵生活。东方各学院的研究工作、经院哲学与神秘主义获得了应有权利；例如，士师卡尔纳——或多或少地与阿尔匹安及帕品尼安是同一时代的人——在尼赫底的学院中制订了第一部民法。第二，它从同一时期基督教所屈服在它跟前的假晶现象的危险之中拯救了这个宗教。自从公元前200年以来便存在着一种半希腊化的犹太文学。《传道书》中有皮朗派的观点。随后便有《所罗门智慧书》《玛卡比第二书》《狄奥多喜旧约》《亚里斯提阿斯书信》等作品；还有《美兰德箴言集》一类的作品，不能说应当将其看成犹太的，还是应该看成希腊的。大约在公元前100年时，有些祭司长在精神上是非常希腊化的，所以攻击了犹太宗教，后来又有赫揩努斯与赫洛德之类的统治者用政治方式攻击过。在公元70年时，这种危险马上结束了，并且是永久地结束了。

在耶稣的时代，耶路撒冷出现了三种能够被称为一般的阿拉米趋势，分别由法利赛派、撒都该派及敬虔派代表着。虽然这些名称的内涵变化不定，而且在基督徒和犹太人的研究中，人们对于他们持有的见解分歧很大，但是我们至少能够说，第一种趋势存在于犹太教的最大纯洁性之中，第二种见于迦勒底精神，第三种见于希腊化文化。敬虔派是密司拉祀拜（差不多成了一种教团）在小亚细亚以东的兴起。撒都该派在耶路撒冷虽然是一个小小的、著名的团体——约瑟达斯[1]把它比作伊壁鸠鲁派——因为某种让他们成为这一早期的陀思妥耶夫斯基们的因素的关系，他们的启示的与末世学的见解完全是阿拉米的。他们与法利赛派的关系就同神秘主义与经院哲学的关系，约翰与保罗的关系，及波

[1] 约瑟达斯：约37~100年，犹太教士、学者、历史学家，著有《上古犹太史》。

斯世界中《奔达希经》与《万迪达经》的关系是一样的。《启示录》的见解在大众间盛行，其许多特征在精神上是整个阿拉米世界的共同财富；《他勒目法典》的与《阿维斯塔经》的法利赛派却是排外的，它企图用不妥协的苛刻态度摈斥其他所有宗教。

敬虔派在耶路撒冷是像新毕达哥拉斯派一样的僧侣教团。他们有自己的秘密的经文。广而言之，他们是假晶现象的代表，所以，在公元70年之后，他们便彻底从犹太人中消失了，正好在这一时期，基督教文学正在变成纯希腊的——这完全不是希腊化了的西方犹太人离弃犹太教、退回东方并慢慢信仰基督教的结果。

但是，《启示录》的见解是没有城镇和畏惧城镇的人类的一种表现形式，它在对大毁灭的刺激做出最后的惊人反应之后，极快也在犹太礼拜集会中停止了。在人们明白了耶稣的教义不会导致犹太教的改良而只会导致一种新宗教时，在公元100年前后反对犹太人的基督徒的日常祷咒公式被采用时，《启示录》见解仅在那年轻的教会中存在了短短一个时期。

六

在这个兴旺的青春时期，将新生的基督教抬高到所有宗教之上的无法相比的人物是耶稣。在那些岁月的所有伟大创造中，没有一件事情够和这件事相提并论。在阅读与听人讲到耶稣受难——到耶路撒冷的最后旅程、焦心的最后晚餐、在客西马尼花园的绝望时刻和钉死在十字架上——的历历在目的故事的任何一个人看来，那些关于密司拉神、阿狄斯神及奥西里斯神的传奇与神圣的冒险故事就显得非常平凡、非常空虚了。

这并不是什么关于哲学的问题。耶稣的声音停留在很多信徒的记忆中，甚至一直停留到老，那是一个孩子在一个陌生、古老、病态世界中的声音。这些声音并不是社会学的观察、问题与辩论。在伟大的提庇留时期，这些住在泽涅萨勒特湖畔的渔夫与工匠的生活就像一个寂静幸福的小岛，远离世界历史，不知人间现实，而周围却闪耀着希腊化城镇的剧场与庙宇、风雅的西方社会、喧嚣的群众娱乐、罗马式的步兵队与希腊的哲学。当受难者的朋友与门徒衰老了，他们的兄弟在耶路撒冷主持他们的团体时，他们便将流传于他们那些小团体中的传说及故事编成一本传记，这本传记具有内在的魅力，自成一种风格，在古典文化或阿拉伯文化中均无先例——这便是“福音书”。基督教是世界史上唯一用当时一个人的命运作为整个创造的标志与中心的宗教。

一种类似于公元1000年前后日耳曼世界所经历的奇异的激动，当时传遍了整个阿拉米土地。枚斋的心灵被唤醒了。那在预言式宗教中就像一个预兆、在亚历山大时表现为形而上学的轮廓，现在达到了完成状态。这种完成状态用不能描述的力量唤醒了原始的恐惧感情。从我及和自我同一的世界焦虑的诞生乃是人类与一般能动生命的最后秘密之一。在小宇宙面前出现了一个广阔的、无法抗拒的大宇宙，一个充满陌生炫目的生存与活动的深渊，将那小小的、孤寂的自我吓得退回去了。就是在人生最黑暗的时刻，一个成人也不会产生一个儿童有时在处于清醒状态中所感受的恐怖。在新文化曙光初露的时刻，同样也有这种致命的焦虑。在那畏怯、踌躇、没有自知之明的枚斋世界感情的清晨时刻，年轻的目光看到了世界的末日就在眼前——这是迄今为止的任何一种文化认识自己时的第一个想法。除了比较浅薄的心灵之外，在启示、神迹和注目事物的基础之前，人人皆会产生一种恐惧的心理。这时人们仅按天启的观念去生活和思维。现实变成了表面现象。奇异可怕的幻象神秘地在人们之间流传，从有着怪异外表的经句中读到它们，而人们也立刻蛮有把握地相信它们。这些作品从一个团体传到另一个团体，从一个村落传到另一个村落，要指明它们属于某一特定宗教是办不到的。其色彩是波斯的、迦勒底的、犹太的，但是它们吸收了隐含在人们心理中流传的全部。圣书是民族的，启示文学从字面的意思去看是属族间的。它存在，但似乎无编者。其内容是流质的——今天这样读，明天又读成另外一个样子。可是这并不意味着它是一首“诗”——它不是。这些创作类似法国的罗马式大礼拜堂门廊上的骇人的人像，那也并非“艺术”，而是雕在石头上的恐怖心。人人都知道那些天使与魔鬼，圣体的升入天堂及打入地狱，第二亚当，上帝的使者，末日的超度主，人子，永恒的城市与最后的审判。在异族的城市中，在严格的犹太与波斯教士的崇高地位上，不同的教义还能够清楚地加以区分，但在下面的人民大众中便几乎没什么特定的宗教，而仅有一种充满在所有心灵中、依附在起源于各种设想的闪现与想象的一般枚斋信仰。末日就在眼前。人们期待着它，知道到了这一天全部这些启示所谈论的“他”便会出现。先知出现了。越来越多的新团体结合起来了，它们深信自己对于传统宗教有更深的理解或者发现了真正的宗教。在这个令人紧张的时刻，在那围绕耶稣生年的岁月中，除了无穷尽的团体与教派，又出现了另外一种超度说宗教，即曼第安教，关于其创始者或起源，我们是一无所知的。曼第安教虽然憎恶耶路撒冷的犹太教，并且肯定地倾向波斯人的超度观点，但是它似乎是非常接近叙利亚的犹太人的流行信仰。我们得以参考到那一件件令人感到惊异的文件，它们一致告诉我们有个“圣子”、有个人子、有个派入深渊的超度主，他自己必须得到超度，他是人们期待的目标。在约翰书中，天父高高地升起在完满之宫内，沐浴在阳光中，对其独生子说：“我的孩子，给我做使者；到黑暗的世界去，那里无阳光。”圣子对他说：“天父，我犯了什么罪要送我到黑暗中去呢？”最后便说：“我无罪升了天，我身上无罪，无缺点。”

各大预言式宗教的、与后来被辑录的各种启示录中的所有深奥闪现及想象的所有特征，在这里都被当作基础看待。古典思维和古典感情却一点未触及这个枚斋的下界。毫无疑问，新宗教的发端无法挽回地消失掉了。但是曼第安教派中一位历史性人物惊人地清晰地站出来了，他的目标，他的毁灭都与耶稣本人一样悲惨——这便是施洗者约翰。他几乎从犹太教解放出来了，他强烈地憎恶耶路撒冷精神，就像是原始的俄罗斯憎恶彼得堡一样，他的布道宣传世界的末日与巴纳施即人子之降临，人子已不再是犹太人渴望的民族弥赛亚，却成了世界大难的导致者。耶稣来到他跟前，成了他的门徒。耶稣是三十岁的时候觉醒的。自此之后，启示的、特别是曼第安的思维世界便充满了他的整个存在。他周围的另一个历史现实的世界在他看来是虚假的、外加的、毫无意义的。“上帝”现在便会来结束这种不真实的实在，这是他所庄严地确信的，像他的老师约翰一样，他出来充任了上帝的先驱者，现在，在并入“新约”的最老的福音书中，我们依然能够看到当时的一线闪光，知道在其意识中他无非是一位先知罢了。

但是在他生命中曾转瞬即逝地闪现过一个念头，随后这个念头便以高度的自信正式出现了——“你自己便是那位！”这是一件秘密，这秘密最初他自己也不大相信，后来才告诉最亲近的朋友与伙伴，从此之后，他们与他默默地分享着这神圣的使命，直到最后，他们才敢于通过到耶路撒冷的重要旅行，将真相在全世界面前揭开了。假如还有什么东西掩盖其思想的完全纯洁与光荣，那便是关于他是否欺骗了自己的怀疑，这种怀疑随时抓着他，后来是他的门徒非常坦率地告诉别人的。他回了家。村里的人围住了他，认出了他是放弃了工作的从前的木匠，他们愤怒了。家里——母亲与全体兄弟姐妹——以他为耻，他差点被逮捕。这些熟悉的眼光这样看待他，让他有些惶惑了，觉得魔力离开了自己（《马可福音》第六章）。在客西马尼花园的时候，他既非常害怕将要到来的事情，同时又怀疑自己的使命，即使是在十字架上，人们还听见他痛苦地在呼号，说上帝抛弃了他。

甚至在这种最后的时刻，他所过的也完全是他自己的启示世界形式的生活，对他而言，只有这才是真实的。对于站在他下面的罗马哨兵所认为真实的事情，在他看来则成了一个徒然引起惊异的目标，成了一件不经预告随时能够化为乌有的幻觉。他具有无城镇地带的纯洁而未掺杂的心灵。城市生活及其精神对他是完全陌生的。他作为人子到耶路撒冷去，他是否真的看见了半古典的耶路撒冷、懂得其历史性质呢？这便是过去让我们感到骇然的——事实和真理之间的冲突，两个彼此永不了解的世界之间的冲突，他完全不理解身边发生的事情。

他就这样没有保留地在国内宣布他的神示。但是这个国家是巴勒斯坦。他生在古典帝国，受着耶路撒冷的犹太教的监视，当他心灵新受了关于其使命的可怕启示，举目四望时，便碰上了罗马国家的现实与法利赛派的现实。他与全体曼第安派，并毫无疑问与广大东方的犹太农民一样厌恶后者的僵硬自私的理想，这就是他从头到尾的所有说教的特点。这一大堆冷酷的信条据说便是得救的唯一途径，这很让他生气。但是，他反对律法师的逻辑的信念依旧是一种虔信。这只是律法和先知的对立。

可是，当耶稣被带到彼拉多跟前的时候，事实的世界与真理的世界便在直接的、无法和解的敌对中面对面地相见了。这是一个惊人地清晰的场面，压倒所有的象征性，是世界历史中前无古人后无来者的。所有能动的生命因为自己的存在，因为自己既有生存、又有知晓，从一开始，其根源上便存在着冲突，在此，这种冲突采取了人类悲剧中能被设想到的最高形式。在罗马总督那有名的问句“何谓真理”中——真理这个词在所有“新约”中是一个纯种族意义的词——有着历史的全部意义，有着非纯的独一无二的正确性，有着国家、战争和血的尊严，有着成功的权威和优胜的适者的骄傲，不是通过耶稣的嘴而是通过耶稣的沉默的感情用另外一句在任何宗教问题上具有决定性意义的问话回答了提出的问题——即何谓现实？对于彼拉多，现实就是一切；对耶稣，它算不上什么。假如它算得上什么，纯洁的信仰就永远无力反抗历史和历史的力量，无力裁决积极的生活了；假如它这样做，它就不再是宗教，他自己也要服从历史精神的支配了。

“我的王国不属于这个世界”，这是一句不允许曲解的最后的词语，每个人都应该依据它来检验一下出身以及天性使自己所走的道路。利用醒觉意识的存在或使存在服从自己的醒觉意识；节奏或者紧张；血或者才智；历史或者自然；政治或者宗教——非此即彼，没有调和的好办法。一个政治家有可能笃信宗教，一个虔信的人有可能为国捐躯——但他们双方必须明白自己的确是站在哪一方的。天生的政治家看不上一个事实世界中的空想家和伦理哲学家的内在思维过程——这是正确的。但对信徒来说，历史世界中的所有野心与继承都是罪恶的，无永久价值——他也是正确的。一个统治者希望朝着政治的、实用的目标去改良宗教，他就是一位傻子。一位社会学家的传教士希望将真理、正义、和平和宽容带入现实世界中去，他也是一位傻子。无信仰曾经改变过世界，无事实曾经驳倒过信仰。在定向的时间和无时间限制的永恒之间，在历史的进程和一种神圣的世界秩序的存在之间是没有沟通的桥梁的，在这种秩序的结构中，“天命”或“神意”这个词表示了一种因果的形式。这就是耶稣与彼拉多彼此相遇时的最终意义。在一个历史的世界中，罗马人使耶稣被钉死在十字架上——这是他的宿命。在另一世界中，罗马被注定要遭到毁灭，十字架变成了超度的誓言——这是“上帝的意志”。

宗教即是形而上学，不是别的——“正因为是荒谬的，所以我才相信。”——这形而上学不是关于知识、辩难、证据的形而上学（那只是哲学或者学问），而是一种生活过和经验过的形而上学——把不可思议的视为一种当然，把超自然的视为一种事实，把生活视为一个不实在但是真实的世界中的实体。耶稣除了这个世界之外从未在任何别的世界生活过一时一刻。他并非一位道学家；将宗教的终极目标道德化，用这种观点去看宗教的人是不理解宗教的。道德化是19世纪的启蒙运动，是合乎人情的实利主义。讨论耶稣有社会目的是一种亵渎。他偶尔说出的带有社会性的话，如果是确凿有据而并非假托他说的，那不过是为了输入教训而已。它们并不包含任何新的教义，它们所包含的是当时流行的谚语。他的教训是宣布，只是宣布他经常想到的那些末日的事情、新时代的曙光、天使的降临、最后的审判、一个新天以及一个新地。所有其他关于宗教的概念耶稣是没有的，在历史上所有真正感情深厚的时期也是未曾有过的。宗教自始至终是形而上学，是出世，是在一个感官的证据仅照亮前台的世界中的觉醒。这是存在于超感觉并与超感觉同在的生活。假如无这种觉醒的能量或相信它的存在的能量，真正的宗教也就完蛋了。“我的王国不属于这个世界”，唯有能洞察这一闪现的念头所烛照的深处的人，才能理解从那深处所发出的声音。晚期的城市时代就不能够再看到这些深处了，它们将残余的信仰转到了外部世界，用人道主义替代了宗教，用道德化与社会伦理替代了形而上学。

在耶稣身上，情形刚好相反。“该撒的物当归于该撒”（《马太福音》第12章）的意思是：“应该让你自己去适应现实世界的权力，理应忍耐、忍受、不要询问它们是否‘公正’。”唯一重要的事情是灵魂的得救。“你想百合花”（《路加福音》第12章）的意思是：“别关心贫富，因为二者都令灵魂被现世的俗务所束缚。”“你们不能够既侍奉上帝，又侍奉玛门”（《马太福音》第6章）——玛门的意思是指整个现实。模糊这一要求的巨大意义是浅薄的、怯懦的。在替自己个人增加财富而努力以及为每一个人的社会舒适而努力之间，他不会感到有何不同。当财富令他感到恐惧时，当耶路撒冷的原始团体——那是一个严格的教团，不是一个社会主义者的俱乐部——排斥所有制时，打动他们的是同“社会”情操最相反的反面。他们的信念不是认为能见的事物状态就是所有，而是认为什么也不是：它的根据不是欣赏现世的安逸，而是无保留地轻视它。的确，应该常常有点什么东西来反对与废止世俗的财富才行，因此我们又要回到托尔斯泰和陀思妥耶夫斯基的对比了。托尔斯泰是一个城里人、西方人，他只认为耶稣是一个社会改革家，只看到他在形而上学方面的无能——正如同整个文明的西方一样，只能想到分配，从未想到抛弃——他将原始基督教抬高到了一种社会革命的水准。陀思妥耶夫斯基是一个穷人，但是有时几乎是位圣者，他从未想到过社会改良——废除财产对于一个人的灵魂有何益处呢？

七

耶稣的朋友以及门徒被耶路撒冷之行的可怕的后果吓得不知所措了，没过几天，耶稣复活和复现的消息就在他们之中传开了。在这种晚期的人类的敏感之中，这个消息在这么一些人的心灵中和在这么一个时刻所产生的印象是仅能局部地获得响应的。它表明枚斋青春时期所有《启示录》的实际结束——得到超度的超度主、第二亚当、[illegible]所取的所有其他的称呼，已上升为天父的光明世界中去了，这表明了现世的结束。于是，已经预知的未来、新的世纪、“天的王国”立即呈现在眼前了。他们认为自己正处于超度历史的转折点上。

这种确然性几乎完全改变了那些小团体的世界观。从耶稣的温和高贵的天性中表现出来的“他的”教训——他对上帝与人的关系以及对时代的深远意义的内心感觉，它们一览无遗地包含于“爱”这个字眼里面并由这个字解释清楚了——退向后台，它们的地位被有关他的教训所替代了。作为一位升天者，他被他的门徒们视为了启示录中和属于启示录的一个新人物，（更有甚者）被看作启示录的一个最重要以及最终的人物。然而，他们关于未来的影像于是就变为了一个记忆中的影像。这一点是至关重要的，是枚斋思维界中前所未闻的——一种生活过的、经验过的现实变成了与夸张的故事本身齐平的事物。犹太人（其中有年轻的保罗）和曼第安教徒（其中有施洗者约翰的门徒）强烈地反抗这一点，把耶稣视为一个“假弥赛亚”，就像最早的波斯经文中所述说的一样。在他们认为，“圣子”有待从远处到来；在那个小团体认为，“圣子”是已经来了——他们难道没看到过他并且和他同在？假若我们想要体会这种概念在那时的强大优势，我们就必须毫无保留地同意它。代替对遥远的不确然的一瞥的是，一个赫然的当前；代替对释出中的确定性的可怕的期待的、代替一个英雄故事的是，一件被生活、被分享的人类宿命——它们的确是一些被公布了的“吉报”。

然而向谁公布呢？在最初的那些日子里这个决定新启示的整个命运的问题便出现了。耶稣及他的朋友生来就是犹太人，然而他们不属于犹太国的土地。在耶路撒冷，人们找寻他们的古老圣书中的弥赛亚，一个为了古代部落意义的“犹太人”的出现而且仅为他们而出现的弥赛亚。但阿拉米世界的其他各部分却等待世界的救主、超度主和人子，即那所有启示文学中的人物，无论它是用犹太的、波斯的、迦勒底的还是曼第安的语言写出的。依照第一种观点，耶稣的死与复活仅仅是一个地方性的事件；而依照第二种观点看它们带来了世界性的改变。由于其他地方的犹太人都是一个无家、无出生联系的枚斋民族，而耶路撒冷却坚持部落观念。矛盾不在于“向犹太人宣教”还是“向非犹太人宣教”——矛盾比这里深刻得多。在这里，“传教”这个词总体上有两重意义。依照犹太教的观点，补充教徒绝无必要——而是正好相反，因为这同弥赛亚观点是不相符的。“部落”与“传教”这两个词是相互排异的。选民中的成员，特别是教士，仅令自己相信他们的渴望现在已经实现了就足够了。但枚斋民族从一致或从感情相通出发，确认复活所宣示的是一种充分、确定的真理，这一真理的一致性提供了真正民族的原则，应该加以扩大，让它包括所有古老的以及概念上不完整的原则。“一个牧羊人和他的羊群”是新的世界民族的公式。超度主的民族和人类是同等的。因此，在我们考察这种文化的早期历史时，我们看到，使徒会议（《使徒行传》第 15 章）中的争论已经在五百年前就由事实解决了。被放逐后的犹太人（自成系统的犹太国是特殊的例外）像波斯人、迦勒底人和其他的人一样，已经不再顾及家世与起源，从土耳其斯坦直到非洲内陆，从异教徒中获得了大量补充。关于这一点，现在已经没有什么争论。在这个团体的头脑中，这件事除了它的本来面目以外从未被看成别的什么，它本身已经是一种分散的民族生存的结果。跟古犹太的经文全然相反——那是一份小心翼翼地保存着的财富，有关它的正确解释，哈拉卡，是律法师们自己所享受的——启示文学是被书写下来的，因此，它能够达到任何有待唤醒的心灵，它也是经过阐释过的，因此人人能够获取要领。

不难看出，这些概念中哪一种是耶稣的最老的伙伴提出的，原因是他们在耶路撒冷自己组成了一个末日的团体，经常去参谒圣殿。关于这些质朴的人——其中有从前公开摈斥其兄弟，有现在信仰她的被处决了的儿子的母亲（《使徒行传》第1章）——犹太人的传统比起启示录的精神更有力量。他们企图说服犹太人的目的失败了（虽则最初连法利赛派也倾向于他们），于是他们便成为犹太教的无数教派中的一派，他们的作品“彼得的忏悔”很可以视为一种公开的显现，表明他们自己是真正的犹太人，而最高议事会则是假的。

这些人的最后结果是湮没无闻，原因是很快就产生了这样一种情形，即整个枚斋思维和感情的世界与新的启示教义相应和。在耶稣后来的门徒之中，许多人肯定地、纯粹地是枚斋的，是绝对不染法利赛精神的。早在保罗之前，他们就默默地解决了传教问题。在他们认为，不布道便等于全然不生活，他们马上在底格里斯河到台伯河之间处处结成小团体，在此，用任何设想方式表现的耶稣形象与大量早先的想象结合起来了。在此处又出现了一种关于向异教徒传教还是向犹太人传教的新的分歧，这一分歧比起争端业已解决了的犹太与世界之间的矛盾更为重要。耶稣曾在加利利住过。他的教义应该指向西方还是指向东方呢？它应该成为一种耶稣祀拜还是应该成为一种救主的教团呢，在两个正在形成的教会中间，它应该和波斯教会还是同混溶教会建立密切的关系呢？

这正是保罗所要决定的问题——保罗是新运动中的第一位伟大人物，是第一位不但具有真理感而且具有事实感的人。他是一位来自西方的年轻的律法师，是一位最著名的律法师的门徒，他用犹太教门徒的资格迫害过基督教徒。之后，他在当时经常发生的一种觉醒之后，转向了西方的无数小小的祀拜团体方面，而且从中以他自己的形式创建了一个教会；从此，异教的和基督教的祀拜教会就平行发展，常常相互起作用，直到爱安布立卡斯和阿泰纳西乌斯[1]的时期（大约在公元后330年）。在这个伟大的理想面前，保罗极少掩饰他对耶路撒冷的耶稣社团的蔑视。在“新约”里面，再没有比致加拉太人书信的开头几段表现得更为明显确切的了；其活动是自行担负起来的；他依照他所喜欢的去教示，他依照他所喜欢的去建立。最终，经过了十四年，因为他的优越的精神力量、因为他的成功、因为他对耶稣的老伙伴可以保持有效的独立自主，他到耶路撒冷去了，目的是去强迫他们赞同他保罗的创造包含了真正的教义。彼得和他的人们对于现实是陌生的，未能抓住和体会讨论的深远意义。此后，原始的社团

[1] 阿泰纳西乌斯：代表着西教会的尼西亚信仰的最大捍卫者的亚历山大主教，大约生活于公元295~373年。

便成为多余的了。

保罗具有律法师的理智和天启的感情。他承认犹太教，然而仅承认它的发展只是处于起步阶段。于是便产生了两种枚斋宗教，它们共用一种圣经（也就是“旧约”），但是有两种哈拉卡，一种倾向于《他勒目法典》——律法师们从公元前300年起在耶路撒冷发展起来的——另一种是由保罗所建立而由神学家们所完成的，倾向于福音书的方向。然而保罗进一步将启示录的所有丰富性以及当时这些地方向往得救的心情结合成为一种得救的当然性，这种当然性是直接显示给他的，是在大马士革附近显示给他一个人的。“耶稣是超度主，保罗是他的先知”——这就是他的神示的所有内容。将他视作穆罕默德是再形象不过了。他们在醒觉的性质方面，在预言的自信方面，因之在确认自己是各自的解说的唯一权威和确认其为无条件的真理方面，他们都是相同的。

同保罗一样，城里人以及其“智慧”登上了舞台。其他的人虽然知道耶路撒冷或安提亚克，然而从未理解这些城市的实质。他们的生活是束缚在土地上的、乡土的，心灵及感情全部如此。然而现在出现了一种萌生于古典型大城市之中的精神，这种精神只能生存在城市里面，它既不了解也不尊重农民所处的乡间。对保罗，了解还是有可能的，但对彼得却绝不可能。保罗是第一个将复活经历视作一个问题的人；年轻的乡下人的敬畏的狂热在他的头脑之中变成了一种精神原则的冲突。多么强烈的一种对比！客西马尼花园的挣扎，大马士革的时刻：儿童和成人，心灵的痛苦和理智的决定，自我牺牲和决心改变局面！保罗开始看出了新的犹太教派对耶路撒冷的法利赛派的危险性；现在他突然意识到，拿撒勒人“是正确的”——这种说法在耶稣的嘴上是无法设想的——并同他们一起去反对犹太教，因此就把早先包含于关于一种经历的知识中的东西提示为一种理智的量。然而他在倡导这一理智的量时，无意之中使它靠近了另一些理智的力量，也就是西方的城市。在纯粹启示录的环境之中是无“理智”的。依老伙伴看来，他完全是根本无法理解的——他向他们致辞时，他们肯定会以悲伤而疑虑的态度看待他。他们关于耶稣的活生生的形象（保罗从未见过耶稣）在他这种概念及主张的灿烂而且严峻的光辉面前就显得黯然无光了。从此之后，神圣的记忆蜕变成为一种经院式的体系。但是保罗对他自己的观点的真正根源是有绝对真实的感情的。他的传教行程全都是指向西方的，对于东方他是不顾及的。他从未离开过古典城市的领域。为何他去罗马、科林斯而不到以得撒或特息丰呢？为何他仅在城市中活动却从未从这个村落到那个村落呢？

事情这样发展全是由于保罗的缘故。在他的实际精力面前，其他任何的感情都算不上什么了，于是，年轻的教会就坚定地采取了城市的和西方的倾向，坚定到后来竟然将余下的异教徒叫作“pagani”——即乡下人——的地步。这也就产生了一种仅有青春和青春的力量才能让成长中的教会去加以排除的巨大危险；古典城市的费拉世界的双手抓住了这种危险，那种抓住的痕迹直至今天仍能看得出来。然而，这与一生一世同乡村和乡下人结下不解之缘的耶稣的实质相距多么遥远啊！他对他出生时的假晶现象全然没有留意；他的心灵中缺乏它的影响的丝毫痕迹——今天，在他一代之后，也许还在他母亲在世的时候，因为他的死所产生的东西已经变成了那种假晶现象的形成目标的中心。古典城市迅速地成为仪式与教条演化的唯一舞台。社团向东扩展仅仅是以悄悄的、不引人注意的方式进行的。大约在公元 100 年时，底格里斯河彼岸已经发现了基督教徒，但就教会的发展而言，基督教徒以及其信仰几乎不存在。

这是保罗的亲近随从进行的第二创造；那大体上为新教会划定形式的就是这个创造。耶稣的人格及生平大声疾呼地要求写成诗的形式，然而只是由于马可一个人的缘故，才有各种福音书的出现。保罗和马可跟前有着团体中的一个坚实的传统，即，一份持续下来的、传播着的传说，也就是“福音”，和为了支持它而用阿拉米语和希腊语所作的但全然未写定的、不成形的、不重要的注解。当然，严肃的文件最终会出现的。但作为与耶稣一起生活过的人们的精神（以及一般的东方精神）的产品，它们的形式当然就是一种详述其言论、替其言论结论性地下定义、合乎宗规的汇编，而且附以宗教会议所制定的、围绕第二次降临的经文注解。然而在这方面的所有尝试都被《马可福音》全部摧毁了，那是公元 65 年左右写成的，同最后保罗诸书信同时，也是以希腊文写的。或许作者并未怀疑他那小书的意义，然而它却不但令他变成了基督教中极其重要的人物之一，而且令他变成了一般阿拉伯文化中极其重要的人物之一。所有旧的尝试都消失了，剩下的福音书形式的作品成为有关耶稣的唯一资料（因此“福音”这个词由指佳音的内容变成了指形式的本身）。作品是那些从来没有听到过耶稣的伙伴谈过耶稣的保罗的文学团体的愿望的产物。它是从远处看到的一种与生俱来的生活图景；经历被叙述所替代了。叙述是如此平易直率，以至于启示的倾向静静地消逝了。然而启示录又是它的前提。构成《马可福音》的实质的并不是耶稣的言语而是保罗形式下的耶稣的教义。第一本基督教的书是从保罗的创造中产生出来了。但事后不久，后者本身假如没有这本书及其后继者，就成为不可设想的了。

由于当时马上产生了一种事物，那是天生的经院学者保罗所从未指望却又是其作品的倾向所无法避免地要引起的，便是基督教民族的祀拜教会。混溶派的教理团体愈是意识到自己，它就愈是将无数古老的城市祀拜和新的枚斋宗教联结起来，并且通过一种最高的祀拜赋予这结构以拜一神教的形式，与此同时，最古老的西方团体的耶稣祀拜长时间受到剖析，得到充实，因此它也同样地包括了另一大群祀拜。围绕着门徒们一无所知的耶稣的诞生，产生了有关他的童年的一种故事。在《马可福音》中，这故事还未出现。实际上，在古老的波斯启示中，作为末日救主的沙夏安便已经相传是一位处女所生的。但西方的新神话却另有意义，有着无数的后果。由于在假晶现象的区域中，立即出现了一个耶稣之外的人物，对她而言，耶稣是儿子辈，她凌驾于耶稣之上——就是圣母。她同她的儿子一样，是一位具有巨大吸引力的单纯的人类命运的支配者，因此她高出混溶教派的全部一百零一个圣处女与圣母——埃西、塔尼[1]、西比里[2]、狄米忒——之上，高出有关出生与痛苦的所有秘密之上，最终，就将它们都汇集到她本人身上了。对伊立纳斯[3]来说，她是一种新人类的夏娃。阿利振为她的继续保持童贞作辩护。因为诞生了超度主的上帝，超度了世界的，实际上就是她。玛利亚“齐阿托可斯”[4]是古典的疆域之外的基督教徒的绊脚石，这种观点在教义方面的发展便引发了一性派和聂斯托利派徒的脱离与重建纯粹的耶稣教的行动。然而当浮士德文化觉醒了，并且需要一种象征来表达它对于时间上的无止境的原始感情和它的世代相继感时，它又将圣母玛利亚而非将受难的超度主视为哥特时代日耳曼天主教的中心；在多个世纪的光辉丰硕的性灵中，这个女人的形象成了浮士德世界感情的综合，成了所有艺术、诗歌和虔信的目标。甚至现在在罗马天主教的仪式及祷词中，特别是在其信徒的思想之中，耶稣的地位都不及玛利亚。

与玛利亚祀拜的同时，产生了无数的圣者祀拜，他们的数目自然比古代的地方神多；当异教教会最终归于消灭之时，基督教教会就能以崇拜圣者的形式将所有的地方祀拜吸收进来。

保罗和马可在另一件具有无法估量的普遍意义的事情上也产生了决定性的作用。因为保罗传教的结果，与当初的期望相反，希腊文变成了教会的语言，步第一种福音书的后尘，变成了一种神圣的希腊文学的语言。读者可以随意用

[1] 塔尼：古代迦太基人信奉的女神。

[2] 西比里：流行于东方和希腊、罗马地区的大母神。

[3] 伊立纳斯：生活于公元130~200年，是著名的基督教神学家。

[4] 玛利亚“齐阿托可斯”：生育上帝者。

这样或那样的方式来思考它的意义。耶稣教会被人为地与其精神上的根源分离，却依附于一种外来的、学者的因素。同阿拉米本土的民族精神的接触消失掉了。从此之后，两种祀拜教会有了相同的语言，相同的概念传统，来自相同的学派的相同的书本文学。东方的、矫揉造作成分少得多的阿拉米文学——真正枚斋的，以耶稣及其伙伴的语言所写所想的——同教会生活的合作被切断了。它们读不懂，被抛弃了，最终便彻底被忘却了。然而，虽然波斯圣经是以阿维斯塔文写的，犹太圣经是以希伯来文写的，然而它们的作者及注者所用的文字，涌现出耶稣的教义及关于耶稣的教义的全部启示录所使用的文字，以及全美索不达米亚各大学的学者所用的文字，全都是阿拉米文。这些统统从视野中消失了，取而代之的是柏拉图和亚里士多德，两种祀拜教会的经院学者同样尊崇他们，研究他们，也同样误解他们。

在这方面的最后一个步骤是由这样的一个人去试探的，他在组织才能上是保罗的敌手，在智性的创造力上却大大超越了保罗，但对可能性与现实性的感受却不及保罗，因此并没有完成他自己所设想的雄伟计划——他就是马桑。他在保罗的创造及其后果中仅发现了有建立真正救世的宗教的基础。他感到了两种具有同一神圣经文，即犹太经典的宗教不遗余力地相互争斗是很荒谬的。今天在我们看来，这种情形的发生完全是令人难以想象的，但事实却是这样，并且延续了一个世纪——但是我们应该记住在每种枚斋信仰中经文的意义是什么。在这些经文中，马桑看到了“反对真理”的真正“阴谋”，看到了对于耶稣的教义的最紧迫的危险，依他看来，这都还未实现。作为先知的保罗口中“旧约”已经实现了，完结了——作为奠基却宣称“旧约”失败了，被勾销了。他竭力想删除所有犹太的东西，直到细枝末节。从头至尾，他所攻击的是犹太教，没有别的什么。每一位真正的奠基人都一样，如同每一宗教上的创造时期一样，如同琐罗亚斯德，如同以色列的先知们一样，如同荷马时期的希腊人一样，如同改信了基督教的日耳曼人一样，他将古代的神变成被击败了的力量。作为创世主的耶和华，也就是造物主，是“正直”的，因此是邪恶的：作为这邪恶创造中的救主上帝的化身的耶稣是“外来”的——是善的本体。这里毫无疑问有着枚斋感情、特别是波斯感情的基础。马桑是由密司立对提帝国的古都西哪坡来的，其宗教在它的国王们的名字中便表现出来了。这里古时候也是密司拉祀拜的发源地。

然而新的教义自然有新的圣经。一直符合所有基督教界宗规的“律法与先知”是犹太人的上帝的圣经，实际上它是刚由巴勒斯坦古城雅伯纳（公元 1 世纪）的最终议事会予以最后定形的。如此一来，基督徒手中所持的正是一本魔鬼的书，于是，马桑便用超度主上帝的圣经来反抗它——这同样只是作为教诲书籍却非自命合乎宗规的、一向流传在社团里的一种作品的汇集与整理。他用唯一真正的福音书来代替妥拉经，那是他于各种零散的、他以为腐败及错误的福音书中整齐划一地建立起来的。他以耶稣的一个先知——保罗的书信来替代以色列的先知们。

因此，马桑就成为了新的真正创始者。然而，由于这个缘故，我们就不能忽视那与他关系密切的神秘人物；他在不久前还“以约翰之名”写作了福音书。这个作者的志愿既不是扩大，也非超过各福音书的本身；他所做的——不像马可一样是有意识的——是想创造一种完全新型的东西、基督教的第一本圣书、新宗教的“可兰经”。该书证明，此种宗教已被想象成为一件完整的、永恒的事物。耶稣所完全相信的、甚至保罗与马可也在一定程度上具有的关于世界的终结便要来临的观点远远落在“约翰”和马桑之后。启示录在结束，神秘主义在开始。其内容并非耶稣的教训，也并非保罗关于耶稣的教训，却是宇宙之谜，即世界洞天。这里没有福音书的问题；事件发生的意义与手段不是超度主这个人物，而是逻戈斯的原则。关于耶稣的童年的故事又被抛弃了；一个神并非“生”出来的，他本来就“存在”，是用人体的形式徘徊于人世的。这个神是三位一体的——上帝、圣灵和圣子。这本最早的基督教圣书第一次包含了关于“本体”的枚斋问题，它在随后各个世纪排斥其他任何问题中起了主导作用，最终导致宗教分裂成三种教会。另外，不止在一个方面具有重要性的是，“约翰”最接近的关于这个问题的解决在聂斯托利派的东方认为是真正的解决。因为逻戈斯的观点（虽则恰巧这是一个希腊词）的关系，它是“最东方的”福音书，它决然地不将耶稣视为最终和整个启示的夹带者，而将其视为第二信使，之后还有第三信使（即《约翰福音》第 14 章第 16、26 节及第 15 章第 26 节中的保惠师）。这是耶稣本人所宣布的惊人的教义，是这本谜一样的书的决定性特征。在这里，枚斋东方的信仰突然地被揭露出来了。假如“逻戈斯”不离去，保惠师便无法到来（《约翰福音》第 16 章第 7 节），但二者之间隔着一个阿利曼神[1]统治的最后世代（第 14 章第 30 节）。假晶现象中的教会是保罗的才智统辖着的，它长时间攻击《约翰福音》，只有当那令人生厌的、被恶毒地暗示着的教义被蒙上了一层保罗的解说之后才承认了它。事实的真相是在孟他奴派运动中（小亚细亚，160 年）才显露出来，这个运动回复到口头的传说，在孟他奴身上公

[1] 阿利曼神：索罗亚斯德教中的邪恶之神。

布了被证实的保惠师以及世界的终结。它非常符合人们的渴望。泰图良在 207 年时在迦太基皈依了它。大约在 245 年时，同东方的基督教潮流有着密切接触的摩尼把保罗式的、人性的耶稣视为恶魔抛弃了，公开承认约翰式的逻戈斯是真的耶稣，但公布自己是第四福音书中的保惠师。对于迦太基，奥古斯丁变成为一位摩尼教徒；两种运动最后都与马桑教派融合在一起了，这是一件极其令人深省的事实。

回到马桑本人吧，是他把“约翰”的观点贯彻下去，创造了一份基督教圣经。之后，随着他年岁渐长，影响渐大，极端西方的团体被吓得节节败退之时，他便着手创立他自己的超度主教会的巧妙结构。从 156 年到 190 年，这种教会成了一个权威，只是到了下一个世纪时，那个比较古老的教会才成功地将马桑教徒降为异教徒。即便如此，在广大的东方，直到土耳其斯坦，在极其晚的时候，它还是极其重要的，最后以在它的基本感情方面具有深刻意义的方式同摩尼教徒融合而终。

但是，虽然他在充分意识到其优势时低估了现存情势的惰性，他的巨大努力并非徒劳无益的。他和他之前的保罗及他以后的阿泰纳西乌斯一样，是当时基督教面临破裂危险时的拯救者，他的观点的宏伟气概，绝非由于统一并非由他贯彻的，而是反对他的这一事实有所损减。初期的天主教教会——也就是，假晶现象的教会——仅是在 190 年前后才以伟大的气派出现，之后为了自卫而反对马桑的教会，并且获得了来自那个教会的一种组织的帮助。它进一步以类似结构的，并让其与律法及先知结成一体的圣经——福音书与使徒书信——取代了马桑的圣经。最终，这种联结新旧的圣经的行动本身就解决了教会对于犹太教的态度，它依据他对此问题的申述开创了自己的神学，如此去攻击马桑的第三种创造——他的超度主教义。

然而这种发展是在古典的土壤上产生的，于是，甚至这个反对马桑及其反犹太教的教会也被他勒目派犹太人（它的重心完全在美索不达米亚及其大学中）视为只是一种希腊化的异教。耶路撒冷的毁灭是一件带有结论性的事件，在事实的世界中是没有任何精神力量能将它取消的。醒觉意识、宗教和语言之间的内在关系是极其亲密的，因此 70 年后希腊的假晶现象和阿拉米（那是真正阿拉伯的）地区的彻底分离便必定要形成枚斋宗教发展的两个界限清楚的领域。在年轻文化的西部边缘，异教的祀拜教会、耶稣教会（是保罗移植过去的）和说希腊语的、带有斐洛烙印的犹太教在语言及文学方面是相互联结的，以至于后者竟然在第一世纪时便并入了基督教，基督教和希腊化文化联合形成了一种共同的早期哲学。另外，在由奥伦梯到底格里斯河的阿拉米语世界中，犹太教和古波斯教常常密切地互相影响，在此时，两种宗教都在《他勒目法典》和《阿维斯塔经》中创造了自己的严格的神学和经院学者；从第四世纪时起，两种神学都是抗拒假晶现象的，说阿拉米语的基督教界施加了最强有力的影响，因此令它最终以聂斯托利派教会的形式离开了。

在东方，所有人的醒觉意识中所固有的、感官领悟与词的领悟之间的，也即眼和字之间的区分产生了神秘主义与经院哲学中的纯粹阿拉伯方法。耶稣所想赋予的天启的确定性、公元 1 世纪意义下的“灵界知识”，预测式的冥想和情绪是属于以色列先知、伽提（圣歌）、苏菲派的，当今我们在斯宾诺莎身上，在波兰的弥赛亚、巴力·舍姆[1]身上，在拔哈派[2]的热诚创始者、1850 年在德黑兰被处决的穆札·阿里·穆罕默德[3]身上仍然能够辨认出来。另外，“传训”是字义注释的具有特征的他勒目方法，保罗是这方面的一位大师；它渗透了所有后来的阿维斯塔作品、聂斯托利派辩论术和所有伊斯兰神学。

另外，假晶现象在接受枚斋信仰和形而上学的内省（灵界知识）两方面是单一的、整个的。枚斋信仰的西方形式是由伊立纳斯，特别是泰图良替基督教徒所规定的，他的著名格言“正由于是荒谬的，因而我才相信”便是这种坚定不移的信仰的总结。异教信仰的相应部分则有柏罗提那的《九章集》，特别是坡菲立的论文《论灵魂回归上帝》。但异教教会的大经院学者同样认为有天父（努斯）、圣子及一个中间的圣灵，正同斐洛认为逻戈斯是第一产的圣子与第二上帝是相同的。关于神游、天使与恶魔及灵魂的双重实体的教义在他们中间自由地流行，由受业于相同的老师的柏罗提那和阿利振身上，通过系统地重新评价柏拉图和亚里士多德的原著，我们看到假晶现象中的经院哲学包含于枚斋概念与思维的发展中。

假晶现象中整个思维所具有特征的中心观点是逻戈斯，其可靠的表象在被利用之中，在发展之中。这里没有任何古典意义的“希腊”影响的可能；生活在那个时候的人，任何人的精神倾向也无法容纳赫拉克里特和斯多亚学派的逻戈斯的最小一点点的痕迹。然而，在亚历山大里亚同时并存的各种神学也同样不能够十分纯粹地发展他们所理解的逻戈斯观点，但在波斯和迦勒底的想象（作为圣灵或圣子）和犹太教义（作为罗阿克与麦姆拉）之中，它起到决定性的作

[1] 巴力·舍姆：约 1698~1760 年，犹太教神学家，现代哈西德主义创始人。

[2] 拔哈派：源自伊斯兰教，但并不被承认。

[3] 穆札·阿里·穆罕默德：1817~1892 年，拔哈派创始人。

用。在西方，逻戈斯教义所作的是要通过斐洛[1]和《约翰福音》（它对西方的长远影响是它在经院学者身上的烙印），不仅将一种古典公式发展成为基督教神秘主义的一个因素，而且要将它最后发展成为一种教条，这是无可避免的。这种教条是西方两个教会共同持有的，它在知识方面以及在信仰方面是相符合的，它是由混溶祀拜与玛利亚及圣者祀拜两者所代表的。第四世纪以来，东方的感情便反抗整个这一套，包括教条和祀拜。

眼之能及的，还有这些思想和感情的历史在枚斋建筑史上的重复表现。假晶现象中的基本形式是长方形大厅，它早在基督之前便已被西方的犹太人和迦勒底人的希腊化教派所熟悉。正如同约翰福音中的逻戈斯是古典形状的枚斋原则一样，长方形大厅是一种内墙，相当于古代古典庙宇的外墙的枚斋房屋，是向内翻转的祀拜建筑物。纯东方的建筑形式是圆屋顶建筑，是清真寺，毋庸置疑，早在最古老的基督教会之前，在波斯人和迦勒底人的寺庙中，在美索不达米业的犹太人会堂中，或许同样在萨巴的庙宇中，它早已存在了。拜占庭时代的宗教会议试图调和东方和西方的尝试，最终象征性地表现于圆屋顶的长方形大厅的混合形式上。宗教建筑史上这一项目的确是同基督教的最后的伟大拥护者阿泰纳西乌斯与君士坦丁同时到来的伟大的变迁的另一种表现。他们两人中的一位创造了坚实的西方教条和修道生活，教条慢慢地从衰老的学派手中转到了他的手中。另一位建立了基督教民族的国家，“希腊的”这个名称最终也转到了它的身上。圆屋顶的长方形大厅就是这种过渡的象征。

[1] 斐洛：约公元前25~40年，亚历山大里亚的哲学家和宗教思想家，其关于逻戈斯的学说对基督教神学有重大影响。

第八章　有关阿拉伯文化的各项问题

（乙）枚斋的心灵

一

展示在枚斋的醒觉意识之前的世界，具有一种能够称其为洞窟式的伸张，但对于西方人士来说，要想从他的词汇里挑选出任何词，在一种关于枚斋“空间”含义的暗示以外，再去表达更多的东西是很困难的。由于“空间”一词的含义对于两大文化在理解上是有着本质上的不同的。洞窟式的世界既区别于那热情而又传播广远的浮士德式的广阔无边的世界，又区别于那古典的作为有形物体总和的世界。哥白尼的太阳系——地球在它的中间就如同是消失了一样——对于阿拉伯思想而言，必定认为是疯了而且犹如儿戏。西方教会在反对这种与耶稣的世界感情极不相容的想法时，是绝对正确的，而那为波斯人、犹太人、假晶现象地区居民和伊斯兰教徒所深信不疑而当作理所当然的迦勒底洞天星象学，却只是在经过一个关于它的空间的基本概念的重新评价过程之后，才被少数深懂它的希腊本地人所接受的。

大宇宙和小宇宙（等于醒觉意识）之间的紧张在各种文化的世界图景上引起了在象征性方面具有重要意义的进一步的对立。一个人的所有感觉或者理解，信仰或者知识都是成形于一种最初的对立，这种对立让它们不但成为个体的活动，而且成为集体的表现。在古典世界，普遍支配着醒觉意识的对立是物质与形式之间的对立；在西方世界，却是力量与体积的对立。对于前者，这种紧张消失在微小及特殊之中，对于后者，它置身在工作的特点之内。在另一方面，在洞窟式的世界里，它坚持纵横往复地摇摆于不稳定的斗争之中，因此演变成为“闪米特人”的原始二元论，这种二元论充斥于枚斋世界里，虽然具有上千种的形式，却全都是一种样子。光明照耀于洞天，而且同黑暗搏斗（《约翰福音》第 1 章第 5 节：“光照在黑暗里，黑暗却不接受光”）。两者都是枚斋的物质。天与地，一上一下成为具有实体却又互相战斗的力量。然而这种最原始的感觉中的极性和那种经过提炼和鉴别的理解中的极性，例如善与恶，上帝与撒旦，混淆起来了。死亡对于《约翰福音》的作者和对于严肃的穆斯林来说，并非生命的终结，而是另一种事物，是一种与生的力量争夺对于人的占有权的死的力量。

但是，比任何这些更加重要的是神灵与心灵之间的对立（希伯来文中的罗阿克 Ruach 与乃斐施 Nephesh；波斯文中的 ahu 与 urvan；曼第安教中的 monuhmed 与 gyan；希腊文中的 pneuma 与 psyche）。这种对立最初来自预言式的宗教的基本情感，然后弥漫在整个的《启示录》之中，最后则构成并且支配了醒觉文化的世界沉思（比如斐洛、保罗和柏罗提那，诺斯替教派和曼第安教派，奥古斯丁和《阿维斯塔经》，伊斯兰教和犹太神秘哲学等）。罗阿克的原意是“风”，而乃斐施却是“呼吸”。乃斐施或多或少地与肉体及世俗、低下、邪恶、黑暗相联系。其努力是“向上”的。罗阿克属于神圣，属于高尚，属于光明。当它下降时，它对人的影响是参孙式的英雄、以色列先知以利亚的圣怒、法官（通过裁决的所罗门）的开明以及各种的占卜和神游。它是被倾注而下的。依据《以赛亚书》第 11 章第 2 节，弥赛亚成为罗阿克的化身。斐洛及伊斯兰神学都将人类划分为降世的心灵以及降世的圣灵（“选民”——这一概念完全适用于洞窟式世界和定数观点）。雅各[1]的全部子孙都是圣灵。对于保罗而言（《哥林多前书》第 15 章）耶稣复活的意义在于一个心灵的和一个圣灵的肉体间的对立，这种对立，对于他和斐洛与《巴鲁书》的作者而言，都是同天和地、光明和黑暗的对立相吻合的。保罗认为救主是天上的圣灵。在《约翰福音》中，他作为逻各斯而同光明相混淆，在新柏拉图学派之中，他以努斯而出现，而在古典的名词学中，则作为太一（All-One）和物质相对立。保罗和斐洛依照他们古典的（也就是西方的）概念的标准，将灵魂和肉体分别同善和恶等同起来。奥古斯丁，作为摩尼教徒并运用波斯与东方的区别根据，将灵魂和肉体归于一起作为天然之恶，同作为单一之善的上帝相对立，而且从这种对立之中探索到其神恩教义的根源，这种教义在伊斯兰教中也以相同的形式得到发展，尽管它与奥古斯丁完全无关。

然而灵魂实际上是抽象的实体，同时圣灵却是唯一且永恒不变的。人拥有一个灵魂，然而他仅仅是分领了光明与善的精神。神灵降临到人的身上，因此将下界所有的个体与天上的唯一对应起来。这种统治着所有杈斋教人民的信仰和见解的原始情感是一种完全单纯的东西，不但对他们的世界观赋予了特点，而且令他们各种各样的信仰的实质与核心同所有其他各种人有所分别。这种文

[1] 雅各：《旧约》中的人物，亚伯拉罕的孙子。

化，同上所述，就其特点来说，还是一种中介的文化，它本能够从其他多数文化中借用形式和观点，但它没有这样做，而且在各方面的压力和吸引之下郑重保持其自身的内在的形式，这一事实证明它是一个横亘于差异之间的难以逾越的天堑。在巴比伦和埃及宗教的所有财富中，它所承认的不过是有限的几个人物而已；古典文化和印度文化，甚至是它们后来的文明——希腊化文化和佛教——歪曲它的表现形式达到假晶现象的程度，但是对于它的本质却从未曾接触。枚斋文化的全部宗教，从以赛亚和琐罗亚斯德的创始直到伊斯兰，构成了一个完整的内在的世界情感的单位。正如同在《阿维斯塔经》的信条中并不存在一丝毫婆罗门教的影子，在早期基督教中除去若干名称、形象及外表形式之外，不存在一丝古典的情感一样，这种耶稣的宗教也不曾有一点的痕迹被西方的日耳曼天主教所吸取，虽然整套的教义和仪式全都被照搬照抄过来。

浮士德式的人是一个“我”，在它最后的手段中得出自己的有关无限的结论，但阿波罗式的人，作为众体之中的一个“实体”，仅仅代表其自身；枚斋式的人，作为存在的精神类别，却不过是圣灵“我们”的一部分罢了，这种圣灵从上天降下来，对于个体信奉者都是唯一却又相同的。作为肉体以及灵魂，他属于他自己，但另外有些外来的并且较为高级的东西存在于其体内，令他凭借他全部的瞥见及醒悟成为一个一致中的成员。这种一致，作为上帝的派生物，虽然能够排除错误，但同时也排除了表现自我的任何可能性。真理对于他而言是与对于我们来说迥然不同的东西。任何我们建立于个人判断的认识论方法，对他而言是疯狂的和昏迷的，它的科学成果是恶魔的事业，这个恶魔曾经在真正的意旨及目的方面搅乱和欺骗了精神。这里存在着枚斋思想在它的洞天世界里的最后的，对于我们而言是无法捉摸的秘密——思考、相信和理解自我之不可能性是任何这些宗教本旨所固有的假定。当古典人置身于众神之前如同一个人身安置于另一人身之前时，浮士德式的意志“自我”在其广阔的世界中感到自己面临着神祇，这种神祇也是浮士德式的，也有意志，处处都有应验。枚斋教神仅是一种高高在上的无限而难识的威力，它倾施威怒或者恩赐，在它认为适宜的情况下，降身于黑暗之中或超拔灵魂到光明以内。个人意志的想法是毫无意义的，由于人的“意志”及“思想”并不是原始的，却是神祇对他的影响。从这种无论在人世上经过何种变易、修饰或琢磨也仅是重新再现而不是本质变化的不可动摇的原始情感中必定会出现一个上帝与人之间的中介人的想法，一个可以变苦难为幸福的人物的想法。所有的枚斋宗教都被这种思想联结起来，而且与任何其他文化的宗教相区别。

最广义的逻戈斯概念——枚斋教洞天的光明感的抽象，的确是枚斋式思想中这种感觉的相关物。其意思是自高不可及的上帝那里，圣灵、“圣子”，作为光明和善的荷载者而被释放出来，并同人类发生接触，提高它、影响它及拯救它。三种物质的特殊性与它们在宗教思想中的一致性并没有矛盾，它早已被预言式宗教所深知。阿胡拉玛兹达的光辉闪闪的灵魂便是圣子。（《阿维斯塔经》中主要内容为赞歌和祷词的《雅示特书》第 13 章 31 节）在最早的伽提之一里面，圣灵曾与恶灵谈论（见于《阿维斯塔经》中最古老的一部分——《雅斯纳书》第 45 章第 2 节）。同一思想贯穿在整个古犹太文学中。在整个阿拉米启示录中强力地涌现出来的，由迦勒底人创立的关于上帝与圣子分离以及马都克与那布（尼波神）对立的思想永远保持积极的状态而且富有创造力。通过斐洛和约翰，通过马桑和摩尼，它进入了《他勒目法典》的义旨之中，并从而进入犹太神秘哲学著作《耶希拉书》和《索哈书》之中，进入宗教会议和教会神学家著述之中，进入稍后的《阿维斯塔经》中，而且最终进入伊斯兰教中。在伊斯兰教中，穆罕默德逐渐变成为逻戈斯，而且作为这个流行广泛的宗教中的神秘地降临的、永存于世的穆罕默德，他就同基督的形象相混合了。这一概念对于枚斋教人士而言是显而易见的，因此它甚至可以突破原始伊斯兰教严格的一神教结构，而令阿拉表现为圣言、圣灵和“穆罕默德的光明”。

对广泛流行的宗教来说，从创世以来最开始射出来的光明便是穆罕默德的光明，其形状是一只孔雀，“由白色珍珠构成”，而且有轻纱围绕。但孔雀是上帝的使者和原始灵魂的说法，曼第安派教徒早已相信，它是永生的象征，置于早期基督教徒的棺椁之上。照耀着肉体这个暗室的光芒四射的珍珠正是进入人体的圣灵，而且正如《多马行传》上的记载：被曼第安派教徒认作是物质。耶兹底人[1]尊奉逻戈斯为孔雀及光明，他们仅次于得鲁斯人[2]，一向最纯粹地保持了古代波斯教关于物质的三位一体的观念。

因此，我们一次又一次地发现，逻戈斯的概念可以远溯到光明的感觉，但枚斋的理解正是从此而来。枚斋人类的世界充满了神仙故事的感情。恶魔精怪威胁着人，天使仙灵却保护着人。这里存在护符、灵咒；存在神秘的土地、城郭、建筑、人物；存在秘密的文字、所罗门的印玺、哲人的点金石。在这些的上面都倾注着颤动的洞天的光明，因此，恶鬼的黑暗一直威胁着要将它吞噬掉。假如这种浪费文墨令读者感到惊奇的话，就请他想想耶稣曾经生活在这里，耶

---

[1] 耶兹底人：亚美尼亚的“恶魔崇拜者”。

[2] 得鲁斯人：中东地区一个带有这种主义色彩的小宗教派别。

稣的教训也只是从这里开始才能获得理解的。《启示录》无非是一种化为悲剧力量的极端的寓言的幻象。在《以诺书》中，我们已经看到上帝的水晶宫、宝石山和对背叛的星宿的囚禁等。一样怪异的还有曼第安派的无法抗衡的整个观念世界，诺斯替派和摩尼教的观念世界，阿利振的体系和波斯教“奔达希经”中的形象。当这个伟大的富于幻想的时代过去之后，这些思想就流入传诵的诗歌以及无数宗教方面的稗官野史之中。有关这种野史，我们能够从关于耶稣童年的福音书，从《多马行传》和反保罗的《伪克利门丁书》中看到在基督教方面的范例。有一个这样的故事是说亚伯拉罕铸造了犹太的三十块银币的事。另一个是关于“宝穴”的故事，它深深地压于高尔哥塔山下，堆积着天堂的金银财宝和亚当的骨骼。但丁的诗歌题材毕竟仅是诗而已，但这个却是绝对的现实，是这种人民世世代代居住的唯一世界。这种感觉对于那些生活在而且具有动的世界图景的人们而言却是远不可及的。假如我们想要获得关于耶稣的内心生活怎样与我们不同的稍许了解的话——这对于那只要能够令这种内心生活成为他自己内心虔诚的接触点就可感觉到喜悦的西方基督徒来说，是一种艰苦的经历，假如我们要想发现为何目前只有一个虔敬的穆斯林具有这种能力生动地去体验它的话，那么我们就应该让自己沉溺于耶稣的这种世界景象的奇异因素中。而后，并且也只有在那个时候，我们才会发现浮士德式基督教从假晶现象教会的财富中所取得的是多么的少——对于它的世界情感是毫无裨益的，对于它的内在形式是少许，但对于它的概念及形象却非常之多。

二

对于枚斋的心灵说来，时间产生于地点。这里既非阿波罗式的执着于一点似的现时，也非浮士德式的朝向一个遥远的理想目标奋勇前进。“这里存在”（HereBeing）具有一种不同的律动，于是，醒觉的存在具有另外一种时间感觉，它是枚斋式空间的反概念。属于这一文化的人们，从穷苦的奴隶、搬运夫到先知及哈里发自身，感觉倒像是头顶上的定数似的那种原始的东西，并非一种无限制的、时光流逝永不再来的年代的飞驰，而是一种自从创世以来，人类存在必须在那里就其被指定的席位的、既经命定永不变更的“此日”的开端及终结。不仅世界空间，而且世界时间也是洞窟式的。因此而来的是纯粹枚斋式的必然之理：“万物各有‘一个’时间”，从救主的本源（他的时间被记录于古代经典之中），直到每日最琐碎的小事。于是，浮士德式的整日为理想而奔波就成为毫无意义而且不可思议了。这里也存在着早期枚斋的（迦勒底例外）

占星学的基础。这种占星学一样预先假定任何事物都对应于星辰，因此，科学推算出星体运行便可以推断尘世事物的进程。古典的神谕答复了那足以令阿波罗式的人觉得不安的唯一问题——未来事物的形式与“如何”。但是洞天世界的问题却是“何时”。假如我们未能抓住枚斋人这个首要问题以及随之而来的假设，那么，《启示录》的所有内容、耶稣的精神生活、客西马尼的苦难及从他死后兴起的巨大运动等就会是无法理解的了。当占星学向西流传逐步排挤神谕的时候，那就是古典心灵消亡的一个明确的征候。这个过渡阶段在塔西陀身上表现得再也清晰不过了，他的所有历史都是被他的世界图景的混乱及错杂所支配。首先，作为一个真正的罗马人，他带来了古代城市神祇的权力；另外，作为一个有才智的世界市民，他将这种对于神祇的影响的信仰视同迷信；最后，作为一个斯多噶派（在当时斯多噶派的精神面貌已经变成枚斋式的），他谈及统治着人类命运的七星的权力。于是就发生了下述的事实：在以后的世纪里，时间自身作为命运的容器——是时间的穹隆，因为在各方面都受到局限，因此能够被内在的视力作为一个实体而被捉摸到——被波斯的神秘主义当作光阴安置在上帝的光明之上，而且统治着善与恶的世界冲突。光阴派在公元 438~457 年间成为波斯的国教。

任何万物注定于星辰的信仰，从根本上令阿拉伯的文化突出地成为“纪元”的文化——是从某些被视为是上天有特殊用意的行为的事件开始计算时间的文化。首先一个最重要的是通用的阿拉米纪元，它伴随着神示的紧张的增长而开始于公元前 300 年左右，这就是“塞琉西纪元”。随之而来有许多其他的纪元，其中有萨巴纪元（大约公元前 115 年），有关它的开始我们不能够确切知道；戴克里先纪元；犹太纪元，始自创世，由古犹太人议事会于公元 346 年传来；波斯纪元，始于萨珊王朝最后一个皇帝耶兹德葛即位的 632 年；回教纪元，它在叙利亚和美索不达米亚最终替代了塞琉西纪元。在这个地域以外，有一些为了实际目的的单纯模仿，比如瓦罗的“自罗马建城始”；马桑派的纪元，开始于马桑与教会决裂的 144 年；基督徒的纪元，稍迟于公元 500 年时传入，以耶稣降生为开始。

世界历史是现存世界的图景，人们看到自己的家世、祖先以及子孙编织在这幅图景中，而且人们力求按照自己的世界感情去理解这幅图景。古典人的历史画面集中在自身于单纯的现在。其内容并非真正的生成，却是一个前景的存在加上一个被解释作为“黄金时代”的没有固定时间的神话构成的最终远景。但这个存在也无非是一个兴衰不定、祸福无常的五颜六色的摊子，一种盲目的“大约”，一种永远的变幻无常但又万变不离其宗，既没有方向，又没有目标，更没有“时间”。与之相反，洞天的情感需要一种能够考察的历史，包括世界的开始及终结，也就是人的开始及终结——这是具有巨大魔力的上帝的力量——而且在这些被法术所束缚于洞天界限中间和天命注定的时期之内的变化之中，包括光明与黑暗、天使和雅扎塔斯与恶神阿里曼、撒旦和恶魔埃勃利斯的斗争，在这种斗争中，人、他的灵魂和精神都被卷进去。现存的洞天上帝能够破灭而被一个新的创造替代。波斯—迦勒底的神示让人惊异地提供了一个关于这种世代的完整系列，而耶稣和他的时代则被估计位于现存世纪的末端。其结果形成一种直到现在仍被伊斯兰教视为自然的历史见解——对于固定时间的观察。“人们对于世界的观察自然地落在三个主要部分上面——世界的创始，世界的发展及世界的结局。对于具有深厚的伦理的感情的穆斯林而言，世界发展的基本内容是救世的历史及生活的道德方式，这些结合起来成为人的‘生活’。从这里进入世界的结局，它包含了对于人类的道德历史的处罚”。

然而，进一步讲，关于这种时间的感觉及关于这种空间的看法之间的争执，对于枚斋的人类存在而言，是一种非常特殊的信仰形式，这种形式，我们能够同样地安置于洞天的标志之下——一种毫无意志的服从，在这里不知道有何精神的“我”而只知道有精神的“我们”，这只是作为神圣的光明的反映而进入被赋予生命的肉体之中。阿拉伯语称之为“伊斯兰”（即顺从），然而这种伊斯兰却等于耶稣的情感的通常形式，也与出现于这个文化之中的其他每个宗教上的卓越特殊人物所持有者相等同。古典的信仰是完全不一样的。至于我们自己的文化的信仰，假如我们可以在精神方面从圣德利撒、路德和巴斯噶的信仰中抽出他们的自我——这个自我指使它自己反抗或者顺服于神圣的无限，甚或为神圣的无限所消灭——那便剩余不下什么东西了。浮士德式的原始的忏悔圣礼设想一个足以克制其自身的强有力而且自由的意志。但构成“伊斯兰”的却正是作为自由力量的自我在神圣面前的无能为力。任何夹带个人目的的甚或个人意见以和上帝的施为相抗拒的企图，都是“疯迷（masiga）”，即并不是邪恶的意愿，但却是一种见证，说明黑暗和邪恶的势力已经占据了这个人，而且将神明从他身上排除出来。枚斋的醒觉意识只是这两种势力的战斗舞台，并且可以说，并非它自身内部的一种力量。进而言之，在这一类的世界偶发事件中，个人的原因和影响是毫无地位的，其中更谈不到有任何普遍有效的动的联系，它的结果是，不再有罪与罚之间的必然联系，不再有索取报酬的要求，不再有古以色列人的“公正”。此类事情，就这种文化的真诚信仰而言，是远远低于它的。自然的规律并非什么永恒不变、仅有上帝采用奇迹的方式才能加以改变的东西，它们（姑且如此说）仅是一个专制的神圣意志的经常状态，在它们自身中间不具有任何逻辑的必然性，这种必然性在浮士德派看来，它们是有的。在整个的洞天世界中，紧密地存在于所有可见的作为背后，只有一个唯一的原因，这就是上帝，但当它自己行动时，却没有原因。假若思考原因时涉及上帝，那即是罪恶。

从这种根本的情感里产生了枚斋教的神恩观点。它为这种文化的所有圣礼（尤其是枚斋教的原始洗礼）奠定了基础，而且与浮士德式的悔罪思想形成了最鲜明最强烈的对比。悔罪假定了一个自我的意志，但神恩对此一无所知。奥古斯丁的高度成就即以坚定的逻辑及敏锐的洞察发展了这种大体上是伊斯兰教的思想，因为他的洞察是如此透彻，所以使得从著名修道士彼拉吉乌斯（Pelagius）之后，具有浮士德精神的人曾试用了各种各样的方法，以求胜过这种确凿性——这对他们形成了一种破坏自身的迫切危险——而且在利用奥古斯丁的主张用以表达他们自己原来的有关上帝的意识时，误解并曲解了它们。事实上，奥古斯丁是早期阿拉伯烦琐哲学的最后一位大思想家，但绝非一位西方的仁人志士。他不但有时信奉摩尼教，甚至在成为基督教徒时，在某些重要的特征上也仍是一位摩尼教徒，而且在那些研究晚期《阿维斯塔经》的波斯教神学家中间能够发现他与他们的神恩储存和绝对罪行的学说之间密不可分的关系。神恩对他来说是某种神圣的东西以物质的形式注入世人的圣灵之中，然而圣灵本身也是物质的。上帝[illegible]之，人们接受之，但却不是获取之。奥古斯丁，同几个世纪之后的斯宾诺莎一样，在他们的身上，关于力量的观念消失了，对于二者而言，自由的问题并不涉及自我及其意志，而仅指宇宙圣灵之赋予世人的那一部分和它与它的其余部分的关系。枚斋的醒觉存在是光明与黑暗这两种世界物质之间的冲突场所。与之相反，早期浮士德派思想家，比如顿斯·司各脱[1]和威廉·奥卡姆[2]，认为在动的醒觉意识自身之中存在着一种冲突，一种属于自我的两个力量——意志和理智之间的冲突。因此奥古斯丁提出的那个问题不知不觉地转变成另外一个甚至连他自己也不可能理解的问题：意志和思想是否是自由的力量？关于这个问题我们所能够做出的回答，有一件事无论怎样都是能够确定的，即是个人的自我必须从事这一斗争而不是蒙受其祸。浮士德

[1] 顿斯·司各脱：1270~1368年，苏格兰经院哲学家，认为意志是灵魂的本质。

[2] 威廉·奥卡姆：约1300~1349年，英国经院哲学家，唯心论的复兴者，强调理性对于信仰是完全无能为力的。

派的神恩所指的是意志的成就而不是物质的类别，长老会教友在《威斯敏斯特信条》（1646 年）中写道：

上帝依照他因好恶不同而广施恩泽或吝予仁慈的不可窥测的圣意的果断，为了他驾驭万物的至高权力的光荣，高兴地从其他人类的身边走过；而且依照那些人的罪恶以耻辱和天罚惩处他们，用以伸张他光辉的正义。

还有一种概念认为神恩的思想除去上帝一人之外，排除所有个人意志和所有动机。认为即使提出为何人类蒙受苦难的问题也是一种罪恶，这个概念表现在著称于世界史上最具影响力的诗歌之一——《约伯书》。这本书出现于阿拉伯前文化的期间，但在其内部的雍容华贵方面却是这一文化本身的其他任何作品所不能相提并论的。并非约伯自己，而是他的朋友们，想要寻找一种罪恶作为他的烦恼的根源。他们——和属于这一文化和其他各种文化的大部分人类一样，因此，这一著作的现代读者和评论者也应包括在内——缺乏这种形而上学的深刻性去接触这种洞天世界内部的痛苦的最终含义。仅有这位英雄自己为了伊斯兰教的纯洁而斗争于实践当中，因此他成为枚斋式的情感在我们的浮士德身旁所能树立的唯一可能的悲剧形象。

三

任何文化的醒觉意识都允许两种内心的方式，一种是沉思的感觉伸展成为理解的方式，另外一种却是决然相反的方式。枚斋式的沉思被斯宾诺莎称为“上帝的智识之爱”，被他在亚洲的苏菲派的同龄人称为“上帝的熄灭”。它能够强化成为枚斋式的神游，这种神游曾经几度被赐给柏罗提那，他的门徒坡菲立在年迈的时候也曾体验到了这种神游。另外，犹太律法师们的辩证术，在斯宾诺莎著作中表现为几何学的方法，但在阿拉伯—犹太的“晚期”哲学中则一般表现为伊斯兰教的经院神学。但是，二者都以如下事实作为其基础，即在枚斋文化中，除了同时存在于所有选民之中的单一圣灵——它也即是真理——之外，是无个人的自我的。不再过分强调的是：因此而产生的“佥议”的基础观念超出了一个概念或观念；它也许是一个甚或不可抗拒的力量的已存经验；任何枚斋型的团体都根基于它的上面，而且由此而与其他各种文化的团体有些距离。“伊斯兰教的神秘社会从这里一直伸展到未知的世界；它的范围远远超出坟墓之外，此处它包容了以前世代的已故穆斯林，而且还不仅于此，甚至包括伊斯兰教以前诸时代的正直之士。穆斯林以为自己是与全体这些人维系在一个整体之中的。他们帮助他，但他也能反过来运用他自己的长处来增进他们的幸福。”当基督教徒以及假晶现象的混溶派教徒使用“城邦”和“市民”等字样时，他们的用意和这个是绝对一致的。这些字以前的含义指很多单体的总和，目前则指同道教友的一致。奥古斯丁的著名的天国既非一个古典的城邦，也非一个西方的教会，而是一个信徒、受福者和天使的整体，同密司拉教的、伊斯兰教的、摩尼教的和波斯的社团正好相同。因为这种社团建立在信仰一致的基础上，因此它在精神事件上是不会犯错误的。穆罕默德说：“我的人民永远也不能在错误中间一致。”相同的，在奥古斯丁的“天国”中也以此为前提条件。一位真实的教皇自我或是任何其他权威能够解决教义的真伪的问题，就他而言，是没有并且也不可能有的，因为如此一来就会全然破坏了枚斋教关于一致的概念，同样的，这一点可以普遍应用于这个文化——不但适用于教义，而且适用于法律和国家。伊斯兰教的社会与坡菲立和奥古斯丁的社会一样，包括整个洞天世界，现存的及未知的世界，正统的教派和善良的天使和神灵，并且在这个社会内部，国家不过构成一个在能够看见一方的较小的单位罢了，于是，这个单位的活动是要由整体及大部分来加以管理的，出于这个缘故，在枚斋世界中，政治与宗教的分离在理论上是既不可能也没有意义的，相反，在浮士德文化中，教会与国家之间的冲突却是与以下几个概念——合乎逻辑、属于必要、无穷无尽——密切相关的。在枚斋世界中，民事法律和宗教法律是绝对同等的。君士坦丁堡大教长和皇帝，琐罗亚斯德教长和波斯国王，法律长老加昂（Gaon）和犹太流亡国王，伊斯兰教主和哈里发，他们都是分庭抗礼的，既是首长，又是臣属。在这里与哥特式的皇帝及教皇的关系没有任何的渊源；相同的，所有这些观念对于古典世界也一样非常生疏。这种枚斋式的将国家并入信徒的社会的做法，在戴克里先的宪法里首次获得实现，但君士坦丁则令它产生充分的效力。从这一点我们能够看出，国家、教会和民族构成了一个精神单位——教义的一致在世人中间表现出来的那一部分。于是，对于统治着上帝所托付给他的枚斋社会中那一部分信徒的皇帝而言，一项明显的职责便是领导宗教会议以促成选民的一致。

四

然而，除了这种一致之外，还有另外一种对于真理的揭示，也就是“圣言”，这是在指这个词的最准确、最纯粹的枚斋式的意义而言，它同古典的及西方的思想有所不同，因此成为无数的误解的根源。圣书——圣言在其中成为极明显而且被一种神圣的文字所禁锢——是所有枚斋宗教的宝藏的一部分。在这一概念之下，三种枚斋式的观念是相互交织的，它们中间的任何一个，即使就其自身而论，都向我们提供了极大的困难，但它们同时出现的差异性和一致性对于我们的宗教思想而言，却完全是不相容的，虽然这种思想常常设法令它自身接受反面的事物。这类观念是：上帝、圣灵、圣言。《约翰福音》一开始就写道，“太初有道，道与上帝同在，道即为上帝”。这在波斯教关于斯宾塔·曼钮（与恶灵相对应的圣灵）和弗胡·玛诺（摩尼把它等同于约翰意义上的逻戈斯）的概念以及犹太教和迦勒底教的相应的概念中早已获取了非常自然的表现形式，成为一种不言而喻的东西。这正是第四、第五世纪关于基督实质的争论之所由起的关键。然而就枚斋思想而言，真理本身是一种物质，但谎言（或错误）却是另一种物质，这也与那令光明与黑暗、生与死、善与恶彼此对立的二元论完全一致。作为物质，真理有时等同于上帝，有时等同于圣灵，有时等同于圣言。只有依靠这一点，我们才能够理解诸如：“我是真理和生命”，“我的话是真理”此类的话，一些仅有当联系到物质才能依照其原意来理解的话。也只有这样，我们才能了解生存在这一文化之中的虔诚的人们是用何种眼光来看待他们的宗教经典的：在其中，不可见的真理已经进入一种可见的实体之中；或者引用《约翰福音》第 1 章第 14 节的话：“道成了肉身，住在我们中间。”依据《雅斯纳书》，《阿维斯塔经》是从天上赐降下来的，依据《他勒目法典》，摩西从上帝那儿一卷一卷地承受了《妥拉经》。枚斋教的启示是一个神秘的过程，在这个过程中，永恒却不定形的圣言——或者圣言形式的上帝——进入一个人身之内，以便通过他而采取一种以声音尤其是以文字表现的显然易于感觉的形式。“可兰”意思是“阅读”。穆罕默德在一次幻象中在天上看到珍藏的一卷一卷的经典，虽然他从未学过怎样阅读，然而他却能够“以主的名义”将它辨读。这是一种神示的形式，它在枚斋文化中成为一种惯例，但在其他文化中甚至也不算作例外，然而它只是在居鲁士时期以后才开始形成。古代以色列的预言家们，琐罗亚斯德毫无疑问也是这样，在神游的时候看到、听到他们后来所传布的事物。《申命记》的律例（公元前 621 年）的颁布是作为“被发现于圣殿之中”，这表明它是作为圣父的智慧而得来的。“可兰”最开始的（也是最审慎的）典范是《以西结书》，这本书作者在一个想出来的幻象中从上帝那儿接受而且“吃”了它（第 3 章第 1—3 节）。这里表现的最粗浅的想象的形成就成了后来所有神示著作的内容及形式所依据的基础。然而这种物质的接受形式逐渐变为任何成为经典的书籍的必要条件之一。关于摩西在西奈接受十诫的想法是在被放逐以后的时期产生的，之后这样的一种来源渐渐被运用到整个的《妥拉经》中，但在玛卡比时期前后又被运用于大部分的“旧约”中。自从雅伯纳宗教会议（约公元前90年）之后，所有的话都被视为是以最严格的意义而被感受和传述的。相同的演化，一直到3世纪《阿维斯塔经》的神圣化为止，也发生在波斯宗教之中，但这种关于文字传述的同样想法也出现在赫玛斯的“第二幻象”，出现在“启示录”中，出现在迦勒底、诺斯替及曼第安等派的著作当中；最终，作为一个不言自明的天然基础，它构成了所有新毕达哥拉斯派和新柏拉图派源流于他们先师著述的思想的基础。“经典”是某种宗教认为受到某种启示而加以接受的所有著述的一种特有表现。正是在这种意义上，《赫米兹汇集》和《迦勒底神谕汇编》从200年起开始作为经典而存在，后者是新柏拉图派的圣书，该教派的“神学家”蒲罗克鲁[1]个人认为它能够同柏拉图的《蒂迈欧篇》相提并论。

原来，早年的耶稣宗教，正同耶稣本人一样，是承认犹太教经典的。最开始的几部福音并未提出作为能够得见的圣言的要求。《约翰福音》是第一部基督教著作，它的显而易见的目的即是“可兰”的目的，它的佚名作者就是那种以为能够而必须有一部基督教“可兰经”的思想的创始人。有关这个新宗教是否应该同耶稣曾经信奉过的那个宗教决裂的问题的严重而艰难的决定，必定要表现为关于犹太教经典可否依然被视为唯一真理的化身的问题。《约翰福音》的回答是缄默的“否”，马[illegible]的回答是公开的“否”，仅有早期基督教神学家们的回答是非常不合乎逻辑的“然”。

跟随着这个关于神圣典籍实质的形而上学概念而来的是，“上帝说”和“圣经说”两个语句的绝对一致，这种情形对于我们的思想而言是非常生疏的。这极容易令我们想象到“天方夜谭”，仿佛上帝自己也会被这种语言和文字所魅惑，而且会被这种魔术的大师开启密封，被迫泄露真理。经典的注解和灵感以及传示仍然相同，是一种神秘的深入文理的方式（《马可福音》第1章22节）。于是，那凭借维护这些珍贵稿本的与古典式的情感截然相反的尊敬，它们的必然著称于新兴的枚斋式艺术的文饰，和新稿本的一次又一次的涌现，就其使用者而言，就独自具有获得降世真理的权力。

这样的一部《可兰经》就它的本性而言是相对正确的，因此也是不可变更和有裨益的。结果就产生了目的在于经文与时代信仰加以调和的秘密阐释的习

[1] 蒲罗克鲁：412~485年，君士坦丁堡人，以注释柏拉图的《蒂迈欧篇》而闻名。

惯。属于这类杰作是查士丁尼的《法理会要》，然而同样的情况不但适合于《圣经》的各卷书记，而且（我们绝不怀疑）适合于《阿维斯塔经》的《伽提书》，甚至适合于当时流行的柏拉图、亚里士多德还有异教神学的其他著述的稿本。更为重要的却是，那种能够追溯于枚斋教各派的，有关秘密启示或经典的秘密释义的假说，它不是保存在著录，而是保存于法师的记忆当中，并由口头流传下来。依据犹太教的看法，摩西在西奈所接受的不但有文字，并且还有一部秘密口述的妥拉经文，这是不允许付诸文字的。《他勒目法典》说道：

上帝预测到将来有一天会到，那时异教徒有了自己的《妥拉经》，而且向犹太人说："我们也是上帝的儿子。"那时主将会说："仅有那些知道我的秘密的才是我的儿子。"上帝的秘密是什么呢？口头的教训。

那时处于能够普遍接受的形式之中的《他勒目法典》仅包括一部分宗教的材料，它同早期的基督教经文是一样的。通常以为，马可只是用暗示的语气谈到圣母访问和耶稣复活，但约翰仅是接触到圣灵的训示，然而却全然省略圣餐的惯例。受到过密传的人理解其中的含义，但不信奉者却不应知道。之后就有一套"秘密戒律"，约束基督教徒涉及领洗礼、忏悔以及其他问题时要在不信奉教者面前保持缄默。对于迦勒底派、新毕达哥拉斯派、犬儒学派、诺斯替派、特别是对犹太教到伊斯兰教的各个宗派而言，这个倾向发展到如此的地步，以至于它们的秘密教义的大半部分已经不被我们所知。关于只保存于记忆之中的圣言，这里存在一个缄默的一致，但当每个信徒确信其他信徒"通晓"时，这种情况就更加严重了。正由于我们非常强调并且直接面临这些非常重要的事物，我们就会因为把显露出来的部分误以为存在的全体，冒误解枚斋教义的危险将这些词句流俗的表面意思误以为它们真正的含义。哥特式基督教并没有秘密，因此它加倍地怀疑《他勒目法典》，将它正确地视为只是犹太教义的前景而已。

喀巴拉也是纯粹枚斋式的，它通过数、字、点、画，揭示出秘密含义，于是，它只能是和被作为实体降赐的圣言自身一样古老。由希伯来文二十二个字母所表达的世界创造以及以西结的幻象中的宝座神车所宣示的秘密义理，能够追溯到玛卡比时代。同它密切相关的是神圣经文的寓意注释。《米示纳篇》的所有论文，全部的古代教会神学家们，全部亚历山大里亚的哲学家们的全部著作，都充满了这样的内容。在亚历山大里亚，所有的古典神话，甚至还有柏拉图的著作，都被用这种方式处理，而且同犹太教预言家进行了类比（摩西被等同于雅典教士诗的首创者穆西乌斯就是这样的例子）。

一部不可更改的《可兰经》对于改进的见解所许可的唯一且严格的科学方法是注解的方法。因为依据假设，作品的“字句”是不能更改的，唯一的办法是重新解释。在亚历山大里亚从未有人宣称过柏拉图“错了”，但代替这一点的，却是他被人增添了注解。这种做法采用了哈拉卡法律的严格构造形式，而这种成文注释的确定刚刚采取了通行于这一文化的全部宗教、哲学以及科学的文献中的注释形式。模仿诺斯替派的做法，基督教会的神学家们给《圣经》编纂了写成的注释，同样在《阿维斯塔经》的旁边出现了培利维文的注释“赞德”（Zend，在陪利维语中有“注释、诠释”的意思）并在犹太教经典的旁边出现了注释“米得来施”（Midrash，即注释，多位犹太教讲解《圣经》的作品）。然而，公元 200 年前后的“罗马”法学家和“古典晚期”的哲学家——正在形成的祀拜教会的经院学者，正好也走上了相同的道路，这一教派的启示正是从波希多尼乌斯[1]以来一次又一次被注释的柏拉图的《蒂迈欧篇》。《米示纳篇》是《妥拉经》的一部巨大注释。但当最古老的注释家自身再次成为权威，其文字变成为“可兰”的时候，注释的上面又有人加上注释，比如在西方那位最后的柏拉图派学者辛普利西乌斯，在东方为《米示纳篇》增添《盖玛拉篇》的阿摩拉，在拜占庭将皇家宪法编纂成为《法理会要》的法学家等。

这种将每一句假定的话归之于一个直接的灵感昭示的方法，在《他勒目法典》及伊斯兰教的神学中被运作到最尖锐的境地。一部新的哈拉卡或一部圣训只有当它们通过一连串的证人而被追溯到摩西或穆罕默德之时才能被看成规中的。在耶路撒冷，这方面的庄严公式是：“将它传给我！我由我师傅那里听到的就是这样。”在“赞德”中，引用一连串的证明成为一种惯例，伊立纳斯通过一条由他自己经过波力卡普[2]追溯到原始教团的连锁来证实他的神学。这种哈拉卡形式这样明显地进入了早期基督教著作中，因此人们对于它到底是何物已经不再关注。同一般的对于法律和预言家的引证决然不同，它出现于“四福音书”（“根据”马可的福音书）的标题之上，于是，假如有人对于各书出现的救主的话语提出根据时，它就必须提出证明。于是就建立起追溯到化身为耶

[1] 波希多尼乌斯：约公元前 135~ 前 50 年，叙利亚人，有的哲学史家称其为亚里斯多德以来希腊最渊博的学者。

[2] 波力卡普：约 69~155 年，士麦那主教，相传为使徒约翰的门徒，是上承使徒时代，下启教父时代的人。

稣的真理的连锁，然而假如以奥古斯丁或哲罗姆[1]式的世界观念来夸大它巨大的真实性却是不可能的。这即是自亚历山大时代以来流行越来越广泛的那种为宗教和哲学著述安置人名的习惯的基础，这类人名比如以诺、所罗门、以斯拉、赫玛斯、毕达哥拉斯——全是见证者以及具有神圣智慧的人，于是圣言在他们身上化为古代的肉身。我们还有很多“启示录”载有巴鲁的名字，他在当时是同琐罗亚斯德并称的。我们对于那种在亚里士多德和毕达哥拉斯的名义之下以文学的形式而流行的东西是不易形成概念的。《亚里士多德神学》是新柏拉图派影响最大的著作之一。最终，这就是引证的风格和它的较深刻意义的形而上学的前提，这种引证曾经被基督教神学家、犹太律法师、“希腊”哲学家、“罗马”法学家所运用，而且最后一方面结束于瓦伦蒂尼安三世的法律，另一方面结束于犹太教及基督教经典里面神示著作的删除——这是一种依据物质的差异来对文学宝藏加以区分的根本想法。

五

依据以上的研究，在未来写作出一部关于枚斋宗教群的历史将是有可能的。它构成了一个精神和演化的不可分割的单位，不能假设其中任何一个在不涉及其余的情况下却能被我们真正理解。其产生、开展和内部确立占据了公元元年至 500 年的时期。确切地说来，它相当于从克吕尼运动到宗教改革之间的西方宗教的兴起。一种相互的获取和给予，一种错综的繁荣、成熟、演变——布居、迁徙、适应、弃舍——填充了这些世纪，看不见任何一个体系依附于其他的迹象。然而只有形式和结构在发生变化；在其深处却是同一的灵性，但在这一宗教世界的全部语言中这一灵性所表现的永远还是它自己。

在古巴比伦费拉制的广阔领域中生活着年轻的民族。这里是万事俱备。关于未来的最开始预感于公元前 700 年左右在波斯人、犹太人和迦勒底人的预言式宗教中开始觉醒。一个与后来的《妥拉经》的序言一样的有关创世的影像已经显示出清晰的轮廓，于是，一个方位、一个方向、一个希望的目标被树立起来。对于遥远的将来，许多事物还被描写得模糊不定，然而却有一点能够深深确定，那就是它将会来到。从那时起，人们带着这样的眼光，这样的使命的感情而生活下去。

第二次浪潮是公元 300 年以后在神示的潮流中兴起的。这里枚斋式的醒觉

---

[1] 哲罗姆：347~419 年，拉丁教父，学识渊博。

意识正在兴起并且使其自身成为一种已经建立于即将来到的洞天文化的原始象征的关于最后事物的形而上学。一些关于恐怖的世界末日、最后审判、复活、天堂和地狱的想法，还有那种将地球与人类归结于同一命运的救世之道的崇高思想——它们掩蔽于奇异的景色、形态和名义之下——在各地涌现出来，至于到底是何处或哪个民族创造了它们，我们已经很难指出。弥赛亚的形象出现了，瞬息完成，完美无缺。撒旦对于救主的诱惑被视作故事而传述。但与此同时，在一种对于所有发生的事物都有一种毫不留情却又非常迫近的终极的深信的面前，在一种仅有过去的时刻的面前，涌现了一种深切而且日益增长的恐惧。枚斋式的时间，“时辰”，洞天所指示的方向，赋予生命以新的脉搏，并且赋予“宿命”一词以新的含义。在神的面前，人的态度突然变得异样。在帕尔迈拉大教堂（它长期以来被视为基督教的）的奉献铭刻之中，巴力神被视为善良、慈悲、温和，这种感情同对于拉曼神[1]的崇拜一起，一直深入到南阿拉伯。它充满于迦勒底人的圣诗和关于上帝所派遣的琐罗亚斯德的教示之中，这种教示已经代替了他的教训。它还震动了玛卡比时代的犹太人——绝大多数圣经写作于这个时代——和存在于古典和印度世界之间但现在久已忘掉的其他任何社会。

第三次高涨出现于恺撒时代而且产生了伟大的救世宗教。这种文化也随即而臻于鼎盛时期。在其后的一两个世纪中，接踵而来的是一种宗教经验的强化，这种情况不仅无法超越，而且只是在很长的一段时间之后才变成不堪承受。对于这样一种接近爆发点的紧张，哥特式的、吠陀式的以及其他各种文化精神仅是在其黎明时期曾经一度并且仅仅只是一度体会到。

这时，在波斯教、曼第安教、犹太教、基督教的信仰团体中，同样也在西方假晶现象的信仰团体中——正如同在印度的、古典的及西方的骑士制度时代相同——产生了伟大的神话。在这种阿拉伯文化中，宗教的英雄事迹以及民族的英雄事迹，同民族、教会以及国家相比，或与宗教法律以及世俗法律相比，并没有用更加清晰的方式区别开来。预言者同战士结合为一体，一位伟大的受难者的轶事升华为一首民族史诗。光明同黑暗的势力、神话中的存在物、天使同恶魔、撒旦同善良的神灵都相互纠缠在一起，从世界之始直至它的毁灭，整个自然界成为一个战场。在下面的人类世界中，先驱者、英雄和殉教者的冒险和受难事迹在上演。每个民族——就这个词的属于这一文化的含义而论——都有它的英雄故事。在东方，波斯预言者的生活导致了气势恢弘、篇幅庞大的史诗。当琐罗亚斯德降生的时候，他的笑声响彻了天堂，自然界同时全部响应。在西方，

[1] 拉曼神：古亚述人信奉的雷神。

广为流传的耶稣受难事迹变成基督教民族的真实史诗，在它的旁边产生了一连串有关于他的童年的传说，它们最终构成了一首诗的完整类型。圣母的形象如同信徒的事业，正像西方十字军英雄的故事一样，变成广布的传奇故事的中心（比如《多马行传》、《伪克利门丁书》等），它们在 2 世纪时萌芽于从尼罗河到底格里斯河的每个地方。在犹太文圣经训诂和阿拉米文“旧约”全书中汇集了许多关于扫罗、大卫、大教长以及类似叔达与阿启巴等伟大布道师的传说，而这种贪得无厌的时代幻想支配了它所能接触到的古典晚期的祀拜传说和创教者故事（比如毕达哥拉斯、赫米兹、泰安那的阿波罗尼乌斯等人的传记）的内容。

直到 2 世纪末期，这种高涨消逝了。史诗的繁荣成了历史，对于宗教材料的神秘的钻研及教条的分析开始了。新教派的教义形成了神学的体系。英雄主义让位于经院哲学，诗歌让位于思想，预言者和探求者让位给祭词。结束于 200 年左右的早期经院哲学（正如西方经院主义结束于 1200 年左右）包含了所有的灵界知识——就其最广阔的意义而论则是伟大的沉思——《约翰福音》的作者、瓦伦蒂努斯、巴蒂撒尼斯、马桑、护教论者，直至伊立纳斯和泰图良的早期教会神学家，直至《米示纳篇》的完成者犹太律法师的最后的布道者、亚历山大里亚的新毕达哥拉斯派和赫米兹派。所有以上这些相当于西方的沙特尔学派[1]、安瑟伦[2]、弗罗利斯的约阿喜谟、克莱尔沃的伯纳[3]、雨果·得·圣维克多[4]。完满的经院哲学始于新柏拉图派，始于克利门和阿利振等最初的阿摩拉，阿尔得希尔[5]和沙波尔一世[6]时期新阿维斯塔经（现今流传的《阿维斯塔经》以此为主）的创制者，其中最重要的就是玛兹达教的大祭司坦瓦撒。与此同时，一种更为高级的信仰开始由乡村农民的虔诚中分离出来，这种农民的虔诚还是恋恋不舍其神示的性质，因此在不同的名称之下保持着自身几乎丝毫没有变化直到进入土耳其时期的费拉制度中，但在城市的更为理智的上层世界中，波斯教、犹太教和基督教的社团却被伊斯兰教的社团合并。

此时，这些伟大的教派缓慢但却稳定地趋于完成。作为 2 世纪最重要的宗教成果是对于下述问题的肯定——耶稣的教训的结果并非一个犹太教的变化，

[1] 沙特尔学派：以传播古代文化和世俗知识著称。

[2] 安瑟伦：1033~1109 年，坎特伯雷大主教，经院哲学的著名代表人。

[3] 克莱尔沃的伯纳：1091~1153 年，正统派神秘主义神学家。

[4] 雨果·得·圣维克多：约 1096~1142 年，正统派神秘主义神学家。

[5] 阿尔得希尔：226~241 年在位，萨珊帝国的创建者和国王。

[6] 沙波尔一世：阿尔得希尔之子，萨珊帝国国王。

而是一个崭新的教派，这个教派朝向西方前进，同时犹太教在其内部力量并无损失的前提下转向了东方。神学的伟大的精神结构属于第三世纪。和历史现实之间达成了一条暂时的协议，世界的末日退向远方，一种新的教义论成长起来并被用来阐释新的世界面貌。成熟的经院哲学的出现的首要条件是要有对于它所努力创立的教义的持久性的信仰。

看到他们努力的结果以后，我们发现阿拉米人的故乡是向着三个方向发展它的形式的。在东方，从阿基曼尼德时代的琐罗亚斯德宗教和它的宗教文献的残余中，形成了一个具有严格意义上的僧侣政治与繁文缛节，奉行圣礼、弥撒与忏悔的玛兹达教会。如以上所描述的，坦瓦撒对于新阿维斯塔经的汇集和整理工作起了一个头，在沙坡尔一世时期一些和宗教没有关系的医药、法律与天文的内容被增添进去（正像同时期的《他勒目法典》一样），功德圆满便应归功于沙坡尔二世时期（309~379 年）本派大师玛拉斯班得的著作。一种培利维文注释的马上加入是唯一能够让枚斋文化者有所期待的。新阿维斯塔经与犹太教及基督教圣经一样，是一部包括零散著作的经典，我们知道在已经散失的《纳斯克书》中（原有二十一卷）内含一卷琐罗亚斯德福音、维式塔斯帕[1]改宗的故事、一卷创世纪、一卷律书及一卷从创世到波斯各王的世系的谱牒，与此同时那部被盖尔得内[2]称为波斯人的“利未记”的《万迫达经》也被非常有意义地完整保存下来。

在沙坡尔一世统治时期，在 242 年出现了一位新的宗教创始人。这便是摩尼，他抛弃了“无故土的”犹太教与希腊主义，将所有的极端宗教结合成为当代最有权威的宗教创造之一，所以玛兹达教的祭司们在 276 年将他钉死在十字架上。因为他父亲（他在暮年弃家加入一个曼第安教团）用当代各个方面的知识来武装他，他将迦勒底教徒与波斯教徒的基本概念和使徒约翰的、东方的基督教的基本概念结合为一——这一工作以前在巴蒂撒尼斯的基督教波斯教灵界知识中曾经尝试过，但是却无一点创立新教派的意图。他想到了信徒约翰的逻戈斯的神秘形象（对他而言这等于波斯教的弗胡·玛诺），想到了《阿维斯塔经》传说中的琐罗亚斯德，想到了作为神圣化体的晚期经文中的佛陀，而且宣布他自己是《约翰神音》中的保惠师与波斯人的沙夏安。我们应对吐鲁番的发现表示感谢，它包括了部分的摩尼著作（在此之前已完全失散），我们今天能够得知玛兹达教、摩尼教与聂斯托利派的宗教语言是培利维语，与通行语言毫

[1] 维式塔斯帕：古波斯地区一个小王国的国王，曾下旨编写《阿维斯塔经》。

[2] 盖尔得内：1852~1929 年，德国东方学学者。

无关联。

在西方，两个祀拜教会（用希腊文）发展了一种神学，它不但与之同源并且在极大程度上与它相等。在摩尼时代，阿拉米－迦勒底的太阳宗教与阿拉米－迦勒底的密司拉祀拜开始在神学理论上联合成为一个体系，属于这个体系的第一个伟大的“神学家”是爱安布立卡斯（大约 300 年）——他是阿泰纳西乌斯的同时代人，也是那位在 295 年将密司拉推崇为独拜一神的国教之上帝的戴克里先皇帝的同时代人。不管怎样，其祭司在精神方面与基督教的祭司是别无二致的。蒲罗克鲁在梦幻之中接受了一段关于艰深经文的阐释；在他看来，《蒂迈欧篇》与迦勒底的神谕都是经典，但他却宁可看到全部其他哲学家的著作全部遭到破坏。其圣歌，作为一个真正的清修之士的苦恼象征，祈求太阳神与其他救助者保护他反对邪恶的魔鬼。亥罗克利斯[1]为毕达哥拉斯派社团的信徒写了一部启发德行的日课祈祷书，这需要敏锐的目光才能将它和基督教著作区别开来。辛尼西乌斯主教在其变成基督教的高级教士以前曾经是新柏拉图派的一位总教长——这个变化并不包含一个转变的行动；他保持了其神学而仅变更了其名称，这就给新柏拉图派信徒希腊哲学家阿斯克力庇亚第斯提供了写成一部关于各种神学的相似性的巨著的可能性。我们拥有与基督教相似的异教福音及圣徒传。阿波罗尼乌斯撰写毕达哥拉斯传，马里努斯撰写蒲罗克鲁传，达马希乌斯[2]撰写依希多尔传；这些始终是贯穿着祈祷词著作及基督教的殉道者行传之间是没有一丁点的差别的。坡菲立将信仰、爱心、希望与真理描写成为四种神圣的要素。

假如我们从以得撒往南看，我们会看到介于这些东方与西方教会中间的是他勒目法典派教会（犹太人礼拜集会），用阿拉米文作为它书写的语言。在这些坚固而强大的创建面前，犹太—基督教徒（例如伊便尼派与爱尔卡撒派教徒）、曼第安派教徒，同样还有迦勒底派教徒（除非我们将摩尼教视作这一教派的重建），是不能保持其固有的全部的。它们瓦解成为数不清的宗派，或者消失在大教派的阴影里，或者合并在其结构之内，就好像最后的马桑派与孟他奴派合并在摩尼教中一样。300 年左右，在异教、基督教、波斯教、犹太教及摩尼教诸教派以外，已不再有重要的枚斋教派存在了。

---

[1] 亥罗克利斯：生活于约 314 年，亚历山大里亚的新柏拉图主义哲学家。

[2] 达马希乌斯：约 480~ 约 550 年，希腊新柏拉图主义哲学家。

六

和成熟的经院哲学一起，自公元200年起，开始了一种目的是让可见的社会——因为其组织已经变得愈发严格——和国家组织相等同的努力，这是作为枚斋人的世界感情的必然结果而出现的，而后它又依次导致统治者向哈里发——作为教社的治理者超过作为领域的君主——的转化；导向一种作为真正公民身份的前提的正统观点；导向迫害伪教的职责（伊斯兰教的“圣战”是和这一文化本身同样古老的，并且在最初的世纪中充满了它）；导向这个国家内部对待异教徒的一种特殊制度——这种异教徒恰好被宽容且被安置在自己的法律与政府之下（由于上帝所颁赐的法律是不适用于异教徒的）——而和它一起到来的却是一种隔离的生活方式。

最开始，在阿拉米的图景中心，奥兹尔欧尼在差不多200年采取基督教作为其国教。而后玛兹达教在萨珊帝国取得了同等的地位（226年），同时在奥理略（死于275年），尤其是在戴克里先（295年）统治下，作为一种崇拜先帝、索尔与密司拉的混合物的混溶宗教却变成了罗马帝国的国教。君士坦丁在公元312年，亚美尼亚国王特达特大约于公元821年，乔治亚国王米连在稍后几年，都转向了基督教。在遥远的南方，萨巴在3世纪肯定已经改而信奉基督教，阿克苏姆则在第四世纪；在另外一方面，与此同时，希姆雅尔国改而信奉犹太教，而且还作进一步努力——朱理安的努力——试图把异教教会重新推上最高的地位。

与此不同——在这一文化的一切宗教中都是这样——我们也发现修道生活的散布，通常带有它对于国家、历史与现实的极其厌恶。由于存在和醒觉存在之间——政治和宗教之间、历史和自然之间——的所有冲突毕竟无法完全由枚斋教会的形式及它与国家或民族的相等同来控制。在这种精神创造过程中，种族突然进入生命之中，而且超过了神圣的部分，这正好由于后者曾经吸收了世俗部分。可是此外并没有发生像在哥特时代那样的教会和国家的冲突，其结果是民族内部的分裂存在于世俗信徒和苦行者之间。枚斋宗教仅涉及人身中间的神圣火花，也就是圣灵，这是他在那虔信而幸福的众仙灵上无法看见的团体中分享到的。这个人的别的部分则属于邪恶与黑暗。可是在人身中间，必须由神圣部分来统治，战胜、压服、摧毁别的部分。在这种文化当中，苦行僧不但是真正的僧侣——世俗的僧侣，就如今天在俄罗斯一样，是从没有真正受人尊敬，而且多半允许结婚的——并且比这更多的，他是忠实的信徒。除去修道生活之外，是绝对无法履行宗教的要求的，由于这个原因悔罪团体与男女修道院在极早的时候便据有地位，这种地位，假如是在印度与中国，因形而上学的原因，他们是永远无法获得的——在西方就更不用说，那里的教团是工作与战斗的（也就是动的）单位。所以，我们决不应将这种划分为“尘世”与“修道院”两部分的枚斋世界的人民看作两种截然分开的生活方式，并具有相同的履行所有宗教要求的可能性。任何一个虔敬的人在某种程度上是一个僧侣。在尘世和修道院之间并无对立而仅有程度上的差别。枚斋教的教派和教团是同性质的社团，其彼此之间只用范围大小相区别。彼得的社团是一个教团，而保罗的却是一个教派，而此时密司拉教对于其中一个名称好像太宽，对另一名称又好像太狭隘。

任何一个枚斋教会自身是一个教团。只是因为人类的弱点，在苦行生活中才有阶段与等级的划分，但是这些也并非有所规定而仅是得到默许的，好像在马桑派和摩尼教徒中那样。实际上，一个枚斋民族无非是一个总的集合，是一切教团的教团，它由更小、更严格的团体组成，最后则以遁世者、托钵僧与柱上隐居者的形式出现，在这些人中间没有什么东西属于世俗，其醒觉意识这时仅属于圣灵。对于这些预言式宗教——神示的刺激在其中间并在其之间制造了无数教团式的社团——暂时放置一边不作讨论。西方的两个祀拜教会产生了无数的僧侣、托钵僧与教团，他们相互之间最后只有靠着他们所祷念的神祇的名称来区别彼此。任何人都遵守斋戒、祈祷、独身与清贫。在300年时，这两个教会中谁在其趋向方面更为苦行是非常难断定的。新柏拉图派僧侣萨拉平[1]跑向荒野为了一心一意学习奥菲斯的赞歌。达马希乌斯被一个梦导引着，退居于一个恶臭的洞穴，为了连续不断地向大母神西比里祈祷。哲学的学派不过是苦行的教团。新毕达哥拉斯派信徒近似于犹太的敬虔派教徒。密司拉祀拜，作为一个真正教团，只准许人们参加其圣餐式和其教友组织。朱理安皇帝有意资助异教的修道院。曼第安教好像是一群严峻程度不同的教派社团，其中包括施洗者约翰的教团。基督教的修道生活并不是从著名的隐修士帕克米乌斯（公元320年）开始，他只是第一个修道院的创建者。这一运动自耶路撒冷当地原来的社团开始。《马太福音》与差不多全部的“使徒行传”证实了严肃的遁世感情。波斯教与聂斯托利派教会进一步发展了修行的思想，最后伊斯兰教对它加以融会贯通，让它臻于完满。一直到今天，东方的崇信还以穆斯林教团与会社最为显著。犹太人遵照了相同的发展路线，从8世纪的凯莱派直到18世纪的

[1] 萨拉平：活动于公元4世纪中叶的埃及修士和神学家。

波兰哈西底派。

甚至在2世纪时基督教也无非是一个扩展了的教团，而其公开影响与其信徒人数却是十分不相称的。在公元250年左右，基督教突然壮大起来，那是一个划时代的时刻，这个时期，古典世界最后的城市祀拜并不是在基督教面前而是在新出现的异教教会面前感到自己相形见绌了。罗马祈年团的记录停止在241年，奥林匹亚最后的祀拜铭刻是在265年。与此同时，最复杂的教士的德行在一个人身上的积累已相沿成风，说明这种习俗已经被认为不再特殊，而是作为单独一个宗教的习惯了。这一宗教开始吸引开化异教徒，在希腊—罗马语系的土地上广为传播。另外一方面，基督教却独自传布在广阔的阿拉伯原野（约当300年）。正是由于这个原因，内在矛盾这时无法避免地要在这里安置下来。这些矛盾使得基督教分解为几个宗教——并且永久这样，这并非因为这一时期特殊人物的宗教倾向，而是因为特殊图景的精神带来的。

关于基督性质的争论是这次纷争发生的原因而待决定的焦点。争执中的问题恰是那些用同样形式与同样趋势而充满一切别的枚斋神学之中的有关物质的问题。新柏拉图派经院哲学、坡菲立、爱安布立卡斯尤其是蒲罗克鲁在处理它的时候采用了一种西方的公式，运用了和斐洛甚至和保罗非常近似的思维方法。太一、努斯、逻戈斯、圣父与中保之间的关系是被牵涉到实质方面并加以考虑的。这其中的过程是分出，还是分割，还是透过的过程呢？是一个包含在另一个中，还是彼此相等，还是彼此排斥呢？这种三体统一是不是同时又是一个单子？在东方，这个问题的另一种结构在《约翰福音》的前言与巴帝撒派的灵界知识中已得到证明：阿胡拉玛兹达与圣灵的关系与弗胡·玛诺的性质带给《阿维斯塔经》“神学家”大量的工作，恰是在具有决定性的以弗所与卡尔西顿会议的期间，我们看到光阴派用它在神圣的世界进程中的卓越地位（将光阴看作历史的时间）取得了对神圣物质的暂时胜利（438~457年），这标志着教义之争达到顶点。此后，伊斯兰教重新拾起这个问题，而且设法联系到穆罕默德与《可兰经》的性质方面而加以解决。枚斋人类存在以来，这问题便存在于那里——这与我们的物质问题的对立物，也就是特属西方的意志问题在浮士德派思想开始萌芽时的被提出，是极相像的。没有必要去找寻这些问题的答案。当这种变化开始思考的时候，它们便已经存在于那个地方了，它们是自己的思维的基本形式，不必召请，并且有时恐怕还未曾觉察，它们便已经来到其各种学科面前。

可是被东方、西方与南方这三种图景所事先规定的三种基督教的解释在最开始时已经都出现，在诺斯替派的主要趋向中已非常明显，这种趋向我们能够以巴蒂撒尼斯、巴希利底斯[1]与瓦伦蒂努斯[2]的名义将它指出来。其会和点是以得撒，此处的街道上随处都能听到聂斯托利派教徒反对以弗所胜利者的杀声与不久以后一性论者要求将伊巴斯主教投给竞技场野兽时的“唯一上帝”的呼声。

这一重大问题被阿泰纳西乌斯公式化。阿泰纳西乌斯的智识源是假晶现象，他有很多地方与其属于异教的同代人爱安布立卡斯相似。阿里息斯[3]将基督看成半神半人，只是在物质上和圣父相像。阿泰纳西乌斯反对阿里息斯，主张圣父和圣子属于相同的物质，它在基督身上化作一个人的“身体”。“圣言化为肉身”的西方公式凭借着祀拜教会的能够看到的事实，而对圣言的理解却依靠着对景色如画的经常的沉思。在崇拜偶像的西方，爱安布立卡斯在此时写出他的关于上帝圣像的著作，神圣被物质地显示于圣像之中，而且表现出奇迹。在此，对于三位一体的抽象永远在事实上被伴随着圣母与圣子间在感觉上的人世关系，关于后者，在阿泰纳西乌斯的思维过程中是不能被排除的。

基于这种圣父与圣子同性的认识，第一次提出了实际的问题——那就是枚斋教的二元论看待圣子本身的历史现象的态度。在洞天世界中有神圣的物质与世人的物质，在人中间，有一部分属于圣灵，而单个的灵魂却在一定程度上和“肉体”相关联。但是基督怎样呢？

在希腊语与假晶现象的领域中所发生的一场战争——这处于西方教会“哈里发”的充分影响之下——是一个决定性之因素(它是亚克兴战役的后果之一)。君士坦丁甚至还做过尼西亚会议的召集人与主持人，在会上阿泰纳西乌斯的教义取得了优势。在东方，因为阿拉米语言与思想，这些举动几乎完全没有被仿照执行（就我们依照阿弗拉哈特信筒中知道的）；在这里人们认为去争论那些他们向来关注但却早已解决的问题是没有一点道理的。作为以弗所会议(431年)结果的东西方的决裂，割断了两个基督教的民族——属于“波斯教会”的与属于希腊教会的，可是这无非是适应于两种相异图景的思维方式之间一开始便存在的差别的证明罢了。聂斯托利与整个东方将基督看成第二个亚当，最后一代的神圣使者。玛利亚生育了一个男孩，在其世人的、被创造的物质之中，寓居着神的、不是被创造的成分。与之相反，西方将玛利亚看成与一位上帝的圣母，

[1] 巴希利底斯：大约生活于1世纪与2世纪之间，主要的思想是将基督教教义与亚里斯多德、斯多噶学派的哲学糅合在一起。

[2] 瓦伦蒂努斯：生活在2世纪，诺斯替派的代表之一。

[3] 阿里息斯：约250~336年，反对三位一体教义。其身体中形成了一个被西利尔

神质和人质在其身体中形成了一个被西利尔[1]称为联合的统一体。在以弗所会议承认圣母是生育上帝的人时，这个拥有地亚那女神的古老的声誉的城市马上产生了一个真正古典式的狂欢庆祝。

可是在这很久之前，叙利亚的阿波林纳里斯[2]就已预告了对这个问题的“南方式的”看法——在活着的基督身上不但是物质，并且是单纯的物质。神圣的物质变成为世人的物质，而并不是与之相混合（并不是像三位一体教义的捍卫者格列高里·纳兼曾的反面主张——有意思的是，表达一性论观点的最好的办法是利用斯宾诺莎的概念——一物质处在另一形式之中）。一性论者将卡尔西顿会议（451年，会上西方又一度占优势）的基督称为“两面的偶像”，他们不但脱离了教会，并且还在巴勒斯坦与埃及发动了猛烈的起事；甚至当查士丁尼时期在波斯的——也就是玛兹达教的——军队深入尼罗河地区的时候，他们被当成解放者而得到一性论者的欢迎。

这个进行了一世纪的猛烈斗争的根本意义——并非关于学究式的概念，而是关于一种景色的精神，它正谋求在其人民中间的解放——目的是推翻保罗的著作。假设我们可以置身于这两个新生民族的灵魂的最深处，不作一点保留，不考虑教义中的所有细节，那么我们便能够看到基督教怎样向希腊的西方倾斜，而且它与异教教会在理智上的渊源怎样最终引发了西方的统治者通常也是基督教的首脑这一结果。使徒保罗在假晶现象里面的基础和基督教是一样的，这一点在君士坦丁的脑子中是明确的。具有使徒彼得的倾向的犹太基督教徒对他而言是一个异教宗派，对于东方的“使徒约翰”型的基督教徒，他们从没有注意到。当假晶现象的精神在尼西亚、以弗所与卡尔西顿三次决定性的宗教会议中断然将自己的标记盖在教义上时，真正的阿拉伯世界带着自然的力量对此加以反对，而且树立壁垒来防御它。随着阿拉伯青春时期的结束，基督教最后分裂成三个宗教，它们能够用保罗、彼得与约翰的名字来作代表，而它们之中没有一个在此以后能够要求依照历史上与教义上公正的眼光而被视为唯一纯真的、原有的基督教。这三种宗教同时又是居住在古时希腊人、犹太人与波斯人的种族区域的三个民族，它所用语言则是自他们那里借用来的教会语言——希腊文、阿拉米文与培利维文。

[1] 西利尔：约375~444年，亚历山大里亚宗主教，和聂斯托利的观点相反。

[2] 阿波林纳里斯：叙利亚雷奥狄西亚主教，认为指导基督存在的最高原则不可能是人的心灵，必定是神性的心灵。

七

东方教会自从尼西亚宗教会议之后用一种以忒息丰教长居首脑地位的主教制度，以其独特的宗教会议、礼拜式与法律，将自己组织起来。486 年，聂斯托利派教义被接受而成为约束，而和君士坦丁堡的联系从此断绝。自此时起，玛兹达教徒、摩尼教徒、聂斯托利派教徒拥有一个共同的命运，其种子被播种在巴蒂撒尼斯的灵界知识中。在南方的一性派教会中，原始社团的精神又开始抬头而且传布更远；依照它无法调和的一神论和它对于偶像的敌视，它最相近的渊源是他勒目派犹太教，而其战斗呼声“唯一上帝”已经标志着它和前述的犹太教成为伊斯兰教的起点：“阿拉以外没有上帝”。西方教会和罗马帝国继续保持着同一的命运，也就是祀拜教会变成国家。它逐渐将异教教会信徒吸收过来，从此以后其重要意义的大多数并没有存在它自身之中——原因是伊斯兰教几乎消灭了它——而是存在于这一事件，这便是西方文化的年轻民族从它之中接受了基督教体系作为一个新创造的基础，而且是在非常靠西地区的拉丁形式之下接受它的。这种拉丁形式对于希腊教会本身说来是无意义的，由于罗马此时是一个希腊式的城市，而拉丁语却在阿非利加和高卢流行得更广泛。

枚斋民族的本质的与基本的概念——一种包括在展延之中的存在，自一开始便积极扩张它的自身。全部这些教会都是审慎行事、坚强有力与成功的布道教会。可是仅有等到人们最后已经不再认为世界末日近在眼前，适合于这个世界洞天的长期存在的教义业已建立起来，枚斋各个教派关于物质问题已经采取了自己的立场以后，这种文化的扩展才采取了迅疾而热烈的速度，这种速度与一般的不一样，只有在伊斯兰教中才能够看到它最深刻、最后但并不是唯一的例证。对于这些重大的事实，西方的神学家与历史学家拿出一个十分错误的描绘。他们集中于地中海地区所见到的一切，便是那个与其“古代—中世—近代”三段论相一致的西方的方向，并且甚至在这个范围内，他们接受了基督教的表面同一，将它看作在某一时期从希腊形式过渡到拉丁形式，因而希腊的残余彻底消失了。

可是甚至在基督教的面前，异教教会曾经以这种混合祀拜赢得北非、西班牙、高卢、不列颠及莱茵、多瑙河边境地带的大部分人口——这是不争的事实，其巨大意义从未被人发觉，甚至也未曾被正确地解释为布教的努力。恺撒在高卢发现的督伊德教在君士坦丁时代已经差不多不存在了。从 2 世纪以来在祀拜教会的杋斋教大神（尤其是密司拉、索尔、朱匹忒）的名义之下对于地方原有神祇的同化，其实这是一个征服的过程，此后的皇帝崇拜也是同类情况。基督教在布教方面的努力，假如不是其近亲——别的祀拜教会——曾经在它之前的话，是不会取得和它一样的成就的。可是后者的宣传决不限于蛮族的范围；甚至在 5 世纪时，布道师阿司斯力庇奥多图斯让一座加里亚[1]城市——阿芙罗代夏斯由基督教转变成异教。

正像前面所说的那样，犹太人不遗余力地朝着东方与南方大规模地传布他们的宗教。他们甚至可能在基督诞生之前，就通过南部阿拉伯进入了非洲的腹地。同时在东方，甚至早在 2 世纪时，他们就出现于中国，这是考证确凿的。在北面，卡札尔人[2]的领地和它的首府阿斯特拉罕随后也转而信奉犹太教。从这一地区走出来的信奉犹太教的蒙古人，他们前进至德意志的腹地，并和匈牙利人一起被击败于 955 年的利亥菲尔德战役。西班牙摩尔大学一犹太学者曾经为一个使节团而向拜占庭皇帝申请护照（在公元 1000 年），这个使节团是派去询问哈扎尔人是不是以色列的迷失部落的。

玛兹达教徒与摩尼教徒从底格里斯河向两岸的帝国（罗马与中国）深入，直至其非常边远的地区。祀拜密司拉的波斯教徒进入了不列颠；摩尼教在 400 年时成了希腊基督教的威胁，在法国南部最晚到十字军时期尚有着摩尼教的宗派。可是这两个宗教同样也向东方推进，沿着中国的长城（这里卡拉·巴尔噶森用多种文字记述的伟大铭刻证明了摩尼教信仰传入了维吾尔地区），甚至达到山东。在中国内地，可以见到波斯的拜火教兴建的寺庙，而且自 700 年以来，在中国的星相学著作中能够发现波斯式的词句。

这三派基督教会向四处传布的历程已经印下了足迹。当西方教会在 496 年让法兰克国王克洛维皈依的时候，东方教会的布道师已经抵达锡兰及中国长城非常靠西的边防地带，而南方教会的传教师也已来到阿克苏姆帝国。与之同时，当德意志在蓬尼菲斯（718 年）以后，已经转投皈依时，聂斯托利派的传道士已经非常接近于赢得中国。他们在公元 638 年进入山东。唐高宗（651—684 年）允许在帝国各省建立寺院；750 年，皇宫内部已经在宣讲基督教，在西安府被保存下来的 781 年一块纪念碑上的阿拉米文与中文铭刻写道："和宫敞朗，遍满中土。"可是，具有极重要意义的是，在宗教问题上无法称其为外行的孔教信徒，将聂斯托利派徒、玛兹达教徒与摩尼教徒都看成单一的"波斯"教的信

[1] 加里亚：安纳托利亚西南部的古代行政区，希腊化最彻底的地区之一。

[2] 卡札尔人：突厥人的一支，主要居住于高加索一带。

徒，正像西部罗马省份的居民之无法区分密司拉与基督一样。

所以，伊斯兰教能够被看作整个这一组早期枚斋宗教的清教派，作为一个外貌全新的宗教，在南方教会与他勒目派犹太教的区域中出现。恰是这种比较深刻的意义，而非单纯是其喜好战争杀戮的武力，为其无法相信的成就提供了解答。虽然由于政治的原因，它实施了令人惊奇的宽容（希腊教会最后的大神学理论家约翰·达玛森奴斯用阿尔·曼佐耳的名义成为哈里发的财政大臣），但是犹太教、玛兹达教与基督教的南方教会和东方教会却迅速地并且几乎是完全地消失于其中。塞琉西亚教长叶苏雅布三世控诉说，当它一来到当地，成万的基督徒立刻归附了它，而在奥古斯丁的故乡北非，所有居民一下子全投奔了伊斯兰教。穆罕默德死于632年。到641年，一性论教徒与聂斯托利派徒的（所以也便是《他勒目法典》与《阿维斯塔经》的）所有领地都归伊斯兰教所有。717年，它站在君士坦丁堡的面前，希腊教会面临着覆灭的危险。早在628年，先知的一个亲戚曾经携带礼物送给中国皇帝唐太宗，而且被许可设置传教组织。自700年起，在山东有了清真寺，而在720年，大马士革向长期定居于南部法兰西的阿拉伯人指示，让他们征服法兰克人的国土。两个世纪之后，当西方一个新的宗教世界在古老的西方教会的废墟上兴起时，伊斯兰教传到了苏丹与爪哇。

关于所有这些，伊斯兰教仅是作为外向的宗教历史中的一个断片而具有重要意义。枚斋宗教的内部历史终结在查士丁尼时代，正像浮士德宗教的内部历史终结在查理五世与特棱特宗教会议一样的确实无误。全部关于宗教历史的书籍都指出这种基督徒的宗教曾经具有两个伟大思想运动的时代——在东方是0—500年，在西方则是1000—1500年。可是这是两种文化的两个青春时期，而且在它们中间也包括了那些属于任何一个宗教发展过程的非基督教的形式。529年雅典大学被查士丁尼封闭的原因，并不是像通常所说那样成为古典哲学的终结——若干世纪以来古典哲学就已不存在了。在穆罕默德诞生的四十年前，他的做法，而且——像历史学家忘了补充的——也是通过封闭安提亚克与亚历山大里亚的学派从而结束了基督教的神学。教义已非常完备了，正像它在西方通过特棱特宗教会议（1564年）与《奥格斯堡信条》获得完善（1540年）时一样，由于宗教的创造力随着城市与理智主义的出现而走向完结。与此相同的，在犹太人中间与在波斯地区，《他勒目法典》完成于500年左右，而当科斯洛厄兹·努希尔万在529年血腥镇压玛兹达克的宗教改革时——这次改革与我们的再浸礼派在摈弃婚姻世俗财产方面有着极其相似的地方，而且曾经得到国王柯巴德一世的支持，并借其来抵抗教会及贵族的势力——阿维斯塔派的教义同样走向固定。

第九章　有关阿拉伯文化的各项问题

（丙）毕达哥拉斯、穆罕默德、克伦威尔

一

宗教可以说是一个有活力的人在征服、制约、否定甚至可以说是破坏存在时的觉醒概念。当目光转向扩大的、不安的和充满光明的世界的时候，种族生活和它运动的节拍减少了，这个时候时间就会服从于空间。当已经完成的植物性的欲望停止后，原始的内心世界深处就涌出了对于完成、失去方向、死亡的动物性的害怕。宗教的基本感情并不是爱与恨，而是爱与畏怕。恨与畏怕的区别就像时间与空间、鲜血与眼睛、节拍与不安、英雄行径与圣徒行为的不同。在相同的情况下，种族意义上的爱和宗教意义上的爱也是有区别的。

一切的宗教都朝向于光。当一个用眼睛看得到的世界被自我理解为光的核心时，扩大了的事物自身就成为宗教性的了。听觉和触觉可以根据视觉加以调整，而看不见的世界——它的一切行动只是被感觉到——就成为无限制神力的总和。所有被我们称作“神性”、“启示”、“救世”、“天命”的东西，都是一个受到照明的现实的因素。对人来说，死亡是他亲眼见到并且因而见到要了解的事，这件事并且与死亡相关联，然而出生却是另外的一种秘密。它们是可以感觉到的宇宙的两个可以看得见的极限，在光明照耀的空间里，这个宇宙存在于有生命的物体中。

有两种明显的畏惧——一种是面临小宇宙在空间中的无拘无束、在空间本身和它的威力之前、在死亡之前的畏惧（这是连动物也知道的）；另一种是关于形成的宇宙长流、关于生活、关于定向时间的畏惧。第一种畏惧唤起一种灰暗的情感，感到在张大的世界中，自由只是一种新的、比那统治着植物性世界的依附性更加深刻的依附性，它指引那感觉到自身弱点的单个物体，去寻找其他的近亲和同盟。忧虑产生语言，而我们这种语言则是宗教——完全宗教。出于对空间的畏惧，产生出作为自然的世界的神力和对神的崇拜；出于对时间的

畏惧，产生出生活的、性和种族的、国家的神力，这些集中体现在祖先崇拜方面。那就是禁忌和图腾的不同——因为图腾崇拜来源于对于那种超过理解并永远不能认识的事物的神圣畏惧，因而它也永远以宗教形式展现。

高级形式的宗教要求充分的警惕，来反抗血和现实的势力，这种势力永远隐藏在灵魂深处，准备夺回它们统治生活的不成熟方面的原始权利。“要警惕、觉醒并且祷告，以免你们受到别的诱惑。”可是，“解脱”是所有宗教的基本口号和所有觉醒存在的永恒想法。从这种一般的、几乎是前宗教的意义来说，它体现着摆脱醒觉意识的忧虑和烦恼的渴望；松懈产生害怕的思想和探索的紧张的渴望；消灭和消除关于自我在宇宙中的单个的想法、自然的严密的局限性、一切存在物的不可改变的老和死的分界的前途等的渴望。

睡眠，也是一种解脱——“死亡和睡眠是弟兄”。神圣的酒，陶醉，可以消除精神紧张的残酷性；舞蹈即酒神的艺术之一，以及其他一切麻醉和大喜的形式也都是这样。这些都是凭借着存在、宇宙、“彼物”、从空间向时间的躲避等而从自觉中脱离出来的方式。然而超乎所有这些之上的则是按照理解自身来克服畏惧的纯粹宗教的方式。小宇宙和大宇宙之间的冲突变成我们可以爱的东西，变成我们能够集中精力于其中的东西。我们把这个称作信仰，并且它是所有人的理智生活的起源。

理解，无论是演绎的或是归纳的，无论是否起源于感觉，都固然是有原因的。如果将被理解的对象与被决定的对象区分开，这是根本不可能的，因为二者表示相同的东西。当某些事物对我们说来是“现实的”，我们是按照原因的形式观察它、思考它，恰似我们意识到我们自己和我们的行动是某些创造性的事物、某种原因。不过，对原因的确定因为事件的不同而不同，不仅在宗教逻辑上是这样，一般说来，即便是在人的无机逻辑上也还是这样。在某些时候一件事实的原因被认为是这样，而在其他时候却被认为是别的样子。各种思考在它的每一个应用范围都有一个独特的“体系”。在日常生活中，思维上的因果联系从来都不会一丝不差地重复的。甚至在近代物理学中，事实上尽管因果体系的有效假定在局部上互相排除，但在应用时却是互相并存的；例如电力学的概念和热力学的概念就是这样。思维的意义不会因此而不存在，因为当醒觉意识不断轮流值班时，我们总是从单个行为的形式中进行“理解”的，而每个行为都有其自身的始因。我们的观点，把整体作为自然的世界与个别意识联系起来当作一个单纯按因果顺序排列的连锁的看法，是完全不现实的，因为我们的思维总是按照成组的行为进行的。这种看法始终是一种信念。它本身确实就是信仰，因为它是对于世界进行宗教式理解的基础，无论在哪里观察到某些事物，这种信仰就会把神秘感假定为思维的必要条件——将不再想起的偶发事件假定为暂时的神力，将位置固定的居住者（例如源泉、树木、石头、山丘、星宿等），或能够四处出现的无所不能者（例如上天、战争、智慧诸神）假定为拥有持续的神力。这些神力只是由于每个分散的思维行为的单独性而受到限制。有的今天还只是神的一种特性，明天它本身就成了神。其余的有时候是多样的组合、有时候是一个整体、有时候是某个模糊不清的东西。世界上有很多看不见的物体（形态）和理解不了的东西（原理），但对于那些神力附体的人来说，它们却是可见的或可以理解的。在古典文化和印度文化中，命运被当作事物本源而凌驾于可以描绘的神祇之上；相反，枚斋文化的命运则是独一无二的、无形无状的至高上帝的作为。宗教思想总是在因果的连续中区别价值和等级，并形成最高的存在或原理，作为最首要的和“支配的”原因；“神意”是用于一切以价值判断为基础的最广泛体系的名词。相反，科学则是一种不同的理解方式，它从杜绝了原因中的等级差别；它所发现的是规律，而不是神的意志。

人可以通过对事物原因的理解而获得自由。对于被发现的相关的信仰，能够祛除人们对未知世界的恐怖。上帝是人们用来逃避命运的避难所，他们能够感觉到并生动地体验着命运，但却无法推知、描绘，也无法命名，一旦“批判的”（在字面意义上是鉴别的）、因畏惧而产生的理解能够清晰地排出前因后果，也就是：当外部或内部的视力都被认为是井然有序时——恰恰在这个时候——命运也就中止了。对于某些高级人士而言，他那追求理解的坚强意志与他的存在经常处于矛盾之中，这就使他处于绝望的进退维谷的境地。此时，命运虽已停止为他的生命服务，却不能支配他的生命，因而在一切重要的关头上，总留下一个无法解决的因素。“当一个人只是被迫宣称自己自由的时刻，他感到自己受到了制约。但假如一个人有勇气宣布自己受到制约，那么此时他就感觉到了自由。”（歌德）

我们为自然世界的因果联系设定一个名字——真理，我们确信任何进一步的考虑都难以对此加以更改。真理是确立起来的，它们是超越时间的——是既超越于命运和历史之外，也与我们自身的生死无关的“绝对的”手段——同时它们也是内心的解脱、慰藉和拯救，在这里它们蔑视并克服事实世界中发生的无数事件。或者，像它在内心中所反映的那样，人可死去，但真理却是永恒的。

在世界的各个地方，某些事物被建立起来——也就是被固定、被束缚。聪颖灵悟的人掌握秘密，不管这是古代的灵验符咒，还是近代的数学公式。甚至在今天，一种成功的感觉，必然伴随着自然领域中的每个实验步骤，这种步骤断定了某些事物——关于天神的神圣意志和地灵的狂暴意气；或者是有关自然科学的神力（原子核、光速、引力）；甚或是有关思维在默察其自身影像中所想象的抽象的神力（概念、范畴、推论）——并且在判断时，把它固定在一个难以变更的因果关系的体系里面。这种经验是在无机的、对人有害的、令人牢记的意义上而言的，它与生命的知识和体验是完全不同的，这种经验通过两种方式出现——理论和技术，或者用宗教语言来税，神话和祭拜——按照信仰者的意图去公开或封闭周围世界的秘密。二者都要求人类理解的高度发展。二者有的产生于恐惧，有的产生于爱。有一种令人恐惧的神话，通常就像摩西的和原始的神话，也有一种爱的神话，就像早期基督教的和哥特式神秘主义的神话。同样，既有一种防卫的技术，另外也有一种祈求的、魔幻的技术；这种在献祭和祈祷之间无疑是最根本的区别，它区分了原始人类和成熟的人类。信仰是心灵的一个特征，而宗教则是一种才能。“理论”要求观察的禀赋，很少有人具备这种禀赋并能达到洞察一切的程度，而很多的人根本就不具备。在世界中，一个人所看到的无论是强力的操纵与活动，还是（用一种既不是恐惧又不是爱、而只是为了追根究源的、较冷静的城市精神来看）合乎法则的力量的活动，这是最原始意义的世界观。禁忌和图腾的秘密可以在神祇信仰和心灵信仰中看到，并在理论物理学和生物学中加以测度。“技术”必须先具有约束和咒厌方面的天赋才智。理论家是有判断力的预见者，技术师是牧师，发现者则是先知。

不过才智法是以现实的形式集中它的全部力量，这种形式通过语言从视觉中概括出来，而且并非一切醒觉意识都能辨别出它的本质——概念的范围、可传授的定律、名称、数目。所以，对于神祇的每次召唤和调遣都应该根据那种只有入门者才能知道的关于神祇的真实名称的知识和仪式以及圣礼的运用，它们的形式必须恰如其分，文字必须正确。这不仅适用于原始的幻术，也同样地适用于我们自然科学的（尤其是我们的医学的）技术。正因为如此，数学才具有一种神圣的特性而经常体现为宗教环境的产物（毕达哥拉斯、笛卡儿、巴斯噶）；在所有宗教中都有一套神圣数目（3、7、12）的秘说；而装饰物（它的最高形式是宗教建筑）在本质上只是令人感觉为形式的数字。数字是小宇宙在醒觉意识的世界中用来跟大宇宙取得联系的严格而强制的形式、表现主旨和交流符号。在祭司的技术中，它们被称为箴言，而在科学技术中则被称为定律——但实际上二者都是名称和数目，而在原始人本村的牧师降伏妖魔时所用的魔术和文明的技师控制其机器时所用的魔术之间，原始人是不会看出任何区别的。

信仰是人类追求理解的第一个意志，也许是唯一的结果。“我信”是抵御形而上的恐惧的忠告，同时也是对爱的承认。尽管一个人对于知识的研究和积累能够在豁然贯通或最后的筹算中达到极致，但是，倘若不是同时在内心对“某一事物”树立起一种确定性，那么，个人的一切意识和理解就会变得毫无意义；这一事物，就像其他不同的事物一样，存在于因果的连续之中——而且正处在所确定的形态之下。所以被人们认为是由语言演绎而来的思维存在的最高知识财富，正是对这一事物的坚定的、辛苦得来的信念，这种信念超越了时间和命运的过程，被人们用沉思加以识别，用名称和数目加以标志。但在最后的分析中，那个事物到底怎样，仍然是不清楚的。它是已接触到的宇宙秘密逻辑的某个事物呢？还只是事物的某种轮廓呢？于是所有的努力与热情又重新开始了，人们废寝忘食地研究这个可能让人陷入绝望的新疑问。在他对信仰的理性钻研中，他需要一个通过思维得来的最后事物，一个经过仔细检查的结局，不再留下任何神秘的残余。在他沉思世界的每个角落都必须光明澄澈——没有比这个更能令他获得慰藉的了。

信念在这里转化为由于疑惑而引起的知识，或者更确实地说，成为对那个知识的信念。因为理解的后一种形式基本上是以前一种形式为转移的；它比较靠后，具有更多的人工成分，问题也比较多。进一步说，宗教理论——亦即信徒的沉思——导致教士的实践，与此相反，科学理论则借助沉思使自己摆脱日常生活的技术知识。由于启发、神示和深刻的顿悟而产生的坚定信念可以无须加以鉴定，但是正确的知识却必须以这种信念作为先决条件：它的方法[illegible]导致预期的结果——不是新鲜的想象，而是“实际”。然而，历史却教导说：对于信念的怀疑导向知识，对于知识的怀疑（在经过一段乐观鉴别以后）重新回到信念。当理论的知识使自己摆脱对信仰的接受后，它就走向自我毁灭，此后所遗留下来的只是技术经验而已。

信念在其原始混沌的状态中，承认智慧的超然来源，承认智慧能够将人类自身的敏感无法阐明的事物大致弄个明白——例如预言的词句、梦、神谕、神圣经典、神的声音等。与此相反，鉴定精神要求，而且自信能够根据其本身来考察所有事物。它不仅怀疑外来的真理，甚至还否定他们的可能性。对它来说，真理只是它自己业已证明的知识。但是如果纯粹的鉴定只是根据自身来创造其方法，那它就不会永远看不到这种状况是以结果的现实性为假定条件的。“怀疑一切”是一个无法实现的命题。鉴定的活动必须依靠一种方法，这一点很容易被忽略，相反，通过鉴定活动取得这种方法的可能性却是很明显的。因为在实际上，这是思维暂时倾向的必然结果。那就是，鉴定的结果本身取决于基础的方法，而这种方法又相应地取决于载满醒觉意识的存在之河。对于知识的无条件相信，只是理性主义时期的无限朴质的标志。自然科学理论只不过是历史上古老定理的另一形式。从它身上得到的唯一利益是生活所获得的、表现为一种成功的技术性的东西，理论则为这种技术提供了线索。曾经有这样一种观点：一个有效假定的价值不在于其“正确性”而在于其实用性。但是另一类的发现、洞察力的发觉、乐观意义上的“真理”，不能算是纯粹科学理解的结果，因为这种理解永远必须预先假定一种业已存在的看法，科学的鉴定和分析的活动就是在此看法上展开的。巴洛克时代的自然科学是对哥特时代宗教的世界图景的进一步分析和考察。

分别源于恐惧与好奇的信仰与科学，其目的，不是去体验生活，而是去认识自然世界。它们明确地否定作为历史的世界。但醒觉意识的秘密具有双重性；在思想意识里出现了两个因畏惧而生的、按因果顺序排列的图景——“外部世界”和作为其反像的“内部世界”。二者之中都存在真实的问题，而醒觉意识并不单纯是一个守望者，它在自己的领域内也是十分忙碌的。外部的神力被称为上帝；在里面则被称为灵魂。信徒想象中的神，因为鉴定的理解而在思想中变成产生这个世界的机械性力量，但是它们的本质和核心仍未改变——古典文化中的物质和形式、枚斋文化中的光明和黑暗、浮士德文化中的力和体积——视像的方式如同原始的心灵信仰的解析方式，它的结局也仍然不变，是一个预定的结果。内部的物理学可以称之为系统心理学，如果它是古典的科学，它在人本身所发现的就是雷同于物的心灵部分（理智、心态、情欲）；如果是枚斋文化的科学，那么就是心灵实体（罗阿克、乃斐施）；如果是浮士德文化的科学，则是心灵之力（思考、感觉、意志）。这些就是关于恐惧和爱的宗教沉思在罪行、过失、宽恕、良心、报应和惩罚的因果关系中继续运行的形式。

存在是一种神秘的力量，每当信仰和科学对它加以注意时，它就诱使它们陷入致命的错误。不像探索宇宙本身那样（这是完全超出积极的醒觉意识的可能性之外的），实体在视野之内可觉察的变动性，以及从中概括出来的机械性因果联系的概念表象，都是不难加以分析的。但我们是要过实际生活，而不是要认识实际生活。只有超越时间的才是真实的。真理处在历史和生活之外，与此相对的，生活也是一切原因、结果和真理以外的东西。鉴定在醒觉意识的鉴别和存在的鉴别这两种情况之下，与所发生的事件是相反的，对于生活来说也是陌生的。在第一种情况下，鉴别的运用完全是通过鉴定意图和所涉及对象的内在逻辑来证明其为妥当；在第二种情况下，却并非如此。所以，在信仰和知识之间、或恐惧和好奇之间、或天启和鉴定之间的区别，终究不是最后的区别。知识只是信念后来的形式。然而信念和生活，来自对世界的神秘恐惧的爱和来自对性的神秘憎恶的爱，无机逻辑的知识和有机逻辑的感觉，原因和命运——这些都是最深刻的对立。在这里，我们并不是根据人们的思考方式对人进行区别——不管是宗教的还是鉴定的——也不是根据他们的思维对象，而是根据他们究竟是思想家（不论所想的是什么）还是实践家。

在实践的领域中，醒觉意识只是在它成为技术时才承担义务。宗教知识同样也是力量——人们不仅确定因果关系，并且还掌握它们。只要人们懂得小宇宙和大宇宙之间神秘关系，他也就能支配这种关系，不管这种知识是来自上天的启示还是来自偷听。因此，魔术家和符咒术士才是真正奉持禁忌的人。他通过献祭和祈祷驱使和调遣神祇；他奉行真正的仪式和圣礼，因为它们能够导致必然的结果；只要谁通晓它们，它们就为谁服务，他既观察星辰也阅读神圣的经典；在他的权力中蕴藏着罪过和赎罪、忏悔和赦免、献祭和神恩等因果关系，不受时间和偶然事件的影响。他的神圣的因果联系使他本身成为具有神力的人，因而成为一个新结果的原因，人必须对它们先有信仰，然后才可能获得它们。

以此为出发点，我们才能够理解（如今欧美世界几乎已经忘掉的）宗教伦理学以及道德的根本意义。只要它真实而有力，它就是一种具有仪式的行动和实践的充分意义的关系；它是（用罗耀拉——耶稣会创始人的名言来说）在神祇面前履行的“灵性的修行”，因此神祇将会变得温良并听候调遣。“我将做些什么才能得救呢？”这个“什么”是理解一切真正道德的关键。在它的深处永远有一个“由于什么缘故”和一个“因为何种原因”，甚至连那些能想象到一种“为了自身原因”的道德高尚的哲学家也是如此——这句话表明在他们内心深处是感受到一个“由于什么缘故”的，尽管他们当中只有少数富有同情心的人才能体会到这一点。在一种令人信服的形而上学的背景上，只存在因果的道德——也就是伦理的技术。

道德是有意识和有计划的行为的因果关系，抛开实际生活和品性的所有细节不谈，它是某种永恒而普遍有效的东西，不仅不受时间限制，而且与时间相对立，因此它是“真实的”。即使人类不存在，道德也是真实而有效的——这并不是单纯的想象，而是世界上伦理的无机逻辑的表现，这种逻辑被认为是曾经实际运用过的体系。哲学家从来不承认它有一种历史的进化和完成。空间否定时间；真正的道德是绝对的，它永远完美而且一成不变。在它的深处，永远存在着一种对生活的否定，一种克制和避世的态度，甚至发展到苦行和死亡本身的地步。否定的意思表现在那句名言中——宗教道德等于禁戒，而不是告诫。禁忌是一张否定的目录，尽管在有些地方它只是表面上这样主张。要使自己摆脱事实的世界，要逃避命运的可能性，就必须把自己身上的种族性永远看成暗藏的敌人——只有严格的体系、教理和仪式才能达到此点。一切行动都不能是偶然的或冲动的——听任血液来控制的；一切事物必须根据动机和结果进行考虑，并根据戒律加以“实践”。高度警觉是必要的，这样可以避免我们犯罪。首先是与血统、爱情和婚姻有关的禁欲问题。人类的爱和恨是宇宙性的和罪恶的；两性之间的爱与对上帝的无限敬爱和畏惧是极端对立的，因而它是原始的罪，亚当曾因此而被赶出乐园并且连累人类承受着罪恶遗产的重担。怀孕和死亡规定了肉体在空间的生命，成问题的正是肉体，这一事实使得前者成为罪恶，后者成为处罚。古典的肉体是一个坟墓！这是奥菲斯宗教的表白。埃斯库罗斯和品得将存在理解成为耻辱，而各种文化的圣人则认为它是一种邪恶，必须通过苦行或（与之密切相关的）宴饮无度加以消除。战斗、历史的战场、功业、英雄行为、对于战争、胜利和虏获的嗜好等都是邪恶。因为对于默察和思维来说，在它们中间，宇宙存在的节奏的叩门之声过于喧嚣而吵闹了。整个世界——指作为历史的世界——是不名誉的。它不是摒弃权利而是争权夺利；它没有牺牲的观念。它倚仗事实压服真理。由于它顺从冲动，破坏了关于因果的思考。因此，智识之士所能贡献的最高牺牲是从这里做出一份私人礼品奉献给自然的力量。一切道德行为都是这个奉献的一部分，而一个伦理的生活过程则是这种奉献的一条连续不断的锁链。其中最重要的是贡献同情，在这里内心坚强的人不能在弱者面前炫耀自己的优势。富于同情心的人能够克制自己内心的某些念头。但是我们决不能将这种崇高的宗教意义上的同情心跟不能自制的普通人的模糊情怀混为一谈，更不能与骑士的种族情感混淆起来，这种骑士的种族情感根本不是理性和标准的道德，而是因紧张生活的无意识律动所产生的可靠而明显的习惯。在文明时期被称为社会伦理学的东西和宗教并无关系，它的出现只表明当时宗教信仰的衰弱与空虚，它已经失去那种形而上学的确定性的力量，这种力量构成坚强的、令人信服的、自我克制的道德的前提条件。在这里可以想一想巴斯噶和密勒[1]之间的区别。社会伦理学仅仅是实用的政治学。它是同一历史世界的相当晚期的产物，在这个世界的青春期（在所有的文化中都是如此）人们曾经目睹过一种在历史和宿命的生活下毫不畏缩的强健种族的高度勇

[1] 密勒：1806~1873年，19世纪英国哲学家。

气和骑士精神在伦理方面的昌盛；这是一种当今的文明社会也许会称之为“绅士本性”的先天和后天感应的伦理；一种与庸俗而非与罪恶意义正好相反的伦理。这是堡垒与教堂之间的又一次对立。堡垒的特性从不过问箴言和理智。说句实在的，它根本就不提出问题来。它的法典寓于血——也就是节奏——之中，它的恐惧不是因为惩罚或报复，而是因为耻辱，尤其是自身的耻辱。它并非大公无私；相反，它恰恰从一种充分强大的自我中产生的。但是同情心同样要求内在的崇高心灵，因此正是那些完全相同的青春期产生了德行高尚、大慈大悲的侍者——阿西西的方济格[1]、克莱尔沃的伯纳，他们任由自己通过克制而使自己成为一种散发的芳香，对他们来说自我奉献就是幸福，他们的感情是充满灵气、无血气、超越时间、横跨千古的，在他们身上，对宇宙的恐惧自动转化为纯洁无瑕的爱，这是一个具有因果联系的道德的高峰，各个文明的晚期再也不可能超越这个高峰。

如果克制一个人的血气，那么这个人必须有血气。因此，我们只有在骑士式的武士时期才能看到风格高尚的修道生活，而空间对于时间取得彻底胜利的最高象征是武士变成苦行者——而不是那些生来就属于修道院生成的梦想家和懦弱之辈，也不是那些在书斋中从事道德体系研究的学者。我们暂且把伪善的口吻扔在一边，今天被称为道德的——对于最亲近的人所固有的爱，或高贵意志的发挥，或带有一种通过该项方法获取政治权力的隐秘感情之施用——并不是光荣的道德，如果根据青春时代的标准来看，甚至只是它的最末等罢了。重复一遍，只有事关死亡时，才会有崇高的道德，它来源于一种渗透在全部醒觉意识中的对于形而上学的原因和结果的畏惧，一种征服生活的爱，以及一种个人是处在神圣法律和意志的因果体系的残酷魔力之下的意识，这种法律和意志被尊为真理，人们对它们要么彻底归附，要么完全拒绝。经常的紧张、自我警觉、自我考验伴随着这种道德的锻炼，这种道德是一种艺术，作为历史的世界在它的面前变成空无一物。但愿每个人不是英雄就是圣贤。在这二者之间，并不存在智慧，只存在平庸。

二

假如确有能够离开存在的长河而独立存在的真理，那么就不可能存在真理的历史了。假如只有一个永恒正确的宗教，宗教的历史就会成为一种无法想象的观

[1] 方济格：1181~1226 年，天主教方济格会的创始人。

念。然而，不管个人生活的小宇宙怎样高度发展，它仍然像一张蒙在正在发展的生活上的薄膜，充满了血的节奏，经常显示出宇宙确定的潜在征服力量。种族支配并构成了全部的理解力。向空间抛出时间之网就是自觉在每个刹那的命运。

但这并不是说“永恒真理”是不存在的。每个人都拥有它们，而且很多，能够使他达到在思维世界中存在并运用理解器官的程度；在互相关联的思维世界的整体中，永恒真理在瞬息的思维里是固定不变的——它的坚实牢固就像套在前提和结论箍圈里面的因果联系一样。他相信，在这种安排中没有任何事物是可以更改的。但事实上，它只是生活中的一个波涛，把他的自我觉醒及其世界一起推向高潮。它的统一是完整的，但作为一个单位、一个整体、一个事实，它拥有一部历史。绝对和相对之间就像世代延续的横切面和纵剖面一样，前者忽视了时间，后者忽视了空间。谈论体系的思想家仅仅是停留在片刻的因果秩序之中；只有观察形势发生顺序的相术家才能体会到所谓的“真实”是永远变化的。

每当我们在历史的潮流中，遵循着永恒真理的轨道，并注视它们在现存和已经逝去的各个时代的历史图景中作为因素而发挥作用时，“一切短暂的事物只是一幅画像”这句语对于永恒真理来说也是适用的。对于每一个人来说，在他存在的短暂时光中，有一个宗教是永恒而真实的，这是命运通过他出生的时间和地点为他安排好的。由于这一宗教，他才能够感觉到，并且通过这一宗教形成了他所处的那个时代的见解和信念。他坚守它的教义和形式，即使他对它们的阐释在不断地变化着。在自然世界中存在着永恒的真理；在历史的世界中却存在着一个永远变化的真实。

所以，宗教历史的形态学是一项只有用浮士德式精神才能加以系统陈述的工作，而且只是在目前它的发展阶段上，才是一项适于进行的工作。问题阐明之后，我们必须敢于努力，彻底摆脱我们自己的固执心，并对我们眼前的一切事物漠然视之，仿佛全都异常陌生一样。这是多么困难的事啊！从事这种工作的人必须具有这样的力量，不仅想象自己处于一种脱离他理解世界的真理的迷茫之中——甚至对于把真理看作一套概念和方法的人也是茫然的——而实际上是要在观相的角度将他自己的体系渗透到它那些最后的细胞之中。即便如此，要想单独用一种在构造上和精神上负荷它自己文化的全部形而上内容的语言，去获取讲述其他语言的人们所能传达的真理观念，这可能吗？

最初，在第一个时代的数千年间，愚昧而鲁莽的原始人在混沌的环境面前目瞪口呆，忧虑重重，那些莫名其妙的事物使他们不断感到重重压力，因为在他们当中没有人能够合乎逻辑地去控制它们。与他们相比，动物是幸运的，它们虽然觉醒着，但却不是思考着。动物只是在情况发生变化时才知道恐怖，而早期人类却在整个世界的面前发抖。在他身体内外的一切事物都是黑暗的、无法解决的。日常的事情和魔鬼的事情纠缠在一起，既没有头绪，也没有规律。生活中充满了惊恐和痛苦的虔敬，可是很难从中看到任何关于信仰宗教的暗示，因为这种对世界的恐惧的初步形式是没有通向理解的爱的途径的。使人跌倒的每一块石头、他手中所拿的每一件工具、经过他身旁的每一个嗡嗡的昆虫以及食物、房屋、气候，这一切都可能是上帝的旨意；但是人只有当他受到惊吓或者只有当他使用它们时，他才相信潜藏在它们中间的那种力量，在它们中间，有许多正是如此。但是只有当一个人相信某一事物继续存在时，他才会爱它。爱必须以获得稳定的世界秩序的思维作为先决条件。西方的研究工作曾经煞费苦心，不仅将从世界各个角落搜集到的个别观察材料整理出来，而且按照从灵魂信仰（也可以是其他的开端，任凭你的意愿）“引向”它自身所持信仰的那种假定的次序去排列它们。遗憾的是，只有一个特殊的宗教具备这种设计的价值，而中国人或希腊人则会以完全不同的形式将它建立起来。事实上，这种将一般意义上的人类演化引向某个目标的次序是不存在的。原始人周围的混乱世界，产生于对片断时刻的断断续续的理解，但仍然充满令人印象深刻的意义，往往是某些生长、自我完善和终极的东西带有深刻的形而上的预感的裂缝和恐怖。它总是包含着一个体系，至于这个体系是部分地从对光的世界的沉思抽象而来还是全部保留在它里面，都无关紧要。这样一幅世界图景并不“发展”；但也不是个别事物的固定总和，在这些个别事物中，不管时间、地点和人物，这个和那个是应当（尽管它们通常就是如此）选择出来加以比较的。事实上，它们形成了一个由各个有机宗教组成的世界，在整个世界之中，它具有（而且只要它们没有消逝，就仍然具有）发生、成长、扩张和消逝的正规而富有意义的方式和一种在结构、形式、速度和持续方面业已建立起来的特殊性质。高级文化的宗教不是从这里发展而来，而是另有途径。它们更清晰、更明确地存在于光之中。它们懂得理解的爱的意义，它们具有关于精密知识方面的问题和观念、理论和技术，但却不懂得日常光的宗教的象征意义。原始的宗教信仰渗透到一切事物；而晚期又个别化了的宗教则是它们自我满足的形式世界。

所以，最让人捉摸不透的是各个伟大文明的“前”期，它们彻头彻尾仍然是原始的，但却越来越明显地预示和指定着一个明确的方向。正是这些长达几个世纪之久的时期，应当在它们自身之中并且为了它们自己而正确地考察和比较一下。这个即将来临的现象是以什么形式进行自我准备呢？在我们所知道的枚斋宗教的情况下，它在开始时产生了预言式宗教的类型，这一类型引向了启示录的宗教，这一特殊形式更深厚地建立在这一特殊文化的实质之中，是因为什么原因而引起呢？此外，在古典文化的迈锡尼序曲中从头到尾充满了兽形神祇的想象，这又是为什么原因呢？他们不是高居迈锡尼堡垒正厅里面的战士的神，在那里灵魂崇拜和祖先崇拜是以高尚而庄严的虔敬来实行的，这在碑刻之中仍可证明，而是居于下方的神，在农夫茅舍里所信奉的威力，阿波罗宗教巨大的人形神，一定是在公元前1100年左右的巨大宗教变化中产生的，他们在各方面都带有其黑暗过去的痕迹。这些形象几乎没有一个不带有姓氏、属性或泄露天机的变形神话来体现它的渊源。在荷马看来赫拉肯定是长着母牛般的眼睛；宙斯则表现为一头公牛，台尔普萨传说中的海神波赛顿则是一个马形。阿波罗成为无数原始神力的名字；他时而是狐狸，就像罗马的战神似的，时而是海豚，时而是毒蛇。毒蛇也是亚加狄亚墓石浮雕上的仁慈的宙斯的、亚士克莱庇阿斯的乃至埃斯库罗斯著作中复仇女神的形象；而保持在卫城上面的圣蛇则被解释成为厄锐克索尼阿斯。在亚加狄亚，菲该力亚庙中的狄米特仍然被坡舍尼亚斯所目睹；亚加狄亚的阿提密斯—卡力斯托的形象是一只母熊，但在雅典，布劳伦的阿耳忒弥斯的女祭司也叫“arktoi”（熊）。狄奥尼苏斯——他有时是一头公牛，有时是一只雄鹿——和磐（阿卡狄亚的森林之神和牧神，形状半人半羊）始终保持着一定的兽的因素。赛奇（正像埃及人的肉体灵魂，bai）是一只灵魂之鸟。在这后面接踵而至的是数不清的半动物形象，例如半人半鸟的海妖和半人半马的怪物等，它们填满了古典早期的自然图景。

那么，预示着即将到来的哥特文化勃兴的墨洛温时期的原始宗教，具有怎样的特征呢？尽管它在表面上是跟基督教相同的宗教，当我们考虑它们深层的全部差异时，这一点是不能说明任何问题的。因为（在这一点上我们脑子里必须十分清楚）一种宗教的原始特性并非存在于它的教义和习俗的宝藏之中，而是存在于采用它们并通过它们来感觉、讲述和思考的人类的特殊灵性之中。学者们必须熟悉这样的事实：原始基督教（更确切地说，是西方教会的早期基督教）曾经连续两次成为原始虔诚信仰的表达工具，所以，它本身就是一种原始宗教——也就是说，从500年至900年间在克勒特—日耳曼西方，和直至今日的俄罗斯就是这样。那么，世界在这些“改宗的”心理上面，怎样反映它自己呢？我们暂且抛开某些少数假定是受过拜占庭教育的牧师不谈，一个人对于这些典礼和信条事实上是怎样思考和想象的呢？我们必须记住，都尔主教格列高里是他那个时代最高的知识和观点的代表，有一次他用下列的话来赞颂从一位圣者的墓石上擦下来的粉末：“啊！神圣的泻药，胜过所有大夫的药方，像斯甘摩尼油一样将肠胃洗刷干净，并且将我们良心上的所有污痕全部荡涤而去！”在他看来，耶稣之死是一种罪恶，使他充满愤慨，不过如此而已；相反，他对于在他面前模糊不清地翱翔着的耶稣复活，却深感就像一种运动技巧，它赋予弥赛亚以伟大圣者的性质，从而使他被公认为真正的救主。对于耶稣受难故事里面任何神秘的意义，他是一概不知的。

在俄国，1551 年“百名教士团体会议”的决定证明了一个纯粹原始的信仰仪式，在这里剃去胡须和误执十字架两者都作为致命的罪恶而出现——它们是对神祇的亵渎。1667 年的“反基督宗教会议”导致了拉斯科尔运动的巨大宗教分裂，因为从那时起，十字架的符号要用三个手指来画，而不再用两个手指，“耶稣”的名字要念作“Yissus”，而不是念作“Issus”——对于严谨的信徒来说，如果不这样，就会丧失制伏鬼怪的魔力。但是这种来自恐怖的后果毕竟不是唯一的，更不是最强有力的。墨洛温时代丝毫没有表现出那种火热的灵性和沉浸于形而上的渴望的痕迹，而这种痕迹却充斥于枚斋世界神示的播种时期和极为相似的俄国神圣宗教会议时期（1721~1917 年），这是为什么呢？从彼得大帝时代以来，引导拉斯科尔派的那些殉教者宗派用最可怕的形式走向独身、清贫、巡礼、自残和苦行的，17 世纪时在宗教的狂暴中驱使千万人集体自焚的，又是什么呢？克里斯特派的教义和他们的“俄国基督们”（其中目前只有七人算得上）；杜克霍鲍尔教派和他们当作圣经看待并且保持下来用以收容口传的耶稣赞诗的“生命书”，斯喀普茨派和他们可怕的伤残肢体的仪式所有这些都说明了某种问题，如果离开它，那么托尔斯泰、无政府主义和政治革命都是无法理解的——相比之下法兰克时代似乎就显然黯然失色了，这又是为什么呢？是不是只有阿拉米人和俄国人才具有宗教天才呢？——如果真是这样，既然（恰好在这些决定性的世纪中）学究式正教的障碍已经被摧毁了，那么我们期待于未来俄国的，又将是什么呢？

三

在它们原始宗教周围有一些无主的东西，像云和风。原始民族的大众心灵曾偶然地、暂时地聚集成为一个存在，因此，从它们上面散布的恐惧和防御性中产生的醒觉意识的连锁的“何处”——实际上是“无论何处”——并且始终是偶然的。它们到底是静止的还是移动的，它们是否变更，就其内涵而言，这个问题是无关紧要的。

由于一种深层的土地束缚，高级文化与这样的生活状态分离了。在所有表现形式的背后，存在着有一幅祖国景色，而且正如国家以及庙宇、金字塔和大教堂等必须在它们的观念所产生的地方完成历史一样，一切青春时期的伟大宗教也被其存在的全部根基束缚在产生其世界影像的土地上。圣礼的惯例和信条可以广泛传布，但是它们内部的演化却被符咒所镇压，停留在它们的诞生地。如果有谁想在高卢发现古典的城市祭拜的微小的演化痕迹，或者在美国发现浮士德式基督教教义的发展，这简直是不可能的事情。任何事物如果与本土隔绝，就会变得僵硬。

在通常情况下，它的开始好像是一声呐喊。恐怖和防御的模糊交织突然间变成了灵性的纯粹觉醒，这种灵性完全像植物一样，在本土繁殖而茂盛，并以凝视静观看到并了解到光的世界的深处。只要内省作为一种生动的感觉而存在，这种变化就会被觉察出来而且被当作内心的重生而受到欢迎。在这片刻时光——既不会早一点，也不会（至少具有相同的强度）晚一点——它像一道巨大光芒通过当时上选的精神，将所有的恐惧化解为四处洋溢的爱，并且使不可见的世界陡然出现于形而上学的光辉之中。

在这里，所有文化体现出它的原始象征。每一种文化都有其特定的一种爱——我们可任意地称之为天上的或形而上的——这一文化可以根据这种爱来沉思、理解、并在自身之中纳入神性，但这种爱对于其他一切文化来说却是无法接近而又毫无意义的。无论这个世界是像耶稣和他同伴所认为的是位于一个穹隆式的光明洞天之下的东西，还是像乔尔丹诺·布鲁诺所感觉的是在星罗棋布的太空中几乎化为乌有的一小点；不管是像奥菲斯派将他们实体的神归于他们自身，还是像柏罗提那一样将翱翔于神游之中的精神与上帝的精神合为一体，抑或是像圣伯纳在他的“神秘结合”中变成一个具有无限的神性效力的人——心灵的深刻而巨大驱动力总是被特殊文化的原始象征所支配，而不是被其他东西所支配。

在伟大金字塔建筑者的朝代之后，在埃及第五王朝时期（公元前2680~2540年），对通过自己的卡（古埃及人认为，人的躯体死后其他部分犹存，这部分被称为“芭”，即灵和“卡”，即偶体，与认同形同貌），寄居于在位君王身上的霍拉斯鹰头神的祭拜消失了。古老的地方祭拜，甚至在赫摩波里斯的深奥的拜托特神的宗教也都退出舞台。当时出现了拉神的太阳教。每个国王在他的王宫西边靠近其寝庙的地方都建起一座拉神的神殿，寝庙是注定从诞生走向停棺室的生命的象征，神殿则是庄严永恒的自然的象征。时间和空间，存在和觉醒存在，命运和神圣的因果关系被面对面地安排在这个伟大的孪生创造之中，这是在世界任何其他建筑物中所无法见到的。一条隐蔽的道路通向两者；通向拉神（古埃及人所信奉的太阳神）的那段装饰着很多浮雕，描绘着太阳神驾临植物和动物世界的威势以及春夏秋冬的变化。在雄伟的高台上，既没有神像，也没有庙宇，中间只装饰着一座大理石的祭坛，在这个高出地面的露台上，每当拂晓时，法老在暗处前行，向这位在东方升起的大神致敬。

这种早期的灵性往往出现在没有市镇的乡村，出现在村庄、茅舍、圣堂、静寂的修道院和隐士的住所。在这里形成了高度觉醒的团体、灵智上的选民团体，它在灵性上被整个的世界分割并且跟英雄和骑士的伟大存在潮流相隔离。两个原始的等级，教士和贵族——教士代表着堂里的沉思和堡垒前的功业、苦行生活，贵族代表着抒情诗歌、神游和高贵门第的习俗——从这一点开始了它们特殊的历史。尽管哈里发同时也是信徒在尘世间的统治者，尽管法老在两处圣地献祭，尽管日耳曼国王在教堂的地下修建他的家族陵墓，但是任何事物也不能消除在这两个社会阶级的对比中所反映出来的时间与空间的极为深刻的对立。宗教的历史和政治的历史、真理的历史和事实的历史，彼此对立，无法调和。它们的对立从教堂和堡垒之中开始，在不断成长的市镇中繁殖，并表现为智慧与具体事务的对抗，而在历史范围的最后阶段中，以理智和权力的角斗而结束。

但这两种运动都出现在人类的高层。处于其下的农民始终是没有历史的，既不懂政治，也不明教理。在早期市镇里，从祈圣团体的少壮派宗教中发展出经院哲学和神秘主义；宗教改革、哲学和世俗学问在街道和广场上日益增长的喧嚣中发展出来；启蒙思潮和无宗教运动在晚期大城市的瓦砾废墟中发展起来。身处其外的农民的信念仍然是“永恒的”，而且始终一成不变。埃及农民对这个拉神一无所知。他听说过这个名称，但当宗教历史上的重大一章在城市里从他头上越过时，他仍然继续崇拜古老的提尼斯时期的兽神，直到它们在第二十六王朝及其费拉宗教建立时重新获得优势为止。意大利农民在奥古斯都时代所祈祷的，跟他早在荷马以前以及今天所做的完全相同。重要宗教的名称和教理的兴衰交替，曾经从市镇穿插进来并曾改变其谈话的声音——然而其谈话的意思却始终没有改变过。法国农民仍然生活在墨洛温时代。弗蕾阿女神或圣母玛利亚，督伊德教徒或多米尼加会众，罗马或日内瓦——任何东西都没有触及其信念的核心部分。

然而即使在市镇中，一个阶层在历史上同另一阶层相比较也是踟蹰不前的。在乡村的原始宗教上面，还有另外一种通俗的宗教，那是市镇的下层群众和乡村的贫苦人民的宗教。一种文化上升得越高——例如中王国、婆罗门教、前苏格拉底派、前孔子派、巴洛克等时期的文化，那种把自己时代的终极真理当作现实的而不是单纯当作名称和声音加以保持的人的范围就变得越狭隘。与苏格拉底、奥古斯丁和巴斯噶生活在同一时代的人有多少能够理解他们呢？在宗教中就跟在其他方面一样，人类的金字塔越往上越尖，等到文化终结时，它也就完结了——在此以后，就一点一点地崩溃下去。

大约在公元前3000年，在埃及和巴比伦，两种伟大的宗教开始了它们的发展历程。在埃及古王国末年的“改革”时期，太阳神教作为教士和有教养者的宗教稳固地建立起来。所有别的男女神祇——农民和贫苦人民仍然按照它们往日的意义继续崇拜它们——这时只是唯一的拉神的化身或仆人。甚至在赫摩波里斯的特殊宗教连同它的宇宙论，也适应了这个庞大体系，而且某一次神学方面的协商甚至还把孟斐斯的普塔神作为一个抽象的创世的基本要素而使之与教理协调一致。与查士丁尼和查理五世时期的情况完全相同，城市精神仍确保着它对于土地心灵的优势；青春时代的创造力已经走向终结；教理基本上已经完备，而在此以后根据理性方法的处理却给这个结构带来了比它所能获得的改进还要多的损失。哲学从此开始了。就教理方面而言，中王国和巴洛克时期同样是无足轻重的。

自从公元前1500年以来，三种新的宗教历史开始了——首先是旁遮普的吠陀的宗教历史，其次是黄河的早期中国的宗教历史，最后是爱琴海北部的古典的宗教历史。尽管古典文化时期人们的世界图景和他作为单个实体的主要象征十分清晰地呈现在我们面前，然而我们就连推测这个伟大的早期古典宗教的细节也是困难的。对于这个空白，我们只能责怪荷马的诗，这些诗与其说是帮助我们不如说是阻碍我们对它的了解。作为这一文化的特殊理想，关于神性的新概念是指光明之中的人形实体，是作为人神之间的起中介保佑作用的英雄——不管怎样，在伊里亚特诗中充分地证明了这一点。这种实体可以因阿波罗而转化为光明，也可因狄奥尼苏斯而分散成风，但在任何情况之下它都是存在的基本形式。作为扩展了的理想的实体，作为这些单个实体总和的宇宙，作为扩展自身的“存在”与“唯一”的作为光的世界秩序的“逻戈斯”——所有这一切都在祭司等人面前出现，它们清晰可见并且带有一种充沛新宗教的力量。

不过荷马史诗纯粹是贵族的。在两个世界中——贵族的世界和教士的世界，禁忌的世界和图腾的世界，英雄的世界和神圣的世界——只有一个在这里生存着。它不但不了解另外的一个，而且事实上还轻视那一个。在荷马诗集中正像在古冰岛诗集中一样，对于一个不朽的人来说，通晓贵族的习俗和法典是最大的荣耀。古典的巴洛克时期的思想家们，从色诺芬（古希腊哲学家，爱利亚学派的思想先驱）到柏拉图，认为这一幕幕神的生活是轻浮而琐碎的，他们十分正确；他们所感到的，跟最近以来西方神学和哲学对于日耳曼英雄故事，甚至对于斯特拉斯堡的高特夫里特（13 世纪德国诗人）、沃尔夫拉姆（约 1165~1220 年，德国诗人，著名史诗《帕西伐尔》是他的代表作）和瓦尔杜尔所抱的见解完全一样。如果说荷马史诗并没有像所收集的英雄诗歌那样散逸的话，那只是因为当时还没有形成完整的古典教士制度而已，它所产生的结果是：当古典城市兴起时，知识被骑士文学而不是被宗教文学所支配。这个宗教本来的教义为了与荷马对抗，曾将其自身和（可能）更为古老的奥菲斯的名字联系起来，但它始终没有被写成文字。

它们存在下来，始终没有发生改变。谁能知道隐藏在卡尔卡斯[1]和忒瑞西阿斯[2]形象背后的是什么并且有多少呢？在这种文化兴起的时候，必然会像其他文化一样，产生一场剧烈的变化——一场从爱琴海远及埃特鲁里亚的剧变——但是《伊里亚特》显示出来的与这种剧变有关的迹象却少之又少，就像《尼伯龙根之歌》与《罗兰之歌》很少表现夫罗立斯的乔基姆、方济格和十字军的灵性和神秘性，或塞拉诺的托马斯的“世界末日”圣歌里面那种 13 世纪式的求爱中很能博得人们欢笑的内心热忱。这里必定有伟大的人物给新的世界观赋予一种神秘的形而上学的形式，但是我们对于他们，却一无所知，并且只是因为它的快乐、光明，才使安逸和舒适变成骑士大厅里的歌曲。“特洛伊战争”是一切其他的战争，即是一次十字军运动呢？还意味着什么呢？甚至连耶路撒冷的陷落也曾同时被人用世俗的观点和宗教的观点考察过。

在荷马的贵族诗歌中，作为祭司神祇的狄奥尼苏斯和狄米特并不受人尊敬。然而这种最初时期的观念在赫西俄德这位爱斯克拉的牧人和受到本族信仰鼓舞的热心追求者的身上，甚至比起在鞋匠雅各·波希米[3]身上所体现出来的信仰热忱并不纯正多少。这可以说是第二种困难。最初时期的宗教同样也是某一阶级的所有物，对于大多数人说来既不易接近，也不易了解；最初的哥特时期的神秘主义也是局限在一些选民的小圈子里，再加上拉丁文及其在概念与文辞方面的困难而与世隔绝，贵族和农民对于它的存在都没有什么清晰的观念。所以，对于古典的地方信仰具有重要意义的地下发掘，在早期古典宗教方面所能告诉

[1] 卡尔卡斯：古希腊传说中的预言家，特洛伊远征的参加者。

[2] 忒瑞西阿斯：古希腊传说中的盲人预言家。

[3] 雅各·波希米：1575~1624 年，德国神秘主义哲学家。

我们的，与一个乡村教堂所能叙述的关于阿伯拉尔[1]或旁那温图拉[2]的事迹相比较同样是寥寥无几的。

但不管怎样，埃斯库罗斯和品得都受到过巨大的祭司传统的影响，在他们以前有毕达哥拉斯派信徒，他们把对狄米特的崇拜作为他们的中心（从而指明了探索那一神话的核心点），再早一些是公元前 7 世纪，厄琉息斯地方祭祀狄米特的秘密仪式和奥菲斯派的改革；最后则有斐勒赛第兹[3]和厄匹门尼第[4]的残篇断简，尽管他们在实际很古老的神学方面不是最初的但却是最后的教义学者。有关不敬神是一种会殃及子孙的罪恶的观念，还有“希布列斯”的（也是阿波罗派的）教义同样为赫西俄德和索伦所熟悉。但是，作为荷马生活概念的奥菲斯派的反对者，柏拉图在他的《菲多篇》里，建立起关于地狱和灵魂审判的最古老的学说。我们都知道奥菲斯派令人吃惊的公式：它用秘密仪式的否定来回答竞技会上的肯定。可以肯定这个公式最迟不晚于公元前 1100 年，作为醒觉意识反对存在的抚议而产生的公式，即肉体即坟墓——那个壮观的古典肉体竟是一座坟墓！在这里，人们不再认为自己是一个有教养、有力量、能运动的东西；他认清了自己，并且对他所认清的东西感到惊惧。于是古典的苦行开始了，它凭借着最严格的礼仪和赎罪，甚至凭借着甘心情愿的自杀，以寻求摆脱这个欧几里得式的实体存在。假如认为苏格拉底以前的人士之所以反对荷马是起源于启蒙的观点，那就是对他们的一种完全错误的解释。他们只是作为苦行者才这样做的。这些笛卡儿和莱布尼兹的“同时代人”是受古老而伟大的奥菲斯派的严格传统的教育成长起来的，这种传统在与修道院相似的冥想学派（是一些古老而著名的圣地）里被虔诚地保持着，这与哥特时代的经院哲学被珍藏在巴洛克时代纯智识的大学里面完全相同。以恩珀多克勒斯[5]的自我牺牲为出发点，这个系统一直向前导引出罗马斯多噶派的自杀，并且往后可以一直追溯到“奥菲斯[6]”。

但是，从这些残存的最后迹象中，明晰而清楚地涌现出了早期古典宗教的轮廓。正如整个哥特时代的灵性是朝向天后、童贞女、圣母玛利亚一样，在古

[1] 阿伯拉尔：1079~1142 年，著名的神学家、逻辑学家。

[2] 旁那温图拉：1221~1274 年，方济格派神学家，新柏拉图主义者。

[3] 斐勒赛第兹：公元前 6 世纪，希腊哲学家，曾是毕达哥拉斯的老师。

[4] 厄匹门尼第：公元前 6 世纪，克里特人，他的叙事诗表现了奥菲斯教的宇宙论思想。

[5] 恩珀多克勒斯：约公元前 492~ 前 432 年，希腊著名哲学家，奥菲斯教的信徒。

[6] 奥菲斯：希腊神话中著名的歌手，奥菲斯教的先驱。

典世界的那个时刻里，在狄米特这位产育的母亲周围出现的是一个神话，是一个影像和形象的花冠，在该亚和拍塞福尼以及狄奥尼苏斯这位繁殖的父亲周围出现的是对冥府鬼神和男性生殖器的祀拜，是对出生和死亡的祝典和秘密仪式。在特征上这一切也是古典的，是在当时的有形性的看法之下想象出来的。阿波罗式的宗教崇拜肉身，奥菲斯教派否认肉身，崇拜狄米特的宗教则庆祝受胎和降生的时刻，正是在这一时刻肉体获得了存在。曾经存在着一种神秘教派，在教义、信条和模拟动作中虔诚地敬奉生命的秘密，但是与它同时并存的还有一种秘密宴饮教派，因为肉体放荡的极致与苦行生活相似，就像神圣的卖淫与独身生活相似完全一样——两者都是对于时间的否定。它将在希布利斯门前发出的阿波罗式“停止”的命令颠倒过来；对于遗世独立来说，其含义不是遵守，而是抛弃。如果有谁在心灵中体验过这些事情，谁就会“从俗人变成神仙”。在那些日子里，肯定有杰出的圣者和先知超越于赫拉克里特和恩庇都克利斯等人，正如后者超越于犬儒学派和斯多噶学派的游方布道师一样——这类事情的发生绝非不著姓氏、碌碌无闻的。当阿奇里和奥德修斯的诗歌在各个地方绝迹时，一种伟大而严格的教义在久负盛名的祭拜场所兴起了，这是一种神秘主义和经院哲学，具有某些发展的教育方法和一个秘密的口头传说，例如在印度就是这样。只是这一切都已被埋没在地下，晚期的遗物勉强能证明曾经存在过这种教义。

假如我们把骑士诗歌和民间祀拜抛在一边，那么我们甚至在今天还能判断出更多的关于这一（唯一）古典宗教的东西。但是在这种做法中必须避开第三个陷阱，希腊宗教对于罗马宗教的反对。因为在实际上这种对立就不曾存在过。

罗马只是在伟大的殖民时代兴起的无数城市国家中的一个。它是由埃特鲁里亚人建立起来的。从宗教的观点来看，它是在公元前 6 世纪的埃特鲁里亚王朝下重新建立的，那些卡庇托里[1]的神祇：朱匹忒、朱诺和米娜娃——在当时他们取代了古代“纽玛”教的三位一体：朱匹忒、马尔斯和奎莱纳斯（古意大利最重要的三大神灵）——确有可能在某些方面与塔尔昆家族的家族祭拜有关系，在这种情况下，作为城市女神的米娜娃毫无疑问是雅典卫城的翻版。这种单个城市的祭拜只能跟个别的属于同一成熟水平的希腊语城市的祭拜进行适当的比较，例如斯巴达或底比斯，它们并不具有更浓厚的色彩。在后面两个城市中所揭示出来的那点大体上是希腊式的东西同样也可以被证明大体上是意大利式的。至于那种认为“罗马的”宗教与希腊城市国家的宗教的区别在于没有神话的观点——就这点而言，我们认识的依据是什么呢？假如我们只以节日的历

[1] 卡庇托里：据称古罗马城就建在“七丘”之上，卡庇托里为其中之一。

表和希腊城市国家的公开祭拜仪式作为根据，我们就根本无法了解青春时期重要的神仙故事，正像我们无法从以弗所宗教会议的议程中了解到耶稣的虔敬或从宗教改革的某派教规中了解到圣方济格的虔敬一样。对于拉哥尼亚的国家祭拜来说，门涅雷阿斯和海伦只不过是树神而已。古典神话是在城市和它们的节日与圣礼制度尚未存在的时期产生的，那时不但没有罗马城而且也没有雅典城。它与城市的宗教义务和见解——它们明显是理性的——完全没有关系。其实，在古典文化中，神话和祭拜比起在其他文化中彼此之间的接触来甚至更少一些。更有甚者，神话并不是作为整体的希腊文化范围内的一种创造——它不是“希腊的”——而是（像耶稣童年的故事和圣盘的传说一样）在深刻的灵性激动的压力下在地方的各种团体中出现的。例如，奥林帕斯的观念是在帖撒利兴起的，从那里，它作为一项全体有教养人士的共同财富传播到塞浦路斯和埃特鲁里亚，因而也必然包括罗马在内。埃特鲁里亚人的绘画假定它是一种普通的知识，因此塔尔昆家族和他们的宫廷肯定对它十分熟悉。我们可以任意给这个神话中的“信念”（不管它代表什么意思）添上任何含义；重要之处在于它们对王政时代的罗马人和对于忒革亚[1]或科赛拉[2]的居民将是同样正确的。

通过近代研究工作而发展起来的希腊神话学和罗马神话学的图景与本段所叙述的迥然不同，这并非事实材料的结果，而是研究方法的结果。对罗马来说（蒙森），它的节日历表和国家祭拜被看作出发点；对希腊来说，被看作出发点的却是它的诗歌文学。如果我们把曾经引导出威索瓦[3]图景的“拉丁”方法运用到希腊城市上面，其结果是一幅完全相似的图景，例如在聂尔逊的《希腊的节日》一书中便是如此。

如果我们把这一点考虑在内，古典的宗教就可以看成一个具有内部统一的整体。充满青春气息的公元前 11 世纪的伟大神祇传说，在其悲剧性的圣洁中令人想起客西马尼、包尔得之死和方济格。“理论”、沉思和内省以前世界图景的最纯正的精髓都在传说中体现出来，它产生于骑士世界中一批入选心灵的共同内在觉醒。但是更晚的城市宗教则完全是技术的、形式的崇拜，因而只代表虔诚的一个方面（而且是不同的一面）。它们与伟大的神话和民间信仰的距离是同样遥远的。它们与形而上学和伦理学都没有关系，而只是跟圣礼行为的完成有关。最后，这些城市对祭拜的选择，很像神话那样，并不是从一个单纯

[1] 忒革亚：希腊阿卡迪亚东部的古城。

[2] 科赛拉：希腊古城，位于爱奥尼亚海的一个岛屿上。

[3] 威索瓦：1859~1931 年，德国古典学者、语言学家。

的世界观出发，而往往是从一些偶然性的豪门贵族的祖先祀拜和家庭祀拜开始的，这些豪门贵族（正像在哥特时期那样）把它们的圣像变成城市的守护神，同时为自己保留了庆祝和崇拜它们的权利。例如在罗马，祭拜田神福诺斯的鲁佩加里亚祀典是昆克提和法比祭司团的特权。

中国宗教的伟大“哥特”时代是在公元前 1300~ 前 1100 年之间，并且包括周朝的兴起在内，我们在对待这一宗教时必须极其慎重。在孔子和老子类型的中国思想家的表面奥妙和玄学热情面前——这些人都出生在他们国家世界的“旧体制”时代里——要想一开始就确定某种与高深神秘主义和重大传说有关的事物，似乎是很冒险的。但是，这种神秘主义和这样一些传说肯定曾经存在过。然而我们之所以能够懂得一些与它们有关的东西并不是由于大城市的这些过度理性化的哲学——正像荷马在类似的古典事例中所能告诉我们的同样要少，尽管其中另有原因。倘若哥特时期有关信仰的全部著作都曾遭到诸如洛克、卢梭和渥尔夫等清教徒和理性主义者的非难，那么我们对于这种信仰又能懂得些什么呢？然而，假如我们确实没有走得太远并将汉代的包容主义当作中国宗教的话，我们在中国的灵性方面是把儒家的结束当作中国灵性的开端的。

与通常的假定相反，目前我们知道，在古代中国，确实存在着一种强有力的祭司制度。我们知道在《书经》（亦即《尚书》）的正文里，古代的英雄故事和神话的残余曾被按照唯物主义加以整理，因此能够传之后世；同样，《周礼》《仪礼》和《诗经》也还会显示出更多的内容来，只要我们在从事对它们的研究工作时确信在它们中间存在着远远超过孔子及其门徒所能理解的更为深奥的东西，我们听说在周朝初期存在着对冥府鬼神和男性生殖器的祀拜；存在着伴随着狂欢的大众舞蹈和秘密宴饮仪式的祭神礼拜；存在着神祇与女祭司之间模仿性的表演和对白，中国戏剧可能就是从这里（希腊也是如此）发展起来的。我们终于稍微懂得为什么早期的中国神像和神话的茁壮成长必然会被卷入御用神话学之中。因为不仅是所有英雄故事中的皇帝，而且还有公元前 1400 年以前的夏、商两代的大多数人物——尽管年月纪事有录可凭——都不过是转化为历史的自然而已。这样一个过程的起源深深地存在于一切年轻文化的可能性中间。祖先崇拜一向在寻求凌驾自然鬼神的权力。所有荷马诗中的英雄，以及迈诺斯、提修斯、罗慕洛都是由神转变而来的国王。在《救世主诗》中，基督也会变成这样。玛利亚是加冕的天后。正是这种崇高的（而且完全是无意识的）方式使得有教养的人去崇拜某些事物——换言之，在他们看来，凡是伟大人物必然深受教养、出身名门，必定雄伟尊严，成为全族的祖先。一种强有力的教士制度能够破坏这种属于时间的神话学，但是它在古典世界只取得了部分成功，而在中国则取得了全部的成功——这完全与教士因素的消失成正比。从前的神仙成为当今的皇帝、王公、大臣、侍从；自然的事变已经成为统治者的行为，各族人民之间的攻击已经成为社会事业。再也没有比儒家更能适应任何事物的了。这是一个能够无限吸引社会伦理趋势的神话，而消除原始自然神话的痕迹就成为完全必要的了。

从中国的醒觉意识来看，天和地是大宇宙的两半，彼此间不存在矛盾，而是互为对方的影像。在这幅图景中，既没有袄斋式的二元论，也没有浮士德式的积极力量的单位。变化产生于阳和阴两种要素自发的相互作用之中，这两者被设想为周期的而不是两极的。因此，人具有两种灵魂：一种是鬼，它与阴、尘世、黑暗、寒冷相适应，并且与肉体们分离；另一种是神，它是崇高的、光明的，并且是永恒的。除此之外，在人周围还有属于这两类的无数灵魂。成群结队的精灵充满了天空和水陆两界——宇宙间的一切无不为鬼神所栖息和推动。事实上，自然的生命和人的生命都由这些个体的运动而构成。智慧、意志、力量和性都依据于它们之间的相互联系。苦行生活和秘密宴饮；要求高尚人物对侮辱其祖先的行为，即使事隔多代也必须加以报复，并且教导他在失败中要弘扬宁死不屈的骑士式的“孝”的风尚；根据理性主义的判断而来源于知识的“仁”的推理式的道德——所有这一切都产生于关于鬼神的力量和可能性的定义。

这一切都集中在一个最根本的“道”字里面。在人体内部，阴和阳之间的冲突就是他生命中的道；在他身外由大群精灵交织而成的经纬则是自然的道。世界具有道，因此它具有节奏、韵律和周期性。它具有理和张力，因而人能够认识它，并且从中概括出固定的关系以备将来利用。时间、命运、方向、种族、历史——所有这一切，如果用周代初期博大而无所不包的眼光来加以考察，都包容在这个“道”字中间。法老经由暗道通向其庙堂的途径与它相关联，浮士德式的对于三维空间的热情也还是如此，然而道与用技术征服自然的观念却相距甚远。中国的园囿避免了那种朝气蓬勃的景色。它们被布置得景色重叠，不将目标指明，却吸引着人们信步漫游。具有沟通重门、丛林、台阶、桥梁和庭院的通道的中国早期的“教堂”——辟雍，从来不曾有过埃及式的冷漠行进或哥特式的排闼直入。

当亚历山大出现在印度河上时，这三种文化的信仰——中国的、印度的、古典的——早已被定型为广泛的道教、佛教和斯多噶派的无历史的形式。此前不久，袄斋的宗教团体兴起于古典与印度地区之间，现在已经散失而无法补救的玛雅和印加宗教历史的开始，也一定与此同时。在千年之后，这里的一切在灵性上已功行圆满时，在不负众望的法兰西土地上，忽然快捷地出现日耳曼——加特力基督教。在这里它像在其他各种情况之下一样，无论它的名称和仪式的全部宝库是否来自东方，也无论它的许多的细节是否来自原始日耳曼和凯尔特的情感，这样哥特式的宗教却是新颖而且闻所未闻的，任何不信仰它的人绝对无法领会它最终的深奥，因此，如果要在历史的表面上替它们安排一些关联，那将是无意义的幻术。

以这一年轻的心灵而形成的神秘世界为中心，一个在无限的象征之下能够看到的自由力量、意志与方向组成的整体、一个巨大的伸入远方的行动，一些忽然张开的恐惧与天福的裂罅——这些对于这个早期信仰的选民来说，是很自然的东西。因此，他们甚至无法把自己完全地解脱出来，以便将它当作一个单体而加以“认识”。他们在它的中间生活。在另一面，对同这些祖先相隔三十世代的我们来说，这一世界好像是如此陌生而且难以抗拒，以致我们总是从细微方面去了解它，最终反而将它的整体性与不可分割性误解了。

人们觉得力量自身就是父性的神格，是永恒庄严的、经常出现的活动，是神圣的因果关系，它采取的所有形式很难被人类肉眼所能理解。可是年轻人种的所有渴望，这种循环旺盛的血液的所有愿望，卑膝于血的意义之前，这些在圣母玛利亚的形象里得到体现，哥特艺术最初的主题之一是她在天堂的加冕。白、兰、金黄三色所笼罩的她是光的化身，其四周被天使围绕着。她把身体俯在刚出生婴儿的上面，她感觉到有一把利剑在她的心头划着，她在十字架的下面伫立着；她怀抱死去的圣子的尸骸。在第十世纪以后，彼得·达米安尼[1]和克莱尔沃的伯纳发展了对她的祭拜；那里出现了对圣母玛利亚和天使的礼拜，后来在多米尼加会士中又出现了玫瑰的冠冕。在她的形象周围聚集着无数传说。她是教会的神恩的保护者和伟大的仲裁者。在圣方济格会士中出现了圣母访问节，在英国本笃会士中间（甚至在 1100 年以前）出现了圣母玛利亚的纯洁受胎之说，将她推崇到完全超乎世人之上而居于光明世界之中。

不过这样一个充满纯洁、光明和灵魂的完美世界，要是没有一个与之密不可分的相反的观念，将是不可想象的，这个观念构成了哥特式最高和最深的创造之一——如今它已经被遗忘了，被故意遗忘了。当她安居在宝座上，温柔美丽地微笑时，在背后却隐藏着另一个世界，它在整个自然和人类之中制造和滋生邪恶、穿刺、破坏和诱惑——换言之，那是魔鬼的领域。它深入到整个创世

[1] 彼得·达米安尼：1007？~1072 年，红衣主教，反辩证法者。

中间，暗藏在各个角落。到处都是成群结队的具有人形的恶鬼、幽灵、魔女和狼形者。谁也不知道他的邻居是否曾经卖身投靠给魔鬼。谁也不敢断言一个未经襁褓的婴儿就保证不是魔鬼的诱饵。一种也许只有在埃及的初春时代才可以比拟的骇人的恐怖，沉重地压在人们的心上。他时时刻刻都可能陷入地狱之中。这里有妖术、魔鬼的聚集和魔女的宴会、山顶上举行的夜宴、魔术的饮料和咒厌的经文。地狱之王以及他的亲属——母亲和祖母，由于他自身的存在否定并嘲弄了结婚圣礼，他可能没有妻子或孩子——他的落入地狱的天使和令人惊怖的侍从，是所有宗教历史中最惊人的一项创造。日耳曼的恶神只不过是他的一个预示而已。他们带着角、爪、马蹄的奇怪形象，早在11世纪的神怪戏剧中就已经完全定型了；在他们身上处处体现了艺术家的想象力，并且这些艺术家中还包括了杜勒[1]和格瑞尼瓦尔德[2]，如果没有他们，哥特式的绘画是不可想象的。魔鬼是狡诈、凶恶、狠毒的，然而在结局中他总会受到光明力量的愚弄。他和他的族类都脾气乖戾、性情粗暴、具有诡异邪恶才智，通过一种巨大的想象力，他们成为与圣母玛利亚明朗笑容完全相反的令人毛骨悚然的笑声的化身，同时又是与罪人悔过的惊惧完全相反的浮士德式的世界幽默的化身。

对于这一显著有力的图景的富丽堂皇，或对它所抱有的信仰的真诚深度，不管人们怎么描述都不算过分。玛利亚的神话和魔鬼的神话使它们自身同时并存，缺一不可。不信仰其中任何一个都是犯了死罪。一个是运用歌颂和祷文的玛利亚祀拜，一个是运用符咒和厌胜的魔鬼祀拜。人们在无底深渊的薄壳上面徘徊。这个世界之中的生活就是一场持续不断的对魔鬼的殊死搏斗，每一个人都作为战斗教会的一员而在其中服役，他们为自身而战，以建功扬名。属于天使和圣徒的凯旋教会用他们的荣誉从天上向下俯瞰，上天的圣恩成为战士们在战斗中的盾牌。玛利亚是战士们可以投入其怀抱并获得慰藉的女佑主，也是颁赐勇士奖赏的高贵妇人。两个世界都有它们的传说、艺术、经院哲学和神秘主义——因为魔鬼也能上演奇迹。在各种宗教的早期时代，只有此处具有用色彩作为象征的特色——白色、蓝色属于圣母玛利亚，黑色、硫磺色和红色属于魔鬼。圣徒和天使在太空之中浮游，魔鬼和妖女则在黑夜中蜷缩跃动，瑟瑟作响。正是光明和黑暗共同使哥特式艺术充满了难以描述的灵性——它本来就是这样而不是任何“艺术的”想象。每个人都知道这个世界将被天使和魔鬼的士兵住

---

[1] 杜勒：1417~1582年，德国著名画家。

[2] 格瑞尼瓦尔德：1470~1528年，德国著名画家，他的作品把北欧自然主义的视觉效果推向了顶峰。

满。弗拉·安日里科[1]与早期莱因画师笔下的圣光环绕的天使，和大教堂门上奇形怪状的东西的确撒遍了天空。人们可以看见它们，到处感受到到它们的存在。今天我们确实不再明白神话是什么东西；因为它不仅是一种在审美观点上向自己表现某些事物的取悦方式，而且还是一种暗藏在醒觉意识的各个角落并震撼着存在的内心结构的最生动的现实。这些创造物始终环绕着一点。人们只能瞥视它而不能看到它。它们被人虔诚地信奉着，这种虔诚能够把验证的思想视作对神祇的亵渎。今天我们能称之为神话的东西，我们的文学家和艺术鉴赏家对哥特式色彩的爱好，只不过是亚历山大里亚学派的流韵遗风而已。老年人对它并不“欣赏”——因为在它的背后存在着死亡。

因为魔鬼控制了人类的心灵并诱使他们陷入异端、淫乱和妖术之中。在地面上发动战争来反对他，并用火和剑来反对那些归附于他的人。今天要想使自己置身于这种概念之外，对我们来说是非常容易的，但是如果我们从哥特文化中删除这一可怕的现实，那么剩下的就只有浪漫主义了。传入天堂的不仅有热爱玛利亚的赞美诗，还有无数火葬堆上的哭号。紧挨着大礼拜堂边的就是绞架和刑车。生活在那个时代的每个人都意识到一种巨大的危险，他所惧怕的不是绞刑吏而是地狱。无数的成千上万的女巫设想自己真的就会如此；她们自谴自责，为求得宽恕而祈祷，并且怀着对真理的纯正热爱而对她们的夜游以及与魔鬼的交往进行忏悔。宗教法庭的法官带着泪水和怜悯之心对这些堕落的可怜虫施以烤刑以便拯救她们的灵魂。这就是哥特式的神话，由此产生了大教堂、十字军战士、深奥而神圣的绘画、神秘主义等。在它的阴影之中，那种奥妙的哥特式的天福就像鲜花怒放一样，而我们今天甚至不能对此形成任何概念。

在加洛林时代，人们对于这一切仍然感到生疏而不习惯。查理曼在第一道撒克逊法令（787 年）中禁止古日耳曼人对狼人和夜游者的信仰，一直延续到 1120 年，这种信仰在窝牧斯的伯卡尔德[2]的《教谕集》中仍被宣布为一种谬误。然而过了二十年，当这种斥责在格拉善的《教会辑要》中再次出现时，却只采取了一种淡化的形式。海斯忒巴赫的恺撒里乌斯[3]早已熟悉关于魔鬼的全部传说，而在《圣徒行传》中它与玛利亚的传说同样真实而且有效。1233 年，正当美因兹和斯拜尔的大教堂修建圆顶时，出现了承认信仰魔鬼和巫祝符合教规的训诫。当多米尼加会士们建立起宗教裁判所用来武装自己而跟魔鬼作战时，

---

[1] 弗拉·安日里科：1387~1455 年，意大利画家，擅长宗教题材，其代表作为《圣母受报》。

[2] 伯卡尔德：窝牧斯的主教，辑有《教令集》二十卷。

[3] 凯撒里乌斯：约 1170~1240 年，德国隐修士，西多会会士。

此时圣方济格的《太阳颂歌》刚写出来不久，而圣方济格会士们正跪在圣母玛利亚面前进行亲密的祈祷并向远方传布对她的祀拜。因为天上的爱集中在玛利亚的影像上面，所以尘世的爱就是接近于魔鬼的。女人就是罪恶——伟大的苦行主义者与他们在古典世界、中国和印度的同道们一样，都是持这种观点。魔鬼只有通过妇女才能进行统治。女巫是致命的罪恶传播者。正是托马斯·阿奎那发展了那种关于因丘巴恶灵和萨丘巴淫妖的可憎的理论。内向的神秘主义者如旁那温图拉、爱尔柏图斯·迈哥努斯、顿斯·司各脱等人进而发展了一整套关于魔鬼的形而上学。

文艺复兴在其世界观的背后曾有着哥特式的强烈信仰。当发萨里[1]赞扬奇马布亚[2]和乔托[3]重新以自然为师时，他在心中所想的就是这种哥特式的自然，这种在各个角落都受到站在光明之中一直以威胁相逼的天使和魔鬼的包围队伍的影响的自然，对自然的“模仿”意味着模仿它的灵魂而不是模仿它的表面。让我们最终摆脱那种有关古典的“古代”复兴的无稽之谈吧！文艺复兴，在当时的意思是指公元 1000 年以来的哥特式的向上运动，新的浮士德式的世界感情，在无限空间中新的自我亲身经验。对于某些个别人物来说，它无疑是指一种对古典的（或者被认为是古典的）事物的由衷热诚，但这也只不过是表现了一种嗜好而已。古典的神话是一种娱乐材料，一种寓言式的戏剧，通过剧中的一层薄薄的帷幕，人们可以像以前一样确切地看到古代哥特式的现实。当萨窝那罗拉[4]势头露面时，旧式的装饰立刻从佛罗伦萨的生活表面上消失了。佛罗伦萨人完全是为了教会而辛勤劳动，并且满怀信心，拉斐尔[5]是所有描绘圣母玛利亚像的画家们所投注的感情最深挚的。一种关于撒旦王国和凭借圣徒的帮助从那里获得释放的坚定信仰，构成了一切艺术和文化的基础；无论是画家、建筑家、人文主义学者，他们每个人——尽管唇边经常挂着西塞罗和味吉尔[6]、维纳斯和阿波罗的名字——都把焚烧女巫看成完全自然的事情，而且佩戴护身符以防魔鬼。在马尔西里乌斯·菲西努斯的著作里充满了关于魔鬼和女巫研究的文章。米兰多拉的弗兰西斯哥（用典雅的拉丁文）撰写他跟“女巫”

[1] 发萨里：1511~1574 年，意大利画家，建筑学家。

[2] 奇马布亚：1240~1302 年，意大利画家，被视为文艺复兴绘画的先驱。

[3] 乔托：266~1337 年，意大利早期文艺复兴著名的画家，近代绘画之父。

[4] 萨窝那罗拉：1452~1498 年，多明我会的僧侣，1494 年领导起义赶走美第奇家族。

[5] 拉斐尔：1483~1520 年，意大利文艺复兴时期的画家，以《西斯廷圣母》最为著名。

[6] 味吉尔：公元前 70~ 前 19 年，古罗马诗人，对文艺复兴时期的文学产生了巨大影响。

的对话，其用意在于警告他团体中的风雅之士预防危险。当利奥那多·达·芬奇在文艺复兴的极盛时期创作他的《圣安娜》时，人们也正在罗马（1487 年）用最精美的人文主义的拉丁文撰写《女巫之槌》（又译《锄恶利器》）。构成文艺复兴时期真正神话的就是这些，如果离开它们我们将永远无法了解在这个反哥特运动里面的光荣的、真正哥特式的力量。没有感觉到魔鬼近在眼前的人是不可能创造出《神曲》或奥微亚托的壁画或西斯廷礼拜堂的天顶画的。

正是这个神话的巨大背景在浮士德式的心灵中唤醒了它原本具有的激情。一个自我在无穷之中消失，一个自我尽管是全部力量，但在一个更大力量的无穷之中却成为一个微不足道的力量；一个自我尽管是全部意志，但却是一个充满对自身自由的恐惧的意志。人们对于这个自由意志的问题是从来不会加以更深刻、更艰苦的思考的。其他文化对此完全无法了解。然而正因为枚斋式的听天由命在这里是毫无可能的——因为进行思考的并不是一个全部心灵的“整体”或微量，而是一个单个的、战斗的、企图保持自身的自我——所以人们感到对于自由的一切限制都像是一条纠缠整个人生的锁链，生活也将成为一个活着的死亡。果真如此——是什么原因呢？到底是为什么呢？

这种内省的结果是那种无休无止的犯罪感，它像一首冗长而绝望的挽歌一样贯串数百年。大教堂带着日益增长的祈求耸向上苍，哥特式的圆顶成为祈祷中双手合掌的形式，令人聊感慰藉的光明穿过高高的窗户照亮狭长的教堂主体的黑暗。声音哽咽的教堂圣歌的连唱、拉丁文的赞美诗歌，诉说着在黑夜礼拜的密室中双膝青肿和鞭笞自身的状况。对枚斋文化的人来说，洞穴世界已经封闭而天国就在眼前，但对哥特文化的人来说，天国却是无限遥远的。从这些空间似乎不会有人伸过手来，而在孤独的自我四周，嘲弄人的魔鬼世界正处于围攻的状态，所以，神秘主义的巨大希望是抛弃业已创造的形式（像亨利·帅斯——德国神秘主义者所说的那样）、摆脱自我和所有事物（厄克哈大师）以及舍弃自身（“德意志神学”）。从这些热切期望之中，对那些日益精细地推识着用来解答“缘故”问题的观念产生了一种无休无止、刨根究底的细密的区别，并最终产生了一种对神恩的普遍呼吁——不是降临人间的枚斋式的神恩，而是解放意志的浮士德式的神恩。

事实上能够自由地行使意志是浮士德式的心灵从上天祈求得来的唯一恩赐。曾经被彼得·伦巴[1]只看作一种圣礼，又在 1215 年的拉特兰宗教会议上被升为教义并被托马斯·阿奎那作为神秘论基础的哥特式七圣礼，就是针对这

[1] 多明我会彼得·伦巴：约 1100~1160 年，意大利神学家，著有《箴言四书》。

一点而且只是针对这一点而言的。它们伴随着个体心灵从生到死，并且保护它抵御那些企图在它的意志中构筑巢穴的恶魔势力。因为将自己出卖给魔鬼就意味着把自己的意志交付给魔鬼。地上的战斗教会就是那些因享有七圣礼而被赋予行使意志能力的人所组成的可以看见的团体。这种对自由存在的确定性被认为是在圣餐礼中得到保证的，所以这种圣礼在本义上经历了一个全面的变化。每天在教士手里出现的神圣却变质的奇迹——有教堂圣餐台上献祭的圣饼，信徒据此而意识到那个当年为了使自己获得自由意志而牺牲自身的人的存在——唤起一种我们现代人难以想象的那种深厚而诚挚的慰藉和叹息。故而，天主教教会的主要节日基督圣体节就是出于感恩而在 1264 年建立的。

然而更重要的——而且远为重要的——是在实质上属于浮士德式的忏悔主礼。这一圣礼与玛利亚神话和魔鬼神话并列成为哥特文化的第三个伟大创造。其他两者正是因为这第三者才获得其深度与意义；它揭露了这一文化的最后的心灵秘密，从而使它与所有其他文化区别开来。枚斋式洗礼的结果是使一个人加入雄伟宏大的“融会贯通”——唯一而重大的圣灵的“彼物”就像对待别人一样寓居在他身上，自此以后，忍受一切行将发生的事情就成了他的责任。但在浮士德式的忏悔圣礼中，个性的概念是隐含着的。文艺复兴发现了个性的说法并不正确；它所做的只是将个性提到一个光辉的表面上来，从而使它突然成为人人可见的东西。它产生于哥特文化之中，这是它最本质、最特殊的特性，与哥特式心灵是完全一致的。因为这种忏悔是每个人纯粹为其自身而履行的事务。只有他本人能检视他自己的良心。他独自忧伤地站在上帝面前。只有他本人能够而且必须在忏悔中明白并讲出他自己的过去。就连宽赦自我以便从事新的负责任的行动的罪恶赦免仪式也是他个人的事情。洗礼则完全不是个人的事——一个人之所以接受洗礼只是因为他是一个人，而不是因为他是这个人——但是忏悔的观念却预先假定一切行为价值只取决于行事者本人。这就是西方戏剧与古典的、中国的和印度的戏剧相互区别的地方。这也正是引导我们的法律越来越就人论事而不是就事论事，并且使我们根本的伦理观念以个人行动而不是以典型行为为基础的因素。浮士德式的责任感取代了枚斋式的忍让和服从，个人代替了整齐一致；解除重担代替了重担下的顺从——这就是一切圣礼中最积极者和最消极者之间的区别，并且在它背后也存在着洞天世界和无穷动力的区别。洗礼是施加在某人身上的事，忏悔则是某人在自己内心所做的事。甚至，这种对某人自身的过去进行发自良心的检视，就浮士德式人类的历史感而言，既是最原始的证明，也是最为理想的训练方法。在任何其他文化中，活人的私人生活、对于每个特征的发自良心的描绘，都没有被提到如此重要的地步，因为只有这种文化要求用文字把叙事写出来。假如历史研究和传记从一开始就是西方精神的特征；假如两者在根本上是自省和忏悔；假如我们的生活中带有一种对历史背景的确信和自觉适应——这在其他任何地方甚至无法设想会成为可能或只是勉强可行；最后，假如我们习惯于考察上千年的历史，不像古典世界和中国那样夸张而修饰，而是有明确方向并且时刻记住这句几乎等同于圣礼条文的话："全部理解，就是全部宽恕"——那么所有这一切都是由于哥特教会的这种圣礼，是由于这种经受了历史的考验和证明的自我的不断释除重负。每一次忏悔就是一篇自传。这种对于意志的特殊解放在我们看来是非常必要的，所以拒绝赦罪就会导向绝望，甚至导向毁灭。只有感受到这种灵性解放的幸福的人才能理解那属于复活者的复活圣礼的古老含义。

当心灵在这最重大的关键时刻只能依靠自己时，某些没有解决的问题就像无尽的阴云一样继续笼罩在头上。因此我们可以这样说：也许没有一种宗教的规定能像这种宗教一样为世界带来如此之多的幸福。哥特式宗教的全部灵性和神圣的爱存在于通过授予教士的权力而来的赦罪的充分确定性。在随着这种圣礼的衰落而来的惶恐不安中，哥特式生活的快乐和光明的玛利亚世界也都逐渐消失掉了。只有充斥着狰狞可怖的全班人马的魔鬼世界仍然存在。于是，取代那一去不复返的天福而出现的是基督教新教徒的，特别是清教徒的英雄气概，这种英雄气概在不利的形势下，即使毫无希望，也会继续战斗。有一次歌德曾早说过："秘密忏悔从来不应该来自人们[illegible]"——在它已经消失的土地上，一种严肃的热诚传播开来。伦理和服装、艺术和思想，都采用了那种唯一的依然明显的神话的黑暗色调。再也没有什么东西比康德的学说更晦暗的了。"每个人都是自己的神甫"是人们能够达到的一条信念，但这只是指教士职务中包含有责任的那部分，而不是指掌握权力的那部分。没有一个人能够带着关于赦罪的灵性上的确定性去自动忏悔。由于心灵对于摆脱过去并且重定方向的需要仍像过去一样迫切，因此所有高级的表达形式都发生了一些变化，而在新教国家中，音乐和绘画、书信和纪事，都从描述的体裁变成自责、悔罪和无限忏悔的体裁。即使是在天主教流行的地区——特别是在巴黎——当人们对忏悔和赦罪圣礼产生怀疑时，作为心理学的艺术开始了。对于世界的见解在自身不断的自我斗争中间消失。同时代的人们和子孙后代都被请来充当教士和法官以取代神的职位。用来区别歌德和但丁、伦勃朗和米开朗基罗的个人艺术成为忏悔圣礼的替代品。它同时也是表明这种文化业已进入晚期的一种标志。

四

在所有文化中，宗教改革具有相同的意义——使宗教恢复它在一开始的重大世纪里所呈现出那种最初的观念的纯洁性。没有一种文化没有经历过这样一种运动，不管是在我们有所了解的埃及实例之中，还是在我们一无所知的中国实例之中，都是如此。进一步讲，它意味着城市以及城市精神逐渐使自己从乡村心灵中解放出来，屹然而立，与后者的无限权力相抗衡，并且参照它自身在当时的情况来重新考虑原始的前城市时期的感情和思想。在枚斋世界和浮士德世界中，促使新宗教从这一点上萌芽的正是命运而不是思维的理智需要。现在我们已经知道，在查理五世统治时期，路德几乎成了整个不可分割的教会的改革家。

因为路德像所有文化中的一切改革家一样，并不是从空旷土地上伟大的苦行者到城市教士的巨大行列中的第一人，而是最后的一个人。宗教改革是哥特式的，它的实施和约书也是如此。路德的圣歌《一座坚固的堡垒》并不属于巴洛克式的神圣弹奏曲。在诗中，依然有圣歌《世界末日》的华丽拉丁文在轰隆作响。它是战斗教会最后的强有力的撒旦之歌。路德对教会的斗争，正像从1000年以来出现的所有改革家一样，并不是因为教会要求过多，而是因为它要求过少。巨大的潮流从克吕尼[1]涌出；通过宣讲生活并在1155年被处以火刑的阿诺尔德・布累沙；通过首次使用“改革”字样的弗罗利斯的乔基姆[2]；方济格会的圣徒；妥第的雅各波内[3]，那位革命者和歌唱圣母悼歌的人，由于娇妻之死而出家苦修并因旁尼菲斯八世[4]治理教会过于松弛而力图将其推翻的骑士；通过威克里夫[5]、胡司和萨窝那罗拉，直到路德、卡尔施塔特[6]、兹温黎[7]、加尔文——以及罗耀拉。所有这些人的意图都不是想征服哥特式的基督教，而是想使它的内部臻于完善。与这种情况相同的还有马桑、阿泰纳西乌斯、

[1] 克吕尼：这里指的是10世纪初，在法国的克吕尼隐修院兴起的禁欲主义运动以及隐修制度改革，史称“克吕尼运动”。

[2] 乔基姆：？ ~1155年，意大利宗教改革家，主张严格苦行。

[3] 雅各波内：约1230~1306年，意大利宗教诗人。

[4] 旁尼菲斯八世：1235~1303年，罗马教皇，以力主教皇权高于世俗君主著称。

[5] 威克里夫：约1330~1384年，英格兰神学家，宗教改革运动的先驱。

[6] 卡尔施塔特：约1480~1541年，德意志神学家，以激进派宗教改革闻名。

[7] 兹温黎：1484~1531年，瑞士宗教改革家。

一性派和聂斯托利派徒，他们在以弗所和卡尔西顿宗教会议上，力图使信仰纯洁并引导它返璞归真。同样，公元前第七世纪的古典奥菲斯派，则是那在公元前 1000 年以前必然已经开始的系列中的最后一个，而不是最初的一个。同样在古王国——埃及的哥特时代——结束时，在埃及境内建立的太阳教也是如此。这一切都只是表明了一个结局，而不是一个新的开端。正因为如此，大约公元前 10 世纪时，在吠陀宗教中也发生了一次改革和完善的运动，紧接着出现的是晚期婆罗门教的建立。而在公元前 9 世纪，在中国的宗教史上也曾必然出现过相应的时代转折点。

不管各种文化的宗教改革之间的分歧是如何巨大，其目的却都是一致的——把远离正道而误入历史的世界和尘世的信仰，引回到属于自然、纯洁的醒觉意识和被原因所控制和充斥的空间领域之中；从经济（“财富”）的世界返回到科学（“贫穷”）的世界，从贵族和骑士的社会（这也是文艺复兴和人文主义的社会）回到圣徒和苦行者的社会；最后（这一点既重要而又不可能），从峨冠博带的人中俊杰的政治野心，返回到不属于这个世界的神圣因果关系的领域之中。

在那些时代里，西方——在其他文化中情况也是如此——把居民中的基督教团体按政治地位、教士地位和经济地位（即市民）等划分成三个等级，但是由于这种见解是属于城市而不是属于堡垒和农村的，因此官吏和法官被划入上述的第一个等级，有学问的人则被划入第二个等级——而农民却被忽略了。[illegible]文艺复兴和宗教改革之间相互对立的关键之处，这种对立是一种等级的对立，而不是像文艺复兴和哥特文化之间的那种世界感情上的差别。堡垒的风尚和修道院的心灵被搬进了城镇，并且像以前一样在那里仍然处于对立状态之中——例如佛罗伦萨的美第奇家族与萨窝那罗拉，又比如古希腊的城市贵族（以及他们的直到如今终于被写成文字的荷马）与最后的奥菲斯派（这些人也是作家）。文艺复兴的艺术家和人文主义者是抒情诗人和吟游诗人的当然继承者，并且正像从阿诺尔德・布累沙到路德一脉相承一样，从菩恩的柏尔川[1]和皮尔・卡尔丁诺尔[2]开始，通过佩脱拉克直到阿利混斯妥[3]，也存在着一条脉络。堡垒已经变成城镇的房屋，骑士已变成贵族。整个运动依附于作为朝廷的官邸；它把自身局限在那些受上流社会感染并使之对上流社会产生兴趣的表现

[1] 柏尔川：约 1140~1212？年，法国军人，著名的中世纪行吟诗人。

[2] 皮尔・卡尔丁诺尔：？ ~1278 年，普罗旺斯的游吟诗人。

[3] 阿利混斯妥：1474~1533 年，意大利诗人。

范围之中；它鲜明华丽，就跟荷马一样，因为它是宫廷的——一种气氛，在那里所有问题都是低级趣味的，在那里但丁和米开朗基罗都难免会有无地自容之感——它还作为一种新的风尚而不是作为一种新的世界观，越过阿尔卑斯山传到北方的宫廷之中。商业城市和都城的“北方”文艺复兴只不过是存在于这样一个事实之中，即意大利贵族的上流社会取代了法国骑士的上流社会。

然而最后的改革家，路德们和萨窝那罗拉们，也是城市僧侣，这使他们与乔基姆们和伯纳们有着深刻的差别。他们理智的和城市式的苦行，是从幽静山谷的隐士之所过渡到巴洛克时代的学者书斋的踏脚石。使路德创建赦罪教义的神秘经验并非圣伯纳在山林星空面前获得的经验，而是一个从狭窄的窗口向街头、户壁和山墙观望的人的经验。上帝在自然之中无处不在，这自然辽远广阔远居于城墙之外；然而与土地分离的自由才智却居于城墙之中。在被石墙包围着的、城市的醒觉意识之中，感觉和理性彼此分道扬镳并且变成敌人，因此最后的改革家的城市神秘主义是一种十足的纯理性的神秘主义，而不是一种内省的，也就是概念启发的神秘主义，在这种神秘主义面前，古代神话中光彩照人的形象变得黯然失色了。

所以，就其实际深度而言，它必然是属于少数人的东西。从前那种曾经提供给最贫乏的人，某些可以捉摸的东西以及能够感觉得到的概念内容，现在什么也没有保存下来。路德最有力的行动就是一个纯理智的决定。作为奥卡姆派最后一位伟大的经院学者，他绝非无足轻重。他彻底解放了浮士德式的个性——从前处于它和上帝之间的教士的中间人地位被取消了。现在它完全是独立的，自己决定自己的方向，是自己的神甫，也是自己的裁判。然而普通人却只能感觉到而不能理解其中的解放因素。诚然，他们对于撕毁可见的义务表示热诚欢迎，但是他们却不能体会到这些义务已经被更加严格的理智的义务所代替了。阿西西的方济格曾经是给多取少，但对于绝大多数的人来说，城市的宗教改革却是取多给少。

路德用“只通过信仰”而获得内心赦罪的神秘经验来代替忏悔圣礼的神圣因果关系。他和克莱尔沃的伯纳在悔罪概念上的看法是相近的，认为悔罪是一种毕生的、连续不断的理智上的苦行，它与表面可见的事功的苦行截然不同。他们两人都把赦罪理解为一种神圣的奇迹；只要人在自我悔改，那实际上是上帝在改变他。然而任何纯理智的神秘主义所无法替代的则是在外面的自由自然中的“你”。两个人全都讲过：“你必须相信上帝已经赦免你了”，但是对于伯纳来说信仰是通过教士的力量而上升为知识，而对于路德来说它却降低为怀疑和固执己见。这个脱离了宇宙、被安置在个别的存在之中孤独（在这个字的最可怕的意义上）而渺小的“我”，需要一个强有力的“你”来接引，而且是理智越薄弱，这种需要越迫切。在这里，从1215年起，被圣职授任礼及其无法消除的特性提高到其他人类之上的西方教士的基本意义在于：他是一只甚至连最可怜的人也能借以接触到的上帝的手。这个与上帝联系的可见的环节被基督新教摧毁了。坚强的心灵能够并且确实为它们自己赢得了这一点，但对于软弱的心灵来说，它却逐渐地消失了。尽管在伯纳身上灵性的奇迹是有所成就的，但是他却不愿排除他人更为温和的方式，因为他的心灵启发向他指明了无处不在、永远可以接近并且有助于人类的活生生的自然的玛利亚世界。只了解自己而不了解他人的路德，通过树立起假定的英雄主义来代替人类实际的存在弱点。对他来说，生活就是与魔鬼的决死战斗，他呼吁每个人都投入这场战斗。而每个从事战斗的人都是各自为战。

宗教改革完全废除了哥特式神话令人愉快和使人安慰的方面——对玛利亚的崇拜、对圣徒的崇拜和侍奉、对圣物的礼敬、对圣地的朝拜以及弥撒等，但是有关魔界和魔法的神话仍然存在，因为它是内心痛苦的体现和原因，此刻这种痛苦最终上升为最大的恐怖。对路德来说，洗礼至少是一种除魔术，是一种驱除魔鬼的真正的圣礼。关于魔鬼问题，大量纯粹新教的著作产生了。在哥特文化的丰富色彩中，只有黑色被保留了下来；在它的艺术中，只保留了音乐，尤其是琴乐。然而在那神话中的光明世界（普通人的信仰对其有所助益的接近始终无法忘怀）原来所处的地方，又从长期隐埋的深处产生了古日耳曼神话的因素。它的到来是如此隐秘，以至到今天我们对它的真实意义还无法了解。“民间故事”和“民众习俗”的说法都不恰当：它是一个存在于某种信仰之中的真实神话，在这种信仰中，人们对侏儒、妖魔、水怪、家鬼和一掠而过的亡魂的阴云坚信不移。这种神话是一个在始终敬畏着奉行的仪式、奉献和祈求之中能够见到的真实的祀拜。不管怎样，在德意志，英雄故事不知不觉地代替了玛利亚神话；玛利亚现在被称为荷雷女神[1]，在当初圣徒们站立的地方出现了虔诚的厄克哈。在英国人中间则出现了长期以来被称作“崇圣经派”之类的人物。

路德所缺乏的——这也是德国永恒的不幸——是对事实的观察力和实际的组织能力。他没有使他的学说形成一个清晰的体系，他也没有领导这场伟大的运动并为它确定目标。这些都是由他的伟大继承者加尔文完成的事业。当路德派运动在中欧无人指导地发展着的时候，加尔文把他在日内瓦的统治看成有系

[1] 荷雷女神：古日耳曼司婚姻之神，后成为妇女劳作的佑护神。

统地征服世界的出发点，这个世界处于一种断然想出以达到其逻辑结果的新教的统治之下，因此他，而且只有他，才能成为这个世界的权威；所以，自从西班牙无敌舰队以来，正是加尔文精神和罗耀拉精神之间的决定性斗争，支配着巴洛克时期的世界政治和海上霸权的斗争。当宗教改革和反宗教改革的双方在中欧为争取一些小的帝国城市或瑞士一些贫瘠的州而展开斗争时，加拿大、恒河河口、好望角、密西西比等地都成为法兰西和西班牙、英格兰和荷兰决战的场所。在这些决战中，这两位西方晚期宗教的创建者始终在场，而且是相互对立的。

五

晚期的理智创造并非始于宗教改革，而是始于宗教改革之后。它的最典型的创造是自由科学。甚至对于路德来说，学识在实质上还是“神学的侍女”，加尔文还将自由思考的塞尔维特医师[1]处以火刑。青春时期——浮士德的青春时期跟埃及的、吠陀的和奥菲斯的青春时期一样——认为它的使命就是通过批判来证实信仰。如果这种批判失败了，那么批判的方法必然是错误的。知识是被证实了的信仰，而不是被批驳的信仰。

但是，此时城市知识分子的批判能力已经变得如此巨大，因此它不再以肯定为满足，而是必须进行试验，那些被人相信为可能的事物，尤其是其中那些被理解力而不是被内心所接受的那一部分，就成为剖析活动的第一个明显的目标，这一点就使得青春时期的经院哲学与巴洛克时期的现实哲学之间有所区别——就好像它跟新柏拉图派思想与伊斯兰教思想、吠陀经思想与婆罗门教思想、奥菲斯派思想与前苏格拉底思想的区别一样。与宗教无关的（假如我们能够这样说）人类生活的因果关系、周围的世界、认识的过程和意义，就成了一个问题。中王国时期的埃及哲学在这种意义上衡量生活的价值；在最大的可能情况下，与之相类似的，是公元前 800~ 前 500 年间的晚期的前孔子哲学。只有托名为管子（公元前 645 年逝世）所著的那本书为我们带来了某些与这种哲学有关的模糊概念，尽管这些迹象很浅很淡，但它们却表明占据着今天业已失传的一种纯粹中国哲学的中心位置的，是认识论和生物学的问题。

在巴洛克哲学内部，西方的自然科学是独立存在的。在其他文化中没有与之相类似的东西。可以断言，这种自然科学从一开始就不是“神学的侍女”，

[1] 塞尔维特：1511~1553 年，西班牙神学家、生理学家、医生，路德的支持者。

而是在技术上追求权力的意志的仆从，无论在数理上或在实验上它都指向那个目标——就其基础而言，是实用的机械学。由于最初它只是一种技术，后来才是理论，所以它必然与浮士德文化的人本身一样古老。因此，早在1000年左右，我们就可以看到具有惊奇的个人组合能力的工艺作品。早在13世纪罗伯特·格罗塞泰斯特[1]就曾经将空间看成光的作用。彼得·彼立格立努斯[2]在1289年写出了建立在实验基础上的关于磁力的卓越论文，这篇论文早在吉尔柏特[3]——1600年之前就已经问世了。上述二人的学生，罗哲尔·培根，发展起一套关于知识的自然科学理论，作为他从事技术研究的基础。但是在动力学的连锁发现方面的雄心壮志则走得更远了一些。早在1322年的手稿中哥白尼体系就已经被暗示出来，几十年后又被巴黎奥卡姆派、彪里顿[4]、萨克森的阿尔伯特[5]和奥列兹姆[6]等从数理方面加以发展。关于这些探索的基本动力，我们不要受骗。纯粹的冥想哲学可能永远不需要实验，但是机械的浮士德式象征却不是这样，它驱使人们早在12世纪就从事于机械制造，并且使"动的永恒"成为西方知识的普罗米修斯式的观念。对我们来说有效的假设永远是首要的事情——这种思维的结果对于其他文化来说则是毫无意义的。将一切能够获得的关于自然关系的知识直接运用到实践之中的观念，除了浮士德式的人（以及那些如今已经处于浮士德文明的知识魔力之下的人们，如日本人、犹太人、俄国人等）以外，对于一切人类来说，都是陌生的。这是一件令人惊奇的事实，然而我们必须习惯它。有效假设的真正概念暗含着一个宇宙的动态图样。理论，现实的只想幻象，对于那些机智地从事探讨的僧侣来说，只是次要的，而且作为技术热情的成果，它立即不知不觉地把他们引向典型的浮士德式的关于上帝的概念，把上帝看作机械的伟大主人，能够完成一切他们只能向往但却无能为力的事物。多少个世纪以来，上帝的世界在不知不觉中变得越来越像动的永恒。同样，当实验和技术学校对于自然的考察变得越来越敏锐而哥特式神话变得越来越暗淡的时候，在伽利略以后僧侣式的有效假设的概念，不知不觉地发展成为近代科学批判式启示的神力，即冲力和力场、引力、光速和"电"，在我们的电力世

[1] 罗伯特·格罗塞泰斯特：约1168~1253年，牛津大学第一任校长，英国著名的神学家兼哲学家。

[2] 彼得·彼立格立努斯：13世纪，法国哲学家、科学家。

[3] 吉尔柏特：1540~1603年，英国科学家，注重科学试验，著有《磁石》一书。

[4] 彪里顿：约1300~1358年，法国唯物论哲学家，曾任巴黎大学校长。

[5] 阿尔伯特：？~1390年，曾任巴黎大学校长、维也纳大学第一任校长。

[6] 奥列兹姆：？~1382年，巴黎大学神学教授、科学家和经济学家。

界图景中，这种“电”把能的其他形式都吸收到自身中来，从而形成一种物理学上的一神教。它们是以公式为其前提的概念，赋予公式以一种就内视力而言是神话式的可见性。数目本身就是技术的因素，而杠杆和螺旋则是无意中听到的世界秘密。古典文化中的自然思想——还有其他文化同样不需要数目，因为它不求寻获取的能力。毕达哥拉斯和柏拉图的纯数学与德谟克里特和亚里士多德的自然观点之间并无任何联系。

正像古典精神认为普罗米修斯对于神的反抗是“希布利斯”一样，我们的巴洛克精神也把机器看成魔鬼的产物。地狱中的魔鬼曾经把操纵世界结构的秘密，甚至连同它自己扮演上帝角色的秘密，都泄露给人。因此，所有那些生活在纯粹精神世界里而对“这个世界”无所求的纯教士式的人们——尤其是唯心论哲学家、古典学者、人文学家乃至尼采等——对于技术只有沉默的敌意，而没有其他。

所有晚期哲学都包含了这种反对青春时期非批判性直觉的批判性抗议。但是这种来自知识分子本身并具有优越性的批判也影响到了信仰本身，而且在宗教范围内唤起了一个成为晚期——一切的晚期——特征的伟大创造——这就是清教。

当克伦威尔和他的独立派军队坚如铁石、挎带《圣经》、口唱赞美诗而跃马出征的时候，当毕达哥拉斯的信徒队伍出于对其职责训示的残酷的忠诚，而摧毁了华丽的乌巴立斯城并给该城永远加上道德沦丧的污名的时候，当早期哈里发的军队不仅征服了人的国家而且征服了心灵的时候，清教精神就出现在他们中间。弥尔顿[1]的《失乐园》《可兰经》的许多章节，我们对于毕达哥拉斯派教义的一知半解——所有这些都是同一类的东西。它们是严肃精神的热忱、冷静的激烈、枯燥的神秘、拘谨的狂喜。尽管如此，一种狂热的虔诚在它们中间再度点燃起来。城市在取得对土地的心灵无条件的支配权以后所能产生的卓越灵性全都汇集在这里，并带有一种恐惧以免变成虚假而容易消失，与之相应地这种灵性是不容忍、不怜悯和不宽恕的。不仅在西方，而且在所有文化中，清教缺乏那种照亮每个青春的宗教的笑容，这种青春正是富于生命力的真诚喜悦和富于生活幽默感的时刻。在《可兰经》中找不到那种在枚斋的青春时代的著作中时常闪烁发光的耶稣童年故事或格列高里·纳兼曾的恬静的欢乐，在弥尔顿的著作中也找不到方济格诗歌里那种鲜明的喜悦。超凡的真诚覆盖在王港

[1] 弥尔顿：1608~1674年，著名的英国诗人，代表作有《失乐园》《复乐园》等。

的冉森派[1]的心智上，覆盖在黑衣服的圆头党[2]人的会议上，莎士比亚的“快乐的英国”——息巴立斯的再现——就是被这些圆头党人在几年之内毁掉的。现在，怀着狠毒而巨大的愤怒的人们都向近在身旁的魔鬼展开第一次战斗。在17世纪中，有一百万以上的女巫被处以火刑——在信仰基督新教的北方，信仰天主教的南方，甚至在美洲和印度的社会里，情况都是一样。伊斯兰教关于义务的教义连同其艰深的智识都是阴郁而愁苦的，1643年的威斯敏斯特教义问答和冉森派的伦理学（冉森的“奥古斯丁论”，1640年）也都是这样。而在罗耀拉的领域中，由于灵性的需要也出现了一种清教运动。宗教生动地体现为形而上学的，不过像独立派所自称的“神圣的”团体以及毕达哥拉斯派信徒和穆罕默德的门徒，全都不是用感官去体验它，而是仅仅把它看作一种概念。公元前600年左右在恒河之滨创建“摆脱束缚者”教派的波罗尸婆[3]，就像与他同时的其他清教徒一样教导说：得救并非来自献祭和权利，而只能来自“自性”与“梵”合一的知识。在所有清教徒的诗中，古哥特式的幻象被一种放肆而且枯燥乏味的寓言精神代替了。在这些苦行者的醒觉意识中，概念是唯一真实的力量。巴斯噶努力钻研的是有关概念的问题而不是像厄克哈大师那样钻研有关形状的问题。女巫之所以被判处火刑是因为她们受到证明，而不是因为她们在黑夜露天中被发觉；基督新教法学家之所以采用多米尼加会士的“女巫之槌”是因为它建立在概念的基础之上。早期哥特文化的圣母玛利亚像曾经在其祈求者面前显现，然而贝尼尼[4]的圣母像却从来没有人看得见。它们之所以存在是因为人们受到证实——从而对于这种存在产生了积极的热情。克伦威尔的国务大臣弥尔顿使概念披上了形状的外衣，而本扬[5]则将一整套的概念意义上的鬼神论带进了伦理寓言的活动之中。从这里到康德只不过一步之遥，在康德的概念伦理学中，魔鬼采取了他的最后形状——极端之恶。

在我们能够知道毕达哥拉斯、穆罕默德和克伦威尔在三种文化中体现了同一运动以前，我们必须把自己从历史的表象里释放出来——尤其要抛开那堵西方科学的方法论将它环绕在其中的人工围墙。

毕达哥拉斯并非哲学家。根据所有前苏格拉底人士的记述来看，他是一个

[1] 冉森派：17世纪荷兰神学家冉森所创，属天主教的非正统派。

[2] 圆头党：1642~1652年英国内战期间的议会派分子，因把头发剪短而得名。

[3] 波罗尸婆：约公元前817~前717年，耆那教第二十二代祖师。

[4] 贝尼尼：1598~1680年，意大利建筑家、雕刻家及画家，巴洛克艺术的代表人。

[5] 本扬：1628~1688年，英国作家，代表作《天路历程》。

圣者、先知和一个狂热的宗教团体的创立者，这个团体使用一切政治和军事的手段迫使它周围的人接受它的真理。息巴立斯被克洛吞毁灭——我们确信这起事件之所以能在历史的记忆中被长期保存，恰恰因为它是一场狂暴的宗教战争的高潮罢了——是一种仇恨的爆发，这种仇恨与那种把查理一世及其奢靡浮华的王党身上的教义错误和世俗倾向，都视作必须彻底消灭的东西的仇恨是完全相同的。一种被精炼过的并且在概念上得到增强的神话，连同某些严峻的伦理箴言，使得毕达哥拉斯派信徒深信他们将在所有其他人类前面获得拯救。在邱里和匹得里亚发现的，放在已经死去会众手里的黄金简册上载有神的保证："快乐而幸福的你已不再是一个亡灵而是一个神了。"《可兰经》也把同样确信授给所有在圣战中与异教徒作战的信徒——先知的一段圣训说："伊斯兰教的修道生活就是宗教战争"——克伦威尔的铁军在马斯吞荒地和纳斯卑击溃王室的"非利士人"和"亚马力人"时，胸中也充满了同样的信念。

伊斯兰教作为沙漠的宗教并不比兹温黎信仰作为高山的宗教更特殊。枚斋世界赖以成熟的清教运动始于一个麦加人而不是一个一性论者或犹太人，只不过是出于偶然的因素罢了。因为在阿拉伯北部沙漠中存在着加萨尼人和赖赫迈人的基督教国家，而在萨巴的南部地区，基督教徒和犹太人之间的宗教战争正在进行着，从阿斯旺到萨珊帝国的世界都卷到里面去了。在马利布王公会议上几乎没有一个异教徒出席，可是会后不久，南部阿拉伯就被归入波斯——也就是玛兹达教徒——政府的统治之下。麦加是犹太人和基督教徒世界之中一个古阿拉伯异端的孤岛，是长期受到枚斋宗教重要观念影响的仅存遗址。后来，渗入《可兰经》中的这种极少的异端精神被圣典补遗的注释和叙利亚与美索不达米亚的智者辩论和解释得一清二楚。伊斯兰教作为一个新的宗教在程度上最多也只不过跟路德教相等而已。事实上，它只是伟大的早期宗教的延续。同样，它的扩张并不是（甚至像今天所想象的那样）开始于阿拉伯半岛的一次"民族迁移"，而是一场热诚的信徒的突进，就像雪崩似的，随身携带着基督教徒、犹太人和玛兹达教徒，并且立即把他们作为狂热的穆斯林而安排在前线队伍之中。征服西班牙的是来自圣奥古斯丁故乡的柏柏尔人，前进至奥克萨斯河的是来自伊拉克的波斯人。昨日的敌人成了明天前线的战友。717 年第一次进攻君士坦丁堡的大多数"阿拉伯人"生来就是基督教徒。大约在 650 年前后，拜占庭文学异常突然地消失了，这一事实的深刻意义至今没有受到注意——这恰恰是因为阿拉伯文学捡起了这段故事。枚斋文化的心灵终于在伊斯兰教中间找到了它的真实表现形式，因而变成真正"阿拉伯式"的，从此以后就摆脱了一切假晶现象的束缚。由伊斯兰教所发起，并且由一性论者和犹太人早已准备好的圣像破坏运动一直发展到拜占庭，甚至还越过了拜占庭，叙利亚人利奥三世（717~741 年）在那里将这种伊斯兰式的基督教各派的清教运动——650 年前后的保罗派和此后的鲍格米勒派——抬举到显赫的地位。

穆罕默德身边的重要人物，如阿布·伯克尔[1]和奥玛尔[2]，是英国革命中皮穆和罕普登（皮穆赫和罕普登皆为英国革命时期国会平民院议员）的近亲，假如我们对哈奈斐派[3]——与先知同时或稍早的阿拉伯清教徒——知道得更多一些，我们就会看到这种关系还要更亲近一些。所有这些人都曾从命运中获得保证，承认他们是上帝的选民。英国议会和独立派阵营对《旧约》的推崇——在许多英国家庭中，甚至到 19 世纪，还保留着这样的信念：英国人是以色列十个被放逐部落的后裔，是一个注定要统治世界的由圣徒组成的民族——也影响了开始于 1620 年英国新教徒为逃避教祸而出走的前往美洲的移民。它形成了所谓现代美国宗教，并且培养了直至今日仍是英国人所特有的不关心政治的特征，这是一种确信，其实质是宗教的，其根源则存在于命运之中。毕达哥拉斯派信徒（这在古典世界的宗教史中是闻所未闻的）为了向宗教目标推进，自身也掌握了政治权力，并且设法使他们的清教从一个城市发展到另一个城市。在其他各地则是单一的祀拜统治着单个的国家。一个国家对另一个国家在宗教方面的义务是漠不关心的；在这里，而且也只能在这里，我们才找到一个圣徒团体，而他们的实际能力远远超过了古代奥菲斯派的实际能力，就像战斗的独立派胜过了宗教改革战争的精神一样。

然而在清教中已经埋下了理性主义的种子，经过若干个热情而虔诚的世代以后，这颗种子突然到处成长起来，使自己达到崇高的地位。这就是从克伦威尔到休谟的发展历程。不是普通的城市，甚至也不是大城市，而是极少数特殊的城市现在成为理智的历史舞台——例如苏格拉底的雅典、阿拔斯王朝时期的巴格达、18 世纪的伦敦和巴黎。“启蒙思潮”成为那个时代的陈词滥调。太阳突然出来了——然而，将批判意识的天空打扫干净进而为太阳开辟道路的又是何物呢？

理性主义只是指对于批判地理解的（也就是“理性”的）资料的相信。在青年时期，人们能够说“正因为是荒谬的，所以我才相信”，因为他们深知可

[1] 阿布·伯克尔：573~634 年，伊斯兰的第一任哈里发。

[2] 奥玛尔：582~644 年，伊斯兰的第二任哈里发。

[3] 哈奈斐派：6 世纪末出现于阿拉伯半岛的神信仰者。

理解的和不可理解的这两者都是世界所必需的要素——这个世界就是乔托所描绘的自然，在这里神秘主义者可以沉浸在其中，在这里理性也深入其中，但仅限于神所许可的深入范围。此时从一种隐秘的猜忌中滋生出非理性的观念——它是不可理解的，因此也是无价值的。它可以被公开地蔑视为迷信，也可以被暗地里蔑视为形而上学。只有通过批判建立起来的理解才具有价值。而秘密只不过是对无知的证明而已。新的无秘密的宗教在其最大限度内被称为智慧，它的教士被称为哲学家，而它的信徒则被称为“有教养的”人。根据亚里士多德的观点，古代宗教只是对于没教养的人才是不可缺少的东西，他的这种观点同样也是孔子、乔达摩佛陀、莱辛和伏尔泰的观点。人们离开文化，“重返自然”，但是这个自然并非生动体验到的东西，而是被证明的东西，是产生于理智并且只有理智才能接近的东西——它是一个对于农民来说根本不存在的自然，是一个毫不使人感到畏惧而只是置身于可感受的环境之中的自然。自然的宗教、理性的宗教、自然神教——这一切并不是亲身经历的形而上学，而是一种被理解的机械学，孔子称之为“天道”，希腊文化则称之为宿命。从前，哲学是伟大宗教的婢女，但此时出现了感受性，因此哲学必然会成为与认识论、对自然的鉴定和对价值的鉴定同样科学的东西。毫无疑问，人们会有这样一种感觉，认为尽管如此，这种哲学也只不过是一种被冲淡了的教条主义而已，因为这种认为纯粹的知识，是可能的观念本身就包含着一种信念在里面。各种体系都是由在现象上被承认的开端构成的，但是最终结果所能告诉我们的只是“力”，而不是“上帝”，只是“能量不灭”，而不是“永生”。在所有古典理性主义下存在着奥林帕斯，在全部的西方理性主义下也存在着圣礼的教义。因此我们的西方哲学在宗教和技术科学之间来回摇摆，而它的定义也可以或者是这样、或者是那样，这取决于下定义的人究竟是一个身上仍保持着教士遗风的人，还是一个纯粹的思想方面的专家和技师。

“世界观”是一种开明醒觉意识所特有的体现，这种醒觉意识在批判理解的指导下，在一个无神的光的世界中观察自身的处境，当它发现感官知觉与正确的人类理性不相符合时，就把感觉当作“假玉”看待。从前曾经是神话的东西——现实中最现实的事物——现在必须从属于所谓尤希谟拉斯学说的方法。大约在公元前 300 年前后，博学的尤希谟拉斯曾经对民众“解释”过从前对他们产生很大帮助的古典神祇，这种过程在各个“启蒙时代”都以不同的形式发生过。对于一些名词，我们也有自己的尤希谟拉斯式的解释：地狱是负疚的良心、魔鬼是邪恶的欲望、上帝是自然之美。公元前 400 年前后，当阿提卡墓刻不向雅典娜女神而是向“德谟斯”女神祈祷时（顺便一提，这位德谟斯女神是雅各宾派的理性女神的近亲），当苏格拉底的天才智者和其他哲学家的精神，取代了宙斯的地位时，都表达了同样的倾向。孔子不讲“上帝”而讲“天”，这说明他只相信自然的规律。孔门弟子对中国经书的“汇集”和“整理”是尤希谟拉斯学说式的重大行动，在这一行动中，实际上几乎所有的古代宗教著作都被删除净尽，其余部分也都受到理性主义者辨伪工作的甄别。假如有可能的话，我们18世纪的启蒙学者无疑也会用同样的方式对待哥特时期的遗产。孔子完全属于中国的“18世纪”。老子（他轻视孔子）站在道教运动里面，这种道教运动依次显示出基督新教、清教和虔诚教的特征。两者最后都传播了一种以纯属机械论的世界观为基础的实用性的世界音调。在相应时代的中国的晚期[1]，“道”字的基本内容在机械论的方向下经历了不断的变化，这种变化和方向是跟从赫拉克里特到波希多尼乌斯的古典思想史中的“逻戈斯”一词，以及从伽利略到今天这段时期里“力”字所经历的变化是完全相同的。从前曾被塑造成为华美的神话和祀拜的东西，在这种“有教养的人的宗教”里被称为自然和德行——但这种自然是一部能够被我们理解的机械学，而这种德行则是知识。孔子和佛陀、苏格拉底和卢梭在这一点上都是一致的。孔子不容许对死后生命进行祈祷或沉思，更不许可任何天启默示。一个人如果过分忙碌地从事献祭和仪节，这就表明他缺乏教养和理性。乔达摩佛陀以及与他同时代的人、耆那教的创立者大雄——他们两人均来自恒河下游的政治世界，古婆罗门教文化区域的东部——众所周知，他们既不承认上帝的观念，也不承认神话和祀拜。对于佛陀的真正教训，我们现在已经无法考察，因为它完全是在以他的名义命名后来的费拉宗教的色彩中出现的；但是毋庸置疑，一个关于“有条件发生”的观念则是从来自无知——对于“四圣谛”的无知——的痛苦中产生的。这是真正的理性主义。对他们来说，涅槃是一种纯粹理智的解脱，这恰恰与斯多噶学派的“自足自给”和“幸福”相似。它就是理解和醒觉意识的条件，对它们来说存在已经不再存在。

在这样的时代里，有教养人的崇高理想是做贤人。贤人回到自然——回到斐尔内或厄尔姆诺维尔，回到阿提卡的花园或印度的丛林——这是作为大城市市民最理智的方式。贤人是合乎中庸之道的人。他的苦行存在于一种有利于沉思的对尘世的合理蔑视。启蒙思潮的智慧与安慰跟它是从不抵触的，如果道德以伟大的神话为背景，就会始终是一种献祭、一种祀拜，甚至会走向禁欲主义

[1] 中国的晚期：此为斯宾格勒文化比较形态学意义上的时间划分。

的极端，直至走向死亡，但是如果德行以智慧为背景，那么它就是一种秘密的享受、一种至上的理智自我主义。因此，置身于真正宗教之外的伦理传播者就变成了实利主义者。佛陀、孔子、卢梭都是最重要的实利主义者，因为他们井井有条的所有观念的高尚，和苏格拉底式的对生活智慧的炫耀一样，都是无法超越的。

伴随着这种（假如我们能这样称呼它）健全理性的经院哲学，由于精神的需要必然会产生一种属于有教养者的理性主义的神秘主义。西方的启蒙思潮起源于英国却诞生于清教。大陆的理性主义则完全来自洛克。与之相对立的是，在德国出现了虔信派（1700 年的赫尔恩胡特、斯宾诺莎与弗兰克，以及符腾堡的欧廷格尔），在英国出现了美以美派（1738 年受到赫尔恩胡特“启发”的卫斯理）。这是路德和加尔文的重演——英国人为了一个世界运动而将自己立刻组织起来，德国人则献身于中欧的秘密宗教集会。伊斯兰教的虔信派是苏菲派，这一教派不是起源于“波斯”而是起源于一般的阿拉米地区，并在 8 世纪期间在整个的阿拉伯世界流传。印度的世俗传道士也可以算作虔信派或美以美派教徒，他们在佛陀以前不久曾宣扬，人们只要专心致志于自性与梵的统一，就可以从生命的轮回中解脱出来。但是老子和他的弟子，以及——尽管有理性主义的成分——犬儒学派的行乞僧、巡回传教师、斯多噶派导师、家庭教堂牧师、早期希腊化文化的忏悔者，也都可以算作虔信派或美以美派教徒。虔信派甚至可以登上理性主义者想象力的高峰，在这方面斯威登堡就是一个重要的例子，这种想象力为斯多噶派和苏菲派创造了整个幻想世界，并为佛教重建为大乘（摩诃衍那）准备了条件。佛教和道教在其初始意义上扩张与美以美派在美洲的扩张非常相似，因此它们两者在那曾经培育了各自文化的地区（恒河下游和扬子江以南）达到完全成熟的境界绝不是偶然的。

六

在清教以后的两个世纪之中，关于世界机械论的概念达到了顶峰。在当时它是有效的宗教。甚至连那些仍然认为自己笃信着旧日宗教、充当“上帝信徒”的人们，也只是曲解了他们的醒觉意识正在其中反映着自己的那个世界。在他们的理解中，宗教真理始终是机械论的真理，一般说来，只有传统说法的习惯才给实际上受到科学观察的自然涂上了一层神话的色彩。文化和宗教的创造永远都是同义语。一切重要的文化都开始于一个在前城市的乡村地区兴起的巨大课题，然后在艺术和智识的城市中保持下去，最后在世界城市中以唯物主义的终曲为结束。然而，即使是最后的谐音也必须严格从属于整体的基调。有中国的、印度的、古典的、阿拉伯的和西方的唯物主义，其中任何一种都只不过是被清除了经验和沉思幻象的因素，并被按照机械论而加以观察的神话式的原始宝藏而已。

在这种意义上，受到杨朱推衍的儒家宣告结束。路伽耶陀派的体系则引申了对无灵魂世界的藐视，这曾经是乔达摩佛陀、大雄和当代虔信派教徒的共同特征，是他们依次从数论派的无神论中得来的。苏格拉底既是诡辩学派的继承人，又是犬儒派巡回传教师和皮朗怀疑派的鼻祖。所有这一切都体现了大城市智识之士的优越性，他们永远根除了非理性的东西并且蔑视任何仍然通晓或承认玄秘的醒觉意识。哥特时期的人在莫测高深的事物面前却步退缩，在教义的真理面前更为恐惧。然而在今天甚至连天主教徒也能达到，认为这些教义是对宇宙之谜的成功而有系统地揭示的程度。奇迹被看作一种高级体系的物理性变化，而一位英国主教则会承认他对于电力的可能性和对于祈祷力量的信仰都来源于同一自然体系。尽管其所使用的语言也许是“上帝”和“世界”、“神”和“人”，但信仰仍旧是对力量和物质的信仰。

浮士德文化的唯物主义，就该词的局部意义来讲，也是特殊和独立的。在这里，从技术角度看待世界的观点臻于完善。整个世界是一个精确的、依据数学来安排的动力体系，对此可以进行实验性的研究，直至探索到其初始原因为止，并能用数字加以固定，进而人们能够控制它——这就是我们特有的“回归自然”与所有其他文化的区别所在。孔子、佛陀和苏格拉底都相信“知识就是道德”，但“知识就是力量”一语却只在欧美文明中才有意义。在这里“回归自然”意味着消除所有处于实际知识和自然之间的力量——在其他各地，唯物主义曾以（根据情况通过沉思或逻辑的方式）建立虚拟的简单单位为满足，这些单位的因果性活动证明一切事物并没有任何残余的秘密，离奇的现象则被归结为在知识方面的缺乏。然而关于能量与质量重要而理智的神话同时又是一种重大的有效假设。它把自然描绘成为这样一种图景，以便人们能够加以利用。命运因素被机械化，成为演化、发展和进步，并被置于这个体系的中心；意志则是一个孵胚的过程；所有一元论、进化论、实证论等各种学说，以及所有没被提高到作为美国经纪人、英国政客和德国实利主义者共同指标的适用道德范围以内的东西——在最后的分析中，只不过是理智主义者对古代依据信仰而判断是非的讽刺罢了。

如果唯物主义缺乏一种经常去缓和理智上紧张的需要，就将是不完整的，为了缓和紧张，可以向神话的语气让步、履行某种仪式或者怀着轻快的心情去欣赏某种非理性的、非自然的、可憎的甚至是（假如需要的话）纯属愚蠢事物的魅力。这种甚至在我们看来也是非常明晰的倾向，在孟子的时代（公元前372~前289年）和最初佛教信徒的时代中是十分明显的，这种倾向（以同等重要的意义）也出现在希腊化时期，并且确实成为这个时期的主要特征。大约在公元前312年左右，卡里马库斯一类的诗人学者在亚历山大里亚创立了对西瑞庇斯神的祭拜，并且为它编设了一套精致的传说。罗马共和时期的爱西斯神祀拜既不同于继之而起的皇帝崇拜，也不同于深切真挚的埃及爱西斯宗教；它是高级社会的一种宗教消遣，经常引起公众的讽刺，也经常引起公众的愤慨并封闭祀拜中心。在当时迦勒底的占星学是一种风尚，它与纯粹古典的对于神意的信仰和枚斋对于时间威力的信仰之间存在着很大距离。它是一种“娱乐”，是一种“逢场作戏”。在它的上面，还有无数江湖术士和假冒的预言家，他们周游于乡镇，企图用他们的虚伪仪式劝诱一知半解的人对宗教重新产生兴趣。与之相应地，在今天的欧美世界中，我们也可以看到神秘教徒和神智学者的欺骗行为，美国基督教科学、客厅里面的伪佛教、宗教技艺的行业（在德国甚至比在英国还要兴旺），这些都迎合了具有哥特式的、古典晚期的或道教的情感的团体和祀拜。到处都只不过是一种没有人真正相信的对神话的玩弄，只不过是一种目的在于填补心灵空虚的祀拜尝试。真正的信仰始终是对原子和数字的信仰，但是这种信仰也需要那种自作聪明的戏法使它最终能支持下去。唯物主义是肤浅而诚实的，伪宗教则是浅薄而虚伪的。但后者毕竟成为可能的这一事实却预示一种新的真正的探索精神，在文明的醒觉意识中，它起初是安静的，但不久就着重并且公开宣布自身的存在。

我把这后一种现象称为第二信仰。当一切文明已经充分定型并开始慢慢地、不知不觉地进入，使时期完全失去意义的非历史状态时，第二信仰就在它们中间立刻出现了。（所以，就西方文明而论，我们的许多世代仍是缺乏这一点的。）第二信仰是恺撒主义不可缺乏的相对部分，而恺撒主义则是晚期文明最后的政治组织；因此，第二信仰大体在古典文化的奥古斯都时代和在中国的秦始皇时代都是显而易见的。在这两种现象之中都缺乏早期文化的充沛创造力。但是两者仍然有其伟大之处。第二信仰的伟大在于充满醒觉意识的深沉虔敬——这种虔敬曾经使希罗多德在（晚期的）埃及人身上深受感动，也使西欧人士在中国、印度和伊斯兰地区深受感动——而恺撒主义的伟大则在于它对大规模现实事务的无限的威力。但在这种虔敬的创造物和罗马帝国的形式中间，都没有任何原始的和天然的东西。没有建立起任何东西，也没有展现任何观念——它只是像一阵烟雾似的在大地上消散，接着就恢复往日的景观，开始时还十分模糊，但随即就变得越来越清晰了。第二信仰的材料只不过是原来充满活力的第一信仰的材料——只是以不同的方式经历和表现罢了。它始于理性主义无可挽救的消逝，然后青春时期的形式变得清晰可见，最后，在早期信仰的庄严形式面前已经退却的整个原始宗教世界，假借这种形势下存在于一切文化中的包容教派的名义，重新恢复了显赫充满力量的地位。

每个“启蒙时代”都是从一种理性的无限的乐观主义——它始终与大城市的市民类型联系在一起——向一种同样无限的怀疑主义进军。被墙垣和人为事物隔离而与上下左右的活生生的自然和土地隔绝的至高的醒觉意识，对身外之物一无所知。它对自己想象世界进行鉴定，不断清除其日常的感觉经验，直至发现最终和最微妙的结果，这即是形式的形式——以它自己为止。换言之，直至醒觉意识自身一无所有为止。这样，作为世界可理解的鉴定方式的物理学就会随之结束其可能性，而又重新出现对形而上学的渴望。然而，导致第二信仰的并不是那受过教养而沉浸在文学之中的团体宗教消遣，同时更不是才智。它根源于一种不为广大群众所注意但又十分自然兴起的，认为存在着某种现实的神秘性质的淳朴信仰（在今天看来，有关它的正式证据纯属无聊的和令人生厌的文字游戏），和一种用祀拜来对待神话的同样淳朴而虔敬的内心需要。我们对这两者的形式都无法预见，更无法挑选——它们是自行出现的，尽管它们与我们自身相关，但我们与它们之间的距离仍然是十分遥远的。但是曾唤起19世纪最优秀人物巨大热情的孔德和斯宾塞的观点、唯物论、一元论和进化论，已经成为与乡村之人相适应的世界观。

大约在公元前250年前后，古典哲学已经穷尽了它研究范围的一切方面。从那时起，“知识”已不再是一种不断增长的经验和宝藏，而是存在于其中的一种信仰，它基本上是由于习惯的力量，但仍能让人信服，这应该归功于过去的一种训练有素的方法论。在苏格拉底时代，曾经存在过一种作为有教养者的宗教的理性主义，在此之上的则是学者的哲学，在此之下的则是群众的“迷信”。现在，哲学朝着一种理智的信仰发展，而流行的包容教派则向着一种实体的信仰发展。两者的趋势是一致的，而神话信仰和虔诚传播开来，方向不是朝下，而是朝上。哲学获得的很多，付出的很少。在诡辩学者和犬儒学者的唯物主义中间，开始出现了斯多噶学派，并且用譬喻的方式来解释一切神话学，但是在用餐时对宙斯神的祈祷——古典的第二信仰最优美的遗风之一——却早在克利安西兹（斯多噶派哲学家，死于 232 年）时期就已经开始了。在苏拉的时代，有一个属于上层阶级的纯属宗教性质的斯多噶学派，还有一个将弗利治亚、叙利亚和埃及的祀拜跟几乎已被遗忘的无数古典秘密仪式结合起来的流行的包含教派——这与佛陀的开明智慧发展为适合于学者们的小乘和适合于群众的大乘完全相同，也相当于博学的儒家与道家之间的关系，这种关系不久将成为中国包容教派的容器。

与“实证主义者”孟子（公元前 372~ 前 289 年）同时代，一种趋向于炼金术、占星学和神秘学的强有力的运动突然开始了。这到底是一种新的事物还是以前中国神话感情的复发，这个问题长期以来成为人们乐于争论的话题——但是我们只要稍稍看一下希腊化文化，就可获得答案。这种包容教派“同时”出现在古典世界、中国和印度以及流行的伊斯兰教中间。它永远是从理性主义者发端的学说——斯多噶派、老子、佛陀——并以农民的、青春时期的和各种能够想象得到的外在动因来完成这些学说。大约从公元前 200 年以来，古典的包含教派——千万不能将它与后来的枚斋式的假晶现象混为一谈——极力从奥菲斯派、从埃及、从叙利亚寻求动因；从公元前 67 年以来，流行的印度大乘佛教传入中国，由于来自外国这种作为经咒的神圣著作和作为崇拜对象的佛像，人们认为其神通更加广大。原来的老子学说很快消失了。在汉朝开始的时候（约公元前 200 年），神的队伍已经不再是“道德的代表”而成为仁慈的存在。风、云、雷、雨诸神重新回来了。企图借助神力来驱除魔鬼的大量祀拜得以立足。正是在那个时代里出现了——无疑是起源于前孔子哲学的某些基本要素——盘古的神话，这是许多系列的神话皇帝得以流传下来的最初根源。据我们所知，逻戈斯观念遵循了相似的发展道路。

佛陀所教导的生活方式的理论与实践是厌弃尘世和厌恶智识的结果，跟宗教问题完全无关。但是就在印度的“帝国”时代开始时（公元前 250 年），他自己已经成为一座坐式神像；而只有博学的人才能领悟的涅槃理论，越来越让位于有关天堂、地狱和救世的确切而有实体的教义，这种教义跟其他包容教派中的非常相像，可能是从国外渊源模仿来的——换言之，是来自波斯的神示。在阿轮迦王时代，已经产生了十八个佛教宗派。

诗人学者马鸣（约当公元前 50 年），大乘的救世教义的第一个伟大先驱，而龙树——大乘佛教的奠基人（约公元 150 年）则使其臻于完善。但是与这种教义并行的，却是全部原始印度的神话学重新流行起来。毗纽舥天教和湿婆大教在公元前 300 年时已经定形。再进一步便采取了混溶教派的形式，因之黑天和罗摩王的传说现在转归于毗纽舥天教。在埃及新王国时期也出现了相同的情况，在这里，底比斯的阿门形成了一个庞大的包容教派的中心，在阿拔斯王朝的阿拉伯世界中也是如此，这里的民间宗教及其炼狱、地狱、末日审判、神圣的卡巴黑石、逻戈斯一穆罕默德、神仙、圣徒和鬼的影像将原始的伊斯兰教全都赶到背后去了。

在这样的时代里仍然有一些高级的智识之士，如尼禄的导师辛尼加和与他的类型相反的那位哲学家、皇家师保和拜占庭的恺撒主义类型的政客普赛罗；又如斯多噶学派的马耳库斯·奥理略和佛教徒阿轮迦王，他们自己就是恺撒；再如法老阿门赫特普四世（阿肯那顿），他那具有深刻意义的尝试被阿门教士看作异端并加以破坏——这种危机无疑也是阿轮迦王要从婆罗门方面去经历的。

但是在中国和在罗马帝国的情形一样，恺撒主义本身产生了一种对皇帝的祀拜，所以是一种集中的包容教派。如果认为中国人对于当今皇帝的尊敬是一种古代宗教的遗风，则是毫无根据的。在中国文化的整个过程之中，根本不存在皇帝。国家统治者被称为王（那就是国王），而在中国的奥古斯都（即秦始皇）取得最后胜利以前不到一个世纪的时候，孟子以一种我们 19 世纪的心情写道："民为贵，社稷次之，君为轻。"关于原始皇帝的神话学无疑曾被孔子和他的同时代人汇集起来，它的宪法的和社会伦理的形式是受到他们理性主义目的支配的，第一个中国的恺撒从这一神话中模拟了尊号和祀拜观念。人上升为神是小型的循环回到使神转变为英雄的青春时期——那些英雄与以些皇帝即荷马史诗中的人物完全相同——它是几乎所有这种第二等宗教的明显特征。孔子是在公元 57 年以一种正式的祭祀而被尊奉为神的，而佛陀则在很久以前受到这样的供奉。爱尔·嘎札里（约在 1050 年）曾对伊斯兰世界"第二信仰"的形成做出了贡献，现在成为群众信仰中的一位神祇，并被当作圣徒和救星而受到爱戴。在古典世界的哲学学派中，也存在着对柏拉图和伊壁鸠鲁的祀拜，亚历山大自命为赫拉克勒斯的后裔和恺撒自命为维纳斯的后裔，直接引起了对先帝神祇的祀拜，在这里，业已被人们忘却的奥菲斯派的想象和家庭宗教又重新萌芽，就像皇帝祀拜包含了中国最古老的神话学特征一样。

然而随着皇帝祀拜的出现，在这两种的每一种里面，立即又产生了使第二信仰成为固定组织的意图，不管把这种组织叫作什么名字——教派、教团、教会——始终都是对那种青春时期生动形式的僵硬再造，并且对于这种形式带有一种就像"种姓"与"身份"之间的那种关系。

甚至在奥古斯都的改革之中，也存在着这种倾向，以及它们对类似于祈年团仪式之类的久已消逝的城市祀拜的人工复活，但是社团或教会组织本身却只是始于希腊文化的神秘宗教或者是密司拉教派，并且在接踵而至的古典文化的衰落中，其发展又中断了。在埃及，相应的特征是公元前 11 世纪底比斯祭司国王所建立的神权政治的国家。在中国，类似的情况是汉代的道教，特别是张鲁所创立的教派，这个教派曾经引发了可怕的黄巾之乱（令人想到罗马帝国的地区宗教叛乱），破坏了整个地区并导致了汉朝的灭亡。与道教这种苦行教会及其严肃性和纯属自然的神话学遥遥相对的是晚期拜占庭的僧侣国家，如司图提温和 1100 年在亚陀斯建立的修道院自治团体，它们很容易让人联想到佛教，就像任何事物都容易引起联想一样。

最后，第二信仰也出现在费拉宗教之中。在这里，世界城市虔诚和地方虔诚之间的对立，就像原始文化与高级文化之间的对立一样，又重新彻底消失了。关于这一点所包含的意义，前面一章讨论过的费拉民族的概念已经告诉我们了。宗教成了完全超历史的东西；在那里，以从前几十年就构成一个时代，现在几个完整的世纪却无足轻重地逝去了，而表面的起伏变化只能证明其内部不可变更的结局。“儒教”作为孔子国家学说的变体而出现在中国（1200 年），它究竟出现在何时，是否取得了成功，都无关紧要。同样，早已变成民众的多神教的印度佛教在新婆罗门教（它的大神学家桑羯罗大约诞生在 800 年左右）面前宣告失败也没有任何意义，至于后者在什么时候又变成了梵天、毗纽舥和湿婆的印度教，也没有任何重要关系。现在和将来总会有少数具有卓越才智和思想、致力于自我完善的人士，例如印度的婆罗门、中国的官员和使希罗多德吃惊的埃及祭司等。但是费拉宗教本身又一次地体现了完全彻底的原始性——埃及第二十六王朝的动物祀拜；构成中国国教的佛教、儒教和道教的相互糅合；当今东方的伊斯兰教。阿兹特克人的宗教大概是另一种例子，因为正如科尔蒂斯所看到的，它似乎与玛雅人高度理智化的宗教相距太远。

七

自从耶胡达·本·哈力威[1]的时代以来，犹太人的宗教也是一种费拉宗教，哈力威（与他的伊斯兰教师父爱尔·嘎札里相同）用一种不适当的怀疑来看待科学的哲学，并且在《可萨书》（1140 年）中除了将它视为正统神学的婢女外，

[1] 哈力威：1086~1147 年，中世纪著名的犹太诗人、神学家。

不承认它还能充当任何别的角色。这跟从中期斯多噶学派向帝国时代晚期形式的过渡，以及西汉时代中国的泛神论的终结正相符。更重要的是摩西·麦蒙尼底斯这个人，他在1175年搜集了犹太教教义方面的全部资料，作为确定而全面的东西，将它纳入一部类似于中国《礼记》的鸿篇巨制之中，而完全不管某些特殊的细节是否仍有意义。在宗教历史上，犹太教不管是在这个时期还是在其他任何时期都不是独一无二的，尽管从那种认为西方文化曾在自身基础上进行创造的观点来看，它似乎可能是这样的。它的名称在意义上不断变化，连名称的持有者也没有觉察出来，这种现象并不仅限于犹太人，因为在波斯的历史中，同样的现象也在一步步发展着。

犹太人和波斯人在他们的“墨洛温”时代——大约在基督降生前的最后五个世纪——都从部落团体发展成为枚斋式的种姓民族，没有土地、没有统一的血统，却（居然如此迅速地）有着离群而居的特殊生活方式，这种生活方式在布鲁克林的犹太人和孟买的帕西斯人那里，直到今天都没有发生改变。

在青春时期（基督纪元的最初五个世纪），这种没有土地的一致在地理上从西班牙一直伸展到山东。这是犹太人的骑士时代和它的宗教创造力的“哥特式的”繁荣时期。晚期的《神示》《米示纳篇》以及原始基督教（直到图拉真和哈德良时代以后，它一直没有被抛弃）都是这个民族创造的。众所周知，那个时代的犹太人是由农民、工匠和小城镇居民组成的，而“大企业”则掌握埃及人、希腊人和罗马人手中——换言之，掌握在古典世界的成员手中。

大约在公元500年前后，犹太人的巴洛克时期开始了，西方的观察家习惯于很片面地把这一时期看作西班牙光荣时代的图景的一部分。犹太人的一致性与波斯人、伊斯兰教徒和拜占庭人相同，此时已经上升为城市的和知识的觉悟，此后它就主宰了城市经济和城市科学的形式。塔拉高那、托利多和格林那达都是以犹太人为主的城市，犹太人构成了摩尔人高级社会的基本要素。他们的完美形式、他们的精神、他们的骑士风度使十字军中的哥特贵族倍感惊异，这些贵族极力模仿它们；此外还有外交术、军事谋略以及摩尔人的城市管理等，如果离开犹太贵族，这些都是无法想象的，这种贵族完全都是伊斯兰式的。正如在阿拉伯地区曾一度出现过犹太人的抒情诗歌一样，此时在这里也存在着属于开明科学的高级文献。阿方索十世关于行星的新著作正是在伊沙克·哈桑律法师的指导和犹太的、伊斯兰教的、同样还有基督教学者的帮助之下准备出来的（大约在1250年）；换言之，它是枚斋世界的思想成就而不是浮士德世界的思想成就。但是西班牙和摩洛哥毕竟只包含了犹太人的一致性中很少的一部分，然而正是这种一致性本身，它不仅具有世俗的意义，而且还具有（并且占有主导地位）精神的意义。期间也发生过一件否认托勒密法典而努力恢复纯妥拉经的清教运动。在许多先驱者之后，凯莱派的团体在 760 年前后兴起于北部叙利亚，这是在一个世纪前产生了保罗派圣像破坏者、一个世纪后产生了伊斯兰教苏菲派的同一个地区——枚斋教的三种趋向，它们的内在关系是不会引起误解的。凯莱派和所有其他文化的清教徒一样，受到正统教派和启蒙思潮两方面的攻击。从哥多瓦和费兹到南阿拉伯和波斯，都遭到了律法师的强烈反对。但是在那个时代里也出现了——这是“犹太苏菲派”的结果，在许多地方令人想起了斯威敦堡——理性神秘主义的杰作《耶希拉书》，在其神秘哲学的基础观念中，与拜占庭的影像象征主义和同时代的希腊“第二等基督教”的魔术都有着密切的关系，对于伊斯兰世界的民间宗教也同样如此。

然而以 1000 年前后以来，当这种一致性的西方部分突然发现其自身处于年轻的西方文化的范围之中时，一种新的形势出现了。此时犹太人就像帕西斯人、拜占庭人和穆斯林一样，已经变成文明的人和属于世界城市的居民，相反，日耳曼－罗马世界却处在无城镇的土地上，而那些环绕着修道院和集市刚刚（或者正在）建立起来的居民区还要等几个世代才能把握他们自己的心灵。当犹太人几乎已经成为费拉时，西方人几乎还是原始人。犹太人无法理解哥特式的灵性、城堡、大教堂；基督徒也无法理解犹太人那优越而近乎刻薄的才智及其“生财有道”的精巧特长。存在于彼此之间的憎恶和蔑视并不是因为种族的差别，而是因为“阶段的差异”。犹太人通过其一致性在所有的村落和乡镇之中建立起它那实质上是大城市居民的——无产者的——犹太人住宅区。犹太住区比哥特人的城镇要早一千年。正因为如此，耶稣时代的罗马城镇便矗在于泽涅庭勒特湖畔的村落之中。

不过这些青年的民族还受着土地和祖国观念的束缚，而这种无土地的“一致性”在它们看来还是某种不可思议和无法理解的东西，这种一致性不是来自周密的组织，而是来自一种完全无意识的、完全形而上学的冲动——一种用最简单、最直接的形式表现出来的枚斋世界的感情——因此而变得更为强化。正是在这个时代产生了关于流浪的犹太人的传说。对于一个苏格兰僧侣说来朝拜伦巴第修道院是非常重要的，然而不久他就被思乡病带回了故乡，可是当美因兹——1000 年时西方最重要的托勒密经院所在地——或撒列诺的一位律法师动身前往开罗、麦尔夫或巴士拉时，他在每个犹太社区中都产生了宾至如归之感。在这种缄默的结合中存在着那个枚斋民族的观念——尽管同时代的西方并不明白这一事实，这个观念对于犹太人来说就像对于这个时代的希腊人、帕西斯人和伊斯兰教徒一样，是指国家、教会和人民的完全一致。这个国家有它自己的法律和（基督徒从未觉察到的）它自己的公共生活，并且把周边原土著民族的世界蔑视成一种外国地方；正是由于一种真正的叛国罪审判使得斯宾诺莎和乌利艾尔·阿科斯塔被逐出教外——这一事件所具有的意义是原土著民族所无法理解的。1799 年，东方哈西底派的思想领袖萨尔曼长老受到律法师的反对而被移交给彼得堡政府，就像被移交给外国一样。

属于西欧一个支脉的犹太人已经跟在西班牙摩尔时代仍然存在的空旷土地完全断绝了关系。这里不再有农民。最小的犹太人住宅区，不管多么简陋，也是大城市的一部分，而且它的居民（正像已经凝固了的印度和中国居民一样）也分裂成种姓——律法师是犹太人住宅区的婆罗门或清朝的官员——和一个苦力集团，这种分裂是以一种文明的、冷淡的、卓越的才智和在事业上不失时机的眼光为特点的。但是假如我们的历史感包容了更为广泛的范围，那么这种现象就不是独一无二的了，因为自从十字军时代以来，所有枚斋民族都已经处于这种状态中了。印度的帕西斯人所掌握的商业权力，与欧美世界的犹太人和南欧的亚美尼亚人、希腊人所掌握的完全相同。一旦它进入一个还没有成熟的环境，同样的现象在其他所有文明中都会发生——请看在加利福尼亚的中国人（在那里他们成为美国西部排犹主义的真正目标），在爪哇和新加坡的中国人；在东非的印度商人；以及早期阿拉伯世界里面的罗马人都可证明。诚然，在最后的实例中，情况与今天刚好相反，因为那时的"犹太人"是罗马人，而阿拉伯人对他们感到的一种神示性的憎恨却非常类似我们西欧的排犹主义。公元 88 年的事变是一场真正的集体屠杀，在密司立对提的一声命令之下，有十万从事商业的罗马人被愤怒的小亚细亚居民所杀害。

高于这些对立之上的，还有种族的对立，随着西方文化本身日益与文明同步前进，以及在生活与知识方面不断上升的首要地位中，表现出来的"年龄差别"的日益缩小，这种对立从轻蔑变成了仇恨。然而这一切跟从语言学借用来的愚蠢的流行语"亚利安族"和"闪米特族"毫无关系。属于"亚利安族"的波斯人、亚美尼亚人，在我们看来，与犹太人根本没有区别，甚至在南欧和巴尔干地区，在基督徒和犹太居民之间几乎也不存在体形上的差别。与阿拉伯文化的所有其他民族一样，犹太民族是一种规模巨大的传教的结果，并且直到十字军时期，这个民族随着大批信徒的加入和脱离而经历了多次变化。在体形方面，一部分东方犹太人与高加索的基督教居民相似，另一部分与南俄罗斯的鞑靼人相似，而大部分西方犹太人则与北非的摩尔人相似。在西方，比其他任何区别更为重要的是，存在于哥特青春时期的种族理想与塞法底犹太人的种族理想之间的差别，前者培育了它的人类类型，后者最初产生于西方犹太人住宅区，并且是同样处在极其艰苦的外部环境下的一种特殊的精神培育和训练的结果——在这一方面，我们无疑还应补充上，在他周围的土地和居民的巨大诱惑，以及他对这种诱惑的形而上学的防御性反应，尤其是当阿拉伯语言的丧失，曾经使这部分民族变成一个自足而封闭的世界以后更是这样。双方面的“差别”感觉越强，那么个体所具有的种类也就越多。导致那些知识分子——哲学家、空谈家、乌托邦空想家——无法了解这种形而上学的憎恨的深刻意义的，只不过是因为缺乏种族性罢了，这种憎恨是两种存在之间的节奏差异，表现为一种难以忍受的不和谐，它可能会造成双方的悲剧，这与曾经支配印度文化并促使出身名门的印度人仇视首陀罗的憎恨完全相同。在哥特时期，这种差异是深刻的属于宗教性的，憎恨的对象是作为宗教的一致性；只有在西方文明发轫之时，它才变成唯物主义者，并开始从智识和商业方面攻击犹太人，西方在这些方面突然发现自己面对着一个旗鼓相当的对手。

但是分歧和苛酷的最深刻因素是一种其全部悲剧还没有被人们所了解的东西。当西方人士从萨克逊皇帝时代到今天（按这句话最重要的意义）经历了他的历史，并且是以一种其他文化所无法媲美的对于历史的知觉而活过的时候，犹太人的一致性已经不再具有历史。它的问题已经解决，它的内部形式已经是完备、确定而不可变更的了。世纪对它来说与对伊斯兰教，希腊教会和帕西斯人一样，已经失去了意义，因之没有一个在灵性上属于这个一致的人，能够甚或只是开始去理解浮士德文化的人，用以生动地体验那些短促而多事的时代的热情，在那些时代，浮士德文化的人的历史和命运发生了决定性的转变——十字军的开端、宗教改革、法国大革命、德国解放战争和这几支民族生存中的各个转折点。这一切，对于犹太人来讲，是三十代以前的事情了。在他身外，规模宏伟的历史已逐渐随波而去。时代接着时代，每个世纪都亲眼看到人类的根本变化，但是在犹太人住区里面，在其居民的心灵中间，一切都是静止的。即使当他把自己看作那些他寄身其中并且祸福与共的人民中的一分子时——就像 1914 年在许多国家中所发生的那样——尽管他经历了这些遭遇，但并不真的认为它们是跟自己切身相关的事情，他只是以一种赞助者、支持者的身份来对待这些事情；他作为一个兴趣盎然的旁观者去判断它们，所以，恰恰是斗争中最深刻的意义被隐藏起来了，没有被他看到。有一位犹太籍骑兵将领参加了三十年战争（他葬于布拉格的古犹太墓地）——但是路德或者罗耀拉的观念对他说来有什么意义呢？拜占庭人——犹太人的近亲——对于十字军又了解些什么呢？这一类事情是属于一种存在于个别文化生活过程中的高级历史的悲剧性的必然事件，而且时常重演。罗马人在那时已经是一个老年民族，不可能了解在耶稣审判或巴尔喀克巴斯起事时犹太人所争论的问题。欧美世界对于土耳其（1908 年）和中国（1911 年）的费拉革命显示了一种完全无知；既然这些民族的内心生活和思想，甚至于他们关于国家和统治权（一方面是哈里发，另一方面是天子）的概念属于一种完全不同的类型，因而成为一套密封的天书，那么，事变的进程就既不能充分予以重视，也不能事先予以估价。一种异国文化的成员可以是一个旁观者，因而也是一个描述既往的历史学家，但他永远不可能成为一个政治家、一个感到未来就在自己身上活动的人。如果他不具有物质力量使他能够在自己文化的组织内部发挥作用，并且对于外国文化的力量加以忽视或者变动（这种情况自然是可以发生的，就像罗马人之在年轻的东方或狄斯累利之在英格兰一样），他就会在事变的当中处于无能为力的状态。罗马人和希腊人总是在心理上将他的城市生活条件投射到国外事变上面；近代的欧洲人总是根据宪法、国会和民主政治来观察国外的命运，尽管这些观念在其他文化方面的运用是荒唐而没有意义的；而同属一致的犹太人即使当他已经坚信其思想中的西方特性时，也还是怀着枚斋文化人类的基本情感去顺应当代的历史（这只不过是广布于大陆和海洋上的浮士德文明的历史罢了）。

由于每个枚斋的一致性都是非领土的，而且在地理上是没有界线的，因此在涉及有关祖国、母语、统治家族、君主政体和宪法的浮士德式观念的全部冲突中，我们会不知不觉地看到一个由对他说来是完全陌生的（因而也是烦琐而无意义的）形式，向与本性相结合的形式的回转。因此，“国际的”一词，不论它是跟社会主义、和平主义，还是跟资本主义联系在一起，都能激起他的热情，然而他从这个词中所能听到的也只是其无土地、无界线的一致性的本质。当宪法斗争和革命对于欧美民主制度说来，意味着一种趋向于文明理想的演化时，它们对他说来却意味着（因为他几乎从未不曾有意识地领会到）一切属于异乎他所构造的事物的崩溃。尽管当他身上的一致的力量已经消竭而他的居停民族的生活对他发出的外来吸引，已达到一种启发出来的爱国精神程度时，然而他所支持的却总是在目标上与枚斋本质最为相近的政党。因此，在德国他成为一个民主主义者，而在英国（像帕西斯人在印度一样）却成为一个帝制主义者。这种误解与西欧人士之把少年土耳其党人和中国改革家看作亲族人物——亦即

“立宪主义者”——是完全相同的。假使息息相关，纵或一个人在破坏，他也会加以肯定；倘如心胸各异，尽管一个人的愿望是建设性的，他的效果也会适得其反。西方文化在它所支配的地方，以其自身类型的改革努力而加以破坏的东西已不复为人记起，而犹太人在他们所插入的地方也具有同样的破坏性。认为这种相互间的误解不可避免的感觉导致了一种深藏在血液之中的可怕仇恨，而且因为它固定在诸如种族、生活方式、职业、语言之类明显可见的特点上，一旦发生这些情况时，就会使双方陷入荒凉、毁灭和大量的流血事件。

同样，并且更为重要，这种情况也适用于浮士德世界的信仰，这种信仰自认为受到某种存在于它中间的外来的形而上学的威胁、仇恨和暗害。从克吕尼、圣伯纳和1215年拉特兰宗教会议的改革，到路德、加尔文和清教派，再进而到启蒙时代，当历史对于犹太宗教久已完全停顿的时候，在我们的醒觉意识中间流过的是什么样的一个潮流啊！在西欧的一致中，我们看到约瑟·夸罗在他的“勺尔汗阿洛”法典（1565年）中以另外一种形式重述迈蒙尼底斯的材料，这一工作可以在1400年或1800年同样做好，也可以根本不做。（自从十字军以来，拜占庭基督教和近代伊斯兰教获得了稳定之后，同样，晚期中国的确立中间和晚期埃及的生活也具有了稳定性）一切都是正规而整齐的，这不仅表现在禁食、祈祷文字、辟邪符上，同时也表现在托勒密法典的鉴定方法上，这种鉴定方法与许多世纪以来运用于孟买的《万迪达德经》和开罗的《可兰经》上面的鉴定方法基本上是相同的。犹太人的神秘主义（这是纯粹的苏菲派）也和伊斯兰教的神秘主义一样，自从十字军以来从未发生变化，并且在最后的几个世纪里，还产生了另外三位就东方苏菲派意义而言的圣者——虽然只有在我们通过一种西方思维形式的色彩去观察时，才能如此这般地认识他们。斯宾诺莎连同他的根据实体而非力量的思维和他彻底的枚斋二元论，完全可与伊斯兰哲学中独树一帜的人物例如墨尔塔达和西拉寄等人相比拟，他利用他的西方巴洛克武库中的观念，如此彻底地生活在当时环境的空想方式之中，以至连他自己也受到欺骗，但是在他心灵的表面活动之下，他仍然是迈蒙尼底斯和阿维森纳以及托勒密法典，“更依据几何学的”方法论的毫无变化的后裔。在哈西底派的创建者巴力·舍姆（大约在1698年生于窝里尼阿）身上出现了一位真正的救主。只有原始基督教的故事能够跟他在波兰的犹太居住区周游、宣教和演示的神迹相比；这里出现了一种运动，其根源存在于枚斋派的、神秘派的神秘主义之中，它吸引了一大部分东方犹太人，并且无疑地成为阿拉伯文化宗教历史中的一件大事；虽然它也像在外族人中间那样经历着它的过程，但在实际上却不曾受到注意。巴力·舍姆为了无所不在的上帝而向他那个时代的托勒密派法利赛人发动和平攻势，他那与基督相似的形象，以及那些很快编成的、有关他及其门徒的人格的丰富传说——这一切都属于纯粹的袄斋精神，而事实上对我们西方人士来说却像原始基督教本身对我们陌生一样。哈西底派著作的思维过程就非犹太人看来在实际上是难以理解的，他们的仪式也是如此。由于举行仪式而兴奋，有些人哈哈大笑，另外一些人则像伊斯兰教托钵僧那样翩翩起舞。巴力·舍姆的原始教义被扎迪克教派的一位信徒加以发展，这是一种对于圣徒（扎迪克）络绎不绝的神圣庆节的信仰，只有扎迪克的临近可以使人得救，这种教义与伊斯兰教救主降临说有着明显的亲族关系，而与本身寓居着“先知的光明”的导师所持的什叶派学说关系更为亲密。另外一位门徒，所罗门•迈梦——他的著名自传至今尚在——成为从巴力·舍姆到康德（他的抽象思维对于他勒目派智识之士始终具有巨大的吸力）的过渡。第三位门徒是鄂图·魏宁格儿，他的道德二元论是一种纯粹袄斋式的概念，他死于一次在本质上属于袄斋经验的灵性冲突之中，这成为晚期信仰所能呈现的最崇高的景象之一。也许只有俄国人才能体验到这类事物，而古典文化的人或浮士德文化的人却根本不可能体验到这类事物。

在 18 世纪的“启蒙思潮”中，西方文化逐步成为属于大城市市民和智识之士的文化，所以在突然之间与相互一致的知识界接近了。后者由于被抛入一个对他们来说相当于久已消逝的、塞法底式生活潮流之遥远过去的时代之中，因之必然要受到反应情感的鼓动，但是这些反应是属于排斥和禁止的一面，而其悲剧性违背自然的结局则是一种在历史上，业已完整而不能有机发展的聚合被卷入了居停民族的巨大运动之中，它使这个运动动摇、松弛、转移、并且损及内部。因为，对于浮士德式精神来说，启蒙思潮是沿着它自己的道路向前迈进的一步——无疑是越过破片碎屑的一步。而在实际上却还是肯定的——相反，对于犹太人来说，它只不过是毁灭，是对它无法了解的一种异族结构的毁灭。这也就是为什么我们能这样经常看到启蒙思潮这种景象的原因所在——这种景象与帕西斯人之在印度、中国人和日本人之在基督教环境和近代美国人之在中国的情况十分近似——启蒙思潮被推向犬儒主义和无限制的无神论的境地，反对外来的宗教，可是它本民族的费拉习俗却照常进行、完全不受影响。有些社会主义者在表面上——然而十分诚挚地——攻击各种宗教，可是轮到他们自己的时候却是以一种渴望的严格态度去信奉禁食、日常祈祷和辟邪符等。事实上更加常见的则是对作为信条的一致性的内心叛离——这种景象可以从印度学者身上看到，这种学者在英国大学里受到一段关于洛克和密勒学说的训练以后，对于印度和西方的信仰同样产生了犬儒学派式的蔑视，但他本人必然也会在这两者的颠覆下被压得粉碎。自从拿破仑时代以来，不受欢迎的旧式文明的一致性同属于城市的新式文明的西方“社会”混合起来，并且怀着一种上了年纪的冷淡的高傲采用了它们的经济和科学的方法。几代以后，同样属于古老知识界的日本人采取了同样的措施，而且可能取得更大的成就。另外一个实例是由作为巴比伦文明后卫的迦太基人提供的，当古典文化还处在埃特鲁里亚－多里斯的幼年时期，迦太基人已经高度发展起来，但最后却归附了晚期的希腊式文化——在所有有关宗教和艺术方面的终结状态中僵化了，然而作为经纪人，却大大凌驾于希腊人和罗马人之上，因而备受敌视。

如今这种枚斋民族本身，连同它的犹太居住区和它的宗教，都处在消亡的危险之中——这并不是由于两种文化的形而上学互相更为接近（因为那是不可能的），而是因为双方知识化的上层都已经不再是形而上学的了。它已经失去一切灵性方面的聚合，剩下来的不过是一种对待实际问题的聚合而已。这一民族由于长期惯于在企业方面筹划而享有的优势变得越来越小（对于美国人来说，它已经几乎化为乌有），随着这种优势的丧失，用以保持在地域上已经瓦解的一致性的最后有效方法亦将消失。在欧美关于世界城市的文明方法即将达到完全成熟时，犹太人的命运——至少是我们中间的犹太人（俄国的犹太人另当别论）——就快要完结了。

伊斯兰教的下面是拥有自己的土地的。事实上，它已经把波斯人、犹太人、聂斯托利派徒和一性派的一致性吸收到自己的身上。拜占庭民族的残余即近代希腊人，也有他们自己的土地。印度帕西斯人的残余居住在一种更为古老、更为费拉化的文明之固定形式中间，因而在其立足之地是稳固的。然而尽管与犹太人一致性的西方欧美部分曾将大多数其他部分的犹太人吸引到自己身边，并维系在自己的命运之下，但在此时却已陷入一个年轻文明的结构之中。自从许多世纪以前，它幽居在犹太居住区里借以保命时起，它就已经失去了立足之地，面临七零八落的瓦解状态。但这并不是浮士德文化内部的命运，而是枚斋文化的自身命运。

第十章　国　家

（甲）等级问题——贵族和僧侣

一

被我们称为生命的宇宙长河的一种深不可测的秘密，就是它们分成两性。在固定在土地上的植物界的存在之河里，宇宙长流就在试图彼此分开，就像开花植物的象征提示给我们的一样——分成一种本身就是这个存在的东西和一种使这个存在延续下去的东西。动物是自由的，是一个大世界——宇宙中的若干个小世界，它们作为小宇宙而分离开来，并且与大宇宙互相对立。同时，当动物界展现其历史时，阳性和阴性双重存在的两种方向，就日益明显地展现出来了。

阴性更接近宇宙。它更深地根植于大地中，而且它直接卷入了自然界伟大循环的节奏之中。阳性则比较自由，更具有动物性，更容易受到感染——就感觉和理解等方面而言——更为觉醒，更为紧张。

男性体验着活生生的命运，并且领悟因果之律，也就是领悟已经形成的因果逻辑。相反，女性本身就是命运、时间和正在形成的有机逻辑，正是由于这个原因，因果律的原则对她来说永远是陌生的。每当男人试图给予命运以任何可触知的形式时，他总感到它是阴性形式的，并称它为莫爱拉女神[1]、帕尔卡女神[2]、诺尔恩女神[3]。最高的神本身从来不是命运，却总是它的代表或它的主人——正如男子代表或支配女子一样。起初，女性也是预见者，不是因为她知道未来，而是因为她就是未来。僧侣只阐述神谕；女性则是神谕本身，时间就是通过她来表现的。

男性创造历史，女性本身就是历史。在这里，十分清楚但还难以理解的是，一切活生生的事变都具有双重意义——一方面，我们感到宇宙长流如斯，另一

[1] 莫爱拉女神：希腊神话中命运三女神的合称。

[2] 帕尔卡女神：罗马神话中命运三女神的合称。

[3] 诺尔恩女神：北欧神话中过去、现在和未来命运三女神的统称。

方面，前后相继的个人连续使我们回溯到，作为这一长流的接受者、容纳者和保持者的小宇宙的本身。这“第二种”历史才是具有阳性特征的——政治性的、社会性的，较之阴性更有意识、更自由、更易激动。它回溯到动物界的深处，并在诸伟大文化的生活历程中得到最高象征的和世界历史的表现。相反，阴性是世代相续的、原始的、永恒的、母性的、植物性的（因为植物内部总有某种雌性的东西）无文化的历史。这种历史永不改变，而是始终如一地、沉寂宁静地贯穿于各种动物和各种人类的存在之中，贯穿于一切短暂的个别文化之中。回想起来，它本来是和生活本身同义的。这种历史也不是没有它的战斗和悲剧。女子在分娩时就得到了她的胜利。阿众特克人——墨西哥文化中的罗马人，把在分娩中的妇女当作一个勇敢的战士来尊敬，如果她死了，人们就用像阵亡的英雄一样的葬仪来埋葬她。女子的政策永远是征服男子，通过男子，她能成为孩子们的母亲，通过男子，她能成为历史、命运和未来。她的极度羞涩的目标、她的灵巧手腕的目标，从来就是她的儿子的父亲。相反，男子的重心主要放在另一种历史上面，要那个儿子作为他的儿子，作为他的血统和历史传统的继承者和传递者。

在这里，在男人和女人身上，两种历史正在为权力而斗争。女人是强有力的，完全是她的本来面貌，她只根据同她本身和她的命定的角色的关系，去体会男子和儿子们。反之，在阳性存在物方面，却存在着某种矛盾；他是这个男子，同时又是另一种人，这另一种人是女人既不了解也不承认的，她认为这是对她的最神圣事物的劫夺和暴行。两性之间这种秘密的和根本的战争，从有两性时起就一直在进行，而且在两性继续存在时，仍将不声不响地、剧烈地、不容情地、残酷地继续进行下去。在这场战争里面，也有政策、战斗、联盟、条约和叛变。在两性间盛行着对尘世的深深迷恋和方向明确的原始本能所产生的爱与恨的种族感情——而且与男人与男人之间的另一种历史中的爱与恨的种族感情相比，更具有不可思议的力量。人世间有爱情抒情诗和战争抒情诗、爱情舞蹈和武器舞蹈，有两种悲剧——奥赛罗和麦克白。但在政治世界中，还没有任何东西能跟克吕泰涅斯特拉的或克里姆希尔特的巨大仇恨相比。

因此，女人鄙视另一种历史——男人的政治——那是她根本无法理解的，她看到的只是那种历史从她身边夺去了她的儿子。取消无数次分娩的胜利，对她说来难道是一场胜利的战斗吗？男人为了自己的历史牺牲女人的历史；无疑地，世间也有一种女性的英雄主义，它骄傲地奉献出她的儿子（凯瑟林·斯弗察在伊莫拉的墙垣上），不过尽管如此，过去有过、现在有并将永远有一种女人的——甚至动物界的雌性的秘密政治，它力图把她的男子引离他的历史，并把他的身心都编入她自己植物性的属类相传的历史中，即编入她自己中。然而，男人历史中所完成的一切是在家庭、妻儿、种族等口号下完成的，其目的是在掩护和维持这种生与死的历史。男人和男人的冲突，始终是为了血统、为了女人。女人，作为时间，是历史存在的根本原因。

具有种族性的女人，甚至在她还不知道这一点时就已经感觉到了它。她是命运，她扮演命运。这场戏剧从男子们为占有她而进行斗争开始——海伦、卡门的悲剧、凯瑟林二世、拿破仑和那终于把贝尔纳多特引向他仇敌方面的黛赛利·克莱丽的故事——而且，这不仅是一种人类的戏剧，因为这种斗争早在动物界中就开始了，并充满了全部动物的历史。而在她以母亲、妻室或女统治者的身份支配各帝国命运时——尼亚拉英雄故事里面的霍尔哥德、法兰克皇后布伦谢尔德、把罗马教皇职位给予她所选中的男子们的马路夏——这种戏剧便达到了顶点。男人在他的历史中向上爬，直到掌握一个国家的前途——随后，女人到来，迫使他屈膝。民族和国家可能因此而走向毁灭，但她在她的历史中已经获得了胜利。说到底，这始终是一个具有种族性女人关于政治野心的目的。

因此，历史具有双重含义，任何一种都不能亵渎。它是宇宙的或政治的，它是存在或保持存在，有两种命运、两种战争、两种悲剧——公众的和私人的。没有任何东西能把这种双重性从世界上消除掉。这种双重性是根本的，根植于既是宇宙中的小宇宙又是宇宙参与者的动物本质中。它以一种职责冲突的形式出现于一切意义重大的人类，这种冲突只对男人才存在，对女人则不然，而且在一种高级文化的进程中，这种冲突从未被克服过，却只是被加深而已。有公共生活，也有私人生活，有公法也有私法，有公共祀拜也有家庭祀拜。作为等级，存在对前一种历史是“合乎形式”的；作为族系，它在源源长流中本身就是后一种历史。这就是古代日耳曼人对血统关系的“刀剑方面”和“纺锤方面”之间的区别。定向时间双重意义的最高表现存在于国家和家族的观念之中。

组成家族的是活的材料，组成家室的是死的材料。当家族生活的结构和意义发生变化时，家室的规划也随之发生变化。古典类型的父系家族与古典的住宅样式相适应。这在希腊的城市法中比在日后罗马的城市法中规定得更为明确。它把等级完全看作当前存在于一种欧几里得式的此时此地中的等级，正如城邦被想象成为现存实体的一种集合体一样。因此，血统关系对它既不必要也不充分；它停止在家父权的限度内，停止在“家屋”的限度内。这样的母亲对她亲生的子女没有父系方面的关系；只在她像她的后嗣一样，受她活着的丈夫的家父权支配时，她就成为她的孩子们的父系姊妹。相反，枚斋型的母系家族却与“一致”的观念相符。这种家族是典型地由父和母双方的血统关系延续的，并具有自己的“精神”，一种小范围内的一致，不过没有特殊的首脑。帝国时期的“罗马法”逐渐地从父系转向母系，意味着古典心灵的消亡和枚斋心灵的出现。查士丁尼的有关继承法改革的新法律的第 118 条和第 127 条确定了枚斋型家族观念的胜利。

另一方面，我们看到许多个体川流不息地经过，成长着和消亡着，但都在创造着历史。这些前后相继的世代的共同脉搏越纯粹、越深刻、越强有力、越被认为理所当然，它们就越有血统、越有种族性。它们产生于无限之中，有着各自的心灵，这一群群的人们在其存在的共同波状节拍中感受到自己是一个整体——不是由共同真理联系起来的精神团体，如教团、手工业行会或学派，而是在战斗生涯的混战中形成的血族同盟。

有些存在之河是“竞技状态良好”的，它的意义跟这一术语运用在运动游戏方面的意义相同。当马腿稳当地跨过障碍物，马蹄也安稳地并有节奏地踏在平地上的时候，一群障碍赛马者是“竞技状态良好”的。当角力者、击剑者、球类运动员处于“良好竞技状态”时，那些最危险的动作和活动就很容易而且很自然地表演出来。当一个艺术时代的传统成为第二天性时，有如对付法之于巴哈一样，它就是合乎形式的。当一支军队是像在奥士特里齐一役的拿破仑的军队、色当一役的毛奇的军队的时候，它就是合乎形式的。事实上，在世界历史、战争中以及在我们称之为政治的智性手段在战争延续中所完成的一切，在一切成功的外交、策略和战略中所完成的一切，在国家、社会阶级或政党的竞争中所完成的一切，都是那些自认为“合乎形式”的活生生的统一体的产物。

用来表示种族（或种属）教育的词是“训练”，以区别于那种在一致性的训诫或信仰基础上对醒觉意识团体的塑造。例如，书籍是塑造的媒介，而经常被人们感受到的环境节奏和协调则是一些训练的力量，人们自己就是在这种环境中感觉和生活的——如同哥特时代早期的一个新人教者或一个见习骑士。某一社会的“良好形式”和礼仪是某一种存在的节奏的感觉表现，一个人要掌握它们就得具有它们的那种节奏。所以，妇女由于本能较强且更接近宇宙的节奏，就比男子更易适应一个新的环境的形式。下层妇女经过几年就能完全有把握地在上等社会中活动——同样她们也很快地又掉下去。但是男人则变得很慢，因为他们更觉醒，更知晓。无产者决不会完全变成一个贵族，贵族也决不会完全变成一个无产者——只有在他们的子孙后代中，才会出现新环境的节奏。

形式越深奥，它就越严格，越令人生厌。因此，在局外人看来，它就像是一种奴役；相反，其成员却能充分地、轻易地掌握它。作为形式的主人而不是它的奴隶，林尼亲王不亚于莫扎特；这同样也适用于每个天生的贵族、政治家和将领。

所以，在所有高级文化中，存在着一个在广义上是种属、族类（因此在一定程度上也就是自然本身）的农民阶级，还有一种明确无误地“合乎形式”的社会。它是一组阶级或等级，而且无疑是人为的和暂时的。但是，这些阶级和等级的历史却是最富潜力的世界历史。只有从对它的关系来看，农民才被否成是无历史的。这六千年的全部广阔宏伟的历史，已在高级文化的生活历程中得到完成，因为这些文化本身把它们创造的焦点放在了具有种类和训练的诸等级身上，因此，在实践的过程中就成为有训练的和有教养的。一种文化是以可感觉的形式实现自我表现的心灵的，不过这些形式是生动的和发展着的。它们的母体处于个体或集体强化了的存在之中——也就是，处于我刚才称之为“良好状态”的存在之中。只有当这个存在充分达到那种高度的适合状态时，它才是一种可作代表的文化的代表。

这种文化不但是一种宏伟的事物，而且跟有机世界中任何其他事物截然不同。在这唯一的一点上，人类使自己高出自然的力量，并使自己成了一个造物主。甚至就种族、种类来说，人也是自然所创造的——他是培育出来的。但是，作为等级，他培育他自己，就如培植他周围高贵的动植物品种一样——这种过程也是一种具有最深刻的和最积极意义的“文化”。文化和阶级是两个可以交换使用的用语；它们一同出现，它们一同消失。葡萄、水果或花草的良种的培植，良种马匹的饲养，是一种培养（文化），而在完全相同意义上的人类精华的培育（文化），则是一种已经使自己具有高级“形式”的存在的体现。

正因为如此，在每种文化中就都有一种这个人或那个人是否属于该文化的强烈感觉。古典人对野蛮人的看法、阿拉伯人对非信徒（阿姆哈阿拉兹人、照尔人）的看法、印度人对首陀罗的看法——无论造成这种裂痕的根源是如何不同——在这一点上却是相同的，即，起初所用的词都不表示鄙视或憎恨，而只是断定在存在的脉搏方面有差别，这些差别构成了一道不可逾越的障碍，使人们不能在更深刻的层面上发生任何接触。这种十分清楚、毫不含糊的观念已被印度的一种“第四种姓”的概念弄得模糊不清了，而就我们所知，这种种姓却是从未没有存在过的。《摩奴法典》及其关于如何对待首陀罗的有名条例，是费拉制在印度充分发展状态的产物，并且——不顾在现行的甚或可以得到的法规下的实际现状如何——采用了对待它对立物的否定方式来描述婆罗门教的模糊观念，很像古典晚期的哲学采用从事劳动的“巴恼索斯”（即工匠）这个观念一样。前者使我们将种姓误解为是印度所特有的现象，后者使我们在古典人对待劳动的态度方面产生了一种错误的基本观念。

在所有这些场合中，真正面对着我们的，是文化的精神生活及其象征所不认可的渣滓，它在原则上不属于任何具有有真正意义的分类，有点像被忽视的远东“化外之民”一样。“基督徒团体”这一哥特人的观念明白地指出了犹太人的一致性不在它的范围之内。在阿拉伯文化中，信仰其他宗教的人只在犹太人、波斯人及基督教徒的各自的民族领域内，首先是在伊斯兰教的兵族领域内才被容忍，他被鄙视地划归他自己的行政与司法当局去管辖。在古典世界里，不仅蛮族是“化外之民”——在一定程度上奴隶也是“化外之民”，而土著的遗民，如帖撒利的珀涅斯泰人和斯巴达的希洛特人尤其是如此，他们的主人对待他们的方式使我们想起了诺曼人在盎格鲁撒克逊人的英格兰和条顿骑士团在斯拉夫族的东方的行为。《摩奴法典》把恒河下游“殖民”地区的一些古代民族的名称保存了下来，作为首陀罗阶级的称呼。（如摩揭陀就是其中之一，佛陀本人可能曾是一个首陀罗，像“阿轮迦王”一样，他的祖父旃陀罗笈多的出身就是最卑贱的。）剩下的是一些职业名称，这又提醒了我们，在西方和其他地方从事某些职业的人也是化外之民——例如，乞丐（在荷马史诗里乞丐是一阶级）、冶金匠、歌手和失业者，在哥特时代早期，他们可以说都是由教会的施舍和世俗之家的捐献所养育的。

但总而言之，“种姓”至少是一个被滥用得像被使用得一样严重的词。埃及的古王国和中王国时期没有种姓，在佛陀以前的印度也没有，在汉以前的中国仍然没有。只有在十分晚期的情况下，种姓才出现，以后我们在一切文化中就都见到了它们。从第二十一王朝以后（公元前 1100 年左右），埃及时而在底比斯的僧侣种姓统治下，时而在利比亚籍的军人种姓统治下；此后种姓凝固的历程不断前进，直到希罗多德的时代——他把当时的情况看成典型的埃及式的，不正确与我们对于印度情况的看法恰恰是一样的。等级和种姓之间的区别就是最早的和最晚的文明之间的区别。在原始等级——贵族和僧侣——的兴起过程中，文化正在显现着自我，而种姓则是文化的最后的费拉式国家的体现。等级是最具有活力的，文化进入了完成的坦途，出现了“生活自身必然展现的形式”。种姓是文化绝对的完结，发展此时已被不变的固定状态代替了。

然而，伟大的等级是同由于技术传统及工作精神而在职业上结合在一起的工匠、官吏、艺术家等这类职业团体截然不同的。事实上，等级是有血有肉的象征，其整个存在，作为现象、作为态度及作为思想方式，都具有象征的意义。另外，在每种文化中，农民是纯自然和成长的一部分，从而是一种完全不具人格的表现，而贵族和僧侣则是大力培养与形成的结果，因此就表示一种彻底具有人格的文化。这种文化，由于它形式的高度，不仅摈斥蛮族，而且也立即把一切不具有他们身份的人看成一种渣滓——被贵族视为“庶民”，被僧侣视为“俗人”。这种形式的人格是费拉时期到来时僵化为种姓类型的物质，此后，这种种姓在好几个世纪里都保持不变。在活的文化中，种族和等级是没有人格的事物和有人格的事物之间的对立；在费拉时期，群众和种姓、苦力和婆罗门则是没有形式的事物和有形式的事物之间的对立。活的形式变成了公式，虽仍有形式，但那在形式上已经是僵化的形式。种姓这种僵化了的形式是一种极端精巧、尊贵和智性的东西，它觉得自己无限地优越于一种文化中的正在发展的人类——我们几乎无法想象，满清官吏或婆罗门教徒是怎样高傲地蔑视欧洲人的思想和行动的，埃及的僧侣会多么看不起一个来访的毕达哥拉斯或柏拉图。这种僵化了的种姓怀着拜占庭心灵的高贵心情，随着时间无知无觉地前进，这种心灵将它一切问题和无法理解的解事物都远远抛在后面了。

二

在加洛林王朝的前文化时期，人们将奴隶、自由民和贵族区分开来了。这是一种只根据外部生活的事实而进行的原始区分。但在哥特时代早期就有这样的话：

> 上帝塑造了三种生命，
> 它们是农民、骑士和僧侣。

在这里，我们具备了一种刚刚觉醒的高级文化的身份差别。袈裟和刀剑作为等级站在一起，异常执拗地反对耒耜，即非等级者；那非等级者和等级本身一样是事实，但和等级自己不同，是没有比较深刻意义的事实。这种分离是精神上的，是被感觉到的，它是如此命定的、有力的，以致任何理解都不能予以忽视。怨恨从乡村中迸涌出来，藐视从城堡反射回去。在这些“生命”之间制造这种鸿沟的既不是财产，也不是权力，更不是职业。制造这种鸿沟没有逻辑上的理由。它具有形而上的性质。

后来，伴随着城市的发展，但比城市年轻，出现了作为“第三等级”的市民、资产阶级。此时，市民也看不起乡村，乡村在其周围，死气沉沉、没有变化和一味忍受；与乡村相比，他觉得自己是更为觉醒和更为自由的，因此在文化的道路上是远为先进的。他也看不起原始的等级，“乡绅和牧师”，认为他们在智能上比他低，在历史上则落于己后。可是，跟这两个等级相比，市民现在是一种渣滓，一个非等级者，就像农民过去是一种渣滓，一个非等级者一样。在“特权者”的心目中，农民现在几乎根本不算数——市民算数，但被看成一个敌方和一种背景。他是一种衬托，其他人借之以意识到自己的重要性，并意识到这种重要性是超乎一切实际考虑之外的东西这一事实。当我们发现，在一切文化中同样的事情以完全相同的形式出现时，当我们发现，无论一种文化的象征与另一种文化的象征怎样不同，它们的历史全处于这些集团的对立中，并由这些集团的对立——在青春时期是感情冲动的农民战争，在晚期是在智能基础上发生的内战——所完成时，那么很显然，必须从生活本身的最深刻的基础中去探寻事实的意义。

这种观念是建立在这两个原始等级的基础之上的，而且只能建立在这两个原始等级的基础之上。这种观念使这两个等级强烈地感觉到自己的地位是神授的，因此是根本不允许非议和责难的——这种地位不但把自尊和自觉看成一种义务，而且把最严格的自律（如果有必要，甚至可以牺牲生命）也看成一种义务，并且，这种地位还使这两个等级传染上历史的优越感和心灵的魔力，它不是通过权力得来的，事实上，它是产生权力的。那些内在的而不仅是有名无实地属于这两个等级的人实际上是和渣滓不同的；这两个等级的人的生活跟市民和农民的生活比起来，处处受到一种象征性的尊严的支持。这种生活并不是仅仅为了生活而存在，而是必须具有意义。这两个等级所表现的是一切自由活动的生命的两个方面：一方面完全是存在，另一方面完全是觉醒的意识。

每个贵族都是时间的一种活的象征，每个僧侣都是空间的一种活的象征。命运和神圣的因果律、历史和自然、时间和地点、种族和语言、性生活和感情生活——所有这些部在他们身上得到最大可能的表现，贵族生活在一个事实的世界里面，僧侣生活在一个真理的世界里面；一个有机智，另一个有知识；一个是实干家，另一个是思想家。贵族的世界感情实质上是节奏感，僧侣的世界感情则完全是由张力发出的。在查理曼时代和康拉德二世[1]时代之间，在时

[1] 康拉德二世：约 990~1039 年，1024~1039 年为德意志国王、1027~1039 年为神圣罗马帝国皇帝、法兰克尼亚王朝创始人。

间之流中，某种东西自动形成了，它不能被说明，但假如我们试图了解认识新文化的黎明，那么就必须去感觉它。世间早已有了贵人和教士，但那时才第一次——而且不久有了贵族和僧侣，这两个词是就它们的重大意义及其象征意义的全部力量来说的。这种象征开始得如此强大有力，以致在最初，所有其他区别，如国家、民族和语言的区别都退到幕后去了。从爱尔兰到喀拉布里亚，在一切土地上，哥特时期的僧侣系统成了一个单一的伟大的团体；在特洛伊城下的早期古典武士，或在耶路撒冷城下的早期哥特武士，从我们看来，好像是属于一个大家族的。古埃及的省和周代初期的封建国家，和这类等级比起来（并由于这种比较人就像霍亨斯陶芬王朝时期的勃艮第和洛林一样，黯然无光。在每一种文化开始和结束时都会出现某种世界主义的情形，但是，在开始时，这种情况之所以存在，是因为贵族、僧侣形式的象征力量仍然高出民族的形式之上，而在结束时则是因为无形式的群众处在它们之下而造成的。

这两个等级在原则上是相互排斥的。宇宙和小宇宙的原始对立也是这种双重存在的基础，那种对立渗透到一切在空间自由活动的存在之中。每一方面只有通过另一方面才是可能的和必要的。荷马世界对奥菲斯世界怀有一种敌视性的沉默，前者又（如同我们从苏格拉底以前的哲学家所看到的）成了后者的一个愤怒和蔑视的对象。在哥特时代，革新精神用一种神圣的热情，使自己经历了文艺复兴性质的道路。国家和教会从未真正达到过均衡，在君主权力和教皇权力的冲突中，它们的对立达到了一种只有浮士德式的人才能达到的强度。

此外，在这两个等级中，只有贵族才是真正的等级，是血和种族的总和，是具有所能想象得出的最充分的存在之流，因此，贵族是一种较高级的农民。早在 1250 年，西方就已经广泛流传着一句谚语：“上午耕耘田地，下午骑马战斗”，而且一个骑士娶一个农民的女儿为妻是件很平常的事。与大礼拜堂相比，城堡是经由农民住所和法兰克时代的乡村贵族住宅的一种发展。在冰岛的英雄故事中，农家的园地像城堡一样被围攻、被袭击。贵族和农民是植物性的和本能的，深深根植于祖传的土地中，在家系中自行繁殖、培育和被培育。和他们相比，僧侣实质上是个与贵族相反的等级，是一个消极的、非种族的、脱离土地的——自由的、无时间性的和无历史的醒觉意识的等级。从石器时代到文化的鼎盛时期，世界历史在每一个农民村落中，在每一个农民家族中一点点地演出。代替民族的是家族，代替土地的是农庄，但是它们奋斗的终极意义仍然是一样的：血统的保持，世代的嗣续、宇宙的事物、女人、权力。“麦克白”和“李尔王”二剧很可能是当作乡村悲剧想出来的——事实就是他们悲惨的真相的一个明证。在所有文化中，贵族和农民都是以家族后裔的形式出现的，语言本身使他们与两性发生联系，通过两性，生命本身得到繁殖、具有历史、成为历史。由于女人就是历史，农民和贵族家族的内在品级，是以他们的女人身上有多少种族性和她们在多大程度上是以命运为转移来决定的。因此，世界历史越纯洁，越渗透着种族性，它的公共生活就越变成和越适应个别伟大家族的私人生活，这一事实是有深刻意义的。这一点当然是朝代原则的基础，但不仅如此，而且也是世界历史人物这一观念的基础。整个国家的存在依靠少数地位极为崇高的私人命运。公元前 5 世纪时的雅典历史主要是阿克墨奥尼德族的历史，罗马的历史是法比乌斯或喀劳狄乌斯那样类型的少数家族的历史。

大体说来，巴罗克时代国家的历史，是哈布斯堡和波旁家族政策的实施的历史，它的危机采取联姻和王位继承战争的形式，拿破仑第二次结婚的历史也包含了莫斯科的焚毁和莱比锡之役，教皇政治的历史，直到 18 世纪，都是那些为创立王侯般的家族财产而争夺教皇冠冕的少数贵族家族的历史。这对拜占庭帝国的当权者和英国的首相（塞西尔家族可作证），甚至在无数场合下对伟大的革命领袖也同样是正确的。

对这一切而言，僧侣（及僧侣哲学）是最直接的对立面。纯粹醒觉意识和永恒真理的等级，在任何一种意义上都攻击着时间、种族和性别。作为农民或贵族的男人朝向女人，作为僧侣的男人则避开女人。贵族有把公共生活中广阔的存在川流消散和消失在——它的不重要的祖先和亲属的微不足道的小渠中的危险。相反，真正的僧侣，原则上是拒绝承认私人生活、性、家族、“家屋”的。对具有种族性的男子来说，只有无后而死时，死才是真实和可怕的——冰岛英雄故事和中国人的祖先崇拜同样告诉我们这一点，在子侄辈身上生存下去的人并没有完全死去。然而，对于真正的僧侣来说，可以用“我们虽生犹死”来表达；他所遗留的将是智性的东西，被摒绝的女子在其中是没有份的。这个第二等级经常出现的现象方面的形式是独身、出家、发展到自行阉割的极点的抑制性冲动以及表现在秘密的痛饮和神圣的卖淫上面的对母性的蔑视，这种蔑视和把性生活在理性上贬低到——康德对婚姻所下的污秽定义那种程度的轻蔑比起来，是有过之而无不及的。在整个古典世界中，例如在神圣的区域，即寺院区域内，不允许有出生或死亡。没有时间的东西不能跟时间接触。僧侣有可能在理智上对生殖和出生的重大时刻予以认可，并且有可能通过圣礼给予祝福，然而他不能亲身体验这些事情。

因为贵族是一种事物，而僧侣则象征着一种事物，单单这一点就足以告诉我们，僧侣是一切命运、种族和等级的事物的对立面。城堡及其厅堂与高塔、城垣与堑壕表示一种有力的川流不息的生存，但是大礼拜堂及其拱顶、梁柱和歌唱队却彻底地是一种意义，即，装饰；每一个值得尊敬的僧侣等级都把自己发展到了一种惊人的严肃和举止美观的境界，其中每个项目，从面部的表情和声音的抑扬顿挫到服装和步态都是装饰，私人生活甚至内心生活都已被排除在这种装饰之外，成为不重要的了，而成熟了的贵族（如 18 世纪法兰西的贵族）所显示和炫耀的则是一种完美的生活。哥特时代的思想从僧侣的概念中引申出了不可毁灭的性格，它使这种观念成为不可毁灭的，成为与怀有这种观念的人在历史世界中的生活价值全然无关——但是，每一僧侣等级，从而也是一切哲学（从学派的意义上说），都暗中具有这种观念。如果一个僧侣具有种族性，他的外表生活就会像农民、骑士或王侯一样。哥特时代的教皇和红衣主教就是封建的王侯、军队首领、狩猎爱好者、美术品鉴赏家以及家族政治的能手。在佛陀以前"巴洛克"时期的婆罗门之中，有大地主、打扮得十分漂亮的方丈、朝廷大臣、挥金如土的人、老饕。但在很久以前，人们就已经学会将观念和人区分开来——这种看法刚好与贵族的本质相反——直到启蒙运动时期，僧侣才按其私人生活被鉴定为僧侣，这不是因为那个时期具有了更锐利的眼光，而是因为它已忘记了观念。

贵族是作为历史的人，僧侣则是作为自然的人。高级的历史始终是一个高贵社会存在的体现和结果；衡量它的各种不同事件的相对重要性的标准也始终是这个存在之流的节奏。这就说明了为什么[illegible]战役十分重要，而后期罗马皇帝们的战役则全不重要。一个青春时期的到来与一种原始贵族的产生总是一致的，在原始贵族的情感里面，君主不过是"同辈中的第一人"，是一个猜疑的对象。因为不仅一个强有力的种族不需要个别的大人物，而且他的存在也是对其价值的一种反映；因此，封建诸侯的战争是早期历史借以得到完成的最卓越的形式，从此以后，贵族就掌握了文化的命运。由于沉默而愈益动人的创造力，存在有了形式和"良好状态"。血液中的节奏被抬高出来了、巩固了，而且是永久地如此。因为这种有创造力地升华为活生生的形式对于青春时期——每一个青春时期的关系，正相当于传统的威力对于晚期——每一个晚期的关系，这种传统的威力就是旧的坚实的训练；生活的节奏是如此的稳固，以致当所有古老的家族消亡以后，它仍然存在下去，且不断地把新人和新的存在之流从底层吸引出来，置于它的支配之下。毫无疑问，在形式、节奏和发展速度上，一切晚期历史都是从最早的世代中继承下来的（并且是无法改变的）。它的成就跟它血液中的传统力量相比是等量的。在政治方面，像在其他一切伟大而成熟的艺术方面一样，成功首先必须有一个非常健全的存在，一大堆无意识和无疑问的作为本能和冲动贮存起来的古老经验。人世间只有这种政治上的成熟，没有其他政治上的成熟。个别大人物只当他在这种形式中，并通过这种形式成为有力的（或被成为有力的）的时候、成为宿命（或具有宿命）的时候，他才是比一桩偶然事件好些的东西，才是未来的主人。这就是不可缺少的艺术和多余的艺术之间的区别。因此，也是历史上必需的政治与不必需的政治之间的区别。许多伟大的人物是否从“人民”（即无传统者的集合体）中升入统治阶层，或者甚至只有他们占据着统治阶层，这都是无关紧要的——因为传统的洪流在制约他们，在他们所有不知不觉中形成他们的智性的和实际的行动，指导他们的工作方法。并且，这种传统不过是远古的和早已消亡的血统的节奏罢了。

然而，文明，真正的“复归自然”，是贵族——不是作为物质的族系（这是无关紧要的），而是作为活生生的传统——的消亡，是命运的脉搏被因果关系的理解所代替。这样，贵族就变成了只是一种尊称，而且，正因为如此，文明化的历史就成了表面的历史，杂乱无章地指向一些明确的目的，因此在宇宙中成为无形式的，从属于个别伟大人物的偶然事故，缺少内在的稳定性、系统和意义。伴随着恺撒主义的出现，历史再度沦为无历史的状态、沦为原始生活的古老节奏，为了物质权力而进行无止无休的、没有意义的战斗，就像公元3世纪时罗马的军人皇帝的战斗和与此相当的中国“十六国”（公元265~420年）时期的战斗，它们与草莽中的野兽的生活状况并无本质的不同。

三

由此可见，真正的历史并不像一切文明发端时的哲学家和理论家所断言的一样，不是反政治意义的“文化的”历史。相反，它是以男人和女人、家族、民族、等级、国家的形式，在伟大事实的波浪起伏中相互防御相互攻击的种族的历史、战争的历史、外交的历史、存在川流的历史。最高意义的政治就是生活，生活就是政治。每一个人，不管愿意不愿意，都是这一战斗戏剧中的一个成员，是它的主体或是它的客体——第三条路是没有的。精神的王国不是属于这个世界的。它是真的，但精神世界是以这个世界为前提的，就像醒觉的存在以存在为前提一样。精神世界只有对那无论如何是存在着的现实一贯说“不”才可能存在，事实上，现实必须先存在然后才能被抛弃。种族可以没有语言，但说出一种语言则是先有种族的一种体现，就像发生在精神历史中的宗教、艺术、思想形式以及其他一切事情一样——人世间之所以有这种历史是通过血统对感情和理性的控制力而显示出来的。因为所有这些事情都是“合乎形式”的积极的醒觉意识，它们在其演进中，在其象征性中，在其热情中都表现出血统（又是血统），血统通过这种种形式在一代接着一代的醒觉存在中循环。一位英雄根本不需要知道这个第二种世界——他自始至终是生活——但是，一位圣者只能通过最严格的禁欲主义来克制自己身上的生活，与他的精神进行孤寂的交往——而他这样做的力量又是来自生活本身的。英雄轻视死亡，圣者轻视生活，但是，在伟大的修行者和殉道者的英雄主义与多数人（《启示录》第Ⅲ章第 16 节中所描述的那种人）的虔诚对比中，我们发现，就连宗教方面的伟大也是以种族性为前提的，生活必须真正坚强有力，才能与这类拼命的人相配。剩下的只有哲学。

正因为如此，世界史意义上的贵族远不是舒适的晚期所想象的样子；它不是头衔、特权和礼仪的综合，而是一种精神财富，难以获得，难以保持——对明白人来说，是值得为之牺牲整个生命的。一个古老的家族不仅表示有一批祖先（我们都有祖先），而是表示有在历史顶峰上生活过的整代整代的祖先；这些祖先不仅掌握了命运，而且他们就是命运；在他们的血液中，由于若干世纪的经验，使事变的形式达到了完善的境界。由于宏伟意义的历史是从文化开端的，对于一个科伦那家族成员来说，把自己的祖先一直追溯到后期罗马时代，这只不过是一种夸耀。然而，对后期拜占庭帝国的贵族来说，把他自己的身世追溯到君士坦丁，却不是没有意义的，而对一个当代的美国人来说，把他的身世追溯到 1620 年的一个搭乘“五月花号”的移民，也不是没有意义的。事实上，古典贵族开始于特洛那时代，而非开始于迈锡尼时代，西方的贵族开始于哥特时代，而非开始于法兰克人和哥特人——在英国，贵族开始于诺曼人，而非开始于萨克逊人。只有从这些真正的起点出发才有历史，因之，只有从那时起，才能有一个不同于望族和英雄的原始贵族等级。在这一卷的第一章里，我称之为宇宙节奏的东西在这个原始贵族等级里完成了。因为我们称之为外交的和社会的“机智”的较成熟时期的一切东西——包括战略上的和商业上的敏感度、收藏家对于贵重物品的鉴赏力以及人物品评者的敏锐洞察力——大体说来，还有一切为人们所具备而不是被人们学习的东西、唤起其他无法参加者的无力的猜忌的东西、作为一种“形式”指导事件进程的东西：都不过是明显表现在群鸟的翱翔或一匹纯种马匹有控制的动作中，那同一宇宙的和梦一般的稳妥的一种特殊情形罢了。

僧侣通过思考，对于作为自然的世界去加深他对它的描绘。贵族生活在作为历史的世界中，通过改变其图景而加深它。二者都向伟大的传统演进，但是前者的演进是由于塑造，而后者的演进则是因为训练。这是两个等级之间的根本差别，所以，它们之中只有一个是真正的等级，而另一个则只是为了便于完成对比，才显得像一个等级。培养和训练的有效领域是血统，因此，它们从父亲传到子孙。相反，塑造首先必须有才能，所以，一种真正强有力的僧侣等级始终是个人天资的综合——一种醒觉意识的团体——跟种族意义的根源没有关系；因此，在这方面和在其他方面一样，它是对时间和历史的一种否定。智性上的类同和血统上的类同——对这些对比表现的深处考虑和探查一下吧！可遗传的僧侣制度在用词上是矛盾的。在某种意义上，在吠陀时期的印度，它的确是存在的，但那种存在的基础是那里有一个第二贵族的事实，那第二贵族为它自己团体中天资聪颖的成员保留着僧侣的特权。在其他地方，独身生活甚至结束了这种异常违反原则的情况。“人间的僧侣”——不管这个人是否高贵——代表世界中的神圣因果律的一个中心。僧侣的权力本身就是一种因果性的东西，它是由更高的原因产生的，它本身反过来又是一个有效的原因。僧侣是在醒觉意识和终极秘密之间，紧张伸展着的无时间性外扩之中的中间人；因此，在每一种文化里面，僧侣的重要性是由它的原始象征来决定的。古典的心灵否定空间，因此它不需要中间人和它打交道，所以，古典的僧侣在其刚刚开端时就消失了。浮士德式的人面对着无限，天生没有什么东西能使他抗拒这方面的毁灭性的力量，因此哥特时代的僧侣把它提高到了教皇观念的高度。

作为两种世界观，血管中的血液循环和日常存在及行动中的思想，这两种方式是交织在一起的，结果（在每一种文化里面）出现了两种道德，它们相互轻视——即贵族的风尚和僧侣的禁欲主义，它们互相被指责为庸俗的和奴性的。前面已经指出，如何一个来自城堡，另一个来自寺院和教堂，一个来自历史洪流中的丰满存在，另一个与历史无缘，来自充满天神性质的环境中的纯粹醒觉意识。这些原始印象借以对我们产生影响的力量甚至是晚期所想象不到的。世俗和宗教的阶级感情正走上它们向上的途程，并在为它们自己准备一种伦理的阶级理想，这种理想只有适当的人才能接近，甚至他们也必须经过长期的和严格的训练才能接近。伟大的存在之流感到自己是一个与那愚钝的、无节奏的和无目的的血族的渣滓相对立的单位。伟大的精神团体认为自己是一个跟那个尚未入教的渣滓相对立的单位。这类单位就是英雄们的团体和圣徒们的团体。

尼采伟大而永恒的功绩在于他是第一个承认一切道德都具有二重性的人。他关于“主人的”和“奴隶的”道德说法并不确切，他对“基督教”的提法过于肯定地把它放在分界线的一边了，然而，他全部见解的基础却是有力的和清楚的，就是好与坏是贵族性的区别，而善与恶则是僧侣性的区别。好与坏在原始人群和部落中间是图腾性质的区别，形容的不是气质，而是人们，而且是就他们的活生生的存在，对他们综合地加以描述的。好的是有势力的人、富有的人、幸运的人。在每一种青春时期的惯用语中，好都意味着强大、勇敢、纯种；坏意味着贱、鄙劣、平庸，其本来的含义是无势力、无财产、没运气、怯懦、微不足道——就像古埃及所说的“无名者的子嗣”。善与恶是禁忌方面的概念，它们根据一个人的知觉和理性——他醒觉的气质和有意识的动作，给予他以评价。违背种族意义爱的伦理是不善良的，违犯教会关于仁爱的法令是邪恶的。高尚的习惯完全是长期和不知不觉的、不断训练的结果。它是在交往中学会的，而不是从书本里学到的。它是一种被感知的节奏，而不是一种观念。但另一种道德则是被宣布的，是在因果基础上被整理出来的，因而是可以通过学习得到的，并且表现出一种信念。

一种道德完全是历史的，承认品级区别和特权是符合实际和理所当然的，荣誉永远是阶级的荣誉——没有什么“人类的荣誉”。决斗不是不自由人的本分。每个人，不管他是比杜因人（阿拉伯人中的一支游牧民族）、日本武士还是科西嘉人，是农民还是工人，是法官还是土匪，都具有他自己的、不适用于其他生活的荣誉、忠诚、勇敢和报仇的有约束力的观念。每一种生活都有其习俗伦理——没有它是不可思议的。孩子们早在他们的游戏中就有了这种习俗伦理，他们自己立刻懂得什么是合适的。谁也没有制定这些规则，但它们是存在的。它们是不知不觉地从“我们”产生出来的，而“我们”则是自行从群的统一脉息中产生出来的。在这里，每个存在也是“合乎形式”的。每一群由于这一种或另一种刺激而聚集在街衢上的人，当时都有自己的伦理，任何不接受这种伦理、不认为这种伦理是理所当然而予以拥护的人——如说“遵守它”，便是认为行动具有多于实际所有的理性了——就是一个可怜的、卑贵的人，一个外人。没有受过教育的人民和孩子们对这一点具有一种惊人而敏锐的反应能力。不过，孩子们也必须学习教理问答，聆听其中所说的善与恶——它们根本不是不言而喻的。习俗伦理不是真正的伦理，而是实际存在的伦理；它是一种生成的和长成的东西，是感情和有机的逻辑。与此相比，道德从来不是现实的（因为，假如它是现实的，整个世界就会变成圣人般的世界了），而是高悬于意识之上的一种永恒的要求——而且，根据假设，不拘于现实生活和历史的任何差别，高悬在所有人的意识之上。因此，一切道德都是否定性的，一切习俗伦理都是肯定性的。对于后者，“没有荣誉”是最坏的，对于前者，那么“无罪”是最高尚的，对任何人都可以这么说。

所有现存习俗伦理的基本概念都是荣誉。其他一切——忠诚、谦逊、勇敢、侠义、克己以及果断都包括在它里面。荣誉是一个血的问题，而不是一个理智问题。一个人并不考虑荣誉问题——去考虑它就已经是非荣誉的了。就生活、时间和历史而论，失掉荣誉意味着被废弃。一个人的阶级荣誉，一个人的家族荣誉，男人的和女人的荣誉，一个人的民族荣誉和一个人的国家荣誉，农民、战士甚至盗匪的荣誉——荣誉意味着：生活在一个人身上是一种有价值的、有历史尊严的、优美、高贵的东西。它属于定向的时间，如同罪恶属于无时间的空间一样。大体说来，使一个人身上有荣誉就等于使他具有种族性。与之相反，具有忒赛提[1]天性的人是心灵混浊的人，是流氓，是那种“你尽管踢我但却是求得让我活下去的人”。甘受侮蔑、忘掉屈辱、在敌人前畏缩不前——这一切都表示生活已经变得没有价值，变成多余的了。然而这跟僧侣道德完全不是一回事，因为僧侣道德决不会以降低标准为代价而去执着地迷恋生活，而是拒绝生活、远离生活，因而和荣誉并无附带关系。如前所述，每一项道德行为归根结底就是一种苦行，是一种对存在的无视。事实上，它是处于生活和历史世界范围之外的。

四

在这里，有必要大体预测一下世界历史（特别是伟大文化的晚期和文明初期），去思考一下世界历史是从哪里得到它千变万化的色彩及其事件深奥的象征性的。原始的等级，贵族和僧侣，是生活的两个方面最纯粹的表现，但它们不是唯一的表现。在远古时期——事实上，原始时代本身就经常有这种预兆——还有其他存在之流和觉醒的结合出现，在其中，时间和空间的象征性得到了生活的表现，它们一旦与这二者结合起来，就构成我们称之为社会组织或社会的那种非常完整的东西。

假如说僧侣是小宇宙的和动物性的，那么贵族就是宇宙的和植物性的（因此它与土地具有深厚的关系）。贵族本身就是一种植物，牢固地根植于土壤中，建立在土壤之上——在这一点上，就像在其他许多方面一样，贵族是一种超级的农民。财产观念就是从这种宇宙性约束之中产生的，它对在空间自由运动的

[1] 忒赛提：荷马史诗《伊利亚特》中的人物，此人代表了那种贪生怕死的品质。

小宇宙来说是完全陌生的。财产是一种原始的感情，而不是一个概念；它属于时周、历史、命运，而不属于空间和因果律。它无法以逻辑为根据，但它是存在的。“占有”起源于植物，它在高级人类的历史中自行增殖到了这样一种地步，以致历史含有植物特性和种族性。因此，最真实意义的财产始终是土地财产，想把其他获得物变成土地的冲动便是族系健全的一种证明。植物占有它深植其中的土地。那块土地就是它的财产，它竭尽它整个存在的力量来保卫它，抵抗异类种子，抵抗那些遮盖它的毗邻植物，抵抗万物。一只鸟儿也同样保卫它在其中孵雏的鸟巢。争夺财产的激烈斗争不是在伟大文化的晚期，不是在贫富之间、围绕动产进行的，而是在植物界起始时出现的。当一个人在树林中感受到他周围那默默地、无情地为了土壤而日以继夜地进行斗争的情况时，他就会因为那种几乎跟生活本身一模一样的冲动深度而大吃一惊。这是一场长期的、顽强的、酷烈的角斗，是弱者对强者的一种毫无希望的抵抗，它使胜利者也受到损失——这种情况，只有在最原始的人类中，当一个古老的农民家族从土地、从其巢穴被排挤出来，或者一个贵族世家被金钱势力连根铲除，更确切地说，连根斩断时，才可以相比。晚期城市中的远为显著的冲突具有另一种大不相同的意义，因为，在这里——在各种共产主义里面所争的并不是占有的经验，而是纯粹作为物质手段的财产观念。否认财产的绝不是种族冲动，而是圣徒、哲学家和理想主义者的纯粹智性的、都市的、失去了根底的、反植物的醒觉意识的空想抗议。同一理性促使隐居的出家人和科学的社会主义者——不管他叫作圣徒、是诺或马克思否认植物性，同一感情迫使具有种族性的人们来保护它。在这里，事实和真理又是对立的。“财产是赃物”这句话是旧思想的一种极端唯物主义的表现形式。那种思想是：“假使一个人能认识整个世界但却丧失了自己的灵魂，对他又有什么用呢？”当僧侣放弃财产时，他是在放弃某种危险的身外之物；当一个贵族这样做时，他就是在放弃他自己。

这样我们就接触到了对财产观念的感情方面的二重性——作为对权力的占有和对猎物的占有。这两种看法在原始的具有种族性的人类中是直接联系在一起的。每个比杜因人或北欧海盗同时想得到这两者。海上英雄同时总是一个海盗；每次战争都和占有，尤其是和占有土地有关。武士变成绿林豪杰，冒险家变成征服者和国王，相距仅只一步，俄国的诺曼王罗立克[1]、荷马时代的许多亚该亚海盗和埃特鲁里亚海盗，就是这样。在所有的英雄诗歌里面，我们发现，跟战争得胜、获得权力和女人的强烈的自然的满足，及与喜悦和忧愁、愤怒和

[1] 诺曼王罗立克：？ ~879 年，俄国基辅罗斯罗立克王朝的半神话式创立者。

爱情的尽情发泄同在的是，对“占有”的巨大快感。当奥德修斯乘船回到故乡时，他所做的第一件事就是清点他小船上的财宝；冰岛英雄故事中也讲到，当农民希尔玛和奥尔瓦罗德彼此发现对方的船里没有财物时，他们马上就放弃了他们的决斗——为了自尊和荣誉而格斗的人，就他所受的疼痛而言，是一个傻子。在印度的英雄史诗里面，热衷于战斗意味着热衷于牲畜，公元前10世纪“开拓殖民地的”希腊人本来也是像诺曼人那样的海贼。在公海上，一只外国船天生就是一份很好的奖品。但是，在公元200年时的南阿拉伯和波斯的武士们的争斗中，以及在公元1200年普罗旺斯男爵们的“私人战争”中——这些战争并不比畜生抢掠高明多少——在封建时代的末期，出现了真正的战争，出现了以夺取土地和人民为目标的大规模战争。所有这一切，终于把贵族文化推到了“其形式的顶端”，可是僧侣和哲学家对此却很轻视。

当文化上升到它的顶端时，这两种原始的冲突就彻底分道扬镳了，在它们中间滋长了敌视。这种敌对的历史与世界历史几乎是一回事。从权力的感情产生征伐、政治和法律；从掠夺的感情产生贸易、经济和货币。法律是有权势者的财产。他们的法律是一切人的法律。金钱是掠得者的最有力的武器：他凭借它来征服世界。经济喜好并希望有一个软弱而为它驱使的国家。政治则要求经济生活与国家相适应并在国家的范围之内——亚当·斯密[1]和腓特烈·李斯特[2]、资本主义和社会主义。一切文化从一开始就有一个战争贵族和一个商业贵族，然后是一个土地贵族和一个金钱贵族，最后是一种军事的和一种经济的战争谋划以及一种金钱对抗法律的永无休止的斗争。

另一方面，僧侣和学者同样也分离了。两者所追求的都不是现实的而是真理的事物；两者都属于生活的禁忌方面和空间。对死亡的恐惧不仅是一切宗教的根源，而且也是一切哲学和自然科学的根源，不过，与神圣的因果律相对，现在出现了一种世俗的因果律。“世俗的”是“宗教的”的一个新的相反的概念，后者过去一直只把学问当作一个侍女看待。整个晚期批判，它的精神、它的方法、它的目的，都是尘俗的——甚至晚期的神学也不例外。虽然如此，一切文化中的学问仍旧不变地以先前僧侣的形式前进——这就表明了它只是矛盾本身的产物，表明了它在每一细节上是多么依赖原始形象。因此，古典的科学寓于奥菲斯风格的祀拜社团里面，例如米利都学派、毕达哥拉斯派的团体、克洛同

[1] 亚当·斯密：1723~1790年，苏格兰哲学家和经济学家。

[2] 腓特烈·李斯特：1789~1846年，德裔的美国经济学家，代表作有《政治经济学的国民体系》。

和寇斯的医学学派、阿提卡的阿卡底米学派、逍遥学派和斯多噶学派。所有这些学派的首领都是祭司和先知之类的人物，甚至罗马的撒必努所和普洛库路斯两个法律学派也是这样。圣书圣典，从科学方面和从其他方面说来，都是阿拉伯的——托勒密的科学典籍（《天论》）、伊宾·西纳（阿维森纳）的医典以及托名“亚里士多德”但很大部分是伪造的哲学全集，法律（多数是未成文的）和引用的方法（作为思想发展形式的注释），作为供给教师和学生居室、食物和衣着的修道院的大学，采取社团形式的学术流派，也都是这样。西方的学术界无疑都具有天主教教会的形式，在新教地区更是这样。哥特时代的有学问的教团和19世纪的类似教团的学派——黑格尔学派、康德学派、历史法学派以及不少的英国大学中的学院——之间的桥梁，是由法国的摩里士派和勃兰德派形成的，这两派人从1650年起就掌握了，并大大创造了历史的辅助“科学”。在一切专门的科学（包括医学和讲坛哲学）中，都有充分发展了的教阶组织，其中有学术上的教皇、等级和显要（作为圣职授任的博士学位）、圣礼和宗教会议。没有入门的人严酷地被视为“俗人”，并且那存在于信徒们自身之中的普遍化的僧侣团体——表现在像达尔文主义这样的“通俗”科学中——也遭到了激烈的攻击。研究学问所用的语言本来是拉丁文，但是今天各种专门的用语已经自行形成，这类用语（例如，在放射学或契约法的领域内），除了那些已经升堂入室的人是谁也不懂的。这里有新教派的创始人，如康德和黑格尔的许多门徒；有对非信徒的传教师，如一无论者。这里有异教徒，如叔本华和尼采，有斥出教门的武器，也有以沉默的形式出现的禁书目录。这里有伦理性的真理（如在法律上把对象区分为人和物），有定理（如关于能和量的定理或遗传学说），那是一种朗诵正统作品的仪式，甚至是一种科学上的宣示福祉的仪式。

此外，西方的学者之类（这种类型在19世纪业已达到它的顶点，相当于真正僧侣的底点）已经使书斋变成了一所十分完善的世俗修道的密室，这种修道有其不知不觉的誓愿——誓愿贫困，表现为以光荣的态度蔑视富裕的生活和财富，并毫不掩饰地藐视商业以及一切利用科学成果去图利的行为；誓愿贞洁，从中演化出一种真诚的科学的独身生活，这种生活以康德为典范和顶点；誓愿服从，甚至为了一个学派的观点而献出自己的生命。此外，最后还有，一种与世界的隔离，那是哥特式超越世界之外的思想的世俗反应，结果造成了几乎完全不关心公共的生活和美好的社会形式——“培育”少而“塑造”多，甚至过多。贵族，甚至其晚后的支流——法官、乡绅、军官——对于延续族系、对于财产和荣誉，仍然具有古老的、根深蒂固的天生愿望，但是科学家则认为，除了具有一种纯粹科学的良心和继续一种方法或见解，使其不受世间商业主义的损害以外，这些东西是微不足道的。今天的学者已不再远离世界，而是使他的科学服务于（事实上并不少见，而是十分机灵地把它运用到）技术和赚钱这一目的，这表明纯粹类型的学者正在走向穷途末路，而在他身上生动体现出来的智性乐观主义的伟大时代已经消逝了。

总之，我们知道，等级具有一种天然的构造，这种构造在其演进和动作中形成了各种文化的生活历程的基本结构。这种结构的形成不是由于某种特殊的决定；只有当革命成为演进的形式而不是某些私人意志的产物时，革命才能使它有所改变。从它的最高的宇宙意义来说，它从未进入实践家和思想家的意识，因为它在人类身上藏得太深了，只能是一个不言而喻的已知数。人们只是从表面择取口号和理由，既而立在历史的那一方面为它们而战，历史被从理论上认为是本面的层积，但实际上是不可分割地互相渗透的一个整体。首先，贵族和僧侣在空旷的背景中出现，并表现出存在和觉醒存在、时间和空间的纯粹的象征性。然后，一方面在掠夺之下，另一方面在探索之下，出现了低级象征力量的双重类型，它们在城市晚期以经济和科学的形式取得优势。在这两股存在之流中，命运和因果的观念被无情地、反传统地想到了极限。被势不两立的相互敌视从英雄主义和圣者气概的古老阶级理想分离出来的两股力量产生了——这两股力量就是金钱和才智，它们和那两种理想的关系就像城市和乡村的关系一样。此后，财产就被称作财富，世界观就被称作知识——一种亵渎神祇的宿命和一种世俗的因果律。可是，科学与贵族也存在矛盾，因为贵族既去不证明也不去研究科学的精神，而只是肯定。“怀疑一切”是一个市民的态度而不是一个贵族的态度，同时这种态度也和僧侣的基本感情矛盾，因为对僧侣说来，评鉴的正当任务是一种侍女的任务。经济在这里也遇到一个以制欲的道德面貌出现的敌人，它拒绝赚钱，正如真正以土地为基础的贵族藐视赚钱一样。甚至古老的商人贵族也已在许多场合中消亡了（例如，汉萨同盟的城市、威尼斯、热那亚），因为它带着它的传统，是无法也不会与大城市的生意情景投合的。并且，经济和科学本身由于这一切也互相敌视；在赚钱和知识、会计室和研究室、商业的自由主义和空想的自由主义之间的冲突中，我们再次看到行动和冥想、城堡和大教堂之间的古老而巨大的对立。这种事物的秩序以这一种或另一种形式，在每种文化的结构中出现——因此，就有可能在社会方面，如同在历史的其他方面一样采用某种比较形态学。

完全处于真正的等级范畴之外的，是手工业者、公务员、艺人和劳动者的职业性阶级，他们的行会组织（如中国的冶匠行会、埃及的书吏行会及古典世界的歌手行会）从很古时候就存在了，他们由于职业上的分离（这种分离有时甚至割断了他们跟其他人的婚姻关系）实际上已经发展成为真正的部落，例如阿比西尼亚的法拉沙人和《摩奴法典》里所提到的一些首陀罗种姓阶级。他们的分离纯粹是由于他们在技术上的成就，而不是由于他们是时间和空间的象征性的容器之故。他们的传统同样只限于他们的技术而与他们自己的习俗伦理或道德无关，而在经济和科学中则经常有这类现象。法官和军官源于贵族，所以是阶级，而公务员则是一种职业；学者起源于僧侣，所以是一个阶级，而艺人则是一种职业。荣誉感、良心在一种场合下依附于身份，在另一种场合下则依附于成就。在前一方面，每个范畴里面都有某些象征性的东西，尽管象征性的可能很小，而在后一方面，在任何范畴里面都不存在。结果，他们跟奇异、不规则，往往还有不体面是分不开的——例如，想想刽子手、伶人和江湖卖唱者或古典时代对艺人的评价吧。他们的阶级或行会脱离了一般社会，或者向社会中的其他等级（或个别庇护人和米栖斯——罗马外交官之流）寻求保护，但他们却无法使自己投合那个社会，古代城市中的行会战争以及艺术家的天性和举止中的种种怪癖都能证明他们无法做到这一点。

五

因此，一种在原则上不顾及职业性阶级的历史的等级，或阶级历史对高等人类中的形而上因素是一种表述，假如这种高等人类在那生活的洪流中，即文化的历史在其中并沿着它走向完成的生活中变成了伟大的象征。

起初，严格划分的农民类型是一种新鲜事物。在加洛林王朝时期以及在沙皇俄国的“村社”制度下，耕种土地的是自由民和农奴，但没有农民。只有当它觉得自己不同于两种象征性的“生命”时——这使我们想起了伏雷丹克[1]的《实用箴言》——这种生命才变成一种等级，变成一种最完整意义上的养育性等级，变成伟大的植物文化之根，它把根深深地扎进大地里，悄无声息地、孜孜不倦地把全部汁液吸取过来，输送到较高的部分，那是枝干巍然屹立在历史的光亮中的地方。它不仅用它从土壤中得来的养料去供养伟大的生活，还用从大地得来的其他收获——它自己的血液去供养它们；因为千百年来，血液不断地从村庄流向高处，在那里接受了高级的形式，维持了高级的生活。这种关系

[1] 伏雷丹克：13世纪初，德国讽喻诗人，代表作《谦逊》是一本格言集。

（从贵族的观点来看）被称为隶属关系，我们发现它出现于公元 1000~1400 年间的西方以及处于“同时代”的其他文化中——不论在每一种场合下的表面原因是什么。斯巴达希洛特人的地位属于这一种，古罗马的被保护人也是这样，公元前 471 年以后，乡村的平民，即一种自由农民从这种被保护人中成长起来了。在晚期罗马东方的假晶现象中，这种为象征的形式而奋斗的力量确实令人惊异，在那里，奥古斯都所建立的元首政治的种姓制度（及其元老官吏集团和骑士官吏集团的划分）开始向后倒退，直到公元 300 年左右，凡是在枚斋型的世界感情盛行的地方，它都退到了一种类似公元 1300 年哥特时期的等级的情况——事实上，退到了与它同时的萨珊帝国的情况。从一种高度文明化的行政的政界中，出现了地方元老、乡村骑士和市镇政客组成的小贵族阶级，这些人是亲身对元首负责的，他们负责一切开销——向后形成了一种封建制度——并逐渐地使他们的地位成为继承性的，正像在埃及的第五王朝、西周时代和十字军时代的欧洲所发生的情形一样。军人的身份，军官和士兵的都一样，也按同一途径变成了世袭的，他们的服役是一种封建性的义务，而戴克里先所立即使其载诸正式法律的其他一切也是如此。个人被身份（人身依附）牢固地束缚着，这种原则被进一步推广到一切行业，强制人们成为行会成员，就像哥特时代或古埃及的情况一样。然而，尤其重要的是，从古典晚期“大庄园”奴隶制经济的废墟中必然产生出世袭小农的隶农制，而大地产则变成了行政区域，庄园主则负责征收租税并按定额招募新兵。在公元 250 年和 300 年之间，“隶农”变成了法定的，被固着在土地上。这样，封建领主和附庸作为阶级和阶级的分化就完成了。

每一种新兴文化都可能有自己的贵族和僧侣，明显的例外只是因为缺乏实实在在的传统。现在我们知道，古代中国有过一种真正的僧侣，并且在公元前 11 世纪奥菲斯体系的初期有过一个僧侣等级，也可以说是显而易见的——当我们在史诗人物卡尔卡斯和忒瑞西阿斯的形象中看到明显的迹象时，我们就更加确信这一点了。同样，封建体制在埃及的发展证明，早在第三王朝就有了一种原始的贵族。但是，这些等级最初借以实现自己，随后借以支配历史进程——塑造历史，推动历史，甚至在自己的命运中代表历史——的形式和力量取决于以每个个别文化及其全部形式语言所依据的原始象征。

贵族完全是植物性的，在任何地方都是来自土地，土地是它的原始财产，它和土地紧密联系在一起。在任何地方它都具有家族即氏族的基本形式（因此，历史的“另一个”性别、阴性，也在其中表现出来），并且通过追求延续的意志——血统的延续表明它自己是时间和历史的伟大象征。看起来建立在个人信任基础之上的诸侯国家中的早期官场，在各地——在中国和埃及，在古典世界和西方世界——都是通过同样的步骤发展起来的，首先是设置准封建的宫廷官职和显要职务，然后寻求与土地的世袭关系，最后就成了贵族家系的根源。

浮士德文化追求无限的意志在谱系的原则上得以体现，这种原则——似乎很奇怪——是这种文化所独有的。此外，在这种文化中，这种原则密切地渗透着和塑造着全部历史的形式，特别是国家自身的形式。那种坚决想要知道以往若干世纪中自己血统，命运并要对其始祖的时代和来历找出文献上证据的历史感；那种很能说明现有的财产和遗产，是由或许是五百年前一次结姻所带来的财富的系谱上的仔细排列；那些关于纯血统、出身相等及与身份较低者结婚的概念——所有这一切都是在时间上追求方向的意志，是追求时间遥远距离的意志。除了在埃及的贵族中可能找到这种例证外，再也没有第二个例子，而在埃及所能找到的，可作比较的形式也要薄弱得多。

相反，古典类型的贵族却跟父系家族的暂时性地位有关，并由此直接追溯到一种神话性的起源，这种起源没有任何历史意义，仅仅是傲视历史的规律，渴望为此时此地的生活获得一种壮观背景罢了。只有这样，我们才能解释一个人认为他的祖先和提修斯与赫拉克勒斯处于同一阶段，并为自己编制一套家谱（或几套，如亚历山大所做的）的另外一种无益的天真想法，才能解释高贵的罗马家族要把享有盛名的祖先的名字，强行纳入古代执政官名单中的那种轻快心情。在一个罗马贵族的葬礼中，什人祖先的蜡制假面被放进送葬的行列，但这只是为了炫耀著名人物的数目和声誉，根本不是因为跟现在有任何宗谱上的关系。这种特点在古典时代的贵族中到处存在，它像哥特时代的贵族一样，在结构和精神上形成了从埃特鲁里亚直到小亚细亚的一个内在的单位。它是那种甚至在晚期开始时还被一切城市中的等级性家族集团（希腊的部落、胞族、罗马的部落等）所掌握的权力的基础，这类家族集团利用神圣的形式保持了一种纯粹现代的成员关系和统一性——例如，三个多里斯的和四个爱奥尼亚的部落，及早期罗马史上被称为提梯斯族、拉姆奈斯族和路凯列斯族的三个埃特鲁里亚部落。在吠陀经中，“父系”和“母系”的亡灵中应受祭奠的，仅限于较近的三代和稍远的三代，再往前，则由过去享受灵奠。我们在任何地方都没有看到古典灵魂祀拜比印度人走得更远的。它和中国人及埃及人的祖先崇拜恰恰相反，祖先崇拜在假设上是无止境的，因此，甚至在肉体死亡以后，仍使家族保持一种明确的顺序。在中国，直到今天仍存在着一个姓孔的公爵，他是孔子的后裔，同样还有老子和张鲁等人的后裔。这并非一个分支很多的族谱问题，而是一个把血统、生存之道一直延续下去的问题——如果有必要，就干脆采取过继（被过继的人发誓对祖先祀拜后就在精神上跟这个家族合为一体了）或其他权宜的办法。

生活之流的一种无限的喜悦贯穿于这个等级、这个最优秀等级的兴盛时期，它是绝对的方向、命运和种族。爱情，因为女人是历史；战争，因为打仗创造历史；它们是历史的思想和感情的公认焦点。北欧的吟唱诗和南欧的抒情诗相当于诗经里面中国骑士时代的古老情歌，那是在训练贵族的场所、辟雍中歌唱的。仪式方面公开的箭术表演，就像早期古典时代的竞技以及哥特时代和波斯、拜占庭时代的比武一样，是中国生活在荷马方面的表现。

与之相对的是奥菲斯方面——这是一种文化的空间体验通过其僧侣类型的表现。在古典情况下，最初作为一个等级的僧侣迅速堕落成了一种城市官吏集团，这是符合欧几里得性质的古典式外扩的，这种外扩在跟近在眼前、有血有肉的神交往时无须任何媒介。同样，在中国，原先世袭的僧侣的地位被一批职业性的祈福者、书吏和神殿祭司所替代，他们能按规定的仪节，陪同当局和家长去履行宗教的仪式。这是中国的道的表现。另外，印度的僧侣阶级变成了一种第二贵族，它拥有莫大的权力，干预各种生活，置身于世人与其无数神祇之间，这又与那种迷恋于不可测度的无限的印度人的世界感情是一致的。最后，“洞天”感情的一种表现是：真正枚斋型的僧侣是出家人和隐士，并且越来越如此，而世俗的教士则慢慢地失去了象征的意义。

与此相反的是浮士德文化的僧侣，它在公元900年时还没有任何深奥的意义和尊严，此后则上升为那种最崇高的中介角色，这种地位在原则上把它放在人类（全人类）和一个被浮士德式的关于第三度空间的热情解释为无限广袤的大宇宙之间。它由于过着独身生活而见摒于历史，由于它的难以毁灭的特性而见摒于时间，它发展到极点而成为教皇权力，这种教皇权力代表那所能想象得到的，上帝的动态空间的最高象征；甚至新教关于一种普通的僧侣的观念也没有摧毁它，而只是使它从一个点和一个人分散到每个单个信徒的心里去。

每个小宇宙中的存在与觉醒的存在之间的矛盾，必然使得这两个等级互相对立。时间试图吞并和征服空间、空间试图吞并和征服时间。精神的力量和世俗的力量在结构和倾向上是两种差别很大的量，以至于在两者之间进行任何协调，甚至互相谅解，看起来都是不可能的。但这种矛盾并没有在一切文化中变成世界历史的表现。在中国，这种矛盾推动了道的观念的发展，认为贵族应该稳居首位。在印度，作为无限和不确定的空间的概念必须由僧侣占据首要地位。在阿拉伯文化中，枚斋型的世界感情原则上，把信徒们的世俗的有形的社会看作宏伟的一致的一个组成部分，因而就有宗教的和世俗的政体、法律及治权的统一。这两个等级之间并不是没有摩擦，远不是这样；在萨珊帝国，乡村贵族（即狄堪们）和麻葛僧徒之间经常发生血腥斗争——有时甚至君主都被杀害——在拜占庭，整个第五世纪都充满了王权与教士之间的斗争，这种斗争形成了一性派与聂斯托利派之间永恒论战的背景。然而，对两个等级之间根本的内在联系却没有任何争论。

在任何意义上，古典世界都厌弃无限，在那里，时间缩小成现在，广袤缩小成为可触知的单位实体；结果，两个具有伟大象征性的等级都变得毫无意义，以至于跟那种以最强有力的形式表现古典基本象征的城市国家相比，它们根本就不算独立的力量。反之，埃及人的历史是一种以同等力量追求时间远景和空间远景的历史，在那里，两个等级及其象征性之间的斗争，直到完全的费拉制时期还是经常可以识别出来的。因为从第四王朝过渡到第五王朝时同时也有僧侣的世界感情对骑士的世界感情的一种明显的胜利；法老由最高的神的肉体和容器变成了它的仆人，而拉神圣殿在建筑力和象征力上也都超过了帝王的陵寝。新王国在它的几个伟大的恺撒之后，立即出现了底比斯的阿门神庙僧侣在政治上的独裁，随后，又出现了“异端”国王阿门诺斐斯四世（阿肯那顿）的革命——在这次革命中，人们准确无误地感到它既有政治的一面，也有宗教的一面——直到军人阶级和僧侣阶级之间发生漫长的冲突之后，埃及人的世界陷于异族统治之下为止。

大体说来，在浮士德文化中，两个势均力敌的高级象征之间的这种斗争，也是以同样的精神进行的，不过热情比在埃及还要强烈得多——因此，从哥特时代早期开始，国家和教会之间似乎只有休战，根本不存在和平的可能性。但是，这一斗争中的重要之处是对觉醒存在的牵制——觉醒存在试图摆脱对存在的依附，但它却做不到。精神需要血，可是血并不需要精神。战争属于时间和历史的世界——智性的战争只是一种采用理性的战斗，只是争论——所以，一个从事战斗的教会必须从真理的世界走进事实的世界，从耶稣的世界走进彼拉多的世界。于是，战斗的教会就变成了种族历史中的一个因素，受到在生活、政治方面形成的力量的支配。从早先的封建制度到现代的民主政治它多用刀剑和大炮、毒药和匕首、行贿和谋叛、用当时党派冲突所使用的一切武器来战斗。它为了世俗的利益而牺牲信条，并与异教徒和非信徒联合起来反对正统的力量。教皇作为一种观念有其自身的历史，但这与第六和第七世纪时出身于叙利亚和希腊、作为拜占庭总督的教皇的地位无关；与他们日后变成拥有成群的隶属人民的势力强大的地主无关；与哥特时代早期的罗马教皇的领地无关——它是一种被罗马平原的大家族（科伦那、奥尔西尼、萨稚利、法兰基潘尼）所占有的公国，这些大家族轮流推选教皇，直到最后普通意义上的西方封建制度也在这个地区盛行，而罗马教廷也成为罗马贵胄家族中的续任权的一个对象为止。以致每一个新教皇都像一个德国的或法国的国王一样，不得不确认他附庸的权利。公元 1032 年时，塔斯邱兰的伯爵们提名一个十二岁的孩子做教皇。那时，在罗马的城区中，在古典的废墟之中和废墟上面，建立了八百座堡塔。公元 1045 年，有三个教皇分别在梵蒂冈宫、拉特兰教堂和马奏列圣母院保卫自己，并且得到了他们的贵族拥护者的保护。

此时，城市及其自身的心灵随之出现了，它首先从乡村的心灵中解放了自己，随后就与乡村的心灵处于平等的地位，最后进一步想把乡村心灵压下去或消灭掉。但这种演变是通过各种生活而实现的，因之，它也是等级的历史的一部分。城市生活之所以出现是因这些小小的居留地中的居民获得了一种共同的心灵，并意识到了城内的生活是与城外的生活不同的，于是个人自由的魔力立即开始发生作用，并把越来越多的新的生活川流引入城内。这就产生了一种想要成为城里人和推广城市生活的热情。导致古典世界拓殖时期的狂热的就是这种热情，而不是在物质方面的考虑，我们在其最后的余韵中仍然可以识别出这种狂热，完全把它说成拓殖并不是很准确的。因为它是城市人身上的一种富于创造力的热情，这种热情从公元前 10 世纪（及其他文化中的“同时代”）起就一代又一代地把人们吸引到一种新生活的魔力下，随着这种新的生活，人类历史上就第一次出现了自由的观念。这种观念的根源不是政治的（更不是抽象的），而是在城墙里面人们业已不再植物性地依附于土地和贯串整个乡村生活的线索已被打断这一事实的表现。因此，自由观念始终包含着一种否定；它使一个人从某一事物中获得释放、拯救和保护，并且总是使他获得自由。城市就是这种自由的表现；城市精神就是获得自由的理解力，在晚期以自由的名义突然出现的智性的、社会的和民族的、运动的每个事件都起源于脱离土地这一基本的事实。

然而，城市比“市民”更为古老。它首先吸引了那些职业性阶级，它们处于象征性的等级之外，一旦到了城市里面就变成行会的形式。随后，它就把两个原始等级的本身拉进来；小贵族把堡邸搬进来，圣方济格会的修士们把他们的修道院搬进来。可是，内容并没有多大改变。不仅教皇的罗马，而且这时意大利的一切城市都挤满了各家族的武装塔楼，他们从那里出发到街上去进行私斗。在 14 世纪的一幅著名的西埃那城的画面里，这些塔楼好像工厂的烟囱一样矗立在市场周围。至于文艺复兴时期的佛罗伦萨王宫，假如就其内部的快乐生活而言，它是普罗温斯宫廷的继承者；假如从王宫正面是“用粗面石砌成的”这一点来看，它也是法国和德国的骑士们仍在他们的山丘上建筑的那种哥特式城堡的一个支流。事实上，新的生活只是缓慢地分离开来的。在公元 1250 年至 1450 年之间，在整个西方，迁入城市的家族面对行会结成了一个贵族团体，这样，在精神上和在其他方面一样，他们本身就跟乡村贵族分离了。在古代中国、埃及和拜占庭帝国也完全是这样，只有根据这件事实，我们才能理解那些比较古老的古典文化的城市联盟（例如埃特鲁里亚的城市联盟，甚至拉丁的城市联盟）和殖民地的女儿城市与它们的本土城市之间的神圣关系。直到这个时候，成为事件的关键的并不是城市本身，而是其中的部落和胞族的贵族。最初的城市就是贵族，直到公元前 471 年罗马是这样，而斯巴达和埃特鲁里亚的各个城市始终都是这样。统一运动是从它产生的，城市国家也是由它构成的。然而在这里，就像在其他文化中一样，乡村贵族和城市贵族之间的差别，与（一般）贵族和其他人之间的强烈而深刻的差别相比，最初并不重要。

当城市和乡村之间的根本差别已使“家族和行会”不顾彼此之间在其他方面的难解之仇，因为面对旧贵族、面对普遍意义上的封建制度、面对教会的封建地位而发生一致感的时候，真正的市民就出现了。“第三等级”（用 1789 年的口头语）这一概念实质上只是一个无法以积极的内容来下定义的矛盾的单位，而且它既没有自己的习俗伦理——因为上层资产阶级社会像贵族，而都市中的虔诚信徒像早先的僧侣——也没有它自己的象征性——因为认为生活不是为了给实际的目标服务，而是为了一贯地表现时间和空间的象征性，并只能在配作时间和空间容器的限度以内，才真有尊严的那种想法，必然是与这种都市理性格格不入的。这种理性决定着晚期的全部政治著述，它从城市兴起时起就拥护一种新的等级组合——最初只是表现在理论上，但最后当理性主义成为万能时，也表现在实践上，甚至表现在流血的革命实践中。贵族和僧侣，从它们仍旧存在这一点来说，显然像是两个特权阶级，这样强调的隐含意义是：从无时间限制的理性或“自然的”法则的观点来看，他们根据自己的历史地位而要求获得从前就拥有的权利，简直是废话。现在，他们在首都（这也是一种晚期的观念）有了他们的中心，现在，也只有在现在，他们把贵族的形式发展成为一种傲慢与优雅堂皇的结合，如同我们在雷诺和劳伦斯的肖像画中所看到的一样。此时跟贵族和僧侣对立的是城市中最重要的智性力量，即经济和科学，它们与技工、职员和劳动者群众相结合，把自己作为一个党派，它的成分是杂乱的，但在为自由而战——也就是为城市脱离伟大的古老象征、脱离来自这些象征的权利而战的召唤下，它却是团结一致的。作为按人数而不按身份来计算的第三等级的成员，他们在所有文化的晚期都是以这种或那种方式而“自由的”——也就是说，对非都市生活的精神力量而言是自由的。经济得到自由去赚钱，科学得到自由去批评。因此，我们发现，在一切重大的决定中，才智及其书本和集会拥有口号（“民主政治”），而金钱则获得利益（“财阀政治”）——并且取得胜利的从来不是观念，总是资本。然而，这正是从城市生活发展起来的真理和事实的对立所采取的形式。

此外，作为对固着在土地上的生活的古代象征的反抗，城市用一种金钱贵族和一种才智贵族的观念来对抗天生的贵族——金钱贵族的观念作为一种需求并不是十分明显的，但作为一种事实却是非常有效的；才智贵族的观念是一种真理，但除此之外什么也不是，看上去它不易使人信服。在每种文化的晚期，在古代的贵族——某些重大历史插曲（如十字军或诺曼人的征服）已被作为形式和节拍在它身上保存下来，但它往往在伟大的宫廷中，从精神上变腐败了——之外，一种真正的第二辈贵族渐渐成长起来了。因此，在公元前第四世纪，一些重要的平民家族作为元老被选进了“父亲们”的罗马元老院。这样在元老的品级中就产生了一个由“新贵”组成的贵族团体——一种占有土地，但有官衔的贵族。一个族阀主义的贵族集团通过同一方式在罗马教廷出现了；1650年时，社会地位超过三个世纪的家族，在那里还不到五十个。在美国南部诸州，从巴洛克时代以来，就出现了种植园主的贵族集团，这个集团在1861~－1865年的内战中已被北部的财阀消灭了。弗格尔、卫尔瑟、美第奇以及威尼斯和热那亚的名门巨族类型的古老商人贵族——公元前800年时希腊殖民城市中的贵族几乎也应该全部划入这种类型——他们身上总有某些贵族社会的东西，种族、传统、高标准和想要通过获得土地（虽则城内的旧家宅也是一种很好的替代品）来与土地重新建立关系的天然冲动。但是，从事交易、从事投机的新兴金钱贵族很快就学会了爱好文雅的形式，终于挤进了世袭贵族的行列——在罗马，是从第一次布匿战争开始的骑士团，在法国，是在路易十四当政时期——它使世袭的贵族解体和腐化了，而启蒙时期的才智贵族则通过嘲弄挫败了天生的贵族。儒家把古代中国的士的观念从贵族伦理中提取出来，置于才智的美德之中，把辟雍从一种演武的中心变成一个“斗智的学校”，一个体操学校——这很符合我们 18 世纪的精神。

随着每种文化的晚期的结束，它的等级的历史也或多或少地实现了一种不自然的终结。只想在没有根基的自由里生活的愿望，超过了伟大的必不可少的文化象征，这些象征在当时是那些已全被城市控制的人类不再能够理解或忍受的。财政消除了附着于土地的不变价值的感情上的一切痕迹，科学批评消除了虔诚的一切残余。在一定程度上另一这类胜利，是农民的解放，这种解放在于把他从被奴役的压迫下救出来，但又把他交给了那正在把土地变为动产的金钱力量——在我们西方，这种变化发生在 18 世纪；在拜占庭帝国，大约发生在 740 年由立法者利奥三世所颁布的农业法之中（此后，隶农制就慢慢地消亡了）；在罗马，是随着公元前 471 年平民等级的创立而产生的。在斯巴达，坡含尼亚斯在解放希洛特人的同时所作的尝试却失败了。

这种平民是指在宪法上被承认为一个单位的形式的第三等级；它的代表是保民官，保民官不是官吏，而是平民所信任的享有确定的不可侵犯权力的人。公元前 471 年的改革内容之一是用四个城市部落或管区来代替三个古老的埃特鲁里亚部落（这件事本身就极有启发性），它或者被人看作一种纯粹的农民解放，或者被人看作一种商业阶级的组织。但是，作为第三等级、作为渣滓的平民只能具有消极的定义——它指的是每个不属于土地贵族或不担任重要僧职的人。这幅图景跟 1789 年法国的“第三等级”的图景一样驳杂。只有反抗才能使它团结一致，其中有商人、工匠、自由和职员。喀劳狄乌斯民族里面既有贵族家族，也有平民家族——就是既有大地主也有富裕的自耕农（如喀劳狄乌斯·马塞尔努斯家族）。古典城市国家里面的平民等于西方巴洛克国家中在三级会议开会时反抗君主独裁的农民和市民的联合。在政治范围以外，也就是在社会方面，平民作为一种不同于贵族和僧侣的单位是不存在的，它立即分解为一些利益完全不同的特殊的职业团体。平民是一种政党，它作为政党所拥护的是都市意义的自由。从罗马的土地贵族在以后立即取得的成就来看，这件事实显得更为清楚。他们把十六个以家族名称命名且不成问题地被他们自己所控制的乡村部落并入了四个都市部落，后者是拥护真正的资产阶级，即金钱和心智的。直到以公元前 287 年的《荷尔田西乌斯法》而告终的萨谟奈战争期间（与亚历山大同时，恰恰相当于法国大革命）的重大社会矛盾发生时，才从法律上废除了身份观念，象征性等级的历史才告结束。正如 1789 年“第三等级”本身构成了国民一样，平民变成了罗马人民。从此，在每种文化中，在社会冲突的标签下所发生的事件就是一种根本不同的东西了。

每青春时期的贵族都是指那最原始意义上的等级，这时的历史是有血有肉，种族具有最大的潜力。僧侣是它的敌对等级，贵族说是，它就说不是，由此在一个伟大的象征里面显示出了生活的另一方面。

第三等级缺乏真正的内在统一，是非等级者——是以等级形式来反对等级的存在；它所反对的不是这个或那个等级，而是在一般意义上反对对生活的象征性看法。它否认一切未经理性证实或不是实际有用的差别。尽管如此，它本身还是有所指的，而且指得很清楚——作为等级的城市生活与乡村生活对比，作为一种状态的自由与依附对比。但是，从它本身的范围内来观察，它绝不是原始等级心目中的未分类的渣滓。资产阶级有明确的界限；它属于文化；从最完美的意义上讲，它包容了所有依附于它的人，并且以各式各样的人民的名义，团结贵族和僧侣、金钱和心智、手工业者和工资劳动者，作为它自身的组成部分。

这就是文明登上历史舞台时的流行观念，这就是文明用它的第四等级、群众的观念加以摧毁的东西，它反对所有的文化及其成熟的形式。这是无形式的极端，它以其憎恨迫害一切形式、一切等级差别、财产制度和知识体系。这是世界都市中的新游牧作风，古典世界的奴隶和蛮族、印度的首陀罗以及一切只是人类的东西，都为它提供一种无差别的、游离不定的东西，这种东西在它诞生时就解体了，既不承认过去，也没有未来。这样，第四等级就成为从历史过渡到无历史的一种体现。群众是终点，是极端无用之物。

第十一章　国　家

（乙）国家与历史

一

在作为历史的世界里，宇宙之流体现为我们所谓的现实、真实的生活、实体形式的存在之流；我们被如此生动地编织在这个世界里，以至于我们的知觉和理性经常服从于我们的感觉。它们的共同标记就是方向。然而按照观察到的是运动或被运动的事物，这样我们对它们有不同的理解。我们称前一状况为历史，而称后一状况为家族、种族、等级或民族，但一种状况仅有借另一种状况才能存在。历史只作为某一事物的历史才存在着。假如我们指的是伟大文化的历史，那么文化民族就是被运动的事物。国家，意思是指状态；它作为一个具有运动形式的存在，在我们身旁流过，当我们把这样的运动形式作为某种延伸的和永久固定的东西予以注视并完全不管方向和命运时，我们就获得了我们关于国家的印象。国家被视为静止状态的历史，历史被视为运动中的国家。现实的国家是一个历史的存在单位的体相；只有理论家所设计的国家才是一种体系。

运动具有形式，运动的事物则是“姿态良好”的，或者用另一种竞技的说法，当某物在“尽力运动”时，它处于完美的状态。这对于一匹赛马或一位角力士，对于一支军队或一个民族是同等正确的。从一个民族的生命之流抽象出来的形式，即是该民族在历史中奋战和它同历史奋战所处的“状态”。但是仅有其中的极小部分可以通过理智来探知并加以鉴别。现实的宪法，当它被单独采用并书写成一种体系时，没有一部是完全的。这种不成文的宪法，这种难以描述的宪法，这种寻常的宪法，这种可感觉到的宪法，这种自明的宪法，它比其他一切事物都要重要（虽然理论家永远看不见它），以致关于一个国家或其宪法文献的记述，甚至连那作为一个国家的根本形式而构成其生动现实的基础的东西的轮廓，都无法提供给我们；当我们把一个历史上的存在单位的运动审慎地置于一部成文宪法的约束之下时，这个单位就被破坏了。

个别的阶级或家族是历史长河中最小的单位，文化民族是历史长河中最大的单位。各原始民族是受一种在更高意义上非历史的运动支配的，这种运动变成徐步缓行，或者变成冲锋，但它并不具有有机的性质和深远的意义。然而，这些原始民族仍在不断地运动中，的确到了一种在匆迫的观察者看来完全没有形式的程度。相反，费拉则是一种运动的牢固对象，这种运动来自外界并无意义地和偶然地冲击它们。前者包括迈锡尼时期的“国家”、提尼斯时期的“国家”、中国商朝大约直至迁殷（公元前1400年）时期的“国家”、查理曼的法兰克王国直到优里克时的西哥特王国以及彼得大帝的俄国——这往往是一些广大和有力的，但仍然缺乏象征性和必然性的国家形式。罗马、中国和其他帝国属于后者，它们的形式已经不再表现任何内容了。

然而在原始民族和费拉之间还有伟大文化的历史。具有一种文化形式的民族——历史的民族，称作一个文化民族。一个文化民族，作为一个有生命力的和战斗的东西，具有一个不仅作为一种运动状态的，而且（特别是）作为一种观念的国家。最简单意义上的国家，可能跟自由运动的生命本身一样古老。甚至在极低等动物的昆虫群和兽群之中也可能有某种“宪法”，而且蚂蚁、蜜蜂、许多鱼类或候鸟、海獭的“宪法”已经达到了一种令人吃惊的完美程度，但是伟大形式的国家跟它的两个原始等级——贵族与僧侣同样古老，它并不早于这两个原始等级。这些等级与文化一起出现，并在其中消失，它们的命运是非常相同的。文化是体现为国家形式的文化民族的存在。

民族一旦“具有形式”就成为国家，血亲“具有形式”就成为家族——这就是政治史与宇宙史之间、公共生活与私人生活之间、公有物与私有物之间的区别。另外，这两者又都是关切的象征。妇女是世界历史。她通过怀孕和生育，负责血统的延续。怀抱婴儿的母亲是宇宙生命的庄严象征。在这种情况下，男子和妇女的生活“具有形式”而成为婚姻。然而，男子创造历史，这种历史是一场保护那另一生命的无休无止的战斗。母性的关切为父性的关切所补充并与之并行。手执武器的男子是延续的意志的另一庄严象征。“状态良好”的民族本来是一群战士，一群适宜军事的男子在内心上深刻意识到的团体。国家是男人的事情，它是对保护整体（包括称为荣誉和自尊的精神自卫在内）、抵御侵略、预见危险的关切，特别是对积极进攻的关切，这种积极进攻对于每个已经开始上升的生活都是理所当然和不言自明的。

如果一切生活都是同一形式的存在之流，那么就永远听不到“民族”、“国家”、“战争”、“政策”、“宪法”等词汇。但是生活的永恒的、强烈的多样性——文化的创造力将它提升到最大的强度——则是事实，因此在历史上我们非将它这样地接受不可，连同从它那里流出的一切事物在内。植物生命只在和动物生命的关系中才成为植物生命；贵族和僧侣是互相依存的。一个民族只有在跟其他民族的相互关系中才真正成为一个民族，而且这个现实的本质是在自然的和难以断绝的敌对中，在攻击和防御中，敌视和战争中显露出来的。战争是一切伟大事物的创造者。生存之流中一切有意义的事物大多是通过胜利和失败体现出来的。

一个民族之所以能形成历史，是因为它能“胜任”形成历史的任务。它生动地经历着一种内部的历史——这种内部的历史使它处于此种“胜任的状态”，只有在这种“状态”中它才成为有创造力的——和一种外部的历史，这种外部的历史存在于这种创造中。所以，作为国家的各个民族，是全部人类事件的真正动力。在作为历史的世界里，再也没有超过它们的事物，它们就是命运。

事实上，国家、公共生活、人类存在之流的“刀剑方面”是无法看透的。外来人所看到的只是人而不是人的内在联系，因为人的内在联系的确存在于生命之流的最深处，并且即使是在那里，与其说是被理解到的，不如说是被感觉到的。同样，我们实际上也无法看透家族，而只看见一些人，在完全确定的意义上，我们凭借自己内在的经验知道并理解他们结合。对于每个这样的心灵图像，都存在着一群组成成员，他们由一个相同的外在和内在的组织联结在一起，作为一个生活单位。存在之流的这种形式，当它在节拍和行进中自行出现以及它在其有意识以前还是无意识的时候，被称为习惯的惰性，当它被审慎地陈述和提出以供采纳时，称作法律。

法律，不管它的权威是来源于感情和冲动（不成文法、习惯法、英国的“平衡法”），还是被深思熟虑所抽象、探寻并制成成文法的体系，都是存在所希望的形式。它所包含的法律事实有如下两类，尽管二者都具有时间的象征性——以警告和条规这两种方式表现关切，然而由于它们各自包含的意识的程度不同，于是在整个真正的历史中必定有两种对立的法律：一种是祖先的、传统的法律，即继承的、成熟的、经过多次试验效果良好的法律，因时间久远而神圣不可侵犯，导源于血统的经验，从而是可靠的；另一种是理性、人性和博爱的经过思考和设计的法律，它是深思熟虑的产物。因而是数学的表兄弟，这是一种或许不十分可行的，但无论如何是“公正的”法律。乡村生活和城市生活之间、生活经验和思考经验之间的敌对，就在这两种体系的法律中逐渐成熟，直到它在那革命的愤怒中爆发出来，在这种愤怒中，人们采用一种法律而不是被赋予一种法律，并且破坏一种不愿屈服的法律。

一个团体所规定的法律体现了每个成员应负的义务，而不是每个成员权力的证明。相反，法律是命运的问题，命运制定法律而且法律是为它而制定的。在制定法律时，有许多主体，也有许多客体，虽然就法律的效力而论，每个人都是一个客体——这一点对于家族的、行会的、等级的和国家的内部法律是同样适用的。但是就国家——存在于历史现实中的最高法律主体——而论，另外还有一种国家通过战争手段强迫外国人接受的对外法。一般的民法是第一类的实例，和平条约是第二类的实例。但在各种情况下，强者的法律就是弱者的法律。“具有权利”是权力的表示。这是时时刻刻都在肯定的历史事实，但在不属于现世的真理领域中，它是不被承认的。所以，存在和觉醒的存在，宿命和因果关系，在它们关于权利的概念方面，如同在其他事物方面一样，是相互对立，不可调和的。正确与错误的道德区别属于僧侣的和理想主义者的善与恶的道德范畴，但是在好与坏的种族道德方面，那些赋予法律的人们和承受法律的人们之间是有区别的。正义的抽象观念盛行于一切那些精神上高尚和有力而血气上软弱的人们的头脑中和著作中，盛行于一切宗教和哲学中，但是历史的现实世界只知道胜利，它把强者的法律变成一切人们的法律。历史的现实世界毫不可惜地越过理想前进，而且假如某人或某个民族为了保节守义而否认当时的权力，那么该人或该民族的理论声望在另一个思想和真理的世界里肯定是受到确认的，但无疑也会出现这样一种情况，此时该人或该民族的理论声望将屈服于另外一种对现实的理解更为透彻的生命力。

只要一种历史的量如此强于它的组成单位——就像国家或等级通常比家族和职业团体更为强大，或家长比子女强大一样——那么在弱者中间就可能存在作为公正无私者的全能之手的恩赐的公正法律，但却很少感到等级的存在，而国家就几乎从未感到这样一种宽宏大量的势力施惠于它们自己身上，所以强者的法律在它们中间就以直接的威力发生作用——就像在战胜者的条约中所见到的，这种条约在条款方面是单方面的并且在解释和遵守方面是更加单方面的。这就是历史的生活单位的内部权利和外部权利之间的差别。在前者之中，裁决者的意志可能会真正成为公平和正直的，尽管我们关于体现在那些几乎是历史上的最佳法典，甚至是那些自称为“公民的”或“bürgerlich”（即“市民的”）法典中的实际公平程度，容易把我们自己欺骗得很厉害。因为“公民的”这个形容词本身就表示了某个等级具有把这些法典强加于每一个人身上的优势力量。对内法是严格的逻辑、因果思维集中于真理的结果，但因此缘故，它们的效力永远依赖于它们的作者的物质权力，不论这物质权力是等级，还是国家。消灭了这种权力的革命，也就消灭了这些法律——它们仍然是正确的，但不再是现实的。另一方面，对外法，就像一切和约那样，在本质上永远不可能是正确的，但总是现实的——确实是这样的，这很令人吃惊。不管什么样的正义主张它们都不提出——它们要的只是有效，这就足够了。在对外法中，生活表明它并不具有因果的和道德的逻辑，但却由于缺乏这种逻辑的结果而更加有机地一致起来。生活的意志是保持自身的有效性；它内心明确地感觉到为达到那个目的应需要什么，并且由于了解那个目的，知道什么是它本身所要的法律和什么是必须为他人制定的法律。在每一家族中，特别是在古老的地道的农民家族中，一当权威被破坏、家长以外的某些人试图决定“是什么”的时候，此种逻辑就可见到。当一个政党在国内控制了局势的时候，此种逻辑即在每一国家中出现。每一封建时代都充满着领主和藩臣之间争夺“各种权利的权利”的斗争。在古典世界里，这种冲突几乎到处都以第一等级的无条件的胜利而告终，这个等级剥夺了王位的立法权并使王权成为它自己立法的一个对象——如同雅典的执政官和斯巴达的监察委员的起源与重要性所确实证明的。但是同样的冲突也发生在西方世界——在法国为时甚短（1302 年三级会议的设立）；在英国则为时长久，1215 年诺曼贵族与高级僧侣在英国强行通过大宪章并这样播下日后成熟为实际的国会统治权的种子。所以，在这里古老的诺曼等级法永远是有效的。在德国，情况正好相反，被大诸侯的要求所紧逼的软弱的皇权，求助于查士丁尼的“罗马”法（即无限的中央权力的法律）来反对早期的日耳曼土地法。

德拉古宪法，寡头的鼻祖的宪法，就像严格意义上的贵族的罗马十二铜表法一样，是由贵族规定的；但是那时文化的晚期正在充分进行之中而且城市的力量和金钱的力量已经充分发展起来，因此反对这些势力的法律必须十分迅速地让位给第三等级（梭伦，保民官的职位）的法律。可是，这些法律和它们先前的法律一样，也是等级创制的法律。两个主要等级之间争夺立法权的斗争充满了整个西方历史，从哥特时代早期的世俗法与寺院法的争胜冲突，一直到关于照俗约举行的结婚的争论（甚至今日尚未结束）。而且，就这一点而言，18 世纪末以来所发生的宪法冲突无非是第三等级（按照 1789 年西耶士的名言，这个等级“什么也不是，但可以成为一切”）获得了约束所有人的立法权利，制定一种法律的权利而已，这种法律正是一种市民法，就像哥特法永远是贵族法一样。强权所体现的权利的最赤裸裸的形式（就像我已经观察到的那样），存在于国与国之间的签约、和平条约以及国际法之中，对于这种国际法，米拉波已经断言它是强者的法律，对它的遵守是强加给弱者的。世界历史的大部分决定包括在这类法律之中。只要战斗的历史不复原到武装冲突的本来形式——本来的而且是基本的，这类的法律就是战斗的历史在其下前进的宪法，因为每一个有效的和企图具有实际效果的条约，都是战斗的历史的一种理智的继续。如果政策是另一种手段的战争，那么“颁布法律的权利”就是胜利一方政党的战利品。

二

所以，很明显，这样的两种生活形式——等级和国家——在历史的顶峰争夺最高地位，二者都是伟大的精神形式和象征力的存在之流，每一个都决心使自己的命运成为全体的命运。这就是各种事件的社会行为和政治行为之间的对立意义，如果我们企图深刻地了解这个问题并无保留地抛弃我们关于民族、经济、社会和政治的日常概念的话。一直到一个伟大的文化已经出现，或甚至直到封建主义正在衰落并且领主与附庸的关系代表社会方面，国王与民众的关系代表政治方面的时候，社会的观念和政治的观念才开始区别开来。但是早期的社会势力（贵族和僧侣），至少跟晚期的那些社会势力（金钱和才智）——还有工匠、官吏、工人等职业团体，当它们在日益成长的城市中正在获得权势时——一样积极地，为了自己而力求使国家理想服从于自己的等级理想，或更通常地服从自己的等级利益。于是在一切层面上，从民族单位的层面直到个人意识的层面，都发生了一场争夺各自的范围与需要的斗争，其结果是，在极端情况下，一种因素胜利得如此彻底，以致另一种因素成了它的工具。

但是，在各种情况下，决定外部局势的是国家，因此民族之间的历史关系永远是政治性而不是社会性的。在内政方面正好相反，局势如此受到阶级对立的支配，以至于初看起来社会策略和政治策略似乎密不可分，而且在那些把自己的阶级理想与历史现实等同起来，并因此根本不能按对外政治去思维的人们（例如一个资产阶级）的思想中，社会策略和政治策略的确好像是相同的。国家在对外斗争中力求跟其他国家结盟，在对内斗争中则始终跟这个等级或那个等级结成联盟。例如，6 世纪的僭主政治，依靠国家观念与第三等级的利益的联合，而与古代的贵族寡头政治相对抗；法国革命从第三等级——才智和金钱——弃它的朋友国王于危难之中，并联合其他两个等级的那一刻起（从 1787 年的名士会议起），就成为不可避免的了。所以，我们对国家历史与阶级历史之间、政治（横的）历史与社会（竖的）历史之间、战争与革命之间的区别的观察，是完全正确的。可是，把国内历史的精神看作一般历史的精神，是现代空谈家的一个严重错误。世界历史是并将永远是国家的历史。一个民族的内部宪法永远力求“胜任”对外的斗争（外交的、军事的或经济的），而任何把一个民族的宪法本身看作目的和理想的人，只不过是在毁灭这个民族的机体罢了。但从另一种观点出发，某个统治阶层（不管是属于第一等级还是属于第四等级）的内政节奏感，就在于制约内部的阶级对抗，以便使民族的核心和思想不被束缚在党派冲突上，并且也不把背叛国家看作最有效的策略。

很明显，国家与第一等级在本质上是性质相同的——同类的，这不仅是因为它们的时间和关切的象征性，还因为它们对种族和谱系继承事实的共同关系、对家族和所有农民（每一国家和每一贵族最终都要依靠农民支持）的原始冲动的共同关系——不仅在它们对土地、对氏族领土（无论是可继承的领地还是故乡）的关系方面是同类的，这种氏族领地的重要性甚至在枚斋形式的诸民族中也受到了贬低，只是因为在这里正教信仰的尊严十分彻底地凌驾于其他一切事物之上；而且尤其是在历史世界的种种事实中的高级实践方面，即在律动和冲动的自由统一体、外交、评价人物、指挥的艺术和掌握权力与扩张权力的男性意志（此种艺术和意志甚至在最早的时代，就使贵族与平民在同一战争场合中区别出来）等方面是同类的；最后，在荣誉感和责任感方面也是同类的。因此，直到最晚的时期，只有这样的国家才是最巩固的，在这种国家中，贵族或贵族所形成的传统，完全是为公共目的服务的——与雅典相对的斯巴达，与迦太基相对的罗马，与具有道的色彩的楚国相对的秦，全是如此。

区别在于：作为一个阶级而独立自足的贵族——或者在这个意义上的任何等级——只是按照自身的利害去感受民族的其他部分，并且只愿意在这种意义上运用权力；相反，国家的真正原则却是对全体的关切并且只把贵族作为主要的关切对象而予以关切。但是真正的古贵族把自己同化于国家之中，并恰如关切一种财产那样关切全体，这种关切，实际上是贵族的最庄严的职责之一，和贵族最深刻地意识到的职责之一；它感到这种关切确实是一种天赋的特权，并把服军役和行政看成自己的专业。

但是，国家观念和任何其他一个等级的观念之间所具有的那种区别，却完全是另外一种性质的。所有这些等级在精神上都是和国家本身对立的，并且它们从自己生活出发形成的国家理想，也没有从现实历史的精神和政治力量中成长起来——所以，这的确是一种使它们被标志为社会的有意识的强调。如果早期的情况只不过是各种史实反对宗教实现其宗教理想的努力，那么在晚期自由经济生活的商业理想和那些会达到这种或那种抽象观念的空想家们的乌托邦理想，也都出现了。

然而在历史世界里没有理想，只有事实——没有真理，只有事实。没有理性，没有诚实，没有平等，没有终极目的，却只有事实；任何不了解这些的人只应撰写论述政治的书籍——奉劝他别尝试去搞政治。在现实世界里，没有按照理想建立的国家，而只有已经成长的国家，并且这些国家不过是“具有形式”的活生生的民族而已。毫无疑问，这是“生活自身所展现的盖上印记的形式”，但是这种烙印已经是一种完全本能的和不自觉的存在着血统和节拍的烙印；至于展现，如果是它由政治能手指导，就会采取血统的固有方向；如果是由理想家指导，就会采取理想家自己的信念所规定的方向——换言之，就是虚无的道路。

但是对存在于现实之中而不是存在于理智的体系之中的国家而言，命运问题不是国家理想的任务或理想结构的问题，而是国家内部权威的问题，这种内部权威归根结底不能靠物质手段来维持，只能靠对国家效力的信念——朋友的和敌人的——来维持。决定性的问题不在于详细拟定宪法，而在于组织一个健全的、实际工作的政府；不在于根据“公正的”原则（“公正的”原则实际上，不过是一个阶级形成其本身的合法要求这种观念而已）分配政治权利，而在于整体的有力的节奏（所谓有力是就一匹拼命奔驰的赛马接近终点时，肌肉和腱的运动是有力的这种意义而言的），在于那种甚至把坚强的天才都吸引进共振中的节奏；最后，不在于任何与尘世无关的道德，而在于政治领导的稳固、坚定和优势。所有这一切越是明白无误，那么有关它们的谈论和争论就会越少；国家就会成熟得更加充分。民族的地位、历史的能力就会更高更强，因而文化民族的命运也就越高贵。国家主权、主权是第一等级的生活象征。它不仅区别内部历史的政治事件中的主体与客体，而且也区别（这尤为重要）外部历史的政治事件中的主体与客体。在这两个因素的明显分离中表现出来的领导力量，是一个政治统一体的生命力的明显标志——因而现存权威的破坏（例如被拥护某种对立的宪法理想的人们所破坏）几乎永远不能归结为这个新政党使自己成为国内政策的主人翁，而应当归结为整个文化民族变成外国政策的对象——而并且这种情况永远是常见的。

所以，在每一个健全的国家中，成文宪法的字句与活宪法的实践，与已经从时间的经验中自行发展出来的民族的“状态”（再一次使用这个竞技的术语），与民族的状况并且特别是与民族的种族特性相比较而言，并不是太重要的。国家的自然形式把自己树立得越有力，它在意外的情况下就工作得越稳当；的确，最后，无论实际的领袖称作国王，还是称作大臣或称作政党领袖，或甚至他和国家并无明确的关系（如塞西尔·罗德斯的例子），都无关紧要。从宪法的观点来看，三次布匿战争时期掌管罗马国政的贵族根本不存在。领袖的职责永远属于那种，具有经邦治国的本能并在历史斗争中代表着民族其他部分的少数人。

所以，阶级国家——由特定的阶级在其中进行统治的国家——是唯一的国家，这一点是确凿无疑的事实。决不能把这样的阶级国家跟另一种阶级国家，即个人只是因为从属于一个等级才依附于它的那种阶级国家相混同，较古的城邦、诺曼人的英国和西西里、1791 年宪法的法国和今日的苏俄都是这样的阶级国家。真正的阶级国家是普遍的历史经验的一种表现，这个普遍的历史经验就是：依据宪法或违背宪法提供政治领导的永远是一个单独的社会阶层。代表一个国家的世界历史趋势的永远是一个确定的少数；而且在那个少数中，凭借自己才能（并十分经常地反对宪法的精神）真正掌权的又是一个多多少少独立自足的少数。而且，如果我们不顾，作为证明常规的例外的革命空位时期和恺撒式的状况，在其中个人和偶然的集团只是靠物质手段维持他们的权力（而且常常不具有任何统治才能），那么在一个等级中永远是少数，只是依靠传统来统治。在绝大多数情况下这个少数是贵族中的少数，例如统治议会形式的英国“乡绅”、布匿战争时期执掌罗马政柄的新贵、威尼斯的商人贵族、受过耶稣会士训练的人（巴洛克时代掌理罗马教廷外交的贵族）。同样，我们发现宗教等级内的各种独立团体具有政治的才能，不仅罗马天主教，而且佛教和印度也具有政治才能。拜占庭和萨珊波斯尤其具有政治才能。在第三等级方面——虽然这个等级难得产生政治的才能，因为它本来不是一个生活单位——也有类如3 世纪罗马的情况，在那里平民的一个阶层拥有受过商业训练的人，和 1789 年以来的法国的情况，在那里资产阶级的一个部分在法律方面受过训练；在这些情况中，政治才能由具有同种实际禀赋的人们组成的一个排他性集团来保证，这个集团不断地充实自己，并把不成文的政治传统和政治经验总和保存在自己之中。

这就是跟书本上陈述的和迂腐头脑中想象的国家，相对应的现实国家的组织。按照某种计划实现的最好的或真正的、公正的国家可能是没有的。历史上出现的每一个国家按其本来面目只存在一次，存在片时；下一刹那，不论它的法律——宪法的外壳硬度如何，它已在不知不觉中变得不同了。所以，类似“共和政体”、“专制主义”、“民主政治”这些字眼在每种情况下都是指某种不同的事物，而使它们变为引人注目的字眼则是由于，哲学家和思想家把它们用作确定的概念。国家历史是观相的而不是体系的，国家历史的首要任务不在于表明“人类”如何向获得人类的永恒权利前进，向着自由和平等前进，向一个最智慧和最公正的国家的进化前进，而在于描述真正存在于现实世界中的政治单位，描述它们如何成长、兴盛和衰落，并且描述它们的现实。不过是“具有形式”的现实生活罢了。让我们在这个基础上尝试一下。

三

高级形式的历史在每种文化之中都是从封建国家开始的，这不是一种即将到来的意义上的国家，而是对一个等级的共同生活的安排，大地的最高贵的产物，大地的最高尚意义的人种，在这里把自己奠基在一种从低等的骑士直到同辈中的第一人，即同辈中的最高封建领主的等级秩序之上。这是与巨大的礼拜堂和金字塔的建筑同时开始的，它们是上升为象征的石头和血，一个代表意义，另一个代表存在。曾经支配所有青春时期的封建主义观念，是从统治者与那些服从他的人们（不管是他们选择了他还是被他所征服）的原始的、纯粹实际的和确实的关系，到领主同附庸的私法（因而是深刻象征的）关系的转变。这种关系完全是以高尚、荣誉和忠义的伦理为基础，并造成人们忠于领主的义务和忠于自己家族的义务之间最无情的冲突。狮子亨利的衰落就是这方面的一个悲剧证明。

在这里，“国家”只是在封建义务的范围内才存在，并且通过外国附庸的归附来扩张自己的版图。世袭的采邑很快成为对统治者——本来是个人的而且在时间上是有限的——有益和为统治者经营的。当这种世袭的采邑如被收回时，必须重新分配（到 1000 年西方的原则已经是“没有无领主的土地”），并且不久它就从那个阶段过渡到世袭的阶段（1037 年 5 月 28 日皇帝康拉德二世的法律）。因此，从前直属统治者的臣民被附庸化了，他们从此只作为他的一个封臣的臣民才成为他的臣民。只是由于等级的牢固的社会性的互相结合，才保证了那种甚至在这种情况下也仍然必须称之为国家的团结。

我们在这里所看到的权力观念，在古典的意义上与战利品观念是一致的。当 1066 年威廉和他的诺曼骑士团征服了英国的时候，全部土地成了国王的财产和采邑，并且它在名义上直到今天仍然是如此的。这是对于“财产”的一种真正北欧海盗式的喜好，是像从计算自己财产开始的奥德修斯那样的人的关切。从精明的征服者的这种战利品思想中，早期诸文化的有名的财政实践和官吏集团十分骤然地出现了。把这样的官吏同位居机要职务的人们区别开来是适宜的，这样的机要职务业已从更古的私人代办中产生出来了；这些官吏是书记，而不是大臣——“仆人”，但今天是在较荣誉的意义上使用的。财政的和书记的官吏集团是关切的一种表现，并且它同朝代观念的发展精确相称地发展着。这样，它在古王国初期的埃及达到了一种惊人的高度。《周礼》中所描写的早期中国官僚国家是如此的包罗万象和错综复杂，以至于这部书的真实性都被怀疑了，但它在精神上和倾向上与戴克里先的官僚国家刚好是相互一致的，这个官僚国家使一种封建等级制度从一架巨大的财政机器中产生出来。在早期的古典世界里，它显然是不存在的。“及时行乐”始终是古典经济学的箴言，而且不从事积蓄，斯多噶派的自给自足政策，正像在其他领域中那样，在这个领域中也被上升为一种原则。即使是最善于打算的人们也不例外——这样，公元前 330 年尤布路斯在雅典为盈利而经营商业，但当获得盈余时，只是把它们分给公民而已。

早期西方精明的北欧海盗们提供了与尤布路斯的财政学非常不同的东西，他们依靠他们诺曼国家的财政管理奠定了今天遍布于全世界的浮士德式经济的基础。我们是从魔王罗伯特（1028~1035 年）的诺曼账房中的棋盘，获得了英语“财政部”的名称并进而获得了“支票”这个词。“存根”、“收据”、“纪录”等单词也在这里出现了。在这里发生了这样的事情：1066 年以后英国被当作战利品组织了起来，采取的办法是把盎格鲁撒克逊人无情地降为农奴；并且诺曼人的西西里国家也产生了——因为霍亨斯陶芬家的腓特烈二世后来建立的国家并非无所依据的。他的最具私人性质的著作，即 1231 年的麦尔费宪法，并非他的创造，而只是他（运用来自高级阿拉伯文明的货币经济学的方法）修饰和完成的。井然有序的和记述式的理财技术，从这个中心传播到伦巴第的商业世界并且也传播到西方的所有商业城市和政府中去了。

然而，树立和崩溃在封建主义中是紧密地连在一起的。当最初的各个等级方兴未艾和充满活力时，未来的各个民族以及连同它们一起的国家观念本身的萌芽，正在悄悄移进人们的生活里面。世俗权力和教会权力之间的对抗以及国王和封臣之间的对抗，一再被民族的对抗所打断。这些民族状态的对抗是：甚至从鄂图大帝时期开始的德法的对抗；德意的对抗，它把意大利分裂成教皇党和皇帝党并毁灭了德意志帝国；法英的对抗，它导致了英国对法国西部的统治。然而这一切同封建等级自身内部的重大决定相比是很不重要的，在封建等级那里不晓得什么叫民族观念。英格兰被割裂成 60251 个采邑，它们被载入了 1084

年的定罪日簿册（直至今日仍经常被查阅）的目录中，而且严密组成的中央政权甚至还要求贵族们的转租租户效忠于自己。然而大宪章仍然在不到一百五十年之后就被强行通过了（1215 年），并且实际的权力也从国王转移到附庸的国会——上院由大贵族和教士组成，下院由乡绅和城市贵族组成——手中，这个国会自那时以后就成了民族发展的支柱和战士。在法国，贵族们与教士和市镇联合，逼使召集了 1302 年的三级会议；1283 年萨拉哥撒的“总特权”使亚拉冈成为一个由亚拉冈国会统治的贵族们的准共和国；在德国，一群大附庸在几十年以前使德意志的王位选举依赖于作为选侯的这些人本身。

不仅在西方而且在任何文化中，封建观念为自己找到的最有力的表现，产生了帝权与教权之间的斗争。二者都梦想一种极致的境界，在其中整个世界将变成一个巨大的封建体系，而且二者都非常密切地交织在这个梦想中，因此随着封建主义的衰弱，它们全都从顶峰堕入可悲的毁灭。

到目前为止，元首——他的敕令应当普及于整个历史世界，他的命运应成为全体人类的命运——的观念，明显地体现为三种情况：首先，体现为作为霍拉斯神的法老的概念；其次，体现为中国人关于中国统治者的伟大想象，这个统治者的辖域是“天下”，即位于天空下面的万物；第三，体现在哥特时代的早期。鄂图大帝，漠从深奥的神秘感并渴望历史的无限和席卷当时世界的空间的无限，在 962 年设想出“德意志民族的神圣罗马帝国”的观念。但是甚至在更早的时候，仍然完全专注于奥古斯丁式即枚斋式思想方式的教皇尼古拉一世（860 年），已经梦想过一个利用处于现世各君侯之上的教皇民主国，而且格列高里七世从 1059 年以来还在利用其浮士德性格的全部主要力量，着手去实现一个普遍的封建主义体制的，以各国王为附庸的教皇世界领土。事实上教皇政治本身，在其对内方面形成了坎佩尼亚的封建小国，其贵族家族控制了教皇选举，并且这种选举使红衣主教团（1059 年以后这个职责就委托给它）非常迅速地转化为某种贵族寡头政治。但是在较广阔的对外政策方面，格列高里七世实际上获得了君临诺曼人的英国和西西里（二者都是靠他的支持创立起来的）的最高封建权力，并确实授予了王位，正如鄂图大帝曾授予过罗马教皇皇位一样。但稍后一些时候，霍亨斯陶芬家的亨利六世在相反的意义上成功了；甚至狮心理查都为英国而向他宣誓表示归附，并且当最伟大的教皇英诺森三世（1198~1216 年）使教皇的世界最高领主地位暂时实现的时候，世界帝国正在变成事实。1213 年英国变为教皇的封地；继而出现了亚拉冈、雷翁和葡萄牙，丹麦、波兰和匈牙利，亚美尼亚和新近在拜占庭建立的拉丁帝国。但是随着英诺森的逝世，教会自身内部开始瓦解了，并且高级的教会显贵们（他们的封地使他们变成作为最高领主的教皇的附庸）不久就仿效世俗附庸的榜样，着手借适合他们等级的代表制度来限制教皇。宗教大会高于教皇的观念不是起源于宗教方面，而是主要来自封建的原则。这种观念的倾向和英国显贵在大宪章中已经达成的倾向恰相符合。在1414年的康斯坦士宗教会议和1431年的巴塞尔宗教会议中，作了最后的努力，使教会在其世俗方面变为一种僧侣的封建主义；在这种封建主义中，红衣主教的寡头政治就会成为西方整个僧侣等级的代表并接替迄今被罗马贵族所占有的地位。但是到那时封建观念久已居于次于国家观念的地位，因此罗马贵族识得了胜利。罗马教皇职位的候补者的范围限于最狭窄的罗马附近的区域，并且统御教会各种组织的无限权力实际上保证给了中央。至于神圣罗马帝国，就像埃及帝国和中华帝国一样，在很久以前它就已变成一个受崇敬的亡灵。

跟这些决定性的无限动力相比，封建主义在古典世界的建立是缓慢的、静态的、差不多是无声无息的，因此假如不是从变迁的痕迹中，它几乎是无法辨识的了。在我们今天所保有的荷马史诗中，每一地区都有它的巴西琉斯（祭司）。很明显，巴西琉斯（祭司）曾经是一个大附庸——我们在阿伽绵农这个人物身上可以看到一个广大地区的统治者偕其同辈的扈从一起出征的情况。但是在希腊世界里，封建世界的解体是与城邦国家即政治“点”的形成联结在一起的。结果，archai 和 tiniai、议长、执政官或许还有最初的行政长官等世袭的朝廷职位，都是市镇归属的；并且豪门巨族们因此不是像在埃及、中国和西方那样分别地在他们的州郡中发展，而是在与城市的最密切的接触中发展，在城市中他们一项一项地获得了国王的权力，直到除了那因诸神的缘故而不能触及者——附属于统治家族的祭祀职能的称号（因而有奉神的国王这个名称）——以外，再也没有给统治者家族留下一点东西。在荷马史诗的较后篇卷中（公元前800年左右），招请国王即位甚至黜免国王的正是贵族。“奥德赛”真正所知的只是作为英雄故事中的角色的王权——它显示给我们的实际存在的伊大卡是一座由寡头统治的城市。斯巴达统治者，如同库里亚民会中的罗马贵族一样，是封建关系的产物。在简朴的会餐中，有贵族的古代公筵的明显遗迹，但是国王的权力已经降至罗马的奉神的国王，或随时都会被监察委员监禁或撤换的斯巴达国王这种徒负虚名的尊位。由于这些情况在本质上的相似，我们不得不假设：在罗马，在公元前500年的塔尔昆僭主政治以前还有一个寡头政治的统治时期，并且这个看法被摄政的确凿无疑的真实传统证实。摄政是指由贵族会议

（元老院）从贵族内部成员中任命，一直工作到他们想另选一个国王为止。

在这里，就像在其他地方一样，封建主义开始日趋衰微，然而此时即将到来的国家还没有完成，民族也还没有“成形”。这是一个可怕的危险关头，王位虚置的情况到处出现。它形成了封建联合与阶级国家之间的界限。在埃及，封建主义到第五王朝中期左右的时候充分地发展起来了。法老阿索喜把他的领土真正一片一片地分给了他的附庸，而且僧侣们的富饶的采邑还被免税（恰如在西方那样）并逐渐变为大寺庙的永久财产（“永远管业”，如我们应当税的）。“霍亨斯陶芬”时期随同第五王朝（约公元前 2530 年）一起告终了。在短命的第六王朝的有名无实的王权统治下，公爵们和伯爵们变成独立的；所有高级官职都是世袭的并且我们从碑铭上看到对于古老统系的越来越夸耀的强调。晚期埃及历史学家在号称第七王朝和第八王朝之下隐秘的东西，实际上是历时半世纪之久的无政府状态和诸侯间争夺彼此领上或争夺法老称号的违法斗争。在中国，甚至懿王（公元前 934~ 前 909 年）也为他的附庸所迫，不得不交出全部的征服土地，并把它们分配给附庸们指定的转租户。公元前 842 年，厉王被迫偕其子嗣一同出亡，于是帝国的行政就由两个诸侯管理。在这个王位虚空的时期，周室的瓦解开始了，王的名称也开始下降为一尊贵的但无意义的称号。这个王位虚悬期酷似德国的王位虚悬期，后者始于 1254 年并使皇帝的权力在文塞斯罗斯[1]统治下于 1400 年达到它的最低点；佣兵队长的义艺复兴形式和教皇权力的完全衰弱也与之同时发生了。蓬尼菲斯八世于 1302 年在“一圣”教谕中再次维护了教皇的封建权力并因此被法国代表逮捕，在他死后，教皇系统经历了一个世纪的放逐、无政府状态和衰弱；而在下一世纪，英国的诺曼贵族则多半都在约克家族和兰开斯特家族争夺王位的斗争中灭亡了。

四

这个教皇权与帝权的灭亡的意义，正是国家对等级的胜利。封建制度曾经以这样一种感情为基础，即生存的目的在于“生活”应当按照它所包含的意义去度过。历史全部包含在贵族的宿命中。但是现在发生了这样的情感，即还有某种另外的东西，某种甚至贵族也隶属于它并且贵族与一切其他阶级（无论是身份的阶级还是职业的阶级）共享的东西，某种不可捉摸的东西，一种观念。事物终于不再根据率直的私法观点来评断，而依照“公”法方面来评断。国家

[1] 文塞斯罗斯：1361~1419 年，德意志国王和神圣罗马皇帝，在位期间懦弱无能，德意志陷于混乱状态达十年之久。

可能（并几乎毫无例外）仍然是彻底贵族的；国家的外貌可能没有随着从封建集团到阶级国家的转变而改变；那些在等级之外的人们不仅具有义务而且具有权利的观念可能仍是未知的；但是情感已经变得不同了，并且生活应当在历史的高峰上度过这种意识已经让位于另一种情感，即生活包含一种任务。当我们把伦拿德·冯·达萨尔（1167 年去世）——所有时代最伟大的德意志政治家之一——的政策与皇帝查理四世（1378 年去世）的政策相对比，并同时考虑到古典的情感从骑士时代的“西密斯”演变为逐渐壮大的城邦的“黛吉”时，区别就很明显了。西密斯只包含了一种要求，黛吉却还包含着一种任务。

在健旺的青春时代，国家观念永远——并且因为在动物性自身中根深蒂固的本性而毋庸置辩地——与一种个人统治者的概念密切相连。这个概念还以同样的自明性，适用于每个决定性，局势中的每一个奋起的人群——如同每一次暴动的集会和每一次突发的危急关头所重新证明的。这样的人群是感情的单位，但是盲目的。只有当他们被领袖所掌握时，他们才“具有”适于事物的洪流的“形式”。这个领袖突然出现在他们之中，由于那种感情的一致而立即居于首领的地位，并力求一种无条件的服从。这个过程在我们称作民族和国家的伟大生活单位的形成中反复重演，但更为缓慢并且更具有必然的意义。在诸高级文化中，有时为了一个伟大的象征而人为地取消或抑制这个过程，以利于其他的“具有形式”的方式；但就连在这些形式掩饰下的时候，实际上我们经常看到一种事实上的个人统治者的职位，不管它是国王顾问的统治者职位还是政党领袖的统治者职位，并且在每次革命剧变中事物的原来状态就都再次显露出来。

所有定向生活的最本质的内在特性之一，承续的意志，是跟上面这个宇宙事实密切相连。嗣续的意志在每一强有力的种族中都以一种自然现象的力量出现，并甚至驱迫那瞬息即逝的领袖（经常是非常无意识的）也去维持他的地位，以便延续他的个人生存，或超越此范围使他的血统子子孙孙地绵延下去。同样深刻的和植物性的特性鼓舞着每一个真正的追随者，他感到领袖血统的延续就是他自身血统的延续的保证和象征。这种原始的本能恰恰是在革命中显现出来，完满、有力并不顾一切原则。正是因为这种本能，1800 年的法国不仅把拿破仑，而且把他的世袭职位，看作革命的真正成就。理论家们，如马克思和卢梭，只是从概念的理想出发而不是从血统事实出发，因此永远不能理解这个存在于历史世界中的巨大力量，并因此把它所显现的结果认为是可憎的和反动的。但是这些结果就在那里，并且具有一种如此坚持的力量，以致连高级文化的象征性也只能暂时地和人为地凌驾它们，这表现在古典情况中为特殊家族独占选举的官吏，表现在我们自己情况中为巴洛克时期的教皇重用亲族，在十分经常地自由辞去领袖职位这个事实的背后和“有功德者为君”这句格言的背后，实际上常常发生显贵们的竞争。他们在原则上并不反对统治者的世袭职位，但实际上却阻挠它。因为他们中间的每一个人都依据他自己的血统而暗中要求这种职位。这种积极的、有创造力的嫉妒状态，是古典的寡头政体赖以建立的基础。

两种因素的结合产生了朝代的观念。这种观念是如此深入地根植于宇宙之中并如此细密地交织在历史生活的事实的网络之中，以至于每种文化和一切文化的国家观念都是这种原则的变形，从浮士德精神的热情肯定到古典精神的坚决否定，一种文化的国家观念的成熟，同城市并甚至同城市的青春期联系在一起。文化民族，历史的民族，是建设市镇的民族。首都代替城堡和宫殿而作为高级历史的中心，并且在首都中运用权力的感情（即西密斯），转变成政府的感情（即黛吉）。这里，甚至在第一等级本身的意识方面，封建的统一在精神上被文化民族的统一所压倒，并且在这里统治权的赤裸裸的事实上升为主权的象征。

所以，随着封建主义的衰落，浮士德式的历史变成朝代的历史。从王侯家族府第所在的小中心里（它们“发生”的地方，就像这个词所表明的，使我们想起了植物和财产），民族的形成开始了——这是全然贵族政体的民族，国家还是制约了等级的存在。早已在封建贵族和小地主家族中盛行的谱系原则，扩张感和追求历史的意志这二者的表现，已经变得如此有力量；以致凌驾于语言的牢间一致和景色的牢间一致之上的各民族的出现，是以统治家族的宿命为转移的。联姻与死亡，割断或联合全体居民的血统。罗塔林王朝和勃艮第王朝没能实现的地方，已经形成胚胎的各民族也就没能发展，威胁霍亨斯陶芬王朝的劫运所包含的不仅是皇权而已。对于德意志和意大利而言，它的意义在于几百年来追求统一的德意志——意大利民族的强烈渴望一直没有得到满足；相反，哈布斯堡家族却使奥地利民族，而不是德意志民族，获得了进步。

在枚斋世界中，由于它的洞天情感，朝代的原则完全是用其他方法构成的。古典的元首，僭主和保民官的合法继承人，是德谟（平民）的化身。恺撒和人民的关系，就像宅纳司和门户的关系与维斯塔和炉灶的关系一样。恺撒是奥菲斯信仰的最后创造物。相反，“君主兼上帝”是枚斋的，他是一个分享圣火（玛兹达教徒的萨珊帝国的hvareno（灵光），在异教的和基督教的拜占庭变为光轮）的Shah（即王），这圣火在他的身边放射并使他成为神圣的（pius）、丰富的（felix）而且不可挑战的（invictus）（自康莫都斯朝起，最后一个名称是他的正式称号）。在拜占庭，统治者类型在公元 3 世纪时所经历的变化，与隐含在摧毁奥古斯都的官僚国家而去建立戴克里先的封建制度这件事中的变化是相当的。“奥理略和普洛布斯所创始的并由戴克里先和君士坦丁建立在废墟上的新创造物，大概就像查理曼帝国一样地与古典世界和元首政治相异。”枚斋的统治者治理正教的全体一致的现世部分，它就像奥古斯丁在其《天国》一书中所描写的那样，是教会、国家和民族的三位一体。西方的统治者承蒙上帝的恩典成为历史世界的君主；他的人民之所以服从他，是因为上帝把他们赐给了他。但是在信仰问题上，他本身也是一个下属——成为教皇的下属，或视情况而定为他自己良心的下属。这就是国家权威与教会权威的分离，时间与空间之间的浮士德型的重大冲突。当教皇在 800 年为皇帝加冕时，他为自己选择了一个新统治者，以便他自己得以昌盛。法兰克土地上的皇帝是教皇在宗教事件方面的仆人，而且是（或许）教皇在世俗方面的股肱；相反，按照枚斋的世界感情，拜占庭皇帝却是教皇在宗教方面的和世俗方面的上级。作为一种观念，教皇一职只是因为从哈里发一职中分出，才得以出现，因为教皇是包括在哈里发里面的。

可是，正因为如此，枚斋统治者的选择不能完全限制在谱系的继承法范围内。它出自居统治地位的血亲的一致性，从这种血亲之中，圣灵示意并指定入选者。当提奥多西在 550 年去世时，他的一个亲戚，修女普尔荷丽亚，正式答应嫁给年老的元老马尔其安，因此把这位政治家并入了皇族并为他获得了王位，从而也取得了“朝代”的延续。这一行为，正如萨珊王朝和阿拔斯家族中的许多类似事件一样，被看作来自上天的暗示的结果。

在中国，周代早期的与封建制度有密切关系的天子观念，不久就变成了一种梦想。这个梦想，终于迅速地并日益清楚地用帝和更为古老的神话式的帝构成的三代这个形式去反映以前的整个世界。但是，对于那些旋即成长起来的国家（王的称号在其中终于得到了十分普遍的使用）系诸的诸朝代，则施行了王位继承的严格规则。正统——一种完全与早期不相符合的见解——成为一种有巨大影响的力量，而统系的断绝，继嗣以及联姻于寒门，则如在西方的巴洛克时期一样，导致了数不尽的王位继承战争。有的正统原的确还构成了下面这个值得注意的事实的基础，即埃及第十二王朝的统治者们（埃及文化的晚期随着他们而结束）还在他们自己活着的时候就把自己的儿子立为君主了。这三种朝代观念之间的内在联系再一次证明：寓于这三种文化之中的存在是同类的。

各种事物的进程在古典世界里恰恰是完全相同的，而且它不仅包括从封建联合到阶级国家的变化，并且甚至也包括了朝代原则，理解这一点需要对古典世界的政治形式语言进行精密的考察。的确，古典的存在，拒绝一切有可能把它引进空间距离或时间距离的事物，并且就连在历史的事实世界里还以那些其中略具防御性的创造物把自己包围起来。但是这一切缩小和缩短是以一事物为先决条件的，古典的存在力图自保以防御它的侵犯。古典实体的狄奥尼苏斯式的浪费和奥菲斯式的否定就将充满的、实体的存在的阿波罗式理想包含在它们的那个反抗形式中。

在最古老的王权中，个人的统治权和传授后嗣的意志明显地被视为理所当然的事情。但是它们还在公元前800年时就已经开始靠不住了，就像《奥德赛》的较早篇幅中梯里马库斯的分职所表示的那样。大封臣和贵族中最著名的人物经常拥有王的称号。斯巴达和吕西亚有两个王，史诗中的费阿细亚城和许多实际存在的城市则有更多的王。然后，官职从显贵职位中分离出来了。最后，王位本身也变成了贵族授予产的一种官职（虽然在最初或许仅授了古老的王族中的成员）。这样在斯巴达的监察委员们，当他们代表第一等级时，在选择国王方面是绝对不受限制的；在哥林斯则自公元前750年左右，巴凯阿狄王族废除了世袭的王位继承，并每逢有事时就从他们自己的团体中立一个具有国王身份的议长。起初同样是世袭的重要官职成为仅是终身而不再传的，然后为限期的，最后再变为年任的，更进一步，则安排成职位的占有者多于职位本身的程度，而领袖权则由每个人轮流行使——这种惯例，如人们都知道的，导致了康奈的灾难。这些年任的官职，从埃特鲁里亚人的年任的独裁官职位到多里亚人的监察委员职位（存在于赫剌克勒亚、麦西尼和斯巴达），同城邦的本质有着密不可分的联系，而且在公元前650年前后它们的组织就达到了完满的程度。恰恰是在西方阶级国家的相应时期（15世纪末），朝代的世袭权力正被皇帝马克西米连和他的联姻政策（反对选侯的要求）所获得，被亚拉阙的斐迪南、英国的亨利七世和法兰西的路易十一所获得。

然而由于古典世界对现时和现地的限制日益严格，在内部具有一个等级萌芽的僧侣，也以同样的步调成为一个纯粹的城市官吏集团。荷马时期王政的所谓首都，没有成为把国家影响远播到各个方面的中心，却收缩了它的有奇异魔力的范围，一直到国家和城市成为同一的时候。因此，自然，贵族与城市贵族就融合在一起了，并且如果连在哥特时期新兴城市的代表（例如英国的下院和法国的国会）也为城市贵族所独占的话，那么更何况是在强有力的古典城市国家中了：城市国家确实不仅在观念上而且在事实上，纯粹是一个没有君主的贵族国家。成长之中的严格意义上的阿波罗“形式”的城邦，被称为寡头政治。

这样，当这两种文化的早期结束时，我们看到两种既平行又对立的原则：浮士德式的谱系的原则和阿波罗式的寡头政治的原则；两种宪法，两种“黛吉”。前者为一种无限的扩张感所激励，以形式传统深深地追溯过去，以同样强烈的追求延续的意志筹划最遥远的未来；而在现在，也以深思熟虑的王朝联姻并以我们称作外交的真正浮士德型的、动态的与对位的政治，力求将政治势力扩展到辽阔的地区。后者完全是具体的和静态的，使其自给自足的政策都自动局限在最近的和最直接的现在，而且在各方面都断然否定了西方存在所肯定的东西。

朝代国家和城市国家都必须先有城市本身的存在。但区别在于：尽管西方政府的所在地可能远远不是（并且经常不是）国土上最大的城市，却是政治张力领域中的一个势力中心，因此不管在怎样遥远的角落所发生的每一事变都广泛地震撼着全国；而在古典世界中，生活则紧密而又紧密地聚集在一起，直到它形成统一运动——政治世界中欧几里得型的追求形式的意志的极致——的奇异现象。除非并直到民族有形地凝聚在一块，作为一个实体的时候，国家是不可想象的；国家必须被看见，并甚至“一眼”就看见，并且，当浮士德式的倾向越来越减少朝代中心的数目时——因而马克西米连一世甚至能看到他家族的在朝代上稳固的世界帝国朦胧地出现在远方——古典世界却分解成无数小据点，这些小据点几乎从刚一出现就开始去做，对古典人类来说几乎是自给自足政策的思想和最纯粹的表现所必需的事情——互相毁灭。

统一运动连同其结果，城邦类型本身的创造物，是贵族的专门事业。创建古典城市国家的是贵族，并且只为他们自己建立；使城市国家具有形式的是乡村贵族和城市贵族的聚拢。各职业阶级业已登场，从阶级观点来看农民不再算数了。更由于贵族的权力集中在一点，封建时期的王权就被破坏了。

根据对希腊的这些观察，我们不妨试述一下上古罗马的历史梗概，尽管其是否正确无疑还有待证明。罗马的统一运动——泛布的贵族家族的集合——是和城市的“建立”相一致的，“建立”城市是公元前 7 世纪初埃特鲁里亚人所担任的一种事业。面对卡庇托尔丘的王室要塞，长期以来在帕拉丁丘和奎里纳尔丘还有另外两个村落。古代的女神茹麦娜和埃特鲁里亚人的茹马氏族属于这些村落中的第一个；第二个村落的种是男神奎莱纳斯。罗马人和“奎莱提兹人”的双重名称以及依附于这两座小山的赛里和鲁佩尔库斯的双重祭司团，就是由这些村落发生的。既然被称为拉姆奈斯、提梯斯和路凯列斯的三个血族大多是一切埃特鲁里亚人的住地所共有的，那么它们一定曾存在于我们此处所涉及的那两个村落之中；因而这人一方面就说明了骑士百人团、军团司令官和贵族性的贞女祭司的数目所以是六的缘故，同时在另一方面也说明了行政长官（或执政官）的数目所以是二的缘故，这两位行政长官（或执政官）还在很早的时候就作为贵族的代表隶属国王之下并逐渐地剥夺了国王的所有权力。到600年时，罗马的政体一定早已是“父亲们”的强大的寡头政治，伴有一作为傀儡领袖的有名无实的王位。这样一来，放逐国王这种较早的理论和慢慢分解王权这种较晚的理论，终归能够并存了。当涉及塔尔昆的僭主政治的覆灭时，生效的是前一理论，塔尔昆的僭主政治如同古典世界的其他各地一样，例如在雅典，在公元前 6 世纪中前后底士特拉妥已经跟寡头政治开始对抗了；当涉及荷马时期的王权（限定说）的封建权力在所谓“创立期”即危急期以前被贵族的城市国家缓慢瓦解时，后一理论生效了，行政长官可能就是在这个危急时刻出现的，就像执政官和监察委员出现在其他地方一样。

这种城邦与西方阶级国家（具有贵族、僧侣和高级市民）一样是严格贵族化的。属于它的民族的剩余部分只是它的客体，然而在西方是其政治关切的客体，而在古典世界则是政治冷漠的客体。因为在这里“及时行乐”是寡头政治的箴言，也是其他事物的箴言。“及时行乐”的精神在忒俄格尼斯的诗篇中和克里特人希布里阿斯的诗歌中响亮地把自己表现出来。它使古典的财政直至其最后的时期——从波力克剌提对自己人民惯常施付的海盗行为到罗马三雄的公敌宣告——在一定程度上成为只顾眼前的临时占有资源。在法学方面，它以无可匹敌的逻辑体现在罗马敕律中对行政长官一年任期的限制。最后，再用抽签方法——对机遇女神泰基的一种崇敬——递补军事的、法律的和行政缺位（尤其是其中较为重要的官位）的不断增加的实践中，这种精神也可以看到。

这就是古典世界在政治上“具有形式”的方式，从而相应地也是古典世界的思维方式和感情方式。不存在例外。埃特鲁里亚人和多里亚人以及马其顿人一样受其支配。当亚历山大及其继承人把他们的希腊化城市星罗棋布在东方的时候，他们并非出自有意识的选择才这样做的，因为他们不可能设想出任何其他的政治组织形式。安提亚克一定存在于叙利亚，亚历山大里亚也一定存在于埃及。在托勒密诸王以及稍后在罗马皇帝的统治下，后者确实不仅在法律上而且无疑在事实上是一个大规模的城邦——因为那久已回复到无市镇的费拉状态并依据远古先例来管理的外面的乡村，就像异国的边陲一样守在它的门口。罗马帝国不过是在巨大的城乡统一运动的基础上建立起来的最后的和最伟大的古典城市国家而已。在玛尔库斯·奥理略时代，修辞学家亚立斯泰德能够以充分的理由说：

罗马帝国已经“以一个城市的名义把这个世界集合在一起：一个人无论出生在帝口的哪一处，他们住的地方都位于帝国的中心”。

就连帝国中被征服的居民——漂泊的沙漠部落、阿尔卑斯山的山谷村落，也组成了城社。李维始终用城市国家的形式来思考，并且对塔西佗来说，完全是不存在行省的历史。当公元前 49 年庞培在恺撒面前引退，放弃在军事上不重要的罗马并到东方去就地建立一个坚固的作战基地时，他的失败命运就已经注定了。在统治阶级看来，既然他抛弃了罗马，也就抛弃了国家。对他们来说，罗马是至高无上的。

在原则上这些城市国家是不能扩展的。它们的数目可以增加，但是它们的范围却不能扩大。认为罗马的门客转变为有投票权的平民，以及乡村部落的创设含有破坏城邦观念的意义，这种看法是不正确的。在罗马如同在阿提卡一样，国家的全部生活依然如前地限定在一个地点，这个地点就是希腊的市场，罗马的广场。那些被授予公民权的人们无论住在多么遥远的地方——在汉尼拔时期可能是意大利的任何一个地方并后来可能是世界的任何一个地方，他们当中每一个人的政治权利的行使都视他是否亲自出席广场而定。所以，大多数公民并非在法律上，而是在事实上对政治事务没有影响。因此，对他们来说公民权的意义不过是服兵役的义务和享有城邦的国内法罢了。但是甚至对于到罗马来的公民，政治权利也受到了第二次的和人为的统一运动的限制。这次统一运动是在赋予农民公民权之后和作为其结果而出现的，它只能理解为一种保持城邦观念完全不被削弱的不自觉的努力。无论数目多少，新公民都被登记在极少数的部落中（根据朱里乌斯法，数目为 8 个），因而他们在民会中跟享有旧公民权的公民相比永远居于少数的地位。

这是理所当然的，因为这个 civitas（城社）自始至终都被视为一个实体。凡不属于其中的人，都在它的法律范围之外，是一个异邦人。位于人们的这个团体之上的是诸神和英雄们，位于其下的是奴隶（据亚里士多德所说，奴隶完全不被称为人类）。但是个人在某种意义上是一个政治野兽，在以扩张感思维并生活在扩张感之中的我们看来，它是一种十足的奴隶身份；他仅由于具有一个别的城邦的成员身份，才存在着。由于这种欧几里得式的感觉，作为一个独立自足的实体的贵族在最初是和城邦同一意义的——的确相同到这样一种程度，甚至在十二铜表法中，贵族和平民之间的联姻也遭到禁止；并且斯巴达的监察委员们，按照古代的习俗，刚就任时，首先就对希洛特人宣战。每当非贵族的人因为革命而变成德谟（人民）时，关系就倒转过来了——但它的意义仍然没有改变。政治实体在对外关系方面，也像在对内关系方面一样是整个古典历史中全部事件的基础。数以百计的城市，互相埋伏伺候着对方，每一个城市都尽可能在政治上和经济上成为自我聚集的，动辄就撕咬起来，假借最不值一提的借口互相开战，并把消灭对方国家作为战争的目的，而不是以扩张自己的国家作为战争的目的。战争以毁灭敌人的城市并屠杀或奴役其公民而结束，恰如革命以杀戮或放逐失败者并由胜利的党派没收其财产而结束。西方各国间的自然状态是纵横交错的密切外交关系。这种关系可能为战争所破坏；但是古典的国际法却假定战争为正常的状态，这种正常的状态不时为和平条约所中断，而宣战不过是重建政治的自然状态而已。只有这样，那些四十年和约与五十年和约，spondai（盟约）——如公元前421年的著名的尼细阿斯（雅典领袖）和约，才成为可以理解的——其意义就是暂时的保证条约。

这两种国家形式，连同适合于每一种的政治形式，到早期结束时获得了保证。国家观念战胜了封建联合，但是形成国家观念的是各个等级，而且民族只有作为它们的总体才具有政治存在的意义。

五

伴随着晚期的开始，决定性的转变出现了，在出现了这种转变的地方城市和乡村处于均势的状态，并且城市所特有的势力——金钱和智力，已经变得如此强大，以致他们认为作为无等级的他们已经成为旧日诸等级势均力敌的对手了。此刻国家观念终于超越各个等级并开始在各个等级的位置上树立民族概念了。

国家已经沿着从封建联合到贵族国家的前进道路战斗，并赢得了它的各项权利。在贵族国家中，等级只是和国家互相联系而存在，而不是相反，国家只是在关系到等级时才存在；但另一方面，事物的性质却是这样的：只有当民族是按阶级排列的时候和到了民族是按阶级排列的程度，政府才同被治理的民族相遇。每个人都属于民族，但只有中坚分子才属于阶级，而且在政治上只有这些人们才是有价值的。

但是国家越接近于其纯粹形式，越成为绝对的——也就是不依赖任何其他形式理想——那么民族概念对阶级概念的打击也就越沉重，并且这样的时刻业已到来，此时民族已被当作民族来治理，“身份”的区别也成为纯粹社会性的了。针对着这个变迁——它体现了一种变化的必然性，是不可避免的，无法挽回的——从前的贵族阶级和僧侣阶级再一次努力抵抗。对他们来说，现在每一件事情都处在危险中——英雄的事物和神圣的事物、旧法律、品位、血统——并且从他们的观点来看，又能反对什么呢？

在西方，这种旧等级反对国家权力的斗争采取了福隆德党的形式。古典世界里没有代表未来的朝代而且只有贵族具有政治的存在，我们在那里发现的国家观念的朝代的或近似朝代的化身事实上自我形成了，并且在民族非特权部分的支持下，第一次使民族的非特权部分上升为握有权势的人。这就是僭主政治的使命。

在这个从阶级国家到专制国家（它除了自身的有效手段以外不容有别的有效手段）的转变中，西方的各个朝代——埃及和中国的各个朝代也是一样的——向无等级者求援，从而承认无等级者是一股政治力量。反对福隆德党的斗争的真正重要性就在于此，在这场斗争中，起初大城市的有势力不能不看到这对他们自己是有利的，因为统治者在这里是作为国家——对全体的关切——的代表出现的，并且他同贵族作战是因为贵族想要维持作为一个政治量的等级。相反，在城邦中，国家单纯存在于形式之中，并不包含世袭的首领，但是由于根据国家观念而使无阶级的人们发挥作用的需要就产生了僭主政治，在其中，贵族自身的一个家族或派别承担朝代的任务；假如没有僭主政治，则第三等级方面的行动是不可能的。后来的古典历史学家距离这个过程是太远了，以致不能了解它的意义，并仅依据私人生活的外观对待它。事实上，僭主政治是国家，而寡头政治则在阶级的旗帜下反对它。因此，僭主政治依靠农民和市民的支持——这些人在雅典（公元前 580 年左右）分为山居派和沿海派。因此，僭主政治还支持狄奥尼苏斯崇拜和奥菲斯崇拜而反对阿波罗崇拜；为此庇士特拉图在阿提卡把狄奥尼苏斯崇拜强加于农民身上，克里斯提尼（约公元前 7 世纪，希腊南部城邦西巨昂的统治者）在西巨昂禁上荷马诗的吟诵，并且在罗马三位一体之神狄米特（西里兹）——狄奥尼苏斯——阔里几乎确实是在塔尔昆家族时期介绍过来的。它的庙宇是斯普里乌斯·卡西乌斯在公元前 483 年奉献的，此人后来在一场企图再次推行僭主政治的一场斗争中死去了。西里兹神庙是平民的神殿，而其管理人——营造官——则是在未曾听说有保民官以前他们所信托的代言人。僭主，如同西方巴洛克时期的君主一样，是广义的自由主义者，任此后的资产阶级统治阶段，他们不再可能成为自由主义者了。然而古典世界在那个时候也开始传遍“有钱才能为人”这句话。6 世纪的僭主政治使城邦观念得到了结果并创造了公民这一宪法概念，这些公民的总体，不论其阶级出身如何，构成了城市国家的实体。所以，当寡头政治最后仍然企图获胜的时候——再一次由于对于现在的古典渴望和统治者们的近似追求延续的意志所引起的恐惧和憎恨——公民概念在那里已牢固地树立起来，并且非贵族者已经懂得自己看作一个与“其余的人”相对的等级了。他已经变成了一个政党——“民主”一词（在其特别的古典意义上）现在获得了真正重要的意义——并且他所力求的不再是去援助国家，而是自己成为国家，就像贵族从前曾经是国家一样。他开始计算，计算财富和人数，因为财富调查和普选权同样是资产阶级的武器；相反，贵族却不计算，而是进行估价，不按人数而是按阶级来投票。专制国家毁于法国革命和第二次僭主政治中，正如它是出自福隆德党和第一次僭主政治一样。在已经是防御性的第二次斗争中，王朝回到贵族方面，以便使国家观念不受一种新阶级的统治，即资产阶级统治的侵犯。

在埃及，福隆德党和革命之间的时期也是符合标准的。这就是中王国时期。第十二王朝（公元前 2000~ 前 1785 年）——尤其是阿美尼赫特一世和塞索斯特立一世——已经在同贵族的剧烈斗争中建立了专制国家。这些统治者的第一个，正如当时的一首有名的诗所叙述的，好不容易才逃脱了一次宫廷阴谋；西努海特（法老阿美尼赫一世的一位将领）的传记则告诉我们，在他死后（他的死讯保密了一段时间），叛变的征兆显露了。第三个统治者是被宫臣谋害的。我们从伯爵克门诺特普家墓上的碑铭中知道：城市已经变得富庶和几乎独立了，并且互相作战。它们在那个时候的确不会小于希波战争时期的希腊城市。王朝所依赖的正是它们和一些忠心的富豪。最后，塞索斯特立三世（公元前 1887~ 前 1850 年）彻底废除了封建贵族。从那以后，只有宫廷贵族和一个单独的、整顿得令人赞美不已的官僚国家；然而已经有人在慨叹了：有身份的人被弄得既悲惨又不幸，而“无名之辈的子孙”却享有高位和受到尊敬。民主政治正在开始，海克索时期的社会大革命也正在迫近。

在中国，相应的地位是盟主（或霸主，公元前 685~ 前 591 年）的地位。这些盟主是公侯出身的护国者，他们对陷于无政府状态的许多国家行使一种非立宪的但却是实际的权力，并为了恢复秩序和承认稳定的政治原则而主持会盟，甚至把“中国的统治者”本人（这时变得完全不重要了）也从周室召集来。第一个是齐桓公（公元前 645 年死），他主持了公元前 659 年的会盟，对于他，孔子曾写道他使中国免于倒退到野蛮状态。他们的名称是盟主，就跟“僭主”

这个词一样，后来变为一个贬骂的字眼，因为后来的人只打算把这种现象看作一种未被法律认可的权力——但毫无疑问的是：这些伟大的外交家是一种以热心的关切为国家和历史的未来工作的，反对各个古老等级的要素，并且得到了年轻的阶级，才智和金钱的支持。这是一种高级文化，它告诉我们的只是我们至今为止从中国史料中关于盟主们所了解的那一点。某些盟主是作家；另外一些盟主挑选哲学家作他们的大臣。不管我们是在心里把这些盟主同黎塞留相比，还是同瓦楞斯泰因相比或同伯里安德[1]相比，都是无关紧要的事情——不管怎样，“人民”是随同他们一起首次作为一股政治力量出现的。这是真正巴洛克时期的情形及其高级外交——在原则上专制国家把自己树立为贵族国家的敌手，并且完全取得了胜利。

正是在这种意义上，这些事件同西欧的福隆德党的极为相似。在法国，国王在 1614 年以后不再召集三级会议，这个团体对于国家和资产阶级的联合力量已显得过于强大了。在英国，查理一世在 1628 年以后同样试图进行无国会的统治。在德国，在同一时间三十年战争爆发了。三十年战争的重大宗教意义，易于在我们眼前遮蔽了它所包含的其他问题，而且不可忘记的是：它也是决定帝权与大选侯的福隆德党之间的斗争，以及个别诸侯与他们的地方等级会议的较小的福隆德党之间的斗争附注了一种努力。然而当时世界政治的中心是在西班牙。在那里，巴洛克的外交形式，通常和高级礼仪一起，已经在腓力二世的内阁中发展起来；而且朝代原则——它具体体现了与国会相对立的专制国家——也已经在跟波旁家族的长期斗争过程中达到了它的最高发展。当女王玛丽，腓力二世的妻子，关于一个早已预期并已经宣布的继承人的希望落空时，那个把英国也列在西班牙制度中的企图就在腓力二世的统治下失败了。但是在腓力四世统治时，一个跨过各大洋的世界君主国的观念复活了——不再是哥特时期早期神秘的梦想君主国，即“德意志民族的神圣罗马帝国”，而是一个在哈布斯堡家掌握中的世界版图的确实理想，这个世界版图将以马德里为中心并将牢固地占有印度和美洲，以及拥有作为其基础的、早已感觉到的金钱威力。也正是在这时，斯图亚特家族很想借英格兰和苏格兰王位的继承人与西班牙公主缔婚的办法来巩间他们的岌岌可危的地位；但是结果马德里宁愿同它自己在维也纳的旁系亲族联姻，因而詹姆士一世再向波旁家的敌党提出他的联姻建议。这种家族政策的无益的纠纷，特别有助于把清教运动和英国的福隆德党会聚成一场大革命。

[1] 伯里安德：？～公元前 588 年，古希腊最残暴的暴君之一。

在这些重大决定之中，王位的实际占有者——如在“同时代的”中国——与个别的伟大政治家相比只是次要人物，在长达数十年之久的时间里，西方的命运系于这些伟大的政治家手中。马德里的欧里瓦瑞斯[1]和西班牙驻维也纳大使欧那特[2]是当时欧洲最有势力的人物。他们的敌手是代表德意志帝国观念的瓦楞斯泰因和代表法兰西专制国家的黎塞留——稍后继之而起的是法国的马扎林、英国的克伦威尔、荷兰的欧尔登巴尔奈外尔特、瑞典的乌痕谢尔纳。直到勃兰登堡的大选侯，我们才再次遇到一个具有自身政治重要性的君主。

瓦楞斯泰因在霍亨斯托芬家族已经停止的地方，不知不觉地开始进行他的事业。自从腓特烈二世在1250年逝世后，帝国的各个等级的权力已经变得没有限制了，而作为一个专制皇帝的国家战士瓦楞斯泰因在其统帅的第一次任期内，所反对的正是这些等级。如果他是一个更伟大的外交家，如果他更聪明一些，尤其是更坚决一些（因为他在决定性的转向面前确实是怯懦的），并且如果他特别像黎塞留那样不辞劳苦地把君主个人置于他的影响之下，那么帝国中的诸侯领土司可能就全部垮台了。他认为这些诸侯都是叛逆，应被黜位并夺去他们占有的土地；在他的权力达到顶点时（1629年年底），也就是当他在军事上把德意志掌握在他手中时，他在讲话中大声疾呼道：皇帝应当成为帝国的主人，就像法兰西和西班牙的国王是他们自己国家的主人一样。他的军队是“自给自足的”并因人数众多而不受等级的羁绊，这支军队是德国历史上第一支具有欧洲重要性的帝国军队；与这支军队相比，梯里[3]所统率的福隆德党（因为那就是联盟的实质）的军队是无足轻重的。当1628年瓦楞斯泰因在Stralsund[4]前面围攻，具体实现哈布斯堡家族在波罗的海的海上霸权并以之袭击波旁家族的后方时——刚好在那时黎塞留正比较成功地围攻着LaRochelle[5]——他和联盟之间的敌对行动已经变得几乎不可避免了。他没有出席1630年的累根斯堡（德国城市）议会，并且说它的场所“不久就会在巴黎”。这是他一生中最严重的政治错误，因为在他缺席时福隆德主义者的选侯们用支持路易十三代替皇帝的威胁手段击败了皇帝，并迫使他黜退自己的将军。所以，德国的中央政权放弃了它的军队，虽然它还不理解这个措施的后果。此后，黎塞留抱着破坏西班牙

[1] 欧里瓦瑞斯：1587~1645年，腓力四世的心腹大臣。

[2] 欧那特：1550？~1630年，西班牙征服者。

[3] 梯里：1559~1632年，17世纪30年代中巴伐利亚的将军。

[4] Stralsund：即斯特拉尔松得，濒临波罗的海的一个港口城市。

[5] LaRochelle：即拉·罗舍尔，法国的港口城市。

在德国的势力的目的支持德国的更大的福隆德党，而在另一方面欧里瓦瑞斯和瓦楞斯泰因（当他一恢复了他的权势时）则与法国的贵族结成同盟，他们于是在皇太后奥尔良和公爵迹斯登的庇护下采取了攻势。但是帝国已经失去了它的绝好机会。红衣主教在两方向的竞赛中都获胜了。1632 年他处决了最后一个蒙莫伦西[1]并使德国的旧教选侯们公开跟法国联盟。从那时起，由于瓦楞斯泰因对自己的最后目的没有把握，越来越反对西班牙的观念，自认为能使帝国观念避开西班牙观念，于是在实际上就越来越接近各个等级的观点——就像几年后法国的福隆德党中的屠棱元帅一样。这是晚期德国历史上的决定性的转变。由于瓦楞斯泰因的脱离，专制的皇帝国家成为不可能了，而且 1634 年对瓦楞斯泰因的谋杀也无补于事，因为皇帝没有替代他的人。

但正是在那个时候，局势又一次变得有利了。因为 1640 年国王和各等级之间的冲突也同时在西班牙、法国和英国发生了。几乎在西班牙每一个省份中，国会都起来反对欧里瓦瑞斯；葡萄牙以及同它一起的印度和非洲，永远失去了，并且就连收复加达鲁尼亚和那不勒斯也花费了好多年时间。在英国——正好是在三十年战争时期——国王和统治下院的乡绅之间的宪法斗争被小心地同革命的宗教方面分开，虽然二者的互相渗透是很深的。但特别是克伦威尔在下层阶级方面——它完全不由自主地把他推上了军事独裁的地位——所遭到的逐渐增长的抵抗以及复辟的君主政体的后来声望，表明在一切宗教争端上，贵族的利益已经几乎到了导致朝代灭亡的程度。

就在审判和处决查理一世时，巴黎的一次暴动正在迫使法国的宫廷逃亡。人们为共和国而高呼，并建筑了街垒。如果Retz（列茨征衣主教）更像克伦威尔，那么各个等级战胜马扎林至少是有可能性的。然而西方的这次重大的、普遍的危机的结局却被少数人物的势力和宿命所决定，并体现为这样的一种状态，以致只有在英国福隆德党（为国会所代表）才使国家和王权服从它的支配——在 1688 年的“光荣革命”中把这种支配巩固得如此持久，以致古老诺曼国家的根本部分甚至在今天依然确立着。在法国和西班牙，王权获得了绝对的胜利。在德国，威斯特法里亚和约使大诸侯的福隆德党对于皇帝的关系是一种英国式的，而对于地方诸侯的小福隆德党的关系则是法国式的。在这样的帝国中，等级实行统治；在帝国的各个地方中，朝代实行统治。从那时以后，皇帝的高位，如同英国的王位一样，只不过是一个虚名，被开始于巴洛克早期的西班牙式的庄严遗风所围绕着；而一个个的诸侯们，则像英国贵族领导家族一样，把巴黎

[1] 蒙莫伦西：法国的一个望族，在军队中颇有影响力。

奉为圭臬，而且他们的小型的专制主义在政治上和社会上都是以凡尔赛形式为样板的。于是，在各方面，决定都有利于波旁家族而不利于哈布斯堡家族，这种决定早在1659年的《比利牛斯和约》（法国和西班牙签定的和平条约）时已被所有人们看出来了。

随着这个划时代的转变，国家作为一种可能性是每一种文化所固有的，实现并达到了那种既不能超越也无法长久保持的“状态”的高度。当腓特烈大帝正在桑·苏西（腓特烈修建的皇宫）宴饮时，秋季肃静的微风就已在空气中流动了。这也是这样的年代：在这些年代里伟大的专门艺术达到了它们最后的、最优雅的和最智慧的成熟阶段——鸠克息斯[1]和普拉克息忒利兹[2]与雅典广场的优秀演说家并存，巴赫和莫扎特的音乐与精巧的内阁外交并存。

这种内阁政治本身已经变成一种高级艺术，一种对于一切涉足于它的人们的艺术满足，其巧妙和文雅方面是少有的，彬彬有礼的，优雅的，对很远的地方也发挥着神奇的作用——因为仅是那种在地球上完全不同的地点引起决定的惊人的联合势力，早已使俄国、北美殖民地甚至印第安人的各个国家依次地活动起来。内阁政治是一种具有严格规则的竞技，一种中途截取信件和结交秘密心腹的竞技，在一种由若干政府组成的体系内结盟和聚会的竞技，这种体系甚至在当时也被称作（具有深刻意义地）列强——用当时的习惯用语来说，充满了贵族和才士——的“合奏会”，一种使历史保有那从未想象过的和在其他任何地方都未想象过的，或者甚至想象不出的“形式”的方法。

西方世界现在的影响范围几乎已经是整个世界了，专制国家的时间在那里还不到一个半世纪——从1660年波旁王室在比利牛斯和约期间战胜哈布斯堡王室和斯图亚特家族重返英国时起，到针对法国革命的同盟战争时为止。在这场战争中伦敦战胜了巴黎，或者，如果人们愿意的话，也可以说伦敦战胜了维也纳会议；在维也纳会议中，旧式的外交，即血胤的外交而非金钱的外交，向世界举行了它的盛大告别演出。与此相当的时期是第一次僭主政治与第二次僭主政治之间的伯里克利时期，是护国者与“战国”之间的、中国人的所谓“春秋”时期。

在具有传统的但非民众的，众所周知的但不是被一笑置之的形式的高贵政治的这个最后阶段，连续发生的两个哈布斯堡家系的断绝，以及在1700~1710年间充满西班牙王位继承、在1740~1760年间充满奥地利王位继承的外交事件

[1] 鸠克息斯：约公元前5世纪末～前4世纪初，希腊著名画家。

[2] 普拉克息忒利兹：活动时期约公元前370~前330年，希腊著名雕刻家。

与战争事件，标志了是它的顶点。这个最后阶段也是谱系原则的最高峰。“让他们开战吧；而你，幸运的奥地利，就必须结盟！”的确是“战争的另一种手段的继续”。这句名言确实在很久以前就创造出来了（与马克西米连一世有关），但直到此刻它才达到了最充分的效果。福隆德战争演变成王位继承战争，这些战争是在内阁中决定的并以少量的军队和按照严格的惯例英勇地战斗到底的。巴洛克时代早期的联姻政策所集合于哈布斯堡家族手中的半个世界的继承产，就是所竞争的对象。国家仍然“相当地适合于形式”；贵族业已变成一个效忠的宫廷贵族和服役贵族，进行王家战争并组成王家内阁。与路易十四的法国并列，一个国家机构的杰作现在在普鲁士出现了。从大选侯同他的各等级（1660年）的冲突，到腓特烈大帝（他在巴士底狱陷落前三年接见了米拉波）的逝世，普鲁士的道路与法国的道路一样，并且每种情况的结果都产生了一个完全与英国类型相反的国家。

因为帝国和英国的情况是另一种样子。在那里，福隆德党已经取得胜利，并且民族不是被专制政治统治着，而是被贵族政治统治着的。然而在英国和帝国之间也还有巨大的区别，即作为一个患国的英国可以在很大程度上免除政府的警戒，并且它的上院的贵族和下院的乡绅把他们的行动建立在英格兰的伟大的自明性上面；而在帝国，土地诸侯的上层——以累根斯堡议会为其上院——主要从事的则是把偶然落到他们各自手中的民族的残缺部分教化成为纯粹的“民族”，并把他们所有的分散的小片祖国土地尽量严格地同其他“民族”的小片土地区分开来。代替哥特时期曾经有过的世界眼界，地方眼界被思想和行动养成了。民族观念自身沉溺于梦想的领域中——另一种非种族的而是语言的，非宿命的而是因果关系的世界。并且在这个世界中，诗人们和思想家们所想象的“民族”的观念，最后还有“民族”的事实，出现了；这些诗人们和思想家们在诗和逻辑的空想中亲自建立了一个共和国，并最后竟至于相信政治在于理想主义的写作、讲读和谈论，而不在于行动和决断——结果甚至在今天，实际的行动和决断还和纯粹的倾向表现混同在一起。

在英国，乡绅的胜利和权利宣言（1689年）实际上使国家终结了。国会为了它的阶级，置威廉三世于王位上，恰如后来它阻止乔治一世与乔治二世辞退他的王位一样。早在都铎时期已经流行的“国家”这个词，废而不用了——不管是把路易十四的“朕即国家”译成英文还是把腓特烈大帝的“朕为吾国之第一公仆”译成英文，都成为不可能了。另一方面，“社会”这个词表现了这个事实，即民族是在阶级统治下而不是在国家统治下“具有形式”的；卢梭和大陆的理性主义者以重大的误解通常用来表示第三等级对权威的憎恨的也是这个词。但是“政府”这样的权威在英国是清晰的和充分被理解的。从乔治一世起，政府的中心就是内阁，这是这样的一个团体，它在宪法上完全不存在，而在事实上是当时发号施令的贵族派别的一个执行委员会。专制政治存在过，然而是一种阶级代表的专制政治。“大逆罪”的观念落到了议会身上，如同罗马国王的特权转给了保民官一样。这里也有谱系的原则，然而它是通过高级贵族内部的家族关系和高级贵族对议会局势的影响来表现的。甚至在 1902 年，索尔兹柏里侯爵（1830~1903 年，英国议会保守党领袖）作为塞西尔家族的一员，还推荐他的外甥巴福尔做他的继承人，而反对约瑟·张伯伦。托利和辉格这两个贵族派别越来越清楚地、十分经常地、确确实实地在同一家族小区分开来，区分的根据是“权力”观胜过“掠夺”观——视土地的价值重于金钱——或是“掠夺”观胜过“权力”观，这是一种甚至在 18 世纪时，就在高等资产阶级中用两个代表两种截然的绅士观的字眼“可尊敬的”和“流行的”来表示显著的差异。国家对全体的关切，公开地被阶级利益所代替。正因为如此，个人才要求他的自由——“自由”一词在英语中的意义——但是岛国的生活和“社会”的建立已经形成了这样的关系，以致作为最后的手段，每一个属于社会的人（这是阶级专政中的重要事件）都力图获得他的，被贵族政党托里或贵族政党辉格的党员们所代表的利益。

这种达到极点的、最深刻的和最成熟的形式的稳固状态来自西方人类的历史感情，是古典人类所没有的。僭主政治消灭了。严格的寡头政治消灭了，公元前 6 世纪的政治把它作为所有属于城邦的人们的总和而创造出来的德谟（民众），分裂成了许多派别，并且在德谟中突然出现了贵族对非贵族的时断时续的冲突；国家内部以及国家之间的斗争也开始了，在这些斗争中每个党派都企图消灭另一个党派，以免自身被消灭掉。当公元前 511 年，即仍然处在僭主的时代，乌巴立斯城被毕达哥拉斯派毁灭掉的时候，这个事件，这类事件的第一次，震撼了整个古典世界；甚至连遥远的米利都城都为此事服丧了。但是这时消除一个城邦或一个党派的事情是太经常了，以致为了处置被征服者而出现一种方法上惯用的方式和选择——相当于西方巴洛克时期的典型的和平条约。例如，居民或许被屠杀掉，或许被卖做奴隶；房屋或被夷平，或许被当作战利品予以分配。这里存在着追求专制主义的意志——希波战争后这种意志是普遍的，它存在于雅典，也同样存在于罗马和斯巴达——但是那所企求的城邦（即政治据点）的狭窄和所企求的任职期的短促以及计划的暂时性，造成始终无法就谁应成为“国家”这个问题做出断然决定。被传统所鼓舞的西方内阁经常施展的高超的外交技巧，在这里因无人专门从事而受到了阻碍，这种无人专门从事的状态丝毫不是因为人选的不适当，因为许多人是适合的，而完全是因为政治形式本身。这种政治形式从第一次僭主政治到第二次僭主政治的过程，是清楚的并与一切其他晚期的同样演变一致；然而这种演变的特殊的古典类型是在混乱中和在许多偶发事件的支配下出现的，这些偶发事件作为一种既不能也不愿脱离现在生活状态的结果，自然不可避免地发生了。

这种演变最重要的例证是公元前 5 世纪罗马的演变。这是一个历史学家们至今争论不休的时期，之所以争论不休正好是因为历史学家们企图从中发现一种不会存在于古典国家中的稳固状态，它既不会存在于任何其他地方，也不会存在于罗马。引起误解的其他原因是：那种发展状况被视为十分原始的，尽管事实上甚至塔尔昆家族的城市都早已十分进步了，而原始的罗马却还处在更为遥远的过去。公元前 5 世纪的关系同恺撒时期的关系比较起来是规模较小的，但它们绝不是古代的。因为成文传说是不完备的（除雅典外到处都是这样），继布匿战争之后的文学运动就力图用诗，而且尤其是（在希腊化时期被视为理所当然）用肯奇那图斯故事里面那样的牧歌式的过去回忆来填补这些空白。现代的古典学虽然不再相信这些传说，却仍然受到激发这些传说的创作趣味的影响，并继续用这种趣味的眼光去考虑该时代的情况——当希腊历史和罗马历史越是容易地被看作两个单独的世界时，把历史的开始跟提出可靠历史文献的开始等同起来的那种有害的习惯，也就会被明显地保留下来。事实上，公元前 500 年的情况绝非荷马时期的情况。罗马城墙的遗迹表明，与加普亚相比，塔尔昆家族统治时代的罗马，是意大利最巨大的城市，而且比忒密斯多克利的雅典还要大些。一个跟迦太基缔结商业条约的城市决不会是农民村社。据此可以推断：公元前 471 年的四个城市部落的人口一定很多，也许比微不足道地分散在空间的 16 个乡村部落的总数还要多。

拥有土地的贵族在推翻一次几乎的确很得人心的僭主政治和确立无限权力的元老院统治方面所取得的巨大胜利，又一次被公元前 471 年前后发生的一连串强暴事件弄得烟消云散了。这一连串的强暴事件是：家族部落为 4 个大市区所代替；这些市区由保民官们为代表，他们是神圣不可侵犯的，也就是享有贵族政府中任何一个官吏都不具备的帝王的特权，最后，小农摆脱了贵族门客的地位。

保民官之职不仅是此一时期的绝妙创造，而且一般说来也是古典城邦的绝妙创造。保民官制是抬高到宪法的主要部分那种地位的僭主政治，而且是同一切继续存在的旧日的寡头政治官职并立的。这意味着社会革命也是以合法形式实行的，结果在其他地方表现为冲击和反冲击的激流者，在这里变成了一种通常限于辩论和投票范围内的广场论战。没有必要召来一个僭主，因为他已经在这里了。保民官享有自然属于这种身份的各项权利，而不享有来自一种官职的各项权利，并因其所具有的特权能够推行革命性的措施，这些措施在任何其他城邦中不经过巷战是不可想象的。这个创举是一个偶然事件，但是罗马的其他创举都不能像它一样使罗马出人头地。从第一次僭主政治到第二次僭主政治的转变，以及从此直到晚于撒马战役时的进一步发展，仅在罗马完成了，固然不是没有震荡地完成了，但无论如何没有发生灾难地完成了。保民官是塔尔昆家族和恺撒之间的桥梁。因公元前 287 年的荷尔田西乌斯法，保民官拥有无限的权力，他是具有宪法“形式”的第二次僭主政治。在公元前 2 世纪，保民官使执政官和监察官成为可以逮捕的对象。革拉古兄弟是保民官，恺撒攫取了终身保民官的职位，而且在奥古斯都的元首政治中保民官的显赫地位成了他元首地位的根本要素，成为他借以保有最高权力的唯一要素。

公元前 471 年的危机并非罕见，而是古典世界共有的。它的目标是寡头政治，这种寡头政治甚至在这时，在僭主政治所创设的德谟范围内，力图成为各项事物的动力。这不再像是赫西俄德时期那样的、作为与无等级者对抗的等级制的寡头政治，而是反对另一政党的寡头政党——二者都处于专制国家的组织之内，这点从未引起过争论。在雅典，公元前 487 年执政官被打倒了，他们的权利也转到了十将军委员会手中。公元前 461 年，阿勒乌柏果斯，相当于罗马元老院的雅典元老院，被推翻了。在跟罗马有密切关系的西西里。民主政治于公元前 471 年在阿克拉伽斯（即阿格立真图姆，是西西里最大、最富有的城市）获得了胜利；公元前 465 年在叙拉古获得了胜利；公元前 461 年在瑞癸翁和麦撒奴获得了胜利。在斯巴达，国王克利奥米尼（公元前 488 年）和坡舍尼亚斯（公元前 470 年）先后徒劳地企图解放希洛特人（按照罗马的说法，就是门客），并企图通过这种手段为王权争取到罗马保民官的重要地位，以反对寡头政治的监察委员。这个事例所缺少而为罗马事例所有（虽然被我们的学者忽略了）的因素，乃是商业城市的居民数量，它赋予此类运动以优势和领导地位；由于这个原因，甚至连公元前 464 年的希洛特的大暴动都失败了（关于平民离开罗马前往圣山的罗马传说，也许就是由这件事引起的）。

在一个城邦中，乡村贵族与城市贵族开始融合了（这就是我们已经看到的城乡这一运动的目标），但是市民和农民却没有融合。就他们同寡头政治的斗争而论，他们是一个党派，即民主党，但在其他方面他们是两个党派。这就是在下一次危机中表现出来的东西。在这次危机（公元前 450 年左右）中，罗马贵族图谋重建其作为一个政党的权力——我们必须这样解释十大法典编纂委员的设置和保民官职位的废除；这样解释十二铜表法的制定，新近获得政治存在的平民因此法而未能得到“通婚权”和“经商权”；而且尤其应该这样来解释小型乡村部落的设立，在其中古老家族的势力不是在法律上而是在事实上占了上风，并且此时这些小型乡村部落，在建立于古老的百人团民会旁边的管区民会中，享有 16 对 4 的绝对多数。这一点自然意味着城市居民的特权被农民剥夺，而且它无疑是贵族党的一种手段。这种手段企图使地方居民和他们自己对于城市的货币经济的共同反对在共同的一击之下奏效。

反击很快就发生了；这种反击见于取消十大法典编纂委员后出现的十个保民官中，然而还有其他一些不能不同此有关的事件——斯普里乌斯·美里乌斯建立僭主政治的企图（公元前 439 年）；军队设立有执政官职权的保民官以便代替民政官吏（公元前 438 年）；此外还结束了禁止贵族与平民之间通婚的卡努列优斯法（公元前 445 年）。

自然，毫无疑问的是：在贵族党和平民党内部有这样的派别，它们想通过废除元老院或废除保民官的办法来破坏罗马城邦的这个基本特征，也就是元老院和保民官的对立；然而这种形式已经变得这样适合，以致它从未受到过严重的挑战。由于军队实行了平民适任最高官职的办法（公元前 399 年），斗争还采取了完全不同的形式。公元前 5 世纪在内政方面可以总结为争取合法的僭主政治的世纪；从那时以后，政体的两极性得到了承认，诸政党不再为废除重要的官职而斗争，却为夺取重要的官职而斗争。这就是在萨姆尼乌姆战争时期发生的革命的实质。从公元前 287 年起，平民得担任一切官职，并且保民官的建议，当得到他们的赞同时，即自动地成为法律；在另一方面，元老院自那时以后经常用收买或其他的办法诱使某一保民官运用其否决权并以此来剥夺掉这种机构的权力。罗马人的法律的精巧就是在两个主管当局的斗争中发展起来的。在其他地方，决定常常是通过拳头和棍棒——术语为“暴力政治”——做出的，但在罗马宪法的这一黄金时期里，即公元前 4 世纪，习惯上却是使用论文和说明的武器。使用论文和说明的武器是一种论战的方式，在这种方式中法律措辞的最细微的论点都可能成为决定性的。

然而在整个古典历史上罗马元老院和保民官的这种均势是独一无二的。在所有其他地方，这不是一个摇摆不定的平衡问题，而是一个相对的二者择一的问题，即寡头政治还是平民政治。纯粹的城邦以及与之等同的民族被当作既定的前提来接受，但二者无一具有内在形式的稳定性。一个党派的胜利意味着另一党派的一切组织的废除，而且人们变得习惯于不把任何事物视为神圣到或有效到足以免除当代战斗的种种危险。斯巴达的“形式”可谓元老院的，雅典的“形式”可谓保民官的，而且到了公元前431年伯罗奔尼撒战争开始时，关于在两种形式中必须择取其一的观念业已确实不移，以至于后来只能采取根本的解决办法。

这样，罗马的前途就确定了。罗马是一个在其中政治热情只以人而不再以机构为其目标的国家，是唯一牢固地具有“形式”的国家。元老院和罗马人民，即元老院和保民官，是日后没有一个政党能够捣碎的铜墙铁壁般的形式；而其他任何国家，因为它们在古典国家世界中的权力范围十分狭窄，只能再一次证明这个事实：对内政治只是为了对外政治才能存在，并且才存在着。

六

在此关键时刻，当文化开始转变为文明时，非等级者第一次作为一股独立的力量对事情进行了决定性的干预。在僭主政治和福隆德党时代，国家曾求援于非等级者去反对等级本身，亦等级者第一次懂得了自己是一种力量。现在，它以向其他方面争取自身自由的阶级身份，为了自己而运用它的力量。它发现：专制的国家、皇室、根深蒂固的制度是古老的各个等级的天然同盟，是象征性传统的真正的和最后的代表。这就是第一次僭主政治和第二次僭主政治、福隆德党和资产阶级革命以及克伦威尔和罗伯斯庇尔之间的差别。

国家对于国内的每一个人来说都有繁重的需求，城市理性感到它是一个包袱。所以，在同一局面下，巴洛克艺术的伟大形式开始被认为是有束缚性的，变成了古典主义者或浪漫主义者——也就是，病态的和没有成形的；从1770年起，德国文学就是强有力的个别人物对有束缚性的诗歌的长期反抗。关于整个民族在任何一件事情上受到“良好训练”或“合乎形式”的观念变成不可容忍的，因为个人的内心已不再处于良好状态中了。道德、艺术、思维方式方面都是这样，政治方面尤其是这样。每一次的资产阶级革命都是以大城市为舞台，以不理解古老的象征为标志的；它用实实在在的利益，用热情思想家与世界改良家希望其概念得到实现的渴望（甚至只是其愿望）去代替那些古老的象征。现在，除了理性所能证实的以外，什么都没有价值了。但是，这样被剥夺了一种在本质上是有象征性的、在作为上是形而上学的形式的崇高地位之后，民族生活在历史的存在之流中就失去了仰首自如的力量。在法国政府——愚笨的路易十六手下的一小撮能干而又有远见的人——绝望地试图保持他们的国家的“现状”之后，在1787年味真兹逝世以后，外部情况的整个重心就变得很明显了。从这位外交家逝世时起，法国就在欧洲的政治结合中消失多年，不见踪影了；同时，皇室不顾一切阻力所进行的巨大改革——尤其是那一年根据最自由的自治原则所进行的一般性行政改革——仍还是完全无效的，因为鉴于国家的软弱无力，诸等级当时所面临的问题突然变成了一个权力问题。正与1世纪以前和1世纪以后一样，欧战已经带着坚定的必然性日益迫近，但是谁也没有注意到外部的情势。作为一个等级的贵族很少从外交政策和世界历史来考虑问题，而作为一个等级的资产阶级则从未这样考虑过。新形式的国家是否能在其他国家中站得住脚，谁也不过问。关心的只是它能否获得人的“权利”。

资产阶级是一个代表城市“自由”的阶级，它的强烈的阶级感情持续了好几个世纪（在西欧，甚至持续到了1848年以后），但是它从来没有完全成为自己行动的主人。首先是因为，在每一危急的情境中都可以看出，它的统一是一种消极性的统一，只在反对某种别的事物时才真正存在——“第三等级”和“反对党”几乎是同义的——并且一旦他自己有什么建设性的事要做，不同集团的利益就一直拉扯不清了。从某方面得到自由——这正是大家所需要的。但是才智之士要求国家反抗历史事实的压力，实现“正义”；或实现“人权”；或实现对居于统治地位的宗教的自由批评。金钱则要求一个自由的途径，去取得买卖上的成功。有许多人要求停止或抛弃历史的伟大性，或希望割断这种或那种传统及其体现，而这却是他们本来在物质上或精神上赖以为生的。但是此时以及以后又出现了另外一种因素，那是在福隆德党（包括英国的内战）或第一次僭主政治的冲突中所不曾存在过而此时代表一种力量出现的——就是在一切文明中以各种不同的被蔑视的名目出现的——社会渣滓、群氓、暴民、贱民——但都具有同样可怕的含义。现在只有大城市说话才具有决定性的分量，城市以外最多能够接受或拒绝既成的事实，一如我们的18世纪所证明的；在大城市中，人口中一部分没有根基的人置身在一切社会联系之外。他们并不感到自己属于某一等级或某一职业的阶级，甚至并不感到属于真正的工人阶级，虽然他们不得不做工。从一切阶级和身份中抽出的成分都本能地归属于它——这些成分包括连根拔起的农民、受过教育的人、破产的商人特别是（就像喀提林时期异常清晰地表现的）脱轨的贵族。他们的权力远远超过了他们的人数，因为他们永远处于现场，永远参与重大决策，随时准备行动，一概不尊重秩序，甚至根本不尊重一个革命党派的秩序。事件之所以具有那种使法国革命区别于英国革命、使第二次僭主政治区别于第一次僭主政治的破坏力，就是从他们得来的。资产阶级对于这类群众真正感到不安，必须自卫，并设法使自己跟他们区别开来——葡月（法国共和历的第一个月）十三号（1795 年 10 月 5 日）拿破仑的勃兴就是基于这一范畴的自卫行动。但在事实的压力下，区别的疆界是划不出来的；资产阶级因为人数相对的少，内部的团结随时有破裂的危险，它的进攻的力量是微弱的，每逢它用这种微弱的进攻力量向旧秩序进攻时，这类人就打进他们的队伍，涌上前线，带来赢得胜利的绝大部分动力，并经常设法为自己巩固赢得的地位，而且他们通常还会得到那些在精神上被俘虏的受过教育的人从理想方面给予的不断支持，或得到那些为了使自己脱离危险而转到贵族和牧师身上去的金钱力量从物质方面给予的支持。

在这一时期，事情还表现出另一方面的重要性——在这里抽象的真理首次试图参与事实的世界，主要城市已变得很大了，城里人在整个文化的醒觉意识中变得很优越、很有影响力了（这种影响我们称之为舆论），以致那一直无懈可击的血统权力及血统所固有的传统被动摇了。因为我们要记得，在形式的终极发展中，巴洛克国家和绝对的城邦彻头彻尾地是一个种族的活生生的表现，要记得，历史在这些形式下的自我完成具有这种种族的充分脉息。这里，任何能被形成的国家学说都是从事实中引申出来的，都是俯首在事实的伟大面前的。国家观念最终控制了第一等级的血统，使它完全地、无保留地为国家服务。“绝对的”意味着伟大的存在之流在形式上是一个单位，它具有一种节奏和本能，不管那节奏的表现是外交的还是战略的眼光，是道德和礼法的尊严，还是在艺术和思想上严格而挑剔的爱好。

现在，作为这一伟大事实的对立面，理性主义出现并开始传播了，在前面我们把它称为受过教育者中的共有的醒觉意识，他们的宗教是批评，他们的神力不是神而是概念。现在，书本和一般理论对政治开始发生了影响——在老子的中国，就像是在诡辩派的雅典和孟德斯鸠的欧洲——并且他们所形成的舆论作为一种十分新式的政治的量插入外交的道路上。如果说庇士特拉图或黎塞留甚至说克伦威尔决定他们的行动时是受了抽象学说的影响，那是荒谬的，然而自从“启蒙运动”取得胜利以后，实际发生的情形正是如此的。

但文明中伟大概念的历史作用跟理想家心目中所设想的有很大不同。一种真理的效果永远和它的倾向是大有区别的。在事实的世界中，真理只是手段，它只有主宰精神从而主宰行动时才是有效果的。它们的历史地位并不取决于它们是不是深刻的、正确的或仅是合乎逻辑的，而是取决于它们发不发生作用。我们从“口号”这一措辞中看到这一点。两三个鼓舞人心的字音对于每一次文明化革命的作用，同某些被活生生地经验的象征对于青春时期的宗教的作用（例如圣冢之于十字军，基督的实体之于尼西亚宗教会议时代）是一样的。只有口号才是事实，至于它们所由来的哲学和社会学体系的残余，跟历史是没有关系的。然而，作为口号，它们在大约两个世纪中是第一等的权力，甚至比血统的节奏更强有力，这种血统的节奏在向外扩充的城市的僵化世界中正开始变得黯然失色。

然而，批评的精神只是从非等级者的混乱群众中冒出来的两种趋势中的一种。与抽象概念在一起的还有抽象的金钱即脱离了土地的原始价值的金钱；它们都是作为政治力量出现的。两者在本质上是同源的，不可分割的——僧侣与贵族之间的原先具有的对立在资产阶级的气氛和城市的框架中继续存在，并且像以往一样尖锐。两者之中，作为纯粹的事实，金钱更无条件地比理想的真理占有优势，因为就事实世界而论，刚才我已经说过，后者只是作为口号，作为手段而存在的。如果我们说的“民主政治”是指这样的第三等级希望给予整个公众生活的一种形式，那么，我们就必须得出结论说，民主政治和财阀政治是同一事物的两个方面：希望与现实、理论与实际、知与行。事实世界改良家和自由的教导者在帮助金钱发生效果，他们却绝望地去反对金钱，这是它们的一出悲喜剧。表现为人人平等、自然权利、普选权原则的对于大多数人的尊重跟舆论自由，尤其出版自由同样是无阶级者的阶级理想。这些都是理想，但在现实中，舆论自由要涉及舆论的准备，那是要花费金钱的；出版自由中存在着具备印刷机的问题，那又是一个金钱问题；伴随着选举权而来的是竞争选票，在这里，谁花钱谁就能点戏。观念的代表只在一边观望，金钱的代表却在另一边动手。自由主义和社会主义的概念只有靠金钱才能有效地动作。提庇留·革拉古的群众运动之所以能够进行，全靠骑士团这一富有金钱的党派；一旦改革中有利于他们自己的那部分胜利地合法化了，他们就立刻退出了，运动就瓦解了。恺撒和克拉苏资助了喀提林运动，从而使它不去反对财产而去反对元老院党派。在英国，早在1700年时，出色的政治家就认为：“在交易所中，人们买卖公债，也买卖选票，人们知道一张选票的价格就像知道一英亩土地的价格一样。”当滑铁卢战争的消息传到巴黎时，法国政府的公值就涨价——雅各宾党人摧毁了血统的旧有义务，从而解放了金钱；现在金钱出来做了土地的主人。没有一种无产阶级的甚至共产主义者的运动不是为了金钱的利益而举行的，不是按金钱所指明的方向而开展的，不是在金钱所许可的时限内进行的；而且它的领导人中间的观念论者也毫不怀疑这一事实。理智在思考，金钱在指挥；当大城市主宰其他一切的时候，一种文化戏剧的最后一幕都是这样的。理智最终是没有理由埋怨的。因为，不管怎么说，它已识得了它的胜利——在它自己的真理领域内，在不属于这个世界的书本和理想的领域内。它的概念成了初兴文明的神圣对象。但是通过这些概念金钱在它自己的、只属于这个世界的领域内得到了胜利。

在西方世界的国家中，在英国，第三等级的理想的和符合实际的政治两方面都是逐渐变化的。只有在这里，第三等级才能避免走向一个专制的国家，去摧毁它，并在它的废墟上建立自己的统治。因为在这里，第三等级可以成长为第一等级的强大形式，在第一等级那里，它找到了利益政治充分发展起来的形式，它可以为了自己的目的从其方法中借用一种无须改进的传统战术。这里是真正的、十分不易模仿的议会政治的老家，它以岛国地位而不以国家作出发点，它以第一等级的习惯而不以第三等级的习惯作背景。而且还出现了另一种情况，这就是，这种形式在巴洛克的全盛时期成长起来了，因而在这种形式中有音乐。议会形式和内阁外交的形式是完全相同的；它成功的秘密就在这种反民主的根源中。

然而理性主义的许多口号也都是从英国的土壤中生长出来的，它们跟曼彻斯特学派（英国的一个政治经济学派）的原则有着非常密切的关系——休谟是亚当·斯密的老师。不言而喻，“自由”指的是理智自由和贸易自由。实际政治和热衷于抽象真理之间的对立在乔治三世（英国国王）时的英国之不可能，就像在路易十六时的法国之不可避免是一样的。后来，爱德曼·柏克[1]就能反驳米拉波说，“我们要我们的自由，不是把它当作人类的权利，而是把它当作英国人的权利”。法国人的革命观念无一例外都来自英国，正如它的君主专制政治的形式来自西班牙一样。法国给予这两者以光辉的、不可抗拒的形式，被欧洲大陆的广大地区作为范例看待，但对两者的实际运用，它并无所知。要想在政治上成功地利用资产阶级的口号，统治阶级就得有一副敏锐的眼光。能够看透那企图掌权，但得到权力时又将掌握不住的阶层的心理素质。在英国，利用是成功的。但在英国，金钱也最不迟疑地被用在政治上——不是指西班牙或威尼斯型所习见的对个别上层人物的贿赂，而是指对民主力量本身的“哺育”。在 18 世纪的英国，被金钱系统地支配的首先是议会选举，其次是被选的众议

[1] 爱德曼·柏克：1729~1797 年，英国政治家、演说家、政治思想家。

员的决议；英国也发现了出版自由的理想，同时又发现：谁占有出版，出版就为谁服务。它不传播“自由”意见——它只是制造它。

这两方面——才智和金钱合起来就构成了广义的自由主义。那就是：免于被土地束缚的生活限制的自由（不管那些限制是特权、形式，还是感情）；才智有进行各种批评的自由；金钱有从事各种买卖的自由。但两者也都毫不迟疑地期盼一个阶级的统治、一个不承认国家至上的统治。才智和金钱都是无机的，它们需要国家不是把国家看作一种值得尊敬的高级象征的成熟形式，而是把它看作一件为某种目标效劳的机器。所以这些力量和福隆德主义的力量之间的区别是一种根本性的区别，因为后者的反应是保卫古老的哥特式的生活方式和“合乎形式”的方式，反对闯进来的巴洛克式的生活方式和“合乎形式”的方式；而现在这两者都是取守势的，几乎不能辨别的。应该一再强调的是，只有在英国，福隆德党才不仅在公开的战斗中解除了国家的武装，而且以其内在优势解除了第三等级的武装，从而达到了一种民主政治所能达到的最佳形式，这种形式不是计划出来的，也不是模仿得来的，它是自然成熟的，是一个古老的种族和一种未被破坏的、可靠的机智（它能适应时间变迁带给它的每一种新手段）的表现。所以，在参与专制国家的王位继承战争时，英国的国会把它们当作具有商业目的的经济战争来处理。实质上无形式的非等级者对于高级形式是极不信任的，以致它随时随地都准备用一种独裁的手段来挽救它的自由——免于一切形式的自由；独裁是不承认什么规矩的，因此它敌视一切成长起来的东西，而且由于它的机械化倾向，它是合于才智和金钱两方面的口味的——可以回想一下诸如由罗伯斯庇尔开始、由拿破仑完成的法国国家机器的结构的例子。为了一种阶级理想的利益而实行的独裁是符合卢梭、圣西门、洛柏图斯[1]和拉萨尔[2]的心意的，正如它会合乎公元前第四世纪的古典思想家——在《居鲁士的教育》一书中的色诺芬和在《尼可克利斯》（伊索格拉底的一篇演讲）中的伊索格拉底——的心意一样。

然而罗伯斯庇尔的名言“革命政府是自由对专制的专政”的意思还不仅限于此。它展现了那种震撼所有群众的深刻恐怖，他们在严重关头感到自己“不符合形式”。一支在纪律方面受到震动的联队会为当时的偶然领袖欣然让出权力，其范围与性质是合法的指挥所无法获得的，如果是合法的，那就将是难以忍受的。但在较大的范围内，每一刚开始的文明所处的地位就是这样的。没有

[1] 洛柏图斯：1805~1875 年，普鲁士经济学家。

[2] 拉萨尔：1825~1864 年，德国社会主义者，德国工人运动的创始人之一。

什么能比无形式的力量的兴起更能有效地显示政治形式的没落，从其最显著的例子中，我们可以很容易地指出拿破仑主义。黎塞留和瓦楞斯泰因的存在是何等完全地包含在他们时代的不可震撼的根源中啊！英国革命是多么富有形式，虽然其外表是完全没有形式的！这里恰恰相反；福隆德党进行追求形式的斗争，专制国家符合形式，但是资产阶级却在反对形式。仅仅废除一种过时的秩序是不足为奇的，克伦威尔和第一次僭主政治的领袖做到了这一点。但是，在可见的废墟后面不再有一种不可见的形式的本体；罗伯斯庇尔和拿破仑没有在他们自己周围或在他们自己之中找到任何新创造所必需的不言而喻的基础；他们别无选择，只好用一种偶然的制度来代替一个具有高度传统和经验的政府，这种偶然制度的未来不再牢固地建立在一个缓慢地、彻底地受过训练的少数人的品质上，而是完全依赖突然出现的适当继承者的机会——这些就是这种时代转变的特征，因而使那些长久保持一种传统的国家世世代代享受到极大的优越感。

第一次僭主政治通过非贵族的帮助，完成了城邦；现在非贵族却借第二次僭主政治的帮助摧毁了它。作为一种观念，城邦在公元前第四世纪的资产阶级革命中消灭了，尽管如此，它仍作为暂时性权力的一种安排、或一种习惯、或一种工具而存在下来。事实上古典人在政治方面从未停止按照城邦的形式去思维与生活。但是它在大众的心目中已不再是一个可尊敬的象征了，就像自从拿破仑几乎成功地把他自己的王朝变成“欧洲最古的”王朝以来，神圣的王权已不再在西方受到尊敬是一样的。

而且，在这类革命中也像在古典历史中常见的情形一样，只有局部性的和暂时性的解决——没有像法国革命从巴士底狱到滑铁卢之战那种光辉的、无往不利的胜利——而且其中的场面更加残暴，因为这种文化的感情基本上是欧几里得式的，它的冲突似乎只有党派对党派的肉搏方式，失败的唯一结局不是西方一样在作用上归并到胜利者的体系中去，而是全部地毁灭掉。在科赛拉（古希腊的一个岛屿，地处希腊与意大利之间）之战（公元前 427 年）和雅备斯（古希腊的城邦）之战（公元前 370 年）中，有产阶级被大批屠杀；在里昂提尼（古希腊城市）之战（公元前 422 年）中，他们被下等阶级逐出城外，那些下等阶级和奴隶经营了一个短暂的时期，怕他们回来报复，就全部撤离，迁移到叙拉古去了。从百十次这类革命中逃亡出来的人充塞了城市，补充了第二次僭主政治的雇佣兵，侵扰了海陆交通。重新收容这种逃亡分子是亚历山大的继承人所提出的和平条款的一贯特点，后来罗马人也这样提出。但是第二次僭主政治本身用这种行动取得了自己的地位。狄奥尼苏斯一世（公元前 407~ 前 367 年）

取得了对叙拉古的统治权——希腊的最成熟的文化集中在叙拉古和雅典的上层社会中，埃斯库罗斯的“波斯人”三部曲就是公元前 470 年在叙拉古城写的——方法是大批屠杀受过教育的人和没收他们的财产；随后他将人口完全改组，在上层把大量的财富给予他的随从，在下层是将奴隶提升为市民，并把受难者的妻女分配给他们（这也是常见的）。

这类革命跟具有特征的古典方式一样，永远增加数目而不扩大范围。许多这样的革命发生了，但是每一革命都是纯粹为了自己而进行的，只在自己所处的一点上来进行，只有它们彼此同时存在这一事实才使它们具备了一种集体现象的性质，这就成了一个时代的特征。拿破仑主义也一样；在这里，一种无形式的统治第一次把自己放在国家结构之上，但又还不能从本质上脱离国家。它依靠军队的支持，这种军队面对着失去了“形式”的民族，开始感到自己是一份独立的力量。这就是从罗伯斯庇尔到波那帕（这里指拿破仑的弟弟 Bonaparte）的简单经过——雅各宾党人失败以后，重心就从行政方面转移到野心的将军们身上了。这种新趋势在西方的影响到底有多么深厚，我们可以从伯纳陀特和惠灵顿（英国将领）的例子中看出来，更可以从 1813 年腓特烈·威帝三世《告吾民书》的故事中看出来——在这种情况下，如果国王不坚决跟拿破仑决裂，王朝就会遭到军人的威胁。

第二次僭主政治这种反宪法的行为也表现在伯罗奔尼撒战争后期，亚尔西巴德和来山得在各自城市的武力中所占有的地位上，这种地位与城邦的基本形式是不相容的。前者是一个失去官职的逃亡者，他违反国内当局的旨意，从公元前 411 年起实际上指挥着雅典的海军；后者虽然连一个斯巴达人都不是，他却觉得自己是一支忠于他本人军队的完全独立自主的首领。公元前 408 年两强争夺爱琴海世界霸权，就是采取这两个人之间的一种争夺的形式的。不久以后，叙拉古的狄奥尼苏斯建立了第一支大规模的职业性军队，采用了战争的机器（炮队）——这是一种新的形式，它成了亚历山大的后继者和罗马的榜样。从此以后，军队的首脑就成了一种自为的政治力量，并且成为严重问题的是：国家在多大程度上是它的军队的主人，在多大程度上又是其工具。从公元前 390~ 前 367 年（狄奥尼苏斯逝世，也许这不是巧合），罗马政府全部掌握在一个军事委员会手里这一事实，相当明白地显示了军队是有自己的政策的。大家都知道，亚历山大，这位第二次僭主政治中的浪漫主义者，日益受到了他的将军们的影响，他们不仅强迫他从印度撤退，而且理所当然地瓜分了他的遗产。

这在本质上是拿破仑主义。那种把个人统治扩展到不由民族或法律的组带而仅由军事和行政的纽带联结起来的地区的做法，也是这样。但是“扩张”本质上恰好和城邦是不相容的。古典国家是一种不能有任何有机的扩展国家，因此第二次僭主政治的胜利就把自己分解为两种政治单位的并列，即城邦及其臣服的领土，其结合最初是偶然的，并且永远处于危险中的。这就出现了希腊化——罗马世界的奇异景象，它的真正意义还没有被人认识——一圈边界地域，其中有一堆城市，它们尽管很小，国家本身——共和国还是像过去一样专属于它们的。在这中央（事实上，就每个个人而言，领导权是在一个点上）的是一切真实政治的舞台。“全世界”这一有意义的表述，只是它的一种手段或客体。罗马人关于“帝国”——指的是城壕外行政上的独裁权力，它在其占有者进入城界以后就自然消失了——和“行省”的概念是与“国家”对立的，这就表明了古典的共同本性只知道城市本身才是国家和政治的主体，“城外”只和主体有关，是它的客体。狄奥尼苏斯把他的叙拉古城变成一个要塞，由“一群小国家”围绕着，他从那里开始扩大权力，通过上意大利和达尔玛提亚海岸，直到北亚得里亚海，在那里，他占有了安科纳和波河口上的哈特立亚。马其顿的腓力则照他的老师菲利的哲孙（公元前 370 年被刺死）的榜样，采取了相反的计划，把它的重心放在外围（实际上就是放在军队里），从那里对希腊各国施展统治。这样，马其顿就扩大到了多瑙河，亚历山大死后，塞琉西帝国和托勒密帝国也加入了这个外圈——这两个帝国都从一个城市（安提亚克和亚历山大里亚）通过现成的本地机构的中介，进行统治，那种机构的最低等者与任何古典行政相比较，可以说要好一些。罗马本身在同一时期（约在公元前 326~ 前 265 年）把它的中意大利的领土建成一个边陲国家，用一系列具有拉丁权利的殖民地、同盟国和居留地使它从各个方面得到保障。此后，从公元前 237 年起，我们发现：哈米卡·巴尔加为迦太基（一座按照古典生活方式建立起来的古老城市）在西班牙识得一个帝国；西·弗拉米尼乌斯（公元前 225 年）为罗马征服了波河流域；最后，恺撒建立了他的高卢帝国。这些就是下面种种斗争所赖以进行的基础；首先是亚历山大继承者在东方所进行的拿破仑式的斗争，其次是西庇阿与汉尼拔在西方所进行的斗争（在这两种情况下，城邦都成长得超过了界限），最后是三雄所进行的恺撒式斗争，三雄利用全部边远国家来支持自己，并利用它们的资源，以便成为“罗马第一人”。

七

在罗马，国家在公元前340年前后所实现的强大而巧妙的形式使社会革命能在宪法的范围内进行。一个拿破仑式的人物，例如公元前310年的监察官亚庇阿·克劳狄乌斯，他建设了第一个导水管和亚庇阿路，几乎像一个僭主似的统治罗马，但当他设法想用大城市的群众去消灭农民，从而使政治走向一面倒的雅典方向时，他就失败了——因为他的目的是要把奴隶的子孙引进元老院，要以金钱而不以土地赋额为基础去改组百人团，要把被解放的人和没有土地的人分配到乡村部落中去，使他们的票数超过乡下人（他们经常能够做到这一点，因为后者很少有人出席）。然而继任的监察官不失时机地一反其所为，把没有土地的人重新赶回大城市部落中去。无等级者本身是受到少数显赫家族的良好领导的，它知道（如前面所说过的）它的目的不在于摧毁而在掌握元老院的行政机关。结果，它就打进了一切政府机关（甚至根据公元前300年的欧古尔尼乌斯法，打进了在政治上十分重要的大祭司和占卜师的僧职），并且在公元前287年的暴动中，它甚至没有得到元老院的同意就取得了平民表决的法律效力。

这种自由运动的实际结果恰恰和理想家所期待的相反——罗马没有理想家。这种运动的伟大胜利夺去了无等级者的目标，从而剥夺了它的动力，因为实际说来，当它不再“反对”什么时，它就是无力的。在公元前287年以后，国家形式的存在是为了顺滑上的用途，也用在一个只有罗马、迦太基、马其顿、叙利亚、埃及等伟大边陲国家才真正有价值的世界中。罗马已经没有再成为“民权”活动的对象的危险了。那唯一持续“合乎形式”的民族之所以能够达到显赫宏伟的境界，其基础正是这种保障。

一方面，在无形式的、因为能够大量吸收到自由的人而在种族冲动上久已变得微弱的平民中，它发展了一个以伟大的实际才能、地位、财富而出人头地的上等阶层，这一阶层的力量和贵族社会中的相应阶层的力量联合起来了。因此出现了一小群最富有种族品质、过着高贵生活、具有广阔政治眼界的人们，全部统治经验、将帅经验和交涉经验都集中和留传在他们身上，他们认为指导国家是合乎他们身份的唯一职业，认为自己是行使指导国家的特权的继承者，他们教育子女的只是统治艺术和对于无限自负的传统的坚信。这种贵族的存在没有宪法的依据，它把元老院作为它的宪法机器。元老院本来是代表贵族（也就是“荷马时期的”贵族）利益的一个团体，但是在元老院中，从第四世纪中叶起，卸任的执政官——一些既曾统治，又曾统率的人——成为终身议员，形成了一个具有卓越才智的人的严密团体，控制了元老院，通过元老院控制了国家。甚至在公元前279年时，在皮洛士的大使乌涅阿斯看来，元老院就已像一个国王组成的会议，最后，它的核心是一小群拥有“元首”和“显贵”称号的领导人物，是一些在地位、权力、威仪等各个方面都能和亚历山大后继人各帝国的统治者相匹敌的人物。出现了一种任何其他文化中的大城市所不曾有过的政府，出现了一种也许除了在威尼斯和巴洛克时期的罗马教廷以外找不出同类的传统，而在威尼斯和罗马教廷，情形是截然不同的。这里没有成为雅典毁灭原因的理论，没有使斯巴达最后成为可蔑视的地方主义，而只有一种庄严形式的惯例。如果“罗马”是世界历史中一种十分独特、不可思议的现象，那么这不是由于罗马“人民”的缘故，（罗马“人民”像其他“人民”一样，本身只是一种没有形式的原料）而是由于这个阶级的缘故，不管怎样，它使罗马具有了良好状态，保持了良好状态；结果，这种在350年时还只是在意大利中部具有重要性的特定的存在之流逐渐把全部古典历史吸引到了它的地基上，使古典历史的最后的伟大时代变成了一个罗马时代。

这一小批没有任何公民权的人在运用革命所创造的民主形式方面表现出来的是纯熟的政治机智；这些形式在这里也如在其他地方一样，从被运用中得到全部价值。它们当中有一个唯一的因素，如果处理不当，就有立刻使两种互相排斥的力量交织在一起的危险，可是被处理得很好、很镇静，因而倾向永远是由经验比较丰富的人决定的，可是人们始终相信决定是由自己做出的、是自己所希望的。既要合乎民意，又要取得最高的历史成就——这就是这一政策的秘诀，所以，它是这种时期唯一可能的政策，至今在罗马统治中还没有可与之匹敌的一种艺术。

可是，在图景的另一方面，金钱的解放是革命的最终结果。此后，金钱就成了百人团民会的主人。自称为“人民”的人逐渐变成了金钱巨头的工具，因此统治集团需要所有的战术优势来在平民中保持平衡，来使那在贵族家族领导下的、大城市群众依然被除外的三十一个乡村部落中的农民保持有效的代表权。所以就出现了取消亚庇阿·克劳狄乌斯所作的安排的激烈努力。大财团和群众之间的天然联盟虽则后来在革拉古兄弟和马略时为了摧毁血统的传统实际上实现了，但在好几个世代中都不可能实现。资产阶级和农民，金钱和土地占有，保持着一种不同机体间的相互平衡，而由国家观念（贵族是它的体现）使两者结合起来，使其发生效用，直到这种内在形式裂为碎片，两种趋势在敌视中分裂为止。第一次布匿战争是一次商人的战争，是反对农村利益的，因此执政官亚庇阿·克劳狄乌斯（他是大监察官的一个后裔）在公元前284年把这个问题的决定交给百人团民会去讨论。另一方面，波河平原的征服是符合农民的利益的，所以，它是在管区民会上由保民官盖·弗拉米尼乌斯所通过的——这个保民官是罗马历史中第一个真正恺撒型的人物，是弗拉米尼乌斯大道和弗拉米尼乌斯竞技场的建立者。但在执行他的政策时，他（公元前220年当监察官的时候）禁止元老院议员经营商业。同时又使平民得以进入古老的贵族百人团，因此实际上他只使第一次布匿战争期间的新金融贵族得到了好处，这样他就完全不知不觉地变成了组成为一个等级的大财团的创造者——骑士团的创造者，他们在1世纪后结束了贵族阶层的伟大时代。此后，当汉尼拔（弗拉米尼乌斯在他面前阵亡）被铲除时，甚至就在那种政府中，金钱已稳稳地变成了完成它的政策——古典世界所知道的最后的真正国家政策——的“最后手段”。

当西庇阿家族及其集团不再是一种统治力量时，剩下的就只有个别人物的私人政策了，他们毫不迟疑地追求自己的利益，把“全世界”当作劫掠的对象。历史学家波里比阿（他是这个集团的一员）把弗拉米尼乌斯看作一个纯粹的蛊惑者，把革拉古时期的一切不幸都归咎于他。就弗拉米尼乌斯的动机而论，波里比阿是完全错误的，但就弗拉米尼乌斯的影响而言，他是正确的。老伽图（别名监察官或大加图，罗马政治家、演说家）怀着盲目的农民热情因为反对伟大的西庇阿的世界政策而推翻了他，弗拉米尼乌斯就像老伽图一样，成就了他所想成就的反面——金钱进入了血统领导权的领域，金钱不到三个世代就消灭了农民。

如果说罗马成为革命后仅存的、组织上未受损害的唯一城邦是古典民族命运中的难得的幸运，那么，与此相反，在我们西方（具有在延续观念中根深蒂固的谱系形式），激烈的革命毕竟只在巴黎一处发生，这几乎就是一种奇迹了。是法国专制主义的软弱而不是它的强大引进了英国的观念及金钱的力量，以致引起了使“启蒙运动”的口号具有生动形式的爆发，它把德行和恐怖、自由和暴虐结成一体，甚至在1830年和1848年的次要灾变，以及最近社会主义者对于灾变的渴望中还有所反响。在英国本身这方面，当法国的贵族比过去任何时候都更专制地统治时，的确有一小批醉心于革命观念——那些观念都起源于英国——的人围绕在福克思和师立丹周围，而且人们还在谈论普选权和议会改革。但那已足以引导两党在一个辉格党员小庇得的领导下，采取最严峻的办法去击败一切试图为了资产阶级利益而稍稍干预贵族制度的尝试了。英国的贵族挑起了二十年的反法战争，动员了所有欧洲的君主去扑灭革命，而不是扑灭拿破仑——那革命具有朴素的勇气去把英国民间思想家的意见变成实际的政治，从而使第三等级取得它的地位，它的后果在英国的议会走廊中更好地被预见到了，而巴黎的沙龙却忽视了这些后果。

英国所说的“反对”是指一个贵族政党执政时另一个贵族政党的态度。在那里“反对”并不是像在整个欧洲一样，不是指对另一些人的业务工作的业务性批评，而是指那种实际的企图，那种企图想强使政府的活动纳入一种让反对派随时都可以在适当时机取而代之的形式。但是这种反对立即（并且完全不顾社会先决条件）被法国和其他国家的知识界看成了想要创造的东西的榜样，就是，在王朝监督下的一种第三等级的阶级统治，关于王朝的前途则并无很明确的看法。从孟德斯鸠起，英国式的安排被热情的误解所赞美，虽则这些大陆国家不是岛国，缺乏“英国式”演化的最重要的先决条件。英国只在一点上是个真正的榜样。他们发现，当资产阶级已经进展得太远，以至于使专制国家又倒退成一种等级国家时，那里的图景事实上只不过还是它过去的样子。的确如此，在那里统治的只是贵族——但至少不是王室了。

作为转变的结果，大陆国家在文明开始时期的基本形式是“君主立宪”，它的最大可能性是我们今天所说的共和国。必须彻底澄清那些空谈家的絮叨，他们是用无时间的概念，从而也就是用不真实的概念来思考的，在他们看来，“共和国”就是形式本身。19 世纪的共和国理想不同于古典的共和国，甚至也不同于威尼斯或原来的瑞士各州，跟英国的宪法不同于大陆“宪法”是一样的。我们称作共和国的东西是一种否定，由于内在的必然性，它要求被否定的事物是一种永存的可能性。这是一种具有从君主制借来的形式的非君主制。血系的感情在西方人的心中是异常强烈的；他们心里牵强附会，即使朝代全然不存在了，也认为决定他们的政治行动的是朝代。在那里体现了历史的东西，因此我们不能无历史地生活下去。是像古典世界一样，朝代的原则绝对不影响一个人的内心感情呢？还是像西方的情况一样，它是实际存在的，以致受过教育的人要经过六代才能在自己身上摧毁它的呢？这其中的差别是很大的。感情是一切计划出来而非生长出来的宪法的隐藏着的仇敌；归根结底，它们只不过是恐惧和不信任所产生的自卫办法罢了。城里人关于自由——从某些事情获得自由——的概念把自己局限在一种纯粹反朝代的意义上，而且对于共和国的热忱也只是基于这种感情的。

这种否定不可避免地包含了一种理论的优势。朝代及其近亲外交保存着古老的传统和节奏，宪法中则充斥着制度、学究气和框架式的概念——这在英国是难以想象的，没有什么消极的和自卫的东西依附在政府的形式上。浮士德文化是一种最卓越的读与写的文化，这一观点并非没有道理。印刷的书籍是时间无限的标记。报纸是空间无限的标记。和这些象征的无限威力与专横相比，甚至中国文明几乎也像是缺乏书写的了。在宪法里面，文献被用来代替知人知事的知识，文字被用来代替种族，抽象权利被用来代替成功的传统——不管卷入事变潮流中的一个民族是否还在起作用，还“保持它的形式”。米拉波反对那把“政治和虚构混淆起来”的国民议会，他是孤军作战的，不成功的。不仅当时的三种空想宪法——1791 年的法国宪法和 1848 年、1919 年的德国宪法——而且事实上全部这类尝试都闭目不看事实世界中的伟大宿命，以为摧毁了它，事情还是一样的。不是意外的事变，即有力人物所引起的偶发事件和紧迫情况在支配，而是因果律在支配——是原因与结果的不受时间限制的、公正的、不变化的、理性的结合。没有一部成文宪法懂得金钱是一种政治力量，这是有象征意义的。它们包含的是纯粹的理论，全都如此。

君主立宪的本质中的这道裂口是无法弥补的。在这里，现实和概念、工作和批评是针锋相对的，它们的摩擦就构成了一般受过教育的人所说的内政。普鲁士——德意志和奥地利最初确有宪法，但在古老的政治传统跟前效力从不很大，抛开它们不谈，只有在英国，政府的措施才是单一的。在这里，种族抵抗住了原则。人们知道：真实的政治、意志在历史性胜利的政治是一个训练问题，不是一个形式问题。这不是贵族的偏见，而是一件宇宙性的事实，它在任何英国赛马训练者的经验中比在世界上任何哲学体系中更加清晰地表现出来。形成可以使训练更细致，但不能代替训练。英国的上层社会，伊顿公学[1]和贝利奥尔学院[2]就是训练的基地，那里一贯有把握地训练出政治家来，同样的情形只有普鲁士军团的训练——训练成事物的潜在节奏的内行和主人（并不排除意见与观点的暗流）。他们受了这种训练，所以能在 1832 年以后泛滥一时的资产阶级革命原则的大洪流中保全和控制他们所指导的存在之流。他们有“训练”，具有一个骑师的柔和与镇定，当他骑上一匹骏马时，就觉得胜利越来越近。他们容许伟大的原则去打动群众，因为他们很清楚，使这些伟大原则见诸行动的“资本”是金钱，并且他们不采取 18 世纪的野蛮方法，而代之以更巧妙同时效果并不逊色的方法，其中最简单的一种方法就是以重新选举的花费来威胁反

[1] 伊顿公学：英格兰最大、最有名望的公学之一。

[2] 贝利奥尔学院：以培养贵族子弟为主的学院。

对者。大陆的空想宪法只看见了事实上的民主政治的一个方面。英国没有宪法，但人们却是处于“良好状态”的，在这里，民主政治被当作一个整体来看待。

关于这各种的模糊认识，在欧洲大陆上从未完全消失过。巴洛克时期的专制国家是有一种十分清晰的形式的，但“君主立宪”则只是不稳定的妥协，并且各保守党和自由党的区别不像在坎宁[1]以之后的英国一样，各有不同的、但经过良好考察的执政方式，轮番应用于实际的执政工作，而是根据它们各自希望改变宪法的方向来决定的，即，是向传统的方向改变，还是向理论的方向改变？应该使国会为王朝服务呢，还是使王朝为国会服务？这是斗争的关键，在争论中，他们忘记了对外政策才是最终的目标。一种宪法的“西班牙”方面和命名错误的“英国”方面是不会也不能共同生长的，所以在19世纪，对外的外交工作和对内的国会活动是向两个不同方向发展的。每一方面在基本感情上对于另一方面都是陌生的，看不起的。“生活”在不是从它自身发展出来的形式中焦虑痛苦着。法国在热月以后落入证券交易所的统治下，由于军事独裁政权的不时建立（1800年、1851年、1871年、1918年）才缓和一些。俾斯麦的创造基本上是属于一种王朝性质的，国会成分完全是次要的，但它的内部摩擦又十分激烈，以致耗尽了有用的政治精力，最后，在1916年以后把机体本身也消耗完了。陆军有自己的历史，它的伟大传统可以远溯到腓特烈·威廉一世，行政方面也有自己的历史。在它们中间，有着作为一种真正的政治“训练”的社会主义的根源，它和英国式的训练正好相反，但又像英国式的训练一样，是强烈的种族品质的一种充分表现。军官和官吏都受过高度的训练。但没有认识到培养一种相应的政治类型的必要。高级的政策是“按行政”处理的，次要的政策就成了无益的争吵。因此，自从那位即使没有真正政治家的支持（只有这种传统才能产生这种情形）也强大得足以把军队和行政当作政策工具来看待的唯一人物俾斯麦逝世以后，军队和行政本身终于变成了目的。当世界大战的结果导致上层阶层衰亡时，剩下的就只有受相互反对的教育的政党了，它们把政府的活动降低到一种任何文明中前所未有的水平。

然而今天的议会政治完全处于衰退中。它是采用其他手段的资产阶级革命的继续，1789年第三等级的革命被赋予合法的形式，它和它的敌人王朝一起联合为一个政府单位。事实上，每一次近代的选举就是一次通过投票箱和每一种口头的或书面的刺激来进行的内战，每一个伟大的政党领袖就是一个拿破仑。这种意在无限地保持有效的形式是西方文化所特有的，在其他任何文化中都会

[1] 坎宁：1770~1827年，英国政治家，两次出任英国外交大臣。

是无意义的，不可能的；从这当中，我们再一次看到了我们沉醉于“无限”、历史的预见和预谋、安排遥远未来的意志的具有特征的倾向，但这一次是以资产阶级的现实标准为根据的。

不过，议会政治不像绝对的城邦和巴洛克国家是个顶峰一样，它不是顶峰，它只是一种短暂的过渡，亦即在具有成熟形式的文化晚期和无形式世界中的伟大个人时期之间的一种过渡。它像19世纪前半期的房屋和家具一样，包含着一种良好的巴洛克遗风。议会习惯是英国的洛可可式的——但已不再是没有自我意识的、寓于血统中的，而是皮毛的、模仿的和依靠善意的。它只在最初短暂的热情期内才有一副深刻而持久的面貌，随后，只因在胜利的得意中尊重自己新近获得的地位，才使它不得不去采纳被击败阶级的高尚态度。即使形式和利益矛盾也要保存形式，这就是使议会政治成为可能的风尚。然而，当这种习尚最终被充分遵守时，这件事实本身就表明议会政治的本质已经消失了。非等级者又分成了它原来的各个利益集团，坚强的和胜利的自卫热情过去了。一旦形式失去号召人们进入防卫营寨的年轻理想的吸引力时，不通过（甚至不顾）投票箱来达到某种目的的非议会的方法，比如金钱、经济压力，特别是罢工，就会出现。不管是大城市的群众还是强有力的个人对于这种既不深刻又无过去的形式都是不会真正尊重的，一旦发觉它只是一种形式时，它业已变成了一个记号或影子。在20世纪开始时，议会政治（甚至是英国的议会政治）就迅速地想要担负起那曾经属于王权的职务。它在虔信的大众看来是一种动人的壮观，而在法律上业已从王室转移到人民代表手里的重大政策的重心，则在事实上正在从人民代表方面转移到私人团体和私人的意志方向。世界大战差不多完成了这一发展。从劳合·乔治[1]的统治和法国军阀的拿破仑主义，是无法回到昔日的议会政治中去的。至于美国，它一直是站在旁边的，是独立的，与其说它是一个国家，不如说它是一个地区，它从孟德斯鸠学说得来的总统与国会的平行，自从它参与世界政治以来就难以保持了，一旦真正的危险时刻到来，它肯定会让位给墨西哥和南美久已为人熟知的那些无形式的权力的。

八

因此，巨大冲突的时期开始了，我们自己今天正处于这个时期。这是从拿破仑主义到恺撒主义的过渡，是一个普遍的演化阶段，它至少已经延续了两个

[1] 劳合·乔治：1863~1945年，英国首相，自由党的领袖。

世纪之久，而且可以看出在一切文化中都有这个阶段。中国人把它叫作“战国时期”[1]。起初有七个强国，它们最初是无计划地，但以后越来越目标明确地走向那不可避免的最终结局，亦即连绵不绝的大战和革命。一个世纪以后还有五个强国。公元前 441 年，周朝的统治者成了“东周公”的一个受国家供奉者，因而他所占有的残余领土不再在后来的历史中居于显要的地位了。同时，“罗马式”的秦国在非哲学的西北方（大约相当于陕西省）迅速地兴起了，它将其影响向西，向南扩张到西藏和云南，并将其他国家也包围在一个大弧形圈之内。敌对的中心是道家南方的楚国（在扬子江中游），中国文明就是从那里逐渐向外推进到大江以南的、向未为人所知的土地上去的。这里实际上是罗马和希腊精神的对立：一方面是坚强的、鲜明的追求权力的意志，另一方面是梦想和改善世界的倾向。在公元前 368~ 前 320 年期间（相当于第二次布匿战争时期），竞争加剧了，激化为整个中国世界连绵不绝的斗争，这种斗争动用了大量的军队，为此竭尽了人力。司马迁写道：

> 于是六国之士……常以十倍之地，百万之众，叩关而攻秦。秦人开关延敌，九国之师逡巡遁逃而不敢进，秦无亡矢遗镞之费，而天下诸侯已困矣。……秦有余力而制其敝，追亡逐北，伏尸百万……

苏秦原是秦国的丞相，后来变为国际联盟（合纵）思想的支持者，投身于敌对的阵营，促成了两次伟大的联盟（公元前 331 年和公元前 321 年）。然而，由于内部不团结，联盟在最初几次战斗时就瓦解了。他的伟大对手丞相张仪，是一个坚决的帝国主义者，公元前 311 年，当他将要使中国世界自愿臣服于秦的时候，由于王位更迭，他的合并没能成功。公元前 294 年白起的战役开始了。凭借他的威望，秦王采取了传说时代神秘的皇帝称号，这种称号公开表达出统治世界的要求，并立即被东方的齐国（大约在今山东和河北北部）统治者所模仿。随之而来的是决定性战斗的第二次高潮。独立国家的数目在不断地减少。公元前 255 年，甚至孔子的故乡鲁国也被消灭了。公元前 249 年周朝也告终了。公元前 246 年，强有力的秦王政在十三岁的时候做了秦国的皇帝，公元前 241 年他在丞相吕不韦（中国的米栖那斯）的帮助下，在最后的敌手楚国斗胆挑起的最后一场战斗中，打了胜仗。当公元前 221 年他实际上成为唯一的统治者时，采取了“始”（奥古斯都）的称号，这就是中国的帝国时代的开始。

---

[1] “战国时期”：公元前 480~ 前 230 年，相当于古典文化的公元前 300~ 前 50 年。

没有一个时期能像这个“战国时期”一样使人们如此明确地面临伟大的形式的交替或伟大个人权力的交替，到了各个民族在政治上不再适用时，精力旺盛的个人就能进行各种活动，他们想在政治上有所创造，不计代价地想掌握权力，并且作为一种力量现象成为整个民族或文化的命运。事件变得不能在形式的基础上进行预先的判断了。我们此时不再有那无须天才的既定传统（因为传统本身就是达到最高能量的宇宙力），而只有伟大的实际家所造成的偶然事故。他们的偶然兴起一夜之间就使一个软弱的民族（如马其顿人）登上事变的顶峰，而他们的偶然死亡（如恺撒的死亡）则会立即使世界从个人所巩固的秩序陷于混乱。

确实，这在更早一些时候于危急的转变时期就已经显示出来了。在福隆德党、盟主、第一次僭主政治的时代，那时人们还不符合形式，正在为形式而斗争，一些成长壮大到在职权方面无法限制的伟大人物经常受到贬黜。从文化到文明的转变，在其典型的拿破仑主义方面，也是这样。这个“战国时期”是不可挽回的历史的无形式的前导，伟大个人的真正的全盛时代是从此时破晓的。对我们来说，这个时期在世界大战期间几乎达到了它的顶峰；在古典世界，它始于汉尼拔，他以希腊主义的名义（他在精神上是属于希腊主义的）向罗马挑战，但是失败了，因为真正古典形式的希腊化的东方理解当前的意义已经太晚了，或者根本就不曾理解过。随着他的覆灭，就开始了那足以夸耀的队列，它从大小西庇阿开始，经过伊米里乌斯·包鲁斯（罗马将军）、弗拉米尼乌斯、大小伽图、革拉古兄弟、马略和苏拉，直到庞培、恺撒和奥古斯都。在中国，相应地在“战国”时期，政治家和将军所组成的相似的系列集中在秦国，正如古典的人物集中在罗马一样。由于对中国历史的政治方面的不理解十分普遍，这些人物通常被描写为诡辩派。他们是诡辩派，但其意义只像同时代的罗马领袖人物都是斯多噶派那样，大都受过希腊东方的哲学和修辞学的教育。他们都是研修至精的雄辩家，而且时常撰写哲学著作，恺撒和布罗特斯并不亚于伽图和西塞罗，但他们不是作为职业的哲学家才这样做的，而是因为悠然自适是高雅君子的习尚。在执行职务时，不论是在战场上还是在重大的政治问题上，他们都是驾驭实际的能手，张仪和苏秦两位丞相确实也完全是这样。那位打倒白起将军的受人敬畏的外交家范雎、秦国的立法者商鞅、始皇帝的米栖那斯吕不韦以及其他一些人物也是这样。

文化把它的全部力量都系在严格的形式上。现在，这些力量得到了解放，“自然”——宇宙——也立刻涌现了。从专制国家转变为诸民族的战斗的社会，是每一文明开端的标志；对于理想主义者和空想家们来说，这种转变可以意味着他们所喜欢的事物，但在事实世界中，它却意味着具有一种严格传统的形式和节奏的政府过渡到无拘无束的个人统治的独断独行。象征的和超个人的形式的顶点是跟文化晚期的顶点一致的——中国约在公元前 600 年，古典文化约在公元前 450 年，我们约在公元后 1700 年。在古典文化方面，最低点是在苏拉和庞培的时期，对我们来说则将在今后数百年内达到并有可能渡过。重大的国际冲突和国内冲突、可怕的革命，日益互相渗透，但其中的一切争执问题，毫无例外地都有意识地或无意识地、公开地或隐蔽地是非正式的权力问题，从而最后都是纯粹的个人权力问题。他们自己在理论上所要达到的目的是什么，这在历史上是无关紧要的，而且我们无须知道这个阶段的中国革命和阿拉伯革命爆发时所凭借的是哪些口号，甚至无须知道究竟有没有这样的口号。这个时代的无数次革命——它们越来越成为连根拔起的大城市群众的盲目暴动——都从来没有达到过目的，或从来没有达到目的的可能性。存在的正是加速破坏古老形式的这一历史事实，它为恺撒主义扫清了道路。

战争的情形也是这样。在许多次战争中，军队及其战术越来越成为不受控制的个别指挥官的创造，而不是时代的创造，这些指挥官们在许多情况下都是在很晚才发现自己的天才的，并且还是偶然发现的。公元前 300 年时有罗马的军队，公元前 100 年时则有马略、苏拉和恺撒的军队，至于由恺撒的老兵组成的屋大维的军队，与其说它由将军统率，不如说它统率着它的将军。但正因为如此，战争的方法、战争的手段以及战争的目的就采取了未开化的——本能的和凶残的形式，这些形式与从前流行的那些形式是截然不同的。它们的决斗不是 18 世纪在脱里亚浓发生的决斗，那种决斗是以骑士的方式进行的，并且有固定的规则，决定 1 个人在什么时候可以宣布自己精疲力竭了，可以使用的最大力量能达到什么程度，以及骑士制度允许胜利者规定的都有哪些条件。它们的决斗是激怒了的人们的角斗，连打带咬，直到人们身体崩溃的程度，而且是为战胜者无保留地、无限制地利用的。这种“归返自然”的最早的伟大范例是法国革命的和拿破仑的部队所提供的，它不是以少量兵力进行的技巧的演习，而是不计损失的大兵团攻击，因而粉碎了洛可可式的精练战略。通过普遍兵役制把一个民族的全部强壮力量送到战场上去，这是腓特烈大帝时代完全陌生的一种想法。

同样，在每一种文化中，战争技术总是缓慢地尾随工艺前进，一直到文明开始时，它才突然领先，无情地强迫那时的一切机械方面的可能性都为它服务，并且在军事需要的压力下，甚至开辟了前所未有的新领域，但同时它也就使勇士的个人英雄行为、贵族的德行和晚期文化的睿智在很大程度上变得无效了。城邦使巨额军队在古典世界本质上成为不可能的——由于包括战术形式在内的各种古典形式一般都是规模较小的，康奈、菲利披（希腊境内的一座小山城）以及亚克兴诸战役的人数便显得很多而且不同寻常了——在那里，第二次僭主政治（以叙拉古的狄奥尼苏斯为先导）在战争上大规模地采用机械技术。那时实行像对罗德斯的围攻（公元前 305 年），叙拉古的围攻（公元前 213 年）、迦太基的围攻（公元前 146 年）、阿利细亚的围攻（公元前 52 年），才首次成为可能的事情，在这种围攻中，速度的日益增长的重要性对于古典的战略来说甚至也变得明显起来。罗马军团的特殊结构只是在希腊化时期才得到发展的，它和公元前 5 世纪雅典和斯巴达的民军相比，行动起来就像一架机器一样。这是和上述倾向一致的。相应地，中国从公元前 474 年起就用铁制成刀剑之类的武器，蒙古式的轻骑兵代替了重战车，而且要塞战立即具有了突出的重要性。文明化的人类对速度、敏捷和群体效能的基本追求，在欧洲和美洲最终跟浮士德式的制伏自然的意志结合在一起，产生了战争的各种动力方法，这各种方法甚至在腓特烈大帝看来似乎也是荒唐的，但在今天的我们看来，是和我们的交通技术、工业技术吻合的，是十分自然的。拿破仑用马匹负载大炮，因而使它非常机动（正如他把法国革命的密集兵团分散成许多独立的和容易移动的队伍一样），而且早在瓦格拉本战役[1]和鲍罗汀诺战役[2]时它就增强了它的纯物理的威力，达到我们必须称作速射和猛烈炮火的程度。第二个阶段是非常重要的，它以 1861~1865 年的美国内战为标志。这次战争在它所包括的军队人数方面甚至远远超过了拿破仑战争的巨大规模，并且在这次战争中铁路第一次用于运输大批的队伍，电报网第一次用于通信，一支蒸汽船舰队第一次用于封锁，一连数月地在海上守卫，还有装甲船、鱼雷、施膛线的武器以及远射程的大炮也是在这次战争中发明出来的。第三阶段是以日俄战争为序曲的世界大战，在这个阶段，潜水艇和飞机开始使用，发明物的速度和力量本身成为一种新的武器，而且所使用工具的广度（尽管可以肯定比不上它的强度）达到了最高点。然而决断的残忍性所到之处都是和这种力的支出相一致的。在中国战国时期开始时，我们看到吴国的完全毁灭，在此以前的春秋时期，武士精神会使这种做法成为

[1] 瓦格拉本战役：1809 年拿破仑战胜奥地利的战役。

[2] 鲍罗汀诺战役：1812 年拿破仑在莫斯科附近的鲍罗汀诺镇与俄国军队的一次恶战，拿破仑获胜。

不可能。还在《坎坡·幅尔米欧和约》时，拿破仑就违反了18世纪的习俗，而在奥斯特甲齐一役之后，他更采取了尽量利用军事胜利的做法，除去物质的限制以外，一无所顾，最后仍然可能的步骤是在凡尔赛型的和约中采取的，它审慎地避免结局和了结，并留有余地，以便每当情况变化时能提出新的条件。同样的演变可以在连续三次的布匿战争中看到。消灭世界上一个主要强国的想法，通过老伽图仔细考虑过的冷酷而坚决的主张："但是，我认为迦太基是必须摧毁的"，最后是人人皆知了，但这种想法却是撒马战役的胜利者从来不曾有过的，而且尽管古典城邦的战争伦理是野蛮的，当来山得战胜雅典时，这种想法在他看来也是对于所有神祇的不敬。

古典世界的"战国时期"开始于伊布索战役（公元前301年）以及罗马人战胜埃特鲁里亚人和萨谟奈人的森提努姆战役（公元前295年），前者确立了东方三强的三足鼎立，后者在迦太基旁边创立了一个中意大利强国。然而，当罗马首先在皮洛士的冒险中获得了意大利南部，然后在第一次布匿战争中获得了海上的胜利，再次经由盖·弗拉米尼乌斯获得了克勒特北部的时候，古典文化对于当前事物和最近事物的特有偏爱就终于变得没人理睬了。甚至汉尼拔（或许是他那个时代中唯一看清事件趋向的人物）的意义都被一切人们所忽视，罗马人也不例外。希腊化东方诸强是在撒马战役中被击败的，不只是后来在玛革尼亚战役和匹特那战役中被击败的。一个肩负征服世界的过重任务的城邦正在走向一种归宿，伟大的西庇阿面临这种归宿时肯定会感到不安，他后来力图避免征服，但是完全徒劳了。他的左右违背每一政党的意志，竭力进行马其顿战争，仅仅是为了使东方此后可以视为无害而不复过问，这也是徒劳的。帝国主义是不论何种文明的十分必需的产物，因而当一个民族不肯承担主人任务的时候，它就为他人所掌握，置于统治之下。罗马帝国不是征服得来的，而是"世界"自行凝结成那种形式，并强使罗马人以他们的名字来命名世界。这是完全古典的。当中华各国极端酷烈地捍卫他们仅剩的独立时，罗马在公元前146年以后却仅仅承担起把东方的许多大块土地变为行省的任务，因为再也没有反对无政府状态的其他方法。然而，这也归结为罗马的内在形式——仍然屹立不动的最后一个——在革拉古的骚乱中消失了。争夺帝国的最后几仗不是在国与国之间进行的，而是在一个城市的政党之间进行的，这种情况在别的地方是找不到的，因为城邦的形式不容许有其他的结果。从前是斯巴达反对雅典，现在是贵族党反对平民党。在最初早已（公元前134年）预兆的一次奴隶战争的革拉古革命中，小西庇阿被暗害，给·革拉古[1]则被公开地处死——作为元首的第一个人和作为保民官的第一个人，在一个变得无形式的世界中，他们本身就是政治中心。当公元前 104 年罗马的城市群众第一次非法地、混乱地将统治权授予一个私人马略时，那时扮演的这出戏剧的较深刻的意义是和公元前 288 年秦国统治者采取神秘的皇帝称号之举的意义是一致的。作为这个时代不可避免的产物，恺撒主义立即在地平线上崭露头角了。

那位保民官的继承者是马略，他像保民官一样把暴民与大财团联合起来，并在公元前 87 年把旧贵族大批处死。那位元首的继承者是苏拉，他在公元前 82 年借公敌宣告消灭了大商人阶级。此后，最后的决定迅速推进，正如中国在秦王政的事变以后的情形一样。元首庞培和保民官恺撒——职务上不是保民官，态度上是保民官——还都是党派领袖，然而他们早在卢加就在同克拉苏商讨并互相讨论第一次瓜分世界的计划。当恺撒的继承人在菲利披攻打谋害恺撒时，双方都只不过是集团而已。到亚克兴战役时，争端就是个人之间的事了，恺撒主义即使在这样的一种过程中也必将出现。

在阿拉伯世界的相应演变中，代替实体的城邦而成为基本形式的当然是枚斋的一致，各种事件就是在这种形式中并通过这种形式自我完成的：正如我们已经看到的，这种形式排斥政治倾向与宗教倾向的任何分离，其程度是如此强烈，以致城市资产阶级对自由的追求（在这里就跟在其他地方一样都标志着战国时期的开始）也是以正教的假面具而自我展现的，因而至今几乎没有受到注意。它作为一种[illegible]政权的[illegible]而出现，这种政权是萨珊尼德王和继他们之后的戴克里先按封建国家形式创造的。从查士丁尼和科斯洛厄兹·努希尔万的时代起，这种政权就必须抵抗福隆德党人的攻击，他们是由希腊教会和玛兹达教会的领袖、由波斯—玛兹达教的（特别是伊拉克的）贵族和希腊的（特别是亚洲的）贵族、由因宗教区别分为两部分的亚美尼亚的高级骑士所领导的。大约在 7 世纪实现的专制政治，由于伊斯兰的进攻而一下子被摧毁了。伊斯兰在其政治的本源方面是严格贵族化的；在各处保持领导地位的一小撮阿拉伯家族不久就在征服的领土上形成了一种具有强健种族特性和无限自信的新的高等贵族，这种贵族把王朝贬低至它的英国“同时代者”把英国王朝所贬低到的那种水平。奥斯曼和阿里之间的内战（656~661 年）是一种真正福隆德党的表现，并且它的各种活动都是按照两个亲族及其各自的依附者的利益来进行的。8 世纪的伊兰斯辉格党和托利党，同 18 世纪的英国辉格党和托利党一样，

[1] 给·革拉古：即 GaiusGracchus，提比略·革拉古的弟弟，罗马共和时代著名的改革家。

独自实行高等政治，而且他们的党派斗争和家族争执对当时的历史来说要比君临天下的倭马亚王朝[1]家族的任何事件更为重要。

但是随着在大马士革建国——西阿拉米和一性派的叙利亚——的奢华而文明的王朝的灭亡，阿拉伯文化的自然重心再一次出现了；它就是东阿拉米地区。它一度是萨珊强权的据点，现在是阿拔斯强权的根据地，但不管它的构成是波斯的还是阿拉伯的，也不管它的宗教是玛兹达教、聂斯托利派还是伊斯兰教，它永远表现出同一种伟大的发展方向，并且是叙利亚和拜占庭的楷模。运动开始于库发（伊拉克中世纪城市），导致了倭马亚王朝及其“旧制度”的灭亡。这种运动的性质是一种反对社会的原始等级和贵族传统的社会革命，它的整个范围至今尚未受到注意。它在东方的小资产阶级玛瓦里（阿拉伯语，意为保护者、主人、老爷）中间开始，以强烈的敌意反对阿拉伯人，不是由于阿拉伯人是伊斯兰教的战士，而是由于他们是新贵族。新近改变宗教信仰的玛瓦里，从前差不多都是玛兹达教徒，比阿拉伯人本身还更为严谨地看待伊斯兰教，他们也代表一种阶级理想。甚至在阿里的军队中，完全民主的和清教的凯莱派已经分裂了，在他们的队伍中我们第一次看到狂热的教派主义与雅各宾主义的结合。此地此时不仅出现了什叶派倾向，而且出现了倾向共产主义的胡尔拉米派运动的最初冲动，它可以追溯到马兹达，以后产生了巴别克[2]领导下的大暴动。阿拔斯家族是决不会受库发的叛乱者的欢迎的，只是因为他们的卓越的外交手腕，他们才首先获得了官员的稳固地位，然后——几乎跟拿破仑一样——能够继承那已经传遍整个东方的革命遗产。他们在胜利之后建立了巴格达，这是一个复兴了的忒乌丰，是阿拉伯封建主义灭亡的象征。这个新文明的第一个世界都市从 800 年到 1050 年成了各种事件的舞台，它从拿破仑主义走向恺撒主义，从哈里发政权走向苏丹政权；在巴格达这种政权也像在拜占庭一样，是枚斋型的无形式的强权——在这里是唯一的一种可能的强权。

所以，我们必须十分清楚地认识到，民主在阿拉伯世界也正像在其他地方一样，是一种阶级理想，即市镇居民的观点和他们要求与土地割断旧有联系的意志的表现，不管这土地是沙漠还是良田。哈里发传统的“反面”可以把自己装扮成多种多样的形式，我们所理解的自由思想和立宪主义对它来说都是无关紧要的。枚斋的才智和枚斋的金钱是在完全不同的方式下获得自由的。拜占庭的僧侣自由到了发动骚乱的程度，他们不仅反对宫廷和贵族，而且反对各种高

[1] 倭马亚王朝：中世纪阿拉伯帝国的第一个哈里发王朝。

[2] 巴别克：？ ~837 年，伊朗东北部罗珊地区的胡拉米派首领。

级教会势力，这种高级教会势力甚至在尼西亚宗教会议以前已经发展成了一种教士政治（相当于哥特的教士政治）。信徒的一致，最大胆意义的“人民”，被看作神（卢梭要称之为“自然”）意使然的、平等的、不受一切血统力量约束的。司图提温的狄奥多住持要求皇帝利奥五世服从的有名史实（813 年），是枚斋型的巴士底狱风暴。以后不久，保罗派的反抗就开始了。保罗派是非常虔诚的，但在社会问题上却十分激进，他们在托鲁斯山脉以外建立了自己的国家，蹂躏了整个小亚细亚，打败了一支又一支帝国军队，直到 874 年才被征服。这在各个方面都相当于胡尔拉米派的共产主义——宗教的运动，它从底格里斯扩展到麦尔夫，它的领袖巴别克是在奋战了二十年（817~837 年）之后才失败的；也相当于西方的另一个类似的卡尔玛特[1]暴动（890~904 年），他们的军事联系从阿拉伯伸展到叙利亚的所有城市，他们的叛乱一直蔓延到波斯海岸。但在此以外，还有政治性的党派斗争的其他各种伪装。现在当我们知道拜占庭的军队是圣像破坏者，军人党因而被崇拜圣像的僧侣党反对的时候，我们就开始以一种全新的见解来观察历时一个世纪的偶像争论（740~840 年）的热情，并了解到危机的结束（843 年）——圣像破坏者的最后失败，同时也是自由教会的僧侣政策的最后失败——就意味着 1815 年意义的复辟。最后，这个时期是伊拉克——阿拔斯王朝领土的核心——的可怕的奴隶叛乱时代。这次叛乱突然照耀了一系列其他的社会动乱。阿里（自称是阿里后裔的 Ali. b. Muhammad），伊斯兰的斯巴达克斯，869 年在巴格达的南部从逃亡的群众中建立了一个真正的黑人国家，为自己建设了一个首都——穆克塔拉，并把他的势力远远扩张到阿拉伯和波斯一带，他在那里获得了所有部落的支持。871 年，伊斯兰世界住有将近一百万居民的第一大港巴士拉被占领，惨遭屠城并被焚毁了。直到 883 年，这个奴隶国家才被彻底摧毁。

萨珊一拜占庭的国家形式就这样逐渐缓慢地被掏空；代替高级官吏和贵族的古老传统，出现了偶然产生的天才们的不连贯的和纯属个人的权力——苏丹政权。因为这是阿拉伯特有的形式，它同时出现在拜占庭和巴格达，并且在 800 年前后从拿破仑主义开始，稳定地过渡到在 1050 年左右完成的塞尔柱突厥人[2]的恺撒主义。这种形式完全是枚斋型的，只属于那种文化，如果没有它心灵的最基本的原则，是无法理解的。哈里发政权，作为政治的（甚至可以说是宇宙的）节奏和形式的综合，没有被废除——因为作为选民的一致意见所承

[1] 卡尔玛特：伊斯兰教什叶派支派伊斯玛仪派的一支。

[2] 塞尔柱突厥人：突厥人的一支，以其酋长塞尔柱而得名。

认的上帝代表的哈里发是神圣的——但是他被剥夺了恺撒主义所需要的一切权力，正如庞培和奥古斯都在事实上、苏拉和恺撒在事实上和名义上把这些权力从罗马旧日的宪法形式中抽取出来一样。最后留给哈里发的权力，大概就像提庇留时期元老院和民会所拥有的那么一点。法律、服饰样式和伦理方面的丰富而高级的形式一度成为象征，现在只不过是遮盖一种无形式的和纯粹功利的制度的装饰物罢了。

因此，我们看到在迈克尔三世（842~867 年）旁边有瓦尔达，在君士坦丁七世（912~959 年）旁边有罗曼——后者在形式上甚至是共主。867 年，前侍从官瓦西里，一个拿破仑式的人物，打倒了瓦尔达，创立了亚美尼亚人的刀剑王朝（到 1081 年），在这个王朝中不是由皇帝进行统治，而主要是由将军进行统治，他们是一些像罗曼、奈塞福勒斯和瓦尔达那样的强有力的人物。他们中间最伟大的人物是亚美尼亚人约翰·季米西（969~976 年）。在巴格达，突厥人扮演了亚美尼亚人的角色；842 年，哈里发瓦忒克首次把苏丹的称号授予突厥人的一位领袖。从 862 年起，突厥的护卫军监护了统治者；945 年，布依德家族的苏丹王朝的创立者阿哈默德正式把阿拔斯哈里发的职权限制在宗教的范围之内。所以，在这两个世界都市中，都开始了有势力的地方家族之间为占有最高权力而进行的无休止的斗争。在基督徒方面，我们的确看到瓦西里二世和其他人反对大领主的斗争，但这丝毫不意味着立法者的社会目的。这是暂时的统治者方面对可能的继承人的自卫行动，因而和苏拉及三雄的公敌宣告是非常相似的。半个小亚细亚属于都卡、弗卡、斯克里尔亲族；总督瓦西里能用他自己的巨额财产支付军饷，早已被人跟克拉苏相比了。但是帝国时代本身只是从塞尔柱突厥才开始的。他们的领袖托格卢尔别克在 1043 年攻取了伊拉克，在 1049 年攻取了亚美尼亚，并在 1055 年强迫哈里发授予他世袭苏丹的职位。他的儿子阿尔普·阿尔斯兰征服了叙利亚，并且因为曼吉克特战役的胜利而占有了小亚细亚东部。此后，拜占庭帝国的残余部分对突厥伊斯兰帝国日后的命运就不再具有重要性或发生影响了。

在埃及，这也是隐藏在“海克索人”名义下的那个时期。第十二王朝与第十八王朝之间约有两个世纪（公元前 1785~ 前 1580 年），它始于塞索斯特立三世时期臻于极盛的“旧制度”的崩溃，终于新帝国的开端。王朝的计数本身就足以揭示出某种灾难。在国王的名册中，名字是承继的，或是并列的，出身卑微的篡夺者、将军以及拥有各种奇怪头衔的人们通常只能统治很短的时间。塞谟涅的上尼罗河案卷到第十三王朝的第一个国王时就中断了，卡呼恩的档案则终止于他的继承者。这是莱登纸草所描写的伟大社会革命的时代。政府垮台，群众胜利，然后是军队的暴动和野心勃勃的军人们的兴起。在埃及，大约从公元前 1680 年起出现了“海克索人”的名字，新帝国的历史学家们不再了解或不再想去了解那个时代的意义，用这个名称去掩饰这些年代的耻辱。毫无疑问，这些海克索人所起的作用与亚美尼亚人在拜占庭所起的作用是相同的；同样在古典世界中，假如辛布里人[1]和条顿人[2]打败了马略和他的由城市群氓组成的军团，他们的命运就会经历同样的道路；他们就会一再充实三雄的军队，并且有可能最终在他们的位置上拥立蛮族首领，因为优古尔塔[3]的例子表明异邦人是敢于深入当时的罗马的。入侵者的起源和成分是无关紧要的，他们可能是卫兵、暴动的奴隶、雅各宾党人或纯属外来的部落。重要之处在于，在他们的世纪中他们对于埃及世界来说是一些什么样的人物？最后，他们在西三角洲建立了一个国家并为这个国家建立了一个首都奥里斯。他们的领袖之一，名叫希安，不把自己当作法老，而称作“国家的服膺者和青年人之王”（这些名义像恺撒时代的单独执政官或终身独裁官一样，在本质上是革命的），大概是一个约翰•季米西类型的人物，他统治了整个埃及，名声远播到克里特和幼发拉底河流域。然而在他以后，各个地区争夺最高统治权的斗争开始了，作为这场斗争的结果，阿赫莫斯和底比斯王朝以胜利者的姿态出现了。

对我们来说，这个战国时期开始于拿破仑及其横暴的手段。他是我们世界上第一个把军事的、同时也是深入民间的世界统治观念付诸实现的人。这种世界统治是和查理五世的帝国，甚至和拿破仑自己那个时代的不列颠殖民帝国完全不同的。如果说 19 世纪还较为缺少伟大的战争和革命，并在外交上用会议的手段克服其最严重的危机，这恰好是由于连续的和可怕的战争准备，它使得竞争者们，在最后时刻恐惧战争的后果，一再推迟做出明确的决定，并导致了以棋戏代替战争。因为这是巨大的常备军和普遍的征兵制的时代。我们自己距离这个时代太近了，因而不能看到它的这个可怕的方面。在全部世界历史中，它是无与伦比的。自从拿破仑以来，一共有几十万人，后来是几百万人准备进军，每隔十年就要更新一次的强大舰队布满了许多港口。这是一种没有战争的战争，一种在装备和军备方面互相竞赛的战争，一种计算、速度和技术的战争，同时外交的周旋不是宫廷对宫廷的，而是统帅部对统帅部的。战事爆发拖延的

[1] 辛布里人：日耳曼部落，最终于公元前 101 年被罗马人打败。

[2] 条顿人：日耳曼部落，以善战著称，最终被罗马人马略打败。

[3] 优古尔塔：罗马时期非洲撒哈拉沙漠以北部分地区的国王，曾多次进攻罗马的属国。

时间越长，战争工具就越庞大，紧张的程度就越是难以忍受。这是“战国”在其时代的第一个世纪的浮士德式的、动态的形式，但它随着世界大战的爆发就结束了。因为这四年的要求，是普遍兵役制——法国革命的产儿，在这种形式上是彻底革命的——原则及由其发展出来的各种战术方法所应付不了的。我们所知道的常备军将逐渐为志愿的，好战的战士组成的职业军队所替代，我们将从几百万军队缩减到几十万军队。但实际上这第二个世纪将成为真正战国的世纪。这些军队不是战争的替代者，它们是为了战争而存在的，它们是需要战争的。在两个世纪之内，它们的意志将压倒一切希望安宁的意愿。在它们争夺整个世界遗产的这些战争中，各个大陆将被孤注一掷，印度、中国、南非、俄罗斯、伊斯兰将被动员起来，新技术与新战术将被互相使用。主要的世界都市的权力中心将任意处置较小的国家——它们的领土、它们的经济以及它们的人民。现在，那些仅属地方和被动目标的一切事物都将结束，对于事物的伟大进展来说它们的命运是无关紧要的。在很短几年内，我们自己就学会了不大注意或不去注意那些在大战前会令世界震惊的事件；今天有谁会认真严肃地考虑几百万人在俄罗斯死去呢？

在这些血腥恐怖的灾难中，要求民族和解、世界和平的呼声一再响起。这只是伟大事变的背景和回声而已，然而它是如此的必要，以致我们必须假定它的存在，纵使在海克索人的埃及、在巴格达和拜占庭没有传说提到过它。我们可以尊重追求这一切的愿望，但是我们必须有勇气面对事实的真相——这是具有种族品质的人们的标志，只是由于这些人的存在，才有了历史。生活如果要成为伟大的，应是坚强的；它只允许在胜利与毁灭之间进行选择，而不允许在战争与和平之间进行选择，胜利的牺牲品是属于胜利的。因为不满地、嫉妒地徘徊在事件旁边的只是文学——写成文字的、思想中的或活的文学——这不过是消失在运动着的、纷杂的事实中的真理而已。历史从来都懒得注意这些主张。在中国世界，向戌（中国春秋后期宋国的执政大夫）早在公元前535年就企图建立一种和平联盟。在战国时期，帝国主义（连横）受到国际联盟思想（合纵）的反对，在南方地区尤其如此，但这种思想正像步入整体道路中的每一个局部措施一样，它的命运预先就被注定了，甚至在北方取得胜利以前它就已经消灭了。但这两种倾向都摈斥道家的政治风向，这些道家们在那些可怕的年代里却抉择了理智的自我解除武装，因而也就把自己贬低到在伟大的决定中仅仅被他人和为他人用作原料的水平。甚至罗马政治——正像古典精神在其他一切方面一样，是有意不顾将来的——至少也一度企图把整个世界纳入一种由平等的、和谐的势力组成的体系，这种体系应当废除对未来战争的一切需要。这就是，当汉尼拔失败的时候，罗马放弃了吞并东方的机会。但是抵抗是徒劳的；小西庇阿的政党为了结束混乱，转向了公开的帝国主义，虽然它的精明的领袖早就在其中预见到了他的城市的定数，这个城市也在很大程度上天然具有古典的无能，无力组织任何一种事物。从亚历山大到恺撒的道路是显而易见的，不可避免的，一切文化的最强有力的民族，有意识地或无意识地、自愿地或不自愿地，都必须走这条道路。

这些无情的事实是无法逃避的。1907 年的海牙会议[1]是世界大战的序曲；1921 年的华盛顿会议将成为另一些战争的序曲。这种时代的历史不再是才士们关于加减的文雅形式的才智竞赛，从这种竞赛中，双方的任何一方在他愿意的时候都可退出。现在的选择是坚定不屈或者是失败投降——没有中间道路。事物逻辑现在所允许我们的唯一道德是攀登峭壁者的道德——如果在刹那表现出软弱，那么一切就都完了。今天，一切"哲学"无非是一种精神的卸职和放任，或是一种借助于神秘主义的逃避现实的怯懦的希望。在罗马时代，情况是一样的。塔西佗告诉我们，著名的穆孙尼乌斯·儒福斯[2]是如何企图通过鼓吹和平的幸福和战争的罪恶去影响那些在 70 年站在罗马大门前面的军团，但差点送了性命。军团司令官阿微第乌斯·卡西乌斯[3]把皇帝玛尔摩斯·奥理略称作"精通哲学的老妪"。

在这样的情况下，很多遗留下来的古老而伟大的传统，许多注入 20 世纪各民族血液中的历史的"合宜"和经验，获得了一种无限的力量。对于我们，创造性的虔诚，或用一种更基本的术语来讲，从最初起源传给我们的节奏，仅仅依附于那些比法国革命和拿破仑（包括美国宪法在内）更为古老的形式，就是那些自然长成的而外造做出来的形式。它们之中的每一种残余，不管怎样微小，只要在任何一种独立的少数存在中保存了下来，不久就将产生无法估量的价值并将引起至今没人认为可能的历史效果。一种旧君主政治的传统、一种旧贵族政治的传统、一种旧上流社会的传统，当它们仍然健康到足以避开职业政治或教授政治时，当它们保有荣誉、克己、纪律、对伟大使命的真正意识（即种族品质和训练）、责任感和牺牲精神时，就能成为一种中心，把整个民族的

[1] 海牙会议：1907 年在荷兰的海牙召开的国际会议，由美国首倡，有 44 个国家的代表参加。

[2] 穆孙尼乌斯·儒福斯：罗马斯多噶派哲学家，爱比克泰德的老师。

[3] 阿微第乌斯·卡西乌斯：？ ~175 年，罗马东部行省的军队司令官，多次讨伐安息人战役的指挥官。

存在之流团结在一起，使它比这个时代活得更久，并使它将来有所归宿。“合宜”就是一切。我们将生活在一种伟大文化的历史所知道的最困难的时代。保持它的形式的最后种族，最后的充满活力的传统，在其身后以这两者作为依靠的最后一批领袖，将作为胜利者通过并向前进。

九

我用“恺撒主义”这个词来指一种政府，这种政府不论它可能是有什么样的宪法结构，在本质上都是一种向彻底的无形式的倒退。奥古斯都在罗马、始皇帝在中国、阿玛西斯在埃及、阿尔普·阿尔斯兰在巴格达都以古老的形式掩饰他们的地位，这是无关紧要的。这些古老形式的精神是死去了的。因此一切组织，不论多么小心地加以保持，从那时以后是失去了一切意义和重要性了。真正的重要性集中在完全个人的权力上，行使这种权力的人是恺撒，或其他任何能在自己的位置上行使它的人。这是从充满形式的世界回到原始状态，回到宇宙的——无历史的状态。生物学的时代再一次取代了历史时代空出来的位置。

起初，文明正处在臻于极盛的阶段（今天），人类出现了世界都市的奇迹、巨大的化石，这是无形式的一种象征——庞大的、光辉的、傲慢地传播着的。世界都市把这时变得软弱无力的乡村的存在之流吸引到自己的范围里来，把像沙丘一样流动的或像散沙流入石隙一样的人群吸引到自己的范围里面来。金钱和才智在这里庆祝它们最伟大的也是最后的胜利。这是显现在人眼的光的世界中的最人为的、最聪明的现象——不可思议的，“完善到了不真实的程度”，几乎已经超出宇宙形成力所能及的范围以外。

然而，无观念的事实随即又重新出现了，它们是赤裸裸的、巨大的。永恒的、宇宙的节奏终于克服了几个世纪的理智伸张。在民主的形式中，金钱获得了胜利。曾经有过一个时期，政治几乎成了它的范围。但当金钱摧毁了文化的各种古老秩序时，混乱立即释放出一种新的、压倒一切的、渗入进方成的各种成分中的因素，这就是那些恺撒类型的人物。在他们面前，金钱的势力崩溃了。在帝国时代，每种文化全都一样，意味着才智和金钱的政治的结束。血统的权力，未受破坏的身体力量，恢复了它们往日的统治地位。“种族”出现了，纯粹而不可抗拒——强者战胜，剩余的人则成为他们的战利品。强者支配世界，书籍和问题的领域却僵化了，或从记忆中消失了。从这时起，前文化时期形式的新命运重新成为可能，并且不受因果关系的掩盖而显现在意识之中。塞普提姆斯·塞弗茹斯的生活和加力伊努斯的生活之间、阿拉里克的生活和鄂多瓦的生活之间再也没有内在的差别。拉美西斯、图拉真、汉武帝全都生存在一种同样的兴衰往复的无历史的时代中。

一旦帝国时期到来，政治问题就不再存在了。人们处理现存的情况，对付各种现存的势力。在战国时期，血的洪流染红了所有世界城市的地面，为的是民主政治的伟大真理能够变成现实，也为了获得各种权利，没有它们的生活似乎是不值得活下去的。现在这些权利得到了，但是甚至用惩罚的手段也不能打动孙子一代去利用它们。再过一百年，就连历史学家们也将无法再理解从前的那些争论了。早在恺撒时代，有名望的人们几乎已经停止参加选举。提庇留时代的最能干人物疏远了政治，这使得伟大的提庇留的生活十分痛苦；尼禄甚至用威胁的手段也无法迫使骑士们到罗马来行使他们的权利。这是伟大政治的终结。曾作为战争替代物的智慧的冲突，必然要让位于最原始形式的战争本身。

所以，像蒙森那样，对奥古斯都所形成的“两头政治”以及元首和元老院的均分权力进行深入的分析，是对于时代意义的完全误解，这种制度在一个世纪以前可能是实际存在的，但是它本身就足以使这样的想法不能被当前的有势力人物所考虑。现在，它只不过意味着一个软弱的人物企图用空洞的形式把冷酷无情的事实遮掩起来，去欺骗自己罢了。恺撒按事物的本来面目观察它们，他在行使他的统治权时，是用确定的、不动感情的实际考虑为指导的。他在最后几个月的立法完全是一些过渡性的措施，其中没有一条是打算成为永久性的。这正是人们往往都忽略了的事情。他是一个过于深入的事物评判者，因而在这个帕提亚战争即将来临的时刻，不愿预测发展或确定它的最后形式。但是奥古斯都，像他以前的庞培一样，不是他的部下的主人，却完全依赖他们并以他们对事物的见解为依据。元首政治的形式完全不是他的发现，而是一种陈腐的政党理想的纯理论家的实施，这种陈腐的政党理想是另一弱者西塞罗所设计的。当公元前 27 年 1 月 13 日奥古斯都把国家权力交还给罗马的“元老院和人民”时——这个事实因其真心诚意而显得更无意义——他为自己保留了保民官的职位。事实上，这是政体里面唯一能够在现实中出现的因素。保民官是僭主的合法继承者，早在公元前 122 年给雅斯·革拉古已经为这个称号注入了一种内涵，这种内涵不再受保民官职位的法律界限的限制，而只受在位者的个人才干限制。从革拉古起，经过马略和恺撒，直到那位力图摧毁他母亲阿格力皮娜的政治目标的年轻的尼禄，都是一脉相承的。一方面，元首从那时以后只是一种装饰、一种品级——可能是社会中的事实，但绝不是政治中的事实。而这正是西塞罗的学说赋以光辉和魅力的概念，并且已经被他跟神的观念联系在一起了。相反，元老院和人民的“合作”是一种过了时的仪礼，其中所含有的生活内容大概和祈年团的祭仪（也被奥古斯都恢复了）中所含有的相差无几。革拉古时代的伟大政党很久以来已变成扈从——恺撒派和庞培派，最后在一方面只剩下了无形式的全能、一目了然的残忍“事实”、恺撒——或任何设法把恺撒置于其影响之下的人，在另一方面就只剩下了一小撮狭隘的理论家，他们把不满情绪掩盖在哲学下面并从那时以后企图用阴谋手段推进他们的理想。这些斯多噶派在罗马，就像孔子的信徒在中国一样；从这样的理解出发，公元前 212 年中国的奥古斯都所颁布的“焚书”插曲，通过后来学者对这种巨大破坏行为所做的谴责，就开始成为可以理解的了。但是，毕竟是这些追求已不可能实现的理想的斯多噶派狂徒杀死了恺撒：他们以伽图崇拜和布鲁图斯崇拜来对抗恺撒崇拜；元老院（这时只是贵族的一个俱乐部）的哲学家们永不疲倦地悲叹“自由”的没落，永不疲倦地煽动叛乱，就像公元 65 年派索（罗马贵族）的那一次。如果尼禄去世时的形势是如此的话，那么它或许就是苏拉时期的形势的重演；这就是为什么尼禄处死斯多噶派的特拉塞亚•帕图斯[1]的原因，也是为什么韦斯巴芗（罗马皇帝）处死赫尔维狄乌斯•普立斯库斯[2]的原因，也就是为什么克里姆提乌斯•柯杜斯[3]的历史著作（它把布鲁图斯誉为罗马人中的最后一人）的各种抄本被收集在一起并在罗马予以废毁的原因。这些都是国家针对盲目的理想所采取的自卫行动，如同我们所知道的克伦威尔和罗伯斯庇尔的那些行动一样；中国的恺撒们对于孔子学派所处的地位正好是与此相同的，这个学派从前曾经苦心制定他们关于国家组织的理想，这时并不懂得忍受现实。这个焚书壮举不外是烧毁了一部分政治哲学著作，并废除了宣传和秘密组织。这种自卫行动在两个帝国中都延续了一个世纪之久，随后甚至政党政治热情的回忆也消失了，于是这两种哲学就变成了成熟的帝国时期占统治地位的世界观。但是世界现在是悲剧的家族历史的舞台，国家历史融化在这种家族的历史中；朱理乌斯•喀劳狄乌斯家族破坏了罗马的历史，始皇帝的家族甚至从公元前 206 年起就破坏了中国的历史，我们从埃及女王哈什普苏和她的兄弟们（公元前 1501~前 1447 年）的命运中也模糊地看到了同样的事情。这是走向结局的最后一步。随着世界和平——高级政策的和平，存在的“刀剑方面”撤退了，“纺锤方面”重新统治；从此以后只有私人的历史、私人的命运、私人的野心，从头到尾，从费拉们的

[1] 特拉塞亚•帕图斯：？ ~66 年，罗马元老，以反对尼禄皇帝闻名。

[2] 赫尔维狄乌斯•普立斯库斯：？ ~79 年，罗马斯多噶派哲学家，元老院成员。

[3] 克里姆提乌斯•柯杜斯：公元 1 世纪时的罗马历史学家。

不幸纠纷到恺撒们为私人占有世界而发生的悲剧性的争执。世界和平时代的战争是私人战争，比任何国家战争更加可怕，因为它们是无形式的。

因为世界和平——事实上它始终存在——蕴涵着绝大多数方面的私人放弃战争，但与此同时它又蕴涵着一种私下的准备，成为那些没有放弃战争的人的战利品。它开始于为了普遍和解的目的而毁灭国家的愿望，终于只要邻居稍一碰到灾难，就没有人援手过问。早在玛尔摩斯·奥理略统治下，各个城市和各个地区就只想到自己，而统治者的活动也只是他的私人事务，正如其他人的活动是他们自己的私人事务一样。远方的各个民族对于他、他的军队和他的目标都是无关紧要的，正如那些民族对于日耳曼军队的计划是无关紧要的一样。以这样的精神前提为基础，第二种海盗精神发展起来了。“合乎形式”的状态从民族转到冒险家的团体和扈从、自封的恺撒们、叛离的将军们、蛮族的国王们以及诸如此类的人们——在这些人看来，居民最后仅仅变成了景色中的一部分。在迈锡尼原始时代的英雄和罗马的军人皇帝之间、米尼斯和拉美西斯二世[1]之间有一种深刻的联系。在我们日耳曼世界中，阿林里克和提奥德里克的精神将重新出现——在塞西尔·罗德斯身上有这种精神的最初征兆——并且俄罗斯原始时代的外来刽子手，从成吉思汗到托洛茨基[2]以及他们之间的大彼得沙皇政治的插曲），终归跟拉丁美洲各共和国的大多数有非分之想的人区别不大。这些有非分之想的人的私人斗争在很早以前就已结束了富有形式的西班牙巴洛克时代。

世间形成了的国家一起，高级历史也疲倦地躺下来困觉了。人又成为植物，附着在土地上，默默无言，永久不变。无时间的乡村和“永恒的”农民重新出现了，他生儿育女，并把种子埋在大地中。这是一种勤奋的、知足的人群，军人皇帝的狂风暴雨骤然扫过了他们。在乡土中有古老的世界城市，它们是一种熄灭了的心灵的空无所有的栈房，缓慢地巢居在其中的是一种无历史的人类。人们的生活仅足以糊口，只有一点点积蓄，一点点财产，但还得忍受下去。在争夺这个世界的权力和战利品的征服者的斗争中，群众受到了蹂躏，但是残存下来的人以原始的丰饶填满缝隙，继续受着痛苦。在高处有胜利与失败的永恒更迭，在低处的人们虔诚祷告，用永久克服了一切怀疑的第二信仰的有力虔诚来祷告。在这里，在心灵中，世界和平、上帝的和平、灰发僧侣和隐士的天福，变成了现实，但只是在这里。世界和平在忍受痛苦方面唤起了历史人类在其几

[1] 拉美西斯二世：？～公元前1213年，人称拉美西斯大王，古埃及国王。

[2] 托洛茨基：1879~1940年，俄国革命家，出生于乌克兰。

千年的发展中从未知道的那种深度。只有当伟大的历史结束的时候，神圣的、肃静的存在才重新出现。这是一种在无目的方面高尚的戏剧，就像众星的运行、地球的自转、地球表面陆地同海洋的交替和冰同原生林的交替一样是高尚的和无目的的。我们可以对它深感惊异，也可以对它深感惋惜，但无论如何，它就在那里。

第十二章　国　家

（丙）政治的哲学

一

我们对于作为一种观念的政治想得比应想的多，因为，相对说来，我们对于怎样观察作为一种实在的政治懂得太少了。伟大的政治家们习惯于根据对事实的可靠嗅觉立刻采取行动。对他们来说，这是不辨自明，以致他们的头脑根本就没有想到要考虑他们的行动的一般基本原则——假如真有这类原则的话。在各个时代，他们都知道他们应该做什么，关于这种应该做什么的知识的任何理论则是他们的才能和爱好所不知道的。然而那些把注意力放在人们的既成事实上的专门思想家，内心上却和这类行为相距甚远，因而他们只为自己织了一个抽象的网——偏好正义、美德、自由等神话的想象——并把这类抽象的东西作为对过去，特别是对未来的历史事故的标准来应用。结果他们忘记了概念只是概念，进而做出结论，认为存在着一种政治科学，我们可以依靠它按照一个理想处方来形成世界的进程。由于这类事情从来没有发生过，也没有在任何地方发生过，政治行动与抽象思想比起来就被认为是微不足道的，从而他们在著作里就只是在争论到底有没有一种“行动的天才”。

与此相反，在这里，我的意图不是建立一个观念论的体系，而是为在一般历史进程中的确实行过，而不是可能实行过或应该实行过的政治提供一种体相。问题过去是，现在也是，要钻研重大事件的最后意义，要“看透”它们，要体验和改写它们中间最有重要象征意义的东西。世界改良者的设计与历史的实际彼此并无任何关系。

当我们把人类的存在之流看作运动时，它们就叫作历史；当我们把它们看作被运动的对象时，它们就叫作家族、等级、人民、民族。政治是这个流动的存在借以维持、成长并战胜其他生命之流的途径。在本能的每一个特征上，在最深的本质中，生活着的一切都是政治。我们现在喜欢称之为生命力的东西，那在我们身中不顾一切地努力向前和向上的“彼物”，那驱向有效与力量并同时保持植物性与种族性的盲目的宇宙动力，与大地，“基”地，是分不开的；方向性，就是实现的需要，在每一高级人类中作为它的政治生活而出现，这种政治生活自然而然地，不可避免地在寻求那决定人类将成为一种宿命或将遭受一种宿命的伟大决断。因为它要么生长，要么死亡，没有第三种可能。

所以，作为一种强烈的种族性的表现的贵族是真正的政治等级，并且真正的政治教育是训练，不是形成。每一个大政治家都是事变之流中的力量的中心，在他的自我天职和内在本分的情感中都有一些高贵的东西。相反，一切小宇宙的和“智性”的东西都是非政治的，因之在一切计划政治和观念论里都有些教士气的东西。最优秀的外交家是孩子们；在他们的游戏中，或是当他们想要某种东西的时候，一个个别的人所离不开的宇宙的“彼物”立即出现，且具有梦游者的稳定步伐。当他们长大以后，他们不学习这种幼年的艺术，而是忘掉这种艺术，因此，这种艺术在成年的政治家中就非常少见了。

只有在这些高级文化的范围内的存在之流中及其相互之间，才有高级的政策。所以，它们只有在复数里才有可能。一个民族只在与若干民族发生关系时才真正是一个民族。但是它们之间的天然的，“种族”的关系因此就是一种战争的关系——这是一件没有什么真理能加以改变的事实。战争是一切有生命之物的原始的政治，因此战斗和生活在深层是一件事，存在消亡了，战斗意志也就消亡了。（古日耳曼文表示这种意思的字如“orrusta”和“orlog”，是指与滑稽和游戏相对的严肃性和命运——这是一种强度的对比，而不是性质的差别。）此外，尽管一切高级政治都想成为一种代替刀剑的更加聪明的武器，虽然在一切文化顶峰上的政治家都奢望有能力废除战争，可是外交和战争艺术之间的原始关系依然会存在下去。两者都有战争的性质，都有战术和战略，都要求后方物质力量的支持。目的也仍然是一样的——就是，自己的生活单位（阶级或民族）通过损害他人的成长而成长。每个排除“种族”因素的企图只能使种族因素转移到其他地方；代替国家之间的冲突，我们还有政党之间、或是地域之间的冲突，或者（假如成长的意志在那里也已消亡的话）冒险家的仆从们的冲突，对这些人的所作所为，其他居民往往不加抵抗就去适应。

在生活力量之间的每一次战争中，争执的问题总是由谁来统治全体。在事变之流中发挥作用的，总是一种生活，而绝非一种体系、法律或计划。希望自己成为众人的行动中心和有效焦点，希望把自己的个性的内在形式变为整个民族的和时代的内在形式，希望自己成为历史的指挥官，以便把自己的民族或家族或意旨置于事变的首位——这是每一个负有历史天职的个别人物很少意识到但又不可抗拒的冲动。世界上只有人的历史，因此也只有人的政治。斗争的不是原则而是人，不是理想而是种族性，因为执政的权力就是一切。甚至连革命也不例外，因为“人民的统治权”这种提法只是表明了一件事实，这就是，统治者已取得了人民领袖的称号而不是国王的称号。统治的方法很少因此而有所改变，被统治者的地位则完全没有改变。甚至连世界和平，在它存在的每一场合下，也只是整个人类在决心掌握政权的少数强有力者所强加的统治之下的一种奴役状态。

执政权的概念隐指生命单位——甚至动物界的情况也是一样的——再被细分为统治的主体和对象二者。这是不辨自明的，所以没有一个群众单位曾经一时一刻感觉不到它本身的这种内部结构，哪怕在最严重的危机中（如 1789 年）也是如此。消灭的是在职者，不是官职；如果一个民族在事变的狂潮中实际失去了一切领导，漂流不定，这只能意味着控制权已经转到外人手里，它已经完全成为被统治的对象罢了。

具有天赋政治才能的民族是存在的。那些被认为是这样的民族，其实只是牢固地被少数统治者所控制、从而使自己感觉很得意的一些民族而已。作为一个民族的英吉利，在政治事务上，也像其他任何民族一样，是粗忽、狭隘和不切实际的，但是他们拥有——尽管他们喜好公开辩论——一种信任的传统。不同之点只是英国人是一个具有非常古老的和成功的习惯的政权的统治对象，在这种统治中他默默地服从，因为经验已经告诉他，默默服从是有好处的。从表面同意的默从再进一步就是相信这个政府是需要他的意志的，尽管在骨子里，他的想法却是那个政府为了自己的技术上的理由不断打进他的头脑的。英国的统治阶级已经完全不依赖它的“人民”发展了它的目的和方法，它利用不成文的宪法并在不成文的宪法的范围内进行工作，这种宪法的精华来自实践，完全没有什么理论，对于外行则是暧昧的、难解的，但是一支军队的勇气要靠它对其统帅的信任，而信任则意味着并非自愿地放弃批评。使懦夫变成勇士，或使勇士变成懦夫的是军官，这种道理对军队、民族、阶级和政党同样适用。一个民族中的政治才能不过是对它的领导者的信任而已。可是那种信任是有待取得的；它只能在它自己的良好时机中成熟，而成功就会把它稳定下来，使它变成一种传统。被统治者缺乏当仁不让之感的现象实际表示了统治阶级中领袖才能的缺乏，这就使那种非本性的和好事的批评得以产生，这类批评的存在就说明一个民族已经处于“不健全的状态”。

二

如何从事政治呢？天生的政治家首先是一个评价者——一个对人们、局势和事物的评价者。他具有一种毫不犹豫地和不屈不挠地领悟全部可能性的“眼力”。马匹的鉴定者伯乐在一瞥中就能了解一匹马，就知道这匹马在竞赛中能有什么希望。不“认识”一件事情就能正确地做好那件事情，双手不知不觉地能把马衔勒紧或放松——这种才能与理论家的才能是恰恰相反的。一切存在的秘密节奏在他身上和在历史事件中是一样的。天生的政治家和历史事件彼此相感，相互依存。务实的人是不冒实行感情政治或计划政治危险的人。他不相信冠冕堂皇的言辞。彼拉多的问题——什么是真理？一时刻挂在他的口边。天生的政治家置身在真伪之外；他不混淆事件的逻辑和体系的逻辑。“真理”或“错误”——在这里是一样的——对他只是一些理智的思潮，只是关于作为方面的。他测度它们的力量，持续性和方向，并恰当地把它们纳入他对他所支配的权力之命运的计算中。当然，他有他所珍视的信念，但他是作为一个私人具有这类信念的；没有一个真正的政治家曾在行动的时候感到自己要受这类信念的约束。歌德说，“当局者总是没有是非之心；除了旁观者，谁也没有是非之心”。这种说法对苏拉和罗伯斯庇尔与俾斯麦和庇特是同样正确的。伟大的教皇和英国的政党领袖，在他们还必须争取优势时，他们的行动原则与一切时代的胜利者和暴发户是一样的。以几乎使教会统治了全世界的英诺森三世为例，就可以从中得出获得胜利的教义答案；而那是与一切宗教道德极端矛盾的。可是不这样做，世间就不会有任何教会能够存在，更不会有英国的殖民地、美国的富豪、获胜的革命、或与此有关的一般国家、政党或民族。无是非之心的是生命，不是个人。

所以，重要之处在于了解一个人为之而诞生的时代。谁没有感到和理解时代最秘密的力量，谁没有感到自己心中具有同样的东西驱使他沿着一条不被概念所限制和规定的道路前进，谁相信当代的表面东西——舆论和冠冕堂皇的词句与理想——谁就没有处理时代事变的才干。他受事变的支配，不是事变受他的支配。不要从过去去寻求计算尺！更不要旁求制度等等。有的时代，例如我们自己的现代和革拉古时代，其中有两种极不相容的理想主义，即反动的理想主义和民主的理想主义。一个相信历史可能会倒退，另一个相信历史的目的论。但二者都不可避免地要失败，二者都使一个它们有力支配其命运的民族受到失败的连累；不管它们是把那民族当作一种记忆的牺牲品，还是把它当作一种观念的牺牲品。真正的政治家是历史的化身，历史的方向性表现为个人的意志，历史的有机逻辑则表现为个人的性格。

然而真正的政治家还必须是一个广义的教育者——不是一种道德或一种学说的代表，而是一种行为的典范。宗教没有改变过生存的风格，这是一件明显的事实。宗教渗透觉醒的意识、有智性的人，它对另一个世界做出新的解释，它通过博爱、舍弃和忍耐到死的途径创造了一种巨大的幸福，但对生活的力量，它是没有支配能力的。在生活领域里，只有伟大的人格——跟这种人格分不开的"彼物"、种族、小宇宙的力量——才是有创造性的（不是形成，而是培养和训练），才有效地改变过整个阶级和民族的形式。不是"真理"或"善良"或"正直"，而是"罗马人"或"清教徒"或"普鲁士人"，才是一件事实。荣誉和义务、纪律、决断的总和不是一种从书本上学来的东西，而是在存在之流中被一个活的典范所唤醒的；这就是为什么腓特烈·威廉一世成为一个对所有时代都很伟大的教育者之一的原因，他的种族形成的个人行动在几个世代中都没有消失。真正的政治家不同于那种"纯粹的政客"——为了竞技的乐趣而运动的运动员，历史顶峰上的暴发户，追求财富和地位的人——也不同于具有一种理想的教师，这是由于他敢于要求牺牲，而且得到了牺牲，因为他感到他是时代和民族所需要的，这种感觉为成千上万的人所共有，使成千上万的人获得彻底改造，使他们能够做出要不然他们绝对做不出的事业。

但是，最高贵的还不是行动，而是统率的才能。使个人脱颖而出，成为一个行动世界的中心的，正是这种才能。存在着这样一种统率，它能使服从变成一种足以自豪的、自由的和高贵的习惯。那种才能，例如拿破仑就没有。拿破仑身上的僚属眼界的残余使他不能把人训练成人，而是成为办事员，使他通过法令而非通过人物来进行统治；由于他不理解这种最微妙的统率机智，因之，一切真正具有决定性意义的事情就不得不由他自己去做，他由于无力解决他的地位对他的要求与财力有限之间的矛盾，于是就慢慢地垮了。然而一个具有完善人性中这种至高无上的天赋的人，如恺撒或腓特烈大帝——当战斗正以破竹之势向所期望的结局发展，而且胜利正在成为战役的结局时，或当完结一个历史时代的条约最后签字时——他会感到一种惊人的权力感，那是谈真理的人根本不可能知道的。这样的时刻——这种时刻代表宇宙长流的极点——那时个人感到自己与命运，与世界的中心是同一的，觉得自己的人品差不多就是未来的历史将要用来遮盖其自身的一种穿戴。

首要的问题是要使自己成为一个伟大人物；第二个问题不像第一个问题明显，但它的终极影响更坚实、更伟大，就是要创造一种传统，要带动别人，使自己的事业可以按照自己的脉搏和精神去继续，要释放出一种不需要原来的领袖去使其符合形式的相同的活动之流。这样，政治家无疑地就成了古典世界称之为神的东西。他成了一种新生活的创造者，成了一个年轻的种族的精神上的祖先。作为一个单位，他本身用不了多少年就会从长流中消失。但是由于他的召唤而出现的少数人会担负起他的事业，将它无限地持续下去。这种宇宙秩序的东西，这个统治阶层的心灵，是一个人所能产生并作为一种遗产留传下来的，在整个历史中产生持久效果的正是这种东西。伟大的政治家是少有的。他是否来到，是否懂得胜利，太早了还是过迟了，这都是由偶然事变所决定的。伟大的个人往往破坏多于建设——这是他们的死亡在事变之流中所造成的缺口。但是传统的建立意味着偶然事变的消亡。传统培养出一种未来能予考虑的水平较高的常人——不是恺撒，而是一个元老院，不是拿破仑，而是一个无与伦比的军官团。一种强有力的传统从四面八方吸引人才，小小的天赋能够产生伟大的结果。意大利和荷兰的绘画学派可以证明这一点，不亚于普鲁士的军队和罗马教廷的外交所证明的。与腓特烈·威廉一世相比，俾斯麦有个很大的缺憾，就是他能够做出成绩，但未能形成一种传统；他没有一个能与毛奇的军官团相比的相应的政治家族系，这些政治家应在感情上使自己同俾斯麦的国家及其新的任务等同起来，应经常从下面选拔人才，从而为永远继续俾斯麦的行动节奏做好准备。倘若这一创造传统的努力没有获得成功，那就没有同质的统治阶层，而只有在意外事件面前束手无策的一团人的堆积。倘若获得了成功，我们就会有一种统治民族，其意义是这种民族当之无愧的，在现实世界中是可能的——一个具有稳固而逐步成熟的传统的、受过高度训练的、自我补充的少数，这少数人把每个有才能的人吸引到那迷人的圈子中，充分加以利用，并在事实上同它所统治的民族的剩余部分是协调的。这样的一个少数甚至开始时只是一个政党，也能慢慢地发展成为一个真正的“人种”，它的决策之稳定可靠就成为血统的，而非理性的。但这是说，它所做的是“自行”发生的，不需要天才。可以说，伟大的政治取代了伟大的政治家。

那么，什么是政治呢？政治是关于可能的艺术——这是一句老话，是一句几乎无所不包的话。园丁能从种子得到一种植物，或改良植物的品种。他能使深藏在植物里面的倾向、它的生长和颜色、花和果成长出来，并盛开或凋谢。植物的完成，它的力量，它的整个命运有赖于园丁对一切可能性，因而是对必然性的眼力。但是植物存在的基本形状和方向，它的阶段和速度以及方向，却不是他力所能及的。植物必须完成这些事项，否则它就会枯萎，我们称之为“文化”的巨大植物和离不开其形式世界的人类家族的存在之流也是如此。伟大的政治家是一个民族的园丁。

每个实践家都是生于一个时代并且为这个时代而生的，因此他能够取得的成就的范围是固定了的。对他的祖父，对他的孙子，基准，因而也是任务和目标，都不一样。由于他的人格的限度、他的民族的特性、局势以及他必须共事的人际关系，范围就变得更为狭窄了。大政治家的特点是，他对这种限度很少产生误解，同样，他也很少忽略限度以内任何能够实现的事情。因此——这一点是不能过多重复的，对德国人来说尤其是这样——他能准确地辨别什么是“应当”做的和什么是将要做的。国家的基本形式和政治生活的基本形式，它们的演变的方向和程度，都是不可变更地取决于一定的时间和一定的价值的。它们是政治成就的途径而不是政治成就的目标。相反，崇拜政治理想的人却是从一无所有中去创造。他们在才智上的自由是惊人的，但是他们那些由智慧和正直、自由和平等之类的空洞概念所构成的心理上的空中楼阁，结果都一样；那些空中楼阁是从楼上往下建成的。至于事实的主人，则满足于不知不觉地指导他所见到的和认为简单明显的现实。这一点看起来好像算不了什么，可是，按自由的宏大意义来讲，它却是自由的出发点。窍门就在于小事情，在于最谨慎地掌舵，在于对集体和个人的心灵的最脆弱的震动具有敏感。政治家的艺术不仅在于清晰地认清面前制定得不偏不倚的主要路线，而且也在于有把握地对付在路线上遇到的个别事件和个别人物，这就能把一件迫在眉睫的灾难变成一个决定性的胜利。一切胜利的秘诀在于对那些不显眼的事情加以组织。一个内行的高手，例如塔里兰，作为战败一方的大使去维也纳，却使自己变成了胜利者的主人。在卢加会议上，处境濒于绝望的恺撒，不仅使庞培的权势变为有利于他自己的目的，同时还暗中损害了庞培的权力，而他的对手却没有觉察到这一点。但是可能的领域也有危险的边缘，如果说巴洛克时代的伟大外交家们的完善的机智几乎经常保持清醒，那么，经常被“可能”绊倒就是理想家们的特权了。历史中有过转变期，这时候，国家巨匠也曾暂时随波逐流，以免丧失领导地位。每个局面都有它的伸缩限度，对那限度的估计，即使是最微小的失误都是不容许的。一次达到爆发点的革命，永远是一种证明，证明统治者及其敌方是缺乏政治节奏的。

此外，必须做的工作就必须及时地做到——就是说，当它是统治者能借以为自己买来信任的一种礼物时去做，相反，如果它作为一种牺牲必须去让予，那就会暴露弱点，引起轻视。政治形式是一种无情地遵循着一个既定方向而变化的活的形式，阻止这一进程或使之转向某种理想就是承认自己“不合条件”。罗马贵族具有这种节奏方面的一致性，斯巴达人却没有。在民主政治的上升时期，我们一再看到（如在 1789 年以前的法国和 1918 年以前的德国）一个致命的时刻的到来，那时把必需的改革当作一种自顾的礼物已经太晚了；当时应该最坚决地加以拒绝的东西却被当作一种牺牲拿出来，因此就变成了瓦解的信号。但是没有及时发现第一次需要的人就一定越发不会误解第二次的局面。甚至前往卡诺沙（意大利 10 世纪时的一个古城堡）的行程也可以进行得过早或过晚——适时可以决定整个民族的前途是成为其他民族的命运，还是本身成为另一民族的命运的对象。然而没落中的民主政治也重复了同样的错误，它想坚持过去的理想。这是我们 20 世纪的危险。在走向恺撒主义的道路上永远可以发现一个伽图。

一个政治家——甚至一个地位十分巩固的政治家——对政治方法所具有的影响是很小的，大政治家的特征之一，就是他在这个问题上不自欺欺人。他的任务是从他在生存里所发现的历史形式中并利用这一形式去开展工作；只有理论家才热衷于寻求更理想的形式。但是要在政治上“合乎形式”就必然意味着格外要无条件地掌握最新式的手段。这里没有选择的余地。手段和方法是与时间有关的前提并且属于时间的内部形式——谁在不适当的时间去掌握，谁容许自己的趣味或感情去压服身上的脉息，谁就会立即丧失他对现实的掌握。贵族政治的危险在于它在手段方面的保守，民主政治的危险则是对公式和形式的混淆。现今的手段是，今后许多年也将是议会的——选举和报纸。政治家可以任意看待它们，可以尊重它们或是轻视它们，但必须掌握它们。巴赫和莫扎特掌握了他们那时代的音乐手段。这是在任何领域中取得优势的标志，经邦治国也不例外。这是因为，表面上看得见的外部形式不是本质，而只是伪装，因此它可以改变，可以合理化，可以写成宪法条文，而不会使其实际受到任何影响，所以，一切革命者的野心就可以在历史的表面上玩弄权利、原则和选举权等把戏。但是，政治家懂得：与投票的技术——雅典的或罗马的，雅各宾党的，或美国的，或当代德国的——相比，选举权的扩大是很不重要的。无论英国的宪法怎样解释，事实上是被少数上层家族所操纵的，因此一个爱德华七世不过是他自己的内阁中的一位大臣罢了，这样一比，英国宪法的意义就很小了。至于现代报纸，当它在宪法上规定是“自由的”时，感情主义者就会感到心满意足——

但现实主义者则只问它是供谁支配的。

最后，政治是民族集体中的某个民族借以完成其历史的形式。高明的艺术在于保持自己民族内部的“健全状态”，以适应外部的事变；这是对内和对外政策的自然关系，这不仅适用于民族、国家和等级，而且适用于每一种生存的单位，直到最简单的动物群和个别的实体。并且，在二者之间，对内政治完全是因为对外政治而存在的，而不是相反。真正的民主主义者习惯于把国内政治本身看成就是目的；一般外交官则只考虑外交事务；但正因如此，每一方面的个别成就都“不解决问题”了。毫无疑问，政治能手在内政改革的策略上，在其经济和社会活动上，在维持整体的公开形式、使“权利和自由”二者都与当时的风尚相协调而同时又具有效力的机智上，及在对一个民族要“处于健全状态”所必不可少的感情如信任、对领导的尊重、权力意识、满足以及（必要时的）热情的培养上，都极其显著地显示出他的能力。但这一切的价值，都取决于它与高级历史的下列基本事实的关系——这就是，一个民族在世界上不是孤立的，它的前途将由它对其他民族和强国的力量对比，而不是由它的完全内部安排来决定。此外，普通的人是不怎么有远见的，为了其余人的利益而必须具有这种品质的只是占统治地位的少数人，除非有这样一个少数，政治家找不到他可以用来实现他的目标的手段。

三

在所有文化的早期阶段中，统治权力都是预设的，是不容怀疑的。整个存在严格地保持家长式的和象征性的形式。与乡土的关系是如此的牢固，封建的纽带甚至它的继承者贵族国家对于它们控制下的生活是如此的不辨自明，因此，荷马时期或哥特时期的政治只限于在既定形式的组织中采取简单的行动。这些形式的改变多少是自然而然地发生的，至于去引发这些改变则是一种政治任务，谁也没有确切地想到过，纵使一个王国被推翻或是一个贵族被降到隶属地位时也是这样。只有阶级的政治，皇室的或教皇的或封建诸侯的政治。血统和种族在本能地或半自觉地做出的行动中发言——甚至僧侣，作为政治家，也像种族一样行动。国家的“问题”还没有被唤醒。主权、原始的等级、整个早期的形式世界，都是上帝所赐予的，有机的少数人打仗是以上述因素为前提的，而不是以它们为争执的对象。这样的少数人我们称之为派系。

派系的本质使它根本想不到事物的秩序可以变成一种计划。派系的目标是要在这种秩序里为它自己争得地位、权力或财产——就像一个逐渐成长的世界中的一切成长中的事物一样。在某些集团中，家庭关系、荣誉和忠诚及本质近乎神秘的约束在发生作用，而抽象的观念则完全除外。荷马时期和哥特时期的派系、梯里马库斯[1]和伊大卡的求婚者、查士丁尼时代的蓝党和绿党、教皇党和皇帝党、兰开斯特家和约克家、新教徒、胡格诺教徒、甚至后来的福隆德党和第一次僭主政治的动力，都是如此。马基雅弗利的书完全是建立在这种精神的基础之上的。

当随着大城市的出现而出现的非等级者、即资产阶级取得领导地位时，变化立即发生了。这时恰好相反，政治的形式变成了争执的对象，变成了问题。此时政治形式成熟了，必须使它发展成形。政治已经觉醒，它不仅已被领悟而且已变成可被领悟的观点。才智和金钱的力量起来反对血统和传统。我们看到的不是有机的而是组织起来了的；不是等级，而是政党。政党不是种族的产物，而是人的汇集，因此它在才智上胜过旧有的等级，而在本能上则不如，它是自然地成熟了的阶级秩序的大敌，阶级秩序的存在是与它的本质不相容的。因此，政党的概念总是与平等的完全消极的、分裂的、在社会方面拉平的概念相联系的。高贵的理想不再被承认，而只承认职业上的利害关系。自由的观念也是如此，它同样是消极的。政党纯粹是一种城市现象。自从城市脱离乡村以后，各地的（不论我们有无确证）等级政治都让位于政党政治了——埃及在中王国末期、中国在战国时代、巴格达和拜占庭在阿拔斯王朝时代。在西方的首都，政党采取议会的形式，在古典的城市国家，它们是公会场上的政党，我们也在玛瓦里和司图提温的狄奥多的僧侣身上看到枚斋型的政党。

不过，反对等级本质的单位总是非等级者，其中少数“受过教育的”和“富裕的”领导者作为一个政党而出现，它有一个纲领，其中包括一些不是感到的而是规定下来的目标，同时摈斥一切不能从理性上领悟的东西。因此，归根结底，只有一个政党，即资产阶级的政党，自由党，它完全意识到它的这种地位。它把它本身看得和“人民”一样广大。它的反对者（尤其是真正的等级——“地主和牧师”）是“人民”的敌人和叛徒，而它的意见则是“人民的呼声”——这种观点是通过政党政治培育的全部策略，通过公会场上的演说，通过西方的报纸灌输给人民的，直到这些意见真正代表人民的呼声为止。

原始的等级是贵族和教士。原始的政党是金钱和心智的党，即自由党，大城市市民的党。一切文化中的贵族政治和民主政治观念的根源就在于此。贵族政治蔑视城市的心理，民主政治轻视乡下人，憎恶乡村。这是等级政治与政党

[1] 梯里马库斯：希腊神话中奥底修斯的儿子。

政治之间、阶级意识与政党倾向之间、种族与才智之间、生长与建设之间的区别。在已经完成的文化中的贵族政治，与在初期的世界都市文明中的民主政治，是互不相容的，直到二者都被恺撒主义淹没为止。由于贵族无疑就是等级（第三等级从来没有想使自己变成这类真实的形式），所以贵族无疑不能具有政党的感情，尽管它可以把自己组织成一个政党。

事实上贵族没有选择的余地，它只能这样做。一切现代宪法都不承认等级，它们的基础是作为政治的当然基本形式的政党。19 世纪——进而还有与此相当的公元前 3 世纪——是政党政治的全盛时代。19 世纪的民主主义的性质促成了敌对政党的形成，而以前，直到 18 世纪，“第三等级”还在模仿贵族把自己组成一个等级，现在则出现了一个仿效自由党、完全被自由党的形式所支配、资产阶级化了但并非资产阶级、并不得不用自由主义所制定的规章和方法进行斗争的保守党的守势形象。它要么比它的对手能更好地运用这些手段，要么就灭亡，二者必居其一；但一个等级的本质结构使它无法了解形势，使它向形式而不是向敌人挑战，于是就不免使用极端的方法，这种办法在每一文明的早期阶段里支配着整个国家的内部政治，并且无可奈何地把它们交到敌人的手里。当处于有教养、有产业的资产阶级之下的剩余部分的人也把自己组成政党时，每一个政党都不得不变成资产阶级的、至少不得不在外表上装成资产阶级的样子，这情形变成了一种纯粹的讽刺。例如，马克思主义在理论上是资产阶级的否定，但是作为一个政党，它的态度和领导本质上是中产阶级的。它的意志必然会超出党派政治的范围，从而超出立宪主义的范围（二者都是自由主义的现象），按理说这只能称之为内战；这种意志与它为了公正地对待自己而不得不保持的外表之间，存在着持续不断的矛盾。但是，对于马克思主义来说，如果要在这个特殊的时代获得持久的胜利，这类外表也是必不可少的。议会里的贵族政党的伪装情形跟无产阶级政党在本质上是毫无二致的。只有资产阶级处于它的本来地位。

在罗马，从公元前 471 年开始设置保民官起，到公元前 287 年革命时承认保民官的无限立法权为止，贵族和平民主要是作为等级即阶级而战的。但此后这些相互对立的术语，除了家系的意义之外几乎就没有其他任何意义了，代之而起的是可以很合理地称之为自由的和保守的政党，即在公会场上占有最高地位的民众，以及在元老院里有其支柱的贵族。元老院（在公元前 287 年前后）已从一个由旧氏族组成的家族会议变成了一个由执政贵族组成的国家会议。民众的团体站在按财产分级的百人团民会和巨富的骑士团一边，贵族的团体则与管区民会中有影响的农民携手，我们一方面考虑一下革拉古兄弟和马略，另一方面考虑一下盖·弗拉米尼乌斯，稍微研究一下就会发现执政官和保民官地位已经完全发生改变。他们不再是第一和第三等级所选出的、其行动路线是被这一事实所决定的受委托人，他们所代表的是政党，而且有时还更换政党。既有像老伽图那种“自由主义的”的执政官，也有像反对提庇留·革拉古的屋大维那种“保守主义的”的保民官。两党都在选举中提出候选人，并进行各种宣传鼓动工作使他们能够当选——而当金钱不能使其在竞选中获得胜利时，就不得不在当选人身上下工夫，以争取（更大的）胜利。

在英国，从19世纪初期托利党和辉格党就组成为政党，在形式上二者都是资产阶级的，在字面上都采用自由主义的纲领，因而舆论照常完全被说服，没有什么议论。这是一种适时的高明手腕，它防止了一个敌视等级原则的政党的形成，如同1789年在法国所出现的一样。下议院的议员，从前一直是统治阶层的使者，这时变成了民众的代表，但在财力上继续依靠统治阶层。领导权依然掌握在原班人马手中。从1830年起就理所当然地自称为自由党和保守党的两个政党之间的对立，永远是一种加减式的对立，从来不是水火不容的对立。在这些年代里，“少年德意志”的文学自由运动变成了一种政党运动，而在安德鲁·杰克逊[1]任职总统时的美国，民族自由党和民主党也组成为对立的政党，并公开承认选举是一种生意经以及国家的职位自上而下都是“胜利者的战利品”的原则。

然而，统治的少数的形式，由等级的形式，通过政党的形式，稳步地向个人追随的形式发展。民主政治的终结及其过渡到恺撒主义的外部征候不是第三等级的政党即自由党的消灭，而是作为一种形式的政党的本身的消灭。各种意见、民众的目标以及成为一切真正政党政治的特征的抽象理想等消失了，代之而起的是私人政治，是少数在种族上强有力者的不可抑制的权力欲。等级有本能，政党有纲领，但追随者有头目。这就是从贵族和平民，经过豪门贵族和庶民，直到庞培党徒和恺撒党徒的事变经过。真正的政党政府的时代不到两个世纪，就我们自己而论，世界大战以后，它就正在日趋没落。被一种共同刺激所驱使的整个选民群应当把有能力料理他们的事情的人们选出来——这是一切宪法中的天真假定——这只有在第一次冲击时才有可能，它的前提是，连一定集团的组织萌芽都不存在。1789年和1848年在法国就是这样。只要一召开会议，各种斗争单位立刻就会从中产生；这些斗争单位之所以能够结合起来，是因为

[1] 安德鲁·杰克逊：1767~1845年，美国第七任总统。

它们要想保持已经获得的优势，它们丝毫也不认为自己是其选民的喉舌，反而利用一切鼓动策略，使之能够加强自己的影响，为自己的目的服务。在人民中间已经自动形成的一种倾向，事实上已经变成了组织的工具，并且沿着同一途径稳步前进，直到这个组织也成为它的领导人的工具。权力欲比任何理论都更强有力。最初，领导和工具是为了纲领而存在的。后来它们就因在职者想要保持其权力和战利品而被他们牢牢地抓住，不肯放手——今天到处都是这样，因为每个国家都有成千上万的人依靠政党及其所分配的职位和任务为生。最后，纲领从记忆中消失，组织只是为自己而工作。

就大西庇阿或坤克提乌斯·弗拉米尼努斯[1]而言，当我们认识他们的“朋友们”时，我们仍旧是指战役中的友谊。但小西庇阿更进一步，他的“亲兵”显然是一种有组织的追随的第一个范例，其活动范围伸展到了法庭和选举中。同样，古代庇护主与被保护民之间纯粹族长式的和贵族式的忠义关系，也变成了一种以物质利益为基础的团体，甚至在恺撒以前，就有候选人与选举人之间的成文契约，其中载有关于报酬和履行约定的明确规定。另一方面，正如在今天的美国，俱乐部和选举委员会组织起来了，这些组织能控制或威胁所辖选区的选民，因此得以同伟大的领袖们、恺撒的先驱们，像一种势力对另一种势力一样做选举生意。但这根本不是民主政治的破产，而是它的本来的意义和必然的结果，不通人情世故的理想主义者哀叹其希望的破灭，只能说明他们对真理和事实的冷酷的二重性以及对才智和金钱的密切联系太过无知。

政治和社会的理论只是政党政治的基础之一，但它是一种必不可少的基础。从卢梭到马克思的一系列自负的理论，在从柏拉图到芝诺的一系列古典诡辩学者中都有其模型的原物。在中国，这一类学说的特征仍需从孔子和道家的著述中去摘取；这里只要提及社会主义者墨子就够了。在阿拔斯王朝时期的拜占庭著作和阿拉伯著述中——其中过激主义跟其他各种事物一样，本性上是正统宗教的——这类学说拥有广大的地盘，它们是9世纪时一切危机的动力。在埃及和印度也有这类学说，海克索人时代和佛陀时代的事变精神可以为证。文学的形式对这类学说不是必不可少的——它们通过口语、通过教派和会社中的说教和宣传，同样能有效地传播，事实上，这是清教徒运动（其中包括伊斯兰教和英美的基督教）末期所采用的标准方法。

这类学说的“真”、“伪”如何——我们必须反复着重地指出——对政治史来说是一个毫无意义的问题。例如，马克思主义的辩驳是一种学院式的讨论

[1] 坤克提乌斯·弗拉米尼努斯：公元前227~前174年，罗马将军和执政官。

和公开的辩论，在这种辩难时，每一个人总认为自己是正确的而对方总是错的。至于这类学说是否能发生效力——就是相信现实可以通过一套概念加以改革的信念是从什么时候开始成为政治所必须估计到的一份真实力量，并能支持多久的问题——那是有重大关系的。今天我们发现，我们自己处在一个无限地相信理性万能的时代。自由、正义、博爱、进步等一般伟大观念是神圣的。伟大的理论就是福音书。理论的说服力并不依靠逻辑为前提，因为一个政党的群众既没有批判能力、也没有认真地验证理论的超越眼光，而只是仰仗理论中关键性用语的神秘性质。同时，理论的魔力仅限于大城市的居民，是局限于作为"受过教育的人的宗教"的理性主义时代的。对农民，它不起作用，甚至对城市的群众，它的影响也只能支持一个时期。然而，在那个时期里面，理论却具有一种新的天启的所有不可抗拒的力量。群众信奉它，醉心于其中的词句及其宣教者，到营寨、战场和绞架上去舍身；他们所注视的是一个政治的和社会的彼岸世界，而枯燥无味的、严肃认真的批评就好像是卑鄙的、不虔诚的、该死的。

然而正因为如此，《民约论》和《共产党宣言》一类的文件，在爬到政党生活的顶峰并知道如何去制造和利用那些被支配的群众的信仰的强有力者手中，就变成动力最大的机器。

不过，这些抽象理想所具有的力量，在时间上几乎没有超过属于政党政治的两个世纪，它们的终结不是因为被驳倒，而是因为被厌弃——这种厌弃早已把卢梭置于死命，不久也将把马克思置于死命。人们最后不是放弃了这种或那种理论，而是放弃了对任何一种理论的信仰及那种认为不如意的现实能通过概念来加以改良的 18 世纪式的感情上的乐观主义。当柏拉图、亚里士多德和他们的同时代人阐明并合并各种古典宪法，以便取得一种明智的美好的结果时，举世都在倾听他们，柏拉图本人还试图按照一种观念论的处方去改变叙拉古的面貌——致使这个城市沦为废墟。我同样明确地认为，中国南部的一些国家之所以处于不健全的状态，以致被秦帝国主义所吞灭，也是由于这类哲学试验的缘故。雅各宾党人狂热地信仰自由与和平，致使法国从执政府时起就一直被陆军和证券交易所控制着，而每一次的社会主义爆发也只是给资本主义指出了新的道路。然而，当西塞罗为庞培写作他的《论共和制》，萨拉斯特[1]为恺撒写作他的两篇咨文时，就再也没有人加以注意了。从提庇留·革拉古身上，我们也许可以发现一种来自热衷于斯多噶派的布洛修斯[2]的影响，这个布洛修斯在

[1] 萨拉斯特：公元前 86？～前 34 年，罗马历史学家。

[2] 布洛修斯：公元前 2 世纪的人物，希腊哲学家，曾是革拉古兄弟的老师。

使帕加摩的亚里斯托涅库斯同样归于毁灭之后，他自己也自杀了；但在公元前1世纪时，理论已经变成陈腐的课堂练习，此后，权势，而且只有权势才能说话算数。

对我们来说——请不要有什么误解——理论的时代也正在接近它的尾声。自由主义和社会主义的伟大体系几乎都出现于1750年和1850年之间。马克思的体系的唯物史观的本质意味着理性主义已达到了最后的逻辑结论；因此，它是个终结辞。但是，正像对卢梭的人权学说的信仰大约从1848年起就失去了力量，对马克思的信仰也从这次世界大战起失去了力量。如果我们比较一下法国大革命时人们至死不渝地信仰卢梭的观点的情形和1918年的社会主义者不得不在其追随者面前及其追随者中间保持一种他们自己已不再具有的信念的态度——不是为了观点，而是为了凭借观点的力量——我们也可以看清这种道路的前景，在那里，纲领的残余由于以后纯粹变成了争夺权力的障碍，必然会被抛到一边，信仰纲领是我们的祖先的特征和光荣——在我们孙辈的时代，这种信仰将成为地方观念的一个证明。代替它的有现在就已在发展中的一种新的听天由命的虔信的种子，这种子来自被折磨的良心和精神上的饥饿，它的任务是要建立一个新的今世，这新的今世探索秘密而不探索钢铁般明亮的概念，并最后将在“第二信仰”的深处找到那些秘密。

四

以上是那伟大的实际民主政治的一个方面，字面上的部分。现在还必须考虑另一个方面，即关键性的一面，即种族的一面。假如在它的战士中，没有一些真正具有主宰资质的人，民主政治就只会停留在人们的心理上和纸面上；对这些具有主宰资质的人来说——尽管他们可能没有意识到，而且往往没有意识到这个事实——人民只是一个客体，理想只是一种手段。所有的甚至最不负责的煽动方法都是诚实而实际的民主主义者搞出来的，传统的政党也从他们那里学会了这些方法；就实质而言，煽动和旧制度下的外交一模一样，但是它设计了一支黄铜的乐队而不是古老的宫廷音乐，对群众而不是对王公和大臣，对激昂的见解和感情以及意志爆发而不是对优秀的心灵去应用。

不过，民主政治的进程中有一种特点，就是，那些制定深孚众望的宪法的人对于自己的计划的实际作用从来没有想到过——罗马的“塞尔维优斯的”宪法的制定人没有想到过，巴黎的国民会议的创始人也没有想到过。由于他们的这些形式不像封建制度一样是生长的结果，而是思维的结果（并且也不是以对人对事的深厚知识为基础，而是以正义和公理等抽象观念为依据的），因此在法律的理智方面与那些在法律的压力下默默形成的实际习惯之间就产生了一道鸿沟，这些习惯要么使法律适应实际生活的节奏，要么防止它们干扰实际生活的节奏。只有经验曾给过人们这样的教训：人民的权利和人民的力量完全是两回事，而且这一教训只是在整个发展终结时才被人们融会贯通。选举权越接近普及，选民的权力就越少。

当一种民主政治开始时，阵地是被才智之士所独占的。除了1789年8月4日的夜间会议及网球场宣誓，或1848年5月18日在法兰克福圣保罗教堂召开的国民会议之外，历史再也没有什么更高贵、更纯洁的事情可以表现——当时把权力掌握在自己手中的人们，对普遍真理争论得很久，以致现实的力量可以重整旗鼓，把这些梦想家抛在一边。然而，这时民主政治的另一种力量也及时地出现了，并以事实提醒人们，就是，只有当人们有钱时才能利用宪法所赋予的权利。认为选举权大体上应当像理想家所想象的那样去使用的想法，是以没有任何有组织的领导（为了自己的利益），在其财力所允许的范围内去影响选民为前提的。一旦这种领导出现，投票除了成为众人对个别组织的一种谴责以外就没有什么别的意义了，最后它对这些个别组织的结构连起码的积极影响都没有。关于西方宪法的理想主题，即群众推选自己的代表这一基本权利，也是如此——这只是一种纯粹的理论，因为事实上每个发展起来的组织都在进行自我补充。最后就产生了这样一种感觉，这就是，普选权中根本不存在有效的权利，甚至连选择哪一个政党的权利也没有。因为那些已经在他们的土壤上成长起来的有势力的人物，通过金钱，控制了所有言论和出版的智性机器，并且一方面既能够超越党派随心所欲地指导个人的见解，另一方面又能通过他们的任命权、影响和立法权去创立一个由真心诚意的拥护者所组成的坚强团体（“预选会”），这个团体排挤别人，并导致会中对选举投票的厌倦心理，这种厌倦的心理最后甚至在重大危机发生时也无法摆脱。

表面上，西方的议会式民主政治与埃及、中国和阿拉伯文明中的民主政治有很大的区别，后面那些国家对普选权的观念是完全陌生的。但事实上，在我们这个时代对我们来说，群众是一个“符合形式”的选民群，在意义上正好像一直是一个“符合形式”的服从的集体，即主体的客体，如同它在巴格达作为教派，在拜占庭作为僧侣，在其他地方作为一支最有势力的军队或一个秘密社团或一个“国中之国”是“符合形式”的一样，自由始终是纯粹的否定。自由在于抛弃传统、王朝和哈里发政权；但是执政权立即毫无损失地从这些制度转到了新兴势力的手中；这些新兴势力就是政党领袖、独裁者、总统、预言家及其追随者，对于这些势力，民众仍然是无条件的被动的客体。“民众自决”是一个客气的用词——事实上，在一种普遍的无机的选举权中，选举很快就会失去了本来的意义。在政治上对等级和职业的成熟旧秩序排除得越激烈，选民群越无形式并且越发软弱，它就更加会完全落到新势力，即政党领袖们的手中；这些政党领袖通过一切智性的强制机器把他们的意志强加于人民；他们想方设法，决一雌雄，结果，民众既不能觉察那些方法，也不能了解那些方法；他们仅仅把舆论看成一种可以制造出来，用来互相攻击的武器。但从另一个角度来看，这个过程却被看成一种促使每一民主政治走向自杀之路的无法阻挡的趋势。

古典民众的基本权利伸展到了最高的国务和司法职位的占有上。为了运用这些权利，民众在公会场上是“合乎形式”的，在那里，欧几里得式的、作为点的群众从形体上集合起来了，在那里成为一种古典式地施展影响的对象，即用那些形体的，近在眼前的和感官的手段——用那对每个耳和目都起作用的修辞去影响；用那许多会使我们讨厌、会使我们几乎难以容忍的手法，如同预演时的啜泣效果和撕破衣裳等动作去影响；用那对观众的无耻阿谀，对于敌方的荒唐谎言去影响；用辉煌的词句和颂扬的词句去影响（在这种地方和为了这种目的，有的是这种东西）；用竞技和礼品去影响；用恐吓和打击去影响；尤其是用金钱去影响。我们在公元前 400 年的雅典看到了这种发端，在恺撒和西塞罗时代的罗马则见到它的骇人听闻的顶点。跟各处一样，选举已从提名阶级代表变成了政党候选人的决战场，变成了金钱干预的角技场，从撒马战役以后更成了愈来愈多的金钱干预的比武场。“能够集中在个别人物手中的财富愈多，则争夺政治权力的斗争也就愈益发展成为一个金钱问题”，关于这一点无须再去多说。但是，从一种更深刻的意义上来说，称之为贿赂将是错误的。这不是一个道德败坏的问题，这是民主精神本身成熟时注定了必然要采取的形式。监察官亚庇阿·克劳狄乌斯无疑地是一个真正的希腊主义者和罗兰夫人集团一类的立宪政治理想家，在他的改革（公元前 310 年）中，毫无疑问是名实相符的选举权改革的，这种改革完全不是一种为自己的党派谋利的诡计——但其结果却只为那类诡计开辟了道路。这种制度里面并没有种族性，可是刚一实行就出现了种族性，并且种族性很快就强行夺取了完全的优势。总之，在金钱的独霸中，把使用金钱描写成为堕落的表现是不很公平的。

在罗马，做官从一系列的选举形式进行时就要求有很大的资本，以致每个政治家都成了其全体伙伴的债务人。做营造官尤其如此，担任这一官职的人必须在他公开竞技的排场上超过他的前任，以便将来能够得到那些观众的选票。（苏拉在他第一次谋求行政长官的职务时失败，正因他以前没有做过营造官。）此外，为了博得游手好闲者的欢心，还要每天带着一批煊赫的随从在公会场上露面。有一项法律禁止豢养受酬的门客，然而，上层社会用贷给人们金钱、举荐人们充任公职和商业职务以及为人们支付诉讼费用等方法作为争取人们一起前往公会场，每天都参加招待会的代价，所费反而更多。庞培是半个世界的庇护主。从皮西诺姆的农民直到东方的国王，统统由他代表，归他保护，这就是他能用以与克拉苏的无息贷款和高卢的征服者使每个野心家“成为富豪”相抗衡的政治资本。为整个选区的选民准备筵宴，或是免费招待他们观看角斗士的表演，甚至（像米洛，即罗马政治家，贵族党的支持者那样）把现款送到家里——西塞罗说，这是由于尊重传统道德的缘故。竞选资本达到美国那样大的数字，有时达到上亿个塞斯退斯（罗马货币单位）；罗马城内的可用的现金储备虽很雄厚，公元前 54 年的选举却把这份现款的很大一部分固定住了，以致利率由百分之四上升到了百分之八。恺撒做营造官时的开销很大，以致克拉苏不得不在债主们许可恺撒前往他的行省之前，在他的两千万债券上签名作保；并且恺撒在候补大祭司职位时过分滥用了自己的信用，以致失败就会使他毁灭，因而他的对手卡塔鲁斯可以认真地打算收买他。但是，对高卢的征服和开发——这也是一件基于财政动机的事业——使他变成了世界上最富有的人。说句实在话，法舍鲁斯战役（公元前 48 年恺撒与庞培的一次决定性战役，恺撒出奇制胜）就是这样事先打胜了的。因为恺撒之所以聚集亿兆钱就像塞西尔·罗德斯一样是为了权力，而不是像韦瑞斯[1]甚至克拉苏那样喜好财富；韦瑞斯或克拉苏首先是一个理财家，其次才是一个政治家。恺撒懂得一件事实，就是，在民主政治的土壤上，没有金钱及与其有关的事物，宪法上的权利是毫无意义的。当庞培仍然梦想他一跺脚就能唤来若干军团的时候，恺撒早已用他的金钱把梦想化为现实了。不过，必须明确认识到，这些方法并不是恺撒首次采用的，恺撒不是发现了它们已经存在，他使自己变成了它们的主人，但是他从没有把自己和它们等同起来。在将近一个世纪中，以原则为基础的政党已在转变成以个人为基础的私人追随，那些人追求私人的政治目的、善于运用当时的政治武器。

在这类手段中，除了金钱外，就是对法庭的影响。因为古典的集会只投票而不讨论，所以在公共讲坛前举行的审讯是党派斗争的一种形式和政治劝导的学校中的学校。年轻的政治家借助控告，如有可能还可以通过消灭一些大人

[1] 韦瑞斯：公元前 115~ 前 43 年，罗马行政长官，以贪赃枉法出名。

物来开创自己的事业，例如十九岁的克拉苏就消灭了革拉古兄弟的朋友、后来向豪门贵族投降的大名鼎鼎的帕庇里乌斯·卡尔伯[1]。这就是伽图被审讯不下四十四次的原因，尽管每一次都被无罪释放了。在这些事件中，问题的法律方面都是从属的。决定性的因素是法官的党派因素、辩护师的人数以及支持者的多少——证人的数目实际上只用来炫耀，为的是使原告在财力上和政治上的威力受到注意。西塞罗攻击韦瑞斯的全部演说的意图是要在美好的伦理热情的掩盖下使法官相信把被告判罪是合乎他们那一阶层的利益的。在古典社会，人们通常认为，法庭的存在是为了维护私人的和政党的利益，这是不言而喻的。雅典民主派的原告在发言结束时往往提醒人民所推选的陪审官，说如果他们把富有的被告放免，他们就将丧失应得的酬费。罗马元老院之所以具有惊人的权力，主要在于他们占有把每一个公民的命运掌握在手中的全部司法的（陪审官的）席位；革拉古在公元前 122 年颁布的法律，把司法权交给骑士团，把贵族——官吏阶级——交给金融界，因此是有深远意义的。公元前 83 年，苏拉在剥夺金融巨头的权利的同时又把司法权还给了元老院，当然是作为政治武器还给它的，于是掌权者之间的最后决斗在选出的法官的不断更替中找到了另一种表现形式。

古典的公会场，特别是罗马的公会场，把群众当作一种有形的实体聚拢起来，为的是强迫群众根据要求来使用它的权利，而“同时代的”英美政治则在世界范围内通过报栏创造了一个智性的和财力的张力的势力范围，在这种范围内，每个个体都不知不觉地各就各位，因此不得不按照一个不在身边的主宰人物所认为合适的去想，去判断，去行动。这是动力学与静力学的对照，是浮士德式的与阿波罗式的世界感情的对照，是第三度空间的热情与纯粹可感知的现在的对照。人并不对人直接说话；报纸和它的伙伴新闻电台，日复一日、年复一年地把整个整个的民族和大陆的醒觉意识都置于由论点、口号、观点、情景、情感所组成的一种震耳欲聋的猛烈炮火下面，以致每个自我都变成了一个可怕的智性之物的一种纯粹机能。从政治上看，金钱并不是从一个人的手里转到另一个人的手里。金钱本身并不变成请帖和美酒。金钱变成了力量，它的数量决定它能发生影响的强度。

火药和印刷术都是在哥特时代的鼎盛时期发明的，都来自日耳曼人的技术思想；它们是浮士德式远距离战术的两种伟大手段。晚期开始时的宗教改革目睹了最早的传单和最早的野炮，文明初期的法国大革命目睹了 1788 年秋的最

[1] 帕庇里乌斯·卡尔伯：？～公元前 119 年，罗马政治家。

早的小册子风暴（番恩的《人权》和西哀士的《第三等级是什么》）和华尔美战役的最早的密集炮战。但与此同时，大量生产和广泛传播的印刷文字，在知道如何利用印刷文字的人的手里变成了一种可怕的武器。在法国，直到1788年，这仍然只是一个表达私人信仰的问题，但在英国则已超越了那个阶段，深思熟虑地谋求对读者产生影响。那次从伦敦发动的、在法国土地上进行的、以拿破仑为攻击对象的论文、传单、假回忆录之战，就是最早的伟大例证。启蒙运动时的零散页片变成了“报纸”——这是一个意义极其深远的匿名的字眼。报纸上的战斗变成了采用其他手段的战争的延续或准备，并且在19世纪的年代里，前哨战、佯攻、突袭、猛攻等战略已发展了这样一种程度，以致一次战争可能在打响第一枪之前就失败了，因为当时报纸已经看到了胜利。

今天我们在这种才智性的炮火下非常胆怯地生活着，以致很少有人能够发自内心地超然物外，而这是清晰地观看一幕怪诞的戏剧所必需的，在纯粹的民主伪装下起作用的权力欲已经很好地完成了它的杰作，以致客体的自由感实际上由于前所未有的最彻底的奴役行为而感到自鸣得意。自由资产阶级认为废除了最后一种束缚，即出版检查，是值得自豪的，可是报纸的独裁者——北岩爵士（英国报业巨头，《每日邮报》、《每日镜报》的创始人）——却把读者奴隶群放在他的社论、电讯和图画的支配之下。民主政治凭借它的新闻纸已经完全把书本从人民的精神生活中排除掉。书的世界及其使人不能不用心去加以选择和批评的形形色色的观点，现在只有极少数的人才能真正占有了。人民读一种报纸，读“他们的”报纸，这种报纸每天成千上万地从住户的前门塞进去，从早到晚煽惑理智，凭借更为动人的布置使书籍湮没无闻，假如有某种书籍竟然出现，就用“评论”它的手法阻塞和排除它可能产生的影响。

什么是真理呢？对于群众来说，经常读到和听到的就是真理。一滴孤独的小水珠可能滴落在某个地方，在那里收集可以判定“真理”的根据，但它所得到的就是它的真理。另一种真理，只关心事实世界的效果和成就的当前的公众真理，今天是报纸的一种产物。报纸所希望的就是真的。报纸的指挥者唤来真理、改变真理、更迭真理。报纸只要做三个星期的工作，真理就会被每一个人所承认，报纸的根据只在有钱使之不可动摇时才是无法驳倒的。古典的雄辩术旨在效果，不在内容——莎士比亚在安东尼的葬礼演说中出色地表现了这一点——可是雄辩术仅限于具体的听众和当场的效果。我们的报纸的动力所需要的是永久有效。它必须把人们的心境经常地置于它的影响之下。当财力有利于相反的议论并使这些议论日益频繁地接触人们的耳目时，它的论证就立即被推翻了。

那时，舆论的指针就指向了较强的一极。人人立即相信那新的真理，并认为自己是从误信中清醒过来了。

与政治性的报纸密切联系着的是普及学校教育的需要，这种需要在古典世界是完全没有的。在这种需要中有一种很不自觉的因素，就是想把作为政党政治的目标的群众赶进报纸的势力范围。早期民主政治的理想主义者把民众教育毫无保留地看成一种纯粹的单纯的启蒙工作，甚至今天人们也能到处发现醉心出版自由的愚人——这种情形恰好为世界性报纸的即将到来的皇帝们铺平道路。已经学会阅读的人们屈服在这些皇帝们的权力之下，并且指挥报纸的权威对人民的最终决定产生了晚期民主政治中虚幻的自决权。

在当今的斗争中，战术取决于剥夺对方的这一武器。报纸在它得势的真正的幼年时期被传统的拥护者用以自卫的官方检查所苦，于是资产阶级就发出呼声，说精神的自由处于危险之中。现在群众平静地在走自己的路；群众已经确切地取得了这种自由。然而，在看不见的幕后，新兴的势力正以收买报纸的手段彼此在争斗。不等读报的人觉察到，报纸连同他本人都换了主人。在这里，也是金钱取得了胜利，金钱强迫自由精神为它自己服务。任何驯兽者控制他的动物也不过如此。作为读报群众的人民一旦失去了控制，他们就会冲过街衢，向指定的目标冲击，令人惊惧，打破窗户；可是，只要给报纸编辑部一个暗示，群众就会镇静下来，走回家去。报纸在今天是一支具有几个严密组成的兵种、以新闻记者为军官、以读者为士兵的队伍。但是跟任何队伍一样，士兵在这里也盲目地服从，而且战争目的和作战计划的改变是不让士兵知道的。读者既不知道也不容许知道他是因为何种目的而被利用的，甚至不知道他要扮演的是什么角色。我们想象不出对思想自由的讽刺有比这种情形更为骇人听闻的。从前一个人不敢自由思考。现在，他敢思考了，但他不能思考；他的思考意志只是心甘情愿地按照指示去思考。他认为这就是他的自由。

这种过时的自由的另一方面是，允许每个人随意说话，可是报纸却有注意或不注意他所说的话的自由。只要不向世界通报，报纸就能宣判任何“真理”的死刑——这是一种缄默的可怕的检查，由于新闻纸的读者群绝对不知道有这种检查存在，所以它就更有力量。这里，就像在恺撒主义的临盆痛苦中所出现的，出现了一种被埋没的青春时期的特征。事变的真相和目的将自行隐退。正如早期哥特型的表现意志在钢筋混凝土的建筑物中再度迸发，但迸发得很冷静、有节制、很文明一样，哥特教会控制人们心灵的那种铁的意志又以“民主政治的自由”的形式再一次出现了。“书本”的时代受到传道的时代和报纸的时代的夹击。书籍是一种个人的表现，传道和新闻纸则服从一种非个人的目的。经院哲学的年代在世界史中为智性训练提供了唯一的例证，这种训练是普遍施行的，是不允许与被愿望的统一相抵触的著作、言论、思想出现的。这是精神上的动力学。古典人、印度人或中国人看到这种景象一定会感到可怕。但是同样的事情重复发生，这是欧美自由主义——罗伯斯庇尔所说的“自由对暴政的专政”——的一种必然的结果。代替火刑的是巨大的沉默。政党领袖们的独占通过对报纸的独占来获得支持，竞争者努力用金钱的手段来使读者——不，是使民族——一起不再对敌方效忠，归他们自己去进行心理训练。人们在这种心理训练中所学的，都是那些被认为他们应该知道的东西——一个更高级的意志为人们把他们的世界图景综合起来了。现在不像对巴洛克时代的王侯一样，已经没有必要使人民承担服兵役的义务了——一个人可以用论文、电讯和图画来驱策人们的心灵，直到他们嚷着要求获得武器并迫使他们的领袖们进入他们被迫进入的冲突中去。

这就是民主政治的结果。假如在真理的世界中是证据决定一切，那么在事实的世界中就是胜利决定一切。胜利意味着某一件事物胜过了其他的事物。生活已经彻底战胜，世界改良家的梦想只是成了有主宰天性的人们的工具。在晚期民主政治中，种族突然出现，种族或者使理想成为它的奴隶，或者轻蔑地抛进深渊。在埃及的底比斯、在罗马、在中国，情况也是如此——但是，在其他任何文明中，权力欲没有像在我们的文明中一样用如此无情的形式表现出来。群众的思想被置于钢铁般的压力之下，因而群众的行动也是一样——由于这个原因，也只是由于这个原因，人们才被许可成为读者和投票人，也就是处于双重的奴役状态；另一方面，政党则变成了少数人的驯服的奴仆，即将到来的恺撒主义的阴影已经射在人们的身上。英国的王权在19世纪变成了一种庄严而空洞的装饰品，议会在20世纪也会这样。从前用来对大众炫耀的是节杖和王冠，今天所用的则是人民的权利，而且越是拘泥细节，它们就越没有实际意义——正因为如此，谨慎的奥古斯都就从不放过任何强调古老的、被人尊崇的罗马自由的习俗的机会。但是权力甚至今天也在转移，相应地，对我们说来，选举也正在堕落成为昔日罗马那样的滑稽戏。金钱为握有金钱的人的利益组织选举程序，选举事务变成了一种当作民众自决权来表演的预先商量好了的竞技。如果选举本来是合法形式的革命，那么它已经把那些形式耗尽了，所以当金钱政治令人无法容忍时，代之而起的是人类再用血腥残暴的原始手段来“选择”它的命运。

当金钱业已将才智毁灭之后，民主政治通过金钱变成了自己的毁灭者。然而，正因为那种认为现实能凭借任何一个芝诺或马克思的观点来加以改良的幻想已经消失，人们已经懂得，在实际领域中，一种权力意志只能被另一种权力意志所推翻（因为那是战国时期的伟大的人类经验），于是最后就唤起了一种深深地向往一切残存的古老而有价值的传统的心情。人们对货币经济的厌倦已达到厌恶的程度。人们期望从某些地方得到拯救，他们期望得到一些荣誉和豪侠的、本质上是高贵的、不自私和负责任的真实的事物。于是这样一个时代开始了，这就是，被大城市的理性主义所抑制的、充满形式的血统力量，又在内心深处重新觉醒了。每一项为未来保存下来的王朝传统和旧贵族秩序中的事物，每一件具有轻视金钱的高尚伦理的事物，每一件在本质上很健全，值得按照腓特烈大帝的说法称之为辛勤地工作、勇于自我牺牲、小心谨慎的国家公仆的事物以及我在其他地方用“社会主义”一词来描写、借以跟资本主义区别开来的一切事物，所有这一切都突然变成了巨大的生命力的焦点。恺撒主义是在民主政治的土壤上成长起来的，但是恺撒主义的根须却深深地伸进了血统的地下。古典时代恺撒的权力来自保民官的职位，他的尊严及职权的终身性是因为他是元首。在这方面，昔日的哥特型心灵也重新觉醒了。骑士团体的精神超过了掠夺成性的海盗精神。以后的有力人物可能会把地球当作他们的私有财产——因为文化的伟大政治形式在无可挽回地倾塌——但这并无关系，尽管他们的权力是无形式的和无限的，但他们的权力担负有某种任务。这种任务就是按其本来面目来辛勤地照管这个世界，这是沉溺于金钱权势的时代的反面，它要求高尚的节操和良心。然而正因为这样，现在就发生了民主政治与恺撒主义之间、垄断的货币经济的领导力量与恺撒们的纯粹政治性的发号施令的欲望之间的决战。而且为了理解这场经济与政治之间的决战——在这场决战中政治收复了它的地盘——我们现在就必须把我们的视线转到经济史的体相方面去了。

第十三章　经济生活的形式世界

（甲）货币

一

理解伟大文化的经济史所依据的观点不能在经济领域中寻找。经济的思想和行动是生活的一个侧面，当这个侧面被看作一种独立的生活时，就成了一种假象。可靠的观点尤其不能从当前世界经济的基础上去求得，这种世界经济在近一百五十年来已经是恣意地、危险地、最后几乎是不要命地上升着的，而且是一种完全西方的、动态的，但绝不是人类共同的经济。

我们今天所说的国民经济是建立在一些显然是而且专门是英国式的前提之上的。所有其他文化都无法知晓的机器工业理所当然地占据着中心地位，并且完全控制了观念的形成和所谓规律的演绎，而人们却没有觉察到这一事实。信用货币在没有农民的英国的世界贸易和出口工业的关系所赋予的特殊形式之下，成了确定资本、价值、价格、财产之类的词的定义的基础——这些定义以后更毫不费力地传播到了其他文化阶段和生活周期中。英国的岛国地位已决定了一种关于政治及其与经济的关系的概念，这种概念支配着一切经济学说。这种经济图景的创始人是大卫·休谟和亚当·斯密。后来所有论述他们或攻击他们的作品始终是以他们的体系的精密结构和方法为前提的。卡莱和李斯特是这样，傅立叶和拉萨尔也是这样。至于对亚当·斯密的最大敌人马克思说来，当一个人完全彻底地具有英国资本主义的想象时，不管他怎样大声疾呼地反对英国的资本主义，那是无关宏旨的；这种反对本身就是一种承认，它的唯一目的是，通过一种新的筹划使客体得到作为主体的好处。

从亚当·斯密到马克思，只是对一种特定的发展水平上的单一文化的经济思想作了自我分析。这种分析完全是理性主义的，它的出发点是物质及其条件、需要和动机，而不是家世、等级和民族的心灵及其创造力。它把人们看作时势的组成部分，对伟大人格和个人的或团体的创造历史的意志，对那认为经济的事实不是目的而是手段的意志一无所知。它把经济生活看作一种凭借显而易见的因果关系就能彻底说明的东西，看作一种在结构上十分机械的和完全独立的东西，最后，甚至看作一种与宗教和政治具有某种因果关系的东西；而宗教和政治又被看成个别和独立的领域。由于这种看法是成系统的而不是历史的，它的概念和法则的永恒的和普通的正确性就成了一种信条，它的野心是要制定出应用“这种”管理科学的唯一正确的方法。因此，它的真理一旦与事实遭遇，它就会遭到彻底的失败——资产阶级理论家关于世界大战的预言和无产阶级理论家总结苏维埃经济所得出的预言，都是这样的。

所以，迄今为止，就生活的经济方面的形态意义，特别是就高级文化生活中的经济方面的形态意义及其合乎发展阶段、发展速度和持续期限的经济类型的形成而言，国民经济并不存在。经济没有体系，只有体相。要探寻它的内部形式，它的心灵的秘密，就得具有相术的眼力。要在这方面有所成就，就必须成为它的“鉴定者”，如同一个人是人或马的“鉴定者”一样，其所需要的“知识”甚至比一个马术师需要掌握的动物学知识还少。但这种“鉴定”的才能是可以唤起的，唤起的办法是，以同情心看待历史，从而对于种族本能获得一种敏锐的看法。这类种族本能在经济上和在积极的存在的其他因素中同样起作用，它象征性地造成外部形势的形状——经济的“原料”需要——使与它本身的内在性质相协调。一切经济生活都是一种心灵生活的体现。

这是对经济的一种新的、德国式的看法，是一种超越资本主义和社会主义的看法——资本主义和社会主义都是18世纪的空虚理性的产物，其目的不过是对经济的外表进行一种物质的分析，随后再加以综合而已。到目前为止，我们学到的都只是一种初步的东西。经济思想像法律思想一样，目前已临近它的真正的和合理的发展，这种发展（对我们来说就好像对希腊化－罗马时代一样）只有在艺术和哲学已经一去不返的地方，才能到来。

下面我们只是打算对此处用得着的可能性作一种鸟瞰式的考察。

经济和政治是同一存在的活生生的川流的两个方面，不是醒觉意识——才智的两个方面。它们各自表现出那藏在个体生存的世代相传中的宇宙长河的节奏。可以说，它们不是要有历史，而是要成为历史。支配它们的是一去不复返的时间，是“何时”。它们二者都属于种族，而不像宗教和科学一样属于语言及其空间的、因果的张力；它们尊重事实，而不尊重真理。有经济的命运，正如有政治的命运一样，而在科学和宗教的学说里则有超越时间的因果关系。

因此，生活有适合历史的政治“条件”和经济“条件”。它们互相掩盖，互相支持，互相对抗，但政治条件无疑是第一位的。生命的意志是保存自己并获得成功，或者更确切地说，是为了获得成功而使自己变得更加强大有力。但在经济方面适合的状况下，存在川流的适合是重视自己，而在政治上适合的状况下，它们的适合则是重视别人。整个生物族系，从最简单的单细胞植物到昆虫，以至那在空间上行动最自由的世人都是这样。营养与获胜——生活的两个方面之间的高贵程度的差别，在它们与死亡的关系上可以识别出来。再也没有像饿死与壮烈牺牲之间的对比更为深刻的了。在最广泛的意义上，生命在经济方面受到饥饿——希望被阻遏、境遇窘迫、环境黑暗以及从字面上不亚于饥饿的压迫也包括在内——的威胁、侮辱和贬损。整族整族的人都已经因为他们生活的颠沛流离而丧失了他们的种族的活力。在这里，人们是因为某种事物而死，而不是为了某些事物而死。政治为一种理想而将人们牺牲，人们则为一种理想战斗而死；但经济只是使他们耗损殆尽罢了。战争是一切伟大事物的创造者，饥饿则是它们的破坏者。在战争中，生活往往被死亡提高到一种不可抗拒的力量的高度，那种力量的存在就足以保证战争的胜利；然而，在经济生活中，饥饿却使一个人产生对生活的丑恶的、下流的和绝非抽象的惧怕，那时，一种文化的高级的形式世界就会悲惨地瓦解，人类野兽就会为了生存而开始进行赤裸裸的竞争。

那种体现在男人和女人身上的全部历史的双重意义，在前面一章中已讨论过了。人世间有一种把“空间中的生活”表现为一个世代相传的生殖延续的私人历史，和一种把私人历史当作一个政治上“符合形式”的东西加以保卫和防护的公共历史——这就是存在的“纺锤方面”和“刀剑方面”。它们在有关家族和国家的观念中表现出来，也在家庭的原始形式中体现出来，在这种家庭里，那些保护人们关系的善良的神祇——每个古代罗马人居所的守护神吉涅乌斯和天后米诺——都受到门神宅纳司的保护。此种经济就属于这种家族的私人历史。一种繁荣生活的持续期限是跟它的精力分不开的；它的生育和怀孕的秘密，在那生殖力旺盛的、在土壤上生根、健壮、多产的农民家族中看得最清楚。并且，就像在肉体的形式中性器官与循环器官有密切的联系一样，在另一意义上家庭的中心是由神圣的炉灶、灶神维斯塔所形成的。

正因为如此，经济史的意义与政治史的意义有很大的区别。在政治史上，前景是被伟大的个人命运所占据的，这类个人命运确实在它们的时代具有约束力的形式中得以自行完成，但它们在本质上各自仍是严格的个人的。经济史和家族史所涉及的是形式语言的发展过程；一切偶然发生的和个人的事情都是一种不重要的私人命运，只有那无数场合所共有的某种形式才有关系。即使如此，经济也是一种基础，因为存在才具有深远的意义。真正有意义的，不是某一个人或某一民族“状态良好”、营养充足和多产，而是为了什么他或它是这样的；人在历史上爬得越高，他对内在的象征性和表现力之政治的和宗教的愿望，就越显著地超出这样的经济生活所具有的形式和深度方面的一切事物。只有随着文明的到来，当整个形式世界开始衰落时，单纯的生命保存才开始赤裸裸地、坚持不懈地自行表现出来——这是把“饥饿和爱情”作为生活原动力的陈腐主张不知羞耻的时代；是生活并不意味着从事事业的精力增强，而意味着“最大多数人的幸福”、安逸、舒适、“食物和娱乐”的时代；也是我们把经济政策本身当作一种目的去代替庄严的政治的时代。

既然经济是属于生活的种族方面，它就跟政治一样，具有一种习惯性的伦理，而不只有一种道德——这又是贵族和僧侣、事实和真理之间的差别。一种职业性阶级，像一个等级一样对好和坏（不是对善和恶）具有一种理所当然的感情。没有这种感情就没有荣誉、法律。对从事经济生活的人来说，荣誉也是一种中心标准，它的机智和明敏能够看出什么是“该做的事”——这和那构成关于尘世的宗教冥想之基础的罪恶观念是截然不同的。不仅商人、手工业者和农民中间有很明确的职业荣誉感，店主、出口商、银行家、买办，甚至众所周知，当两三个小偷和乞丐互相引为同行时，也同样具有明确的高下之分。还没有一个人陈述过或写出过这类习惯性的伦理，但它们是存在的，而且，同各地的阶级伦理一样，永远只对其成员具有约束力。伴随着存在于每个职业社会中的忠诚和勇敢、豪侠和友谊等高贵美德而出现的是，关于实业、成就和工作的伦理价值之轮廓鲜明的见解，和一种惊人的优越和区别感。这类东西是人所具有的——但是对它不是太了解，因为习惯只有在它被违背时，才变为自觉的——相反，宗教的禁律则是一些超时间的、普遍有效的、但永远不能实现的理想，一个人必须先学会它们才能懂得和遵守它们。

宗教禁欲主义的原理如“忘我”、“纯洁”等，在经济生活中没有任何意义。对于真正的圣者来说，不仅热衷于财富或爱好财富或穷人的嫉妒是罪恶的，经济本身就是罪恶的。关于“原野的百合花”的谚语，对具有浓厚宗教的（和哲学的）天性的人说来，是千真万确的。他们存在的全部分量是超乎经济和政治以及“这个世界”的所有其他事实之外的。我们在耶稣的时代，在圣伯纳的时代，在今日俄国人的心灵中，看到了这一点；在一个戴奥金尼和康德的信徒的生活方式中，我们也看到了这一点。为了这个目的，人们自愿选择贫困和漫游，隐居在密室和书斋中。经济活动从未在一种宗教或哲学中出现过，它永远只在一个教会的政治机构或是一个理论团体的社会机构中出现；它永远是一种与“这个世界”的和解并标志着权力意志的存在。

二

那种可以称之为植物的经济生活的因素正在完成；在经济生活中植物只是自然过程的舞台和无意识的客体。这种要素也存在于人体经济中，它仍然没有改变其植物的和朦胧的性质，它以循环器官的形状追求它的无意志的（在这点上，几乎是外来的）生存。但当我们谈到在空间自由活动的动物身体时，存在就不是孤独的了——它有觉醒的存在、领悟的能力伴随着，因此不得不通过独立思考为保全生活做准备。对生活的焦虑由此开始，它使触觉和嗅觉、视觉和听觉日趋敏锐；它立即引起旨在探索、搜集、追求、诈骗、偷窃的空间活动，这些活动在许多种动物（例如海狸、蚂蚁、蜜蜂、许多肉食鸟兽）身上发展成为一种初步的经济技巧，这种初步的经济技巧是以反映过程并从而是以理解力从感觉获得一定程度的解放为前提的。人之所以真正成为人，是因为他的理解力已从感觉中解放出来，是因为思想已创造性地参与了小宇宙与大宇宙之间的关系。女人对男人的权术，仍然与动物极为类似，而农民在获取微薄利益方面的机敏也是如此——二者跟狐狸的狡猾并无差别，二者都有在一瞥之中就能看透牺牲品的秘密的能力。在这方面，这时又产生了播种土地、驯养动物、改换、评价和交换物品、千方百计地寻求改善生活以及使依赖环境变成支配环境的方法的经济思想。这是一切文化的根基。种族利用某种经济思想，这种思想可以变得十分强大，致使本身离开既定的目标，建立起一些抽象的空中楼阁，最后在乌托邦式的太空中消逝。

一切高级的经济生活都是以农民为基础并在农民身上发展起来的。农民本身并不需要以任何基础为前提，它自身就是基础。可以说，它就是种族本身，是植物性的，无历史的，它完全为了自己而生产和使用，它有一种把一切其他经济存在全部视为偶然的和可蔑视的世界观。不久，就有一种掠夺性的经济来与这种生产性的经济对抗，它把生产经济作为对象——作为营养、贡物或掠夺的来源——加以利用，起初政治和贸易是很难分开的，两者都是主人气派的、个人的、好战的，两者都渴望权力和战利品，这就引起了另一种完全不同的世界观——它不是从某个角度去看世界，而是自上而下地去看世界迷人而混乱的情况，它忠实地体现在用狮和熊、鹰和隼来作徽志上，原始的战争总是掠夺性的战争，原始的贸易也跟掠夺和海盗行为密切相连。冰岛英雄故事讲到北欧海盗如何经常同意与一个城镇的居民和平交易两个星期，然后就拿出武器，开始进行掠夺。

成熟形式的政治和贸易——凭借智力上的优越战胜对手并取得物质成就的艺术——都是其他手段对战争的替代。一切外交都是生意性质的，一切生意都是外交性质的，而且，两者的基础都是对人的透彻判断和机智的相术。腓尼基人、埃特鲁里亚人、诺曼人、威尼斯人和汉萨同盟成员等伟大航海家的冒险精神，弗格尔家族和美第奇家族等机敏的银行界权威和克拉苏以及当代矿业、托拉斯大企业主等有势力的财政家的精神，如果想在它的作为上取得成就，就必须具有指挥官一样的战略才能。在经济领域内，就像在政治领域内一样，对族系、世袭产业、家族传统的自负，在发展着并得到重视；巨额的财富很像王国一样有其自身的历史，坡力克剌提、梭伦、罗伦索·美第奇和尤根·乌伦威伯远不是商业野心引起政治野心的仅有范例。

然而，真正的王侯和政治家要的是统治，而真正的商人则只想发财致富，因此，掠夺性的经济就分别追求目的和手段去了。一个人可以为了权力而意在掠夺，或者为了掠夺而志在权力。伟大的统治者，秦始皇、提庇留、腓特烈二世——也有致富的愿望，“富有土地和臣民”的愿望，但这一愿望是与一种崇高的责任感结合在一起的，是处在这种责任感支配之下的。一个人可以心安理得地把全世界的财务官抓在手中，更不必讲那理所当然的情形了，就是他可以过着辉煌灿烂甚至放荡的生活——如果他认为自己（如拿破仑、塞西尔·罗德斯，公元前 3 世纪的罗马元老院）是某项使命的工具的话。当他有这样的感觉时，很难说他有私有财产的观念。

为了纯粹经济利益而外出的人——例如罗马时代的迦太基人，以及更大程度上的当代美国人——在纯粹的政治思考上相应地是无能的。在重大的政治决策上，他总是受骗，被人当作工具，就像威尔逊的情况所表明的一样——在因缺乏政治家的本能而给道德情操留下空隙时尤其如此。这就是为什么今天的大经济集团（例如雇主协会和雇员协会）屡次遭到政治上的失败，除非他们确实找到一个真正精明的政客做领袖，而他又利用他们。经济思考和政治思考，尽管在形式上非常协调，但在方向上（因而也就是在所有战术细节上）却有本质的区别。业务上的伟大成就能唤起一种对公共权利的放任之感——人们在“资本”这个词里就能听到这种毫无差误的低音。然而，只有少数个人才能改变他们愿望的色彩和方向以及他们衡量事物情境的标准。只有当一个人确已不再感到他的企业是“他自己的生意”，不再感到企业的目的仅仅是积累财产时，工业巨头才有可能成为像塞西尔·罗德斯那样的政治家。但是，反过来说，政界人物对于历史任务的意志和思维却有堕落成只顾维持个人生活的危险；那时，一个贵族就能变成一个强盗之党，我们发现，这类人所熟知的王侯和大臣、政治煽动家和革命英雄正在出现，他们的热情在懒惰的舒适生活和积累大量财富之中消磨殆尽——在这一点上，凡尔赛与雅各宾俱乐部、实业巨头与职工协会的领袖、俄国的统治者与布尔什维克之间的区别微乎其微。而在民主政治的成熟时期，那些已“达到目的”的人的政治，不仅跟做生意一模一样，而且跟最肮脏的大城市的投机生意也是一模一样的。

不过，所有这一切正是一种高级文化的隐蔽趋势的表现。最初，出现了原始的等级——贵族和僧侣——及其时间和空间的象征。在一个秩序良好的社会里，政治生活和宗教体验一样，有其固定的地位，有它的命定的高手，有分派给它的事实和真理两方面的目标，经济生活则在下面沿着一条安稳的道路不知不觉地前进。此后，存在之流就与城镇的石头结构纠缠在一起，再往后才智和金钱就把它的历史指导权夺走了。具有年轻的象征力量的英雄和圣者越来越少，他们退缩到越来越狭小的范围里面。冷冰冰的资产阶级心情代替了他们的位置。事实上，制定一种制度和缔结谈成一笔生意要求具有同样的专门知识。政治的和经济的生活，宗教的和科学的体验，互相接近，互相推挤，互相混杂，现在用任何象征力量的尺度几乎都无法区别开了。在城市的摩擦中，存在之流丧失了它的严格而丰富的形式。等级的经济因素表面化了，它们和那些充满形式的政治的残余相互作用，正如权威的科学同时把宗教列入它的对象之内一样。政治上的自满把一种明敏有益的世界情操散布在经济生活上。然后，代替衰微的等级而成为整个社会的命运的、富有真正的政治或宗教力量的个人生活历程都是从它之中涌现出来的。

这样，我们就要开始辨认一下经济史的形态学了。首先，有一种“人”的原始经济，这种经济和动植物的经济一样，在它的形式发展上遵循一个生物学的时间尺度。这种经济完全支配着原始时代，并在高级文化之下和高级文化之间，无限缓慢地和混乱地继续前进。通过驯服和饲养、选种和播种，它把动植物纳入自己的范围并使之发生变化；火和金属被利用了，无机的自然界财富经过技术加工对于经营生活就变得有用了。这一切都充满政治的和宗教的伦理和意义，尽管它不能明确地区别图腾和禁忌、饥饿、心灵恐惧、性爱、艺术、战争、祭礼、信仰和经验。

在观念上和演化上与此截然不同、在发展速度和持续期限上也明显不同的是那些各有其自己的经济形式的高级文化的经济史。属于封建制度的是无城镇的农村经济。伴随着由城市放射式地统治的国家，出现了城市的货币经济；伴随着文明时代的到来，在世界城市民主政治取得胜利的同时，它发展成为金钱的唯一霸主。每种文化都有自己的独立发展起来的形式世界。阿波罗式的实体货币（即模制的硬币）同浮士德式的动态的关系货币（即信用单位的登账），就像城邦同查理五世的国家一样是相反的。但是经济生活和社会生活正好一样，是呈金字塔式地自己形成的。在乡村的地下，一种完全原始的状态几乎没有受到文化的影响。晚期城市经济已成为一些坚定的少数人的活动，它始终蔑视那继续存在于其周围的原始土地经济，而后者也对那在城内盛行的才智化形式甚感愤怒。最后，世界都市带来了一种文明化的世界经济，这种经济从少数中心里的极小核心向外放射，使其他地方作为一种地方经济从属于自己，而在较为偏远的地区，完全原始的（“家长式的”）风俗通常仍然盛行。随着城市的成长，生活方式变得日益虚伪、狡猾和复杂。恺撒时代的罗马、诃伦·阿尔·拉西德时代的巴格达以及今天的柏林等大城市的工人感到自然十分需要的东西，却被乡间最富裕的自耕农视为愚蠢的奢侈品，但是这个当然的标准是难以达到而且难以保持的。在每种文化里面，工作量都越来越大，直到在每种文明开始时，我们都见到一种经济生活的强度，其紧张状态甚至是过度的和危险的，而且不可能长期地维持下去，然后就达到了一种严峻而固定的程度，那是精巧的、才智的因素和粗糙的、原始的因素的一种奇异杂烩，如同希腊人在埃及所发现的和我们在现代印度和中国所发现的一样——当然，除非像戴克里先当政时的古典文化那样，这外壳在一种年轻文化的压力下，从下面被瓦解。

与这种经济运动相应的是，人们作为一个经济的阶级，在经济上是“符合形式”的，正像他们作为一个政治等级在世界史中符合形式一样。在经济的秩序里面，每一个人都有一个经济的位置，正如他在社会里面有某种级别一样。现在，这两种依附关系立即向感情、思想、关系等提出要求。生活坚持要成为某种事物，坚持要具有某种意义，而我们在观点上的混乱则被这样一个事实弄得越发混乱，这就是，今天就像希腊化时代一样，一些政治党派在其改善某些经济集团的生活水准的愿望中，已经把这些集团提高到一个政治等级的崇高地位，例如马克思就提高了工厂工人阶级的地位。

处于混乱状态——是因为第一个真正的等级是贵族。官吏和法官以及与政府和行政有关的一切最高职务都是这个等级的直接产物。它们是具有某种意义的等级式的构造物。因此，学者和科学家的团体也是属于僧侣阶层的，具有一种十分明确的阶级的排他性。但这些等级的巨大象征性却跟城堡和大教堂一起失去了时效。第三等级已经是“无等级者”，是余数，是一种杂乱的、多样的堆集，这种堆集，除了在政治性抗议时之外，并没有什么意义，因此第三等级为它本身所创造的价值乃是一种政党的价值。个人并没有意识到自己是一个资产者，但因为自己是一个“自由主义者”，因而是一件伟大事物的重要组成部分，事实上不是他代表了这件伟大事物，而是因为确信依附了它。由于它的社会“形式”具有这种弱点，资产阶级的经济“形式”在它的职业、行会和组合中就相对显得更加显著了。不管怎样在城市里，一个人的称呼主要是按其生活方式来决定的。

在经济上，第一种（在古代，差不多是唯一的）生活方式是农民（包括牧民、渔夫和猎人）的生活方式，这是纯粹的生产，因而是所有其他生活方式的前提。在古代，就连原始的等级也把它们的生活方式完全建立在狩猎、畜牧和对农业土地的占有的基础之上，甚至到了晚期，土地依然被贵族和僧侣看成唯一真正体面的财产。与这种生活方式相反的是贸易，是贪得无厌的经纪人或中间人的生活方式，它的势力强大得跟它的人数根本不相称，甚至在很早的情况下，就已经是不可缺少的了。这是一种精制的寄生生活，是完全非生产性的，因而是与土地无关的、远距离的、“自由的”，精神上也不受乡村伦理和实践的约束；这是一种靠别人的生活来维持的生活。现在，在两者之间有了第三种经济，即技术的加工经济，它在无数的手工业、工业和行业里面发展起来，这种经济创造性地反映了自然，它的荣誉和良知也热衷于取得成就。这种经济的最早行会可以追溯到纯粹的原始时代，它用它的秘密故事、仪式和想法填满了这种原始图景，这就是冶匠的行会。因为这些冶匠看不起农民，又因为对这些冶匠的畏惧而经常使他们受到别人的尊敬，同时又经常受到别人的咒骂，于是他们就像阿比西尼亚的法拉沙人或“黑犹太人”一样，往往变成了一种拥有自身独立族系的真正的部落。

在生产、加工和分配这三种经济中，跟在属于政治和一般生活的所有其他事物中一样，有领导的主体和客体——在这里，整个整个的集团掌握布置、决定、组织、发现；而其他整个的集团的职能则仅限于执行。这种级别可能是严峻的、明确的，也可能是几乎察觉不到的；升级也许毫无可能，也许不受阻碍，职务的相对尊严，在缓慢变迁的漫长阶梯中也许几乎始终相同，也许不同到无法进行比较的地步。传统和法律、才能和财产、人口数目、文化水平以及经济状况，很可能有效地践踏主体和客体之间的这种根本对立——然而，这种对立就像生活本身一样作为一种前提而存在着，它是无法改变的。尽管如此，在经济方面并不存在工人阶级；那是一些眼睛专门盯着英国——一个处于过渡状态的、工业发达的、无农民的国家——工厂工人的地位的理论家的一种捏造，随后他们又信心十足地把这种捏造的体系扩展到一切文化和一切时代，使政客们得以采用这种体系，把它当作自己建立政党的一种手段，事实上，在工场和账房里、在办公室和货舱里、在公路上、矿井中、田野里和草地上，都有几乎数不过来的纯粹的服务性活动。这种记数、看门、跑腿、锤击、侍候和照料通常缺乏那种因素，它将生活提高到勉强能够维持的水平以上，并使工作具有在官吏和学者的身份中或工程师、经理和商人的个人成功中的尊严和快乐——然而，即使抛开这点不谈，这类事情相互之间也是很难进行比较的。工作是用头脑或用臂力，是在乡村或在大城市，从事工作的持续时间和强度，都使农业劳动者、银行职员和成衣匠过着完全不同的经济生活，只有，我再重复一次，最晚期的政党政治才用口号去引诱他们参加一个反抗团体，为的是要利用它所集合的群众。相反，古典的奴隶主要是宪法条文所规定的——也就是说，假如就城邦的实体而论，奴隶几乎是不存在的——然而，在经济上，他有可能是土地劳动者或者是手工工匠，甚至是拥有巨额资本、拥有邸第和乡村别墅以及大批部下——包括自由人——的经理或批发商。此外，在后期罗马时代他将会变成什么样子，我们将在下面加以论述。

三

随着青春阶段的到来，每种文化之中都开始了一种形式固定的经济生活。居民的生活全都是农民在田野中的生活。城镇的经验还没有到来。所有从农村、城堡、宫邸、修道院和寺院领地兴起的，并不是一个城市，而只是一个市场，是一个与农民利益相符合的单纯的集会点，这种集会点随即又获得了一定的宗教意义和政治意义，不过当然不能说它已经具备了一种它所特有的生活。居民们即使是工匠或商人，仍然怀有农民的情感，甚至以这样或那样的方式像农民一样地工作。

从一种每个人都既是生产者又是消费者的生活中分离出来的是实物，物物交换是所有早期交易的标志，不管这些物品是从远方运来的，还是只在村落中甚至农场内流通的。物品是一种在本质上通过一些不易觉察的途径依附于生产它的生命或使用它的生命的东西。一个农民把“他的”黄牛赶到市场上去，一个妇女把“她的”美丽的服装贮放在衣柜里。我们说，个人拥有这个世界的“物品”；“所有”这个词使我们直接回溯到财产的植物性起源，财产这种特殊的“存在”——不是别的什么东西——完全是从那里滋生出来的。在这样一些时期中，交换是物品从一个生活圈子转到另一个生活圈子的过程。它们是依据一种当时被感知的关系的尺度，就其对于生活的关系来加以估算的。这里既没有价值的概念，也没有构成一般尺度的某一种类或某一定量的物品——因为黄金和硬币也都是物品，它们的稀有性和不可毁灭性使它们备受人们重视。

在这种物物交换的节奏和进程里面，商人只是一个中间人。在市场上，掠夺性的经济和创造性的经济互相遭遇，不过，即使是在船队或商队卸货的地方，贸易也只是乡村交易的器官。这是经济的“永恒”形式，甚至在今天远离城镇的乡村小商贩的古老形象中，在自然形成的小型物物交换圈的城郊偏僻的街巷里，在学者、官吏以及每个在通常意义上未曾积极参与大城市日常经济生活的人的私人经济里，都还能够看到。

城镇的心灵唤起了一种完全不同的生活。一旦市场变成了城镇，那就不再是跨越纯粹农村的货物之流的中心的问题，而是城墙里面的第二个世界的问题了，对于这个世界来说，“城外的”单纯的生产生活只是目的和手段，另一种川流又开始从它那里开始回转了。具有决定性意义的一点是：真正的城里人在原始的土地意义上并不是一个生产者。他与土地或经过他手的物品并没有内在联系。他并不跟它们生活在一起，而是从外部去观察它们，结合他本身维持生活的需要去评价它们。

随后，物品变为商品，交换变为销售，而且我们还得从考虑物品转而考虑金钱了。

再随后，一种纯属附加的东西、一种规定了限度的形式，从经济中能够看得见的对象中被抽象出来，就跟数学思维从被机械地看待的环境中抽象出某种东西一样。抽象的金钱恰好相当于抽象的数字（马克和美元不是“金钱”，如同公尺和克不是“力”一样。钱币是实在的价值），两者都是完全无机的。经济图景降低到只有数量，而“物品”的重要性一直在于它们的质量。对早期的农民来说，“他的”黄牛，首先是一个名副其实的存在单位，其次才是一种交换对象；不过，从真正的城里人的经济眼光来看，唯一存在的东西就是一种抽象的货币价值，它无论何时都能够换成钞票，只是当时恰好以一头黄牛的形象出现。即便如此，真正的工程师在一个著名的瀑布中所看到的，不是一个绝妙无双的自然景色，而是一个没被利用的能力的可以推算的量。

在所有现代货币学说中存在着一种错误，这就是，它们从价值符号，甚至从作为支付媒介的物质出发，而不是从经济思想的形式出发。事实上，金钱，就像数与法律，是一种思想范畴。人们对于周围的世界存有一种金钱的考虑，就像存有一种法律的、一种数理的或一种技术的考虑一样。从对一幢房子的感官经验中，我们可以得出完全不同的抽象结论，这得看我们心里是用一个商人、一个法官、还是用一个工程师的眼光来评价它，要看所涉及的是一个贷借清算问题、一个诉讼问题、还是一个有倒塌危险的问题。不管怎样，跟考虑金钱最为接近的是数学。从生意的角度来考虑就是进行计算。货币价值是一种用计算单位来衡量的数值。这种精确的“价值本身”就像数的本身一样，首先是那些没有根基的城里人想到的；对于农民来说，只有一些暂时感触到的与忽此忽彼的交换对象相关的价值，凡是他不使用或不想占有的东西，对于他来说就“没有价值”。只有在真正的城市居民的经济图景里，才有客观的和各式各样的价值，这些价值，作为一种具有一般化效力的思想因素，存在于他的私人需要之外，尽管每一个人实际上都有他自身的价值体系和种类纷繁的价值，参照这种种指标，他就对市价产生了“便宜”或“昂贵”的感觉。

早期人类是对物品进行比较，并且不只是通过理性来比较，晚期人类则计算商品的价值，并且是用一种死板的、非定性的尺度来计算的。现在，不再是黄金比照黄牛来估算，而是黄牛比照黄金来估算，其结果是用抽象的数字，价格来表示。这种价值尺度能否在一种价值符号内找到象征性的表现以及怎样表现——像书面、口头或表象的数字符号在某种意义上就是数字一样——是以某一特定文化的经济形式为转移的，而每种经济形式都产生一种不同的货币，产生这种情况的相同条件是，在经济上存在着用货币来考虑问题的都市人口，而且正是货币的特征解决了价值记号是否也可作为支付媒介的问题；古典的硬币，也许还有巴比伦的银子，其作用就是如此，而埃及的 deben（代本，按磅称出的生铜块）则是一种交换的尺度，而不是货币符号，也不是支付媒介。此外，西方的和“同时代的”中国的银行纸币都是一种媒介，而不是一种尺度。事实上，关于贵金属硬币在我们这种经济中所起的作用，我们通常习惯于完全彻底地欺骗我们自己；这类硬币不过是按古典风尚制成的商品，因此，它们是比照信用货币的账面价值来衡量的，它们自身就有一种“价格”。

这种思考方式的结果是，跟生活与土地连在一起的旧式产业让位于在本质上是能动的、在质量上是不定的财富：这种财富并不包含在物品之内，而是投放到这些物品里面的。从它自身来考虑，它纯粹是一种货币价值的数量。

作为这种思考的产生地，城市变成了金融市场、价值交换的中心，货币价值之流开始注进物品之流，使它理智化并控制它。因此商人就由经济生活的器官转变成经济生活的主人，不管怎样，考虑金钱总是一种商业性的或生意性的思考。它是以土地的生产性经济为前提的，因此在根本上总是贪婪的，因为并无第三条路可走。“获得”、“获利”、“投机”这一类词，就是指从运往消费者的物品赚取利润——这是一种聪明的掠夺。因此，对早期农民是不适用的。只有使自己完全适应真正城市居民的精神和经济面貌，我们才能领会其含义。他做工不是为了需要，而是为了出售，为了“钱”。生意经的观点逐渐渗入每一种活动之中。乡下人跟物物交换有内在的联系，既是卖主同时又是买主，甚至连原始市场的商人几乎也不例外。但是在生产者与消费者之间，由于货币交易好像在两个不同世界之间进行一样，因而出现了一个第三者，即经纪人，这种经纪人的思想是命中注定被生活的生意经所支配的。他迫使生产者来供应，让消费者来打听。他把中介地位提高到一种垄断地位，再提高到经济的首位，他迫使交易的双方为他的利益而变得“具有形式”，按照他的算计来准备商品，并在他的还价压力下降低商品的价格。

掌握这种思想方法的人就是金钱的主人。在所有文化中，演进都经历了这条道路。在他的反对谷物商的演说中告诉我们：拜里厄司（雅典的港口城市）地区的投机商人，为了制造恐慌，经常散布运载谷物的船队遇难或战争爆发的谣言。在希腊化一罗马时代，为了迫使物价上涨，让土地荒芜，或是对进口进行限制，成为广泛使用的手段。在埃及新帝国，美国式的小麦囤积之所以成为可能，是因为一种完全可以同西方的银行业务相比的票据贴现所导致的。亚历山大大王派驻埃及的行政官克利奥米尼通过记账交易将全部谷物供应集中到自己手里，因而在希腊造成了大规模的饥荒，使自己攫取了数不尽的利益。如果在经济上不这么考虑，就只能成为大城市中货币交易的一个小卒。这类思维不久就控制了整个都市人口的醒觉意识，进而控制了每个在经济史上发生重要作用的人的醒觉意识。“农民”和“市民”不仅代表了乡村和城市之间的区别，而且也代表产业和金钱的区别。荷马时期和普罗旺斯王侯宫廷的灿烂文化，是随着人们自身的盛衰而盛衰的东西——甚至在今天，我们也经常能在旧家族的乡间别墅生活中看到这样的情形——但那更为优雅的资产阶级文化，它的“舒适”，则是一种外来的东西，是能用钱买到的东西。一切高度发展的经济都是城市经济。世界经济本身是一切文明的具有特点的经济，其实应当称作世界城市经济。甚至这种世界经济的命运，现在也是在少数地方，在巴比伦、底比斯和罗马，在拜占庭和巴格达，在伦敦、纽约、柏林和巴黎等“世界金融市场”中决定的。剩下的是一种濒临死亡的地方经济，这种经济在其狭窄的圈子里继续运行，却不知道自己完全是仰人鼻息的。最后，金钱是才智力量的形式，其中集中了统治者的意志，政治的和社会的、技术的和精神的创造力，以及对美好生活的渴望。萧伯纳说得非常正确，他说：

> 对金钱的普遍关注是我们文明中一种有希望的事实……这两样东西（金钱和生活）是不可分割的：金钱是使生活能够进行社会化分配的砝码，它本身就是生活……

此处所说的文明，是指一种文化阶段，在这个阶段上，传统和个性已经丧失其直接效力，而且如果每一种观点想要变成现实，就必须采用金钱的术语。最初，一个人有钱是因为他拥有权力——如今，他有权是因为他拥有金钱。只有当金钱把才智放在宝座上时，才智才能获得宝座。民主政治是金钱与政治力量完成之间业已的平等。

在每种文化的整个经济史中，在土地方面根深蒂固的种族的传统以及它的心灵，都在向金钱精神作决死的斗争。文化晚期开始时的农民战争（在古典世界是公元前700~前500年，在西方是1450—1650年，在埃及是古王国末期），是血统反对那种从扩大中的城市向土地伸出魔爪的金钱的第一个反应。“谁把土地变成动产就是把它化成金钱”，斯坦因的这个警告指出了所有文化的一种共同的危险；假如金钱没有能力袭击产业，它就会巧妙地打进贵族业主和农民业主的思想中去，直到那种随着家族的成长而成长起来的世袭产业开始变得好像是只“投入”土地的资金，它们的本质才是可变动的。使一切财产变成动产，这就是金钱的目的。世界经济是那些在思想上完全脱离了土地，成为流质的价值的业已现实化了的经济。从汉尼拔时起，古典的货币思想就把整座整座的城市变成了硬币，把整批整批的人口变成了奴隶，从而把两者都变成了可以从各地带到罗马，并作为一种权力从罗马向外使用的金钱。

浮士德式的金钱思想“开发”了整块整块的大陆、大河流域的水力、广大地区居民的体力、煤矿、原始森林、自然法则，并且为了实现主人们的计划，用各种方法——通过报纸、选举、预算或军队等方式——把它们都变成财力。

凡是从生意的观点来看还没有被人占有的世界资源，就像约翰·加布里尔·波克曼（易卜生的喜剧《卜克曼》中的人物）所说的“沉睡的黄金精神”，总会从中抽象出新的价值。除此之外，那些东西本身是根本没有任何经济意义的。

四

由于每种文化对于金钱都有它自己的思考方式，所以它也具有它自己的货币象征，通过这种象征，它在经济领域内把它的估价原则明显地表现出来。这是一种把思想感官化的东西，在重要性方面，它与口头的、书面的或描画的数字以及其他数学符号完全相同。这里存在着一个深奥而丰富的探索领域，迄今为止几乎还没有被探索过。就连一些最基本的观念都还没有被正确地论述过，因此在今天要想去传译那些构成埃及的物物交换和证券业、巴比伦的银行业务、中国的簿记以及犹太人、帕西斯人、希腊人和诃伦·阿尔·拉西德时代以来阿拉伯人的作为资本主义基础的货币观点，将它翻译清楚，是无法办到的。能够办到的只有指出阿波罗式和浮士德式金钱之间存在的根本的对立——其中一个把货币看作量，另一个把货币看作功能。

在经济上，就跟在其他方面一样，古典人把它的周围世界看作一些变换位置、移动、相互驱逐、攻击或消灭的实体的总和，就像德谟克里特所描写的自然一样。人是许多个实体中间的一种实体，城邦作为这些实体的总和是一个高级的实体。生活的全部需要是拥有形体的量，因此金钱也代表了这样一个实体，就像阿波罗神像代表一个天神一样。公元前650年前后，与多里斯式神殿的石建殿身及其周围塑造逼真的自由塑像同时，出现了硬币，一种刻得很美的金属块。它作为一种量的价值早已存在——实际上跟这一文化的本身同样悠久。在荷马时代，一个塔伦是有一定重量的一小块金子或一小件黄金装饰品。阿奇里的盾牌代表两“塔伦”黄金，甚至后来到了罗马时代，人们仍习惯于按重量来登记金银器。

不过，对古典形式的货币实体的发现是异常稀少的，以致我们还没有理解其深刻的和纯粹古典的意义，我们将它视为“人类的成就”之一，因此，正如我们在街道上和广场上建立塑像一样，我们到处铸造这种硬币。我们力所能及的就只有这样；我们能模仿其形状，但我们不能再赋予同样的经济意义。把硬币当钱用是一种纯粹古典的现象——这种现象只有在一个完全按照欧几里得观点设想的环境中才有可能，但它在那里却创造性地支配了一切经济生活。像收入、资源、债务、资本之类的概念，在古典城市里的意义与对我们的意义是截然不同的。它们所指的，不是从一个点放射出来的经济力量，而是手中所有的有价值的东西的总和。财富永远是一种可动的现金储备，它将随着有价值的东西的增减而发生变动，它与土地占有根本不发生关系——因为在古典思维中，二者是完全分离的。贷款是现款借出，并期望这笔借款仍以现款偿还。尽管喀提林拥有庞大的产业，他还是穷困的，因为没有人会把他为他的政治目的所需要的现款借给他；罗马政治家所负的巨额债务的最后保证不是等值的土地，而是掠夺一个行省的动产的可靠远景。

依照这种事实，而且也只有依照这种事实，我们才开始懂得某些现象，例如在第二次僭主政治统治下的富人大批地被处死；罗马的公敌宣告（以夺取在社会上流通的大部分现款为目的）；在圣战中得尔斐神殿的财宝被佛西斯人销毁，哥林斯的艺术珍品被穆米乌斯所销毁，以及恺撒在罗马、苏拉在希腊、布鲁图斯和卡西乌斯在小亚细亚将最后奉献的贡品全都销毁掉，当需要贵重的材料、金属和象牙时就不必考虑艺术价值了。那些在胜利中俘获的塑像和器皿，在目击者的眼里纯属现金，因此，蒙森就能根据硬币窖藏出土的地点，试图断定瓦鲁斯遇难的遗址——因为罗马的宿将是亲自携带他的全部贵重金属财产的。古典的财富不在于拥有产业，而在于积蓄金钱；一个古典的金融市场并不像我们世界的和古代底比斯的证券交易所那样是一个信贷中心，事实上，它是一座集中了世界上大笔现款的城市。我们可以认为，在恺撒时代，古典世界的黄金有一半以上是在罗马。

可是，人们从汉尼拔时期起，当这个世界进入无限制的财阀政治的状态时，在其所支配的领域中，天然有限的贵重金属和物质上有价值的工艺品正绝望地变得不能充分满足需要了，于是人们确实渴望得到那些可以当作金钱使用的新的实物。于是，人们就看中了奴隶，奴隶是另一种实物，他是一种东西，而不是一个人，因此可以当作金钱一样去看待。就这一点而言，古典的奴隶制是所有经济史上的一种独特的奴隶制度。硬币的性质扩大到有生命的物体身上，供总督和包税人掠夺而“开发”的地域上的“人”的存货跟金属存货一样令人发生兴趣。一种特殊的复式估价方法发展起来了。尽管土地没有市价，奴隶却有市价。他被当作巨大的闲散财富的积累，因此，罗马时代就有了庞大的奴隶群，那是完全无法用任何其他需要来解释的。当人们只需要他能有利地使用那么多的奴隶时，奴隶的数目就不多了，而且很容易由战俘和判决后的债务人来补充。公元前 6 世纪时，开奥斯（爱琴海中的一个岛屿）才开始输进买来的奴隶。这种奴隶与那种人数多得多的工资劳动者之间的差别，原本是一种政治上的和法律上的，而不是一种经济上的差别。由于古典经济是静态的，不是动态的，不懂得系统地开发能力资源，因此罗马时代的奴隶不是为了在工作中对他们进行剥削而存在的，而是多多少少被雇用的，以便他们的绝大多数能够维持。具有某种特殊才能的特别中看的奴隶最受欢迎，因为生活费一样多，他们倒是一份较好的财产；他们和现款一样被借给别人；他们可以自己经营商业，以致变成富有；自由劳动被廉价出卖——所有这一切，都是为了不管如何也要补偿这宗资本的维持费用。大多数奴隶是完全没有使用过的。他们单纯以其存在来完成他们的任务，就像手边的货币储备一样，这种储备不像当时可供利用的金属储备那样有自然限度。正是因为这一事实，对奴隶的需要就无限地增长，结果不仅导致了一些纯粹为了获得奴隶而进行的战争，而且引起了私人企业主沿着地中海沿岸（在罗马的默许下）猎取奴隶的活动，并为地方上的总督们开辟了一条新的发财致富之道，就是，吸吮一个地区的居民的膏血，然后把他们当作奴隶卖出去后还债。提洛岛的市场每天肯定进行过上万个奴隶的交易。当恺撒去不列颠时，不列颠人缺乏货币在罗马所造成的失望，由于有大量掠夺到奴隶的远景而获得了补偿。例如，当哥林斯遭到破坏时，为了铸造钱币而把塑像销毁和把居民在奴隶市场上拍卖，在古典人看来是同样的一种行动，就是，把有形体的东西变成了金钱。

与此完全相反的是浮士德式货币的象征——把货币作为机能，它的价值存在于它的效力，而不仅在于它的存在。这种经济思想的特殊形式，早在公元后1000年诺曼人把他们掠夺到的人和土地组成一种经济力量的方式中出现。把这些公爵领地官员的纯粹账面估价（在我们的“支票”、“账目”、“开支票”等词中留下了纪念）和伊里亚特的“同时代的”金塔伦比较一下，人们在这种文化刚开始时，就看到了它的现代信用制度的基本原理，这种信用制度是对其经济形态的力量和持久性的信任的产物，我们的金钱观点几乎跟它完全一致。这些被罗泽尔二世移植到诺曼人的西西里王国的财政方法，被霍亨斯陶芬家的皇帝腓特烈二世（约在1230年）发展成为一种在动力上远远超过原物，并使他成为“世界上第一个有势力的资本家”的强有力的制度；当这种数学思考能力与王室的权力意志相结合，从诺曼底进入法国，并且大规模地被用来开发被征服的英国（直到今天，英国名义上仍是王室的领地）时，它的西西里方面被意大利的城市共和国所效法，并且（因为这些国家的统治贵族不久就把公民经济中的方法用到他们私人的簿册中）在整个西方世界的商业思想和实践中传播开来。此后不久，西西里式的方法被条顿骑士团和亚拉冈王朝所采用，西班牙在腓力二世时期以及普鲁士在腓特烈·威廉一世时期的模范的会计技术，我们大概也应归功于这类根源。

但是，决定性的事件是1494年弗拉·卢卡·帕细欧里所发明的复式簿记。这种发明和公元前650年前后古典硬币的发明是“同时代的”。在《威廉·麦斯特》一书里，歌德称这种发明是“人类才智的最优秀的发现之一”，这一发明的发明者确实可以毫不含糊地与他的同时代人哥伦布和哥白尼并驾齐驱。我们的计算方式是从诺曼人那里学来的，我们的簿记是从伦巴第人那里学来的。必须注意，这些人也就是那创作早期哥特时代的两种最有参考价值的法学著作和因其对远洋的渴望而推动了美洲的两次发现的两个日耳曼族。“复式簿记与伽利略和牛顿的学说是由同样一种精神所产生的……它用它们所用的相同的方法，把现象整理成一个精美的体系，它可以说是建立在一种机械思维的基础上的第一份秩序。正如以后星宿世界的秩序被自然哲学的卓越研究所揭露一样，复式簿记用同样的方法把经济世界的秩序揭示给我们……复式簿记的基础是把一切现象全部理解为数量的、逻辑地得出的基本原则”。

复式簿记纯粹是一种参照对等体系的，对于价值的空间所进行的分析，它的起源是“商号”。古典世界的货币铸造只容许用价值的量作算术的堆积。在这方面，毕达哥拉斯和笛卡儿又是互相对立的。我们讲某项事业的“积分”是恰当的，而且图表曲线是经济学上的视觉辅助物，就像它是其他科学的视觉辅助物一样。古典经济世界跟德谟克里特的宇宙一样是根据原料和形式来安排的。一种以硬币为形式的原料带动着经济运动，并在使用的地方对同等价值数量的兑付单位施加压力。我们的经济世界是按力量和数额来安排的。货币的张力范围存在于空间之中，并分派给账上所记的每个客体，无论它是哪一种，是正的实效价值还是负的实效价值。“书上没有的，世间就没有”。这样设想的功能货币是唯一能和古典硬币相比的，但是它的象征既不是实际的记账，也不是股份凭单、支票或票据，而是在书面上完成其功能的行为，有价证券的作用只是这种行为的普通的历史证据。

但与此同时，西方，在它对古典事物彻底崇拜的情况下，已在不断地铸造硬币，不仅把它作为主权的标志，而且相信这种有真凭实据的货币实际上就是那种与思想中的经济相应的货币。同样，甚至在哥特时代，我们就接受了罗马法及其对财产和实物的量的等同看待，还接受了建立在视数为量的概念基础上的欧几里得数学。所以，我们这三种理智的形式世界就在继续演变，不是像浮士德式的音乐那么纯洁地、像鲜花一般开放，而是采取一种不断从量的观念逐步解放出来的形式。在巴洛克末期数学就已经做到了这一点。另一方面，法律学甚至还没有认识到它的即将到来的任务，但这个世纪将对他做出决定，并要求那在罗马法学家看来是法律的当然基础的东西，即经济思维和法律思维的内在的一致及对二者同样的实际上的熟悉。以硬币形式为象征的金钱概念，与古典的物法正相吻合，但对我们来说，却绝不存在这样的吻合。我们的整个生活安排是动态的、而不是静态的和禁欲的；所以，我们本质的东西是力量和实行、关系和能量——组织的才能和直觉的才智、信用、观点、方法、能量的源泉——而不仅是一些有形事物的存在。我们法律家的“罗马法学家式的”物的思想和有意识或无意识地从硬币出发的货币理论，对我们的生活同样是外来的。我们仿效古典时代，直到世界大战爆发以前都在不断增加的巨额金属积蓄，事实上已离开了正轨而自我扮演一个角色，但它与现代经济的内在形式、任务和目的丝毫没有关系的；如果是因为战争关系，它从通货中完全消失，那是什么改变也不会发生的。

不幸的是，现代国民经济是在拟古主义时代建立的。正像只有一些塑像、花瓶和死板的戏剧才能算真正的艺术一样，只有压印得很精致的硬币才算真正的货币。约瑟·韦支伍德（1730~1795 年，英国著名陶艺设计师和制造商，达尔文的外祖父）用他的风格优雅的浮雕和杯子所要达到的目的，归根结底就是亚当·斯密用他的价值学说——可触及的量的纯粹现在——所要达到的目的。因为按劳动数量的量来衡量一件东西的价值，与等同货币与钱币的错觉是完全一致的。在这里，劳动不再是在一个效果的世界中的效果发挥，不再是一种能在日益广泛的范围内传播、能像电场一样被衡量而不能被区分、在不同情形之下内在价值、强度和范围绝不相同的工作——而是发挥效果的成果，纯粹从物质上看，是完成了的东西，是一种除了它的分量之外是否值得注意的实在的东西。

事实上，欧美文明的经济完全是在一种按照其内在质量来区分的劳动基础上建立起来的——比过去在中国或埃及的情况还要严重，更不要说古典世界了。我们生活在一个以经济为动力的世界中，这一点并非无关紧要，在这个世界里，个人工作不是按欧几里得的方式增加的，而是在机能上互相联系的。那（对此只有马克思作过考虑）纯粹的执行工作，实际上不过是创造、整理和组织的一种机能；其他工作的意义、相对价值甚至被造成的可能性，都是从这里面衍生出来的。自从蒸汽机发明以来，整个世界经济已成为极少数智力超群者的创作，没有这些人物的高级劳动，其他一切事物是根本不可能出现的。但是这种成就是创造性思维的成就，不是一种量，而且它的价值不能用一定数量的硬币来衡量。毋宁说，它本身就是货币——浮士德式的货币，就是说，它不是铸造出来的，而是被当作一种产生于生活的有效率的中心来看待的——把这种想法提升到具有事实上的意义的，正是那一生活的本质。对金钱的思考产生了金钱——这是世界经济的秘密法门。当一个创业的大资本家在纸上写下一百万时，那一百万就存在了，因为这个作为某一经济中心的人物保证了在其势力范围之内经济力量的相应提高。“信用”这个词对我们的意义就是如此，并无其他。如果“剥夺者的剥夺”那句名言目的是在于从他们的创造中剔除优秀的才能，那么，世界上的全部金钱也不足以使体力劳动者的行为具有意义，从而也不足以使其具有价值；一旦这种事情发生，这些人就会成为没有灵魂的、没有意志的、空的外壳。这样，在事实上，马克思和亚当·斯密都是古典的，同样真正是罗马法学家法律思想的产物；他只看见那已完成的量；而没有看到功能，他想把生产手段与那些人们区分开来，这种人通过发现一些方法、组织有效率的工业并获取出口市场就能独立地把一堆砖头和钢铁变成一座工厂，而且，如果没有发挥力量的机会，这种人是不会出现的。

假如有谁试图发表一种关于现代劳动的学说，他必须以考虑一切生活中的这一基本特征为出发点。在每一种的生活中，都有主体和客体，而且生活越重要，生活的形式就越丰富多样，它们之间的差别就越明显。由于每一种存在之流都是由少数领导者和大多数被领导者所组成的，每一种经济也有领导工作和执行工作。马克思的一孔之见和那些社会伦理理想家只不过指出了一堆最无足轻重的事情，但这些无足轻重的事情完全是因为那些最重要的事情才存在的，而且这个劳动世界的精神是只有通过对其最大可能性的体会才能体会的。蒸汽机的决定性因素是它的发明者，不是它的火夫。思想才是重要的。

同样，在对金钱的思考中也有主体和客体之分：即依靠人格力量产生和支配金钱的人，以及通过金钱来维持生活的人。浮士德式的金钱是从浮士德人的经济动力学中提取出来的力量，它关系到个人的命运（在他的生活命运的经济方面）；他也许在本质上能代表这种力量的一部分，也许正相反，他只是这种力的质量。

五

“资本”这个词代表了这种思想的核心——它不是价值的集合体，而是使价值按这种方式运转的东西。资本主义只是随同一种文明的世界城市的存在而出现的，是局限在那些用他们的人品和知识来代表这种“存在”的人们的小圈子中的；它的反面是地方经济。导致静止的资本、起点产生的是古典生活中（包括那种生活的政治方面）硬币所获得的绝对优势。它的存在以一种磁性的吸引力把财物一再全部吸引到它身边。导致势力遍及全球的现代资本产生的是账面价值的优势。这种账面价值的抽象体系被复式簿记从人身上迅速分离出来，依靠自己的内在动力向前发展。

在其自身的那种资本的影响下，古典世界的经济生活采取了一种从各行省流到罗马，再从罗马流到各行省的黄金之流的形式，而且始终在寻求那种拥有加工制造的黄金储备但还没有“开发”的新地区。布鲁图斯和卡西乌斯把小亚细亚的黄金用长长的骡队运到菲利披战场——人们可以想象，在某场战役之后，对战地的抢劫是一种怎样的经济行动——甚至几乎在一个世纪以前，给雅斯•革拉古就指出过，从罗马运往各省区的酒罐装满了酒，回来时则装满了黄金。这种对外族人的黄金财物的搜寻正好相当于今天对煤炭的搜寻。后者在其更深刻的意义上不是一种财物，而是一种力的储藏。

然而同样的，对近处与目前的古典式的热望，只能以一种自足自给的经济理想、一种适应政治原子化的经济原子化，去跟城邦的理想相匹配。这些微小的生活单位的每一个都希望拥有一种完全属于自己的、完全独立自足的、不依靠其他单位就在视线的半径内周转的经济之流。其极端的反面是西方观点意义上的商号，商号被看成一种完全非人身的、非实体的力量中心，活动从这一中心向各个方面涌出，涌向无限的距离，商号的主人凭借他对金钱的思考能力，不是代表，而是占有和指挥——控制——这一中心，像一个小宇宙一样。商号和商号主人的二重性在古典人的心目中是根本无法想象的。

其结果是，像西方文化代表了最大限度的组织力一样，古典文化只是体现了组织的最低限度。因为古典人连组织的观念都完全没有。古典人的财政是成为惯例的若干临时手段之一。雅典和罗马的富裕市民会因为装备军舰而受到严重影响。罗马营造官的政治权力（和他的债务）的基础中包含了这样一个事实，这就是，他不仅筹备了竞赛会、修建了街道和建筑物，而且也为它们掏了腰包——当然，他以后能够掠夺其所辖的行省来获得补偿。收入的来源，只有在需要收入的时候才被想到，而后根据当时的需要，不考虑到未来去预支——甚至以破坏整个来源为代价。掠夺人们自己的神殿中的财宝，海盗式地抢劫人们自己的城市，没收人们自己同胞的财富，成为习以为常的财政手段。如果有剩余，就分给市民——在雅典的尤布洛斯之外，许多人都因为有这种做法而获得了声望。预算跟财政政策的其他部分一样，是无人知晓的。罗马诸行省的“经济管理”是元老院议员们和财务官以公开或秘密的方式进行抢劫的一种制度，他们丝毫不考虑取得的价值是否足以补偿他们所付出的。古典人从不考虑系统地强化他的经济生活，总是只注意当前的成果以及可触知的现金数量。帝国的罗马如果不是运气好，能够在古老的埃及拥有一种一千年来除对经济组织外一无考虑的文明，它肯定会早已走向毁灭了。罗马人既不理解又没有能力模仿这种类型的生活，但是埃及给这个费拉世界的政治占领者提供了一份取之不尽的黄金资源这件意外的事，使他没有必要在本国使公敌宣告成为一种固定的习惯；在这些以屠杀为形式的财政行动中，最后一次是在公元前 43 年、在合并埃及以前不久发生的。当时布鲁图斯和卡西乌斯正在小亚细亚积累大批黄金，那批黄金意味着一支军队和世界统治，因此有必要对意大利大约两千名最富有的居民判处剥夺公权，并把他们的头颅装在袋子里，带到罗马中央广场来换取奖金。甚至连亲戚、小孩、老人，或从未参与过政治的人也未能幸免。这样就足以使他们拥有一批现款，否则收益就会更少。

然而，随着在早期帝国时代古典的世界感情的消亡，这种对金钱的思考方式也就消失了。硬币再一次成为商品——因为人们又过着农民的生活——这就说明了哈德良以后黄金大量流向更远的东方的现象，而这一直曾经是无法解释的。既然以黄金之流的形式出现的经济生活在一种新兴的文化的高涨中已归于消灭，奴隶也就不再被当作金钱，因此在黄金退出舞台的同时就出现了大量奴隶的解放，从奥古斯都统治时期起，许多帝国的法律都未能对此加以制止——直到戴克里先统治时期，在他的著名的最高税率中，货币经济就不再成为立足点，古典的奴隶形式就不再存在了。

第十四章　经济生活的形式世界

（乙）机器

一

技术与自由运动的生活本身同样悠久。就我们在自然界中所能看到的而言，只有植物是完全纯粹的技术程序表演场所。动物，因为它是能动的，因此有一种运动的技术，从而可以滋养和保护其自身。

一个觉醒的小宇宙和它的大宇宙——“自然”——之间的本质关系就在于从单纯的感官印象上升为感官判断的感官接触，因此，它已能批判性地（即识别地）发生作用，或者用同一意义的另一说法，就是，已能通过对因果的分析产生作用。然后，那些已被确定的东西，就扩大成为一种由最原始的经验——辨认的符号——所组成的、极其完整的体系。这是一种自发的方法，有了这种方法，一个人就能在自己的世界中感到得心应手。在许多动物身上，这种方法已使它们具有异常丰富的经验，还没有哪种人类的科学能够超过它。但是，原始的醒觉的存在物永远是一个活动的醒觉的存在物，与各种单纯的理论很少有联系，因此，这种经验是从日常生活的次要技术中，是从处于僵死状态的东西中无意获得的。这就是祀拜与神话之间的区别，因为在这个阶段，宗教与世俗之间并无界限——所有醒觉的意识都是宗教。

当人们对自然的确定（目的是便于受它的指导）变成一种固定形式——对自然的一种有目的的改变——时，高级生活的历史就发生了一种决定性的变化。这样，技术就多多少少变成了至高无上的，而那本能的原始经验就变成了一种确切的“有意识的”原始认识。思想已从感觉中解放出来，引起这种划时代的变化的是文字的语言。语言从说话中解放出来，这就产生了一批交往语言的符号，这些符号比辨认记号多得多——它们是与有意义的感觉联系在一起的一些名目，人类借助这些名目就掌握了神力（神祇和自然力）的秘密；它们是数（公式、简单的定律），这些数使现实的内在形式得以从偶然的感觉的东西中提取出来。

这样，通过抽象的途径，辨认记号的体系发展成为一种理论，一种自行脱离当时——不管这是一个高度文明化的技术时代，还是一个极为淳朴的起始时代——的技术的图景，成为无须付诸行动的醒觉意识的一部分。一个人“知道”他自己需要什么，但他必须经历过许多事变才能获得这种知识，我们决不能误解这种知识的性质。凭借计数的经验，人能够操纵秘密，但他还没有发现秘密。近代魔术家的表象——一个带有许多杠杆和标记的配电盘，运用者在毫不了解其实质的情况下，用手指一按，就能使它产生巨大的效果——只不过是人类一般技术的象征罢了。我们身边的光的世界的图景——在我们已经用批判、分析的眼光将它发展成理论和图景的情况下——只不过是这样一个配电盘，在这个配电盘上，特定的事物被附上特定的标记，以致（可以说）把那适当的按钮一按，就一定会产生特定的效果。所以，秘密本身依然是令人感到压迫的。不过，通过这种技术，醒觉意识确实依旧粗暴地干预了实际世界。生活把思想当作一种“芝麻开门”的咒语来使用，在多种文明的顶峰上，在其大城市中，技术鉴别因为苦于成为生活的奴仆而自行变成暴君的时刻终于来到了。西方文化，甚至直到现在，还在饱尝着这种无拘无束的思想的放纵行动，并且达到了一种悲剧的程度。

人们已经谛听了自然的步伐并记下了它的指标。他开始运用那些利用宇宙律动法则的手段和方法去模仿自然。他敢于扮演上帝的角色，用人们容易理解的话说：这些人工事物——因为，艺术在这里是作为与自然相反的概念而出现的——的最早的制造者和专家，特别是锻工艺术的保护者，是怎样被他们周围的人看作是不可思议的，而且在某些情况下被这些人所敬畏或厌恶。这类发现的积累越来越多。往往它们被发现，又被忘掉，又被发现，它们被仿造，被弃置，被改良。但到最后，它们为大块大块的大陆提供了许多用不着说明的手段——火、金属加工、器械、武器、犁、船、房屋、动物驯养和耕作。其中最重要的是金属，原始人被他身上的某种神秘的、不可思议的特征引向埋藏金属的地方。远古时代的商路，通过定居的村落生活，越过经常来往的海洋，通往隐藏着秘密的金属矿床；随后就产生了商旅祀拜、装饰和有关锡岛和黄金国的流传久远的传奇故事。最开始的贸易都是金属的贸易，伴随着这种贸易，又产生了第三种经济，即一种外国的、冒险的、流行于各地的经济强行加入到生产的经济和加工的经济之中。

在此基础上，现在产生了高级文化的技术，这种技术能在质量、色彩和情感上表现这些主要实体的全部精神。古典文化的人感觉到自己和环境都是欧几里得式的，他们天生敌视技术观点，这是不言而喻的。如果我们认为“古典的”技术就是指那（与“古典的”这一形容词所包含的其他事物一起）凭借其毅力凌驾于迈锡尼时代的普遍而僵硬的完美境界之上的东西，那就没有古典技术可言了。古典的三层桨船只是一些美化了的划子，古典的弩炮和投石器只是臂和拳的代替物——无法跟亚述和中国的兵器相提并论——对于希罗（希腊数学家和发明家，以求三角形面积的希罗公式和发明汽转球而著名）这类人来说，他们的成就只是侥幸获得的东西，而不是自觉的发现。他们缺乏内心的估计和判断，缺乏时代的命数和机会，缺乏深刻的需要。人们四处玩弄着那些基本上都是来自东方的资料（为什么不呢？），但没有一个人切实注意过那些资料，特别是没有一个人真正努力把它们介绍到生活的整个图景中去。

浮士德式的技术则截然不同，它以它对第三度空间的全部热情，从哥特时代的最早时期就开始向自然冲击，决心要做自然的主宰。在这里，也只有在这里，见识与利用理所当然地相互结合。从一开始理论就是有用的假设。古典的探索者像亚里士多德的神一样“冥想”，阿拉伯人像炼金术士寻求魔法（例如点金术）一样探索着，想毫不费劲就获得自然的财富，但西方人却努力按照他自己的意志来支配这个世界。

浮士德式的发明家和发现者是一种独特的类型。他的意志的原动力，他眼光的明亮，他的实际思考的钢铁般的能力，如果从任何站在其他文化立场上的人来看，肯定觉得很奇怪、很令人费解，但对我们来说，它们却是天生的。在我们的全部文化中有一个发现者的心灵。发掘看不见的东西，使它展现在我们心目的光明世界面前，从而去支配它——这是从一开始它就具有的顽强热情。它的所有伟大发明都是慢慢地在内心深处成熟，最后由于一种命运的必然而出现的。它们几乎都被哥特时期初期的修道士的勇敢而幸运的探索接触到了。如果在哪里出现过一切技术思维的宗教根源，那就是在这里。这些潜心思考的发现者在他们的隐居之所用祈祷和斋戒来索取上帝的秘密，认为这就是在侍奉上帝。这里有浮士德的形象，有一种真正探索性文化的伟大象征。实验科学（罗哲尔·培根第一个这样称呼自然研究），就是用杠杆和螺旋对自然进行的坚定探索，开创了一个局面，其结果作为乡间长出的工厂烟囱和输送塔展现在我们面前。但是，对他们所有人来说，这里也有魔鬼插手的浮士德式的真正危险，也就是魔鬼在精神上把他们引到那座他在上面许诺给以世界全部威力的高山的危险。这就是那些奇异的多米尼加会修道士如彼得·派力格里诺斯所梦想的“动的永恒”的意义，它想篡夺上帝的全知全能。他们屡屡屈服于这种野心；他们向上帝强行索取这种秘密，以便使自己才能成为上帝。他们谛听宇宙节奏的法则，以便征服这些法则。于是他们创造了机器的观念，作为仅只服从人的意志的小宇宙。但他们那样做，就越过了那条细细的边界线，以致其他人的虔敬心看到了罪恶的开端，因此，从罗哲尔·培根到乔尔丹诺·布鲁诺都陷入了悲惨的境地。真正的信仰总是把机器看作魔鬼的东西。

发现的热情早已由哥特式建筑——如果把它同多里斯式建筑的有意的形式贫乏比一下——表现出来了，我们的音乐也自始至终体现了这一点。印刷术出现了，远距离武器也出现了。伴随着哥伦布和哥白尼的脚步，出现了望远镜、显微镜、化学元素，最后就出现了巴洛克时期早期大规模的工艺大全。

然而在此以后，与理性主义同时，出现了蒸汽机的发明，它推翻了一切，使经济生活从根本上改变了面貌。直到那时，自然曾经做出过很多贡献，但此时它像一个奴隶一样上了轭门，并且它的作用似乎被轻视地用马力作标准来衡量。我们从那种被迫在有组织的日常工作中劳动的黑人的肌肉力量，前进到了储存有千万年生命力的煤炭的地壳中的有机蕴藏；今天我们又把眼光放到了无机的自然界上，在那里水力已被用来补充煤炭。由于马力的总额成兆上亿，人口的数目就一再增加，增加幅度之大是任何一种其他文化都认为不可能的。这种增长是那种必须加以使用和指挥的机器的一种产物，结果使每个人的力量增加上百倍。为了机器，人类的生命变得珍贵了。工作成为伦理思维中的一个伟大词汇；在 18 世纪，这个词在一切语言中都失掉了它已遭污损的含义。机器做工作，并强迫人与它协作。整个文化达到了一种使大地在它下面颤抖的活动程度。

此外，现今在还不到一百年的时间里所展开的是一部如此伟大的戏剧，以致一种未来文化中具有不同心灵和不同热情的人们，将不能不相信“在那些日子里”自然本身就是摇摇欲坠的。政治跨越城市和民族；甚至那深深影响动植物界命运的经济学，也只是接触到了生活的边缘，自惭形秽。然而，当所有别的东西都已消失和被忘掉的时候，这种技术却会将它全盛时期的足迹遗留下来。因为这种浮士德式的热情业已改变了世界的面貌。

这是向外和向上挣扎的生活情感——因此，是哥特式的真正后裔——就像蒸汽机出现不久时，在歌德的浮士德独白中所表达的。狂热的心灵试图飞越空间和时间。一种不可名状的热切期望把他引诱到难以确定的广阔境界。人希望除离世界，飞入“无限”，解除身体的束缚，在那星宿间的宇宙空间环行。最初圣·伯纳的火热的、高翔的内心所追求的东西，格瑞尼瓦尔德和伦勃朗在他们的图画背景里所设想的东西，贝多芬在他最后一些四重奏中的超俗之音，此时又在一个接一个的发明才智的陶醉中重新出现了。因此人们幻想一种交通方法，想在几天之内横跨大陆，想利用漂浮的城市渡过大洋，想要翻过高山，通过地下迷宫，最大限度地利用蒸汽机，进而利用内燃机，最后超越道路与铁路，在空中飞翔；因而出现了在顷刻间口语传遍重洋的情形；进而产生了一种野心，要打破一切纪录，打破一切空间，要为巨人的机器建立巨大的厂房，要建造巨大的船舶和巨大的拱桥，这是些高耸入云的建筑，是一些集中在一个焦点上、服从一个孩子的操纵的神秘力量，是一些破碎、震动、嗡嗡作声的钢铁与玻璃的结构，一个渺小的人像一个具有无限权力的君王一般在其中移动，最后，他感到自然界就在他脚下一样。

并且，这些机器在其形式上越来越不近人性，越来越折磨人，神秘而奥妙。它们用一些微妙的力、流和张力，结成一块无限的大网遮盖着大地。它们的形体越来越是非物质的，越来越趋向寂静。车轮、转轴和杠杆不再有声。所有重要的东西都藏在内部。人已经感觉到机器像魔鬼，这一点也不错。在信徒的心目中，它意味着上帝被废黜了。它把神圣的因果关系交给了人，由人凭借一种预见的全知将它默默地、不可抗拒地运转起来。

二

在这里以外的其他地方，一个小宇宙从不认为自己比它的大宇宙还要高明，但在这里，那些小小的生命单位只是凭借他们的才智的力量就已使那无生命的东西依靠他们自己。就我们所知，这是一个无与伦比的胜利。只有我们的文化才获得了这一胜利，它也许才获得几个世纪。

但正因为如此，浮士德式的人已经变成了他的创造的奴隶。他的命运和他的生活安排，已经被机器推上一条既不能站住不动又无法倒退的道路。农民、手工业者甚至商人，跟机器为了自己的发展而培养出来和锻炼成功的三类大人物，即厂主、工程师和工厂工人相比，突然变得不重要了。从手工业——加工经济——的一个很小的分支上，已经长出了（只有在这种文化中）一棵大树——机器工业的经济，它的影子掩盖了所有其他各种职业。它强迫工厂主和工人同样地服从。二者都成为机器的奴隶，而不是机器的主人，因此，这时它就开始发挥了它那凶恶而神秘的威力。然而，尽管今天的社会主义学说固执地只看重工人的贡献，主张“劳动”这个词应归工人独占，可是，这只有通过工厂主的有效的和决定性的成就才会成为可能。有一句著名的成语说“强壮的臂”能使每一个车轮停止不动，其实这是一种偏见。能叫它们停住吗？——没错！可是，这并不需要一个工人来做。能让它们运转吗？这倒未必！机器的这一精巧复杂的领域的中心是组织者和管理者。使它成为一个整体的是心智，不是手。正因为如此，要想保全经常受到危险的机器，有一个人物比那些使城市长出地面并使景色改观的、富有事业心的工厂主的全部精力更重要；这是一个在这种政治冲突中容易被忘掉的人物，即工程师，机器的牧师，懂得机器的人。不仅是工业的价值，就连它的存在都仰赖成千上万掌握技术并使技术不断往前发展的、有才干的、受过严格训练的人。安静的工程师才是机器的主人和主宰。他的思想的可能性就是机器的现实性。世人曾经担心煤田会耗尽，这完全是一种唯物主义的担心。然而，只要有优秀的技术途径的探索者，这类危险就不会存在。当——也只有当这支队伍无法得到补充时——这支队伍的思维工作与机器的工作形成一个内在的单元——工业就一定会不顾及管理者的能力和工人的作为而发生动摇。假如，在以后，那些得天独厚的人们发现他们心灵上的健康比这个世界的任何力量都重要；假如，在那种如今正在取代理性主义的形而上学和神秘主义的影响下，那些现时从事机器业的最优秀的才智之士因日益感到它的魔性而被慑服（从罗哲尔·培根到克莱尔沃的伯纳，过程都是如此）——那么，这没有什么东西能够阻止这幕由才智之士所扮演、手只是作为辅助的伟大戏剧的终结。

西方的工业已经使其他文化的古老传统发生了变化。经济生活的川流向煤炭上的位置和大片的原料产地移动。自然界枯竭了，地球的能量被浮士德式的思维所牺牲。工作着的大地是它的浮士德式的面貌，是第二部《浮士德》所期待的面貌，是那富有事业心的工作的至高无上的变形——浮士德是在期待中死去的，对于古典帝国的静态的而饱满的存在，没有比这更相反的了。与古典的法律思想最没有关系的是工程师，他要使他的经济具备自己的法则，这里要以力量和效率来代替人和物。

三

然而，金钱对这种智力的攻击也是很猛烈的。工业，也像乡民一样受到土地的束缚。它有它的场所，它的原料是从大地涌现出来的。只有巨大的财务活动是完全自由、完全不可捉摸的。从 1789 年以来，银行连同证券交易所，在日益扩大的工业需要信用借款的基础上，已经发展成为一种独立的力量，它们试图（在每种文明中金钱都想要）成为唯一的力量。古代的生产经济和掠夺性经济之间的斗争，此时强化为在世界城市间进行的一种沉默的、才智之士的巨人之战，这种战斗是技术思想为了保持自由而反抗金钱思想的一种殊死的挣扎。

在浮士德文明中，跟在其他每一文明中一样，金钱的霸权在向它的物质顶峰迈进。这时，一件只有已看到金钱实质的人才能领会的事情发生了。假如它是一种实在的东西，那么它就会永远存在下去——但是，它是一种思想形式，当它已经把它的经济世界考虑完，并且还没有更多的资料赖以维持时，它就立刻消失了。它伸入自耕农的乡村生活，使大地发生移动；它的思想改变了各式各样的手艺；今天它胜利地迫使工业把工厂主、工程师和工人的生产工作同样变成它的掠夺品。机器，这个世纪的真正王后，连同其人类仆人一起，产生了被一种更强有力的力量所降服的危险。但与此同时，金钱也走到了它胜利的尽头，最后的冲突——金钱和血之间的冲突——已经迫在眉睫，在那场冲突中，文明将获得它最后的形式。

恺撒主义的到来打破了金钱的霸权和它的政治武器——民主政治。在世界城市经济及其利益长期战胜政治的创造力以后，生活的政治面终于显示为二者间的较强的一面。武力战胜了金钱，主宰者的意志再次战胜了掠夺者的意志。如果我们把这些金钱力量叫作“资本主义”，那么我们就能够将那种想使一种超越一切阶级利益的伟大政治经济制度在人生中实现的意志叫作社会主义，这是一个具有高尚思想和责任感的体系，它使整个社会为它的历史的决战保持良好状态，这一决战也是金钱和法律的决战。经济中的私人力量要求取得大量资源的自由途径。不应对他们的行动进行任何法律限制。他们想自己制定法律，使法律符合他们自己的利益，为了这个目的，他们就利用他们已为自己做出的工具，即民主政治、靠补助金来维持的政党。为了抵抗这种猛烈进攻，法律需要一种高尚的传统和强大家族的野心，这种野心不满足于堆积财富，而是要求超越一切金钱利益的、真正的统治权。一种力量只能被另一种力量所推翻，而还是被一种主义所推翻，并且，除此之外，再没有任何力量能跟金钱对抗。能推翻和废弃金钱的只有血。生活始终是以小宇宙为形式的宇宙洪流。这是历史世界里的事实中的事实。在世代相继的不可抗拒的节奏前，各种由醒觉意识在其智力范围内所构成的东西终究都会消灭。在历史上，有意义的总是生活，并且也只能是生活——种族品质、权力意志的胜利——而不是真理、发现或金钱的胜利。世界历史就是世界法庭，它一向偏袒较强有力的、较充实的、较有自信的生活——给予它生存的权利，而不管它的权利在醒觉意识的法庭面前是否能够保持住。它总是为了强权和种族而牺牲真理和正义，把那些相信真理和正义、藐视业绩和权威的人和民族置于死地。所以，一种高级文化的戏剧——一个充满神祇、艺术、思想、战争和城市的奇异世界——就由于那与永远循环的宇宙长河同一的、永恒的血统的原始事实的再现而告结束。富于想象力的醒觉存在，在存在的缄默作为中消失，正像中华帝国和罗马帝国所显示给我们的一样。时间战胜了空间，时间的无情运行将文化的生死无常的事故嵌入这个星球上的人事变幻中——在这种形式之中，变幻无常的生活暂时流动，而地质史与星辰史的全部川流不息的视野，则在它的后面、在我们眼前的光的世界中变得高大起来。

但对我们来说，命运已使其置身于这种文化并处在它的这一发展时刻——这时金钱正在庆祝它的最后胜利，即将继之而来的恺撒主义正以安详坚定的步伐走近——我们的自愿的、同时也是不得不如此的方向被限制在狭窄的范围之内，而在任何其他条件下，生活是不值得活下去的。我们没有迈向这个或那个目标的自由，我们只有做必须做的事或什么事情也不做的自由。历史的必然性所安排的任务，将要由个人或违背个人来完成。

愿意的人，命运领着他走；不愿意的人，命运拖着他走。